W0294008

Mit der Bibel durch das Jahr 2026

Mit der Bibel durch das Jahr 2026

Ökumenische Bibelauslegungen

Nikolaus Schneider

unter Mitwirkung von

Franz-Josef Bode

Jochen Cornelius-Bundschuh

Annette Kurschus

Emmanuel Sfiatkos

Rosemarie Wenner

Heiner Wilmer

KREUZ kbw bibelwerk

Redaktion
Dr. h.c. Nikolaus Schneider
Präses a.D. und Ratsvorsitzender der EKD a.D.

FSC
www.fsc.org
MIX
Papier | Fördert
gute Waldnutzung
FSC® C083411

© Verlag Kreuz in der Verlag Herder GmbH, Freiburg im Breisgau 2025
Hermann-Herder-Str. 4, 79104 Freiburg
Alle Rechte vorbehalten
www.verlag-kreuz.de
Bei Fragen zur Produktsicherheit wenden Sie sich an
produktsicherheit@herder.de
Koproduktion mit dem Verlag Katholisches Bibelwerk GmbH, Silberburgstr. 121, 70176 Stuttgart info@bibelwerk.de, www.bibelwerkverlag.de
Umschlagkonzeption: wunderlichundweigand, Schwäbisch Hall
Umschlaggestaltung: Verlag Herder
Umschlagmotiv: © Ekely / GettyImages
Satz: Arnold & Domnick GbR, Leipzig
Herstellung: CPI books GmbH, Leck

Printed in Germany

ISBN 978-3-451-60135-4 (Verlag Kreuz)
ISBN 978-3-460-20265-8 (Katholisches Bibelwerk)

Inhalt

Liebe Leserinnen und Leser!

»Sprich nur ein Wort, so wird meine Seele gesund.« Ich bin in Fulda aufgewachsen, als Evangelischer in einer katholischen Stadt! In unserem Stadtteil gab es ein intensives ökumenisches Miteinander. Wir Jugendlichen hatten klare Bilder vom Gottesdienst der anderen Konfession: Bei den Katholischen geht es vor allem um die Eucharistie oder wie wir sagten, das Abendmahl, bei den Evangelischen um die Auslegung der Bibel in der Predigt. Es war spannend für uns, mit dem Freund oder der Freundin immer mal in die andere Kirche zu gehen.

In einer Messe habe ich zum ersten Mal den Satz gehört: »Sprich nur ein Wort, so wird meine Seele gesund.« Was für ein Vertrauen, habe ich gedacht! Haben Gottes Worte so viel Kraft? Für mich wurde dieser Vers so etwas wie ein katholischer Schlüssel zur Bibel. Ein Impuls, in diesem Buch zu lesen und den Geschichten und Versen etwas zuzutrauen.

Ich habe dann entdeckt, dass der Satz aus einer biblischen Geschichte stammt. Ein römischer Offizier bittet Jesus um Hilfe. Er erwartet nicht, dass er zu ihm kommt oder etwas Besonderes tut, sondern lediglich ein Wort. Er vertraut darauf, dass dieses Wort wirkt und seinen Knecht heilt. Er sagt: »Sprich nur ein Wort, so wird mein Knecht gesund.« Die Messliturgie hat den Satz geändert. Sie legt ihn den Gläubigen vor der Kommunion als Bitte für die eigene Seele in den Mund. Der Glaube der betenden Person richtet sich nun nicht mehr auf die Heilung eines anderen Menschen, sondern auf mich und meine Seele. Aber weiterhin geht es um das, was im Zentrum der Geschichte steht: das Vertrauen auf die Kraft des Wortes Gottes.

Ich habe damals mit Freundinnen und Freunden und meinem Pfarrer diskutiert: Ist das eine nun die richtige, das andere eine falsche Lesart? Das ging hin und her; am Ende habe ich verstanden: Mit der Bibel kommt Gottes Wort mitten hinein in unser Leben – und wirkt!

Aber es gerät damit auch hinein in all die Doppeldeutigkeiten, die uns plagen. Im Psalm 62 heißt es über Gottes Wort: »Eines hat Gott gesprochen, zwei sind es, die ich gehört habe.« Je nachdem, was mich gerade beschäftigt, höre ich anders; und meine Nachbarin oder mein Kollege hört noch einmal anders. Manchmal tröstet mich ein Bibelwort, manchmal bleibt es mir fremd; manches Wort scheint mich dazu aufzurufen, dass ich etwas tue, aber manchmal lässt mich das gleiche Wort erst einmal still werden. Dann ist es gut, mit anderen ins Gespräch zu kommen und zu erleben, wie Gottes Wort einen weiten, heilsamen Raum der Verständigung öffnet.

Vor Ihnen liegen die Auslegungen des neuen Jahrgangs; ich freue mich darauf, sie zu lesen und bin gespannt, was ich dieses Jahr in den biblischen Texten Neues und Überraschendes entdecken werde. Ihnen wünsche ich ein segensreiches Jahr mit der Bibel in dem Vertrauen auf die Kraft des Wortes Gottes, über das sich sogar Jesus in der Geschichte vom Hauptmann von Kapernaum gewundert hat: »Sprich nur ein Wort …!«

Bischof a.D. Dr. Jochen Cornelius-Bundschuh

Hinweise zum Gebrauch dieses Buches

Die Auslegungen der Bibeltexte für jeden Tag des Jahres beziehen sich auf die Zuordnungen, die die »Ökumenische Arbeitsgemeinschaft für Bibellesen« vorgenommen hat. Dieser Bibelleseplan ist in diesem Band ab S. 441 abgedruckt. In ihm sind auch die Zeiten des Kirchenjahres berücksichtigt. Allerdings haben unsere Autoren zweimal eine etwas veränderte Abgrenzung der Texte vorgenommen, und zwar am 6./7. Mai und am 11./12. Mai. Diese Veränderung ergeben sich aus inhaltlichen Überlegungen zum Verständnis der Texte, die für die Auslegungen der Autoren von entscheidender Bedeutung waren. Deshalb haben wir diese Änderungen akzeptiert, auch wenn wir uns im Übrigen an die Entscheidungen der Ökumenischen Arbeitsgemeinschaft binden.

Ziel des Bibelleseplans ist es, im Laufe der Jahre die wichtigsten Texte der Bibel kennenzulernen. Im Herausgeberkreis haben wir uns darauf verständigt, dabei in Zukunft die alternativ aus den Apokryphen vorgeschlagenen Texte nicht zu berücksichtigen. Reaktionen aus der Leserschaft auf die Aufnahme apokrypher Texte haben uns vermittelt, dass diese Texte in den Bibeln vieler Leserinnen und Leser unseres Buches nicht enthalten sind. Das hatte zur Folge, dass sie von der kontinuierlichen Lesung der Bibeltexte zumindest an einigen Tages des Jahres ausgeschlossen waren. Und das widerspricht dem Kernanliegen unseres Buches.

Sie werden feststellen, dass in diesem Buch einige neue Autorinnen und Autoren zu den Auslegungen der Bibel beitragen. Das hat zur Folge, dass manche von ihnen nicht mehr drei Tage hintereinander Bibeltexte auslegen. Außerdem sind wenige Male Beiträge an verschiedenen Tagen und zu unterschiedlichen Texten »gestückelt« abgedruckt. Besonders freuen wir uns darüber, dass unser Buch in den Alltag der Seelsorge an den Soldatinnen und Soldaten der Bundeswehr Eingang gefunden hat. Deren oberste Repräsentanten, die Bischöfe Dr. Franz-Josef Overbeck und Dr. Bernhard Felmberg, heißen wir im Kreis der Auslegerinnen und Ausleger herzlich willkommen.

Mit einer Ausnahme werden Sie wiederum Einführungen zu allen biblischen Büchern finden, die im Laufe des Jahres ausgelegt werden. Da nur wenige Texte aus dem Matthäusevangelium in diesem Buch interpretiert werden, haben wir auf die Einführung zum Matthäusevangelium verzichtet, um Ihnen die Textgeschichte zu den »Urtexten« bieten zu können. Sie können aber im Ergänzungsband »Mit der Bibel durch das Jahr – Einführung in die biblischen Bücher« die Einführung zum Matthäusevangelium finden.

Bevor Sie die täglichen Auslegungen lesen, werden Sie sich mit dem Bibeltext vertraut machen. Dazu können Ihnen die »Einheitsübersetzung« oder die »Lutherbibel« (in möglichst aktueller Gestalt) dienen. Die tägliche Lektüre mag das beigefügte Gebet beenden. Die Jahreslosung haben wir an den Beginn des Bandes gestellt. Dort finden Sie auch die Monatssprüche (S. XII). Mit den Morgen- und Abendgebeten für jeden Tag der Woche hat Pater Anselm Grün unser Buch bereichert. Die Gebete auf dem Lesezeichen wurden von meiner Frau Anne Schneider und mir formuliert.

Im Anhang finden Sie:
- ein Bibelstellenregister (ab Seite 451), welches das Finden der Auslegungen erleichtert,
- ein Verzeichnis der Mitarbeiterinnen und Mitarbeiter (ab Seite 455),
- ein Abkürzungsverzeichnis der biblischen Bücher (Seite 461),
- und ein Quellenverzeichnis (Seite 463), in dem vermerkt ist, woher jene Gebetstexte am Ende einer jeden Auslegung stammen, die nicht von den Autorinnen und Autoren selbst verfasst wurden.

Die Schreibweise der biblischen Namen folgt dem »Ökumenischen Verzeichnis der biblischen Eigennamen« nach den Loccumer Richtlinien.

Der Verlag bietet Ihnen die Möglichkeit, »Mit der Bibel durch das Jahr« elektronisch zu nutzen und im Abonnement beim Herder-Verlag zu beziehen. Dadurch ergeben sich weitere Formen des Umgangs mit unserem Buch, die zum Beispiel das Blättern und Nachschlagen überflüssig machen. Digital orientierten Mitmenschen mag ein Hinweis auf dieses Angebot helfen, täglich mit der Bibel durch das Jahr zu gehen.

Für Rückmeldungen zu den Bibelauslegungen sind wir dankbar. Am besten erfolgen sie an die Redaktion, die sie an die betreffenden Autorinnen und Autoren weiterleitet. Wir werden bestrebt sein sicherzustellen, dass alle Schreiben an uns auch beantwortet werden. Hinweise zur Verbesserung unserer Ökumenischen Bibellesehilfe können ebenfalls an die Redaktion erfolgen (redaktion@kreuz-verlag.de).

Eine anregende Lektüre unseres Buches wünsche ich Ihnen, die Ihnen in Ihrem Blick auf die biblischen Texte und in Reflexion Ihres Lebens in dieser Zeit eine wohltuende Bereicherung sein möge.

Ihr Nikolaus Schneider

Jahreslosung und Monatssprüche

Jahreslosung 2026

Gott spricht: Siehe, ich mache alles neu!

Off 21,5 (L)

Monatssprüche 2026

Januar

Du sollst den HERRN, deinen Gott, lieben mit ganzem Herzen, mit ganzer Seele und mit ganzer Kraft.

Dtn 6,5 (E)

Februar

Du sollst fröhlich sein und dich freuen über alles Gute, das der HERR, dein Gott, dir und deiner Familie gegeben hat.

Dtn 26,11 (E)

März

Da weinte Jesus.

Joh 11,35 (E)

April

Jesus spricht zu Thomas: Weil du mich gesehen hast, darum glaubst du? Selig sind, die nicht sehen und doch glauben!

Joh 20,29 (L)

Mai

Die Hoffnung haben wir als einen sicheren und festen Anker unsrer Seele.

Hebr 6,19 (L)

Juni

Denkt an die Gefangenen, als wäret ihr mitgefangen; denkt an die Misshandelten, denn auch ihr lebt noch in eurem irdischen Leib!

Hebr 13,3 (E)

Juli

Es ströme aber das Recht wie Wasser und die Gerechtigkeit wie ein nie versiegender Bach.

Am 5,24 (L)

August

Jesus Christus spricht: Ich bin gekommen, damit sie das Leben haben und es in Fülle haben.

Joh 10,10 (E)

September

Besser eine Hand voll mit Ruhe als beide Fäuste voll mit Mühe und Haschen nach Wind.

Koh 4,6 (L)

Oktober

Zur Freiheit hat uns Christus befreit! So steht nun fest und lasst euch nicht wieder das Joch der Knechtschaft auflegen!

Gal 5,1 (L)

November

Der HERR wird Recht schaffen zwischen den Nationen und viele Völker zurechtweisen. Dann werden sie ihre Schwerter zu Pflugscharen umschmieden und ihre Lanzen zu Winzermessern. Sie erheben nicht das Schwert, Nation gegen Nation, und sie erlernen nicht mehr den Krieg.

Jes 2,4 (E)

Dezember

Kuh und Bärin werden zusammen weiden, ihre Jungen beieinanderliegen, und der Löwe wird Stroh fressen wie das Rind.

Jes 11,7 (L)

Mit der Bibel durch das Jahr 2026

Der vierte Schöpfungstag und das Geheimnis der Vier

Im Rahmen der Segenszeremonie ausgangs eines Gottesdienstes antwortet ein Priester auf die bange Frage heimwärts ziehender Pilger. Mit Realsymbolen aus alten Mythen beruhigt er ihre Angst: Die »Sonne« wird deinen Leib, der »Mond« Geist und Seele nicht verletzen. Denn Er, der Schöpfer und Hüter des Universums (V. 2b), besonders der »Hüter Israels« (V.4), ist es, der namentlich auch »dich« behüten wird (V.5a.7). Und zwar, wie du es kaum merkst, »als Schatten über deiner rechten Hand« (V.5b). So kommt der Schöpfer vom großen Ganzen ins ganz Kleine eines Menschen bei seiner Arbeit, so »erdet« sich Gott in seiner Güte, uns zu behüten – jede und jeden in vier Gefahrenbereichen. Vier Aspekte unseres Daseins verteilen sich auf vier Strophen zu je vier Halbversen: Der Mensch ist ein zum Sehen und Sich-Orientieren aufgefordertes Wesen (V.1a: *die Augen*). Auf einem Lebensweg und stets unterwegs, ist er auf »Fortschritte« angelegt, aber auch sturzgefährdet (V.3a: *die Füße*). Er ist ein zum Handeln und Handwerk fähiges Individuum (V.5b: *die rechte Hand)*. Insofern im Hebräischen *näfäsh* (*die Kehle*) für das einzelne Leben steht (so auch V.7b), gilt es als allzeit verletzlich und bedürftig. Und noch anders durchwaltet die Vier, Symbolzahl für eine Ganzheit, den kunstvoll gestalteten Psalm. In seinen vier Polaritäten spiegelt sich der vierte Schöpfungstag, der an ihm installierte kosmische Rhythmus: Vom »Himmel auf die Erde« scheinen »Sonne und Mond«, bewirken den Wechsel von »Tag und Nacht« und ein »Gehen und Kommen« auf der Erde (Gen 1,14-19; Ps 104,19-23). Und so bildet ein Mensch, wenn er morgens hinaus »geht« zum Tagwerk und zum Feierabend wieder heim »kommt«, den vierten Schöpfungstag ab in seiner kleinen Welt (V.8).

WERNER GRIMM

Hilf uns, Schöpfer, dass wir auf die Rhythmen achten, die uns an Leib und Seele guttun. Hüte, treuer Hirte, unsere Augen, dass sie die Welt in deinem Lichte sehen; die Füße, dass wir aufrecht unsere Wege gehen; die Hände, dass wir Arbeit, die uns aufgegeben, tun; ach behüte unser verletzliches Leben.

Einführung zum Johannesevangelium siehe Seite 397

Ich bin es nicht! Aber ER ist unterwegs

Die Verunsicherung muss groß gewesen sein. Wer ist Johannes der Täufer? Warum tauft er? Es braucht Klarheit. Priester, Leviten, Pharisäer, sie wollen es wissen. Sie gehen zu ihm als eine Gesandtschaft aus Jerusalem. Das ist der beste Weg, um Antworten auf Fragen zu bekommen: Die betreffende Person einfach direkt fragen. Ihre Fragen werden beantwortet, ganz knapp und ganz direkt. Aber sie hören zuerst nur Verneinungen. Weder ist Johannes der Täufer der wiederkommende Elia, noch ein Prophet und schon gar nicht Christus. Während Jesus im Johannes-Evangelium durch die »Ich-bin-Worte« heraussticht, betont Johannes der Täufer: »Ich bin es nicht.« Historisch wird Johannes der Täufer damit an einen bestimmten Platz gestellt: Er ist ein Prediger, der die Ankunft des Christus ankündigt und somit vorbereitet, nicht mehr und nicht weniger. Damit war für die Christenheit klar: Der Täufer ist keine Konkurrenz, er steht nicht im Widerspruch zu dem, der kommt, er ist nicht ein Gegenüber zu Christus. Aber es blieb damit noch unklar, warum Johannes taufte. In welchem Namen und in welcher Vollmacht geschah das? Wollte er damit eine eigene Jünger*innenschaft aufbauen? Auch hier zerstreut der Täufer Bedenken. Seine Taufe geschieht nur durch Wasser, auch hier ist er nur Bereiter der Taufe mit dem Geist. Und genau das tut er jetzt mit seinen Antworten. Er verweist auf den, der nach ihm kommt, ja, der schon unterwegs ist, der schon mitten unter den Menschen ist. Damit redet er nicht nur über seine Aufgabe, er erfüllt sie auch. Er übt sie aus. Und ganz zum Schluss: Die Inkarnation, das Kommen Gottes in Jesus Christus, geschieht an einem historisch-geographisch benennbaren Ort. Es ist konkret, ganz konkret.

STEFFEN BAUER

Dreieiniger Gott, darum bitten wir: Lass uns erzählen, lass uns unsere Erfahrungen im Glauben weitergeben, in aller Gebrochenheit, mit allen Fragen, aber auch mit all unseren Hoffnungen. Lass uns so unsere Gemeinschaft stärken, aufeinander hören, wie andere dich erleben, was andere zu sagen wissen. So wächst Gemeinschaft. Darum bitten wir.

ER ist es und ER ist da!

Es geschieht schnell hintereinander. Schon am nächsten Tag ist ER da. Die Gesandtschaft aus Jerusalem ist verschwunden, nun konzentriert sich alles auf Jesus, der die Szenerie betritt. Und zweimal wird betont, dass Johannes ihn sieht und erkennt und als den ausweist, der er ist. Damit erfüllt Johannes der Täufer genau seine Aufgabe. Das erste positive Offenbarungswort des Täufers gilt ihm: »Siehe, das ist Gottes Lamm, das der Welt Sünde trägt.« Jesus wird also sofort in das Licht des Kreuzes gestellt. Der Anfang des Evangeliums nimmt das Ende in den Blick. Vers 30 verweist dann aber auf die ersten Sätze des Evangeliums zurück. Das sündentilgende Lamm Gottes war schon vor aller Zeit als Wort, als Gedanke Gottes da. Im Folgenden entfaltet sich die Zeugenfunktion des Täufers in zweifacher Hinsicht: Das Unwissenheitsmotiv (»Ich kannte ihn nicht«) disqualifiziert den Täufer als Offenbarungsträger. Die Wassertaufe hat »nur« Verweischarakter. Dann aber wird die Rolle des Johannes positiv umschrieben: Er ist Zeuge der Geistverleihung an Jesus durch Gott. Vers 33 erhellt den Zusammenhang von Geistverleihung an Jesus und Wassertaufe des Johannes. Die Johannestaufe ist vorläufig, entscheidend ist, was dem Täufer geoffenbart wurde: Gott setzt Jesus ein. Gott ist das Subjekt. Johannes bezeugt, dass Jesus Geistempfänger, -Träger und -Vermittler ist. Dieses Zeugnis mündet im Bekenntnis: »Dieser ist Gottes Sohn.« Dieser für das Johannes-Evangelium zentrale christologische Titel begegnet hier erstmalig. Er verweist schon hier auf Johannes 20,31, womit ein Horizont gespannt ist, der das Verständnis der Jesus-Geschichte bedingt und fördert.

STEFFEN BAUER

Gott in Jesus Christus, von dir weiß Johannes der Täufer zu berichten. Auf dich verweist er. Lass uns so auch zu Zeugen werden. Lass uns unser Leben neu leben, indem wir dich als Schöpfer und Versöhner erkennen und bekennen. Lass uns dankbar sein für alles Gelingende und nicht verzweifeln an dem, worunter wir und andere leiden. So lass uns als deine Geschöpfe leben voller Zuversicht auf dein Tun für uns.

Blick in den Himmel

Ein Spätsommerabend in der griechischen Ägais klingt aus. Der bewegte und erlebnisreiche Tag auf der Urlaubsinsel schließt nicht am Strand, sondern auf einer Bergspitze. Von dort ist der Blick auf den Sonnenuntergang am schönsten. Die freie Sicht verfügt über eine derartige Weite, dass sie sich ohne »Um-Sicht« oder »Rundum-Blick« auf Himmel und Erde kaum erfassen lässt. In dieser Weite schwebt die Sonne über dem Meer. Ihr goldfarbenes Gewand wandelt sich in Purpur – bekleidet »mit Hoheit« wie »ein König« taucht die Sonne in ihrer ganzen Pracht ins Meer.

Tatsächlich verwendet die griechische Sprache bis heute für den Sonnenuntergang das Verb »königsein« wie in Psalm 93. »Der HERR ist König, bekleidet mit Hoheit«, heißt es dort. Laut Überschrift in der Septuaginta ist der Psalm dem Vortag des Schabbats gewidmet, als »die Welt bewohnt wurde«, also nachdem der Herr sein Schöpfungswerk abgeschlossen hatte. »Gott sah an alles, was er gemacht hatte, und siehe, es war sehr gut« (Genesis 1,31) – die Schöpfung spiegelt diese erfahrene Güte im Lobpreis ihres Königs. In der Orthodoxen Kirche wird dieser Psalmvers am Samstagabend gesungen, an dem nicht nur die Woche zu Ende geht, sondern mit dem Sonntag vor allem eine neue Zeit anbricht.

Erst vor wenigen Tagen sind wir in das neue Jahr gestartet. Eine in jeder Hinsicht »umsichtige« Standortbestimmung kann Perspektiven für das neue Jahr eröffnen. Wo stehe ich gerade und in welche Richtung will ich weitergehen? In wessen Haus lebe ich eigentlich und wer hat das Sagen? Wie verhalte ich mich dazu? Halten wir einen Moment inne und schauen nach vorne, in den Himmel und auf die Erde. Vielleicht erkennen wir den König, der den gesamten Erdkreis in seinen Händen hält und uns zuversichtlich in die Zukunft blicken lässt.

MARINA KIROUDI

Lass mich den Ort, an dem ich bin, täglich neu als einen anderen Himmel erkennen. Denn dieselbe Macht Gottes, die im Himmel ist, ist auch hier auf Erden. Es gibt keinen Ort, der nicht heilig ist.

Sieh hin

Der Sehsinn ist für Aristoteles allen anderen Sinnen überlegen. Von der Antike bis heute wird für die Philosophie Erkenntnis vor allem durch das Sehen möglich. Anders als beim Hören oder Tasten ist im Sehen alles präsent, so Hans Jonas. »Alles, was ich beim Sehen zu tun habe, ist die Augen zu öffnen, und die Welt ist da.« Personen und Gegenstände werden von mir gesehen. Ich setze mich zu ihnen in Beziehung und erkenne so auch mich selbst.

Nichts anderes lesen wir bei Johannes. Um Sehen und Gesehen-Werden geht es. Es sind Erfahrungen des Sehens, die Menschen hier in Bewegung bringen, sie dazu führen, andere sowie sich selbst neu zu erkennen und Jesus nachzufolgen.

Faszinierend, dass dies auf sehr verschiedene Weise geschieht. Da ist der Täufer, der seine Jünger auf Jesus hinweist. Ein Zeichen der Größe dieses Weg-Weisers, dass er seine Anhänger nicht bei sich behalten will. Zwei von ihnen trauen seinem Fingerzeig und folgen Jesus. Diese Berufung zeigt, wie sehr das Wort anderer bewegen kann. Nicht anders bei der Berufung des Petrus. Der Anstoß geht von seinem Bruder Andreas aus, der in Jesus den Messias erkannt hat. Und Jesus sieht tiefer, was in Petrus steckt. Und da ist Philippus, der direkt von Jesus berufen wird. Dieser Philippus lädt den zunächst zögernden Natanael – wie zuvor Jesus – zum Kommen und Sehen ein. Am Umgang Jesu mit ihm zeigt sich, wie sehr Jesus die Menschen schon vorher gesucht und in ihrem Innersten erkannt hat.

Für J.B. Metz zeigt sich die rettende Kraft des Christentums im Nachfolgen. Und dies nicht mit dem Rücken zur Welt, nicht nur mit geschlossenen Augen der Innerlichkeit, sondern mit einer Mystik der offenen Augen. Wie sagt es Hans Jonas: »Sieh hin – und du weißt.« Christen sollen in der Nachfolge sehen, was Menschen zum Leben brauchen. Die von Jesus Berufenen wurden von ihm gesehen und haben selbst hingesehen, ihn und sich erkannt, gewusst und gehandelt.

MICHAEL SCHLAGHECK

Jesus Christus, du suchst uns, hast uns im Innersten erkannt und lädst uns ein, dir zu folgen.

Leben in Fülle

Ein faszinierender und schwieriger Text. Er ist leicht misszuverstehen und zu verharmlosen, bleibt man bei der vordergründigen Ebene des Weinwunders stehen. Doch es geht nicht um das, was uns bei der Verwandlung des Wassers in Wein so unerklärlich und spektakulär erscheint. Es geht um die Offenbarung »seiner Herrlichkeit«, die seines Vaters und darum, dass die Jünger dies sehen können. Für Johannes sind die Wunder »Zeichen« der Herrlichkeit. Dabei hat er den Propheten Jesaja vor Augen, von dem er sagt, dieser habe die Herrlichkeit Jesu gesehen (Joh 12,41). Jesaja zeigt, wie das Volk Gottes die Herrlichkeit am Ende der Zeit sieht: Die Steppe blüht; die Blinden sehen; die Tauben hören; der Lahme geht, der Stumme spricht. Damit wird die Herrlichkeit greifbar und man kann sie schmecken wie in Kana den Wein in großer Überfülle und in erlesener Qualität.

Die Jünger sahen das Zeichen und glaubten. Die Herrlichkeit zu schmecken, wird bei Johannes nicht nur in die Zukunft verlegt. Glaubende können mitten in unserer Zeit bereits einen Vorgeschmack des Reiches Gottes erhalten und ins wirkliche Leben hinübergehen (Joh 5,24). Jesu erstes öffentliches Wunder bei einer Hochzeit als Feier der Liebe und des Lebens ist dafür ein beredtes Zeichen.

Der ökumenische Theologe Fulbert Steffensky hat in einem Brief seinen Enkeln gewünscht, dass sie in ihrem Leben eine Sprache für ihre Hoffnungen und Wünsche behalten und dazu gehöre auch Jesaja, »der von einem Land singt, in dem die Blinden sehen, die Lahmen tanzen und die Stummgemachten ihre Sprache wiedergefunden haben«. Es sind Bilder der »Herrlichkeit Gottes« in Überfülle, ebenso wie das Weinwunder in Kana. »Man kann leichter hoffen und glauben« (Steffensky), wenn auch kommende Generationen eine Sprache für die Hoffnung auf Heil, Frieden sowie Gerechtigkeit haben und auch Bilder für ein Leben in Fülle – so wie Jesu Zeichen in Kana.

MICHAEL SCHLAGHECK

Jesus Christus, schenke uns Tag für Tag einen Blick für den Vorgeschmack des Lebens in Fülle.

Freimachende Erinnerung

Erinnerungen schreiben ein »Drehbuch für das Leben«, hat einmal jemand formuliert. Erinnerungen formen Identität, erschweren oder helfen, mit Gegenwart und Zukunft umzugehen. Im Text ist mehrfach, direkt und indirekt von Erinnerung die Rede, einer freimachenden Erinnerung.

Jesus zieht zum Paschafest nach Jerusalem. Erinnert wird dabei mit Gottesdiensten, Erzählungen und Symbolen an die Befreiung aus Unterdrückung und Sklaverei, zentral für die Identität des jüdischen Volkes. Ein Fest der Freiheit, an dem die besondere Beziehung Gottes zu seinem Volk gefeiert und eingeladen wird, darauf zu achten, wenn Sklaverei droht. Eine »gefährliche Erinnerung«. Im Tempel findet Jesus Händler und Geldwechsler vor. Was unterscheidet den Tempel aber so noch von »heidnischen« Tempeln? Wie kann es damit an diesem Ort um Freiheit und um die Ankunft des Messias gehen? In der Spur vieler Kritiker zu alttestamentlicher Zeit treibt Jesus Geldwechsler und Händler aus dem Tempel, denn am Tag des endzeitlichen Königs wird kein Händler mehr im Haus des Herrn sein (Sach 14,21). Die Jünger und die späteren Gemeinden erinnern sich nach Jesu Tod deutend an Psalm 69: »Der Eifer für dein Haus wird mich verzehren.«

Damit stellt sich die Frage nach Jesu Vollmacht und einem »Zeichen«, dass er so handeln darf. Er fordert dazu auf, Tod und Auferstehung vor Augen, den Tempel niederzureißen; in drei Tagen würde er wiedererrichtet. Diese Doppeldeutigkeit wird missverstanden. Nicht mehr um den Ort geht es, sondern um Jesus. Nach seiner Auferstehung erinnern sich die Jünger und sie glauben der Schrift und ihm. Der Glaube als die Erinnerung an Leiden und Auferstehung Jesu Christi, ein Glaube, der in der Erinnerungsgemeinschaft der Jüngerinnen und Jünger befreiend wirkt.

Johannes stellt diese nachösterliche Erinnerung an den Anfang des Evangeliums, denn diese Botschaft bildet trotz aller Zweifel und Fragen von Anfang an die Mitte unserer Hoffnung.

MICHAEL SCHLAGHECK

Jesus Christus, schenke uns Kraft zur Erinnerung, die frei macht.

Wie ist das möglich?

Das hatte sich Nikodemus anders vorgestellt. Der wissbegierige Pharisäer und Schriftgelehrte hat trotz seines Standes, seiner Autorität und seiner Bildung wichtige Glaubensfragen. Die Antworten stillen nicht seinen Durst und stellen seinen Glauben auf die Probe: Wie kann ein Mensch erneut geboren werden? Wie ist das möglich?

Die Antwort: Wasser und Geist, ein sichtbares und ein unsichtbares Element. Sie sind wichtig für die erneute, nicht leibliche, sondern spirituelle Geburt und den Zugang zum Reich Gottes.

Nikodemus' Fragen sind auch unsere Fragen. Unsere Beziehung zu Gott, unser Zeugnis und unser Verständnis seines Willens stellen auch für uns eine Herausforderung dar. Die Aussagen Jesu sind nicht selbstverständlich oder selbsterklärend. Wir wundern uns über so manches und (ver-)zweifeln an vielem, was von oben kommt, und jeder zaghafte Versuch, Gott zu verstehen, bringt uns an unsere Grenzen.

Hier eilt uns der Heilige Geist zu Hilfe. Er ist es, dem wir uns voller Zuversicht öffnen, von ihm erfüllt werden sollen, um zu lernen. Die Heilige Schrift gibt uns so viele wertvolle Einblicke in die Kraft und Wirksamkeit des Heiligen Geistes, der »weht, wo er will«. Er lädt uns zum Lernen ein, genau wie Nikodemus von Jesus eingeladen wird, das Unmögliche zu verstehen. Dieser Prozess des Lernens und Verstehens ist kein einmaliges Ereignis, sondern ein fortlaufender Dialog mit dem Herrn, der – genau wie bei Nikodemus – auch mit uns viel Geduld beweist. Ihn gilt es zu suchen und im Gebet mit Ihm zu lernen. Selbst diese Suche kann ein Gebet sein.

Unser Vater im Himmel öffnet seine Arme, offenbart sich uns in Liebe und Gnade, schenkt uns seinen Sohn, um uns auf diesem Weg der Suche und des Lernens zu begleiten. Vielleicht verstehen wir Ihn nicht auf Anhieb, aber möglich ist es. Gott erwartet uns.

EMMANUEL SFIATKOS

Himmlischer König, Tröster, Geist der Wahrheit, Allgegenwärtiger und alles Erfüllender; Schatz der Güter und Lebensspender, komm und wohne in uns, reinige uns von aller Befleckung und errette, Gütiger, unsere Seelen.

Voll Gnade und Wahrheit

Das Geschenk des Opfers unseres Herrn steht im Vordergrund der heutigen Lesung, verbunden mit der Frage, ob wir bereit sind, ihm nachzufolgen. Es geht dabei um alle Dimensionen des Wirkens Jesu auf Erden: Er ist gekommen, um die Welt zu retten, durch Seine Geburt, die Kreuzigung und schließlich die Auferstehung, die die Welt mit Licht erfüllt hat. Unser Glaube daran ist die Voraussetzung unserer Errettung.

Beim heutigen Text beeindruckt die Dynamik, die um die Person Jesu aufgebaut wird. Er ist Rettung und Heil, Hoffnung und Freude, Licht und Quelle der Gnade. Eine Frage an uns alle wird deutlich: Was sind wir bereit zu tun, um uns der Gnade Gottes würdig zu erweisen? Unser Glaube verkündet zwar stets nur das Gute, jedoch gibt es auch eine schwierige Wahrheit: Jesus hat für uns gelitten. Zu diesem leidenden Herrn schauen wir Christen auf, verehren und lieben Ihn in seinen Kreuzesqualen. Diese Gewissheit schenkt uns nicht das Leben im Hier und Jetzt. Durch sein Opfer erhalten wir das ewige Leben! Das ist die gnadenvolle Wahrheit, verbunden mit einem langen beschwerlichen Weg, wo uns Versuchungen, Entbehrungen, Zweifel und Prüfungen erwarten. Wenn wir in der Finsternis unserer verborgenen Werke verharren, das heißt, nicht das Licht Gottes zum Maßstab unseres Handels machen, sondern unsere eigenen Ziele, sind wir verloren.

Die Perspektive der Vereinigung mit Gott, unserer Erlösung durch Ihn, offenbart sich in Seiner unendlichen Liebe und durch die Gnade, die er uns schenkt, so auch in den Worten, die er zur klagenden Marta spricht: »Ich selbst bin die Auferstehung und auch das Leben. Jeder Mensch, der mir sein Vertrauen schenkt, wird leben, selbst, wenn er stirbt.« Diesen Worten, voll Gnade und Wahrheit, wollen wir stets vertrauen.

EMMANUEL SFIATKOS

Lass leuchten in unseren Herzen, menschenliebender Gebieter, das unvermischte Licht deiner Gotteserkenntnis und öffne die Augen unseres Verstandes zum Verständnis der Botschaft deines Evangeliums.

Das Zeugnis des Täufers

Johannes der Täufer ist eine besondere, vielfältige Gestalt. In der orthodoxen Tradition wird seiner gedacht als des »ehrwürdigen und herrlichen Propheten, Vorläufers und Täufers Johannes«. Auf Ikonen sieht man ihn engelsgleicher Gestalt, mit Flügeln und wehendem Haar, bekleidet wie ein Eremit, mit wachen Augen und einem strengen, jedoch auch immer gütigen Blick.

Dass seine Jünger in der Ankunft Jesu am Jordan einen Konkurrenten sehen, zeigt, dass selbst sie Jesus nicht erkannt hatten, trotz des Zeugnisses ihres Lehrers.

Johannes, nicht erzürnt über ihre Unkenntnis, legt ein erneutes deutliches Zeugnis ab, für den, »der von oben kommt und über allen steht«. Seine Worte sind überzeugend, wahrhaftig. Dadurch wird seine Demut und seine Aufgabe im Heilsgeschehen deutlich: Johannes ist »nur vor ihm hergesandt«, weswegen orthodoxe Christen ihn als »Vorläufer« verehren.

Durch sein Zeugnis ermuntert Johannes uns alle, Vorläufer, lebendige Zeuginnen und Zeugen der Ankunft Jesu zu sein. Er prophezeit den Zuhörenden eine Zukunft in vollkommener Einheit mit Gott, das ewige Leben. Dieses Zeugnis geht über alles hinaus, was ein Mensch sich erhoffen kann. Es bestätigt all das, was Johannes, der Rufer in der Wüste, vorhergesagt hat. Die Erfüllung dieser Prophezeiung ist zugleich die Erfüllung seines Lebenswerkes.

Johannes erwartet in Demut alles Kommende, indem er sagt: »…ich aber [muss] geringer werden.« Vielleicht spricht er über seine Verhaftung oder seinen Märtyrertod. Er zeigt aber weder Resignation, noch verliert er den Mut. Er erwartet das Leben der kommenden Welt. Aus dem Vorläufer wird ein wahrer Zeuge, ein Vorbild, ein mutiger Mitstreiter für uns alle. Sein Zeugnis ist und bleibt einmalig.

EMMANUEL SFIATKOS

Mit gewaltiger Stimme ruft der Vorläufer in der Wüste: Bereitet Christus die Wege, macht gerade die Steige unserem Gott und ruft gläubig: Keiner ist heilig, wie unser Gott, und keiner ist gerecht außer dir, o Herr.

Gerechtigkeit für alle

Selbst Menschen, die keine Fans der Serie Star Trek sind, träumen das ein oder andere Mal davon, sich wegzubeamen, in eine andere Welt zu gelangen. Wir haben eine Vorstellung einer besseren, lebenswerteren Welt, als wir sie im Hier und Jetzt vorfinden; und was würden wir darum geben, uns einmal ins Reich Gottes zu beamen. In gewisser Weise macht genau das der Psalm 96 mit uns. Von jetzt auf gleich beamt er uns in die Welt, in der Gott der König ist, und lässt die Schönheit dieser Welt vor unseren Augen sichtbar werden. Und wie es sich für das Beamen gehört, gibt es hier kein Zuschauen, sondern nur Mitspielen. Das gilt für den Himmel, der sich freut, das Meer, das braust, und die Wälder, die jubeln; und das gilt auch für diejenigen, die sich hineinnehmen lassen in diese Welt und einstimmen in diesen Jubel und das Gotteslob. Es sind zwei Kernbotschaften, in die uns dieser Psalm hineinstellt. Es geht um die ganze Welt; und diesem Gott geht es um Gerechtigkeit. Was für eine starke Botschaft! Die Vereinten Nationen haben 17 Nachhaltigkeitsziele gesetzt, und vielleicht gibt der frische Wind uns eine Idee, was unser Beitrag dazu sein kann, dass es weniger Ungleichheit gibt oder Arbeit unter menschenwürdigen Bedingungen möglich ist – um nur zwei der Ziele zu nennen. Und gleichzeitig wissen wir, wie schnell unser Horizont wieder eng wird. Da bedarf es einer Hilfe, die uns der Psalm schon ganz zu Anfang gibt: Singt dem Herrn ein neues Lied, heißt es in Vers 1. Wenn wir singen, machen wir die Erfahrung, dass wir zusammen einen Klang erzeugen können, der so viel mehr ist als die Einzelstimmen. Zu Recht heißt es: Mehr als Worte sagt ein Lied. Wer im Chor singt, macht die Erfahrung, wie die Resonanzen der Stimmen eine neue Dimension öffnen, uns in eine Klangwelt hineinnehmen. Heute ist Sonntag, und das Gotteslob im Gesang gehört zu jedem Gottesdienst; also eine gute Gelegenheit, sich in die Welt unseres gerechten Gottes, der die ganze Welt im Blick hat, zu beamen.

BEATE GILLES

Du, unser Gott, lass uns einstimmen in das Lied deiner Gerechtigkeit.

Einführung zum 5. Buch Mose siehe Seite 369

Rückblick

Das letzte Buch Mose hat es theologisch in sich. Es schaut noch einmal auf die Ereignisse des Auszugs aus Ägypten zurück und fokussiert eindringlich auf die Gesetze des Lebens, die dem Volk gottunmittelbar am Heiligen Berg, dem Horeb, übergeben wurden. Mit nahezu penetranter Regelmäßigkeit wird darauf hingewiesen, dass diese Gesetze Gottes für sein Volk ebenso wunderbar wie heikel sind. Sie geben Orientierung und Weisheit, sofern man ihnen folgt. Aber sie werden zum bösen Schicksal, wenn man sich ihnen gegenüber verschließt. Die ersten Verse des Buches setzen ein mit dem Rückblick auf die Wüstenwanderzeit nach dem Aufbruch vom Berg Horeb, speziell auf die Episode, in denen Moses seine Verantwortung für das Volk auf einen erweiterten Führungskreis aufteilt (Num 11,14ff.). Dieser Rückblick ist bereits gezeichnet von der Geschichte, die seither abgelaufen ist. Mose weiß ja nur zu genau, dass alle Schwüre und Gelöbnisse, alle hehren und hohen Beteuerungen, die er selbst und sein Volk Gott gegenüber abgegeben haben, im Laufe der Wüstenwanderung auf der Strecke geblieben sind. Er sieht im Grunde auf eine Versagensgeschichte zurück, eine Kette von gescheiterten Versuchen, es Gott und seinem eigenen Gewissen recht zu machen. Das Bemerkenswerte daran ist nicht, dass es sich um eine Versagensgeschichte handelt. Das ist geradezu menschlich. Jeder billige Neujahrsvorsatz erleidet den gleichen Schiffbruch. Das Besondere an diesem Rückblick ist der Umstand, dass er in dieser Erinnerung an die Weisungen Gottes offenbar immer noch Hoffnung schöpft. Hoffnung, dass nicht die Versäumnisse das letzte Wort haben, sondern die göttlichen Weisungen. Nicht, was Menschen aus ihnen machen, ist interessant. Sondern dass es sie gibt und dass sie wirken.

HELMUT ASSMANN

Ewiger Gott, lehre uns auf deine Weisungen und Gebote mehr zu achten als auf unsere Erfolge oder Niederlagen damit. Gib, dass wir dir die Ehre geben und nicht unserem Gehorsam oder Ungehorsam.

Einblick

Der Textabschnitt ruft die Geschichte der Kundschafter in Erinnerung (Numeri 13 und 14), die zur Erkundung des Gelobten Landes ausgesandt waren. Er gibt Einblick in die Resignation des Mose angesichts des Kleinglaubens, der das Volk heimsuchte, als sich die Tücken abzeichneten, die mit der Inbesitznahme des Landes verbunden sein könnten. Mose hatte um Vertrauen geworben und noch einmal die vielfältigen Wunder beschrieben, die sich auf dem bisherigen Weg ereignet hatten – alles umsonst. Man spürt dieser Erinnerung die Trauer ab, dass es damals nicht geklappt hat; den verdeckten Zorn des Mose, dass solch ein, nein, jeder Haufen Menschen stets den Weg des geringsten Widerstandes wählt und bei jeder kleinen Anstrengung hasenherzig wird. Als würde all der Reichtum vergangener Ereignisse nicht die Kraft haben, für die nächste Herausforderung Mut zu spenden und Zuversicht zu erwirken. Vertrauen ist, so kann man es aus den Sätzen des Mose heraushören, ein äußerst verderbliches und zerbrechliches Gut. Dieser Einblick legt einen der großen Irrtümer offen, denen wir allzu oft erliegen. Es ist die Erwartung, die Vergangenheit und die Erinnerung an sie würden zureichen, damit »das Volk« etwas lernt. Man möchte ja so gern, dass das geschieht. Von Mose bis heute müssten doch die schrecklichen wie die herrlichen Erfahrungen helfen, dass etwas nie wieder oder anderes nur so und oft geschehen solle. Das ist indes nicht der Fall. Der Lerneffekt ist nur vorübergehend oder gleich Null. Die ganze lange Geschichte des Exodus und seine Wiederholung im letzten Buch des Mose bezeugen vielmehr, dass Erfahrungen weder vererbbar noch verallgemeinerbar sind. Jede Generation fängt irgendwie von neuem an. Jeder muss seine eigenen Erkenntnisse gewinnen. Und Gott prügelt sie auch niemandem ein. Sondern er sucht die Seele, die lernen und erkennen will.

HELMUT ASSMANN

Herr, barmherziger Gott, du weißt um die Härte unserer Herzen und auch um die Gründe, warum wir so geworden sind. Wir bitten dich, dass du unsre Seele öffnest für dich.

Ausblick

Nach der militärischen Pleite gegen die Amoriter hatte das Volk den schweren Gang in die Wüste anzutreten. Als Strafe für die ungenießbare Mischung aus Unglaube und Selbstüberschätzung, mit der sie sich ins Kampfgetümmel gestürzt hatten. Nichts war es mit Gelobtem Land, Milch und Honig und all den Verheißungen, die sich seit Ägypten turmhoch gestapelt hatten. Zurück also in den Sand, die Hitze und die Dürre. Alle, Mose eingeschlossen. Mit der deprimierenden Aussicht, dass keiner, der aus Ägypten weggezogen war, jemals den Fuß über den Jordan nach Westen setzen würde. Das heißt, genau genommen, nicht alle. Kaleb und Josua, die beiden Kundschafter (Num 14,6), die sich der allgemeinen Heulerei nicht angeschlossen hatten, die bildeten die Ausnahme. Mose weist in seinem Rückblick darauf hin, dass allein diese beiden die Frucht ihres Glaubens würden genießen können. Von ihnen war die Verheißung nicht abgezogen. Und hier verwandelt sich der resignierende Rückblick in einen konstruktiven Ausblick. Daran wird zudem eine sehr evangelische Dimension ersichtlich: Die Erfahrungsgewinne, die sich aus der Betrachtung der Vergangenheit erzielen lassen, sind das eine. Das soll auch gar nicht bestritten werden. Das Kraftreservoir, das aus dem Vertrauen auf Gottes Zusagen gewonnen wird, ist indessen ungleich größer. Kaleb und Josua haben Gottes Verheißungen mehr Zutrauen geschenkt als den Beobachtungen, die sie gemacht haben. Für sie ergab sich die Zukunft weniger aus den Fortschreibungen der gegenwärtigen oder vergangenen Verhältnisse als vielmehr aus der Erwartung, wie Gott es wohl in der kommenden Zeit zuwege bringen wird, den Seinen zur Seite zu stehen. Solch ein Ausblick auf die Zukunft erwartet zuerst etwas von Gott und rechnet erst danach mit dem, was die eigenen Leistungskräfte aufzubringen vermögen.

HELMUT ASSMANN

Herr, Gott des Himmels und der Erden, lenke unser Herz darauf, dass es die Zukunft von dir erwartet und von niemandem sonst. In guten wie in bösen Zeiten.

Friedliche Wege durch fremdes Land

Die fast vierzigjährige Wüstenwanderung kommt an ihr Ende. Der biblischen Überlieferung zufolge war sie Konsequenz des Zornes Gottes über Israels Kleinglauben. Doch auch dieser Wüstenweg war von Gott selbst auf sein Herz genommen, das meint: von ihm begleitet, von seinem Segen umfangen und getragen.

Der jetzt vor dem Volk liegende Weg führt nicht durch menschenleeres Gebiet. Auf dem Seir, einer im Osten des Jordangrabens gelegenen Gebirgslandschaft, wohnen Menschen, konkret: die Edomiter, der biblischen Tradition zufolge Nachkommen Esaus. Diesen gegenüber ist geschwisterliches Verhalten geboten. Die Durchziehenden sollen nicht in der Manier eines feindlichen Heeres auftreten. Sie sollen sich aller Übergriffe enthalten und sich weder Nahrung noch Wasser einfach nehmen oder beides rauben. Es soll dafür ein angemessener Kaufpreis in Silber entrichtet werden. Auch das sich im Norden anschließende Gebiet der Moabiter durchquert das Volk ohne Gewalt auszuüben.

Entgegen einer auch in unserer Gegenwart verbreiteten Auffassung, ein Land sei unverbrüchliches, auf ewig gegebenes Eigentum eines Volkes, unterstreicht der Text: Die Erde, alle ihre Länder und alle, die sie bewohnen, gehören Gott, dem Schöpfer des Himmels und der Erde. Und er betont vor dem Hintergrund der Gedankenwelt seiner Zeit: Nicht nur das Volk Israel erhält sein Land aus Gottes Hand. Der Landbesitz aller Völker verdankt sich dem einen Gott. Er ist es, der Land gibt, dieses Land einem Volk erhält, es ihm aber auch wieder nehmen kann.

Dabei gilt: Die biblischen Texte geben keinen »göttlichen« Fahrplan für politisches Handeln heute. Die Texte der Bibel deuten die Vergangenheit auf das darin erfahrene und geglaubte Handeln Gottes hin. So können sie Quelle und Ausdruck der Hoffnung auf das bewahrende und erlösende Handeln Gottes in der Zukunft werden. Diese Hoffnung kann tragen – auch durch meine eigenen Wüstenwege hindurch.

ERNST MICHAEL DÖRRFUSS

Nimm meine Wege auf dein Herz, Gott, die leichten und die schweren, die, die über grüne Auen, und die, die durch dunkle Täler führen.

Der Gewalt nicht das Wort reden

Es ist Gott, dem die ganze Erde gehört und dem alles zu eigen ist, was auf ihr lebt. Er hat sie – so besingt es der 24. Psalm – über den Urfluten gegründet und sorgt für ihren Bestand.

Und deshalb steht es ihm zu, die Erde unter den Völkern aufzuteilen. Das spricht auch der heutige Abschnitt aus. Und er erinnert erneut daran, dass kein Volk für immer und ewig Anspruch auf das Land hat, das es bewohnt. Wie nebenbei werden so auch die territorialen Ansprüche des Volkes Israel eingegrenzt. Immer wieder spricht die biblische Tradition davon, dass das Land Israel gegeben wurde, damit es dort die Gebote der Tora erfüllen kann, für Gerechtigkeit einsteht und für Frieden.

Die zunächst wie selbstverständlich geschilderte friedliche Koexistenz endet dort, wo von gewaltsamer Eroberung die Rede ist, von Kampf, Furcht und Schrecken. Auch wenn der Text die sich hier Ausdruck verschaffende Gewalt auf Gott selbst zurückführt, fällt es alles andere als leicht, solche biblischen Aussagen heute zu lesen. Es gilt, den geschichtlichen Charakter der biblischen Texte ernst zu nehmen, nach ihrem historischen Sinn zu fragen und sie in ihren zeitgeschichtlichen Zusammenhang einzuordnen.

Durch nichts zu rechtfertigen ist es, wenn Menschen sich anmaßen, an der Stelle Gottes zu handeln und anderen Menschen ihr Land und ihr Existenzrecht, ja ihr Leben abzusprechen. Diese unselige Tradition zieht sich durch die Geschichte der christlichen Kirche hindurch. Und heute vertreten Extremisten in viel zu vielen Ländern entsprechende Haltungen und versuchen, ihre Ziele mit Gewalt zu erreichen. Hier gilt es, in Wort und Tat zu widersprechen.

Schließlich: Wenn in der Bibel so ganz unterschiedliche Formen von Gewalt benannt werden, erweist sie sich als durch und durch realistisches Buch. Wobei die biblische Botschaft selbst zum Ausdruck bringt, dass ein gewaltsamer Umgang von Menschen mit Menschen nach dem Willen Gottes nicht sein soll. Deshalb obliegt uns die Suche nach Wegen des Gewaltverzichts.

ERNST MICHAEL DÖRRFUSS

Richte meine Füße auf den Weg des Friedens, du treuer Gott.

Loslassen lernen

Der Abschnitt setzt ein mit einer knapp gehaltenen Erinnerung an die Beteiligung der östlich des Jordan siedelnden Stämme an die als kriegerisch geschilderte Inbesitznahme des gelobten Landes westlich des Jordan.

Dann kommt Josua in den Blick, der von Mose als Vertreter des Volks angesprochen wird und so dessen Nachfolge antritt, wie V.28 verdeutlicht. – »Getrost und unverzagt«, ermutigt und gestärkt also, soll Josua die Führung des Volkes Israel übernehmen. Einst als Helfer dem Mose an die Seite gestellt, tritt er jetzt dessen Nachfolge an. Und Mose muss lernen, loszulassen.

Mose wird beim Einzug in das verheißene Land jenseits des Jordan nicht dabei sein. Er ist ein fehlbarer Mensch, wird vom Betreten des Landes jedoch – so lesen wir im heutigen Abschnitt – nicht um seiner eigenen Schuld willen ausgeschlossen, wie es andernorts erzählt wird (vgl. 4.Mose 20,12). Mose hat den Ausschluss um der Verfehlungen des Volkes willen auf sich zu nehmen – und darf das westlich des Jordan gelegene Land nur schauen.

Die ablehnende Reaktion des Gottes Israel auf die von Mose im Gebet vorgebrachte Bitte, ins Land der Verheißung miteinziehen zu dürfen, spiegelt eine Grunderfahrung menschlichen Betens: Trotz der in Matthäus 7,7-11 formulierten Zusage Jesu »Bittet, so wird euch gegeben…« werden eben nicht alle vor Gott gebrachten Bitten erfüllt.

Und trotzdem darf ich mit meinen Gebeten Gott mit allem in den Ohren liegen, was mich bewegt. Mit meiner Klage und mit meinem Lob, mit meinem Dank und meiner Bitte darf ich zu ihm kommen. Dabei kann ich darauf vertrauen, dass unser Gott zugesagt hat, sich finden zu lassen – wenn auch manches Mal anders als von uns gedacht, erwartet, erhofft.

ERNST MICHAEL DÖRRFUSS

Mit offenen Händen will ich vor dich kommen, Gott, mich nicht festklammern an meinen Wünschen. Offen werden will ich für das, was du für mich bereithältst.

Vertraue auf den Herrn

»Es kann der Beste nicht im Frieden leben, wenn es dem bösen Nachbarn nicht gefällt.« So könnte die Überschrift über Psalm 55 lauten, in der sich der Beter in einem Umfeld bewegen muss, das ihm und dem Glauben alles andere als wohlgesonnen ist.

Nicht wenigen Zeitgenossen wird diese oder eine ähnliche Szenerie vertraut sein. In einer solchen Situation ist einem nach Davonlaufen zumute. Alles läuft aus dem Ruder, nichts klappt mehr recht und man hat den Eindruck, alle Welt habe sich gegen einen verschworen. Allein an einer solchen Situation trägt man schwer genug. Wenn jedoch die Angriffe und Verleumdungen von einem vertrauten Freund ausgehen und dieser etwa aus dem Hinterhalt feige seine giftigen Wortpfeile abschießt, wenn einem mit diesem Freund gar jemand hinters Licht geführt hat, mit dem einen derselbe Glaube verbindet, mit dem man öfters Gottesdienst gefeiert hat, wenn also Wort- und Vertrauensbruch eine langjährige Freundschaft zutiefst erschüttern, dann wiegt ein solcher Angriff besonders schwer, die Verletzung sitzt tief und die Wunde heilt, wenn überhaupt, sehr langsam. Da kann der Glaube an den gerechten Gott schon mal ins Wanken geraten. Was kann da der Beter überhaupt noch tun? Fliehen? Doch wohin? In der ersten großen Enttäuschung wünscht er dem Freund den Tod an den Hals, doch spürt er rasch, dass dies nicht des Rätsels Lösung sein kann.

Nach der ersten emotionalen Erregung ruft der Beter vertrauensvoll den Herrn an. Sein Gebet vereint sowohl die Bitte um Hilfe als auch das Vertrauen auf den Herrn und sein gerechtes Handeln. Er, und nur er ist fähig, dem betrügerischen Freund das Handwerk zu legen und Gerechtigkeit walten zu lassen. Mögen die äußeren Umstände auch widrig sein und keine Änderung zum Besseren erkennen lassen, der Psalmist wirft all seine Sorgen auf den Herrn, wohlwissend, dass dieser ihn retten wird. Was immer sich auch ereignen mag: Er weiß Gott gleichsam rund um die Uhr an seiner Seite, erkennt in ihm den Stärkeren, den Klügeren, der auch die kniffligsten Situationen noch zum Guten zu lenken weiß.

BERNHARD KIRCHGESSNER

Gib Frieden, Herr, in unseren Tagen!

Worte für den neuen Weg

Höre, Israel – Sch'ma Israel –, ein Aufruf, der durch die Jahrtausende von Juden gesprochen wird. Als Zeichen der Verbundenheit mit Gott und seinem Volk. Selbst in den Gaskammern des Holocausts. Mehr zu diesem Glaubens-Gebet in Dtn 6: Höre, Israel – höre genau hin, was Gott für dich getan hat. Höre! Eine lange Rede hält Mose, am Jordan, kurz vor dem Ziel der langen Wüstenwanderung. Gott hat sein Volk mit Liebe geleitet und begleitet, und er wird es weiterhin tun. Israel, vergiss es nicht, niemals. Und: Verdreh die Geschichten und Worte nicht nach deinem Belieben. Es geht nicht an, die biblischen Texte für sich passend und bequem zu machen. Ehrliche Erinnerungsarbeit ist notwendig. Damals wie heute. Begründungen finden wir so schnell, warum die Geschehnisse und Worte von früher verdrängt, verharmlost werden. Vieles aber ist nur aus dem jeweiligen Kontext zu verstehen. Manche Aussagen ärgern uns heute mit Recht. So ergeht es mir mit den patriarchalen Vorstellungen, den so einseitig männlich vorkommenden Bildern und Erfahrungen. Da muss ich um der biblischen Botschaft willen Ergänzungen vornehmen – aber nicht im Wortlaut der alten Texte, sondern in ihrer Auslegung. Israel, das sind Söhne *und* Töchter. Das »höre« allerdings darf ich ausweiten, beziehen auch auf uns Christen und Christinnen, die wir durch Jesus hineingenommen sind in die Glaubenstraditionen Israels, moralisch, ethisch, theologisch. Gesetz und Evangelium bleiben dann keine unüberbrückbaren Gegensätze, wie es bis heute noch zu hören oder zu lesen ist. Als sei im ersten Teil der Bibel nur von einem strengen Richtergott die Rede. Und dann komme durch Jesus der stets liebe Gott. Vor solchen Gottesbildern hüten wir uns besser! Ja, Gott gab uns Gebote, denn er nimmt uns ernst, und doch bleibt er barmherzig. Sein Eifer für uns, für mich und für dich, lässt nicht nach. Das sagte Mose dem Volk Israel angesichts des neuen Landes. Das ist auch für uns ein guter Zuspruch angesichts dieses Jahres.

MARIA JEPSEN

Gott, stärke meinen Glauben und lass mich täglich neu deinem Wort vertrauen.

Gute Wegweiser

Gottesbeweise hätten wir oft gern, für suchende Zweiflerinnen und kritische Spötter. Auch für uns selber. Hören und sehen, fühlen und schmecken, wie freundlich Gott ist oder wie bitter und hart. Bilde ich mir Gott nur ein? Gehe ich irgendwelchen Illusionen nach? Ist die Bibel doch nichts anderes als ein menschlich ausgedachtes Märchenbuch, frei erfunden und etwas für Menschen ohne Realitäts- und Verantwortungsbewusstsein? Höre – auf deine innere Stimme, aber vor allem auf das, was Gott uns mitteilen will. In der Bibel und durch Menschen, die sich auf seine Worte, seine Gesetze und Verheißungen eingelassen haben. Das Hören, das genaue Zuhören ist gefragt. Gerade heute: ständige Berieselung durch Töne und Bilder aller Art. Dem können wir kaum entfliehen. Oft sehnen wir uns nach Stille und einem Hören, das alle Nebengeräusche und Nebensächlichkeiten ausblendet. Da hilft es, sich immer wieder Zeit zu nehmen für ein Gespräch mit anderen, mit Gott, mit der Bibel. Sich in die Geschichten hineinzubegeben und sich dann korrigieren und weiterleiten zu lassen. Gott ist kein Stubengott oder Kirchenherrscher. Nicht männlich und nicht weiblich. Kein Naturphänomen, kein machtbesessenes Wesen. Höre, höre genau hin, dass du mehr von Gott erfährst, erahnst, erwartest. Wenn das nicht gelingen will, dann wird Gott uns nicht zürnen oder grollen. Gewiss, Mose durfte wegen des ungehorsamen Volkes nicht das Gelobte Land betreten, aber Gott blieb seinen Kindern treu verbunden. Auch uns, um Jesu willen. In unserer Taufe wurde uns das zugesagt. Das lässt mich – meist – froh und hoffnungsvoll meinen Weg gehen. Diesseits und jenseits des Jordans, in Zeit und Ewigkeit. Begründen oder widerlegen lässt sich heute vieles. Entscheidend bleibt: Was hat wirklich Bedeutung für unser Lieben und Hoffen, für mich persönlich und für unser Miteinander, im Kleinen und im Großen? Ich jedenfalls vertraue gern den Glaubensgeschichten der Bibel.

MARIA JEPSEN

Gott, lehre mich, deinen Verheißungen voll zu vertrauen.

Kann Gott uns egal sein?

Es sind nicht nur schöne, tröstliche Verse, die uns in diesen Tagen vorgelegt werden. Insgeheim wünschen wir uns doch meist den stets lieben Gott. Eifer und Eifersucht, Rache und Rachegelüste werden hier mit Gott verbunden. Das tut weh und ärgert mich. Doch angesichts der Wirklichkeit in unserer Welt kann Gott nicht nur lächeln. Er leidet und lässt sich leidenschaftlich auf seine, unsere Welt ein. Er will, dass Gutes in ihr geschehe. Gott blendet nicht aus, was böse und zerstörerisch ist. Gott zeigt Grenzen und Konsequenzen. Wir sind ihm nicht egal. Von daher möchte ich nicht auf solche schwierigen Texte verzichten, so ratlos ich oftmals diesen Worten und Bildern ausgeliefert bin. Doch ich spüre eben auch, wie ehrlich, wie wahr diese Texte sind. Gesetz und Evangelium gehören zusammen. Sie durchdringen sich und lassen sich nicht voneinander scheiden. Gott bleibt uns ganz nah. Wie ein Freund, wie eine Mutter. Wie eine zweite Haut, wie unter der Haut. Alle Vergleiche sind Versuche, Gott zu begreifen. Wir bekommen ihn nicht in den Griff, und doch kommen wir nicht los von ihm. Alle Gottesvergleiche hinken und sind doch Gehhilfen für unseren Weg heute. So, wie damals beim Gang in das Gelobte Land. In Leid und Freud, in Zeit und Ewigkeit. Biblische Gesetze und Gebote und Rechtsvorschriften sind nicht so etwas wie staatliche Paragraphen oder Vereinssatzungen, deren Einhaltung dann von anderen geprüft werden soll. Gott selber richtet uns nicht nach dem Wortlaut der Vorschriften und Anweisungen. Das bedeutet keinen Freibrief für Ungehorsam, mangelhaftes Zuhören und Eigensinn und sündhaftes Verhalten. Mit seiner langen Rede bläut Moses das dem Volk Israel ein, als Kern die Zehn Worte, die Zehn Gebote, die sich als Worte des Lebens weit über Israel und die Christenheit hinaus erwiesen haben.

MARIA JEPSEN

Gott, lass mich aufmerksam und kritisch werden, bleiben.

Ein Gerüst, das meinem Leben Halt gibt

Was gibt unserem Leben Orientierung? Halten wir uns an bestimmte Regeln? Gibt es Maßstäbe für unser Leben? In dem heutigen Abschnitt gibt es eine Antwort auf diese Fragen: Es sind die Zehn Gebote (Dekalog), die sich auch in einer Fassung mit einigen Unterschieden in Ex 20,2-17 finden. Sie sind nicht vor einigen Jahrzehnten formuliert worden, sie sind vielmehr uralt, wohl mehr als 2500 Jahre alt, und haben viele Menschen begleitet. Auch Jesus fand sie schon vor und lebte mit ihnen, nach ihnen. Ohne Regeln und Maßstäbe gerate ich auf Holzwege und verliere ich die Orientierung. Eine Gesellschaft würde im Chaos und in der Anarchie versinken. Die Gebote sind ein Gerüst, das meinem Leben Halt gibt. Und es ist wichtig: Diese Gebote gelten nicht nur einigen Menschen, sondern allen. Einige Gebote beziehen sich auf das Verhältnis zwischen Gott und Mensch, andere auf die Beziehung zwischen den Menschen. Ein Gebot nimmt ausdrücklich Bezug auf die Geschichte des Volkes Israel: die Befreiung des Volkes aus der ägyptischen Sklaverei. Gleich der Anfang erinnert daran, dass es in den benachbarten Völkern eine Vielgötterei gab. Geradezu eine Revolution: Für Israel gibt es nur einen Gott. Auch lassen die Gebote erkennen: Sie sind in einem landwirtschaftlichen Kontext entstanden. Heute würde man bezüglich des Neids wohl formulieren: Du sollst nicht neidisch sein auf das Auto, den Computer, die Armbanduhr der anderen. Gerade der Neid lässt menschliches Leben nicht gelingen Die Gebote verheißen gelingendes Leben, weil sie göttlichen Ursprungs sind. Sie erinnern daran: Ursprung und Ziel meines Lebens liegen in Gott.

STEFAN DURST

Gott, du trägst und erträgst uns. Dir kann ich eher trauen als mir selbst. Mein Leben ist in deinen Händen besser aufgehoben als in meinen. Erleuchte du meine Augen, dass ich den Weg zu dir finde, mache meine Schritte fest, dass ich vom Weg nicht abirre und mich Schmerzen und Sorgen nicht abstumpfen.

Wollen wir es auch?

Dieser Abschnitt erscheint unübersichtlich, weil er fast ausschließlich aus Gespräch besteht. Gespräch zwischen Gott, Mose und dem Volk Israel. Wer von diesen Dreien spricht zu wem über wen?

Das Erleben von Gottes Herrlichkeit und von seiner Stimme lösen beim Volk Israel verschiedene Reaktionen aus. Sie lassen sich als ehrfürchtige Distanz gegenüber Gott und gleichzeitig als vertrauensvolle Nähe zu Gott beschreiben. Gott wird als der überwältigend Große und geheimnisvoll Andere wahrgenommen. Das Volk Israel ist überzeugt: Wir brauchen einen Mittler zwischen uns und Gott. Weiterhin Gottes Stimme zu hören hätte unseren Tod zur Folge. Also wird Mose der Mittler zwischen Gott und dem Volk. Beide Seiten sind damit einverstanden. In dieser Aufgabe ist Mose einzigartig im AT.

Das Volk bezeugt: Wir wollen hören und tun, was Gott uns sagt und gebietet. So bringt das Volk seine Sehnsucht nach Gott zum Ausdruck in dem Bewusstsein: Von Gott stammt unser Leben, in ihm haben wir ein Ziel. Und gelingendes Leben entfaltet sich auf einem Weg, den er weist. Das Volk war überzeugt: Die Einhaltung der Gebote verheißt Leben. So lässt Gott sich ja ausdrücklich vernehmen.

Können wir das auch sagen: Wir wollen hören und tun, was Gott uns sagt und gebietet? Ist unsere Sehnsucht nach Gott so groß? Israel zumindest hatte erkannt: Unser Leben nach den Geboten Gottes bewegt sich auf verheißungsvollen Bahnen. Segen und Wohlergehen können wir so erfahren!

STEFAN DURST

Du, Gott, weißt um unsere Not und unsere Beschwerden. Lass uns Vertrauen in dich bewahren, auch wenn nicht aufzugehen scheint, was wir gesät haben. Gib uns die Kraft, hinter uns zu lassen, was uns lähmt und niederdrückt. Richte in deiner Güte alles, was durch unser Versagen gestern falsch gelaufen ist.

Zeichen in der Religion

In unserem Abschnitt lesen wir das jüdische Grundbekenntnis zum einzigen Gott, das bei vielen Gelegenheiten gesprochen wird. Und wir lesen die Begründung für zwei Zeichen in der jüdischen Religion. Zum einen sieht man beim Betreten eines jüdischen Hauses und ihrer Zimmer am rechten Türpfosten eine Art Kapsel. Zum anderen legen orthodoxe Juden zum Beten die Gebetsriemen an – am linken Arm mit einer Kapsel und an der Stirn mit einer Kapsel. In den Kapseln befinden sich biblische Texte. Diese Zeichen erinnern einen Juden an den einzigen Gott und seine Gebote. Das offizielle israelische Radioprogramm beginnt um 6 Uhr mit der Rezitation der Verse 4-9 und erinnert so am Anfang des Tages an die Bindung Gottes an das Volk Israel und umgekehrt.

Auch im christlichen Glauben finden sich Zeichen, die das Band zwischen Gott und Christ bewusst machen. Orthodoxe Christen bekreuzigen sich vor Ikonen, verneigen sich und zünden Kerzen an. Ein katholischer Christ bekreuzt sich beim Betreten einer katholischen Kirche mit Weihwasser und erinnert sich so an seine Taufe. Martin Luther empfahl, beim Morgengebet und beim Abendgebet sich zu bekreuzigen. Diese Zeichen erinnern daran, dass ich mit Jesus Christus verbunden bin, und stärken diese Bindung. Da wir nicht nur rationale Wesen sind, können Zeichen für unseren Glauben hilfreich und stärkend sein.

Die Formulierung »das Land, in dem Milch und Honig fließen« taucht 16-mal im AT auf und will ausdrücken: ein Land, in dem es keinen Mangel gibt. Neben den Wohltaten des Landes gilt vor allem: Merken wir uns, dass es nur den einen Gott gibt!

STEFAN DURST

Wir danken dir, Gott, dass du uns nahe bleibst, wenn alle uns den Rücken kehren. Wir danken dir für deinen Schutz auf unseren Wegen, für deine Treue und für deinen Trost. Du bist für uns da.

Glücklich in Gottes Gegenwart

Der Psalm 41 ist insoweit ein besonderer Psalm, schließt er doch das erste Buch der fünf Bücher der Psalmen ab. Eine rabbinische Überlieferung sagt, so wie es die fünf Bücher des Moses gibt, so gibt es von König David die fünf Bücher der Psalmen. Diese werden als Antwort Israels auf die Tora gesehen. In diesem ersten Buch der Psalmen sind die ältesten Psalmen gesammelt, welche König David zugeschrieben werden.

Der Psalm 1 ist der Auftakt zum ersten Buch der Psalmen und beginnt mit: »Selig der Mensch…« oder auch »Wohl dem«, was auch mit »Glücklich ist« übersetzt werden kann. »Glücklich der Mensch, der Lust hat an der Weisung des Herrn« und der letzte Psalm 41 beginnt ebenfalls mit »Selig«: Glücklich ist, wer auf den Schwachen achtet.

Sowohl in der Liebe zur Heiligen Schrift, als auch im achtsamen Blick auf den Schwachen – in beidem wird dem Menschen Gottes Gegenwart zugesprochen, die glücklich macht. Wenn ich mich achtsam von den Worten der Bibel berühren lasse, wird das Auswirkungen auf mein Leben und mein Verhalten gegenüber anderen haben. Mein Blick wird behutsamer und liebevoller werden und ich werde die Sprache Gottes in ihnen entdecken können. Ich kann mir vorstellen, dass dieses Einüben in die Gegenwart Gottes auch mich in meiner Not hält. Der Psalm erzählt von der vielfältigen Not eines Menschen. Ob es seine eigene Trennung von Gott ist, die Feinde, die ihn belächeln, Freunde, die sich abwenden und über ihn lästern. Ausgegrenzt ist dieser Mensch vom Leben – was bleibt, ist das Festhalten daran, dass Gott ihn/sie nicht fallen lässt, sondern aufrichtet, und er/sie Gott sogar in seiner/ihrer Not gegenüberstehen darf. Am Ende dieses Verses steht ein großer Lobgesang auf Gott. Denn jedes der fünf Bücher der Psalmen wird am Ende mit einem solchen Lobpreis auf Gott abgeschlossen. Wir sind eingeladen, mit dem Beter oder der Beterin in das Loben einzustimmen.

DOROTHEA KLEELE-HARTL

Gott, lass uns dich entdecken im Lesen der Schrift, aber auch im achtsamen Blick auf unsere Mitmenschen. Nimm uns hinein in dein Kraftfeld, damit wir aufrecht und glücklich leben.

Ins Gedächtnis geschrieben

Die Grundausstattung eines christlichen Erinnerungskoffers besteht aus wenigen Stücken. Das Vaterunser gehört dazu, der im Konfirmandenunterricht auswendig gelernte Psalm 23, das apostolische Glaubensbekenntnis und die 10 Gebote. Dazu kommen Lieder, die sich mit verschiedenen Lebenssituationen verbinden, und die Bibelverse, die einem bei der Taufe, der Konfirmation und der Trauung ins Buch des Lebens eingeschrieben wurden – Gottesgaben, auswendig gelernt für das inwendige Leben, Zeichen seiner Treue als lebenslanger Begleiter.

Doch Gott kann noch viel mehr schenken als das, was gerade im Gedächtnis gespeichert ist. Er lädt ein zu einem lebenslangen Anreicherungsprozess und so den Koffer nicht nur weiter zu füllen, sondern mit diesem Schatz das Lebens anzuschauen, zu prüfen und zu entscheiden. Mit diesen Angeboten für das Leben wird es auch möglich, sich zu korrigieren, darüber mit anderen im Freundeskreis, in der Gemeinde und der Familie ins Gespräch zu kommen und sich neu zu vergewissern.

Unsere jüdischen Glaubensgeschwister erinnern uns daran, dass ihre Geschichte mit einer großen Befreiung begonnen hat. Sie ist historisch vergangen und doch glaubend immer gegenwärtig, weil Gott durch alle wüsten Zeiten, durch alle Lebensbrüche und trotz aller Verführung, sich an anderen Göttern zu orientieren, immer gegenwärtig ist und bleibt. Wessen Herz mit diesem Schatz voll ist, der wird davon weitererzählen, vor allem den Jungen in der Familie und darüber hinaus.

Das vergegenwärtigende Erinnern verbindet zu einer großen Gemeinschaft, in der die Gerechtigkeit über die eigenen Grenzen hinaus Wohnung nimmt und Kraft zu einem guten Leben verleiht. Wo überall das erfahren und gelebt wird, werden Menschen auf die Idee kommen und sagen: Hier steht schon die Tür zum gelobten Land ein wenig offen.

HANS-JOACHIM ZOBEL

Guter Gott, hab Dank für deine lebensförderlichen Gebote, für Schätze des Glaubens, die wir bekommen haben und die in unser Leben zu verschiedenen Zeit ganz verschieden hilfreich und neu hineinsprechen.

Allerliebste

»Du bist mir der Allerliebste«, sagt der Großvater zu seinem Enkel. Der strahlt über das ganze Gesicht und man merkt ihm an, wie stolz er ist. Dass so etwas sein Opa zu ihm sagt, merkt er sich gut. Die anderen, Bruder und Schwester, hatten es schon immer gewusst, er ist sein Liebling. Ihm liest er am liebsten vor, mit ihm hat er die meiste Geduld, für ihn hat er immer Zeit. Und der Großvater ist bei ihm sehr nachsichtig, sehr zum Ärger der älteren Geschwister. Sie empfinden es als ungerecht, wenn er seinem Liebling etwas durchgehen lässt, aber bei ihnen darauf besteht, dass sie immer gleich nach dem Spielen aufräumen müssen.

Wie bei den Menschen, ist das wohl auch bei Gott gewesen – irgendwann hat es ihm dieses kleine Volk angetan. Er hat in seinem Herzen beschlossen, mit ihm eine Bindung einzugehen, einen Bund – für beide verbindlich! Über Generationen und Jahrhunderte. Dieses Privileg verführt, sich überlegen zu fühlen trotz aller Kleinheit und Schwäche. So geliebt und erwählt zu sein, kann und darf erst recht nicht dazu führen, andere auszugrenzen. Vielmehr ist ganz ernst zu nehmen, dass in dieser immer wieder erwählenden Liebe eine tiefe Treue zum Ausdruck kommt, die in der Weise Wirkung zeigt: Sie lieben ihn zurück, indem sie das ihnen Gebotene halten.

HANS-JOACHIM ZOBEL

Die Liebe zu deinem Volk und die Liebe, die allen Menschen und auch uns gilt, sind Geschenke, die dankbar machen und allen eine unschätzbare Würde verleihen. Hilf, dass wir allen, die du uns begegnen lässt, mit deinem Blick begegnen.

Dreiklänge

Glaube, Liebe, Hoffnung ist wohl der größte biblische Dreiklang, der weit in die säkulare Lebenswelt hineinreicht. Die großen Worte, allesamt Geschenke, eröffnen Horizonte, die Leben erst zum Leben machen. Ihr unermesslicher Wert wird gerade dann gemerkt, wenn es an einem der drei mangelt und das eine oder andere nicht mehr mit Innigkeit gespürt wird. Das große Zusammenspiel dieser drei hat eine immense Tragkraft für gute und für schwere Tage und Zeiten für Einzelne, in Beziehungen und noch zu entdecken für den Zukunftsblick der sich modern und rational verstehenden Menschen.

Lieben, segnen, vermehren – ist hier der große Dreiklang für das verheißungsvolle und versprochene Leben eines Volkes. Der große Bogen für die Bewahrung der Existenz des Volkes Israel ist eingebettet in eine lange Geschichte, an die immer wieder und nimmermüde erinnert wird. Der, der liebt, ist stark und wirkmächtig. Er ist stets neu bereit zu zeigen, dass er auch angesichts mancher Untreue recht einseitig Treue bekundet und bewahrt. Fast im selben Atemzug spricht Gott mal mahnend, mal erinnernd das Volk auf die antwortende Treue an. Und gibt – dennoch! – materielle Sicherheit in Hülle und Fülle, ohne Verluste, ohne Einschränkungen. Welch ein Segen!

Und was ist mit denen, die dafür Platz machen müssen, was ist mit den Opfern? Dieser große Dreiklang hatte – und hat? – einen hohen Preis. Muss das so sein? Muss Furcht vor anderen solche Folgen haben und Fremdenliebe ausgeblendet bleiben? Kann nicht Segen etwas sein, das mit anderen geteilt wird? Muss vermehren immer mit Verdrängen oder gar Vernichten in Zusammenhang gebracht werden? Gibt es keine anderen Möglichkeiten und keine Auswege? Ist hier die Reichweite von Glaube, Liebe, Hoffnung nicht groß genug? Es bleiben Fragen.

HANS-JOACHIM ZOBEL

Gott, du schenkst so Großes. Gib uns die Kraft, deine Geschenke zu leben. Und wo es schwer wird, gib Geduld zu haben und Vertrauen zu bewahren. Deine Langatmigkeit und Treue mögen uns halten. Möge uns deine Liebe zu uns, deine Hoffnung auf uns und dein Glaube an uns stärken.

Alles selbst gemacht?

Der Selfmademan steht für den sprichwörtlichen amerikanischen Traum vom Tellerwäscher zum Millionär in wenigen Jahren – und alles »self made« durch Fleiß und eigene Arbeit. Hut ab, das ist durchaus eine Leistung! Und dennoch spricht unser Bibeltext in Vers 17/18 eine zentrale Wahrheit aus: Was kann man schon wirklich selbst machen, was hat man ganz allein in der Hand? »Alle gute Gabe kommt her von Gott, dem Herrn«, singen wir mit Matthias Claudius am Erntedankfest und wissen, dass er genauso recht hat wie Mose, der in unserem Text mit dem Volk spricht. Alle wichtigen Dinge haben wir nicht in der Hand. Wir verdanken sie – so sagen wir zumindest, wenn es uns gut geht – der Güte Gottes.

Der Hymnus auf ein gelingendes Leben in Vers 12/13 lädt geradezu ein, die Auflistung ins Heute zu übertragen. Vielleicht so: Wenn du dich mit leckeren (regionalen) Lebensmitteln satt gegessen hast und in einer gemütlichen Wohnung wohnst, einen interessanten Beruf ausübst (oder gehabt hast) und auskömmlich verdienst, wenn deine Kinder Bildungschancen haben und ihnen viele Möglichkeiten offen stehen, wenn du mit deinen gesundheitlichen Einschränkungen einigermaßen gut zurechtkommst und du selbstständig deinen Alltag gestalten kannst, wenn deine Kirchengemeinde lebendige Gottesdienste feiert und du ein sinnvolles Ehrenamt zur Ehre Gottes innehast … dann nimm dich in Acht, dass dein Herz nicht hochmütig wird und du den Herrn, deinen Gott, nicht vergisst (V. 14).

Dabei geht es in unserem Textabschnitt nicht nur darum, unseren Fähigkeiten nicht zuzuschreiben, was Geschenk Gottes ist, und die Dankbarkeit nicht zu vergessen. Gott zu preisen reicht nicht (V. 10/11), sondern das Volk soll auch Gottes Gebote befolgen! Sie sind wesentlicher Grundstein für ein gelingendes Miteinander. »Vergiss nicht« meint daher auch immer: Tu das Richtige.

CHRISTINE HAAG-MERZ

Gnadenreicher Gott, wir danken dir für deine Güte und Bewahrung, für all das Gute, das du uns im Leben geschenkt hast. Und wir möchten deinen Geboten folgen, uns in Liebe für Frieden und Gerechtigkeit einsetzen.

Wer kann gegen die Anakiter bestehen?

Unser Textabschnitt beginnt (wie das zentrale Gebet in Kapitel 6,4) mit »Höre, Israel«. Es geht um einen wichtigen Schritt. Die Überschreitung des Jordan steht unmittelbar bevor. Bisher war das Volk fast alleine mit seinem Gott unterwegs, nun muss sich die einzigartige Beziehung zu JHWH inmitten benachbarter Völker bewähren.

Bei dem Sprichwort aus damaliger Zeit bin ich hängen geblieben: »Wer kann gegen die Anakiter bestehen?« (V. 6) Eigentlich eine rhetorische Frage: Niemand konnte diese Leute bezwingen. Die aus Hebron und Umgebung stammenden Nachkommen des Anak waren für ihre außergewöhnliche Körpergröße bekannt und galten wohl als unbesiegbar. Und doch: Die Anakiter wurden gegen alle Wahrscheinlichkeit besiegt, allerdings nicht vom Volk Israel, sondern von JHWH selbst, wie unser Text betont. Interessant auch: In den Versen 4-6 wird deutlich gemacht, dass das Volk Israel keinen Rechtsanspruch auf das Land hat und auch nicht mit seiner Rechtschaffenheit punkten kann. Dass die Einwanderung gelingt, liegt ganz allein an Gottes Versprechen gegenüber Abraham, Isaak und Jakob.

Gegen die Anakiter muss heute niemand mehr kämpfen. Allerdings kennen auch wir Bedrohungen, gegen die wir kaum eine Chance haben, die einfach zu groß für uns sind. Wer kommt schon dagegen an: gegen die Klimakrise, das Artensterben, die vielen Kriege, die Missgunst in meinem Herzen – ich kann wenig dagegen ausrichten und bin auf einen mächtigen Verbündeten angewiesen, so wie das Volk Israel damals.

Wer kann schon gegen die Anakiter bestehen? Für das Volk Israel hat es sich gelohnt zu kämpfen, seinen Weg weiter zu gehen, sich nicht von der Angst lähmen zu lassen, sondern neu auf Gott zu vertrauen. Wir sind nicht alleine unterwegs. Das »Fürchte dich nicht« der Engel aus der Weihnachtsgeschichte ist auch Ende Januar noch deutlich zu hören. Gott sei Dank.

CHRISTINE HAAG-MERZ

Barmherziger Gott, wir haben Angst, unsere Welt ist bedroht, verwundet und verletzlich. Wir bringen dir unsere Sorgen und bitten dich um deinen Beistand beim Kampf gegen die Anakiter der heutigen Zeit.

Auch die schlimmen Geschichten müssen auf den Tisch

Ja, kennen wir doch, die Geschichte vom Goldenen Kalb. Warum reitet unser Textabschnitt schon wieder darauf herum? Muss man ständig von dieser alten Verfehlung erzählen? Mose hat das doch gegenüber Gott bereinigt, die anstößige Skulptur zu Staub verbrannt. Und die Fürbitte des Moses war erfolgreich. Erst überlegte Gott, das Volk Israel zu vernichten und mit Mose als Stammvater einen neuen Anfang zu setzen. Aber so kam es nicht, das inständige Gebet des Mose wurde angenommen. Das ist schon eine Weile her. Und jetzt, wo das Volk Israel drauf und dran ist, endlich sesshaft zu werden, werden die alten Geschichten neu aufgewärmt. Es tut weh, wenn mühsam verheilte Verletzungen neu aufgekratzt werden. Muss man denn immer den Finger in die Wunde legen?

Aus der Seelsorge wissen wir, wie hilfreich es ist, wenn man nicht ausweicht, auch wenn es schmerzhaft wird. Es kann befreiend sein und zur Heilung beitragen, wenn auch die schlimmen Geschichten auf den Tisch kommen. Der sogenannte Bundesbruch durch die Anbetung der Gold-Skulptur steht hier als Beispiel für die sich ständig wiederholende Untreue Israels gegenüber seinem Gott.

Es ist ein »halsstarriges Volk«, heißt es in Vers 13. Und wir müssen zugeben: Ja, so sind wir Menschen, wir sind ein stures, eigensinniges, bockiges, rechthaberisches, uneinsichtiges, starrsinniges, unbelehrbares, kurzatmiges, beratungsresistentes Volk. Daran hat sich seit tausenden von Jahren nichts geändert. Wenn man halsstarrig ist, kann man den Hals nicht mehr bewegen, dann ist kein Perspektivenwechsel mehr möglich, die Blickrichtung bleibt einseitig – meistens auf den eigenen Bauchnabel gerichtet. Dabei kommt es doch vor allem darauf an, den Schöpfer des Himmels und der Erde nicht aus dem Blick zu verlieren, auch wenn dazu ein längerer Atem und ein achtsames Herz notwendig sind.

CHRISTINE HAAG-MERZ

Treuer Gott, immer wieder geht etwas schief, wir können unsere guten Vorsätze nicht einhalten, rennen einem goldenen Kalb hinterher, statt auf dich zu vertrauen. Erbarme dich über uns halsstarrige Menschen.

Gottes Reich!

Bei dem Einsatz für den Schutz der Sonntagsruhe denken wir zunächst einmal daran, dass die Unterbrechung des Alltags uns die Möglichkeit schafft, zur Ruhe zu kommen und Kraft zu schöpfen. Pausen sind lebensnotwendig. Eine weitere Dimension des Sonntags ist, dass wir uns an diesem Tag auch neu der Perspektive unseres Auftrags für die und in der Welt vergewissern und besonders den Blick darauf richten, welche Rolle Gott dabei spielt, denn schließlich ist der Sonntag der Tag des Herrn. Die ersten Christ*innen mussten die Erfahrung machen, dass die Vollendung der Welt nicht unmittelbar bevorsteht; und über die 2000 Jahre braucht es immer wieder einen Impuls, der die Sehnsucht und das Vertrauen in die weltverändernde Kraft Gottes stärkt. Psalm 97 ist dazu ein wirkliches Kraftpaket, denn er stärkt nicht nur das Grundvertrauen, dass Gott da ist, sondern dass Gott kommt. Und wenn Gott kommt, dann läuft der Alltag nicht einfach weiter, sondern die Welt wird anders, wenn Recht und Gerechtigkeit Gottes die Eckpfeiler bilden. Dieser Zustand ist nicht einfach da, vielmehr muss die Gerechtigkeit Gottes errungen werden. Feuer und Blitz lassen an Jesus denken, der sagt: »Ich bin dazu gekommen, Feuer auf die Erde zu werfen.« (Lk 12,49) Und das Bild der schmelzenden Berge im Psalm kann eine echte Herausforderung sein. Es ist viel mehr wandelbar, als wir denken, und nicht erst am Ende der Zeiten. Wir beten und bitten im Vaterunser: Dein Reich komme, dein Wille geschehe. Psalm 97 lässt die Schönheit und Größe dieses Reiches aufscheinen. Wir glauben, dass dieses Reich in Jesus Christus schon begonnen hat, es braucht aber immer wieder neu Schritte und Entscheidungen, damit Recht und Gerechtigkeit Raum greifen. Diese Unterscheidung der Geister und das Vertrauen, dass die Kraft Gottes da ist, liegt auch in unserer Hand. Heute und an jedem neuen Tag.

BEATE GILLES

Du, unser Gott, hilf uns, dein Wirken zu erkennen.

Die Leviten lesen!

Wer weiß schon noch, woher dieser Spruch stammt, »jemandem die Leviten lesen«? Das jedenfalls wäre mein Ansatz. Die haben nun einmal das Gesetz gebrochen, das Gesetz und den Bund. Die haben das selbst verbockt, den lebendigen Gott gegen ein goldenes Kalb eingetauscht. Was soll man da noch reden. Der Bund ist kaputt, die Tafeln zerschmettert. Moses' Wut ist berechtigt. Wenn ich das Sagen hätte, so an Gottes Stelle? Ich würde den Herren den Laufpass geben. Es hat eben nicht sollen sein, »wir haben alles versucht« – einfach schade. Ich würde den Aufwieglern die Leviten lesen und sie dann ihrem Schicksal überlassen. Der Gott Abrahams, Isaaks und Jakobs hat andere Pläne, so total andere Pläne. Er bestellt Aaron ein, nimmt ihn bei der Hand. Wir brauchen neue Steinplatten, eine große Truhe und Personal, Priester, Leviten eben, eine detaillierte Aufgabenbeschreibung. So buchstabiert man Gnade, verehrte/r Leser/in.

Die Rede ist von einem gnädigen Gott, der nicht zulässt, dass der Schlag ins Gesicht, der Bruch des Bundes diese Beziehung ein für alle Mal zunichtemacht. Ein Gott, der Schritt für Schritt sein Volk und dessen Leitungsteam an die Hand nimmt. Das ist der Unterschied zwischen bloßer Schöpfergüte und megagroßer Gnade, handsigniert, in Stein gemeißelt, zweite Chance und mit Beharrlichkeit und Gottes Vertrauen – Gottvertrauen. »Ich bin (doch) der Herr, dein Gott, Israel!« Deshalb werdet ihr die Gebote halten, zum Schutz von Israel und in Liebe zu mir. Tragt die Gebote auf euren Schultern, steht gerade vor mir, dient mir und segnet die Menschen in meinem Namen. Und wenn jemand fragt, »Können wir das irgendwie schriftlich haben? Weil so ganz selbstverständlich ist das wirklich nicht« – dann sagt einfach: »Aber sicher, schön, dass Sie fragen – Deuteronomium/5. Mose 10 folgende.«

HEIKE MILLER

O du gütiger, gnädiger Gott, so ganz tief werden wir die Dimension wohl nie verstehen, die Größendimension, mit der du uns trotz allem aktiv liebst. Danke für alles. Und lass mich jetzt anfangen, ganz von neuem, Gebote leben und Segen austeilen, voll von deiner Zuversicht.

Ein neuer Ansatz

Das war klug. Ich würde genauso handeln. Mit der neuen Kopie ist es nicht getan. Moses hat seine Erfahrungen gemacht. Wir brauchen Anleitung, eine Gebrauchsanweisung, Übung, Privatunterricht. Dass das, was mit den ersten Tafeln geschehen ist, nicht wieder passiert. Das darf nicht zweimal vorkommen. Und so dokumentiert er, im Tagebuchstil: »Ich zurück auf den Berg, mit Ausrüstung, Langzeitcamping in Gottes Gegenwart. Und er hörte mir zu.« Und – hier kommt's, aufgepasst – »Gott war nicht gewillt uns auszulöschen!«, das ist schon mal tröstlich, ein hoffnungsvoller Start! So viel zu einer realistischen, krisenerprobten Führungsgestalt! Moses hat das Leben gesehen. Er weiß zu gut, was alles noch schiefgehen kann, entwickelt Vorsichtsmaßnahmen – sonst läuft alles genau wie zuvor.

Gott liefert, das ganze Kompendium. Fürchtet Gott – im Sinne von Ehrfurcht, lauft in meiner Spur und auf meinen Wegen – das ist so viel wie Gehorsam, liebt und verehrt Gott – wir nennen das Gottesdienst, helft in der Mission – das ist Dienst an Gott. Und dann war da noch eines. Ich bin mir ziemlich sicher, Ehrfurcht, Gehorsam, Gottesdienst, und Mission, da können wir mit, Moses auch, voll guter Absichten, klar, wir müssen noch üben. Haarig wird es beim fünften Aspekt: Bleibt in meinen Geboten, treu und beharrlich, bleibt wie: »festhalten« oder »nicht loslassen« oder »beständig dranbleiben«. Ihr seid noch in der Ausbildung, Moses und Co, macht Fehler, stolpert und fallt. Deshalb wird Gott euch coachen, kritisieren, korrigieren und testen. Bleibt dran! 40 Tage und 40 Nächte eben, Schulung, Crashkurs. Vergesst in allem nicht, Gott ist nicht gewillt, euch mit spirituellem Amateurverständnis davonlaufen zu lassen. So, und nur so wird die zweite Runde anders ausgehen: ohne goldene Kälber und mit Garantie ohne geistliche Langeweile.

HEIKE MILLER

Geduldiger Gott, ohne deine Lektionen in Beständigkeit wäre das ganze Unterfangen von Leben und Leben lernen ohne Sinn. Versprochen, wir bleiben dran, halten fest an deinem Wort. Danke für die Erinnerung.

Kleiner Ausflug in die Vergangenheit

Nein, es geht nicht um eine weitere nostalgische Reise in die Vergangenheit. Von wegen »Wisst ihr noch, wie es sich angefühlt hat, damals?«. Damals, als ihr Sklaven in Ägypten wart. Oder als ihr euch um euch selbst drehtet in Gottverlassenheit und Klagen über Klagen produziertet in der Wüste. Oder als Dathan und Abiram vom Erdboden verschluckt wurden, buchstäblich. Erinnert ihr euch? Das war kein Zufall, oder einfach nur »dumm gelaufen«. Das waren Konsequenzen eurer Sündhaftigkeit, eures Lebens ohne Gott, ohne Gottes Richtlinien und Anweisungen.

Deuteronomium/5. Mose zeigt auf, wie gefährlich das Leben ohne Gott ist. Und dass es nicht zu spät ist, den eingeschlagenen Kurs zu korrigieren. Lernt meine Hausordnung. Lernt sie in- und auswendig. Lernt sie anzuwenden auf eure konkrete Situation und dann befolgt sie auch bitte schön. Es sind nach allem lebensspendende raumschützende Regeln, die euch endlich Befreiung und innere Balance bringen werden.

Wir wissen nach all dem Vorigen, dass das nicht der erste Anlauf einer göttlichen Korrektur war. Wir lernen aber auch, dass der Gott, der sich so um uns sorgt, trotz allem nicht aufgibt. Weil er mit uns und nicht ohne uns leben will. Weil er Männer und Frauen und Kinder immer noch in seinen Heilsplan mit einbaut. Alle sollen dazugehören. Sechsmal (!) in unserem Deuteronomium/5. Mose allein kommt dieses Angebot, diese Aufforderung, oder sollen wir sagen, diese Erinnerung: Lieben, bitte schön! Ihr dürft lernen mich zu lieben. Zurückzulieben. Mit vollem Herzen, hungriger Seele und scharfem gehorchendem Verstand. Dass sich Geschichte doch nicht wiederholt und wir die Zukunft aus Gottes Liebe schreiben.

HEIKE MILLER

Gott der Geschichte, wie klar und einfach sind deine Worte unter uns. Wir wollen Befreiung, wir wollen Frieden, wir sagen ja zu deinen Regeln und deinem himmlischen Plan. Welch eine Geschichte, die du schreibst mit uns. Lass uns unseren Part begreifen, voller Begeisterung folgen und so Teil werden der großen Heilsgeschichte.

Worte für Herz und Seele

Mit diesen Versen endet die hinführende Rahmung der deuteronomischen Kerngesetze. Sie behandeln drei Themen: Die Verpflichtung zur ständigen Vergegenwärtigung der Gebote (V. 18-21) ist schon aus Dtn 6,6-9 bekannt. Hier wird sie vertieft: Die Worte sollen nicht nur auf das Herz, sondern auch auf die »Seele« geschrieben werden und die nachfolgenden Generationen sollen sie lernen, nicht nur wiederholen. Das Bemühen, wirklich das ganze Leben durch die Beziehung zu Gott zu prägen, ist sehr deutlich. Glück und Erfolg kann nur erwarten, wer ununterbrochen Gottes Wort buchstäblich »vor Augen« hat.

In Dtn 11,22-25 wird die Landgabe (V. 22-25) angekündigt und damit Dtn 4,38 wiederholt. Es fällt schwer, den zweiten Abschnitt in einer Zeit zu lesen, in der die Gefahr besteht, dass er politisch instrumentalisiert wird. Deshalb muss berücksichtigt werden, dass der Text in der Situation des Landverlustes entstand. Der Landbesitz ist an die Voraussetzung der Liebe zu Gott und des Gehorsams gegenüber seinen Geboten gebunden. Niemand ist aufgefordert, Völker auszurotten. Der Besitz des Landes ist eine Gabe und setzt entsprechend V. 18-21 die Orientierung des ganzen Lebens an Gott voraus.

Das dritte Thema, Fluch und Segen, weist voraus auf Dtn 28, wo es breit entfaltet wird. Segen oder Fluch sind die Folgen des Umgangs mit den Geboten. Die Verfasser nehmen ihre eigene Lage als Fluch wahr und versuchen, sie als Konsequenz des Abweichens vom vorgeschriebenen Weg zu deuten. In antiker Sprache heißt das: Gott greift von außen in die Geschichte ein und bestraft die Täter. Modern gesprochen: Eine unsolidarische Gesellschaft ist nicht lebensfähig. Menschen, die Gold oder Macht anbeten, belasten die Gemeinschaft. Dagegen bringt ein Ethos der liebevollen Zuwendung zu Schöpfung und Geschöpfen Segen.

ELEONORE REUTER

Gott, lass dein Wort in mein Herz fallen, damit es mich inspiriert bei allem, was ich denke, fühle und tue. Ich will es in meinem Innersten bewahren und beachten. Dann geschieht dein Wille; dann wird dein Reich kommen.

Ein fröhliches Mahl vor Gott

Der Abschnitt eröffnet mit Geboten zum Kultort die Gesetzessammlung von Dtn 12-26. Ausschließlich an der von Gott erwählten »Stätte« darf geopfert werden. Mit der »Stätte«, die Gott als Wohnort erwählen wird, ist der Tempel von Jerusalem gemeint. Alle Heiligtümer der vorisraelitischen Bevölkerung sollen zerstört werden, weil sie im Verdacht stehen, der Verehrung fremder Götter zu dienen.

In zwei Durchgängen werden die Opfer detailliert aufgezählt. Schlachtopfer sind mit einem Mahl verbunden, da nur ein kleiner Teil als Anteil Gottes verbrannt wurde oder dem Kultpersonal zustand. Der größte Teil wurde von der Festgemeinde bei einem Opfermahl verzehrt. So ist die Erwähnung von Freude und Fröhlichkeit naheliegend. Gottesdienst, Opfer, gemeinsames Mahl und Festfreude gehören zusammen.

Durch die Bezeichnung »alles, was eure Hände geschafft haben« entsteht eine Verbindung zum Wochenfest und zum Laubhüttenfest: Der Ernteerfolg hat seinen Ursprung im Segen Gottes (vgl. Dtn 16,9-15). Erfolg ist nicht nur das Ergebnis der eigenen Leistung, sondern immer auch ein Geschenk.

Das Gesetz gilt ab dem Zeitpunkt, an dem Israel »Ruhe vor seinen Feinden« hat und in Sicherheit wohnt. Damit spielt der Text auf die Zeit der Tempelgründung unter Salomo an (1 Kön 8,56). Solche Freude darf nicht bei den Besitzenden selbst aufhören, sondern bezieht Sklaven und Sklavinnen sowie Leviten ein. Auch diejenigen, die kein Land besitzen, erhalten Anteil am Fest. Im Festkalender Dtn 16 werden über die hier aufgeführten Menschen hinaus noch die »Fremden, Waisen und Witwen« ausdrücklich einbezogen. So bekommen Freude und Dankbarkeit eine soziale Dimension. Fröhliche Gottesdienste, an denen alle teilhaben, würde man sich auch für heutige Gemeinden wünschen.

ELEONORE REUTER

Für heute nehme ich mir vor, dir, Gott, zu danken. Vielleicht liegen mir andere Stimmungen näher: Unzufriedenheit, Sorgen, Ärger. Doch gerade dann werde ich aufmerksam hinschauen, was ich geschafft habe, und mich darüber freuen. Auch Kleinigkeiten will ich dankbar wahrnehmen und darin deinen Segen entdecken.

Wenn Opfer nur noch am zentralen Heiligtum möglich sind

Der Text setzt die Vorschriften der V. 1-12 zum erwählten Kultort, dem Tempel von Jerusalem, fort. Durch die Rahmung mit »Nimm dich in Acht!« wirkt er besonders eindringlich. Inhaltlich wird eine Konsequenz aus Dtn 12,1-12 gezogen: Bis zur Kultzentralisation waren alle Schlachtungen kultische Handlungen. Weil es den Menschen aber nicht zumutbar ist, für jede Schlachtung zum Zentralheiligtum zu reisen, werden Schlachtungen profaniert. Sie gelten nicht mehr als Opfer und sind überall im Land erlaubt. Folglich gelten weder für die Schlachttiere noch für die Essenden rituelle Voraussetzungen. Nur das Bluttabu muss immer eingehalten werden, da Blut als Träger der Lebenskraft gilt (vgl. V. 23). Vorher wurde das Blut als Eigentum Gottes auf den Altar gegeben. Da der bei der Profanschlachtung fehlt, muss es auf die Erde geschüttet werden.

Ab V. 17 wird wiederholt, was aus Dtn 12,1-12 bereits bekannt ist: Der einzige legitime Kultort ist der Tempel von Jerusalem.

Opfer waren die wichtigsten rituellen Handlungen. Wenn sie nur noch eingeschränkt vollzogen werden können, hat das Auswirkungen auf die religiöse Praxis insgesamt. Durch die Vorschriften des Dtn war diese Form des Gottesdienstes auf wenige Anlässe im Jahr reduziert. Für das religiöse Leben auf dem Land mussten Ersatzformen entwickelt werden.

70 n. Chr. wurde der Jerusalemer Tempel zerstört. Tieropfer sind seither obsolet. Jüdische Menschen versammeln sich seit fast zweitausend Jahren um die Heilige Schrift zum Gottesdienst. Was würde passieren, wenn heute alle Kirchen vor Ort abgeschafft würden und bestimmte Gottesdienste nur noch in Bischofskirchen stattfinden dürften? Was ändert sich de facto schon heute, wenn Gemeinden keine Geistlichen mehr haben?

ELEONORE REUTER

Gott, wo ist die Stätte, an der du wohnst? Wohin kann ich bringen, was ich dir gelobt habe? Wohin kann ich pilgern, um dich zu finden? Dir gehört die ganze Erde. Wohin ich mich wende, du bist schon da. Erfülle mein Herz mit deiner Gegenwart, damit ich dich in meinem Innersten finde.

Zuspruch

Oh ja, sie zittern, die Völker, tatsächlich, die Welt bebt. Sie sei »aus den Fugen geraten«, ist aus berufenem Munde zu hören, immer wieder. Aber die Völker zittern nicht, es ist kein Beben in der Welt – weil Gott, wie der Psalm behauptet, König ist und über den himmlischen Heerscharen thront. Nein, der, »der alles so herrlich regieret«, spielt beim Zittern und Beben keine Rolle, er hält sich auch auffallend zurück, hält sich raus aus den »Zeitenwenden«, dem Klimawandel, den Krisenszenarien, die uns zittern machen können, unter denen die Welt erbebt.

So weit, so beklagenswert. Allerdings bleibt der Psalm nicht bei der Klage. Er ermutigt uns. Da lese ich etwas von »Stärke«, von »Recht und Gerechtigkeit«, vom Halten der »Zeugnisse und Gebote«. Ein »König« ist da angesprochen, dem diese Worte zugesagt werden. Ist es zu weit gegriffen, wenn wir uns (heute einmal) als eine Art Königinnen und Könige verstehen, die Rechtes tun, das Gerechte fördern und darin stark sein sollen? Ich glaube es nicht. Ich lese diese Zu-Sprüche als Befreiung: Wir müssen nicht bebend und zitternd vor den Ab- und Umbrüchen in der Welt stehen – wir können die Hände regen, etwas tun.

Wir können uns die eigene Stärke bewusst machen – Gott traut sie uns zu. Wir können Gerechtigkeit üben – Gott traut uns zu, zu unterscheiden zwischen dem, was Menschen und der Schöpfung schadet, und dem, was sie erblühen lässt. Wir können »Zeugnis« geben, eintreten für Wert und Würde – Gott traut uns klare Worte und hilfreiche Taten zu. Worauf warten wir?

Etwas Unsicherheit ist freilich im Schwange. Ist das, was mir gerecht und richtig erscheint, tatsächlich recht und gut? Bin ich stark genug für die Herausforderungen? Der Psalm erinnert: »Er erhörte sie!« (Die Alten auf ihrer unsicheren Wüstenwanderung.) Uns – hört er auch! Na dann!

THOMAS WEISS

Gott, du hörst mich, wenn mein Herz bebt und meine Stimme zittert, wenn ich das Nötige nicht wage. Du hörst mich und ermutigst mich, sprichst mir Stärke zu. Sprich laut, sprich so, dass ich es nicht überhören kann, denn ich will mutig sein!

Der Zehnte des Herzens

»Geschenktes Geld kommt zweimal zurück«, sagte mein Großvater immer. Was für mich als Kind wie ein Geheimnis klang, wurde später zu einem wertvollen Lebensprinzip: Geben macht reicher, aber nicht immer auf die Weise, die wir erwarten. Das heutige Bibelwort spricht von einem ähnlichen Prinzip, dem Zehnten. Jahr für Jahr sollten die Israeliten den zehnten Teil ihrer Ernte für Gott abgeben. Dabei geht es jedoch nicht nur um die Abgabe: Sie sollten ihren Zehnten auch in Gemeinschaft vor Gott essen und feiern. Und wenn der Weg zum Heiligtum zu weit ist, durften sie ihr Erbe in Geld umwandeln und das für alles ausgeben, was »ihr Herz wünscht« – in Freude und Dankbarkeit vor Gott.

Dieser Zehnte war mehr als eine bloße Pflicht oder Spende; er war ein Ausdruck des Vertrauens und der Beziehung zu Gott. Indem sie teilten, erlebten die Menschen, dass Gottes Segen in ihrem Leben real war. Sie lernten, dass ihr Wohlstand letztlich ein Geschenk war, das sie nicht nur für sich beanspruchen sollten. Der Zehnte erinnerte sie daran, dass Gott der Geber aller Dinge ist und dass das Leben aus dem Geben wächst. Alle drei Jahre sollten die Menschen einen Teil des Zehnten in ihren Städten für die Bedürftigen zurücklegen. So wird deutlich, dass der Segen Gottes geteilt werden soll, besonders mit denen, die es am meisten brauchen. Das Gebot wird zu einem Lebensstil, der soziale Gerechtigkeit fördert und Beziehungen stärkt. Wer gibt, öffnet sein Herz und seine Hände für andere und erfährt selbst Segen.

Der Zehnte ist also nicht nur eine Frage des Geldes, sondern vor allem eine des Herzens. Mein Großvater hatte recht: Geben bereichert das Leben. Geben ist kein Verlust, sondern Teilhabe an Gottes Fülle. Wer aus vollem Herzen teilt und Freude daran findet, wird beschenkt.

MAGDALENA SMETANA

Gott, ich danke dir für alles, was ich habe. Hilf mir, großzügig zu sein und mit einem offenen Herzen zu teilen, was ich empfangen habe. Lass mich in Liebe und Dankbarkeit geben, damit ich deine Fülle erleben und anderen Segen bringen kann.

Ein modernes Erlassjahr

Es ist eine interessante Vorstellung, dass Schulden alle sieben Jahre erlassen werden sollten. Menschen in Not können durch Schulden in eine verzweifelte Lage geraten. Der Schuldenerlass war eine radikale Maßnahme, um soziale Ungleichheit zu verringern und die Würde eines jeden zu wahren. »Arbeit muss sich wieder lohnen« – dieser Satz steht im Widerspruch zum Bibeltext vom Erlassjahr. Das Motto »Jeder ist seines Glückes Schmied« greift nämlich nicht bei Menschen, deren Arbeit nicht angemessen entlohnt wird, bei Alleinerziehenden, Kranken oder bei Menschen mit Behinderungen, auch nicht bei denjenigen, die trotz harter Arbeit am Existenzminimum leben. Der wirtschaftliche Erfolg hängt nicht nur von individuellem Fleiß ab, sondern auch von Rahmenbedingungen wie Herkunft, Bildung, Gesundheit, fairen Chancen oder einem stabilen politischen Umfeld. Nicht zuletzt ist jeder Wohlstand auch ein Geschenk Gottes, das uns anvertraut wurde und mit dem wir verantwortlich umgehen sollten.

Ich träume von einem modernen Erlassjahr, in dem die Welt innehält, um sich auf das Wesentliche zu besinnen. Ich träume von einem Jahr, das einen Raum für Kreativität, Gemeinschaft und Erneuerung schafft. Wo Schulden erlöschen und Menschen in Freiheit neue Perspektiven finden. Wo Ressourcen gerecht geteilt, Talente getauscht und Nachbarschaften gestaltet werden, die auf Solidarität basieren. Ein Jahr, in dem Vielfalt, nachhaltige Praktiken und das Miteinander gestärkt werden. Was wäre alles möglich – eine Welt, die auf Unterstützung, Respekt, Zusammenhalt und einer gemeinsamen Zukunft aufbaut.

Doch noch ist es nicht so weit. »Denn die Armen werden immer bei euch sein.« Vielleicht ist es eine Einladung, im eigenen Radius gegen Armut und Ungerechtigkeit anzukämpfen und Orte der Barmherzigkeit und Gerechtigkeit zu schaffen. So können wir ein Teil von Gottes Plan werden.

MAGDALENA SMETANA

Gott, du Quelle des Lebens, hilf mir, Verantwortung für das zu tragen, was du mir anvertraut hast. Öffne mein Herz und mache mir Mut, Gerechtigkeit und Barmherzigkeit in die Welt zu tragen.

Frei lassen

Der heutige Text überrascht. Er erzählt von einem Gott, der die Freiheit liebt und fördert – und von einem Menschen, der freilässt, statt festzuhalten. Ein Diener oder eine Dienerin soll nach sechs Jahren in Freiheit ziehen. Und dabei nicht leer ausgehen. Die Regeln verlangen, dass man sie mit Gütern beschenkt – mit Tieren, Getreide, Wein. Wer in die Freiheit geht, soll mit dem ausgestattet werden, was er für einen würdigen Neuanfang braucht.

Dieses Gebot ruft die Erinnerung an die Geschichte Israels wach. Das Volk selbst litt unter der Knechtschaft in Ägypten. Sie kannten das Leid der Sklaverei. Die Befreiung aus Ägypten war ein Moment des tiefen Aufatmens, der Beginn einer neuen Hoffnung. Gott schenkt seinem Volk Befreiung und erinnert daran, dass jeder Mensch Würde und Respekt verdient. Kein Bruder, keine Schwester soll für immer in Sklaverei leben.

Obwohl die Sklaverei abgeschafft wurde, existiert sie in vielen Formen weiter: Kinderarbeit, Zwangsprostitution, Leibeigenschaft und Ausbeutung. Noch immer leiden mehr als 40 Millionen Menschen weltweit unter den Bedingungen der modernen Sklaverei. Diese Realität rüttelt auf und erinnert an die Prinzipien, die Gott seinem Volk gab und die auch heute noch gültig sind. Ein Beispiel dafür findet sich in Artikel 4 der Allgemeinen Erklärung der Menschenrechte von 1948, der von den Vereinten Nationen verabschiedet wurde: »Niemand soll in Sklaverei oder Leibeigenschaft gehalten werden.« Dass es auch wahr wird, dafür können wir selbst etwas tun: bewusst einkaufen, achtsam handeln, den Nächsten achten.

»Lass dir's nicht schwerfallen!« Freiheitsförderung soll kein Opfer, kein Entzug sein, sondern ein Weg, auf dem beide Seiten wachsen und reich werden können. Wer loslässt und die Freiheit des anderen achtet, wird selbst beschenkt – mit einer Weite des Herzens, die ihn freier und reicher macht.

MAGDALENA SMETANA

Gott, du bist der Gott der Freiheit. Hilf mir, die Grenzen der anderen zu achten und ihre Talente zu fördern. Zeige mir, wie Loslassen geht. Lass mich in deiner Liebe wachsen und sie mit anderen teilen.

Ein Festkalender

Feste dienen der Erinnerung. Feste stiften Gemeinschaft. Das ist auch bei den Festen des Volkes Israel der Fall, denen sich unser Text, ein israelitischer Festkalender, zuwendet. Eines der wichtigsten Feste in Israel ist das Passafest, das nach dem deuteronomischen Festprogramm mit dem Mazzotfest, einem ursprünglichen Erntefest, verbunden wurde. Das Passafest erinnert an den Auszug Israels aus dem Sklavenhaus Ägypten. Dieser Auszug ist das Grundereignis im Judentum, gleichsam die Geburtsstunde Israels. Aus Sklaven wurden Freie – mit Hilfe Gottes.

Damals, beim Auszug, musste es schnell gehen. Daran erinnern die Mazzot, die ungesäuerten Brote. Die Frauen konnten nur ungesäuerten Teig auf die Flucht mitnehmen, der dann unterwegs in der Sonne gebacken wurde. Deshalb ist das Passa als Zeichen der Erinnerung bis heute mit diesem einfachen Mahl verbunden. Während Pessach nach dem religiösen Kalender Israels im Monat Nissan (März/April; Dtn 16 nennt die alte Monatsbezeichnung Abib) gefeiert wird, fällt das Wochenfest in den Monat Siwan (Mai/Juni).

Das Wochenfest, das sieben Wochen nach der Getreideernte stattfindet, ist ein Erntefest. Die Menschen dankten Gott für die Ernte, indem sie Gaben darbrachten (Dtn 16,9). Dabei wird vor allem die Festfreude betont, die alle ergreifen soll, auch die Fremden und die Armen (Witwe und Waise). Das Laubhüttenfest, ursprünglich ebenfalls ein Erntefest nach Abschluss der Weinernte, ist im Monat Tischri (September/Oktober) platziert. Es war das wichtigste Wallfahrtsfest im religiösen Jahr und hat seinen Namen von den Hütten, die temporär aus Zweigen von Laubbäumen zum Schutz der Festpilger gebaut wurden. Auch hier ist ein breiter Kreis von Teilnehmenden im Blick. Feste hoben so die sozialen Unterschiede auf, zugleich erinnern sie bis heute an den Segen, den Gott der Gemeinschaft der Glaubenden schenkt.

PETER RIEDE

Gott, hab Dank für die Feste, die wir feiern dürfen. Lass uns durch sie Gemeinschaft untereinander und mit dir erfahren.

Gerechtigkeit

Recht und Gerechtigkeit – ein zentrales Thema, ein Menschheitsthema bis heute.

Um Recht und Gerechtigkeit umzusetzen, braucht es Maßstäbe und Menschen, die diese Maßstäbe im täglichen Leben anwenden, ohne Ansehen der Person. Beruflich sind dafür bis heute Richterinnen und Richter zuständig, sowie Menschen, die in Verwaltungen oder in der Politik arbeiten.

Für diese Berufsgruppen ist Unabhängigkeit notwendig. Es geht darum, nicht nach dem zu urteilen, was eine Person darstellt, und somit keinen zu bevorzugen aufgrund seiner beruflichen Stellung, seiner Herkunft oder seines Besitzes (Dtn 16,19). Das gilt bis heute auch für Menschen in politischen Ämtern. Wer Einfluss hat, kann sich freikaufen, mit seinen finanziellen Mitteln und Möglichkeiten versuchen, Einfluss zu nehmen, manchmal auch mit unlauteren Methoden. Beispiele dafür gibt es bis heute viele. Bestechungen, Geschenke, Vergünstigungen oder Jobversprechen sind seit jeher beliebte Möglichkeiten und Methoden, um andere zu manipulieren und von sich abhängig zu machen. Dann gerät der Grundsatz »Vor dem Gesetz sind alle gleich« ins Wanken, und es entsteht eine Schieflage in der Gesellschaft. Und am Ende verlieren die, die eben nicht zu den Mächtigen und Einflussreichen gehören, weil ihre berechtigten Anliegen verdreht werden, Recht gebeugt und gebrochen wird (vgl. Dtn 16,19).

Nicht umsonst schließt der Text mit der Aufforderung, der gerechten Sache nachzujagen, sie also unablässig im Blick und im Sinn zu behalten und sie auch umzusetzen, damit sie vor lauter Alltagspflichten nicht verloren geht. Denn nur so ist Leben möglich, nur so kann eine Gesellschaft aufgebaut werden, wie Gott sie will – damals wie heute.

PETER RIEDE

Gott, lass mich, lass uns die Gerechtigkeit für alle im Blick behalten. Und hilf, dem Unrecht zu wehren.

Ein Herrscher nach dem Willen Gottes

Jeder Staat, jede Gemeinschaft von Menschen braucht eine Führung. Früher waren es Könige, die ein Land regiert haben. Heute sind es, zumindest in der westlichen Hemisphäre, gewählte Politiker oder Politikerinnen, die versprechen, sich für das Wohl eines Landes und für Gerechtigkeit einzusetzen.

Das Königsgesetz im Deuteronomium/5. Mose nimmt auf die Praxis der Einsetzung einer Führung Bezug und wendet sie auf das Volk Israel an. Dabei fällt auf: Alles, was eine Regierung an der Verwirklichung von Gerechtigkeit hindern könnte, alles, was dazu führen könnte, dass ein Herrscher zum Despoten oder Tyrannen wird, wird in einem Katalog festgeschrieben. Ein gerechter Herrscher soll sich an diesem Katalog orientieren. Zu den Gefahren eines politischen Amtes gehören Militär, persönliche Beziehungen und Reichtum. All das können Einfallstore für Missgunst, Selbstherrlichkeit und Machtmissbrauch sein. Wir sehen es bis heute, wie sich manche Führungspersonen bei Verfehlungen auf diesen Gebieten gebärden und ihre Macht einzusetzen versuchen, um berechtigte Untersuchungen zu verhindern.

Nach den grundsätzlichen Warnungen folgt, was einen König positiv bestimmen soll. Es ist eine Art Leitbild, wie es die im Buch Deuteronomium/5. Mose niedergelegte göttliche Weisung darstellt. Die Bewahrung dieses Leitbildes soll sichergestellt werden durch eine Verschriftlichung. Zudem soll die Aktualität dieses Leitbildes durch eine lebenslange Lektüre garantiert werden, um so immer neu die in der göttlichen Weisung niedergelegten Maßstäbe in Erinnerung zu rufen. Nur so kann das Herz des Königs und damit sein Sinnen und Planen, sein Denken und Handeln von diesen Maßstäben bestimmt werden. Nur so können Selbstgerechtigkeit und Eigennutz verhindert werden, nur so kann der dienende Charakter eines Führungsamtes bewahrt werden. Diese Mahnungen haben eine bleibende Aktualität.

PETER RIEDE

Gott, gib allen, die ein politisches Amt in dieser Welt innehaben, Weisheit für ihre Amtsführung. Hilf ihnen, Gerechtigkeit zu verwirklichen, und lass uns unseren Teil dazu beitragen.

Gewissheit

Gewiss ist der 31. Psalm einer der beliebtesten, einer der Stars am Trostpsalmen-Himmel. Gott als »starker Fels« und »meine Burg«, »meine Stärke« und Gottes »wunderbare Güte« werden mit Inbrunst, mit hellen Melodien (denke ich mir) besungen – da ist sich einer seines Trostes gewiss. Ich möchte da gerne einstimmen – und kann es ganz gewiss nicht.

An Felsen stoße ich mir meist die Knie wund oder ich stolpere über die Steine der unbeantworteten Fragen, Stärke verspüre ich wenig, eher Kraftlosigkeit – und müde bin ich auch, vom Lärm der Alltage, von den Herausforderungen allezeit. Gottes Güte zu sehen, fällt mir schwer – angesichts all des Unguten, das die Welt überzieht Tag um Tag. Aber von allem dem weiß der Psalm auch, er redet nichts schön. Darum – vermute ich – geht es ihm auch um einen echten Trost, nicht um billige Vertröstung; wer dies Lied zuerst gesungen hat, der wusste, wovon er redet.

Darum lege ich meine Fragen und Unsicherheiten einmal kurz zur Seite und höre noch einmal hin. Und mich beeindruckt eine bemerkenswerte Zusicherung. »Sei mir ein Fels«, bittet der Beter, die Beterin – und ergänzt sofort: »Denn du bist mein Fels!« Genau gehört: Da fallen Wunsch und Erfahrung zusammen, da passt nichts mehr zwischen Bitte und Erfüllung. Das ist außerordentlich – auch deshalb, weil es nicht an der großen Glaubenskraft des Beters, an der unerschütterlichen Zuversicht der Beterin liegt. Die haben noch eine Menge zu klagen, gewiss!

Nein, Gott selbst steht dafür ein. Er macht, was ich erhoffe, gewiss – und ich kann hoffen, weil er mir mit Gewissheit zugesagt hat, dass er hört und »mein Gott« ist. Ach ja: Gewissheit! Die ist zu unterscheiden von »Wissen«. Dass er mich »aus dem Netz« zieht, »weiß« ich nicht. Aber er sagt es zu, ich kann mich darauf verlassen. Ich habe sein Wort. Das zählt! Das ist Gewissheit.

THOMAS WEISS

Mein Gott, ich verlasse mich auf dich; ich höre dein Wort und lass es mir gesagt sein, dass du zu deinem Wort stehst. Du wirst mich nicht enttäuschen, denn du bist mein Gott. Da bin ich ganz gewiss – und ruhig.

Prüfet aber alles und das Gute behaltet

Der heutige Text wird in der Übersetzung von Luther durch die Überschrift »Von falscher oder rechter Prophetie« zusammengefasst. Prophet bedeutet: Fürsprecher, Sendbote, Vorhersager. Im Unterschied zu einer nicht-religiös begründeten Prognose und zum Wahrsagen sind Propheten durch den Auftrag einer Gottheit legitimiert. Auf der Basis dieses Auftrages ermahnen Propheten zur Gottesfurcht und zur Treue zu Gott und geben Regeln zum gerechten und gottesfürchtigen Verhalten untereinander. Wir verbinden mit Propheten vor allem die 18 Schriftpropheten des Alten Testamentes. Und das wesentliche Thema des Textes heute ist, wie es in der Überschrift zusammengefasst und in Vers 21 hervorgehoben wird: Wie kann ich merken, welches Wort der Herr geredet hat? Aber stellt sich heute für uns noch die Frage nach der richtigen oder falschen Prophetie?

Was wir auf jeden Fall kennen, ist der Wunsch nach Klarheit und Eindeutigkeit, was sowohl im geistlichen Leben wie aber auch im Alltag richtig ist. Gerade in den heutigen Zeiten mit der Flut von Informationen und Fake News ist das unendlich schwer. Aber die Zeit der Propheten, abgesehen von einzelnen christlichen Religionsgemeinschaften, ist vorbei. Trotzdem hat der heutige Text große Aktualität für uns. In ihm wird die Verantwortung hervorgehoben, zu prüfen, was richtig oder falsch, was gottesfürchtig ist oder nicht. Und noch etwas ist in dem Text erschreckend, aber zugleich in Vers 22 festgehalten. Danach wird erst retroperspektivisch eindeutig festgestellt werden können, was Gottes Wille war. Und gerade die Kombination von verantwortungsvoller und ernsthafter Suche und Prüfung, was Gottes Wille und im Zusammenleben richtig oder falsch ist, gepaart mit der Gewissheit, dass es meine menschliche und eventuell falsche Entscheidung ist, ist eine angesagte Lebenshaltung. Letztendlich wird hier die Jahreslosung 2024 »Prüfet aber alles und das Gute behaltet« in der Sprache des Alten Testamentes ausgedrückt.

ELKE LUISE BARNSTEDT

Vater unser, gib mir die Erkenntnis, das Gute zu sehen und es zu bewahren.

Asyl, ein Element der von Gott vorgegebenen Ordnung

Der Text ist zunächst befremdlich, dann macht seine Aktualität betroffen. Wie die Überschrift in der Fassung nach Luther zusammenfasst, geht es um die Aussonderung von Freistädten als Asyl. Wie das deutsche Strafrecht unterscheidet auch die Rechtsordnung zu Zeiten Moses zwischen Totschlag und Mord. Letzterer ist die erheblich schwererwiegende Tat, weil sie zum Beispiel aus Hass geschieht. Nach dem Strafgesetzbuch ist heute bei niederen Beweggründen ein Mord gegeben. Wegen der Schwere der Schuld bei einem Mord kann er nach Mose mit der Blutrache und damit mit dem Tod geahndet werden. Bei uns kann ein Mord zur schwersten Strafe in Gestalt von lebenslänglicher Haft führen. Ein Totschlag soll aber zu Moses Zeiten nicht den Tod zur Folge haben. Deshalb soll das Volk Israel Freistädte errichten, in die ein Totschläger flüchten kann und wo er davor geschützt ist, getötet zu werden. Damit beinhaltet die Ausweisung von Schutzorten nichts anderes als das, was wir heute Asyl nennen, also den Ort, der verfolgten Menschen Schutz gewährt.

Für mich hat der Text deshalb große Aktualität, weil in Deutschland immer häufiger das Asylrecht in Frage gestellt und in Folge eingeschränkt werden soll. Das Asyl wird bisweilen als eine soziale Wohltat angesehen, die man bei finanziellen Engpässen einfach einschränken oder gar teilweise abschaffen kann. Der Text führt uns vor Augen, dass es erstens das Asyl schon vor mehr als viertausend Jahren gab und damit nicht eine Erfindung des Sozialstaates ist. Zweitens wurde das Asyl von Moses als Gottes Auftrag in die damalige Rechtsordnung aufgenommen. Asyl zu gewähren ist daher eine religiöse Pflicht. Diese viertausend Jahre umfassende Geschichte des Asyls und die Einbettung in die von Gott gegebene Weltordnung im Buch Deuteronomium/5. Mose lässt die politische Debatte um das Asyl in einem anderen Licht erscheinen.

ELKE LUISE BARNSTEDT

Vater unser, gib du uns die Erkenntnis, wann wir im Sinne deiner Weltordnung anderen helfen und ihnen Asyl geben sollen.

Rituale, ein Weg der Bewältigung von Unrecht

Die Überschrift des heutigen Textes nach der Übersetzung von Luther lautet »Sühnung eines Mordes von unbekannter Hand«. Das hört sich wie ein Krimi an. Aber statt nun Regeln aufzustellen, wie der Mörder gefunden und bestraft werden kann, geht der Text einfach davon aus, dass der Täter unbekannt bleibt. Lediglich die pragmatische Annahme, dass der Täter in der Nähe des Opfers sein muss, beinhaltet eine kleine Tendenz zur Annäherung an den Täter. Dies geschieht dadurch, dass die Stadt, die dem Erschlagenen am nächsten gelegen ist, durch genaues Ausmessen ermittelt und den Ältesten dieser Stadt ein Ritual auferlegt wird. Das Ritual ist uns fremd. Aber die diesem Ritual zu Grunde liegenden Gedanken sind auch heute aktuell.

Das öffentliche Ritual mit allen Würdenträgern der Stadt macht das Unrecht öffentlich. Es ist der erste Schritt, um zu verhindern, dass im Verborgenen Mutmaßungen und sogar Rachegelüste entstehen. Damit wird der Gedanke aufgegriffen, dass nicht aufgeklärtes Unrecht Gemeinschaften zerstören kann, indem Misstrauen, Angst, Verdächtigungen und Vorverurteilungen entstehen. Gerade in Deutschland haben wir das mehrfach erlebt: nach dem zweiten Weltkrieg, während der DDR und auch nach der Wiedervereinigung. Die Verarbeitung des nationalsozialistischen Unrechtsstaates hat viele Jahrzehnte gedauert und ist bis heute nicht vollendet. Auch das Unrecht in der DDR ist noch nicht bewältigt. Und gerade, weil die Aufarbeitung und Aufklärung oft nicht möglich sind, gewinnt das Ritual eine besondere Bedeutung: Es soll entlasten und befrieden. In Vers 9 heißt es dazu: »So sollst du das unschuldig vergossene Blut aus deiner Mitte wegtun.« Befriedung durch Ritual, wie könnte das heute aussehen? Und welche Rollen könnten hier die Religionsgemeinschaften haben? Welch befreiende, befriedende und verbindende Wirkung Rituale haben können, zeigt der sich gegenseitig in manchen Gottesdiensten zugesprochene Segen: »Gott sei mit dir.«

ELKE LUISE BARNSTEDT

Vater unser, zeige du uns Wege zur Befriedung nach ungeklärtem Unrecht und Verletzungen.

Nächstenliebe – konkret im alltäglichen Miteinander

Das neutestamentliche Gebot der Nächstenliebe wird oft genug im Sinne einer gefühlsbetonten Zuneigung (miss-)verstanden. Die alttestamentliche Gesetzgebung, insbesondere die des Deuteronomium/5. Moses, kann hier ein Stück korrigierend wirken, insofern sie ganz nüchtern bestimmte Verhaltensweisen im alltäglichen Miteinander vorschreibt. Ihr liegen dabei zwei Prinzipien zugrunde. Das eine ist die Wahrnehmung des Angehörigen des eigenen Volkes als »Bruder« oder »Schwester« (vgl. Dtn 15,7), womit jegliche soziale Hierarchie relativiert wird, das zweite – damit zusammenhängend – ist das befreiende Handeln Gottes an Israel, dem einstigen Sklaven (!) bei seinem Auszug aus Ägypten. Letzteres führt sogar dazu, dass Israel verpflichtet ist, auch das Recht des Fremden zu achten und damit auch diesen zumindest ansatzweise wie den eigenen Mitbürger zu behandeln (vgl. V. 17), um nicht dem Pharao in seinem unterdrückenden Handeln zu gleichen. Liebe zum Nächsten wird in Dtn 24,6-22 (Ausnahme: V. 8f und 16) vor allem als achtsames Handeln gegenüber den Schwächsten in der Gesellschaft verstanden, jenen Menschen also, die in Gefahr stehen, unter die Räder zu kommen. Konkret wird dies in scheinbaren Kleinigkeiten: Die Handmühle, mit denen der tägliche Bedarf an Brotgetreide gemahlen wird, darf nicht als Pfand genommen werden (V. 6), ähnlich wie der Mantel, der auch als eine Art Schlafsack diente (V. 13). Hier existiert sogar als epigraphischer Text die aus dem 8. Jahrhundert v. Chr. stammende Bittschrift eines Erntearbeiters an seinen Vorgesetzten, die belegt, dass gegen diese Vorschrift offensichtlich immer wieder verstoßen wurde.

In jedem Fall erinnern uns diese Vorschriften daran, dass Nächstenliebe dort beginnt, wo man auch in scheinbar geringfügigen Dingen Benachteiligungen zu vermeiden sucht, was wiederum belegt, dass der Gott der Bibel vor allem ein Gott der kleinen Leute ist.

BURKARD M. ZAPFF

Herr gib mir Augen und ein Gespür für die gerechten Anliegen der Menschen, mit denen ich täglich zu tun habe!

»Die Würde des Menschen ist unantastbar« (GG 1,1)

Auf den ersten Blick scheinen diese Gesetzesvorschriften mit unserer Zeit nichts zu tun zu haben, spiegelt sich hier doch eine völlig fremde Welt und Gesellschaft mit ganz anderen Verhaltensformen und Situationen, in die wohl kaum jemand von uns kommen wird. So fragt man sich nicht nur, wieso ein solcher Text heute noch als heilige Schrift gilt, sondern auch, ob und in welcher Form sich hier überhaupt eine Brücke zu heutigem Verhalten bauen lässt. Und doch, auch wenn die Vorschriften so unterschiedlich sind, stehen im Hintergrund ein Menschenbild und eine grundsätzliche Verhaltensnorm, die durchaus auch heute noch Gültigkeit beanspruchen kann. Jenes den Sinn der Vorschriften erschließende Stichwort ist wohl das von der Entehrung, von der V. 3 spricht. »Entehrung« bedeutet, dass jemand in seiner Würde herabgesetzt wird. Und tatsächlich geht es in allen Vorschriften um die Wahrung der Würde eines Menschen. Dies gilt, wenn dieser schuldig geworden ist (so V. 1-3), wenn die Gefahr besteht, dass sein Andenken in Vergessenheit gerät und er damit nach seinem Tod aus dem Gottesvolk ausscheidet (so V. 5-10), oder auch, wenn es um die Wahrung der Intimsphäre eines Menschen durch die Gefahr von Übergriffigkeit geht (V. 11f.). Selbst die dem Menschen unterstellten Geschöpfe haben Anspruch auf eine faire Behandlung (V. 4).

Von daher lassen sich dann doch Anknüpfungspunkte für heute finden. Welches Image hat für uns ein Vorbestrafter? Legen wir ihn für alle Zeiten auf seine Vergehen fest, so dass die Strafe im Grunde endlos währt? Wie achten wir die Ehre und das Andenken eines Menschen, der von uns gegangen ist? Über einen Frisch-Verstorbenen soll man ja bekanntlich nicht schlecht reden. Achten wir die leibliche und seelische Intimsphäre eines Menschen – entgegen der Neigung einer Gesellschaft, Menschen bloß zu stellen? Und schließlich: Liegt uns auch das »Tierwohl« am Herzen?

BURKARD M. ZAPFF

Gib, Herr, dass ich darum bemüht bin, andere nach denselben Maßstäben zu beurteilen und zu behandeln, wie ich selbst behandelt werden möchte!

Dank wird konkret

»Kleines heilsgeschichtliches Credo«, so wird das entsprechend V. 5b-9 von den israelitischen Bauern abzulegende Bekenntnis in der alttestamentlichen Wissenschaft genannt. Tatsächlich schildert es die wichtigsten Stationen des Heilswirkens Gottes in der Entstehungsgeschichte Israels. So soll Israel zurückblicken auf die einstige Mehrungsverheißung Gottes an Abraham (Gen 12,2), die es nun erfüllt sieht, auf die dramatische und gefährliche Situation seiner Unterdrückung in Ägypten (Ex 1,11.13f.) und auf das darauf antwortende befreiende Handeln Gottes bei seinem Auszug aus Ägypten (Ex 13/14) und schließlich – sozusagen als Gegenstück zum »Sklavenhaus« (vgl. Dtn 5,6) Ägypten – die Gabe des Verheißungslandes, welches in paradiesischen Zügen (»wo Milch und Honig fließen«) beschrieben wird. Dass dieses Bekenntnis im Zusammenhang mit der Gabe eines Teils der Erstlingsfrüchte im Sinne einer Bestätigung der Landgabe durch Gott erfolgen soll, lässt JHWH als den eigentlichen Landbesitzer erscheinen, dem sein Pächter – Israel – nun seine Abgabe leistet. Doch dies geschieht nicht in enger Verbissenheit, sondern verbindet sich mit Freude. Ja, diese Freude wird ausdrücklich angeordnet als eine Haltung, die dem Gottesvolk zu eigen sein soll (V. 11). Die Gaben sind dabei nicht als Opfer gedacht, sondern dienen der Versorgung der Priester und notleidenden Personen im Gottesvolk (V. 13b) und darüber hinaus (»Fremde«). Die Freude soll also alle ergreifen, so dass sich Israel wohltuend vom unterdrückerischen Handeln des Pharaos absetzt. Der Dank bleibt somit nicht beim Wort stehen, sondern wird zur Tat. Dies ist der wahre Gottesdienst Israels. Im Grunde genommen wird damit auch heutiges kirchliches Handeln vorgeprägt. Die dankende Rückschau auf die Heilstaten Gottes in Tod und Auferstehung Christi fließt ein in die tätige Sorge um das Heil der Menschheit.

BURKARD M. ZAPFF

Herr, bewahre mich davor, dass mein dankendes Gebet zur hohlen Phrase wird, sondern lass es Konsequenzen haben in meinem Tun.

Stärkung der Resilienz

Man stelle sich den Psalm als Ausschnitt einer Zeremonie in Altisraels Tempelgottesdienst vor: Ein Priester verabschiedet eine kleine Pilger-Gruppe und vergewissert sie der göttlichen Bewahrung vor den Mächten des Bösen. Nach einem persönlichen Bekenntnis (V.1-2) spricht er mit Segensgebärde den höheren Schutz zu (V.3-13) und spielt, um die Wirkung noch zu verstärken, in V.14-16 ein Gotteswort ein. Vielleicht trägt dieses ein zweiter Priester vor.

Der Psalm malt den Teufel buchstäblich an die Wand. Die Szenen, die er in »Überblendungen« vor Augen führt, verstehen wir heute noch: den Tod des vom Jäger gejagten »Vogels« (V.3), die Aggressivität von Epidemien, in denen dämonische Verderber agieren (V.5-6), die Not des Einzelnen in den Schrecken des Kriegs (V.7-8). Aber der Psalm beruhigt diese Ur-Ängste durch Symbol-Bilder, in denen Gott seine Engel für uns aufbietet oder uns unter seine Flügel nimmt (V.3.11-12). Ja, Gott wird uns Widerstandskraft schenken gegen Attacken des Ur-Bösen (»Löwen« und »Drachen«) (V.13). V.14-16 geben dem Schutzsuchenden Hoffnung über den Tod hinaus (vgl. Ps 73,24!).

Einer selbstherrlichen Inanspruchnahme von Ps 91,11-13 schiebt Jesus indes einen Riegel vor: Austesten von Ps 91,11f entlarvt er als »teuflisch«, hieße es doch, Gott versuchen, über Ihn verfügen wollen (Lk 4,9-12). Andererseits sieht Jesus jene siebzig von ihm eingewiesenen und bevollmächtigten Helfer, welche seelisch kranke oder geistesverwirrte Menschen von ihren Dämonien zu befreien vermochten, im Lichte von Ps 91,10.13 (Lk 10,19).

Die Worte von Ps 91,10-13 hören wir heutzutage oft in der Melodie des beliebten Mendelssohn-Stückes »Denn er hat seinen Engeln befohlen« oder im Abendlied von Paul Gerhardt: »… Dies Kind soll unverletzet sein.« Lassen wir sie uns doch gefallen, lassen wir sie ins Innere dringen, das Herz festigen in den Schrecken der Nächte.

WERNER GRIMM

Breit aus die Flügel beide … Will Satan mich verschlingen, so lass die Engel singen: »Dies Kind soll unverletzet sein.«

Ecksteine der geistlichen Gemeinschaft: Die Hl. Schrift, das Hl. Mahl, die Meditation

Hier finden wir in dem großen Buch der Weisungen einen besonderen Einschub: den Ablaufplan, sozusagen das Drehbuch, für den Tag, an dem die Stämme Israels auf dem Rückweg aus der babylonischen Gefangenschaft den Jordan überqueren und in das Land Kanaan einziehen. Als Erstes sollen sämtliche Weisungen Gottes auf steinerne Stelen aufgeschrieben werden. Das gleicht einer Regelung, die im ersten Jahrtausend v. Chr. in Mesopotamien galt: Die wesentlichen Merkmale eines Grundstücks (hier: »Land, in dem Milch und Honig fließt«) und die Eigentumsrechte wurden an der Grundstücksgrenze auf einer Steintafel aufgezeichnet. Die Stelen sollen auf dem Berg Garizim (eine andere Überlieferung sagt, auf dem Berg Ebal) aufgestellt werden.

Der zweite Akt: Es soll ein Altar aus Feldsteinen errichtet werden. Naturbelassen sollen diese Steine sein, nicht durch den Eingriff des Menschen verändert, gleichsam heilig. An diesem Altar soll das Opfermahl gefeiert werden, das Festmahl der Gemeinschaft mit Gott. Fröhlich! Wie eine Eucharistiefeier, ein Dank-Mahl.

Als Drittes geht es um die Stille, die schweigende Meditation (Besinnung auf die Mitte). Eingeleitet mit dem Ruf »Sch'ma, Israel« – »Höre, du Volk Israel« wird diese Mitte genannt: Du bist Gottes Volk. Diese Grundkunde, Gottes Volk zu sein (vgl. Dtn 6,4 ff), wird bis heute täglich in den jüdischen Häusern und Synagogen rezitiert. Wer dies mit christlichen Ohren hört, erkennt unschwer die Analogien zu ein paar Ecksteinen der christlichen Spiritualität: die Schrift, das heilige Mahl, die Meditation – und die Besinnung darauf, dass wir nicht nur als Individuen auf Gott vertrauen, sondern zu der »Gemeinschaft der Heiligen« gehören.

ALBRECHT SUDERMANN

Großer Vater, ich reihe mich ein in die große, alte Kette der Vertrauenden, derer, die auf dich vertrauen, dankend, staunend, dazu gehörend.

Für uns fremd: Flüche anstelle von Geboten

Im heutigen Palästina, im Westjordanland, liegt die Stadt Nablus, das biblische Sichem. Nördlich davon ragt der Berg Ebal auf (heute: Ibal, 938 m), im Süden der Stadt erhebt sich steil der Berg Garizim (heute: Garizim, 881 m). Auf dem Garizim befand sich zeitweise (bis ins 2. Jahrhundert n. Chr.) der Tempel der Samariter, sozusagen die religiöse Konkurrenz zum Berg Zion in Jerusalem. Zwischen diese beiden Berge Garizim und Ebal platzieren die Autoren des Deuteronomium/5. Mose eine beeindruckende Szene: Das Volk Israel teilt sich in zwei große Gruppen auf. Sechs Stämme sind mit dem Rücken zum Garizim aufmarschiert, gegenüber stehen sechs Stämme vor dem Ebal. Der Stamm Levi hat die Sonderrolle, Rechtssätze feierlich zu verkünden (man hört fast die Leviten im Chor rufen), auf die das versammelte Volk auf beiden Seiten des Tales laut mit Amen (»So soll es sein«) antwortet.

In Gestalt von zwölf Fluchworten werden hier Vergehen sanktioniert, die im Verborgenen geschehen, Vergehen also, die, weil nicht sichtbar, meist nicht beweisbar sind. Der Fluch stellt so etwas wie ein automatisches Urteil dar: Der Täter ist im Un-Heil. Mit dem Fluchspruch, der in früheren Zeiten dem Familien- oder Stammesoberhaupt vorbehalten war, war der Täter exkommuniziert.

Wir kennen solches Fluchrecht nicht mehr, weshalb aber die hier genannten Verbote keineswegs überholt sind. Nehmen wir sie als ernste Hinweise, zum Beispiel die Eltern zu stützen, den Nachbarn zu respektieren, Migrantenrechte zu achten oder das Inzesttabu zu beachten. Lesern der Lutherbibel empfehle ich, zum besseren Verstehen auch die Einheitsübersetzung zu lesen.

ALBRECHT SUDERMANN

Herr, wenn ich nicht weiß, was jetzt richtig ist oder ob ich vielleicht Böses bewirke, vertraue ich auf deinen Geist und auf seine Hinweise.

Gott ist dir nahe, Gott ist dein Leben

Wir lesen ein Stück der großen Rede des Moses an das Volk Israel; mal spricht er es mit »Ihr«, mal mit »Du« an. Aber jeder Leser heute darf sich durch das alte Wort auch ganz persönlich, ganz gegenwärtig angesprochen fühlen. Viermal steht hier das Wort »nicht«: Das, was Gott dir aufgibt und zusagt, ist nicht zu hoch, nicht weit weg, nicht im Himmel, nicht jenseits des Meeres. »Das Wort ist ganz nah bei dir, in deinem Herzen.« Für die Alten war das ein sensationeller Klang: Der große Gott, der größer ist als unser Verstand, ganz nah! In dir!

Auch, wenn es uns seit der Botschaft von Jesus leicht über die Lippen geht, »Gott ist uns nahe«, schauen wir doch einmal – jeder für sich – auf unseren Gottesbegriff! Sind da nicht Klänge von »hoch«, »mächtig«, »groß«, »oben«? Meist gepaart mit der Vorstellung eines sich zu uns herabneigenden Gottes, wo wir dann die Begriffe »Gnade«, »Barmherzigkeit« oder »Liebe Gottes« lokalisieren.

In dem heutigen Text wird uns die Nähe Gottes viel radikaler »nahe« gebracht: Gott ist Leben, Gott ist unser Leben: das Leben eines jeden einzelnen, aber auch das Leben (die Substanz) des Gottesvolkes. In meinem Atmen erlebe ich Gott. In der spirituellen Gemeinschaft erleben wir Gott.

Bei dem Wort »auswählen« (V. 19) ist in der Bibel meist Gott das Subjekt; Gott, der sich sein Volk wie eine Braut auswählt. Hier die Aufforderung, die Einladung an uns: Wähle das Leben, wähle Gott! Wie man einen Geliebten »wählt« (siehe auch V. 6, wo das noch viel erotischer klingt).

Dass diese Liebesbeziehung zu Gott damals auch einen geografischen Ort hatte, westlich des Jordans, das katapultiert uns schmerzhaft in unsere politische Wirklichkeit.

ALBRECHT SUDERMANN

Unser Vater, ich danke dir für deine Nähe, die ich in jedem Atemzug spüre. Ich bitte dich um deine Nähe für die Menschen in den Kriegs- und Krisengebieten.

Gott und kein Ende

Verabschiedet sich Gott von seinem Volk, wenn Mose stirbt? Unvermittelt stellt sich diese Frage. Auf einmal ist Glauben nicht mehr selbstverständlich. Das ist neu für sie. Mit Mose haben sie bisher alles erlebt, was ihren Glauben ausmacht. Mose war da und Gott war bei ihnen. Mit ihm lassen sie die Last der Vergangenheit hinter sich. Mit ihm vertrauen sie den neuen Wegen, auf die Gott sie weist. Mose ist das Gesicht für Gottes Nähe. Wer steht ab sofort ein für Gottes Zusage?

Vor solchen Einschnitten sind wir nicht gefeit. Glaubensstützen wanken. Kirchen, die uns von Kindheit an vertraut waren, können nicht mehr unterhalten werden. Ich muss plötzlich ohne den Menschen an meiner Seite weiterleben. Gesellschaftliche Entwicklungen erschüttern mich bald jeden Tag. Wie findet mein Glaube da Halt?

Bleibt Gott beim Volk in der neuen Situation? Die Antwort erfolgt prompt. Zweimal lesen wir sie im Abschnitt. Gott wiederholt sich gerne. So prägt sie sich auch uns ein. Fürchtet euch nicht. Gott zieht weiter mit euch, heute und ganz gewiss an jedem neuen Tag. Seine Zusage bleibt, und Gott gibt noch ein Zubrot. Sie bekommen wieder ein Gesicht für ihre Verbundenheit mit Gott. Gott sorgt für beides parallel: Zuspruch und Zubrot.

Glaube braucht einen Halt. Wir glauben nicht im luftleeren Raum. Ich finde ihn im guten Wort Gottes und dazu in dem, was ihn auch stützt: Ich gehe meinen Weg zum Gottesdienst. Ich schlage täglich ein Buch auf, das mich in die Gemeinschaft mit vielen anderen stellt.

Josua ist der Name für die Verlässlichkeit Gottes. Für uns steht seit Weihnachten ein anderer Name für die bleibende Verbundenheit mit Gott. Gott geht uns weiter voran, auch wenn sich in unserem Leben oder weltweit vieles verändert. Gut, vorläufig durch die Wüste, aber in Richtung Reich Gottes.

HANSFRIEDER ZUMKEHR

Gott, nicht immer kann ich dich spüren. Mich belasten die vielen Veränderungen. Ich bin unsicher. Bist du noch bei mir? Danke, dass ich deiner Zusage vertrauen kann. Danke, dass es Menschen gibt, die mit mir auf demselben Weg sind. Daran will ich mich halten, heute und morgen.

Gott und kein Vergleich

Israel hat einen unvergleichlichen Gott, denke ich. Sie erinnern sich an die Glut eines feurigen Sonnenaufgangs im Gebirge, wenn sie an Gott denken. Das Gesetz aus Gottes Hand bahnt ihnen den Weg für ein Leben in Freiheit. Sie wissen sich gesegnet mit einem Gott, der gönnt. Sie bringen Gott mit Lebensfülle in Verbindung, mit Genuss, mit Wohlstand, wenn man so will. Sie haben mit einem Gott voller Energie zu tun, die vom Himmel auf die Erde und in ihr Leben überfließt. Ich beneide das Volk ein wenig für seine kraftvolle Vorstellung von Gott, auch wenn mir nicht alles nahekommt.

Welche Vorstellungen verbinden wir mit Gott? Andächtige Stille, dachte ich zunächst, vielleicht einen heiligen Raum, zuweilen gefüllt mit spiritueller Langeweile. Aber dann stoße ich auf Worte voller Saft und Kraft auch bei uns. Gott gönnt uns. Wir haben seine guten Worte. Sie sind dazu da, dass wir sie uns auf der Zunge zergehen lassen. Wir sollen die Freundlichkeit Gottes schmecken und sehen.

Wir singen vom Kraftstrom zwischen Gott und uns Menschen, von Wärme und Licht in seinem Angesicht. Wir trauen Gott zu, dass er uns bewahrt vor dem Bösen. Gottes Arme fangen uns auf. Gott ist die Schutzwaffe gegen unsere Feinde. Eine Befürchtung von mir löst sich in Luft auf. Sorgen, die ich mir mache – plötzlich winseln sie um Gnade, und ich kann sie überlegen abziehen lassen.

Erscheint nicht auch ein Glanz in unserer Welt, mitten im Dunkel, wenn Gott zu uns kommt? Ein Glanz in unserem Leben, wenn die Engel singen »Fürchtet euch nicht«. Ein Strahlen im Gesicht, wenn wir am Ostermorgen die Botschaft vom Sieg über den Tod hören. Gott ist unvergleichlich. Und wir können immer wieder neue Seiten an Gott entdecken.

HANSFRIEDER ZUMKEHR

Wir vergessen, Gott, dass du uns reich beschenkst. Unsere Worte sind oft blass, wenn wir von dir sprechen. Wir wollen uns damit nicht zufriedengeben. Lass uns aus deiner Fülle leben. Lass uns eine Sprache finden für den Glanz, den du in unsere Welt bringst.

Gott und ein Augen-Blick

Gott gönnt Mose diesen Augenblick und Ausblick. Zwar erreicht Mose sein Lebensziel nicht, aber er darf schauen, was er geglaubt und wofür er sich eingesetzt hat. Mose umfasst in einem Augen-Blick das Land und betritt es damit schon. In diesem Augen-Blick verwandelt sich Glauben in Schauen. Gott geht mit seinen Leuten weiter in die Zukunft. Denn die Zukunft ist sein Land. Mose kann sie erahnen.

Ist es für uns heute anders? Das Reich Gottes, das wir ersehnen, liegt hinter der Grenze von Hier und Jetzt. Wann es Wirklichkeit wird, wissen wir nicht. Gott ermöglicht uns aber Augen-Blicke und Ausblicke auf sein Reich. Sie sind Gottes Erfüllungsgehilfen. Damit wir unbeirrt weiter beten und vertrauen darauf, dass wir auf Gottes neue Welt zugehen. Sein Reich komme.

Von seinem Standpunkt aus konnte Mose übrigens nicht wirklich das ganze Land überblicken, und doch hat er es voll erfasst. Das erfahren auch wir in manchen Augenblicken. Da erfassen wir intuitiv das Ganze des Reiches Gottes. Und dann arbeiten wir ihm in vielen Einzelaktionen entgegen. Wir beackern das Feld Frieden. Andere erkämpfen ein paar Quadratmeter Gerechtigkeit. Manche sorgen dafür, dass mehr Menschen das tägliche Brot bekommen. Sein Wille geschehe.

Warum bestattet Gott Mose an einem unbekannten Ort? Dadurch ist eine Wallfahrt in die Vergangenheit nicht möglich. Wo viele ihren Glauben konsequent gelebt haben. Vergangenes bekommt keine Macht über die Gegenwart. Der Blick soll sich voraus auf den vor uns liegenden Weg richten. Noch leben wir in der Spannung zwischen Gottes Zusagen und ihrer Verwirklichung. Das ist unsere Grenze, die wir nicht überschreiten. Die Spanne zwischen unserer Bitte jetzt und der Erfüllung dann, wo die Welt erlöst ist von allem Leid und Schmerz. Erlöse uns von dem Bösen. Diese Zeit – Gott kommt.

HANSFRIEDER ZUMKEHR

Gott, schenke uns immer wieder Einblicke in dein Reich, wo es heute schon unter uns aufleuchtet, wo dein Wille jetzt schon geschieht in unserer Welt. Erfülle uns heute einen Augenblick lang mit diesem Ausblick auf deine Welt, auf die wir zugehen, bis du kommst.

Mehr geht kaum

Mehr geht kaum. Eine schwere schmerzhafte, vielleicht ansteckende Krankheit, die andere abschreckt, dazu Schuldgefühle und boshafte Feinde. Offensichtlich reicht hier die Kraft gerade noch zum lauten Klagen.

Ich sitze als gesunde Mitteleuropäerin des 21. Jahrhunderts im Warmen und spüre eine ziemliche Entfernung zu diesem Text. Zu dieser vehementen Klage. Würde ich es wagen zu sagen, dass er mit dem Jammern aufhören soll, dass es so schlimm nicht sein kann, dass wir schließlich in Verhältnissen wohnen, wo es medizinische Möglichkeiten für Heilung oder zumindest Linderung gibt?

Würde ich dann, als Seelsorgerin, auf diesen – aus meiner Sicht nicht berechtigten – Tun- Ergehen-Zusammenhang eingehen und vorsichtig erläutern, dass ich nicht an einen Gott glaube, der uns für unser Fehlverhalten eins zu eins bestraft? Oder denke ich eher an Orte dieser Welt, wo es nicht wenige Menschen gibt, denen es genauso geht wie im Psalm beschrieben. Es gab im Jahr 2024 mehr Kriege als je zuvor auf diesem Planeten. Würde ich für jene sagen: Das ist für euch aufgeschrieben, nicht für mich. Das ist ein Gebet, das erst einmal zeigt, dass unser Gott genau mit denen ist, denen es so furchtbar geht wie euch?

Ich weiß es nicht. Ich weiß nur, dass in der Bibel und besonders in den Psalmen Platz ist für die volle Breite dessen, was wir Menschen empfinden und auch durchmachen können – eben auch das, was an Schmerz, Angst und Verzweiflung überhaupt denkbar ist.

Nicht selten gibt es – auch in Mitteleuropa im 21. Jahrhundert – keine schnelle Lösung und auch keine rasche Heilung. Aber manchmal ist es schon gut, wenn das Elend wenigstens beschrieben werden kann und einer – oder eine – einfach zuhört. Und das auch noch: Es geht vielleicht gar nicht um mich, sondern um etwas, das ich nicht vergessen oder verdrängen sollte, sondern wenigstens anschauen. Also nicht wegschauen. Auch wenn mir sonst nichts einfällt, was ich tun könnte. Anschauen.

FRIEDERIKE VON KIRCHBACH

Lass mich, Gott, wenigstens zuhören oder nicht wegschauen, wenn ich Zeugin von etwas bin, das mich erschreckt und hilflos macht.

Es lag aber einer krank...

Es lag aber einer krank…: So beginnt die Geschichte, die vom letzten und größten Zeichen erzählt, das Jesus im Johannesevangelium tut. Die Geschichte ist lang und kompliziert: Da verzögern sich Dinge, Menschen verstehen einander miss. Seltsam ungereimt kommt manches daher, immer wieder tun sich verwirrende Nebenschauplätze auf.

Es lag aber einer krank…: Viele Geschichten beginnen so. Unzählige gehen gut aus, andere ziehen sich quälend dahin mit einem zermürbenden Wechsel von Zuversicht und Verzweiflung. »Gekämpft, gehofft und doch verloren«: So steht es manchmal am Ende solcher Geschichten über der Todesanzeige. Und »Jesus blieb noch zwei Tage an dem Ort, an dem er war.« Obwohl sie ihm Nachricht gegeben haben, wie dringend sie auf ihn warten. Wenn ein Menschenleben gerettet werden soll, dann zählt jede Minute, mitunter sogar jede Sekunde. Und »Jesus blieb noch zwei Tage an dem Ort, wo er war.« Wieviel erlebtes Elend liegt in diesem kurzen Satz, wieviel vergebliches Warten auf Gottes Eingreifen, wieviel enttäuschter Glaube. All die unzähligen Gebete sind darin, die anscheinend nicht weiter reichen als bis zur Zimmerdecke. Jesus lässt sich Zeit. Dabei hat Jesus diesen kranken Menschen lieb, das wird ausdrücklich betont. Sein Name Lazarus heißt übersetzt: »Gott hat geholfen«, ist also Programm. Welch ein unerträglicher Widerspruch! Viele Menschen in Not verzweifeln an der subjektiven Erfahrung: Gott lässt mich im Stich.

Die Geschichte, die sonst beredt erzählt, bleibt im Blick auf den Kranken merkwürdig stumm. Der Mensch verschwindet hinter seiner Krankheit, und die »ist nicht zum Tode, sondern zur Verherrlichung Gottes, dass der Sohn Gottes dadurch verherrlicht werde«. Unmenschlich klingt, was Jesus da sagt. Eine Krankheit, die Gottes Herrlichkeit demonstriert? Das klingt zynisch. Jesus macht sich – spät genug – mit seinen Jüngern auf den Weg. Noch wissen das allerdings nur wir Leserinnen und Leser …

ANNETTE KURSCHUS

Barmherziger Gott, ich glaube, dass du mich hörst und siehst und dass dir nicht gleichgültig ist, was aus mir wird. Lass mich nicht im Stich!

Herr, wärst du hier gewesen ... !

Jesus kommt. Aber er kommt zu spät. »Wärst du hier gewesen, mein Bruder wäre nicht gestorben«: Martas Worte klingen trotzig; es ist, als verbiete sie sich, enttäuscht zu sein. Du kommst zwar zu spät, Jesus, »aber auch jetzt weiß ich: Was du bittest von Gott, das wird dir Gott geben.« Man spürt förmlich, wie Marta die Zähne zusammenbeißt und sich zusammenreißt. »Ich weiß, dass mein Bruder auferstehen wird bei der Auferstehung am Jüngsten Tage.« Und Jesus steht vor dieser tapferen, frommen Frau und hat sie lieb wie ihren Bruder Lazarus und ihre Schwester Maria; hat sie lieb wie all die anderen, die da sind und helfen und trösten und mit beten und mit weinen. Und Jesus sagt dieser vom Tod bis ins Mark erschreckten Frau: »Ich bin's. Ich bin die Auferstehung und das Leben.« Und plötzlich ist klar: Hier ist der heimliche Höhepunkt der Geschichte. Hier, mittendrin, will ihr Schatz gehoben werden. Was Jesus hier zu Marta sagt, soll zum Leuchten kommen durch das Unfassliche, was am Ende geschieht. Ob Marta die Worte erkennt? Ob sie darin die Worte des lebendigen Gottes hört, der mitgeht und da ist? Aus dem Dornbusch in der Wüste erklangen sie, in dem göttliches Feuer war und der doch nicht verbrannte; aus diesem Busch, in dem Gott sich verbarg und sich zugleich kenntlich machte wie nie zuvor: *Ich bin, der ich bin. Ich werde für dich da sein. Darin bleibe ich mir treu.* (2. Mose 3,14) Ein unaussprechlicher Name im Hebräischen – und gerade so eine unverbrüchliche Zusage, ein unerschütterliches Versprechen, oft gegen allen Augenschein. Alles kostbare Wissen tritt in den Hintergrund. Da ist ein Moment tiefer Begegnung mit dem Leben selbst – und nur darauf kommt es an. Mitten im Leben dem wirklichen Leben auf die Spur kommen: Darum geht's. Auf dieses Wunder weist alles andere in der langen und komplizierten Geschichte hin.

ANNETTE KURSCHUS

Lebendiger Gott, manchmal fühlt sich das Leben mitten im Leben seltsam leblos an. Hilf mir auf die Spur, dass ich Zuversicht und Mut und Vertrauen gewinne.

Komm heraus!

In der Dramaturgie des Johannesevangeliums löst die Geschichte von der Auferweckung des Lazarus den Todesbeschluss der Gegner Jesu aus: *Von dem Tage an,* lesen wir unmittelbar im Anschluss, *war es für sie beschlossen, dass sie Jesus töteten.* Er wird ihnen zu gefährlich. Auf dem Weg zum Kreuz setzt Jesus noch einmal ein machtvolles Zeichen des Lebens. Der Blick in die anderen drei Evangelien führt auf eine hochinteressante Spur: Alle drei berichten genau an dieser dramatischen Stelle übereinstimmend davon, wie Jesus voller Zorn die Händler und Geldwechsler aus dem Tempel vertreibt. Ist die Geschichte von der Auferweckung des Lazarus also im Kern eine Vertreibungsgeschichte? Wen oder was vertreibt Jesus hier? Offensichtlich nicht das Sterbenmüssen. Nicht das Leid, das mit dem Sterben meistens verbunden ist. Nicht die unheimlichen Schatten, die der Tod auf das Leben wirft.

Ich bin's, sagt Jesus. Sieht Marta und Maria an und hat sie lieb. Aus diesem liebenden Blick umfängt die beiden das Leben. Es ist Leben mitten in der Todeswelt. Dieses Leben muss nichts verschweigen und nichts schönreden, schon gar nicht muss es unsterblich sein. Jesus traut und mutet den beiden ein Leben zu angesichts von Sterben und Elend und Not. Ein Leben, das viel aushalten muss und viel aushalten *kann*, weil es sich unter allen Umständen gesehen und gemeint und gehalten und getragen weiß. Nicht den Tod vertreibt Jesus. Aber er vertreibt dessen letzte Macht über uns. *Lazarus, komm heraus!*, ruft Jesus mit lauter Stimme ins Grab. Misch dich unter die anderen, die alle irgendwann sterben werden. Erhebe deine Stimme, und steht gemeinsam ein für das Leben! *Komm heraus!* Das ist ein Ruf der Liebe, er gilt auch uns. Ein machtvoller Ruf aus allerlei Knechtschaften in die Freiheit. Ein schöpferischer Ruf aus dem Tod ins Leben.

ANNETTE KURSCHUS

Gott, so vieles hält mich gefangen; manche Angst macht mich klein, manche Sorge drückt mich nieder. Ruf mich heraus! Und mach mich stark für das Leben.

Den hat's erwischt

Die Jugendlichen hatten sich Jesusbilder ausgesucht. Auch eine Kopie des Isenheimer Altars war dabei. Johannes (der Täufer) zeigt auf den gekreuzigten Jesus. Einer hat drunter geschrieben: »Den hat's erwischt.« Was als flapsige Bemerkung gedacht war, trifft den theologischen Kern: der Eine für das Volk, der Eine für alle, der Eine für mich. Auch das Johannesevangelium arbeitet mit verschiedenen Ebenen. Die situative Bemerkung des Kaiphas hat ewigen Kern. Einer soll für das Volk sterben. Menschen brauchen Opfer. Kaiphas opfert politisch vernünftig einen, um Unruhe im Volk und Bedrohung durch die Römer zu vermeiden. In den Kriegen dieser Welt werden die Opfer zahllos.

Die Anmerkung zum Passahfest (V. 55) weist schon auf die Schlachtung der Passahlämmer. Jesus stirbt nach dem Johannesevangelium zur selben Stunde. Der Evangelist macht mit jedem Vers deutlich, dass in diesem Opfer Gott selbst seinen Weg geht. Die Einleitung der Passion Jesu ist nicht Menschen-, sondern Gotteswille: Der Hohepriester weissagt, Jesus verbirgt sich, bis er sich selbst auf dem Fest öffentlich zeigt und souverän gefangen nehmen lässt.

Das Wunder der Auferweckung eines schon verwesenden Toten ist nur ein Zeichen für das noch viel größere Wunder: Gott gibt sich ganz im Tod am Kreuz. »Den hat's erwischt.« Weitere Opfer braucht es nicht, nicht von mir, nicht von andern. »Jesus sollte sterben für das Volk.« Die Weissagung des Kaiphas ist theologisch tiefgründig: Das Volk ist zuerst das jüdische Volk. Heilvoll war und ist der Tod Jesu in einem weiteren Sinn: Jesu Tod erschließt allen das Leben, den Juden und den Nichtjuden (V. 52). »Den hat's erwischt« – niemand soll mehr zum Opfer gemacht werden oder sich selbst aufopfern.

Heute will ich Opfer hinterfragen, Mobbing verhindern, an die todüberwindende Kraft des Lebens in Christus glauben.

HARTMUT MILDENBERGER

Gott, danke für deine Hingabe. Danke für Kraft des Lebens. Danke für Versöhnung. Danke für Jesus. Sammle deine Kinder, die zerstreut sind in aller Welt. Gib Kraft, aufrichtig zu sein. Verwandle Böses zum Segen, Todbringendes in Heil und Leben.

Hingabe

Was hat sie sich nur dabei gedacht? In den anderen Evangelien ist es eine namenlose Frau, bei Johannes wird sie als Maria, die Schwester des auferweckten Lazarus, erkannt. Was hat sie sich nur gedacht, da verschwendet sie so ein unglaublich wertvolles Salböl? Die Vernunft allein begreift nicht, was Maria getan hat. Sie schenkt sich ganz, sie zeigt ihre unermessliche Zuneigung, Verehrung und Liebe mit diesem Salböl und in der Art, wie sie es Jesus zueignet. Der Sachwert beträgt etwa einen Jahresarbeitslohn.

Ich fühle mich beschämt, denn sie zeigt mir, wie wenig ich fähig bin zu solcher Hingabe. Der vernünftige Judas ist mir näher. Ich finde seinen Einwand aus sozialer Perspektive sehr berechtigt, auch wenn ihm der Evangelist Hinterlist unterstellt. Bei Matthäus und Markus erregen sich die anderen Jünger, Männer, über das Handeln der Frau, sehen Verschwendung von Geldressourcen für gute Zwecke.

Jesus aber schützt die Frau. Gerade jetzt, als das Urteil über ihn gefällt wurde, braucht er nicht Vernunft, sondern Zuwendung, Trost und Liebe. Seine Beschwichtigung spricht die Vernunftebene an: Es sei die Salbung für sein Begräbnis. Er sieht darin schon die vorweggenommene Totensalbung. Dass seine irdische Anwesenheit zu Ende ist, seinen Tod, wollen sie alle nicht wahrhaben. Es gehört viel dazu, den eigenen oder den Tod anderer zu akzeptieren. Jesus macht die Endgültigkeit bewusst und nimmt sie an. Denn dazu ist er gesandt, dazu ist die Herrlichkeit Gottes Fleisch geworden, um den menschlichen Tod, die Trennung anzunehmen und zu überwinden.

So hat die Salbung noch eine andere Bedeutung, Jesus ist der erwartete Messias, der Christus, der Gesalbte. Der wahre König der Welt. Dieser König der Mitmenschlichkeit lässt sich salben von einer Frau. Er ist selbst einer der Bedürftigen und Armen, die »allezeit« bei uns sind und unsere (Hin-)Gabe brauchen.

HARTMUT MILDENBERGER

Gott, danke für deine Hingabe. Hilf mir, meine Weise zu finden, dich zu ehren und zu lieben. Gib deiner Kirche Weisheit, dir nachzufolgen. Zeig, wie sie sich verschwenden soll, um dich zu ehren und zu lieben.

Friedenskönig

Jesus zieht als Gesalbter, also als König, nach Jerusalem ein. Deshalb erzählt der Evangelist Johannes den Einzug nach der Salbung. Was für ein jämmerliches Bild bietet sich da. Da sitzt der König auf einem kleinen Eselchen. Die (Größen-)Verhältnisse stimmen nicht. Der König, der hier einzieht, ist ein König eigener Art, sein Reich ist nicht von dieser Welt. Seine Inthronisation erfolgt durch die Erhöhung am Kreuz. Mit standesgemäßen Palmzweigen und Jubelrufen begrüßen ihn jedoch die Festpilger als König.

Zur damaligen Zeit gab es die Hoffnung auf Befreiung von römischer Unterdrückung durch den Messias. Für die christliche Gemeinde wurde allerdings der Messias als Friedensherrscher zur gültigen Verkörperung der Messiasidee. Die Mehrheit des Judentums ging diesen Weg nicht mit. Das Johannesevangelium wurde unter dem Eindruck dieser schmerzlichen Trennung geschrieben. Auch die Jünger erinnerten sich erst nach den Osterereignissen an die Weissagung Sacharjas (V.16) und glaubten an diesen Messias.

Diese Demonstration des Verzichts auf alle Gewaltmittel provoziert. Während ich im Herbst 2024 schreibe, spitzt sich der Krieg in der Ukraine zu. Ein Dilemma tut sich auf: Auf der einen Seite will auch ich, dass dem ungerechten Aggressor mit aller Macht entgegengetreten wird. Auf der andren Seite sehe ich diesen Friedenskönig-Jesus auf seinem Eselchen. Wie gut, dass es diesen Jesus gibt, der der Welt einen radikal anderen Weg aufzeigt und vorlebt. In dieser Beziehung läuft ihm leider nicht alle Welt nach (V.19). In dieser Welt muss das Unrecht manchmal doch mit Gewalt begrenzt werden. Möge Gott allen darin Weisheit schenken. Das ist jedoch nicht die Welt, die Gott uns schenkt und die der Christus Jesus uns bringt. Für seine Welt und sein Friedensreich will ich mich einsetzen.

HARTMUT MILDENBERGER

Jesus, komm. Jesus, komm. Lass dein Reich Raum gewinnen in unserer Welt. Dein Reich komme zu den Aggressoren und zu den Opfern im Großen wie im Kleinen. Dein Reich komme, lass Versöhnung und Frieden wachsen. Zieh du ein und komm – auch in mein Herz.

Gott finden

Ich bekam Gänsehaut, als ich sie zum ersten Mal hörte. Das war ein so kraftvoller, tiefer und einheitlicher Klang. Ihre Familien stammen aus der Gegend von Aleppo oder Damaskus und heute leben sie in Berlin. Und sie singen, im Chor ihrer syrisch-orthodoxen Gemeinde. Als ich fragte, woher dieser besondere Klang kommt, sagten sie, dass es lange Zeit Frauen nicht erlaubt war, öffentlich zu singen, und als sie es dann durften, haben sie es einfach wie die Männer gemacht. Mit ihren tiefen Bruststimmen. Zwei Dinge, die ich unbedingt in dieser Psalmauslegung haben möchte, sind damit angesprochen – der Gesang, das Musizieren zum einem und die Frauen zum anderen.

Zuerst aber spricht Psalm 57 von Verfolgung und Angst und erinnert an das Sprichwort, welches wir als Kinder einander zugerufen haben: Wer anderen eine Grube gräbt, fällt selbst hinein. Auch vom Singen und Lobpreisen wird gesprochen und niemand dabei ausgeschlossen. Wir können davon ausgehen, dass hier ein dankbarer männlicher Schreiber meint, dass er seinen Gott lobsingen will und dass er alle einbeziehen möchte in sein Lob.

Heute ist der 8. März. Diesen Feiertag möchte ich nicht übergehen. Solange es auf unserer Erde noch so ungerecht zugeht, kann so ein Anlass nicht übergangen werden. Frauen – Leben – Freiheit ist das Motto der Freiheitsbewegung im Iran. Die Frage nach der Situation der Frauen ist weltweit immer zentraler geworden.

Mein Verhältnis zu Gott hat sich von dem Zeitpunkt her verändert, wo ich ihn sehr bewusst als Frau gesucht habe und Gott dann auch in nicht männlich festlegten Bildern gefunden habe. Im Psalm finde ich zwei Wege aus der Angst, hin zu Gott, die auch mir vertraut sind.

Die Schöpfung in ihrer Schönheit zwischen Himmel, Wolken und Morgenrot. Und die Musik, Harfe und Saitenspiel, der Frauenchor der syrisch-orthodoxen Gemeinde, oder auch ein Orgelkonzert, das mich sprachlos sein lässt. Wo Worte aufhören, ist Gott oft spürbarer.

FRIEDERIKE VON KIRCHBACH

Gott, lass mich immer wieder den Schatten deiner Flügel spüren, besonders dann, wenn mir alles viel zu dunkel scheint. Denn wo Schatten ist, ist Licht.

Das Weizenkorn muss sterben, sonst bleibt es ja allein

Eine merkwürdige Geschichte erzählt uns der Evangelist am Anfang unseres Textabschnitts. Von einigen Griechen berichtet er, die Jesus sehen wollten. Sie kommen offensichtlich nicht unmittelbar an Jesus heran und müssen den Umweg über seine Jünger nehmen. Zu sehen bekommen sie ihn auf diesem Wege freilich nicht, wohl aber bekommen sie Entscheidendes zu hören. Ob damit schon ein erstes Mal angedeutet werden soll, was Jesus dem ungläubigen Thomas als Auferstandener zusprechen wird: »Selig sind, die nicht sehen und doch glauben«?

Was ist es nun, was Jesus durch seine Jünger den Bittenden zu hören gibt? Eben hat ja mit seinem Einzug in Jerusalem die Karwoche begonnen, die Woche der Passion Jesu, die Woche seiner Hingabe.

Als erstes stellt er fest: Jetzt ist die Stunde gekommen, von der bisher nur die Rede war, dass sie noch nicht gekommen sei. Die Stunde seiner Verherrlichung. Herrlich in einem landläufigen Sinne ist sie allerdings nicht. In einem Gleichnis-Wort macht er deutlich: Wie ein Weizenkorn durch das Eingesät-Werden ins Erdreich zunächst ersterben muss, bevor es keimen und wachsen und Frucht bringen kann, so muss auch er – Menschensohn nennt er sich an dieser Stelle – durch den Tod hindurch, um das Ziel seiner Sendung zu erreichen. In einem zweiten Sinn-Spruch bekräftigt Jesus diesen Gedanken noch: Nur in der Selbstlosigkeit können die Menschen das Ziel ihrer göttlichen Bestimmung erreichen, die ewige Gemeinschaft mit ihrem Schöpfer.

In einem dritten Heilands-Wort schließlich verbindet Jesus seine bevorstehende Selbsthingabe mit dem Schicksal derer, die ihm nachfolgen: Sie müssen sich auf Ähnliches gefasst machen wie das, was ihm in der Karwoche bevorsteht. Nachfolge aber bringt Ehre bei Gott. Ehre bei Gott aber ist größtmögliche Herrlichkeit, Herrlichkeit für Jesus gleichermaßen wie für diejenigen, die ihm nachfolgen.

GÜNTER KNOLL

Jesus Christus, in deiner selbstlosen Hingabe bist du herrlich geworden bei deinem himmlischen Vater. Lass uns teilhaben an deiner Herrlichkeit. Du gehst voran; wir folgen dir nach.

Vater, verherrliche deinen Namen

Jesus hat viele Seiten, einige davon bekommen wir hier zu sehen. Da ist der aufgewühlte Jesus, der mit seinem vom Vater vorgesehenen Schicksal ringt und davor zurückschreckt. Muss es sein? Kannst du mir die Passion nicht ersparen? Aber dann kommt es zum Einverständnis: Genau darum muss ich die Passion auf mich nehmen, damit der Name Gottes verherrlicht wird.

Warum ist das so wichtig, dass der Gottesname verherrlicht wird? Weil Gott von seinem Volk dies als allererstes erwartet. Jesus hat das zum Ausdruck gebracht, als er seine Jünger das Vaterunser-Gebet gelehrt hat: »Geheiligt werde dein Name.« Wo sein Name verherrlicht wird, kommt Gott ans Ziel seiner Schöpfung.

Der Evangelist Johannes baut an dieser Stelle seiner Erzählung ein Missverständnis ein, um einen ihm wichtigen Gedanken einzubringen: Die Verherrlichung Jesu durch seinen Vater zielt nicht darauf ab, dass *er* erhöht wird – auch wenn das tatsächlich geschieht –, sondern sie zielt auf die Erhöhung derer, die ihm nachfolgen und an ihn glauben. Wo er, der Erlöser sein wird in Ewigkeit, nämlich beim Vater im Himmel, dorthin sollen auch die Seinen kommen; er will sie zu sich ziehen.

Noch einmal wird ein Missverständnis abgewehrt. Erhöhung hat eine doppelte Bedeutung für den Weg Jesu: Bei seiner Kreuzigung wird man ihn von der Erde erhöhen in der Meinung, man könne ihn mit seiner Botschaft auf diese Weise beseitigen. In Wahrheit aber bereitet man damit seine Erhöhung zum Vater vor, die bei seiner Auferstehung von den Toten geschieht.

Der Gekreuzigte ist der Erhöhte – mit dieser paradoxen Wahrheit im Zentrum unseres Glaubens müssen wir Christen leben. Sollte uns dabei ein Licht aufgehen, ist das Evangelium bei uns angekommen, und wir sind Kinder des Lichts. Jesus zeigt sich immer wieder, auch heute, aber er verbirgt sich auch. Glauben wir an ihn als das Licht der Welt, solange wir ihn haben!

GÜNTER KNOLL

Jesus Christus, Erlöser und Heiland, wir danken dir, dass du in die Welt gekommen bist und den Willen des Vaters erfüllt hast. Mach uns zu deinen Jüngern, zu Kindern des Lichts.

Gekommen, um zu retten

Im Matthäusevangelium (Mt 11,29) hören wir Jesus einmal sagen: »Nehmt auf euch mein Joch und lernt von mir; denn ich bin sanftmütig und von Herzen demütig …« Unser Textabschnitt veranschaulicht diese Selbstaussage Jesu. Obwohl er in den Augen seiner Anhänger eine Lichtgestalt war mit allen Anzeichen göttlicher Kraft und Ausstrahlung und obwohl er sich seiner Sendung bewusst war, war ihm an seiner Person in keiner Weise gelegen. Wo er auf Unglauben stieß, nahm er das hin, wo er Glauben fand, lenkte er diesen Glauben gleich von sich weg und hin auf den, der ihn gesandt hat. »Alles zur höheren Ehre Gottes«, das war sein Leitmotiv. In dieser Demut und Sanftmut hat er gelebt und gewirkt. Erleuchten wollte er die Menschen, und zwar offensichtlich diejenigen, die in der Finsternis und im Schatten des Todes leben.

Und die anderen? Was ist mit denen, die sich selbst erleuchtet fühlen und des Lichtes der Welt nicht bedürftig sind? Auch da kommt Jesu Sanftmut und Demut zum Zug: »Wer meine Worte hört und bewahrt sie nicht, den werde ich nicht richten.« Was für eine Größe! Was für eine alles überragende Demut. »Obwohl ich in göttlicher Vollmacht richten könnte über menschliche Anmaßung und Gottvergessenheit, ich tue es nicht. Retten ist mein Dienst an der Menschheit und nicht richten.«

Gibt es in seinen Augen dann gar kein Jüngstes Gericht, keinen Tag, an dem einmal alles ans Licht kommt? O doch! Davon geht Jesus geradezu selbstverständlich aus. Wie sollte er, das Licht der Welt, nicht größtes Interesse daran haben, dass alles ans Licht kommt!?

Aber da gibt es am Ende keinen zornigen, strafenden Gott, der die Verdammten in die Hölle schickt. Das göttliche Gericht vollzieht sich vielmehr schon jetzt in Jesu Botschaft. Wer dieser Botschaft Glauben schenkt und in diesem Sinne an Jesus glaubt, der/die hat schon das ewige Leben, und die anderen sind schon gerichtet.

GÜNTER KNOLL

Jesus Christus, wir beugen uns vor deiner Demut und Sanftmut. Du stellst nicht dich, sondern den barmherzigen Vater ins Licht. Erleuchte uns und schenke uns im Glauben das ewige Leben.

»Zu ....«

Das große Vorzeichen dieses Erlebnisses von der Fußwaschung steht gleich am Anfang: »So liebte er sie bis ans Ende.« Denn der Rest gehört eigentlich zur Kategorie »zu…«. Zu spät war es für Judas. Es wird berichtet, dass er bei diesem letzten Mahl dabei war, aber wir lesen, dass der Satan ihm schon die Idee ins Herz gegeben hatte, Jesus zu verraten. Es war auch zu spät am Abend. Der Angestellte des Gastgebers begrüßt die Gäste normalerweise vor dem Essen, um ihnen den Staub der Straße abzuwaschen. Diese Fußwaschung geschieht am Ende des Mahles. Und: Der, an dem sie alle hochblicken, an dessen Lippen sie hängen, schlüpft hier in eine völlig unmögliche Rolle. Das Idol wird zum Diener. Das ist mehr als unangenehm. Zu unwürdig ist dieses Spektakel. Zu weit unten ist der Wanderprediger kniend vor ihnen mit dieser Schürze um den Bauch. Die Augenhöhe, ja eigentlich die Überordnung Jesu ist völlig verlorengegangen, zu klein macht er sich.

Petrus ist es, der den Einwand formuliert: »Nie und nimmer!« kann er dieses unwürdige Fußwaschen geschehen lassen. Seine heftige Reaktion zeigt, wie falsch er findet, was geschieht. Viel zu intim, zu abstrus, um es mit dem zu vereinbaren, was sie in ihm sehen. Und dass alles zu unverständlich bleibt, erkennen wir daran, dass Petrus selbst nach der Erklärung Jesu die Absicht dieser Fußwaschung völlig missversteht. Es ist einfach zu viel, was Jesus ihnen zumutet. Aber das Motto Jesu ist: »So liebt er sie bis ans Ende.«

Liebe ist oft »zu…« – zu überschwänglich, zu aufdringlich, zu intim, zu verwirrend, zu irrational, zu unverständlich, zu schräg, manchmal auch zu spät (wie tragisch!). Liebe sucht sich die unmöglichsten Zeiten aus und macht aus knallharten Managerinnen Menschen, die sich lächerlich machen. Verstehen kann das nur, wer die Liebe darin sieht. Denn: So ist die Liebe. Ein Rätsel. Ein Geschenk. Ein Glücksfall. Zu wichtig für unser Leben, als dass man sie ablehnen sollte. Schon gar die Liebe Jesu!

ANNE OBERKAMPF

Herr Jesus Christus, deine Liebe ist ein Geschenk. Hilf mir, dass ich sie geschehen lasse – an mir.

Nicht »den Chef raushängen« lassen

Die Erklärung des Evangelisten Johannes könnten in ein Handbuch für Führungskräfte aufgenommen werden. Die V. 12-15 schlagen vor, dass die Leitenden auf Augenhöhe mit ihren Mitarbeitern umgehen sollen. Der Chef ist der Diener aller und er sollte sich nicht zu schade sein, ab und an etwas Unkonventionelles zu tun, für das er als Chef eigentlich überbezahlt ist. Einfach von Mensch zu Mensch. Es hilft, nicht immer »den Chef raushängen« zu lassen. In den V. 16-17 geht es mehr darum, dass auch ein Chef wissen darf, dass jemand über ihm steht. Im Geschäftsalltag ist das der Chef-Chef, im Leben ist das Jesus Christus. Keiner ist die höchste Instanz für alles, sondern er sollte nicht übermütig werden und wissen: Christus ist der Herr und Meister. Drittens mit V. 20: Ein Chef ist im gleichen Boot wie seine Abteilung! Erfolgreiche Mitarbeiter – erfolgreicher Chef. Man unterstützt und schützt sich gegenseitig. Der Chef steht unterstützend hinter seiner Mannschaft. Wie der, der in Jesu Christi Boot sitzt, seinen besonderen Schutz genießt.

In der Evangelisch-methodistischen Kirche wird dieses Chef-Modell mit Leben gefüllt. Sichtbar wird es zum Beispiel daran, dass Personen, die einmal Superintendent(innen) waren, nach dieser Dienstzeit wieder Pastor(innen) in einer Gemeinde werden. Prinzipiell gilt das auch für Personen im Bischofsamt. Diese Praxis hilft, sich nicht zu überheben im Leitungsamt, sondern sich bewusst zu sein, dass gegebenenfalls einer deiner »Untergebenen« später dein »Chef« wird. Es hilft, sich daran zu erinnern, dass wir alle im guten geistlichen Miteinander von Mensch zu Mensch und im Auftrag Jesu Christi unterwegs sind – auch in unterschiedlichen Funktionen.

Also: Einen Chef sollte man nicht daran erkennen, dass er Kommandos gibt und sich (be)dienen lässt. Sondern daran, dass er seine Mitarbeiter pflegt und demütig ist und weiß, dass unser aller Chef Jesus Christus ist, der seinen Mitarbeitern sogar die Füße gewaschen hat.

ANNE OBERKAMPF

Heute bete ich für meinen Chef. Christus segne ihn, dass er seine Leitung gut ausüben kann.

Initialzündung bitter-süß

Es ist bei allen Texten rund um Judas auffällig, dass er bis zuletzt überall dabei ist. Jesus feiert mit ihm das Passahmahl und wäscht ihm die Füße. Volles Vertrauen, volle Jüngerschaft – bis zum Schluss. Und selbst über diesem Bericht, wie Jesus Judas outet, liegt eine Trauer. Es ist eine traurige Nachricht, kein Triumph, kein »Ich hab's doch gleich gewusst!« Im Gegenteil: Die düstere Stimmung dieses Abschnittes kommt ja gerade daher, dass es unfassbar ist, dass gerade einer von den Engsten nicht zu ihm hält. Und: dass sich keiner von den anderen ganz sicher ist, wer es ist. Und: dass Jesus ihn nicht zurückhält.

Es sind verschiedene Erklärungen gegeben worden, was das Motiv des Judas war. Die Bibel deutet nur an. Es könnte Geldgier gewesen sein oder eine Fehl-Kalkulation des Judas, indem er meinte, Jesus zum Handeln bewegen zu können, wenn er in die Enge gedrängt wird. Er könnte vom Teufel benutzt worden sein gegen seinen eigenen Willen. Johannes berichtet ja schon vor der Fußwaschung, dass Judas' Herz vom Teufel gekapert war. In V. 18 erwähnt er einen Schriftbeweis aus dem Psalm und nun schreibt er, dass dieser Bissen aus Jesu Hand wie eine Initialzündung wirkte. Vielleicht war es auch schlicht und einfach so Gottes Plan, um den Römern den Aufenthaltsort Jesu mitzuteilen. Oder es war eine Kombination an Beweggründen, die Judas aufstehen und hinausgehen ließ.

Traurig lässt mich zurück, wie schnell eine intime, ganz geistliche Stimmung am Tisch kippen konnte. Das Schicksalhafte schmerzt und ist doch bitter-süß. Denn bei aller Trauer bleibt eine ambivalente Gewissheit: Auch ich bleibe volle Freundin an Jesu Tisch – komme, was wolle. Auch über meine Fehler und meinen Verrat (wie immer er aussieht) ist Jesus traurig. Aber auch für mich gilt, was diesem Verrat folgt: Jesus Christus stirbt am Kreuz. Für Sünder und Sünderinnen. Auch für Judas. Auch für mich. Schon unglaublich. Und in aller Trauer auch wieder wunderbar.

ANNE OBERKAMPF

Meine Trauer über mich trifft auf deine Entschlossenheit, auch für mich zu sterben. Danke.

Gott ist Schönheit

Ich erzähle meiner Freundin, dass ich meine Auslegung zu Psalm 84 mit dem Hinweis auf Brahms' Requiem beginnen möchte. Es ist das, was mir sofort zu diesem Psalm einfällt, was in meinen Ohren klingt. »Wie lieblich sind deine Wohnungen, Herr Zebaoth.« Das ist so eine geniale Musik, dass man sie im Ohr behält, wenn man sie einmal gehört hat. Brahms hat drei Verse aus diesem 84. Psalm in sein berühmtes Requiem aufgenommen. Aber meine Freundin meint, das sei nicht sehr schlau mit Vergleichen zu beginnen, mit denen viele nichts mehr anfangen können, weil sie in anderen kulturellen Dimensionen unterwegs sind. Ich verstehe sie und finde es gleichzeitig schade.

»Wie lieblich sind deine Wohnungen«, wie es in der Lutherübersetzung steht, ist auch ein seltsamer Satz. Die Einheitsübersetzung macht es etwas verstehbarer mit: »Wie liebenswert ist deine Wohnung...« Und neben der Tatsache, dass nicht jeder und jede von uns meine Begeisterung für Brahms' Requiem teilen wird, ist diese Aussage zumindest auf dem ersten Blick schwer verständlich. Gottes Wohnung soll lieblich oder liebenswert sein?

Die weiteren Verse helfen beim Verstehen. Da ist ein Mensch glücklich über Gottes Schöpfung. Er oder sie bringt als Beweis der Schönheit die Vögel im Allgemeinen und die Schwalben im Besonderen. Und später ein trockenes Tal, das zum Quellgrund wird durch den Frühregen. In allem wohnt Gott. Es ist sein Haus, seine Wohnung. Sie ist mit Schönheit gefüllt.

Schönheit. Bei mir gehört da Brahms' Requiem dazu, bei anderen vielleicht die vielen Singvögel am Himmel und in den Bäumen und Hecken. Bei wieder anderen der See, in den sie am frühen Morgen zum Schwimmen gehen, wenn das Wasser noch ganz unbewegt ist. Alles und noch viel mehr ist Schönheit. Ich bekomme hier das Angebot, sie als Gottes Wohnung zu verstehen. Und ich nehme das Angebot an.

Dazu brauche ich die Fähigkeit, sie wahrzunehmen. Immer wieder neu, die Schönheit zu erfassen, mit allen meinen Sinnen.

FRIEDERIKE VON KIRCHBACH

Gott, lass mich immer wieder Schönheit sehen und erkennen. Und lass es mich als deine Schönheit begreifen.

Ein Blick voller Hoffnung

Gestern haben wir den Sonntag »Lätare« gefeiert. »Freuet euch«, so sein Name – und das mitten in der Passionszeit! »Klein-Ostern« wird er auch genannt. Warum? Nun, er soll unseren Blick über das Leiden Jesu hinaus auf die Freude lenken, die wir der Auferweckung Christi durch seinen und unseren himmlischen Vater verdanken.

Ebenso lädt uns das Johannesevangelium ein, uns eine freudige Hoffnung schenken zu lassen. Wir lesen zwar, dass Judas, der Verräter, bereits auf dem Weg ist. Jesu Verhaftung, seine Verurteilung und dann der grausame Tod am Kreuz werden folgen. Aber Jesus stellt mit seinen Worten an die Jünger den Zusammenhang zwischen Karfreitag und Ostern her. Er nennt Gottes Wirken an ihm »Verherrlichung«. Wie die Jünger sollen auch wir *so* seinen Abschied aus der sichtbaren Welt deuten. Darin wird endgültig wahr, was Johannes seinem Evangelium von Anfang an, gleichsam als Motto, vorangestellt hat: »Das Wort ward Fleisch und wohnte unter uns, und wir sahen seine Herrlichkeit, eine Herrlichkeit als des eingeborenen Sohnes vom Vater, voller Gnade und Wahrheit!« (1,14)

Die Jünger damals können das *noch* nicht erkennen. Sie sind verwirrt, verängstigt. Aber Jesus gibt ihrer Nachfolge-Existenz eine neue Perspektive. Er ehrt sie mit seinem Auftrag, ja, seiner Verheißung, durch die Liebe zueinander in dieser Welt die göttliche Liebe zu spiegeln, sein Geschenk anzunehmen und großherzig weiterzugeben. Dadurch soll die bleibende Verbindung seiner Gemeinde mit ihrem Herrn für alle sichtbar werden.

Und dann Petrus. Er überschätzte sich grandios. In wenigen Stunden wird er nicht sein Leben für Jesus einsetzen, wie er es vollmundig versprochen hat, sondern die Nähe zu ihm verleugnen. Wir Heutigen wissen, dass Jesus ihn deswegen nicht verstoßen hat. Petrus durfte Jesu Liebe und die aufrichtende Kraft der Vergebung neu erfahren. Darauf dürfen auch wir hoffen, so schwach und zerbrechlich unser Glaube auch sein mag. Wir sind und bleiben in Christi Liebe geborgen!

DETLEF PUTTKAMMER

Du auferstandener Herr, fülle uns mit deiner Liebe und gib sie durch uns an viele weiter!

Gebahnter Weg

Als Bote des auferstandenen Christus ermutigt der Evangelist eine bedrängte und verängstigte Gemeinde. Sie hat allen Grund, Verfolgung und Nöte zu fürchten. Aber die Gegenwart ihres Herrn soll sie trösten. »Nicht erschrecken!« – »Glaubt!« Diese Aufforderungen sind ihrem Wesen nach Zusagen, Verheißungen! Ja, das ist möglich, mögen die Lebensumstände auch sein, wie sie sind. Und dann wird ein Ziel benannt: die unzerstörbare Zuflucht im Haus des himmlischen Vaters. Eine himmlische Wohnung. Dorthin will der gegenwärtige Sohn Gottes die Seinen begleiten. An dies Ziel wird er sie bringen.

Zweifel daran sind verständlich. Thomas drückt aus, was Christenmenschen aller Zeiten immer wieder empfunden haben: »Kann das sein?« – »Woher sollen wir das wissen?« – »Macht uns Hoffen und Harren zum Narren?« Jesus geht auf diese Ängste liebevoll und geduldig ein. Er unterstreicht seine Autorität und wirbt darum, dass Thomas und mit ihm wir alle, seinen Worten glauben und uns von ihm auf dem Weg in die himmlische Heimat führen lassen.

Wer jemals in unbekanntem Gelände als Wanderer unterwegs war, weiß es zu schätzen, wenn dort ein Weg schon gebahnt ist. Noch besser: wenn er mit Wanderzeichen gut markiert ist! Dann ist es möglich, zuversichtlich Schritt für Schritt weiterzugehen, auch wenn der weitere Verlauf des Weges noch nicht einsehbar ist. Was hinter der nächsten Kurve wartet, ist noch unbekannt. Es mag auch einmal steil und beschwerlich sein. Aber die Wandernden dürfen darauf vertrauen, nicht in die Irre geführt zu werden. Der markierte Weg wird sich nicht als Sackgasse oder als Holzweg entpuppen. Er wird nicht »im Nichts enden«! Zu solcher Zuversicht lädt Jesus seine geliebten Menschen ein. In den Worten des Evangeliums hören wir die Stimme des guten Hirten, dem wir uns Tag für Tag neu anvertrauen können.

DETLEF PUTTKAMMER

Jesu, geh voran auf der Lebensbahn! Und wir wollen nicht verweilen, dir getreulich nachzueilen. Führ uns an der Hand bis ins Vaterland.

Gut begleitet

Nicht Verzagtheit soll das bestimmende Merkmal der Gemeinde Christi sein. Auch wenn die Zeiten, damals wie heute, belastend und beängstigend sind. Nein, sie soll daran erkannt werden, dass sie die Worte Jesu bewahrt, seine Weisungen befolgt und so getrost und zuversichtlich seine Liebe spiegelt. Das ist wahrlich keine Kleinigkeit – aber auch keine Überforderung. Denn der kraftvolle Gott will und wird die Seinen mit hinreichender Kraft ausstatten. Jesus sagt dies den Jüngern zu. Der Evangelist aktualisiert diese Zusage für die Christenmenschen seiner Zeit und ebenso für uns und unsere Gegenwart. Dies gilt und wird sich täglich neu bewähren.

Vom »Anwalt« ist die Rede. Im Griechischen steht hier das Wort »Paraklet«, wörtlich »der Herbei-Gerufene«. Die Bedeutung dieses Wortes ist vielschichtig. Ein Rechtsanwalt kann gemeint sein, der als Beistand vor Gericht »herbeigerufen« wird. Es kann auch den »Fürsprecher« meinen, der schützend für einen Menschen eintritt. Hinzu kommt die Bedeutung »Helfer«. Das benennt jemanden, der tröstet, ermahnt oder auch guten Rat gibt. Kurzum: Jesus sagt zu, dass seine Jünger nie und nimmer alleine gelassen werden. So wie Jesus in seiner irdischen Existenz hingebungsvoll und verlässlich für die Seinen eintrat, so wird es auch der zugesagte Geist tun. Wie Jesus als Zeuge der Wahrheit und Liebe Gottes überall mit ihnen war, so wird es auch die lebendige Kraft des Geistes sein.

Hier wird das wunderbare Wesen unseres Gottes deutlich ins Spiel gebracht. Schon das Alte Testament hatte das »Mit-Sein« Gottes mit seinem Volk als zentrale Eigenschaft unseres himmlischen Vaters benannt. Seine helfende, rettende und zum Guten leitende Gegenwart war in seinem Sohn Jesus neu zur Welt gekommen. Und im gegenwärtig wirksamen Geist ist und bleibt sie für jeden von uns Ausdruck seiner Liebe – jeden Tag, immer und überall und unter allen Umständen. Darauf vertrauend können wir gut und bewahrt leben – und dereinst auch sterben.

DETLEF PUTTKAMMER

Liebender Gott, Vater, Sohn und Heiliger Geist, dir will ich mich anvertrauen und darf gewiss sein: Du bist für mich da!

Abschied schmerzt

Meine Mutter winkte uns aus dem Krankenwagen zu und alle ahnten, sie würde nicht zurückkommen. Das Bild hat sich mir eingeprägt: Bleib behütet. Vergesst mich nicht. Macht es besser. Adieu, ihr Lieben. Große und kleine Abschiede sind selten leicht. Vertrautheit geht zu Ende, gewohnte Ordnung löst sich auf, Gefühle und Fragen bewegen: Was bleibt und wie geht es weiter? Freunde, erinnert euch … mit weinendem und lachendem Auge schauen wir zurück. Danke und auf Wiedersehen. Die einen bleiben, die anderen gehen. Für beide ändert sich viel und jeder kann segnen. Wenn wir uns wiedersehen, wird es viel zu erzählen geben. Doch nun ist es Zeit, Auf Wiedersehen zu sagen.

Wie viele Trennungen haben Sie schon erlebt? Verlust tut weh. Ich mag keine Abschiede. Ich weiß nicht, wie ich damit umgehen soll. Wenn ich mich von meiner Arbeit, meinem bisherigen Leben trenne, kann ich manches gegebene Versprechen nicht mehr einlösen. Kontakt zu halten, wird schwierig. Vielleicht leide ich an dem, was mir noch zugetragen wird, wie an jenem, was ich neu um mich herum erlebe. Nicht jeder Wandel macht glücklich. Nicht jede Entwicklung riecht nach Wachstum. Ich spüre meine Schwachheit und empfehle mich und andere stärkeren Händen: der Fürsorge unseres Gottes.

Ihr braucht keine Angst zu haben, sagt Jesus am Ende zu seinen Freunden, denn alle Enttäuschungen werden ihr Ende finden und die Mächtigen keine Macht über Gott und mich haben. Ihr habt meine Worte: Ich verlasse euch, aber ich komme wieder. So lange steht auf und geht. – Das ist so leicht gesagt, mögen sie schon damals gedacht haben und ich denke es heute, wenn mir die Kraft ausgeht und die gute Laune. Wenn ich einfach nichts mehr auf die Reihe bekomme und auch keinen roten Faden für die Zukunft meiner Kinder und unserer Kirche sehe. Mein Frieden ist da und bleibt, erinnert Jesus die Traurigen. Gottes guter Geist wird euch auf die richtige Spur bringen. Schaut euch um und bleibt dem Leben zugewandt und bewegt euch!

HEINZ-GÜNTER BEUTLER-LOTZ

Mach mich zu einem Werkzeug deines Friedens, dass mich Schweres nicht kirre macht, sondern ich mich mit anderen zusammen liebevoll allen Aufgaben stelle. Segne uns.

In Verbindung bleiben

Das Volk Israel verstand sich als Gottes Weinberg. Wie ER den Wein wachsen ließ, behielt er sie im Auge, und Propheten waren seine Mitarbeiter. Jesus veränderte das Bild: Mein Vater ist der Winzer. Ich bin der Weinstock und ihr seid meine Reben. Gott wird alles tun, damit ihr viel Frucht bringt; sogar schneiden und altes Holz verbrennen. Eine interessante Übertragung: Jesus kann nicht ohne Gott und wir nicht ohne Jesus. Nur so kann unser Wirken und Leben gelingen mit Freude und Glück.

Haltet zu mir, sagte Jesus zu seinen Freunden damals wie heute. Bei Johannes ist das Wort alles andere als konservativ, sondern progressiv voller Kraft. Nichts muss so bleiben, wie es einmal war, aber wir bleiben verbunden. Seit 2000 Jahren üben wir uns als Christen darin mit Fehlern und mit Treue. Jesu Wort ist kein Dogma, sondern will gutes Leben ermöglichen; Freiheit und Zukunft, Verheißung und Fülle liegen in ihm. Mit unseren Erfahrungen und der Zeit verändert sich der Glaube. Wir sind Gottes Musiker: Wir transponieren seine Tonarten, der Grundton seiner Liebe bleibt.

Mag sein, dass andere das Experiment machen, ohne Christus auszukommen. Viele haben sich längst verabschiedet und in Mitteleuropa werden wir uns von manch Vertrautem unseres organisierten Christentums verabschieden müssen. Aber sollten wir deshalb kein Potential mehr in Jesu Worten sehen? Im Gegenteil. Gott und die Welt sind uns doch nicht egal.

Was mich erstaunt: Ein Löwenzahn bricht durch den Asphalt und seine Schirmchen tragen die Samenkörner mit ihrem kraftvollen Bauprogramm weit hinaus. Ein Weinstock kann Jahrzehnte wachsen und Frucht bringen. Vielleicht ist es bei uns auch so. Wenn wir bei der Sache bleiben, wird unsere Arbeit von Erfolg gekrönt. Wenn wir Verbindung zu unserem Ursprung halten, unsere Beziehung zu Jesus nicht abbrechen, werden wir Liebe finden, kraftvoll handeln und auf viele Weise wirken können.

HEINZ-GÜNTER BEUTLER-LOTZ

Mach mich zu einem Werkzeug deines Friedens, dass ich nicht den Kopf in den Sand stecke, sondern mit anderen und mit dir Kontakt halte. Kräftige uns.

Verantwortung übernehmen

Manche Zeitgenossen laufen mit langen Gesichtern umher. Lebenslust und gute Laune können wie das Wetter umschlagen. Will ich in die gleiche Kerbe hauen? Manche Gemeinden erscheinen für Betrachter wie leere Hüllen und tote Hosen. Weit weg von ihrem Ursprung können Strukturen erkalten und fremd werden. Soll ich nicht von dem alten Kahn abspringen? Es gibt Tage, an denen komme ich nicht zu dem, was ich mir vorgenommen habe. Ständig ist etwas anders los. Notfälle und Baustellen fordern mich heraus. Dabei möchte ich doch meine Ruhe haben. Was ist wichtiger, mein Plan oder Menschen?

Wer ein Klagelied anstimmen will, sollte einen Chor gründen. Mit anderen singt es sich anders, Programm und Repertoire erweitern sich. Aus Passionsmusiken werden sogar Osterlieder, aus Klagen können Träume werden. Wir kommunizieren zu wenig auf allen Ebenen. Sich mitzuteilen hat etwas Heilendes und Bewegendes.

Weil das Leben nicht einfach ist, schaffen wir Regeln und Gesetze, die dann keiner überschaut. Bei Mose waren es nur 10 Weisungen, wie das Leben gelingen kann. Und Jesus brachte das Wesentliche so auf den Punkt: Ihr sollt einander lieben – wie ich euch geliebt habe. Das macht unsere Persönlichkeit aus und gleicht einer Eintrittskarte zum Glück; und ist zugleich der Kern aller Gemeinden. Weil wir uns von seiner Liebe gehalten wissen, können wir lieben und viel aushalten und bewegen. Was zählt im Leben, stiften die Liebenden.

Für Jesus blieb Gott wie ein liebevoller Vater, dem er vertrauen konnte, selbst in Leid und Tod. Und Gott ließ ihn nicht im Tod, sondern erweckte ihn, uns allen voran zum Zeichen: Die Liebe siegt, nicht der Tod. Gott sucht Menschen, die Liebe leben und Verantwortung übernehmen. Deshalb mutet Jesus seinen Freunden viel zu: dass wir seine Botschaft leben, mit Herzen, Mund und Händen lieben, freudig Zeichen setzen, Verantwortung übernehmen und Frucht bringen.

HEINZ-GÜNTER BEUTLER-LOTZ

Mach mich zu einem Werkzeug deines Friedens, dass mir das Herz nicht in die Hose rutscht, sondern ich zusammen mit andere engagiert bleibe. Behüte uns.

Was betrübst du dich, meine Seele?

Wer Recht einklagt und Hilfe bei Gericht sucht, erwartet, dass die Sache gründlich untersucht wird. Was ist passiert? Worum geht es? Dazu finden Befragungen statt. Ein Beleuchten und Ergründen von allen Seiten. Auch das Gebet kann solch ein Ort der Befragung und Beleuchtung sein. Ein Ort, der Sache auf den Grund zu gehen.

Auf Ignatius von Loyola geht die Idee zurück, dies jeden Tag zu tun. Er riet dazu, sich jeden Abend Zeit zu nehmen, um zurückzublicken. Er war überzeugt davon, dass dieser Rückblick zu den wichtigsten Stunden des Tages gehöre. Der Gründer der Jesuiten legte Wert darauf, regelmäßig den eigenen Regungen und Gefühlen nachzuspüren und das Gewissen zu erforschen. Ignatius riet dazu, sich selbst zu befragen. So, als würde man sich gegenüberstehen und auf Fragen antworten. »Was betrübst du dich, meine Seele?« Welche Unruhe ist da? Woher rührt sie? Ist es Trauer, ist es Wut, ist es Angst, ist es Unsicherheit, ist es Beklemmung? Dabei war es ihm wichtig, dies zu tun, ohne zu richten oder zu verurteilen. Das Verborgene darf ans Licht kommen. Dazu braucht es einen wohlwollenden, liebevollen Blick, einen geschützten Raum.

Ein sicherer Ort, wo uns die liebevolle Aufmerksamkeit von Gott versprochen ist. So sehr dürfen wir darauf vertrauen, dass es sogar möglich ist, gegen den Richter selbst Klage zu erheben. »Warum hast du mich verstoßen? Warum muss ich so trauernd umhergehen?«

Wenn eine Sache bei Gericht verhandelt wird und alle Befragungen durchgeführt sind, dann wird am Ende ein Urteil gesprochen.

Die Befragung im Gespräch mit Gott zielt hingegen nicht auf ein Urteil und eine Verurteilung ab. Vielmehr soll Raum sein, dass alle »Regungen der Seele« zur Sprache kommen dürfen, offen und ehrlich, ohne Angst. Darum wird dieses Gebet nach Ignatius auch das Gebet der liebenden Aufmerksamkeit genannt. Zu solch einem Gebet kann uns der Psalm 43 werden.

ANDREA BRUNNER-WYSS

Gott, gib mir Schutz, wenn mein Herz mich selbst anklagt. Lass mich deinen gütigen Blick spüren. Schenk Licht in das, was mich betrübt. Richte mich auf, dass ich aufrichtig sein kann.

Kirche in Bedrängnis

Niemals wurden mehr Christen verfolgt als heute. So lautet das Fazit aus der Arbeit der Hilfsorganisation Open Doors, die sich weltweit für verfolgte Christen einsetzt. Auch Papst Franziskus betonte: »Die Märtyrer leben jetzt, in zahlreichen Ländern.« Diese Spur lässt sich allerdings bis zu Jesus selbst zurückverfolgen, so lesen wir heute in unserem Abschnitt. Auch Paulus hat um Christi willen Prügel bezogen und wurde mit dem Tode bedroht. Erst als der christliche Glaube zur Staatsreligion im römischen Reich erhoben wurde, hörten Wellen der Verfolgung durch einzelne Gruppen, in einzelnen Regionen oder gar im ganzen römischen Reich auf.

Doch es war noch ein weiter Weg bis zum Menschenrecht der Glaubens- und Gewissensfreiheit, wie sie heute in vielen Ländern gilt und zum Beispiel in Deutschland im Grundgesetz festgeschrieben ist. So ist das Leben von Christen in diesen Ländern heute nicht mehr bedroht. Doch wer sich in sozialen Netzwerken oder auf der Straße Hetzern und Hassparolen entgegenstellt und für einen respektvollen Umgang wirbt, wer sich als Christin für Flüchtlinge einsetzt, wer als Christ rechtsextreme Gruppierungen kritisiert und ihre Behauptungen sachlich widerlegt, der muss auch hier damit rechnen, dafür angefeindet und angegriffen zu werden. Und auch der Staat übt Druck aus auf Kirchengemeinden und einzelne engagierte Mitglieder, die Kirchenasyl gewähren. Als bei mir plötzlich die Polizei anrief und darauf hinwies, dass die Staatsanwaltschaft ein Verfahren gegen mich wegen Beihilfe zum unerlaubten Aufenthalt einzuleiten gedenke, hat mich das durchaus belastet. Mir hat in dieser Zeit der Satz Jesu geholfen: »Der Knecht ist nicht größer als sein Herr. Haben sie mich verfolgt, so werden sie auch euch verfolgen.«

DIRK ZIMMER

Jesus Christus, du bist dir selbst und deinem Vater im Himmel treu geblieben. Stärke du meine Geschwister, die aufgrund ihres Glaubens um ihr Leben fürchten müssen. Und lass auch mich Mut haben, gegen den Strom zu schwimmen, wo es nötig ist.

Kirche der Wahrheit

Seit Jahren ist in den Medien immer wieder vom Niedergang der Kirche die Rede. Sie verliert nicht nur immer mehr Mitglieder, sondern auch an Gewicht im politischen Diskurs und leider auch an Vertrauen in unserer Gesellschaft. Vor allem das Letzte muss jede Christin, jeden Christen unruhig machen, hat der Herr der Kirche ihr doch die Aufgabe zugesprochen, in dieser Welt für die Wahrheit zu stehen und einzutreten. Nicht versprochen hat er ihr aber, dass sie dabei nicht immer wieder auch in Turbulenzen geraten wird. Es gehört vielmehr zu ihrem Auftrag, die Wahrheit des Evangeliums von Jesus Christus immer wieder neu zu übersetzen für ihre Zeit, um es verstehbar und plausibel zur Sprache zu bringen. Der Geist der Wahrheit ist jedem gegeben, der an Jesus Christus als seinen Erlöser glaubt und deshalb Gott als Schöpfer Ehrfurcht entgegenbringt und seine Hinweise für unser Leben ernstnimmt. Die göttliche Geistkraft motiviert und inspiriert uns, diese im persönlichen wie auch in gesellschaftlichen und politischen Fragen als Kompass zu nutzen und die Liebe damit spürbar und sichtbar werden zu lassen.

Ohne Gottes Geist wird unser Glaube blutleer. Ohne Gottes Geist verliert die Kirche ihren Antrieb. Der Geist lässt uns immer wieder am Weg Jesu anknüpfen, der sich hingab für diese Welt, um sie zu retten, und dabei in Kauf nahm – und nimmt –, dass sie ihn missversteht und ihn für seine Liebe anfeindet. Kirche ist herausgefordert, dies immer wieder neu zu buchstabieren. Als Christ:in muss ich es aushalten, dass mein Mitmensch meinen Glauben nicht teilt. Ich soll für die eintreten, für die sonst keiner eintritt. Ich soll und kann Ungerechtigkeit beim Namen nennen. Zuallererst die, die in ihrer Mitte geschah oder noch geschieht. Hier hat Kirche in Deutschland – immer? – ihre größte Baustelle. Als Kirche der Wahrheit wird sie immer wieder auch Buße tun.

DIRK ZIMMER

Lieber Herr Jesus Christus, es tut mir weh, wenn Menschen sich von dir abwenden. Wo ich dafür der Grund bin, bitte ich dich – und sie! – um Vergebung.

Kirche der Freude

Als Teenager empfand ich die Abendmahlsgottesdienste meiner freikirchlichen Gemeinde wie eine Trauerfeier. Die Männer, die das Abendmahl austeilten, trugen schwarze Anzüge, die Lieder waren in Moll und die Gesichter der meisten Mitfeiernden sehr ernst. Jahre später habe ich als Pastor eine Stunde der ökumenischen Gründonnerstagsvigil oft mit dem Satz Dietrich Bonhoeffers begonnen: »Wir müssen uns immer wieder sehr lange und sehr ruhig in das Leben, Sprechen, Handeln, Leiden und Sterben Jesu versenken, um zu erkennen, was Gott verheißt und was er erfüllt.« Ich finde es wichtig, mir immer wieder bewusst zu machen, was Christus um seiner Liebe zur Schöpfung und damit auch um meinetwillen willen getan hat. So kann ich mich und seine Kirche in seiner Nachfolge sehen. Auch darin, an dieser Welt, dem Elend in ihr und an der Gottvergessenheit der Menschheit zu leiden. Zugleich aber auch an der Schwäche seiner Kirche wie meinem oft mangelnden Gottvertrauen und sehr unvollkommen gelebten Glaubenszeugnis.

Jesus hat die Jünger in den Abschiedsreden darauf vorbereitet, dass sie bald um ihn trauern und wehklagen werden. Und dass diese Trauer nach einer wiederum nur kurzen Zeit in pure und andauernde Freude umschlagen wird, weil sie entdecken, dass der Tod ihn nicht halten konnte, dass er lebt und sie ihn durch den anderen Beistand, Gottes Geist, nun dauerhaft und überall bei sich haben. Hier weitet sich die Perspektive von den Jüngern damals auf alle, die wie sie Jesus Christus vertrauen und deshalb zu seiner weltumspannenden Kirche gehören. Doch auch dann, so verstehe ich diese Passage, werden sie – wir – immer wieder auch von Traurigkeit erfüllt werden. Doch die Freude kann uns niemand mehr nehmen. Denn der Vater im Himmel ist immer nur ein Gebet weit entfernt. Die Freude kann Grundton in Gottesdienst und Alltag der Kirche Jesu Christ sein.

DIRK ZIMMER

Lieber Vater im Himmel, danke dafür, dass wir dich in Jesu Namen um Hilfe und Beistand bitten dürfen, immer! Lass die Freude über deine große Liebe in uns Wurzeln schlagen.

Welt ohne Gott?

»Trauer und Hoffnung bei Jesu Abschied« – diese Überschrift steht in der Lutherbibel über dem heutigen Abschnitt der Bibellese. Es geht um Jesu Abschied von dieser Welt. Um Jesu Zugehen auf sein Leiden und Sterben. Das Johannesevangelium setzt dabei eine grundsätzliche Gottlosigkeit und Finsternis der Welt voraus. Der Gottessohn Jesus Christus gehörte schon vor seiner irdischen Geburt zu Gott, dem Licht. Gott hatte ihm für eine begrenzte Zeit den Auftrag gegeben, als »Licht« in der Finsternis der Welt zu leben. Damit im Glauben an ihn für uns Menschen der Weg eröffnet wird, aus der Finsternis ins Licht zu wechseln. Diese begrenzte Zeit geht jetzt zu Ende: »Ich bin vom Vater ausgegangen und in die Welt gekommen; ich verlasse die Welt wieder und gehe zum Vater.« Mit seinen Abschiedsworten mutet Jesus seinen Jüngern – und allen seinen Nachfolgerinnen und Nachfolgern – zu, dass sie ohne seine leibliche Anwesenheit in einer gottlosen Welt leben und glauben müssen. Jesu Hoffnung bei seinem Abschied aus der Welt ist, dass die gemeinsame Zeit mit ihm in seinen Jüngern einen widerständigen Glauben verankert hat. Einen Glauben, der Frieden schenkt in allen Ängsten inmitten der gottlosen Welt: »Dies habe ich mit euch geredet, damit ihr in mir Frieden habt. In der Welt habt ihr Angst; aber seid getrost, ich habe die Welt überwunden.« Ist uns Christinnen und Christen also zugemutet, in reiner Finsternis, in einer Welt ohne Gott zu leben? Haben unser Leben und Glauben das Ziel und die Hoffnung, die Welt zu überwinden? Ich tue mich schwer mit dem festgeschriebenen Gegensatz von Gott und Welt des Johannesevangeliums. Für mich gehört die Welt zu Gott und Gott in die Welt, auch nach Jesu Abschied aus seinem irdischen Leben. Mich trägt ein von Gerhard Bauer formuliertes Bekenntnis: »Wir glauben: Gott ist in der Welt, der Leben gibt und Treue hält.«

ANNE SCHNEIDER

Gott, auch wenn Verhältnisse und Erfahrungen uns in dieser Welt an deiner Gegenwart zweifeln lassen: Stärke du unsere Hoffnung, dass dein Reich mitten unter uns ist.

Wer ist Jesus für mich?

Wie kann ich leben und sterben in der Gewissheit: Ich bin aufgehoben und geborgen in Gottes Licht und Herrlichkeit? Auch im Zugehen auf meine Leid- und Todeserfahrungen? Dieser Frage musste sich auch der irdische Jesus stellen angesichts seines kommenden Leidens und Sterbens. Zumindest wenn wir das Mensch-Sein des Gottessohnes ernstnehmen. Im Johannesevangelium nimmt Jesus diese Frage mit hinein in sein »hohepriesterliches Gebet«: »Vater, die Stunde ist gekommen ...Ich habe dich verherrlicht auf Erden und das Werk vollendet, das du mir gegeben hast ... Und nun Vater, verherrliche du mich bei dir mit der Herrlichkeit, die ich bei dir hatte, ehe die Welt war...« Das Johannesevangelium vertritt hier eine »hoheitliche« Lehre von Christus: Angst und Zweifel berühren den johanneischen Jesus nicht angesichts seines Leidens und Sterbens. Er bleibt – selbst später am Kreuz – eine hoheitsvolle Gestalt.Mir hilft dieses Jesusbild wenig angesichts meiner Frage nach Gottes Gegenwart und Liebe inmitten meiner Leid- und Todeserfahrungen. Ich brauche dabei mehr die Erzählungen im Lukas- und Matthäusevangelium: Da hat auch Jesus Angst vor dem Sterben und dem Tod. Er hat Blut und Wasser geschwitzt und gebetet, Gott möge diesen Kelch an ihm vorübergehen lassen. Und Jesus hat am Kreuz geschrien: »Mein Gott, warum hast du mich verlassen.« Verherrlichung, Ostern und Auferstehung waren nicht Gottes Belohnung für Jesus, weil er so furchtlos und hoheitsvoll gestorben ist. Wenn ich mich dem Sterben geliebter Menschen und meinem eigenen Sterben stellen muss, dann ist Jesus gerade in seiner menschlichen Schwäche für mich Trost und Halt. Weil er durch eigene existentielle Ängste und Klagen hindurch seinen Geist in Gottes Hände befehlen konnte.

ANNE SCHNEIDER

Gott, lass uns inmitten und mit allen Todesängsten und Todeserfahrungen offen bleiben für deine Gegenwart und Liebe. Damit wir uns in dir aufgehoben und geborgen wissen auch im Sterben und durch den Tod hindurch!

Wie viel Einheit brauchen unsere Gemeinden?

In seinem hohepriesterlichen Abschiedsgebet macht Jesus nach dem Johannesevangelium wiederholt und eindrücklich deutlich: Zum Wesen der christlichen Gemeinde gehört das Eins-Sein der Glaubenden! Grund und Vorbild für diese von Jesus inständig erbetene Einheit seiner Jünger ist das Eins-Sein Jesu mit Gott, seinem Vater: »Heiliger Vater, erhalte sie in deinem Namen … dass sie eins seien wie wir … Wie du, Vater, in mir bist und ich in dir, so sollen auch sie in uns sein, auf dass die Welt glaube …« Ganz offensichtlich waren Einigkeit und Eins-Sein in den christlichen Gemeinden schon in urkirchlichen Zeiten ein Problem. Und bis heute hat sich Jesu Gebetswunsch, dass Menschen in seiner Nachfolge »vollkommen eins« sein mögen, nicht erfüllt – auch und vor allem nicht in den Organisationsformen, Dogmen und Lehren seiner Kirchen. Aber verlangt Gott für unsere Glaubwürdigkeit in der Welt nach einer Vereinheitlichung unserer Kirchenstrukturen und nach der Vereindeutigung und Widerspruchsfreiheit unserer Glaubensaussagen? Oder ist der eine und einzige Gott, an den wir glauben, vielleicht doch auch ein Liebhaber von Vielfalt und Vielstimmigkeit in den konkreten Antworten auf Gottes konkretes Wort? In der Bibel und in unserer christlichen Tradition begegnen uns unterschiedliche Gottesvorstellungen und Jesus-Bilder. Der Unverfügbarkeit Gottes entspricht die Vielfalt der menschlichen Zeugnisse. Und auch wenn ich mir in manchen Auseinandersetzungen ein abschließendes und eindeutiges Gotteswort wünsche: Meiner Gottesbeziehung tut sie gut, die Vielfalt, mit der Menschen Gottes Liebe in der Welt bezeugen.

ANNE SCHNEIDER

Gott, lass uns hören und wahrnehmen, welche konkrete Wahrheit dein Wort für uns und deine Kirchen bereithält. Lass uns in aller Verschiedenheit einig sein in der Gewissheit: Deine Liebe lebt in uns und in deiner Welt.

Jesus Christus, den Menschen gleich!

Wir sind eingeladen zu einem Gottesdienst. Wir alle, das ganze Pfarrkollegium ist da. Wir sitzen in dieser wunderschönen, ehrwürdigen, alten Kirche. Orgelspiel, Lieder, Predigt, Gebete und Segen, alles ist wie gewohnt. Außer einem Moment, der unter uns für Irritation sorgt und uns heftig diskutieren lässt. Die Lektorin hält für die Lesung keine Bibel in der Hand, sondern ihr Smartphone. Um aus dem Alten und Neuen Testament vorzulesen, blätterte sie keine Buchseiten um, sondern streicht mit ihrem Zeigefinger über die kleine Glaspatte. Ein No-Go im Gottesdienst? Smartphones im Alltag, im Beruf, unterwegs, unter Jung und Alt verbreitet, fast in allen Haushalten, aber nicht im Gottesdienst?

Der Gottesdienst ist der Ort und die Zeit, wo Menschen ausdrücklich zusammen sind im Namen dessen, der den Menschen gleich wurde. Im Gottesdienst werden sie zu einer Gemeinschaft, die im Namen dessen, der seiner Erscheinung nach als Mensch erkannt wurde, singen, beten, reden, lesen und hören. Mensch wie wir, die hier sitzen und zuhören. Mensch, wie die, die lesen und Musik machen. Die Gottesdienstgemeinschaft bekennt sich zu Jesus Christus, der uns Menschen gleich wurde und an nichts festhielt, was an ihm göttlich war.

Darf man im Gottesdienst Worte der Heiligen Schrift von einem Smartphone ablesen? Ist es für Andacht und Anbetung egal, ob man den gedruckten oder elektronischen Text der Bibel liest? Spielt es für das Bekenntnis zu Christus keine Rolle, ob man den Predigttext am Handy vorliest? Ja. Dreimal Ja. Denn wir orientieren uns mehr am lebendigen Jesus als an Stilfragen. Für uns ist Jesus maßgebend, der gegessen und getrunken hat wie wir, der gelacht und geweint hat wie wir, der zornig werden konnte, aber auch zu feiern wusste, wie wir. Wir orientieren uns an Jesus Christus, der auch heute lebendig ist, Mensch ist, und als solcher lebt wie viele unter uns. Wir bekennen uns zu Jesus Christus, dem nichts Menschliches fremd ist.

ANDREA BRUNNER-WYSS

Jesus Christus, lass uns erkennen, wo wir dich den Lebendigen leuchten sehen. Jesus Christus, hilf uns, ganz Mensch zu sein.

Verrat-Ort Garten

Immer wieder der Garten, wo Entscheidendes passiert. Paradiesgarten im Anfang, Gott und die Menschen in ungebrochener Verbundenheit. Und die Menschen trotzdem mit Sehnsucht nach mehr – mehr Erkenntnis, mehr Eigenleben, mehr Verantwortung, mehr Ich. Danach ist nichts mehr wie es war. Der Zauber des Anfangs ist der Realität des Lebens gewichen. Und die Menschen leben außerhalb des Paradiesgartens, in gebrochener Verbundenheit.

Nun wieder ein Garten, Garten Gethsemane, Aufenthaltsort von Jesus und den Freundinnen und Freunden, Rückzugsort von der Welt, Auftankort für Gebet und nächste Taten. Und wieder bricht die Sehnsucht nach mehr sich Bahn. Mehr Gerechtigkeit, mehr Freiheit, mehr Macht, so trägt es Judas in seiner Seele. Und trifft eine Entscheidung. Danach ist nichts mehr, wie es war.

Der Ruheort ist zum Verrat-Ort geworden. Sogar das Schwert kommt zum Einsatz und kostet dem Sklaven des Hohenpriesters das Ohr. Nicht die Soldaten setzen den ersten Streich, nein, Petrus ist es, der Fels, der hier schon erste Brüche zeigt. Und Jesus? Der Evangelist schenkt uns wieder deutlich seinen Blick auf das Geschehen. Souverän bespielt Jesus die ganze Szene. Schon wird klar: Dieser Mann ist besonders, ihm ist Respekt zu zollen. Dieser ist kein gewöhnlicher Straftäter, kein politischer Aufrührer, kein vagabundierender Sektenführer.

Hier begegnet uns wieder der schon in Johannes 1 bezeugte Logos, Gott in Menschengestalt, Weisheit und Licht für die Menschen, voller Hingabe für seine Schöpfung. Der geht ohne Zagen und Klagen seinen Weg. Genau dafür ist er in diese Welt gekommen, hat sich in die Gebrochenheit der Welt gesetzt, um diese zu heilen. Unbeirrt geht Jesus den vorgedachten und vorbereiteten Weg. Er ist mehr als bereit, den Kelch zu nehmen und ihn auszutrinken.

CHRISTINE WOLF

In meiner Sehnsucht nach Leben liegen so viele Möglichkeiten. Du weisheitliche Kraft, zeige mir immer wieder den Weg, der meine Sehnsucht zu dir führt. Bei dir will ich ankommen.

Verrat-Ort Mensch

Schuldig werden und mit Schuld leben, das ist ebenso alt wie die Menschheit. Schuld nicht wahrhaben wollen und Schuld leugnen, das gehört genauso dazu. Gerade mein schulischer Alltag zeigt es so deutlich: Kleine und größere Streitigkeiten unter den Jugendlichen – und keiner ist's gewesen. »Ich war's nicht!« Diesen Satz habe ich aus dem Repertoire der vermeintlichen Rechtfertigungen streichen lassen. Und musste gar nicht lange die Sinnhaftigkeit erklären...

Johannes lässt Jesus, flankiert von vielen Menschen, aus dem Garten abführen und erzählt nun sehr detailliert über seine Ankunft im Haus des Hohepriesters. Die Szene lebt von unterschiedlichen Menschen mit unterschiedlichen Funktionen: Hohepriester, Sklaven, Türhüterin, Jesusjünger, die sich immer wieder um ein Feuer versammeln und die Wärme suchen. Aufregung lässt frieren, die Wärme von außen soll helfen, wenn der Körper selbst sich nicht mehr regulieren kann. Und hier zum ersten Mal die Frage an Petrus: »Bist du nicht auch ein Jünger?« Draußen vor der Tür, am Feuer, die schambesetzte Antwort: »Nein, das bin ich nicht.«

Jesus selbst muss sich vor Hannas erklären. Fast wirkt es, als sei er genervt ob der Fragerei. Es ist doch alles mitzuerleben gewesen, was er und sein Freundeskreis getan haben. Seine Reden konnten von allen gehört, seine Taten von allen gesehen, seine Liebe von allen gespürt werden. Also: Was soll die Fragerei? Mit einer Ohrfeige wird er gezüchtigt und zu Kaiphas überstellt. Dem Mann, der schon sein Urteil gefällt hat: »Es ist besser, dass ein Mensch stirbt anstelle des Volkes.«

Sicher war ihm nicht bewusst, dass es genau dieses ist, was später den christlichen Glauben begründet hat. Der Tod und die Auferstehung des Einen bringen Rettung für alle. Doch bis es so weit ist, hat der Hahn schon gekräht und Petrus zwei weitere Mal geleugnet, Jesu' Freund zu sein.

CHRISTINE WOLF

Und vergib' mir meine Schuld! So viel Trost liegt darin, dir mein Unvermögen, mein Versagen, mein Schuldigwerden anzutragen. Danke, dass du alles mit mir trägst, du treuer Gott.

Tat-Ort Macht

Die Dreizahl setzt sich fort. Nach Garten und Palast des Hohepriesters nun die Residenz des römischen Statthalters. Die Verratsgeschichte ist in der Schaltzentrale der politischen Macht angekommen. Die erste Klärung erfolgt zwischen Pilatus und den jüdischen Priestern und Gesetzeslehrern. Weil sie sich durch den Aufenthalt in einem heidnischen Haushalt wegen des anstehenden Passafestes nicht verunreinigen wollten, muss Pilatus vor die Tür treten. Es passt ihm nicht, dieser Menschenauflauf, diese Unruhe. Warum kommt die jüdische Obrigkeit zu ihm? Sollen sie doch selbst ihre Streitigkeiten klären! Schnell wird klar, er wird den »Fall« nicht los. Ein Todesurteil wird gefordert. Kreuzige ihn!

Pilatus lässt Jesus nun in seiner Residenz vorführen. Anklagepunkt: Machtmissbrauch! Einer, der König sein will, ist gefährlich, sabotiert die römische Macht. So einer gehört gekreuzigt. Aber ist Jesus so einer?

Der folgende Dialog zwischen Pilatus und Jesus hat zu Romanen, Spielfilmen, Philosophiedebatten geführt. »Wer bist du?« »Was ist Wahrheit?« Bis heute wird um Antworten gerungen. Sowohl Jesus als auch die Wahrheit erleben vielfältige und gegensätzliche Deutungen. Und immer wieder liegt es an uns, unsere Sicht der Dinge zu finden und zu den anderen Auffassungen zu legen und abzugleichen und wieder zu bedenken und neu zu diskutieren. Um Jesus und die Wahrheit muss gerungen werden. Und hoffentlich steht am Ende der inneren Auseinandersetzung: Ich glaube an Jesus, den Messias, Gott von Gott, Licht vom Licht.

Pilatus kommt in seinem Nachdenken zum richtigen Schluss. Jesus ist keines Verbrechens gegen die römische Staatsmacht schuldig. Sein Reich ist nicht von dieser Welt. Nicht immer jedoch führt gut Gedachtes zu gutem Ende. Um des lieben Friedens und der jüdischen Gesetzestreuen willen spricht er schließlich das Urteil: Kreuziget ihn! So nimmt erst einmal Unheil seinen Lauf.

CHRISTINE WOLF

Mal mächtig, mal ohnmächtig. Wer ich auch bin, es soll zum Guten dienen und deine Begleitung finden, du gnädiger Gott.

Wer ist schuld?

Im Unterschied zu den Synoptikern ist die Verurteilung Jesu hier szenisch breit entfaltet. Als Leserinnen und Leser folgen wir dem Hin und Her des Pilatus, wir erfahren, was innen und außerhalb des Palastes geschieht. Pilatus wirkt wie ein Getriebener. Er wechselt ständig seine Gesprächspartner, spricht mit den Hohepriestern, den Soldaten und mit Jesus. Zu einem echten Dialog oder einer Klärung der Anklage kommt es dabei nicht. Pilatus eskaliert die Gewalt, aber er findet keinen Weg aus der politischen Falle, die ihm hier gestellt wird. Manchmal scheint es, dass nicht nur Pilatus keinen Weg findet. Als christliche Kirchen finden wir oft keinen Weg aus der antijüdischen Auslegungspraxis des Evangeliums. Zu schnell folgen wir den immer und immer wieder wirksamen Vorurteilen. Das erste und prägendste davon: Die Juden tragen die Schuld und die Verantwortung am Tod Jesu. Rechtlich hatte die jüdische Selbstverwaltung keine Erlaubnis, eine Todesstrafe zu verhängen. Das bedeutet nicht, dass führende Kreise nicht auf eine Verurteilung hinwirken konnten. Rechtlich bleibt Pilatus verantwortlich. Der Sprachgebrauch »die Juden« ist zudem eine Verallgemeinerung. Sie verführt dazu, das gesamte jüdische Volk mit der Position der Hohepriester gleichzusetzen. Schon bei der Bestattung Jesu zeigt sich, dass mindestens zwei angesehene jüdische Männer auf der Seite Jesu stehen. Josef von Arimathäa und Nikodemus, ein Pharisäer und führender Mann unter den Juden (vgl. Joh 3,1ff; 7,50), sorgen für eine angemessene Bestattung Jesu. Auch ist (zumindest bei Johannes) kein Volk anwesend. Es gibt also keine schreiende Menge – auch wenn wir das häufig so mitlesen. In Vers 6 sind es »nur« die Hohepriester und ihre Diener, die schreien und die Kreuzigung verlangen. »Die Juden« sind in dieser Szene lediglich »einige« – auf keinen Fall das gesamte Volk.

KATRIN BROCKMÖLLER

Gott, du bist und bleibst der Gott Israels und du bist der Gott Jesu Christi, dem wir nachfolgen. Stärke uns in dem Vertrauen, dass das kein Widerspruch ist.

König auch am Kreuz

Bei Johannes wirkt der sterbende Jesus während der gesamten Passion im Vollbesitz aller Kräfte. Er zeigt weder Furcht noch Schwäche. Er kann trotz der Folterung und seinen Verletzungen Pilatus standhalten und treffend formulieren. Er trägt selbst sein Kreuz, er benötigt dabei keine Hilfe! Auch die Szene am Kreuz ist so gestaltet, dass er immer souverän bleibt. Er spricht »mich dürstet« und er wird »getränkt«. Der, dem alles genommen ist, regiert.

Beim Kreuz stehen bei Johannes sowohl zwei mit ihm eng verwandte Frauen (Maria und ihre Schwester) als auch zwei Frauen aus dem Kreis der Nachfolgenden (Maria, die des Klopas, und Maria von Magdala). Jesus selbst ordnet in gewisser Weise im Sterben noch das Leben seiner Mutter. Er verbindet seine Mutter mit dem Jünger, den er liebt. So verbinden sich zwei Arten der Bindung an Jesus: aus familiären Gründen und aus Liebe. Vielleicht steht diese Zuordnung auch für eine Zuordnung in der johanneischen Gemeinde. Die Verwandtschaft wird aufgenommen, aber sie dominiert nicht die Gemeinde.

Es fällt auf, dass Maria von Magdala in allen Evangelien und durchgängig sowohl Zeugin des Todes als auch der Auferstehung ist, Petrus und die anderen aber fehlen.

Anwesend sind neben diesen Frauen »viele Juden«. Sie alle lesen das Schild mit der Aufschrift »Jesus aus Nazareth, König der Juden«. Der erneute Konflikt zwischen den Hohepriestern und Pilatus betont, wie missverständlich der Begriff ist. Die Hohepriester haben ihn benutzt und als politische Ansage verstanden. Pilatus ging darauf ein und ließ einen Hochverräter kreuzigen. Jetzt im Tod wirkt der Titel wie eine Verkündigung. Genau dieser ist hier gestorben, der König des jüdischen Volkes, der Messias, derjenige, der jetzt seinen Auftrag bei den Menschen »vollbracht« hat und zum Vater zurückkehren wird.

KATRIN BROCKMÖLLER

Gott, berühre unsere Herzen und stärke unsre Liebe. Öffne unsre Augen und lass uns handeln, wo Menschen im Namen von Religionen und Ideologien gefoltert und zerstört werden.

Offenes Sorgen – heimlicher Glaube

Jesus stirbt, noch bevor es Abend wird. Zwei Männer kümmern sich um seine Bestattung. Es ist eigenartig: Keiner von den Jüngern ist da, auch nicht der eben noch anwesende »Jünger, den Jesus liebte«. Auch nicht der Jünger, der in Vers 35 als Augenzeuge aus dem Text heraustritt.

Josef von Arimathäa ist auch in den synoptischen Evangelien präsent. In Mk 15,43 wird erzählt, dass er auch auf das Reich Gottes wartete. Das Johannesevangelium wählt die Formulierung: »der ein Schüler war – wenn auch aus Furcht vor den Juden heimlich.«

Auf jeden Fall bittet er bei Pilatus um den Leichnam. Das ist ein auch aus anderen zeitgenössischen Quellen vertrauter Vorgang. Es kann aus besonderen Gründen geschehen, dass der Leichnam den Familien freigegeben wird oder Massengräber ausgehoben werden. Die allermeisten Gekreuzigten wurden aber nicht einzeln und ehrenvoll bestattet. Sie verwesten am Ort der Hinrichtung oder wurden von wilden Hunden und Aasvögeln zerstreut.

Nikodemus ist den Leserinnen und Lesern bereits vertraut. Ein Mitglied der führenden Schichten (Joh 3,1ff; 7,50), der einst in der Nacht zum Gespräch bei Jesus war und auch öffentlich für ihn Position bezogen hatte. Dieser Nikodemus sorgt für mehr als ausreichende Mengen an Aromastoffen, die zwischen die Leinenbinden gestreut werden. Vielleicht ist die Übermenge (zwischen 10 und 30 Kilogramm!) ein weiterer Verweis auf die Königswürde Jesu (vgl. Ps 45,9). Mit Nikodemus und Josef treten zwei Menschen auf, deren Zugehörigkeit zu Jesus irgendwie doch ungeklärt bleibt. Sie sind Anhänger, wie andere »heimliche Jünger« (vgl. Joh 9,22; 12,42). Aber aus Furcht wagen sie kein öffentliches Bekenntnis. Offen bleibt, wie dieses Verhalten zu bewerten ist. In den Ostergeschichten tauchen sie nicht auf. Bleiben sie »halbe Jünger«? Bleiben sie »vor Ostern« stehen?

KATRIN BROCKMÖLLER

Gott, wir beten für alle, denen der Mut fehlt, sich zum Glauben zu bekennen. Und für uns selbst bitten wir um die Gnade, niemand zu verurteilen, der scheinbar nur »halbe Jüngerschaft« lebt.

Ostern lässt sich nur gemeinsam verstehen!

Es ist dunkel, als Maria aus Magdala zum Grab kommt. Sie trauert. Sie sucht Trost angesichts des Todes von Jesus. Doch sein Grab ist leer. Haben seine Gegner Jesu Leichnam weggenommen? Wollten sie verhindern, dass die Menschen zu seinem Grab pilgern, die auf ihn hoffen?

Maria wollte allein sein mit Jesus in ihrer Trauer. Aber sie spürt: Was hier geschieht, können wir nur gemeinsam verstehen. Deshalb läuft sie zurück und erzählt Simon Petrus und Johannes von dem leeren Grab. Ihre Nachricht regt die beiden so auf, dass sie nicht mir ihr reden, sondern sofort losrennen. Sie müssen selbst schauen, was da geschehen ist. Johannes ist schneller, aber er wartet vor der Grabhöhle. Er lässt Petrus den Vortritt und der bestätigt: Das Grab ist leer. Die Binden liegen am Boden, in die der Leichnam von Jesus gewickelt war. Dann schaut auch Johannes in das Felsengrab. Über ihn heißt es: »und er sah und glaubte.«

Die Beiden haben das Gleiche gesehen. Wahrscheinlich haben sich beide über die Binden auf der Erde gewundert: Wenn die Gegner den Leichnam von Jesus weggenommen haben, warum hätten sie ihn auswickeln sollen? Aber die beiden reden nicht miteinander darüber, was das bedeutet. Sie sind ganz in dem gefangen, was sie gerade erlebt haben. Auch Johannes, der sah und glaubte, versteht nicht, was geschehen ist. Auch er kann Petrus noch nicht zurufen: »Er ist auferstanden!«

Sie müssen erst zu den anderen zurück und ins Gespräch kommen: miteinander und mit der Bibel. Erst dann beginnen sie zu verstehen, was an diesem dritten Tag nach Jesu Tod geschehen ist: »dass er von den Toten auferstehen musste.« Erst dann weicht die Dunkelheit dem Licht des Ostermorgens. Erst dann können sie einander zurufen: »Er ist auferstanden!« – »Er ist wahrhaftig auferstanden!«

JOCHEN CORNELIUS-BUNDSCHUH

Wir danken dir, Herr Jesu Christ, dass du vom Tod erstanden bist und hast dem Tod zerstört sein Macht und uns zum Leben wiederbracht. Halleluja!

Nicht allein in Trauer und Hoffnung

Das Grab ist leer. Wo ist Jesus? Maria sucht ihn. Sie steht vor der Höhle und weint. Da spürt sie etwas von der Kraft, die von Jesus ausging. So wie wir manchmal das Gefühl haben, jetzt komme die Verstorbene wieder die Treppe herunter.

Maria schaut in die Grabhöhle und entdeckt zwei Engel. Die zwei nehmen sie ernst: »Frau, was weinst du?« Sie beginnt zu erzählen; das tröstet sie. So wie wenn die Nachbarn in das Trauerhaus kommen und ihr Beileid ausdrücken. Sie hören zu. Sie sind da. Manche scheuen sich vor dem Gang ins Trauerhaus: »Die wollen bestimmt für sich sein!« »Was soll ich denn da sagen?« Aber die Trauernden warten, so wie Maria. Sie suchen Engel. Sie sind froh zu reden. Sie atmen auf, wenn andere mit ihnen kleine Schritte gehen. Manchmal hilft auch eine Suppe, wenn die richtigen Worte fehlen.

Auf einmal ist Jesus selbst da und ruft Maria beim Namen. So wie er uns bei der Taufe ruft: »Ich habe dich erlöst. Ich habe dich bei deinem Namen gerufen. Du gehörst zu mir.« Da spürt Maria: Der Tod hat nicht das letzte Wort. Das Leben endet nicht in einer Grabhöhle; es geht weiter – bei Gott.

Allerdings ist nun nicht mehr alles wie zuvor. Jesus ist gekreuzigt, gestorben und begraben. Gott hat ihn auferweckt und zu sich genommen. Das verändert unser Miteinander; das verändert die Bilder, die wir uns bisher vom Leben und vom Tod, von Jesus und von uns selbst gemacht haben.

Maria erzählt ihren Freundinnen und Freunden von ihren Begegnungen am Grab. Sie nimmt sie an die Hand, um mit ihnen Jesus zu folgen: aus der Dunkelheit des Todes ins Freie. Sie nimmt uns an Ostern an die Hand, uns und die Menschen, die uns lieb, aber auch die, die uns fremd sind. Gemeinsam brechen wir auf ins Helle und hören, wie Jesus ruft: »Ich lebe und ihr sollt auch leben!«

JOCHEN CORNELIUS-BUNDSCHUH

Mitten in Leid und Not stehst du auf, Christus! Gott überlässt dich nicht dem Tod. Nicht Gewalt und Macht behalten das letzte Wort, sondern die Liebe, die uns mutig und frei macht, dir zu folgen. Stärke unseren Glauben, Christus, und führe uns ins Helle.

Gesandt, um zu vergeben

Nach Ostern geht es so richtig los. »Der Herr ist auferstanden!« Dieser Ruf muss erst ankommen bei seinen Nachfolgern. Diese Aussage muss erst genug Substanz bekommen, ehe sie zur Glaubensgrundlage werden kann. Ja, das Grab ist leer. Die Engel bestätigen, was Jesus angekündigt hat. Der Herr lässt sich sehen, damit sie »das Leben haben in seinem Namen (V. 31).

Heute lesen wir vom Osterabend. Der Auferstandene tritt herein, dämpft das Erschrecken und weist sich anhand seiner Kreuzigungsmale aus. Die versammelte Jüngerschar macht das froh. In seiner von Johannes weitergegebenen Ansprache nennt Jesus drei Themen: Er sendet die Jünger und Jüngerinnen, wie ihn der Vater gesandt hat. Er bläst ihnen den Heiligen Geist zu. Er fokussiert auf die Sündenvergebung.

Ich frage mich: Gehören diese drei nicht zusammen? Wer zum Glauben gefunden hat, dass Jesus der Christus ist, wird von ihm hineingenommen in den Auftrag, zu bezeugen, dass er der Sohn Gottes ist, den der Vater uns als Retter gesandt hat. Wie die ersten Zeugen bekommen wir dazu die Ausrüstung mit der »Kraft aus der Höhe«, damit wir nachhaltige Worte finden (Mk 13,11).

Und das Dritte: das zentrale Anliegen des Evangeliums. Jesus kam, um uns mit Gott zu versöhnen. Als das »Lamm Gottes« trägt er unsere Sünde (Joh 1,29). Durch Tod und Auferstehung wurde er für uns »zur Gerechtigkeit und zur Heiligkeit und zur Erlösung« (1Kor 1,30). Dafür bin ich ihm von Herzen dankbar. Und jetzt gehört Vergebung nicht nur ins Vaterunser-Gebet, sondern ist Auftrag unseres lebendigen Herrn gegenüber allen Menschen. Wo wäre ich, wenn er mir nicht vergeben hätte? Wo dürfen andere hinkommen, wenn ich ihnen vergebe?

ROLAND SCHARFENBERG

Herr Jesus Christus, ich preise dich, den Auferstandenen. Deine Sache geht weiter. Danke, dass du uns mit hineinnimmst, als deine Zeugen. Danke, dass du uns ausrüstest durch deinen Heiligen Geist. Lass es gelingen, wenn wir dich bezeugen als den, den der Vater gesandt hat. Und danke, dass du uns unsere Schuld vergibst. Das lass uns auch vollmächtig anderen zusprechen.

Blinder Glaube?

Ich habe nicht gesehen und will doch im Glauben stehen. Da tut mir die Zusage Jesu gut, dass diese Lage eine zu beglückwünschende ist. Die Jünger erkannten am Osterabend, dass der Gekreuzigte der Auferstandene ist. Thomas ist erst eine Woche später mit dabei. Bestraft den Zuspätgekommenen das Leben? Nein, der Herr gibt Thomas seine eigene Chance, seine eigene Begegnung mit dem Auferstandenen. Jesus weiß von seinem Verlangen sich zu vergewissern. Er lädt Thomas ein, zu tun, was er wollte. Jesus will, dass Thomas »nicht mehr ungläubig sei, sondern glaube«.

Hat nun Thomas Jesus berührt? Ich denke nicht, denn Jesus führt sein Bekenntnis darauf zurück, dass Thomas ihn gesehen hat (V. 29). Thomas sah den Auferstandenen und bekennt: »Mein Herr und mein Gott!« Er anerkennt nun nicht nur, dass der Herr tatsächlich auferstanden ist, er drückt auch aus, was ihm das bedeutet. Das Pronomen »mein« holt die theologische Aussage in sein Leben hinein: Thomas bekennt, dass er Jesus anerkennt als seinen Herrn, dem er gehorcht, und als seinen Gott, den er anbetet.

Ich habe ihn nicht gesehen. Glaube ich blind? Nicht blind, sondern gegründet auf dem, was von Jesus geschrieben ist. Ich bitte darum, dass sein Heiliger Geist es mir ins Herz schreibt, dass Jesus der Christus ist, der Sohn Gottes, und damit ich deswegen das Leben habe in seinem Namen (V. 31).

Der lebendige Herr bestraft mich nicht, weil ich erst später gekommen bin. Er lässt mich jetzt schon erfahren, dass er lebt. Und das Ziel ist auch nicht schlecht: »Ihn habt ihr nicht gesehen und habt ihn doch lieb; und nun glaubt ihr an ihn, obwohl ihr ihn nicht seht; ihr werdet euch aber freuen mit unaussprechlicher und herrlicher Freude, wenn ihr das Ziel eures Glaubens erlangt, nämlich der Seelen Seligkeit.« (1Petr 1,8f) Glückselig darf ich sein!

ROLAND SCHARFENBERG

Jesus, mein Herr und mein Gott, ich danke dir, dass du mir eine Chance gibst zu glauben. Sprich mir durch deinen Heiligen Geist das Zeugnis von deiner Auferstehung zu. Begegne mir so, dass ich begleitet bleibe von dir, dem Lebendigen. Lass mich ein Leben führen, das du beglückwünschst.

»Noch einmal!«

Er offenbarte sich »noch einmal«. Dieses Wort hat im nachträglich angeführten Kapitel des Johannesevangeliums eine besondere Bedeutung. Es bringt die Erfahrung zum Ausdruck, dass wir oft viele Impulse benötigen, um in das Geheimnis der Auferstehung, ja in das Geheimnis Christi selbst tiefer einzudringen. Nur schrittweise und mühsam können wir dem völlig Neuen und Unberechenbaren folgen.

Petrus und die anderen Apostel – besonders die zweifelnden und nachfragenden Thomas und Natanael und Jakobus und Johannes werden mit Namen genannt – und zwei andere: diese Namenlosen, die wir selbst sein könnten! Sie folgen dem Petrus, der wieder in den Alltag des Fischens zurückkehrt, etwas resigniert, weil es doch alles anders gekommen ist als erwartet: »Ich gehe fischen!« Wir kommen auch mit, so die anderen, die auch nichts Besseres wissen.

Aber in diesem etwas resignierenden Rückfall aus den ersten Erfahrungen des Auferstandenen, die wie ein Traum waren, gerade, wo sie nichts fangen, da lässt der Auferstandene sich noch einmal sehen – noch unerkannt –, und fordert sie auf, die Netze noch einmal auszuwerfen. Er setzt den nächsten Impuls des Lebens; sie müssen sich noch einmal aufraffen, auf das Wort dieses noch Unerkannten hören. Das wird zur Erfahrung von erstaunlichem Fangerfolg, zur Erfahrung der Fülle und des Außergewöhnlichen. Der liebende Johannes erkennt wieder einmal die Lage schneller als Petrus: »Es ist der Herr!« Und der vorlaute Petrus springt begeistert Jesus entgegen. Und noch einmal muss er die Erfahrung des Kohlenfeuers machen. Hatte er doch an einem solchen Feuer feige seine Freundschaft zu Jesus verleugnet! Noch einmal erfährt er das Feuer, aber auch das Mahl, in dem sie alle Jesus erkennen. Das Wort »Noch einmal« ist die Weise Gottes, sich uns zu zeigen, wo wir ihm aus Resignation und Enttäuschung nicht mehr trauen. So sollen wir zur Einsicht und zu neuer Hoffnung kommen – auch an diesem Tag!?

FRANZ-JOSEF BODE

Jesus Christus, Auferstandener und Lebendiger, lass mich dich heute entdecken und erkennen in den enttäuschenden und erfüllenden Momenten des Tages!

Liebe gefragt!

Das »Noch einmal« hört nicht auf. Petrus ist herausgefordert, sich dreimal in Frage stellen zu lassen. Und dreimal Antwort geben zu müssen. Denn die einzig entscheidende Voraussetzung für seine künftige Verantwortung ist die Liebe. Wem mehr Verantwortung anvertraut ist – und die hatte Petrus in den frühen Zeiten der Kirche –, der kann sie nur haben in der völlig liebenden Verbundenheit mit Christus!

Den drei Impulsen des Auferstandenen zum Glauben entsprechen die drei Fragen an Petrus. Die Stufung der Fragen ist besonders herausfordernd. Zuerst geht es um das »Mehr« der Liebe gegenüber den anderen, da es um ein »Mehr« der Verantwortung gehen soll. Das griechische Wort für Lieben meint hier die umfassende, sich hingebende Liebe. Bei der zweiten Frage geht es um diese Liebe überhaupt. Jesus stellt Petrus immer mehr in Frage: Liebst du mich überhaupt? Und dann die dritte Frage, die ein anderes Wort für »lieben« wählt, nämlich die freundschaftliche Liebe. Je tiefer diese »Prüfung« Jesu geht, desto mehr wird Petrus klar, was Nachfolge heißt. Umso mehr wird auch unsere Liebe immer neu erfragt durch den Auferstandenen, der unter uns lebt, aber auch durch die vielen Menschen, die uns begegnen und die Situationen, die unsere Liebe herausfordern.

Und noch eine Erfahrung muss Petrus machen, die den meisten Menschen nicht fremd ist. »Als du jung warst, bestimmtest du dich selbst. Es kommt aber eine Zeit, wo andere dich gürten und du zu gehen hast, wohin du nicht willst.« Für Petrus bedeutet das den gewaltsamen Märtyrertod – nach der Überlieferung – am Kreuz. Für jeden von uns wird es das stetige Loslassen sein, um sich am Ende gelassen loslassen zu können in den Tod. Gehen, wohin du nicht willst, gehört zum Gehen dorthin, wo uns neues, anderes Leben entgegenkommt, in dem, der den Tod überwunden hat und nicht aufhört, uns zu locken und zu lieben, in der immer neuen Frage nach unserer Liebe – auch an diesem Tag!

FRANZ-JOSEF BODE

Herr, frag mich immer wieder an diesem Tag nach meiner Liebe, nach meiner Freundschaft mit dir und den Menschen, die mir heute begegnen!

Unseliger Vergleich!

Diese Wendung des Geschehens ist typisch für die Gestalt des Petrus, durchaus aber auch typisch für uns Menschen in unseren Grenzen und Unvollkommenheiten.

»Herr, was wird denn mit ihm?« Ungeschickter konnte die Frage nicht sein, als er nun die Prüfung der Liebe – wenn auch mit etwas traurigen und stammelnden Worten – bestanden hat und ihm die Verantwortung für viele übertragen ist. Gerade jetzt zu fragen: Was wird denn mit ihm? – ist typisch menschlich. Er fragt nicht aus Verantwortung für den anderen, sondern aus einem Vergleich mit diesem Johannes, der in der besonderen Liebe Christi stand, an seiner Brust am Abendmahl ruhte, wie es heißt, der schneller am Grabe war und den Herrn am See schneller erkannte. Immer war er Petrus in der Liebe und Wachheit etwas voraus!

»Was wird denn mit ihm?« Wir können diese Vergleiche nicht lassen. Nicht das Interesse am Anderen und das tiefere Verstehen des Anderen leitet uns dann, sondern die zerstörerische Kraft des Vergleichs, statt gemeinsam sich dem Größeren zu stellen. Oder gemeinsam nach vorn zu schauen, statt sich aufeinander zu fixieren. Wie viele Beziehungen scheitern an dieser Fixiertheit aufeinander? »Was wird denn mit dem da?« Die Antwort Jesu ist scharf: »Wenn ich will…« ER bleibt der Entscheidende! »Was geht dich das an?« Knapper und schärfer (in der Ursprache noch deutlicher) kann er nicht antworten. Es ist der alte Petrus doch noch geblieben, den Jesus zurechtweisen muss, weil er zu menschlich denkt. Doch genau das bleibt auch der Trost für uns, unsere Schwächen anzunehmen und sich dem Blick Jesu nicht zu entziehen. Die Nachfrage des Petrus hat ja dann auch ihre Wirkung im Gerede der anderen – »typisch Kirche«, möchte man fast sagen!

Und so endet dieses Schlusskapitel: Die Welt könnte die Bücher nicht fassen mit den vielfältigen Erfahrungen mit diesem Jesus, dem Christus. Er wirkt weiter – bis heute an diesem Tag!

FRANZ-JOSEF BODE

Auferstandener Christus, nimm von mir den vergleichenden Blick auf andere! Lass mich viel mehr auf dich schauen und die anderen lieben mit den Augen deiner Liebe!

Gott will in dir geboren werden

Die eigenartige Formulierung des in der sonntäglichen Vesper häufig rezitierten Psalmes 110, »So spricht der Herr zu meinem Herrn«, bedarf des Verständnisses wegen der Dechiffrierung, zumal der Psalm zwei verschiedene Herren als Handelnde ins Feld führt. Im Judentum wurde der Psalm stets als Ankündigung des Messias und seiner Herrlichkeit verstanden. Christus selbst führte die Psalmworte im Munde (Mt 22,4) und beanspruchte so, der verheißene Messias zu sein. Was sagt nun der Psalm über den Kommenden?

Derjenige, der zur Rechten des Herrn sitzt, hat Anteil an der Herrlichkeit, Macht und Autorität dessen, der in der Mitte thront. Ihm ist das Zepter, Zeichen der Machtausübung, übergeben. Zugleich aber ist er auch Priester. Aber nicht Tempelpriester, der Tiere opfert und statt sich selbst zu geben auf tierischen Ersatz ausweicht, sondern Priester, der wie einst Melchisedek, König von Salem, Brot und Wein darbringt, Zeichen, deren sich Jesus bei seinem letzten Mahl bedient und mit diesen seine Lebenshingabe am Kreuz in liturgischer Feier vorwegnimmt.

In der Kunstgeschichte wurde dieser Herr häufig als der zur Rechten des Gottesthrons stehende Christus dargestellt. Er ist derjenige, dem Gott all seine Feinde »als Schemel unter die Füße« legen, der »inmitten seiner Feinde« herrschen wird, der also vollkommen Anteil an der Herrschaft Gottes hat. Wie das Credo bekennt, wurde er »aller Zeit voraus« »aus dem Schoß (des Vaters) gezeugt, noch vor dem Morgenstern«.

Der in Straßburg wirkende Dominikaner Johannes Tauler (1300-1361) nannte in einer Weihnachtspredigt dies die erste, aller Zeit vorausgehende Gottesgeburt. In der Fülle der Zeit ereignet sich in Betlehem gleichsam die zweite Gottesgeburt, Gott wird Mensch in Jesus Christus. Die dritte Gottesgeburt erachtet Tauler gleich Angelus Silesius als die wichtigste Gottesgeburt: die tagtäglich sich vollziehende Geburt Gottes im Herzen eines jeden Menschen – vorausgesetzt, der Mensch öffnet sich Gott.

BERNHARD KIRCHGESSNER

Maranatha, komm, Herr Jesus!

Einführung zum Epheserbrief siehe Seite 406

Geheiligt im Glauben?

Die Stadt Ephesus war in der Antike eine große Stadt, die besonders durch den Tempel der Artemis, eines der sieben Weltwunder, bekannt war. Gelegen in der heutigen Westtürkei am Mittelmeer, beherbergte sie einen bedeutenden Hafen. Und recht bald nach dem Tod Jesu bildete sich dort eine christliche Gemeinde. Der Brief an diese Gemeinde in Ephesus beginnt mit einer Grußformel, die auch im Gottesdienst am Anfang regelmäßig verwendet wird: »Gnade sei mit euch und Friede von Gott, unserem Vater, und dem Herrn Jesus Christus!« Das ist zwar eine Sprache, die wir so im Alltag nicht verwenden, aber die uns doch bekannt vorkommt. Deshalb liest man vielleicht über den ersten Satz manchmal zu schnell hinweg. Denn die Anrede hat es in sich: »An die Heiligen in Ephesus, die Gläubigen in Christus Jesus«, das ist doch eine ungewöhnliche Anrede, oder? Die Heiligen: Damit meinen wir in der Regel Menschen, die bereits tot sind und die wir in der Gemeinschaft Gottes wissen. Oder es sind Menschen, von denen wir glauben, dass sie bereits hier auf Erden ein absolut vorbildliches Leben führen. Aber hier werden alle, die an Christus glauben, als Heilige angesprochen. Und all diesen wird die Gnade und der Friede Christi gewünscht. Weil die Briefe, die uns in der Bibel überliefert werden, auch immer eine Botschaft für uns heute beinhalten, dürfen wir uns alle, die wir an Jesus als den Christus, den Messias, den Sohn Gottes glauben, davon angesprochen fühlen. Da, wo etwas heilig ist, da ist etwas heil. Das ist eine großartige Zusage: Mit dem Kommen Jesu Christi ist für alle, die glauben, das Heil angebrochen. Nicht erst im Jenseits gibt es Heil, sondern bereits hier und heute. Dies wird noch weiter ausgefeilt in den nächsten Versen des Briefes. In diesem Sinne dürfen wir bereits heute als Heilige leben, weil Gott uns Heil und Segen schenkt.

TORSTEN STEMMER

Gott, unser Vater, schenke uns in diesen Tagen deine Gnade und deinen Frieden. Stärke uns in der Nachfolge deines Sohnes, damit wir in seinem Geiste und nach seinem Willen nicht nur »Heilige« heißen, sondern es auch wirklich sein können.

Eine Erbengemeinschaft anderer Art

Wer etwas erbt, bekommt den Nachlass eines Toten. Es ist also normalerweise ein Sterbefall Voraussetzung dafür, überhaupt etwas erben zu können. Das ist in der Regel kein freudiger Anlass. Und natürlich muss der oder die Verstorbene auch etwas von Wert hinterlassen haben. Als Erbe bekomme ich dann etwas, wofür ich nicht selbst gearbeitet habe. Dieser letzte Aspekt ist es, um den es im heutigen Abschnitt des Epheserbriefes besonders geht. Das Evangelium, die Teilhabe am Reich Gottes, wird hier als Erbe beschrieben. Diese Teilhabe können wir uns nicht verdienen. Wir können auch nicht darüber verfügen. Die frohe Botschaft vom Reich Gottes ist unverfügbar. Sie wird uns geschenkt. Durch Jesus Christus werden wir in der Taufe alle zu Erben Gottes. Er schenkt uns seine Gemeinschaft. Aber in der Taufe werden wir auch in seinen Tod und seine Auferstehung mit hineingenommen. Als Christen glauben wir, dass Jesus Christus durch den Tod am Kreuz uns alle erlöst hat. Durch seinen Tod ist die Himmelstür für uns geöffnet. Wir bekommen in der Taufe die Zusage, dass er, der für uns gestorben ist, uns liebt und wir damit als Kinder Gottes auch Gottes Erben sind. Dabei geht es nicht um ein materielles Erbe, sondern um etwas viel Wertvolleres: die Gemeinschaft mit Gott und das ewige Leben. Wer Christ wird, tritt nicht einfach einem Verein oder einer Gruppierung bei, sondern durch die Taufe werden wir wirklich Kinder Gottes. Als solche ist uns das Erbe nicht zu nehmen. Egal was passiert: Das Heil Gottes, das uns durch Jesus Christus zugesagt wurde, kann uns nichts und niemand nehmen! Mit dieser Zusage dürfen wir trotz aller Schwierigkeiten des Lebens befreit und froh in die Zukunft schauen.

TORSTEN STEMMER

Herr, unser Gott, wir danken dir, dass du uns als deine Kinder liebst. Lass mich heute aus dieser Liebe leben und sie anderen Menschen weiterschenken.

Dankbarkeit

Ist es nicht schön, zu wissen, dass ein Anderer an mich denkt? Genau dies versichert der heutige Abschnitt den Christen in Ephesus: dass an sie nicht nur gedacht, sondern sogar für sie gedankt und gebetet wird. Bei aller Dankbarkeit wird aber auch im Gebet der Hoffnung Ausdruck verliehen, die eigene Berufung zu erkennen. Diese Berufung speist sich zuerst aus der Hoffnung auf Gott. Um auf Gott hoffen zu können, braucht es den Glauben an ihn. Wer an Gott glaubt, kann voller Hoffnung durch das Leben gehen. Dieser Glaube hat sich in Ephesus durch die christliche Gemeinde verbreitet. Dafür ist der Autor des Briefes dankbar. Dankbar dürfen auch wir sein, dass sich der Glaube durch die ersten Gemeinden und Glaubenden immer weiter in Richtung Westen verbreitet hat. Ephesus war durch die Lage am Mittelmeer sicherlich ein »Sprungbrett« für den Glauben an Jesus Christus in Richtung Europa. So dürfen wir heute dankbar auf die Gemeinde in Kleinasien schauen. Aber nicht nur auf sie. Durch viele mutige Frauen und Männer ist der Glaube schrittweise weiterverbreitet worden und hat so die ganze Welt erreicht. Gegen alle Hindernisse und Widerstände haben Menschen in der Geschichte geglaubt und gebetet. Wir dürfen dankbar sein für unseren Glauben, für den Glauben unserer Vorfahren, durch den wir von Jesus Christus gehört haben. Und wir dürfen im Glauben nicht nur Halt und Hoffnung finden, sondern auch eine Vergewisserung sehen, dass Gottes Größe sich auch in unserer Zeit und in unserem Leben zeigen wird. Dafür lohnt es sich zu beten und zu danken.

TORSTEN STEMMER

Guter Gott, danke, dass du uns in Jesus Christus nahe gekommen bist. Wie der Glaube sich damals von Stadt zu Stadt, von Gemeinde zu Gemeinde verbreitet hat, so finde dein Wort auch heute immer wieder neue Wege zu den Menschen, damit die frohe Botschaft des Evangeliums weitergetragen wird.

Gerettet im Glauben, befreit zu Werken der Liebe

Jedes Jahr zu den Festtagen erreichen mich Rundbriefe. Sie berichten – oft illustriert mit einem Foto – von Reisen aus dem zurückliegenden Jahr. Zwischen den Zeilen ist zu spüren, wie es den Briefschreibern geht. Die einen sind dankbar und froh. Die anderen blicken sorgenvoll ins neue Jahr. Manche fügen am Ende des Briefes handschriftlich ein paar Sätze hinzu, in denen sie die persönliche Verbindung betonen. Hin und wieder kommt die Bitte: Meldet euch doch mal wieder. Es wäre schön, wenn wir uns treffen könnten.

Auch der von einem Paulusschüler gegen Ende des 1. Jahrhunderts verfasste Epheserbrief ist ein Rundschreiben. Er richtet sich weit über alle »Heiligen in Ephesus« hinaus an diejenigen, »die an Jesus Christus glauben« (1,1f). Im heutigen Abschnitt fasst er die paulinische Rechtfertigungslehre zusammen (vgl. ausführlich Röm 1,18-3,28) und erinnert die Adressaten daran, dass sie einst als »Kinder des Zorns« unter dem Einflussbereich des Bösen lebten und dem Tod preisgegeben waren. Gott aber hat nicht einfach zugeschaut, wie seine Geschöpfe ins Verderben rennen. In seiner unergründlichen Barmherzigkeit und seiner großen Liebe entreißt er die Glaubenden dem Machtbereich des Todes und führt sie mit Jesus Christus ins Leben. Ja, in seiner Gnade schenkt er sogar noch mehr: Die Glaubenden sind mit Christus eingesetzt als Himmelsbewohner. Was für eine Rettung! Vergesst das nicht, ihr Glaubenden überall auf der Welt. Gerade in turbulenten Zeiten: Lebt, was ihr seid. Gebt die geschenkte Liebe weiter. Es gibt so viele, die darauf warten und sich danach sehnen.

Angenommen, dieser Rundbrief käme heute bei mir an, stünde am Ende vielleicht der handschriftliche Gruß: Freut euch jeden Tag am Geschenk der Zuwendung Gottes und der Gemeinschaft miteinander.

CHRISTIAN ROSE

Barmherziger Gott, hilf uns, dass wir uns an die geschenkte Rettung jeden Tag dankbar erinnern, und schenk uns Gelassenheit, Kraft und Zuversicht für den oft so aufwühlenden Alltag.

Der Traum vom »Friedens-Gotteshaus«

»Du weißt, was mich beunruhigt« (frei nach Ps 139,34). Unter diesem Motto traf sich im April 2024 die internationale Jugend zu »Tagen des Vertrauens« in Prag. Seit bald 50 Jahren organisiert die Communauté de Taizé europaweit internationale Jugendtreffen, um miteinander durch Bibelstudium, Gebet, Singen und Schweigen auf dem »Pilgerweg des Vertrauens« Schritte des Friedens und der Versöhnung zu gehen.

Es gibt vieles, was uns beunruhigt und wo wir uns Veränderung wünschen: Viele Menschen sehnen sich nach Frieden, nach Respekt und Verständigung unter den Kulturen und Religionen, nach Einheit in der weltweiten Kirche Jesu Christi. Diese Sehnsucht prägt den heutigen Bibelabschnitt. In ihm scheint Gottes Welt auf: Jesus Christus schafft durch sein Leiden hindurch eine neue Wirklichkeit. Er reißt die Trennmauer der Feindschaft zwischen Gott und Mensch sowie der Menschen untereinander ein. Er stiftet Frieden, der denen gilt, die von langer Zeit her zum Gottesvolk zählen, und denen, die Fremde, Heimatlose und Randbewohner waren.

Sie alle gehören zu dem einen »Friedens-Gotteshaus«, dessen Fundament die Propheten und die Apostel bilden. Jesus Christus, unser Friede, der Eckstein, verbindet das erwählte Gottesvolk Israel und die einst Fernen aus der Völkerwelt zu einem (einzigen) neuen Menschen. Bis auf den heutigen Tag fügt er durch seine Geistkraft Menschen aller Völker ein in das »Eine-Welt-Friedenshaus«. Sie werden zu Mitbürgern der Heiligen und Gottes Hausgenossen. Dort kann unsere Seele Frieden finden. Dadurch verschwinden nicht einfach alle beunruhigenden Nachrichten, aber wir sind eingeladen mitzubauen am »Haus der lebendigen Steine« (1Petr 2,4ff). Es kommt auf jede und jeden Einzelnen an.

CHRISTIAN ROSE

Herr, erwecke deine Kirche und fange bei mir an! Herr, baue deine Gemeinde und fange bei mir an! Herr, lass Frieden überall auf Erden kommen und fange bei mir an! Herr, bring deine Liebe und Wahrheit zu allen Menschen und fange bei mir an!

Das Geheimnis Gottes lüften

Physik war in der Schule nicht mein Lieblingsfach. Dennoch ist mir ein Satz unseres Physiklehrers in Erinnerung geblieben. Er hat mir durch das Theologiestudium geholfen, er begleitet mich bis auf den heutigen Tag in meinem Glauben und durch alle Zweifel hindurch: »Das Erkenntnisobjekt bestimmt die Erkenntnismethode.« Das gilt für alle wissenschaftlichen Disziplinen, auch für die Theologie, für die »Lehre von Gott«.

Gibt es eine Methode, um Gott zu erkennen? Vielleicht wünschen sich manche auf die Frage eine Kurznachricht in den »Sozialen Medien«, die alles auf den Punkt bringt, die Denken und Glauben schlüssig miteinander verbindet. Keine Fake News, sondern eine glaubwürdige Anleitung, um Gott zu erkennen. Der Epheserbrief erfüllt uns diesen Wunsch auf seine ihm eigene Art. Er fasst in den vorangehenden und den folgenden Kapiteln die Botschaft des Paulus in Kürze zusammen. Der Weg zur Gotteserkenntnis führt über eine Offenbarung, die »Einsicht in das Geheimnis Christi« schenkt (V.1-4). »Geheimnis«, das ist das Schlüsselwort des Abschnitts. Freilich, ein Geheimnis lässt sich, anders als ein Rätsel, nicht einfach lösen. Mit menschlichem Verstand allein kann man es nicht ergründen. Zugleich verbietet das Geheimnis nicht das Denken. »Rechtes Denken«, so hat es einer meiner theologischen Lehrer einmal formuliert, zerstört kein Geheimnis, sondern führt immer tiefer in es hinein. So wie Dinge, Ereignisse und Personen umso geheimnisvoller werden, je besser man sie versteht, so ist es auch mit dem Geheimnis, das wir mit dem Begriff »Gott« umschreiben. Er gibt sich im »unausforschlichen Reichtum Christi« auf die ihm eigene Weise zu erkennen. Die Gnade und die Liebe Gottes in Jesus Christus übersteigen alle intellektuelle Erkenntnis, sie lüften für die Glaubenden das Geheimnis Gottes, bringen es ans Licht und führen ins Lobgebet.

CHRISTIAN ROSE

Dir, dreieiniger Gott, der überschwänglich mehr tun kann als alles, was wir bitten oder verstehen, dir sei Ehre und Lob von Ewigkeit zu Ewigkeit.

Gnädig, weil gradlinig, wahrhaftig und gerecht

Gnädig, barmherzig und gerecht – diese Attribute werden in der Regel Gott selbst zugesprochen. Und doch charakterisiert der Psalmist jene Menschen auf dieselbe Weise, die Gott fürchten und Freude daran haben, seine Gebote zu halten (Psalm 112,1.4). Es scheint, als ob der Mensch durch die Nähe zu Gott auch dessen Eigenschaften – nach menschlichem Ermessen – adaptiert. Im harmonischen Gleichklang genießen die Menschen dankbar die wunderbare Gegenwart Gottes.

Der Psalm macht allerdings auch darauf aufmerksam, dass die Welt auch ins Wanken gerät. Nur wenige Minuten einer Nachrichtensendung reichen aus, um zu erkennen, dass die Welt sich alles andere als in einem harmonischen Gleichgewicht bewegt. Bilder zeugen von Unruhen, Krieg, Leid, vom Unglück schlechthin. So kennt der Psalm des aktuellen Tages ebenso die Idee eines strafenden oder bestrafenden Gottes, die uns heute sehr fremd ist. Auch unser Bild vom gnädigen, liebenden und verzeihenden Gott, das wir viel lieber betonen, gerät ins Wanken. Die oben genannten Attribute scheinen für Gott und Mensch eine Rarität zu bilden.

Postulate von Gottesbildern greifen allerdings zu kurz, wenn sie an der Lebensrealität und ihren Urgründen vorbeigehen. Schließlich scheint die Ursache des regelrechten Chaos in der Welt nicht selten in menschlicher Willkür und Ungerechtigkeit zu liegen. Je mehr wir erkennen, dass menschliche Gerechtigkeit unvollkommen ist, desto mehr sehnen wir uns nach dem wirklich gerechten Richter, auch wenn unsere Wortwahl heute eine andere ist. Es geht um diesen Richter, auf dessen Gerechtigkeit Verlass ist, denn er ist wahrhaftig und gradlinig; schließlich ist er bestrebt das Haus der Erde, das er selbst errichtet hat, in Frieden zu erhalten.

MARINA KIROUDI

Allmächtiger Gott, leite uns auf dem Weg der Gerechtigkeit und des Friedens. Beschütze uns vor den Übeln der Ungerechtigkeit, der Vorurteile, der Ausbeutung, des Konflikts und des Krieges. Hilf uns, Misstrauen, Bitterkeit und Hass abzulegen.

Überall beten

»Nicht der Ort, sondern das Herz macht das Gebet«, weiß ein altes Sprichwort. Und so lässt der Autor des Epheserbriefes den in Gefangenschaft lebenden Paulus sich nicht beirren, für die Christinnen und Christen in der jungen Gemeinde in Ephesus, ja für die ganze Kirche, zu beten. In sehr feierlichen Worten und Gesten beginnt er seine Fürbitte. Der unwirkliche Raum des Gefängnisses scheint sich zu weiten und zu öffnen. In den wohl engen Gefängnisraum bricht der Himmel ein! Denn dieses Gebet hat es in sich: Mit größtem Nachdruck und tiefster Glaubensüberzeugung bittet der Beter um Kraft für ein verinnerlichtes christliches Leben, das ganz von der Liebe Christi erfüllt ist. Diese Liebe, in der wir uns alle geborgen fühlen dürfen, befähigt Jesus dem Christus nachzufolgen. Sein Wort und seine Nähe zu den Menschen zu bringen, besonders zu jenen, die von der Gesellschaft an den Rand gedrängt werden. Dies ist nur möglich, wenn ich zulasse, dass diese Liebe Platz in meinem Herzen und damit in meinem Leben findet. Sonst bleibt alles ein äußerliches Christ-Sein, das sich nur in Floskeln und leeren Ritualen ausdrückt. In einem Lobpreis endet das Gebet des Apostels und es erstaunt, dass solche Worte ihren Raum in einer Gefängniszelle finden. Vielleicht ist gerade das der Grund, zeigt es uns doch, dass der Ort für das Gebet nicht das Entscheidende ist, sondern das Herz, das uns zum Beten veranlasst. Denn das Gebet gibt uns die Kraft, Jesus in Wort und Tat zu folgen, immer und überall!

ALEXANDER WISCHNIEWSKI

Ewiger Gott, sende deine heilige Geistkraft in uns, damit wir durch die Kraft des Gebetes unser Herz an das deine hängen und unser Reden und Tun in den Dienst deines Sohnes stellen, der uns von Herzen liebt.

Einheit gescheitert?

Der Autor »ermahnt« die Adressaten und auch uns, am Dienst an der Einheit der Christenheit mitzuwirken. Ermahnen ist dabei etwas einseitig übersetzt; in diesem Wort schwingen auch Begriffe wie trösten, ermuntern, aufrufen mit. Das unterstreicht, mit welchem Herzblut er für dieses Anliegen brennt, wenn er diese Worte dem Apostel Paulus als anerkannte Autorität in den Mund legt. Bis in unsere konkrete Zeit hinein gilt dieser Auftrag, vielleicht heute brennender denn je. Dass es unterschiedliche Blicke und Sichtweisen auf den Glauben gibt, zeigt uns schon die Vierzahl der Evangelien, die wir im Neuen Testament finden, und es sind ja bei Weitem nicht die Einzigen. Viele »Evangelien« haben die Aufnahme in unsere Bibel aus verschiedenen Gründen gar nicht geschafft. Selbst die frühe Kirche war bereits in verschiedene Gruppierungen gespalten. Ist die Einheit damit gescheitert? Auf den ersten Blick ja! Aber hier lohnt sich besonders der zweite Blick: Schon in den vier Evangelien unserer Bibel mit ihren unterschiedlichen Akzenten zeigt sich die Einheit christlichen Glaubens in der Vielfalt ihrer Möglichkeiten! Es gibt verschiedene Wege und Ansatzpunkte, Gott in Jesus Christus zu begegnen. Die zahlreichen christlichen Konfessionen, die sich durch die Jahrhunderte gebildet haben, sind ein beredtes Zeugnis dafür. Existentiell ist für das Christentum der Dialog aller Christinnen und Christen. Wer im Gespräch bleibt, garantiert eine wachsende Einheit. Der Epheserbrief gibt dazu Ratschläge, welchen Charakter das Miteinander haben sollte: »Seid demütig, friedfertig und geduldig, ertragt einander in Liebe.« Bei aller Vielfalt und Buntheit der Konfessionen bleibt doch die Einheit im einen Glauben an Jesus Christus, bezeugt durch die eine Taufe. Einheit gescheitert? Auf gar keinen Fall!

ALEXANDER WISCHNIEWSKI

Ewiger Gott, schau mit Liebe und Barmherzigkeit auf deine Christenheit, die sich in ihrer Vielfalt zu dir, dem einen und doch dreifaltigen Gott, bekennt. Segne ihr Reden und Tun, deine frohe Botschaft zu den Menschen zu tragen.

Gnade für Alle!

Die unverdienten Geschenke Gottes, seine Liebe und Barmherzigkeit, sind für alle bestimmt, die an ihn glauben. Sie sind nicht den Amtsträgerinnen und Amtsträgern vorbehalten. Ihre Aufgabe ist es, sich in besondere Weise dem Aufbau des Leibes Christi, also der Kirche, zu widmen. Aber auch das ist die Aufgabe aller Glaubenden. Es verweben sich die verschiedenen Dienste und Ämter in den Gemeinden mit den Glaubenden, die kein offizielles Amt übernehmen: Alle haben sich an ihrem Platz dieser Verantwortung bewusst zu werden und ihre Aufgaben zu erfüllen. Das ist ein sehr anspruchsvoller Auftrag, den wir in unserer Taufe erhalten haben. Der Epheserbrief weiß um die Herausforderungen, die ein christliches Leben mit sich bringt. Er weiß, wie oft wir ein Spielball von Anforderung und Wirklichkeit sind. Er weiß, wie schwer es oft ist, sich im Privatleben und vor allem in der Öffentlichkeit zur christlichen Wahrheit, zu Jesus, dem Gekreuzigten und Auferweckten, zu bekennen. Diese Herausforderung wird nicht leichter im Hinblick auf die gesellschaftlichen Veränderungen und Umbrüche, die über uns hereinbrechen; wenn wir gleichsam »ein Spiel der Wellen, geschaukelt und getrieben« werden. In diesem Spiel der Welt sind wir alle ein wichtiger Teil des Leibes Christi, Zeuginnen und Zeugen seiner unverdienten Liebe, die er uns zusagt, die uns bei unseren Aufgaben trägt und stärkt. Jede und jeder so, wie es angemessen und wie es nach der je eigenen Kraft, die uns Christus zusichert, möglich ist. Jesus Christus ist Haupt, ist Mitte und Zentrum jeden christlichen Lebens in dieser oft geschundenen Welt. Seine Liebe, seine Gnade sind für alle bestimmt, die guten Willens sind und ihm mit Vertrauen und voller Hoffnung nachfolgen.

ALEXANDER WISCHNIEWSKI

Ewiger Gott, du hast uns alle zu Zeuginnen und Zeugen deiner Wahrheit berufen. Trage und führe uns, wenn wir uns zu dir und deinem Sohn Jesus Christus bekennen, der uns liebt, erlöst und befreit.

Der neue Mensch

Der neue Mensch scheint in Verruf geraten zu sein. Die schillernde Idee von ihm geistert durch Utopien und Ideologien. Daher sperrt sich manches in einem, wenn man das Wort hört, und es geht einem, auch angesichts finsterer Gegebenheiten auf diesem Planeten, nicht leicht über die Lippen.

Muss das so sein? Was könnte die Hoffnungsbotschaft sein, die in dem biblischen Wort steckt? Vielleicht so: dass wir uns trotz aller gegensätzlichen Entwicklungen, trotz absurder Momente menschlicher Verirrungen, weder damit zufriedengeben noch resignativ zurückziehen, sondern uns genau an dieses Wort erinnern! Gott hat mehr mit uns Menschen vor. Er hat uns anders gedacht. Er traut uns Höheres zu. Unser Geist und Sinn können Besseres, als wir zumeist vorfinden. Gerechtigkeit und Heiligkeit werden genannt, aber sicher fallen uns weitere Werte ein.

Natürlich können wir mit dem Finger auf das Schwierige zeigen. Wir können uns daran abarbeiten und protestieren. Das ist sicher richtig. Zugleich kommen wir aber damit keinen Zentimeter voran. Die Zusage des neuen Menschen sagt, dass in uns auch das Potential und der Mut für Veränderung und Erneuerung schlummern. Oft meinen wir, dass wir zu klein und unbedeutend sind, Dinge anders anzugehen. Wir arrangieren uns und wählen den diplomatischen Weg. Mag diese Zeit zu Ende sein. Lautet nun das Gebot der Stunde, den neuen Menschen in Gottes Geist real zu leben und zu verwirklichen. Nicht als totale Umwälzung, aber als einen Schritt auf Gottes Reich zu. In dem Sinne des Sinnspruches: Es ist besser, ein kleines Licht anzuzünden, als auf die Dunkelheit zu schimpfen. Mit Gottes Hilfe brennt dieses Licht hell und ist weithin zu sehen!

CHRISTIAN BUTT

Gott, schenke uns den Mut, die richtigen Schritte zu tun und gegen Ungerechtigkeit und Finsternis anzugehen. Verleihe uns dabei deinen Geist und Sinn. Darauf hoffen wir und verzagen nicht.

Murphys Gesetz

Der US-amerikanische Ingenieur Edward A. Murphy (1918–1972), der mit dem nach ihm benannten Gesetz, »alles, was schiefgehen kann, geht auch schief«, Weltruhm erlangte, hat mancherlei Sprüche und Aphorismen formuliert. Auch: »Alles, was Spaß macht, ist entweder verboten, unmoralisch oder es macht dick.«

Vielleicht mag ein ähnlicher Gedanke beim Lesen des Abschnitts in den Kopf gekommen sein. Wohl nicht das mit dem Dickmachen, aber die weitere Aufzählung. Alles ist verboten. Alles ist unmoralisch. Wo bleibt der Spaß? Das gehört doch zum Menschsein dazu. Ein wenig Notlüge, geringfügiges Betrügen, die winzige Lästerei. Wen stört das schon? Alle machen das. Und mal einen Fluch oder eine Wutrede, das reinigt die Luft und schafft klare Verhältnisse.

So nicht, sagt der Abschnitt. Eine Kehrtwende ist dran. Zutrauen und Ermutigung bilden dabei den Schlüssel des Verstehens. Es geht nicht um Spaßfreiheit und Tristesse, ganz im Gegenteil. Die Fülle des Lebens ist gemeint. Aber nicht mehr mit eingeschliffenen Lästereien, Trickserei und Unehrlichkeiten, die sich etabliert haben und als Schwächen toleriert werden. Mehr ist drin. Der Epheserbrief ermutigt: Versuche das Leben anders anzugehen. Schaue, ob du deine eingeübte Perspektive verändern kannst. Blicke den anderen freundlich an, nicht als Konkurrenten. Nimm nicht die Schwächen, sondern die Stärken in den Fokus. Und merke, dass angeblich lässliche Vergehen dich nicht glücklich machen, es bleibt immer jemand auf der Strecke. Wer lebt schon gerne auf Kosten anderer?

Insofern ist Gottes Gesetz die Umkehrung von Murphy. Sein Zuspruch lautet: Was gutgehen kann, das geht gut – bleib dran. Probiere es aus!

CHRISTIAN BUTT

Guter Gott, du traust uns ein Leben in Freundlichkeit und Herzlichkeit zu, ein Leben als Gemeinde und Gemeinschaft – öffne uns die Herzen und Augen für dieses Leben deiner Verheißung.

Gottes Beispiel

Ja, man kann Schnappatmung bekommen bei dem Katalog dieser Aufzählung. Und der Blick auf das eigene dürftige Leben offenbart, dass der Weg, ein Kind des Lichts zu sein, noch ein weiter ist. Aber deswegen einfach weiterblättern? Eher nicht.

Ein kleiner Hinweis eröffnet einen konstruktiven Weg. Folgt Gottes Beispiel. Diese Perspektive hilft. Denn Gott umgibt uns jeden Tag mit Hinweisen und Vorbildern, die uns ermutigen, einen anderen und neuen Weg zu gehen. Nicht die großen Glaubensikonen à la Bonhoeffer, Schweitzer und Luther King. Nein, viel bescheidener und doch zugleich passgenau und lebensnah.

Menschen, die herzlich auf einen zukommen, so wie das hochbetagte Ehepaar im ICE auf dem Weg zu ihrem Urenkel, die im Zug mit einem Gläschen alkoholfreien Sekt auf den neuen Erdenbürger und zugleich mit den Sitznachbarn anstoßen. Oder Menschen, die neue Perspektiven auf das eigene Leben eröffnen, wie der ecuadorianische Austauschschüler, der auf die Frage, was ihm in Deutschland am besten gefällt, antwortet: die Sicherheit. Und damit all das Klagen und Jammern über die angeblichen Missstände im Keim erstickt. Oder Menschen, die hilfreich zur Seite stehen, wie der Einheimische in einer fremden Stadt, der nach dem Weg gefragt, die kleine Strecke mitgeht, damit man sicher den Weg zur Sehenswürdigkeit findet. Und wie ist der Bettnachbar im Krankenhaus, mit dem man tagelang alle Auf und Abs nach der OP gemeinsam durchsteht und bespricht, anders zu verstehen, als ein Kind des Lichts, den Gott an die Seite stellt?

Gott umgibt uns längst mit Kindern des Lichts. Manchmal taghell, manchmal eher trüb. Gleichwohl hilfreich und inspirierend. Es bedarf von uns nur eines, diesen Weg einzuschlagen und ebenfalls zu gehen.

CHRISTIAN BUTT

Lebendiger Gott, tausendfältig bist du in unserem Leben gegenwärtig und bist Licht auf unserem Weg. Lass uns das immer neu erkennen. Lass uns folgen.

»Denn wovon das Herz voll ist, davon läuft der Mund über!«

Dieser Psalm ist in der Einheitsübersetzung mit der Überschrift »Dank für Gottes Rettungstaten« und in der Lutherübersetzung mit »Dank für Gottes wunderbare Führung« überschrieben, und von beidem erzählt der Beter oder die Beterin. Anders als in dem Psalm davor geht es nicht um die Macht im Blick auf Gottes Schöpfung, sondern um die Größe Gottes in der Geschichte seines Volkes Israel, aber auch um Gottes Wirken in der Geschichte eines einzelnen Menschen. Voller Freude und Stolz wird Gott gedankt für den Auszug aus Ägypten, für das Überqueren des Jordans ins Gelobte Land und für die Rückkehr aus dem Babylonischen Exil. Das Herz des Beters, der Beterin ist voll, sodass der Mund überläuft und allen Völkern von diesen Taten Gottes erzählen möchte.

Ich kenne das auch bei mir, dass ich nach Ereignissen mit einer überraschenden Wende oder nach unvorstellbaren Situationen den Wunsch habe, allen davon zu erzählen, was mir Wunderbares widerfahren ist. Ob dabei auch immer ein Dank an Gott ging?

Ich lese in den Zeilen dieses Psalms aber auch von Wüstenzeiten, von Zeiten der Unterdrückung, von Situationen, die wie bedrohendes Wasser und Feuer waren. Ich lese davon, dass zum Leben wohl auch das dazu gehört und Gott einen davor nicht bewahrt und in »Watte packt«. Wenn ich nicht in solchen dunklen Situationen bin, denke ich: Ja, es gehört zum Leben und zum Reifen wohl mit dazu und gibt meiner Persönlichkeit und meinem Leben Kontur. Wenn ich aber darin stecke, dann hoffe ich darin Halt zu finden, wovon biblische Texte und auch dieser Psalm erzählt: dass Gott in allen den Dunkelheiten mit dabei ist, mich führt, durchführt und meine Bittgebete erhört. Zutiefst wünsche ich mir dabei die Erfahrung vom Vers 12: »… doch du hast uns herausgeführt, hin zur Fülle« und wenn dann noch mein Herz und mein Mund voll Dank an Gott überfließen – wunderbar.

DOROTHEA KLEELE-HARTL

Du mitgehender Gott, lass mich heute mit offenen Sinnen durch den Tag gehen und immer wieder innehalten und die Fülle in meinem Alltag entdecken und dir dafür danken.

Die Weisheit des hörenden Herzens

»Diese Tage sind böse.« (V.16) Gilt dieses vernichtende Urteil nicht auch für unsere Zeit? Wir haben das Böse doch in den letzten Jahren in nicht geahnter Weise als eigene Bedrohung erfahren. Wäre da die Zeit der Ohnmacht des Menschen nicht die Zeit der einschreitenden Macht Gottes? Aber Gott hat schon in der Vergangenheit dem Bösen keinen Einhalt geboten und scheint auch heute an unserem Schicksal nicht interessiert zu sein. Vor diesem Hintergrund klingt die Aufforderung zu Jubel, Lob und Dank (V. 19f) selbst in den Ohren von gläubigen Menschen absurd oder gar zynisch und ihnen ist, wie dem Propheten Ijob, eher nach Hader, Zweifel und (An-)Klage zumute. Auch der Rat, nicht töricht, sondern klug zu sein, wirkt hilflos. Wie viele kluge Köpfe haben zu allen Zeiten versucht, den Lauf der Geschichte zum Guten zu wenden?

Dennoch legt der heutige Text eine Spur heraus aus der Resignation. Im Urtext steht das Wort »sophoi«; wir sollen uns wie Weise verhalten, teilhaben an der Weisheit Gottes und begreifen, »...was der Wille des Herrn ist« (V. 17) – also nicht nur »klug wie die Schlangen« (Mt 10,16). Das erinnert an die Bitte Salomos um ein »hörendes Herz«, damit er »das Gute vom Bösen zu unterscheiden« (1Kön 3,9) vermag. Und Gott erfüllt die Bitte, indem er Salomo ein »weises und verständiges Herz« (ebd. V. 12) gibt.

Wie Salomo erhalten die Christen in Ephesus gleichsam die nachträgliche Erlaubnis, vom »Baum der Erkenntnis von Gut und Böse« (Gen 2,17) zu essen. Das Böse kann somit als nicht entscheidende Wirklichkeit durchschaut werden. Mit dem hörenden Herzen – und mit einem wachen Auge – können wir das verdunkelte Licht des Guten, die Gegenwart des verborgenen Gottes als tragenden Grund wahrnehmen. Diese Einsicht kann unserem verhaltenen Jubel und unserem leisen Lob die Sprache der Hoffnung verleihen – und zum Widerstand gegen die eigene Verzweiflung und das Böse dieser Welt ermutigen.

EDGAR UTSCH

Herr, schenke uns ein hörendes Herz und einen wachen Geist, damit wir deinen Willen und deine Gegenwart im Leiden unserer Welt erkennen.

»Von gestern« – kritischer Zwischenruf

Haben Sie den biblischen Text bis zum Ende gelesen oder empört-kopfschüttelnd zur Seite gelegt? Sie befinden sich in guter Gesellschaft. Schon Luther hat, zumindest eine Zeit lang, den Jakobusbrief für eine »eher stroherne Epistel« gehalten. Heute wird gerade von engagierten Christinnen gefordert, solche »überholten« Texte aus der Leseordnung der Kirche zu verbannen. Der heutige gilt vielen als besonders anstößig – prominentes Beispiel für die Dauer-Gestrigkeit der Kirche. Nun ist die Perikope sicher ein Text seiner Zeit und spiegelt patriarchale Rollenklischees. Aber könnte er in seiner Widerständigkeit nicht ein ernst zu nehmender Zwischenruf sein für eine Zeit, in der die Ehe nicht selten unter den Vorbehalt bestimmter Bedingungen gestellt oder als steuerrelevante Abmachung »auf Zeit« angesehen wird?

Der wohl ärgerlichste Satz lautet: »... der Mann ist das Haupt der Frau.« (V. 83) Doch bevor man ihn in ein hierarchisches System einpasst, sollte man weiterlesen: »... wie auch Christus das Haupt der Kirche ist.« Christus aber hat jede Rangordnung auf den Kopf gestellt und aufgehoben. Er ist nicht gekommen, »... um sich dienen zu lassen, sondern um zu dienen« (Mt 20,28). Sollte für das Verhältnis von Mann und Frau die »alte Ordnung« gelten? Nein. Vielmehr heißt es: »Ihr Männer liebt eure Frauen.« (V. 25) Das Wort Liebe darf nicht gut-bürgerlich eingehegt werden, denn es wird hinzugefügt, »... wie Christus die Kirche geliebt und sich für sie hingegeben hat«. Christus ist das herausfordernde Vorbild – damals, als personale Liebe keine Voraussetzung für die Ehe war, und heute.

Die »Liebe auf Augenhöhe« gründet letztlich in der gemeinsamen Zugehörigkeit zum Leib Christi. In ihm sind alle Rangunterschiede aufgehoben, selbst zwischen Sklaven und Freien (1 Kor 12,13) und natürlich zwischen Mann und Frau.

Der ärgerliche Text verdient es, als kritischer Anstoß neu entdeckt, zeitgemäß verstanden und gelebt zu werden.

EDGAR UTSCH

Christus, eins mit dir können wir miteinander und füreinander leben. Unsere Liebe und unser Leben seien ein Dank an dich.

Das Kind in der Mitte

Auch der heutige Text bietet sich geradezu an, missverstanden zu werden. Und wie das 4. Gebot wurde er missverstanden und missbraucht mit verheerenden Konsequenzen. In seiner Bedeutung verkürzt, diente er dazu, Machtverhältnisse von Befehl und Gehorsam zu legitimieren: in Familien, Kasernen – und Kirchen.

Die angeblich gottgewollte autoritäre Ordnung gilt aber schon nicht in der »heiligen« Familie. Das erste Wort, das der Evangelist Lukas von Jesus überliefert, ist eine kühl-vorwurfsvolle Gegenfrage: »Wusstet ihr nicht, dass ich in dem sein muss, was meinem Vater gehört?« (Lk 2,49) Antwortet so ein gehorsamer Sohn auf die mütterlich-väterlich besorgte Frage: »Kind, wie konntest du uns das antun?« (ebd. V. 48) Von Anfang an wird klar: Keine menschliche, auch nicht die elterliche Autorität steht an erster Stelle, sondern der Auftrag, »den Willen dessen zu tun, der mich gesandt hat« (Joh 4,34). Die Vielzahl brüsk-ablehnender Worte Jesu seiner Mutter, seiner Familie und überkommener Ordnungen gegenüber mündet in der provozierenden Aussage: »Wer Vater oder Mutter mehr liebt als mich, ist meiner nicht würdig, und wer Sohn oder Tochter mehr liebt als mich, ist meiner nicht würdig.« (Mt 10,37) Für Jesus gilt, worauf sich die Apostel vor dem Hohen Rat berufen: »Man muss Gott mehr gehorchen als den Menschen.« (Apg 5,29)

Wenn Eltern also ihre Kinder »in der Zucht und Weisung des Herrn« (V. 4) erziehen wollen, sollten sie sich daran erinnern, dass Jesus ein Kind in die Mitte stellt, um zu zeigen, wer »im Himmelreich der Größte ist«. (Mt 18,1) Dann werden sie sich auch nicht damit abfinden, dass für ihre Kinder das weite Feld des Glaubens unbekanntes Land bleibt; werden sie nicht betrügen um die unbegrenzte Perspektive der Hoffnung und sie nicht zu »intelligenten Termiten« (K. Rahner) machen, die sich in ihrem engen Lebensbau zurechtfinden, aber das Tageslicht eines erfüllten Lebens nicht kennen lernen.

EDGAR UTSCH

Gott, Mensch geworden in einem Kind, bist du gerade den Kindern, den Kleinsten liebend nahe, damit sie in dir das Leben finden.

Schöne neue Welt?

Das Wort »Sklave« erinnert mich an Ausbeutung und Menschenhandel. Ich erinnere die Geschichte des Kolonialismus, des Rassismus und die vielen fatalen Folgen. Vor meinem inneren Auge tauchen die Galeeren auf, auf denen Menschen in einen anderen Kontinent gebracht wurden, um dort verkauft zu werden und zu verelenden, ich sehe die Baumwollfelder Amerikas, die Ketten an den Füßen der Menschen, die andauernde sexuelle Ausbeutung von Frauen. Und ich denke an die vielen Länder der Erde, in denen Menschen auch heute noch wie Sklaven und Sklavinnen arbeiten.

Am meisten denke ich an eine philippinische Frau, die während eines Fluges von Davao/Mindanao/Philippinen nach Singapur neben mir saß. Sie erzählte mir, dass sie als Haushaltsangestellte in Dubai arbeiten würde. Sie erzählte mir, was sie dort schon erlebt hatte. Seit acht Jahren war sie nun das erste Mal zuhause gewesen für zehn Tage, um ihre Kinder und ihre Familie zu sehen. Die Familie lebt von dem Geld, dass sie in Dubai verdient. Die Philippinen als Land leben von Menschen wie ihr, die ihr Geld nach Hause schicken. Die Arbeitsbedingungen in Dubai für Haushaltsangestellte sind grauenhaft und ähneln moderner Sklaverei. Gelten für diese Frau die Mahnungen des Epheserbriefes, dass sie mit ihrer Arbeit den Willen Gottes tut und sich von Herzen ausbeuten lassen soll? Ich wage es zu bezweifeln. Mit solchen Aussagen wird sie eher weiter kleingehalten und ihre Unterdrückung gerechtfertigt. Und die Frage, wann sie etwas Gutes empfangen wird in ihrem Leben, bleibt offen.

Das einzige, was ich aus diesem Abschnitt annehmen kann und was mich ermutigt, ist die Erinnerung daran, dass alle Kategorien und Schubladen, alle Klassen und Schichten, in die Menschen sich einteilen oder eingeteilt werden, kein Ansehen vor Gott haben. Und deswegen haben wir als Christen und Christinnen auch im Leben auf der Erde kein Recht, uns auf diese Maßstäbe zu berufen im Umgang mit anderen Menschen.

KATHARINA TREPTOW-GARBEN

Du, Gott, bist zu uns wie eine Mutter und wie ein Vater. Lass nicht zu, dass deine Kinder einander versklaven. Und sich Unrecht antun.

Gut angezogen

Gut angezogen sein und dem Anlass entsprechend gekleidet, das ist für viele Menschen wichtig. Für mich gehört es zur Vorbereitung eines wichtigen Termins dazu zu überlegen, was ich anziehen werde und wie die Farben und Schnitte wirken, welche Botschaft ich damit setzen möchte. Kleidung, das, was ich trage, kann entscheidend sein für den Ausgang eines Gesprächs oder einer wichtigen Verhandlung. Mein Außen hat für mich auch immer etwas mit meinem Innen zu tun. Wenn ich sicher bin mit meinem Outfit, bin ich auch innerlich geordneter und ruhiger. Und besonders dann, wenn es kritisch wird, ist ein sicherer Auftritt wichtig. Angela Merkel beschreibt in ihrem Buch »Freiheit«, wie ihre Kleidung so etwas wie ein Schutzpanzer wurde für ihre Arbeit als Kanzlerin.

Mode teilt den Menschen, denen ich begegne, etwas mit über mich und über die Art, wie ich durchs Leben gehe. Was ist mir wichtig, welche Farben und welche Schnitte? Und habe ich auch die im Blick, die meine Kleidung hergestellt haben? Da kann wichtig sein, was der Epheserbrief vorschlägt: sich anziehen mit dem, was für Gott wichtig ist, so etwa einen Gürtel voller Wahrheit tragen und meine Partner oder Kolleginnen nicht zu betrügen. Ein Kleid tragen, das unter gerechten Bedingungen gefertigt wurde, friedliche Botschaften auf meinen Pullis auswählen und keine, die zum Streit oder zum Kampf aufrufen. Und meinen Glauben um mich herum hüllen wie einen bodenlangen Mantel, der mich schützt vor dem, was dem Leben nicht dient, was mich und andere klein machen will, was mir permanent erzählen will, dass es zum Krieg keine Alternative gäbe.

Und dann so gut angezogen mich auseinandersetzen mit anderen, dann gemeinsam in eine andere Richtung zu schauen und zu entdecken, wie es uns allen besser gehen kann auf dieser Welt. Das wäre eine feine Art sich anzuziehen und anziehend zu sein für andere.

KATHARINA TREPTOW-GARBEN

Du, Gott, Schöpferin von allem, was uns kleidet, hilf mir, mich mit Gutem anzuziehen, wahrhaftig zu bleiben und zu versuchen, gerecht zu leben.

Der Mensch braucht Konstanten im Leben

Viele Zusammenhänge, Regeln und Routinen des Lebens in Deutschland sind in den letzten Jahrzehnten auf den Prüfstand gekommen. Manche zu Recht, bei anderen ist es schade, dass sie verlorengegangen sind. Ob ich sonntags in den Gottesdienst gehe, ist eine Entscheidung geworden, auch ob ich mich so ernähre, wie es den Jahreszeiten entspricht, ob ich faste und still bin oder laut. Und das ist manchmal richtig anstrengend. Oft mache ich mich und meine Entscheidungen sogar abhängig von meiner Laune, von meinem Kontostand oder von anderen Äußerlichkeiten.

Mir tut es gut, mich erinnern zu lassen, dass ich immerzu beten kann und soll und dabei beharrlich bleiben darf und geduldig. Es geht nicht darum, auf Erfolge zu schielen und ich muss das Beten auch nicht immer wunderbar finden. Es geht um das Dranbleiben, darum, Zeitfenster offen zu lassen für das Gebet. Die müssen nicht ewig lang sein, es reichen fünf Minuten am Abend oder am Morgen oder vor dem Essen. Es können Worte aus der Bibel sein oder eine Liste mit Namen von Menschen, für die ich beten möchte.

Denn so bleibe ich mit ihnen in Verbindung, auch wenn sie weiter weg sind oder ich nicht immer etwas von ihnen höre. Wir bleiben im Austausch und verbunden, auch dann, wenn der Gesprächsfaden einmal abgerissen ist. Ich glaube, dass im Beten füreinander und miteinander Trost liegen kann. Ich gebe Menschen und Themen einen Raum mit Gott, auch dann, wenn ich nicht weiß, wie ich meine Themen angehen soll oder wie ich das Problem lösen kann, das mich gerade bewegt.

Ich gestehe damit meine Begrenzung ein und lege meine Anliegen vor Gott aus. Das tut gut und kann entlasten und entspannen. Beten kann ich immer tun, aber genau deshalb tue ich es dann manchmal gar nicht oder verschiebe es immer wieder.

Daher braucht es Konstanten, Zeiten, Gelegenheiten, Momente, in denen genau das in meinem Kalender steht – beten!

KATHARINA TREPTOW-GARBEN

Mein Gebet, Gott, bringe ich manchmal kaum über die Lippen, aber ich nehme mir die Zeit, einen Moment vor dir zu sein und zu spüren, was deine Gnade an mir wirkt.

Die Flüsse sollen in die Hände klatschen...

Alle Menschen, jung und alt, Völker hier und dort sollen in Gottes Lob einstimmen. Besonders fasziniert, wie die Natur zum Singen und Jubeln aufgerufen wird. Auch Meer, Flüsse, Erde und Berge sollen solidarisch mit uns jubeln und singen. Die Natur ganz menschlich verstanden. In die Hände klatschen und fröhlich, ausgelassen und übermütig sein vor Begeisterung.

Die Natur ein Gegenüber wie ein Mensch. Und wir sagen, der Fluss schreitet über die Ufer, das Meer bäumt sich auf und der Baum neigt sich zu Boden. Und wir geben Wirbelstürmen, Eisheiligen und Kartoffeln Namen, Menschennamen. Wir ziehen so das Wilde und Fremde, das Beängstigende in unsere Nähe. So sprechen wir die Natur an und fordern sie zum Singen und Jubeln auf. Am sinnigsten hat dies Franz von Assisi in seinem Sonnengesang ausgedrückt, in dem Sonne und Mond, Wind und Wasser als Brüder und Schwestern betitelt werden. Unsere Brüder, unsere Schwestern, die laut dem Psalm 98 unsere Begeisterung teilen sollen. Eine Begeisterung, die der Überzeugung entspringt, dass Gott mit Gerechtigkeit kommt und die Erde richtet. Gottes Kommen wird die Erde und alles, was da lebt, zurechtrichten und ins Lot bringen. Könnte es jedoch sein, dass wir uns täuschen in der Solidarität mit der Natur? Könnte es sein, dass Bruder Luft und Schwester Meer eine andere Vorstellung von Zurechtrichten haben als wir? Wenn die Natur loben kann, dann kann sie auch klagen und seufzen. Und Gott, der seit jeher auf der Seite der Entrechteten und Gebeutelten steht und seit jeher auf das Klagen und Seufzen der Unterdrückten hört, Gott wird die Klage der Natur erhören. Müssten wir nicht damit rechnen, dass die Heilserwartung der Natur möglicherweise für uns Unheil bedeuten könnte?

Täuschen wir uns nicht, auch nicht in unserem Loben und Danken. Wir bleiben auf Gnade angewiesen und bestimmen nicht, wie sie uns gewährt wird. Bitten, Danken und Loben können wir nur als in Demut Staunende und Empfangende und hoffentlich nicht im Widerspruch mit Wasser, Berg und Baum.

ANDREA BRUNNER-WYSS

Gott, sei uns gnädig, nimm an unser Lob.

Einführung zum Hebräerbrief siehe Seite 413

Jesus Christus, Weltenherrscher

Diese Andacht entsteht, als der neue amerikanische Präsident sich als von Gott berufener Erlöser proklamiert. Er schickt sich tatsächlich an, mit der Macht des Geldes eine neue Weltordnung zu begründen. Bisherige Verträge und Übereinkünfte sind ihm gleichgültig. »Disruption« heißt das Stichwort, unter dem die Welt seine Pläne einordnet, das heißt Erschütterung und Abbruch des bisher Gekannten. Die Zeit wird zeigen, wie weit er damit erfolgreich sein kann und welche Folgen seine »Weltherrschaft« für Wirtschaft, Klima und den ärmeren Teil der Weltbevölkerung haben wird.

Der Hebräerbrief, dessen Lektüre heute beginnt, stellt an den Anfang einen ganz anderen Erlöser: Jesus Christus, den Sohn Gottes. Seine Herrschaft stellt alles in den Schatten, was sich jemals mächtig dünkte. Er ist das Zentrum der Geschichte. Er ist Gottes letztes und endgültiges Wort.

In einem kühnen Glaubensbekenntnis steigert sich seine Größe von Stufe zu Stufe. Er ist eins mit Gott, seine Herrlichkeit und sein Wesen spiegeln sich in ihm. Als Gottes letztes Wort ist er auch sein erstes. Er rief diese Welt ins Dasein. Er hält die Welt in seiner Hand. Er bewahrt sie vor Chaos und Untergang. Nach Gottes Willen hat er den Weg der Erlösung eröffnet. Ebenso kraftvoll und wirkmächtig wie in der Schöpfung handelt er, als er die Sünde besiegt und neues Leben ermöglicht. Als Antwort auf diese Tat hat ihn Gott erhöht und ihm den Thron des Weltherrschers übereignet.

Was für ein Kontrast zum selbsternannten »Erlöser« in unseren Tagen! Christus herrscht mit der Kraft seines Wortes. Seine »Werkzeuge« sind Demut, Gerechtigkeit und Liebe. Gerade dadurch erweist er sich als der von Gott erwählte wahre Erbe und Herrscher. Für alle, die an ihn glauben, liegt ein großer Trost in diesem gewaltigen Bekenntnis zu seiner Größe und Herrschaft. Es setzt die Hoffnung frei, dass Er alle menschlichen Machtanmaßung entlarvt und beendet und sich Gottes Friedensreich durchsetzt.

ANNEGRET AHRENS

Jesus Christus, du allein bist Herr! Du stürzt die Gewaltigen vom Thron und erhebst die Niedrigen!

Jesus Christus, erhabener als die Engel

Glauben Sie an Engel? Da sind Sie sicher nicht allein. Viele Menschen sind überzeugt, einen Engel an ihrer Seite zu haben. Sie tragen eine Engelfigur bei sich oder haben eine solche an zentraler Stelle zu Hause aufgestellt. Wie zentral sind Engel im christlichen Glauben? Welchen Rang haben sie im Vergleich zu Jesus Christus?

Der Hebräerbrief nimmt eine Einordnung vor mithilfe der heiligen Schriften, die auf Jesus als Messias weisen. Sieben Zitate hat der Autor des Hebräerbriefes ausgewählt, mit denen er die Überlegenheit Jesu vor den Engeln herausarbeitet. Seine Bilanz in Vers 14: Engel sind lediglich »dienstbare Geister«, die Gottes Befehle ausführen.

Das erste Zitat findet sich in Psalm 2,7. »Du bist mein geliebter Sohn, heute habe ich dich gezeugt!« Worte, die Jesus bei seiner Taufe zugesprochen werden. Er ist der Geliebte und Erwählte Gottes, den die Menschen hören sollen. Psalm 110 schließt den Durchgang durch die Schrift ab. Die große Verheißung, den Platz zur Rechten Gottes einzunehmen, weil er sich als Sieger über alle Feinde erwiesen hat – sie wird auf Jesus Christus gedeutet. Er ist der Ewige und Unwandelbare.

Und die Engel? Sie sind erschaffen, nicht gezeugt. Sie sind nicht entscheidungsbefugt, sondern Befehlsempfänger. Sie sind »wandelbar«, je nach ihrem Auftrag. Sie erscheinen als Elemente: Wasser, Luft, Erde, Feuer. Sie werden zu Boten, die Gottes Willen auf Erden kundtun, sie treten als Schutzengel in Aktion. Sie dienen Jesus, dem Sohn.

Verehrung begehren sie nicht, und sie steht ihnen auch nicht zu. Die Schriftbelege zeigen: Allein Jesus verdient Lob und Anbetung, niemand sonst im Himmel und auf der Erde. Dass er, anders als die Engel, ansprechbar und nahbar ist, zeigt der weitere Gang des Hebräerbriefes.

ANNEGRET AHRENS

Der du allein der Ewge heißt und Anfang, Ziel und Mitte weißt im Fluge unsrer Zeiten: Bleib du uns gnädig zugewandt!

Aufgepasst!

Die in Hebr 1,5-14 beschriebene Erhabenheit des Sohnes hat Konsequenzen für die Hörer: Sie sollen aufmerksam sein, auf das Wort Gottes achten und sich »nicht vom rechten Kurs« abbringen lassen. Auf gekonnte Art und Weise geht der Autor von seinen theologischen Überlegungen über zur Ermahnung – er macht dies immer wieder in seinem Schreiben. Er ist wirklich ein Seelsorger, der sich an seine Leser wendet. Sie, die eine Glaubenskrise zu bewältigen haben, will er nicht ruhigstellen oder durch den Verweis auf menschliche Autoritäten zur Raison rufen – nein, er will der Krise mit »besserer Theologie« begegnen.

Was aber macht die Krise der Hörer aus? Es sind die »Mühen der Ebene« und die Unanschaulichkeit des Heils. In unübersichtlichen Zeiten ist ihnen die Plausibilität des Glaubens abhandengekommen, sie sind ob der langen Glaubenswanderschaft müde und verzagt geworden und stehen in der Gefahr, am Heil »vorbeizutreiben« (V 2).

Und eben hier steht der Hebräerbrief, die Mahnrede (Hebr 13,22): Er bietet keine hohlen Durchhalteparolen, die dann doch nicht weitertragen, sondern er schaut auf das christliche Bekenntnis und lotet es in allen seinen Dimensionen neu aus. Denn wenn es einen Grund zum Durchhalten gibt, so liegt dieser eben in Gott und im Bekenntnis an ihn. Und dieses Bekenntnis verpflichtet. Denn wenn schon das durch Engel verkündete Wort »fest« und »verpflichtend« war, so gilt dies umso mehr für die Verkündigung des Wortes Gottes am »Ende dieser Tage« (Hebr 1,2): Im Sohn gipfelt die göttliche Rede. Gott spricht »auf vielerlei Weise« (Hebr 1,1) hinein in die Geschichte und im Sohn ist der unüberbietbare Höhepunkt der göttlichen Rede erreicht. Mehr kann Gott nicht geben. Was wir Christen geben können, ist unsere Aufmerksamkeit und Bereitschaft zum Hören.

MARKUS-LIBORIUS HERMANN

Herr, auf dich vertraue ich, in deine Hände lege ich mein Leben.

Jesus, mein Bruder

In Hebr 1 wurde die Göttlichkeit Jesu herausgestellt. Nun geht es um sein Herabkommen in die Menschenwelt und seine »Blutsverwandtschaft« mit den Menschen. Der hohe Titel »Sohn«, der auf die Beziehung zu Gott ausgerichtet ist, tritt zurück und Jesu Eigenname fällt zum ersten Mal (V. 9). Er ist der Mittler zu den Menschen: »Mensch«/»Menschensohn« (V. 6), »Anführer/Urheber des Heils« (V. 10), »Hohepriester« (V. 17). Er ist also einerseits unvergleichbar und andererseits doch uns Menschen gleich (V. 14). In ihm spricht Gott sich aus und gibt sich den Menschen hin. Die beklagte Unanschaulichkeit des Heils wird in ihm »anschaulich«, Gott wird berührbar und zugänglich. Der gesamte Abschnitt beschreibt die Herabkunft des Sohnes in die Welt der Menschen (V. 5-9), seine Seinsverwandtschaft mit den Menschen (V. 10-13) und schließlich die Schicksalsgemeinschaft (V. 14-18).

Jesus, dem Menschensohn, ist das All unterworfen und zwischen eben diesem göttlichen Jesus und den Menschen besteht eine tiefe Verwandtschaft. Seine irdischen Geschwister, die, die am Bekenntnis festhalten und zum »Anführer/Urheber des Heils« gehören, haben damit auch Anteil am Heil selbst. Auch wenn uns Menschen nichts erspart bleibt, Leiden, Angst, Sklaverei, Versuchung etc., so prägen uns doch schon jetzt Herrlichkeit, Würde, Gnade und Vollendung: Uns Menschen trennt also letzten Endes nichts mehr von Gott. Genau aus diesem Grund ist Gott Mensch geworden! Jesus hebt alles Trennende auf, er verbindet uns mit und eröffnet den Zugang zu Gott. Durch ihn werden wir zur Familie Gottes und treten in eine Schicksalsgemeinschaft – wir gehören zusammen.

Jesus ist der Hohepriester, der Mittler, derjenige, der den Menschen helfen kann, weil er ihnen gleich geworden ist, weil er selbst in Versuchung geführt wurde, weil er selbst gelitten hat, weil er uns und alles Menschliche und Allzumenschliche kennt. Dieser Mittler ist das und der Entscheidende. An ihn sollen wir uns halten. Denn in ihm zeigt Gott, dass wir auf keinem Weg allein sind. Hinter jedem Scheitern, hinter jedem Verlust, hinter jedem Ende wartet er auf uns.

MARKUS-LIBORIUS HERMANN

HERR, ich glaube; hilf meinem Unglauben!

Unvergleichbar

Er ist und bleibt unvergleichbar. Jesus Christus. Im Zeugnis der Bibel und in der Glaubensgeschichte gab es immer wieder herausragende Frauen und Männer, die – wie man so sagt – Tür an Tür mit Gott wohnten, die ihr ganzes Leben nach Gott ausrichteten und in ihrem Alltag auf unterschiedliche Weise lebten, was sie glaubten. Manche still und unbemerkt, manche mit großer Biografie. Einer, der besonders herausragt, wird in Hebräer 3 genannt: Mose, dem es zukam, das Volk Israel auf seinem Weg ins Gelobte Land zu führen, zu mahnen und bisweilen auszuhalten. Wie alle Gottsucher und Gottsucherinnen mühte er sich, in seinem Leben Gott nahezukommen, erfuhr er ihn auch in einer Weise, von der wir nur träumen können. Wie gerne würden wir auch einmal einen Dornbusch brennen sehen, ohne dass er verbrennt, einmal die Stimme hören… Und doch ist auch Mose nur ein Mensch. Mit Ecken und Kanten, mit Fehlern und nicht ohne Schuld. Er ist angewiesen auf die Geduld, auf die Gnade und die Vergebung Gottes. Sein Blick richtet sich nach oben, er sehnt sich nach dem Ewigen, steigt einen Berg hinauf, um Gott noch näher zu sein. Ganz anders geschieht es bei dem Unvergleichbaren. Bei Jesus Christus ist die Bewegung genau umgekehrt. Er ist der Vollkommene, der im wahrsten Sinne »heruntergekommene Gott« (Wilhelm Bruners), der Sohn Gottes, der herabsteigt, um den Menschen auf nicht vergleichbare Weise nahe zu sein. Er blieb nicht über Gottes Haus, sondern kehrte dort ein, teilte das Leben mit den Menschen ohne jegliches Privileg, ihnen in allem gleich, außer der Sünde. Den Sündern jedoch galt sein heilender Blick. Die Dichterin Marie Noël hat dies einmal so in Worte gefasst: »Auf welchen Baum steigen, um den Himmel zu berühren? Für die Begegnung Gottes mit dem Menschen steigt der Mensch vergeblich. Gott steigt herab. Er steigt nicht viel tiefer zum Sünder als zum Gerechten.«

STEPHAN WAHL

Ewiger Gott, meine Seele sehnt sich nach dir. Komm ihr entgegen und ummantele sie mit deinem nie endenden, stärkenden Segen.

Das Ganze

Er ist gar nicht immer lieb, der liebe Gott. Vom Zorn Gottes spricht der Hebräerbrief. Mit den Attributen, »allmächtig«, »ewig«, »barmherzig«, »treu« und ähnlichem lässt sich ein schönes, »liebes« und bequemes Gottesbild zimmern. Aber das sind nur Facetten Gottes, der alle unsere Vorstellungen übersteigt und den wir in seiner Unfassbarkeit nie begreifen werden. »Wenn du ihn verstehst, dann ist er nicht Gott«, weiß schon Kirchenvater Augustinus. Gott sprengt alle Muster, Attribute und Bilder. Er ist der Barmherzige, ja, aber auch der Allmächtige. Er ist der Ewig-Treue, ja, aber auch der Geheimnisvolle. Er hat sich für die Welt und die Menschen in die Krippe gelegt und doch ist er es, der Berge versetzen und Felsen erschüttern kann. Gott ist groß. Größer als alle unsere Vorstellungen. »Gott ist nicht das Gute. Er ist das Ganze. Und er ist heilig« (Thomas Mann in Josef und seine Brüder). Besser und vorsichtiger zugleich kann man das ewige Geheimnis, das wir Gott nennen, nicht beschreiben. Das Zürnen gehört auch zu ihm, so schwer diese Vorstellung auch sein mag. Aber ist der Zorn Gottes nicht auch die Folge einer Enttäuschung, einer nicht erwiderten Liebe seiner Geschöpfe, für die er alles getan hat? Unbedankt. Und: Wünscht man sich nicht öfter sogar mehr von diesem Zorn Gottes, wenn Menschen Krieg führen, töten und verletzen. Wenn Kinder missbraucht werden, Menschen entführt, gefoltert und gequält werden. Aber: »Wenn du ihn verstehst, dann ist er nicht Gott.« Dabei wird es bleiben bis zu jenem Tag, an dem Gott selbst die Rätsel der Welt und unsere eigenen enthüllen wird. Das bleibt unsere Hoffnung. Und auch, dass die Liebe Gottes größer bleibt als sein berechtigter Zorn und auch die »zerfallenen Leiber in der Wüste« ihre Erlösung gefunden haben und ihre vollendende Ruhe in ihm.

STEPHAN WAHL

Ewiger, du übersteigst all unser Begreifen. Stärke mein Vertrauen in dich, auch wenn du mir rätselhaft bleibst und ich dich nicht verstehe.

Überragend und doch nah

In Gottesdiensten, geistlichen Zentren und persönlich beten wir meist wohltemperiert: still und konzentriert, im Stehen oder Sitzen, mit bedachten Worten. Und in Psalm 95? Da laufen viele herbei, jubeln und jauchzen, fallen auf die Knie und werfen sich auf den Boden. Beten ist hier außergewöhnlich. Es geschieht mit hohem Einsatz von Stimme, Körper – und Gedanke.

Zu Lautstärke und Gestik passt nämlich, *was* die Betenden von Gott sagen: Einmaliges, Außerordentliches und Unübertreffliches. Gott ist »König über alle Götter«. Götter sind groß und werden gefürchtet. Aber der große Gott stellt sie in den Schatten. Was macht Gott so überragend? Dass er alles geschaffen hat – und uns die Erde zu einem verlässlichen Ort einrichtet (4-5). Der Psalm kommt aus dem Staunen darüber nicht heraus, und etwas Weiteres steigert das Staunen: Obwohl Gott alles überragt, trägt er einen Namen: JHWH (1.3.6). (Schon die jüdische Gemeinde hat ihn mit »HERR« umschrieben.) Im Namen wird der Überragende ansprechbar wie eine Freundin oder ein Nachbar. Gott bleibt nicht anonym, ist keine kosmische Energie, die unpersönlich wirkt, keine Erstursache, der wir egal sind, sondern will etwas von uns: dass wir sein Volk werden und mit ihm leben. Das gilt zuerst für Israel, dieses kleine und oft in Frage gestellte Volk. Dann aber auch für die Christenheit.

Jäh wechselt das Thema (7). Gott will Leute, die auf ihn hören, und dieser Wille ist stark. Sein Volk hat nicht die Wahl, ob es auf ihn hören will. Wer gottlos lebt, geht in die Irre. Und Gott lässt das nicht teilnahmslos geschehen. Sein starker Wille schlägt in Zorn um: Wer auf dem Irrweg ist, bleibt auf ihm – und kommt nirgends an (10-11). Auch noch im Zorn ist Gottes Schöpfungsmacht und -wille kräftig.

Zwei Anregungen, mit diesem Psalm umzugehen: 1. Mit welchen Worten und Bildern sage *ich* Gott, dass er alles überragt (V. 1-7)? 2. Was sagt Gottes Stimme *mir*, so dass ich lerne, mit Gott zu gehen (V. 7.10)?

SEBASTIAN DEGKWITZ

Du bist Gott über allem und für alle. Hilf mir, das Leben anderer zu achten, in Schutz zu nehmen, zu fördern.

Göttliche Ruhe in unruhigen Zeiten

Die Zeiten sind unruhig. Wir sind rastlos unterwegs auf der Suche nach einem erfüllten Leben. Alles möchten wir absichern und sind verunsichert, wenn uns das nicht gelingt. Spätestens im Angesicht des Todes wird uns die Unsicherheit und Vergänglichkeit unserer Existenz bewusst. Diese Unruhe scheint zu unserer Existenz dazuzugehören Schon der Kirchenvater Augustinus schreibt im 5. Jahrhundert: »Unser Herz ist unruhig…« Aber ebenso gehört zu unserer Existenz die Sehnsucht nach Ruhe. Was für eine Ruhe ist gemeint? Es geht dabei doch nicht nur um Entspannung und Bequemlichkeit. Auch Augustinus hat einen weiteren Horizont, wenn er schreibt: »Unser Herz ist unruhig, bis es Ruhe findet, o Gott, in Dir.« Diese göttliche Ruhe hat der Verfasser des Hebräerbriefes im Blick. Dazu holt er weit aus. Er setzt bei der Schöpfung an, wo Gott nach getaner Arbeit ruhte und den Menschen an dieser Ruhe teilhaben lässt. Leider gibt sich der Mensch damit nicht zufrieden und sein Leben wird »unstet und flüchtig«. Die Wüstenwanderung und die Landnahme des Volkes Israel greift der Verfasser als Beispiel dafür auf, dass mangelndes Vertrauen in Gottes Zusagen ein Hinderungsgrund dafür ist, wirkliche Ruhe zu finden. Diese Erfahrung haben Menschen immer wieder gemacht. Aber dabei muss es nicht bleiben. Gott hat eine neue Chance gegeben. Er schenkt sie uns durch seinen Sohn Jesus Christus. Er ist die Tür zu Gott, bei dem wir die Ruhe finden, die unser Leben erfüllt und gut werden lässt. Denn er hat alles auf sich genommen, was uns unruhig und unsicher macht und uns von Gott trennt. Wir können diese Ruhe, die ein Vorgeschmack auf die Ewigkeit ist, schon im Heute ergreifen, indem wir ihm vertrauen, auf sein Wort hören und unser Leben an ihm ausrichten. Denn er sagt zu uns: »Kommet her zu mir alle, die ihr mühselig und beladen seid, so will ich euch erquicken.« (Mt 11,28)

BEATE STÖCKIGT

Herr, ich bitte dich um Ruhe in diesen unruhigen Zeiten. Lass mich auf dein Wort hören und nach deinem Willen fragen. Schenke mir das Vertrauen darauf, dass du es gut mit mir meinst.

Brückenbauer

Der Verfasser ermutigt Christen, die müde geworden sind, am Glauben festzuhalten. Sie sollen erkennen und verstehen, wer Jesus Christus ist und was er für sie getan hat. Weil seine Zuhörer vermutlich in der jüdischen Tradition beheimatet waren, knüpft er an Bilder aus den alttestamentlichen Schriften an. Dazu gehört das Bild vom Hohepriester. Im Gegensatz zu den Christen damals bleibt es für uns ziemlich fremd. Pontifex maximus ist die lateinische Übersetzung für »Hohepriester«, »oberster Brückenbauer« die deutsche, die uns einen besseren Zugang ermöglichen kann. Der Hohepriester, ein Nachfahre Aarons, war das geistige Oberhaupt im jüdischen Volk und seine vorrangige Aufgabe bestand darin, am Versöhnungstag im Tempel eine Brücke zu Gott zu bauen, in dem er stellvertretend für das Volk ein Opfer darbrachte, das das Volk mit Gott versöhnen sollte. An diesen jüdischen Kult knüpft der Verfasser an: Auch Jesus Christus ist ein Brückenbauer, aber er unterscheidet sich grundlegend vom jüdischen Hohepriester. Seine einzigartige Stellung besteht darin, dass er nicht nur eine Brücke von den Menschen zu Gott schlägt (wie es der jüdische Hohepriester durch das Opfer tut), sondern dass er selbst diese Brücke zu Gott hin ist. In seiner Person verbinden sich Himmel und Erde. Durch seine ärmliche Geburt, sein unstetes Leben und seinen grausamen Tod gehört er ganz auf die Seite von uns Menschen. Aber durch seinen Gehorsam und sein Vertrauen auf Gott gehört er auch ganz auf die Seite Gottes. Deshalb ist er für uns der Brückenbauer. Sein »Brückendienst« ist von Gott legitimiert. Seine Brücke ist das Kreuz, das uns mit Gott und untereinander verbindet. Diese Brücke hält ewig. Wer sich auf sie begibt, das heißt, wer sich an Jesus Christus hält und ihm nachfolgt, der erfährt schon jetzt Gerechtigkeit und Frieden, wie Gott es für sein ewiges Reich zugesagt hat.

BEATE STÖCKIGT

Barmherziger Gott, im Leiden und Sterben deines Sohnes hast du der Welt deine Liebe gezeigt. Öffne unsere Augen, dass wir das Geheimnis seiner Hingabe erkennen und ihm auf dem Weg des Gehorsams und der Liebe folgen.

Wachstum im Glauben

Es ist eine Motivationspredigt, in der der Verfasser die Christen ermahnt und ermutigt. Sie haben die Christenverfolgung und einiges an Entbehrungen durchgestanden. Aber nun ist die Luft raus. Der Elan der Anfangszeit ist ihnen abhandengekommen. Sie sind einfach lustlos, träge und müde geworden. Der Alltag droht ihren Glauben wie unter Dornen zu ersticken. Es fällt ihnen schwer, sich auf das Hören des Evangeliums zu konzentrieren und das Überzeugende, Ermutigende und Tröstende der christlichen Botschaft zu erkennen. Das kommt uns irgendwie bekannt vor. Auch in unseren Gemeinden fehlt vielen Christen (und vielleicht sogar uns selbst!) der Elan. Der Glaube hat sich im Alltag verflüchtigt. Woran liegt das und was ist dagegen zu tun? Landeskirchen und Bistümer, Gemeindekirchenräte und Pfarrgemeinderäte halten Konferenzen ab und drucken dazu umfangreiche Papiere, hilfreiche und weniger hilfreiche. Der Autor des Hebräerbriefes setzt nicht auf Durchhalteparolen, Zweckoptimismus oder bessere Marketing-Strategien. Er mutet seiner Gemeinde zu, neu über die Grundlagen des Glaubens nachzudenken. Er hat ihnen Jesus als den »Brückenbauer« (4,14f) verkündet, der durch sein einmaliges Opfer am Kreuz Befreiung von Sünde schenkt und zu Gott hinführt (4,3). Diese frohe Botschaft soll nun auch den Alltag der Christen bestimmen. Dabei geht es nicht um das Wiederholen auswendig gelernter Glaubenssätze, sondern um immer wieder neues Hinschauen auf Jesus und Hören auf Gottes Wort. Das ist es, was dem Leben Richtung und Ziel gibt und unseren Glauben alltagstauglich macht. Nur so bleibt unser Glaube lebendig und formt unser Denken, Reden und Handeln. Ein solches geistliches Wachstum führt zu einem mündigen Glauben, der auskunftsfähig ist und andere anstecken kann. Wenn uns das mit Gottes Hilfe gelingt, dann brauchen wir um die Zukunft unserer Kirche keine Sorge zu haben.

BEATE STÖCKIGT

Herr, lass mich immer wieder neu auf dich schauen und auf dein Wort hören, damit ich im Glauben wachse und auch andere dazu ermutigen kann, nach dir und deinem Evangelium zu fragen.

Der große Lobgesang

Loben heißt anerkennen. Ich nehme mich zurück und sehe, dass jemand anderes etwas Bewundernswertes tut. Ich bin so frei, von ihm oder ihr angetan zu sein. Gott erkennen wir erst, wenn wir ihn loben; wenn wir so frei sind, Gottes unschätzbare Werke zu sehen. Im Lob erkennen wir Gott – und nicht etwa durch einen Gottesbeweis. Der beruht emotionslos auf logischem Zwang. Gott erkennen wir auch noch nicht, wenn wir uns mit unserem Glauben im Vorteil wähnen, weil es doch nützlich sei zu glauben, zum Beispiel bei Heilungsprozessen. Wer Gott lobt, tut das um Gottes willen, ist ganz bei Gott voll Bewunderung und Freude.

Darum geht es Psalm 148. Er ermuntert unzählige Geschöpfe im Himmel und auf Erden zum Lob, sieht auch in Gestirnen und Stürmen, in Zedern und Vögeln Geschöpfe, die Gott loben können. Ist das märchenhaft? So kann man es sehen. Oder so: Alles ist geschaffen. Und das Geheimnis jedes Geschöpfs ist es, zum Lob Gottes zu finden, zur freudigen Anerkennung dessen, was Gott tut. Eigentlich ist die Schöpfung angelegt auf solche Freude, auf Ehrfurcht, Anerkennung und Gesang. Denn für nichts und niemand ist es selbstverständlich, da zu sein. Alle verdanken sich Gott. So steht auch nichts und niemand über anderen oder gar über Gott. Niemand kann oder muss besser als andere sein, denn Gott ist für alle gut. Das erkennen die Geschöpfe, wenn sie gemeinsam Gott loben.

Psalm 148 ist eine Utopie. Denn welcher Wurm, welcher Fisch und welcher Mächtige singt Gottes Lob? Die Welt scheint stumm zu sein oder durchtost von anderen Stimmen. Mit dem Psalm kehren wir in den Ursprung der Schöpfung ein: Alle sind zur Freude an Gott geschaffen. Im Lob Gottes kommen sie zum Ziel und finden die Haltung, in der sie am verträglichsten zusammenleben können.

Gottes auserwähltes Volk singt dieses Schöpfungslob bereits, weil es den Schöpfer kennt (14). Es singt schon jetzt – für alle und anstelle derer, die verstummt oder verirrt sind. Singen wir an diesem Sonntag mit?

SEBASTIAN DEGKWITZ

Dich lobt die Luft und die Linde, das Wasser und das Westallgäu. Wecke das Lob deiner Schöpfung in mir und an vielen Orten.

»Geliebte« dürfen vertrauen

Eigentlich müsste die Übersetzung richtigerweise »Geliebte« lauten und nicht nur »liebe Brüder«, wie die Einheitsübersetzung schreibt. Gemeint ist die Anrede, die zu Beginn des heutigen Abschnitts steht. Denn mit »Geliebte« wird ein wesentlich intensiverer Ton angeschlagen und den Adressaten des Schreibens mehr Nähe und Wertschätzung entgegengebracht.

Ermutigung und Zuversicht sind im Folgenden die zentralen Inhalte, die heute vermittelt werden sollen. Diese positive Haltung ist begründet in der Treue und Gerechtigkeit Gottes den Seinen gegenüber, wie in Vers 10 zu lesen ist: »Denn Gott ist nicht so ungerecht, euer Tun zu vergessen …« Glaube und Grundvertrauen in Gott gehören untrennbar zusammen. Dies blendet allerdings die Realität von Leid und Schmerz nicht aus, sondern verweist auf die letztlich heilsame und immer hoffnungs- und liebevolle Verbindung Gottes zu jedem Menschen.

Dass das Leben bedroht ist, haben auch die frühen Christen schon erleben müssen. Dazu gehörten in der Anfangszeit vor allem die sog. Judenchristen, die als Juden (= Hebräer) an Jesus von Nazareth als den Messias glaubten. Realer Hintergrund des an sie adressierten Hebräerbriefs dürfte eine Notsituation für die Gemeinde gewesen sein. Dementsprechend sollen die Zeilen ihren Glauben stärken und sie motivieren, in ihrem Eifer nicht nachzulassen. Exemplarisch wird in der Folge auf den Glauben und die Ausdauer Abrahams verwiesen.

Notsituationen gibt es in der heutigen Zeit im Übermaß. Für manche ist es nicht einfach, dabei den Mut nicht zu verlieren. Doch biblisch gesehen sind wir »Geliebte« Gottes, die ihm vertrauen können. Er will uns auch heute noch ermutigen und Zuversicht für alles spenden, mit was wir uns auseinandersetzen müssen.

THOMAS STEPHAN

Herr, unser Gott, wir sind deine »Geliebten« und dafür danken wir dir. Gib uns Halt und Kraft in aller Not, damit wir uns für andere und deine Botschaft weiter einsetzen können.

Vorbilder gesucht!

Welche Bedeutung haben Vorbilder in Ihrem Leben? Wer waren die einflussreichen Menschen in Ihrer Kindheit und Jugend? Was haben Sie von ihnen vermittelt bekommen?

Wer auch immer biografisch eine besondere Rolle in Ihrem Leben eingenommen hat, hat Spuren hinterlassen. Mal sind es Verhaltensweisen, mal Glaubenssätze und ein anders mal waren es Haltungen, die Ihnen für das spätere Leben mitgegeben wurden.

Zwei prägende biblische Gestalten stehen heute im Hebräerbrief als Vorbilder im Mittelpunkt. Da ist zum einen Melchisedek zu nennen, was übersetzt »König der Gerechtigkeit« oder auch »König des Friedens« heißt und der als »ein Abbild des Sohnes Gottes« bezeichnet wird. Er war so bedeutsam, dass über Jesus Christus geschrieben wurde, er ist »Hohepriester nach der Ordnung Melchisedeks«. Zum anderen ist die Rede von Abraham, der für das Judentum, Christentum und den Islam von zentraler Bedeutung ist. Er steht für Gottvertrauen, aber auch damit verbunden für mutiges Handeln und die Bereitschaft Risiken einzugehen.

Vorbilder sind Orientierungspunkte, die für die persönliche Wegfindung entscheidend sein können. Sie entbinden den Einzelnen nicht von seiner jeweiligen Verantwortung, sondern wollen im Idealfall auf besondere Weise inspirieren und motivieren.

In einer Zeit des Wegfallens von immer mehr (vormals) anerkannten Autoritäten und Institutionen sind Vorbilder rar geworden. An vielen Stellen hat in diesem Zusammenhang eine schmerzliche Desillusionierung stattgefunden. Vielleicht kann daher ein Blick auf biblische Persönlichkeiten wieder hilfreich werden. Hierzu können Abraham und Melchisedek gezählt werden, die durch ihr Handeln und Wirken uns heutigen Menschen auch hilfreiche Impulse und Anregungen geben können.

THOMAS STEPHAN

Herr, unser Gott, wir brauchen Vorbilder, die uns helfen, unseren Weg durchs Leben zu finden. Lass uns auf Menschen treffen, die uns inspirieren und motivieren. Öffne uns aber auch die Augen für die biblischen Vorbilder, die wegweisend für unser Leben sein können.

Vom Umgang mit Feinden

»Ein Lied für den Sabbat.« So setzt die jüdische Gemeinde Psalm 92 bis heute ein. Am Sabbat kehrt Gottes Volk bei Gott ein. Es atmet auf, kommt zur Ruhe, Sorgen und Anfechtungen haben Pause oder lösen sich vor dem Angesicht Gottes sogar auf. Das geschieht beim Beten von Psalm 92. Der Psalm ringt mit »Feinden« (8.10), die ungestört ihr Unwesen treiben und zu Wohlstand kommen – auf Kosten anderer und ohne Achtung der Gebote. Das macht sie zu Feinden Gottes und seines Volkes. Ihr Treiben ficht den Glauben an: Siegt jetzt ein unverschämter Egoismus? Bleibt Gott untätig? Gibt es Gott überhaupt?

Im »Evangelischen Gesangbuch« wurden beim Abdruck der Psalmen viele Verse gestrichen, die »Feinde« erwähnen. Christen wollen ja keine Feindbilder pflegen, auch wegen Jesu Gebots der Feindesliebe (Mt 5,44). Und fröstelt uns nicht, wenn (wie in Ps 92,8.10) geradezu ein gewaltsames Ende der Feinde herbeigesehnt wird?

Der Psalm benennt allerdings ein Problem. Wer ihn betet, fühlt sich bedroht und kann dagegen nichts machen. Ursprünglich geht es wohl um die Erfahrung unterdrückerischer Fremdherrschaft – und verbunden damit um Kollaborateure, die auf Kosten ihrer Nachbarn reich wurden. Wer nun in Angst und Armut gerät, erhebt mit den Feind-Psalmen die Stimme – und wendet sich an Gott. Im Gebet hält so jemand Ohnmacht und Ratlosigkeit aus. Das Problem bleibt, ist nun aber Gott anvertraut. Bei Gott und durch Gott verliert der Feind alle Macht. Unrechtmäßiges Glück hat keinen Bestand. Langfristig blüht und gedeiht, wer gemeinschaftlich lebt und Gottes Gebote achtet (13f).

Das erfahren wir auch – zum Teil. Solche Erfahrungsspuren sollten wir aufspüren, wenn wir diesen Psalm beten. Zuerst und zuletzt atmet der Psalm aber einen Glauben: Gott hat sein Volk immer wieder gerettet (6) und ist Schöpfer und Freund des Lebens (13-14). Gott bleibt verlässlich im Bund mit allen, die sich an ihn halten. Auf lange Sicht werden das alle sehen und erfahren.

SEBASTIAN DEGKWITZ

Lass Unrecht und Gewalt scheitern und verhilf dem Recht und Frieden zum Durchbruch.

Fürsprecher (in) der Nähe

Wie nähern wir uns Gott? Wie nähert sich Gott uns? Die Bilder des Hebräerbriefes sind von diesen Fragen durchdrungen. Für die Hoffnung auf einen Gott, der *in der Welt* sichtbar wird, ist die Vorstellung eines Kommenden wichtig, der Gerechtigkeit und Güte wirklich werden lässt. Das ist die Vorstellung eines Messias. In jüdischer Tradition kommt dieser aus Juda, aus dem Geschlecht Davids. Die neutestamentlichen Schriften betonen das für Jesus: Geboren in Bethlehem in Juda ist Christus der Davidsohn.

Für ein anderes Bild, nämlich die Hoffnung auf einen Gott, dessen *himmlischer Macht* wir uns nähern dürfen, ist die Vorstellung eines Priesters wichtig, der oder die den Weg in Gottes Raum zu öffnen vermag. Die Priester am Tempel sind nach jüdischer Tradition aus dem Stamm Levi, sie dienen in der Kraft, die auf die himmlische Nähe ausgerichtet ist, sind Fürsprecher und Fürsorger für jene, die Gott so suchen.

In den heutigen Zeilen werden die beiden Bilder zusammen geführt: Priester und König, Messias und Fürsprecher. Von Melchisedek, übersetzt heißt dieser Name *König der Gerechtigkeit*, wird im ersten Buch der Bibel (Kap. 14) erzählt, wie er Abraham segnet. Jesus Christus ist nun nach Melchisedek beides, König und Hohepriester, aus dem Stamm Judas der, durch den Güte und Gerechtigkeit wirklich werden. Und zugleich der, durch den Gottes Gegenwart himmlisch nahe ist, der priesterliche Fürsprecher, der nicht für sich spricht, sondern für dich. Was ja für sich spricht.

Die Verheißung von Fürsprache und Gerechtigkeit zusammen zu bringen, war damals wichtig. Mir ist es das heute auch. Ohne das Bild einer anderen, gerechten Welt kann ich mir Gottes Nähe nicht vorstellen. Und ohne Gottes Nähe bleibt alle Gerechtigkeit, so treu sie sein mag, erbarmungslos. Erbarmen aber ist der Ort, an dem Jesus ist. Da und durch ihn wird jeder Mensch ein Priester, einer, dem Gott den Weg öffnet.

CHRISTIAN STÄBLEIN

Gott, du Gerechter, komm in diese Welt mit deinem Erbarmen. Bring das Leben wieder in die Reihe, in deine Reihe. Dein Sohn spricht dafür.

Kult-Kern

Inmitten ferner Sprachbilder aus dem Kult enthalten diese Sätze zwei Aussagen aus dem Kern des christlichen Glaubens. Jesu Opfer ist ein für alle Mal getan. Als und weil er sich selbst opferte. Kult-Kern das.

Ein für alle Mal. Wenn wir es doch begreifen würden. Dass es keine anderen Opfer mehr geben muss, nicht auf dem Altar der Macht – ach, die vielen Kriege. Nicht auf dem Altar der Mobilität – die ungezählten Verkehrsopfer. Nicht auf dem Altar der Schöpfung – die vielen Opfer einer ausgebeuteten Welt. Ein für alle Mal hat Jesus diese Logik durchbrochen, dass das Leben dadurch wird, dass wir es vermeintlich erst geben müssen. Ein für alle Mal ein Ende mit diesem Kult, dass du vom Leben nur dann etwas bekommst, wenn du ihm etwas hinwirfst. Es ist alles schon da, schon für uns getan. Der Frieden in Gott. Die größte Reise durch Jesus, mobil bis in den Himmel. Die Schöpfung selbst in ihm, Anfang und Ende, Ende und Anfang. Wenn wir es doch begreifen und lernen würden, bevor wir wieder unserer Logik verfallen, der tödlichen Logik des ständigen Opfer-Forderns. »Du Opfer« – diese auf den Schulhöfen und in den Chats ein für alle Mal verbotene Redeweise hat Jesus längst beseitigt. Weil er in diesem weltverwandelnden Moment Ich gesagt hat. Ich für dich. Weil er so durchbrochen hat, dass du den Weg frei machen musst. Musst du nicht, er hat es getan: sich gegeben. Hast du dich schon mal hingegeben? Erinnerst du dich, wie das die Mechanismen allen *Du bist schuld* und allen *Da kommst du nie raus* durchbricht? Und du musst es gar nicht durchbrechen. Und weil du es nicht musst, geht es wie von selbst: das Hingeben. Das in einem Raum von Wut und Ärger Frieden Eintragen. Das in reinem Raum ständiger Bewegung Ruhe-Schenken. Das in einem Raum völliger Verwüstung Etwas-Pflanzen. Einen Anfang etwa. Wie von selbst: Hingabe. Er hat es getan. Ein für alle Mal. Von da geht es immer und allemal so weiter. Wenn das nicht Kult ist, im Kern!

CHRISTIAN STÄBLEIN

Gott, du bist die Liebe, die sich gibt. Das darf ewig so weiter gehen. Weil du es bist, wird es das. Kein Opfer, ein Glück.

Beständig neu

Die Hauptsache ist beständig die Erneuerung. Das gilt für die Schöpfung, wovon der Mai ja oft besonders schön zeugt. Das gilt für das Leben, wenn Generation auf Generation folgt und Kinder wieder Kinder bekommen. Und es gilt für Gottes Nähe und Liebe. Sie soll sich erneuern, soll mein Leben neu werden lassen. Zu den ältesten Vorstellungen solcher Erneuerung gehörte das Sitzen zur Rechten Gottes. Weil: Näher zu Gott geht nicht. Hier liegen, davon spricht schon der 110. Psalm, die Erneuerungen von Regentschaft, Weltenlauf und Zukunftsversprechen. Im Wechsel auf dem Thron die Zusage: Die Feinde des Todes werden nicht siegen.

Beständig neu also sei Gottes Nähe. Das ist der Urgedanke jeder Religion und erst recht der jüdischen, die den Propheten Jeremia sprechen lässt, wie das ist mit altem und neuem Bund. Nicht das Volk ist ein anderes, nicht die Menschen sind andere, aber der Bund mit Gott wird ein neuer, erneuert. Die hebräische Bibel ist voll von diesen Geschichten der Bundeserneuerung. Nach der Sintflut der Regenbogen. Nach dem Auszug aus Ägypten die Gebote. Und nach dem Exil das Zusammenhalten. Eine Trennschärfe zwischen neu und erneuert braucht es da gar nicht. Ein Brief »an die Hebräer« erinnert daran gleichsam natürlich die ersten Christen, die da ja Juden sind: Hauptsache ist beständig die Erneuerung. Anders keine Nähe zu Gott, die ich immer neu ersehne, in allen Reformationen und durch alle Reformen des Glaubens und der Kirche hindurch. Hauptsache wir haben einen solchen, der für uns spricht bei Gott, dass dieser neu komme, neu mache unseren Glauben und diese Welt, in ihr auch jene Augenblicke, in denen die Schöpfung sich öffnet, aufplatzt, wie Babyaugen, wie grüne Knospen, wie die Hand der schönsten Alten. *Denn was alt ist, ist dem Ende nahe.* Oh ja, am Ende fängt Gott an und macht beständig neu, öffnet das Leben. Hauptsache das, versprochen.

CHRISTIAN STÄBLEIN

Gott, du Schöpfer am Anfang und am Ende, erneuere uns. Dass dein Licht durch uns scheine in dieser Welt. Lass nicht los deinen Bund mit uns. Lass uns festhalten, beständig neu.

Hütten und Dome

Gottesdienste verändern sich. Sie orientieren sich an Zielgruppen. Sie vermeiden unnötige Barrieren. Sie üben sich in Leichter Sprache. Sie experimentieren mit Symbolen, Bildern und moderner Musik. Das Ziel ist Beheimatung, »dass ich im Hause des Herrn bleiben möge mein Leben lang, zu schauen die schönen Gottesdienste des Herrn« (Ps 27,4). Was ist der richtige Weg, um der Menschen Herz und Verstand zu erreichen? In der evangelischen Kirche geben sich noch immer lutherische, reformierte und unierte Gemeinden mit ihren Prägungen zu erkennen. Manchmal erscheinen die Unterschiede wichtiger als das Gemeinsame.

Der Hebräerbrief scheint genau zu wissen, was im Sinne der Tradition nötig ist. Ausführlich beschreibt er die Vorschriften und eine Art irdisches Heiligtum. Da ist ein Zelt: das Heilige. Dort befinden sich liturgisches Inventar, ein Leuchter, ein Tisch, die Heiligen Brote. Dann ein weiterer Vorhang. Das Tor zum zweiten Zelt. Noch größer, noch prächtiger als das erste. Alle Gegenstände sind mit Gold überzogen – Rauchopferaltar, Bundeslade, der Stab Aarons. In das erste Zelt gehen die Priester regelmäßig. In das zweite Zelt geht allein der Hohepriester einmal im Jahr. Das Ziel ist Versöhnung. Ein Opfer soll von Sünden befreien, aber Versöhnung ist am Ende nicht durch liturgische Glanzlichter zu erreichen. Versöhnung kommt von Gott. Dazu ist Christus in die Welt gekommen.

1993, zur Wiedereröffnung des Berliner Doms, predigte Peter Beier auf der prächtigen Kanzel unter der goldstrahlenden Kuppel: »Die Wahrheit braucht keine Dome. Das liebe Evangelium kriecht in jeder Hütte unter und hält sie warm.« Das Evangelium braucht wenig, um der Menschen Herz und Verstand zu erreichen, weil alles von Gott kommt. Es könnte sein, dass wir in Zukunft ohnehin mehr Hütten als Dome brauchen.

KLAUS EBERL

Herr und Gott, wir sind deine Gemeinde. Alte und Junge, Kleine und Große. Die Starken und die Schwachen. Alles berührst und bewegst du! Bei dir ist alles neu und unverbraucht, der Glaube, die Liebe, die Hoffnung. Unter deinem Wort laufen wir frei auf geraden und krummen Wegen.

Opfer will niemand sein

Opfer – das Wort löst keine guten Erinnerungen aus. Wir beklagen Verkehrsopfer; sie sind der Preis für unsere Mobilität. Wir zählen – wieder – Kriegsopfer. Lange dachten wir, unsere Generation würde von Kriegen verschont bleiben. Aber seit 2022 hat der Angriffskrieg Russlands auf die Ukraine manchen Traum von einer europäischen Friedensordnung zerstört. Jetzt werden wieder die Kriegsopfer gezählt – mitten in Europa. Manchmal ist auch der Schulhof ein Kriegsschauplatz. Kinder werden wegen ihres Aussehens oder ihrer Herkunft als Opfer gebrandmarkt. Da geraten Bildungsbiographien schnell zu Leidensgeschichten, die oft auch nach der Schulzeit nachwirken.

Opfer will niemand sein. Nur im Bereich der Religion hat das Wort weiterhin Konjunktur. Es hat seinen Platz im Ritual, das die Unreinen heiligt und die Gewissen prüft. Die alten Rituale sollen Menschen erlösen von Schuld und Gottesferne.

Für den Hebräerbrief ist auch Christus in die Welt gekommen, um wie ein Hohepriester zu opfern. Ihn unterscheidet jedoch die »größere und vollkommenere« Wirkung seines Opfers. Aber Christus ist nicht der bessere Hohepriester. Indem er die Rolle des Hohepriesters annimmt, überwindet er sie zugleich. Denn das Opfer ist er selbst! Er opfert sich! Er stirbt am Kreuz, um unser Gewissen zu reinigen »von den toten Werken«. Er opfert sich, um den Riss zu heilen, der zwischen Gott und den Menschen, aber auch zwischen Menschen und Mitmenschen besteht. Er opfert sich, damit wir andere nicht zu Opfern machen.

KLAUS EBERL

Gott, du bist mein Anfang und mein Ende. Dein Wort macht alles neu. Ich weiß, du mühst dich ab mit mir, mit der Kirche, mit der Welt. Du wartest auf Echo – vergeblich. Du bist einziges Wort, das alles umfasst: Suchen und Finden, Fallen und Gehaltensein, Fortgehen und Bleiben. Von früh auf suche ich, bringe Opfer für vieles, was mein Leben nicht trägt. Christus ist mir voraus. Ich probiere nur seine Worte der Hoffnung.

Ein Mittler ohne Kompromiss

Im Neuen Testament gibt es viele Hoheitstitel, die das Leben, Leiden und Sterben Christi beschreiben: Messias, Herr, Rabbi, Lehrer, Sohn Gottes, Sohn Davids und Menschensohn. Je nach theologischer Ausrichtung der urchristlichen Literatur wird auf diese Titel zurückgegriffen. Im Hebräerbrief taucht ein neuer Titel auf. Jesus wird Mittler genannt. Er ist Mittler zwischen dem alten und dem neuen Bund. Zum Alten Bund gehört eine Welt, die von Übertretungen dieses Bundes geprägt ist. Eine Welt, für die Gottes Verheißung einer guten Zukunft ihre Strahlkraft verloren hat. Die Frage ist ja berechtigt: Wer soll hier und jetzt glauben, dass in der Perspektive Gottes am Ende alles gut wird?

Aber der Hebräerbrief lässt sich in seiner Hoffnung nicht erschüttern. Der Neue Bund eröffnet ein Leben in Frieden und Versöhnung, versöhnt mit Gott und den Mitmenschen und nicht zuletzt mit sich selbst. Als Mittler übernimmt Jesus eine neue Rolle. Er ist nicht Bindeglied zwischen altem und neuem Bund, ist nicht Kitt, der zusammenhält, was einst zerbrach. Der Mittler ist der entscheidende Akteur. Die Wende bewirkt Jesus mit seinem Kreuzestod. Er opfert sich selbst, damit andere nicht geopfert werden. Er geht ans Kreuz, damit die Welt die kompromisslose Menschenfreundlichkeit Gottes kennt, sie lebt und erlebbar macht. Ein für allemal erlöst der Gekreuzigte Menschen aus ihrer Gottesferne. Mittler – das kann keine bequeme Rolle sein. Im Konflikt ist der Mittler oftmals der, der zwischen allen Stühlen sitzt. Jesus hat viel riskiert, um uns Heil zu bringen für unsere Zukunft. Ich bin gespannt, was bereitet ist.

KLAUS EBERL

Gott, auf dein Wort hin haben Menschen Vertrauen gewagt. Dein Wort war Weg, Brücke und Licht. Auf dein Wort hin ging Abraham fort in fremdes Land, ging Mose zum Pharao, um das Volk aus Knechtschaft und Unfreiheit zu führen. Auf dein Wort hin, Gott, verkündeten die Propheten, was du ihnen geboten hast, auch wenn sie niemand hören wollte. Auf dein Wort hin, Gott, brachen die Zeugen des Glaubens auf, um dir zu vertrauen. Führe du uns ans Ziel, das du bereitet hast.

Mut zur Erinnerung – Kraft zur Erneuerung

Es ist Pfingsten. Gottes Geist weht übers Land, verändert uns, unser Miteinander und diese Erde. Folgen wir dem Psalm 51, beginnt die Erneuerung mit dem Blick zurück. Der Geist deckt auf, was wir einander und Gott schuldig geblieben sind: David ist in die Ehe Batsebas eingebrochen und hat ihren Mann Uria in den Tod geschickt. Was habe ich getan, was in Gottes Augen böse ist? Der Psalm macht mir Mut, auf das Unrecht zu schauen, das ich anderen zugefügt habe.

Aber er öffnet den Blick auch über mein persönliches Tun hinaus: Ich bin von Kindesbeinen an in Schuld verstrickt. Die Wege meiner Vorfahren, die Schrecken des Holocaust lassen uns nicht los. Wir entkommen den Strukturen nicht, die unser Leben bestimmen: Unser Fleisch ist billig, weil für Futtermittel und Weideflächen der Urwald in Lateinamerika abgeholzt wird; Klimawandel und Artensterben sind die Folge.

Wer den Psalm betet und um einen neuen, beständigen Geist bittet, weiß um beides: um diese Gefangenschaft in Strukturen und die Verantwortung für das eigene Tun. Beides bringen wir vor Gott und bitten: »Wische weg meine Schuld!« Erneuere uns und mach uns handlungsfähig; mich persönlich und uns gemeinsam, im Kleinen und im Großen!

Die Veränderung beginnt mit dem Gebet. Die Geistkraft macht uns Mut, kleine und große Schritte zu gehen. Bei uns anzufangen und doch das große Ganze nicht aus den Augen zu verlieren. Viele kleine Leute, die im Vertrauen auf die Kraft des Geistes viele kleine Schritte tun, verändern das Gesicht dieser Erde: Sie stärken die ängstlichen Herzen. Sie überwinden Feindschaft. Sie lassen die Natur aufatmen. Sie trauen sich etwas: »Ich will Verbrechern deine Wege lehren, dass die, die gegen deine Gebote verstoßen, zu dir umkehren!«

Mit Gottes Geist breiten sich Güte und Barmherzigkeit aus auf der Erde. Recht und Gerechtigkeit strömen in unser Leben.

JOCHEN CORNELIUS-BUNDSCHUH

Erfülle die Gemüter mit reiner Glaubenszier, die Häuser und die Güter, mit Segen für und für. Vertreib den bösen Geist, der sich dir widersetzt und, was dein Herz ergötzt, aus unseren Herzen reißt.

Die Zehn Gebote im Gottesdienst

Die Liturgie für einen Gottesdienst im jährlichen Laubhüttenfest geht aufs Ganze! Nach einer Intrada wird es still, und aus der Stille heraus tritt ein Priester nach vorne, hält die Hand hinter sein Ohr: »Eine Stimme höre ich, die ich noch nie vernahm.« (V.6b; vgl. 1.Kön 19,12ff) Mit diesem »Intermezzo« kennzeichnet er die folgenden Worte als Offenbarung: Der HERR selbst spricht. Er erinnert Israel mit einer freien Wiedergabe des ersten Gebots daran, dass er es aus der Sklaverei in Ägypten gerettet und ihm eine gute Grundordnung übergeben hat (Ex 20). Deren Respektierung seitens einer großen Mehrheit in der Community fördert ein friedliches Miteinander in Familie und Nachbarschaft. Zugleich hat ER versprochen, dass sein Volk, sofern es auf der Basis der Zehn Gebote die Gesellschaft ordne, die Lebensmittel in Fülle haben werde. Ja, es würde mit »Honig aus dem Felsen« statt nur mit »Wasser aus dem Felsen« (vgl. V.17 mit Ex 17,1-7) regelrecht verwöhnt werden.

Es *würde* verwöhnt werden. Die Liturgie gibt der Klage Gottes Raum: Sein auf den Schutz und die Freiheit *aller* bedachtes Zehnwort spielt bei vielen keine Rolle mehr als innerer Kompass der Lebensführung. Stattdessen hören sie auf Ratgeber, die rücksichts- und schrankenlose Freiheit propagieren. So aber breitet sich Herzenshärte in der Gesellschaft aus und macht sie angreifbarer für äußere Feinde.

Jahrhunderte später klagt Jesus mit den Worten des Psalms über den verspielten Schalom Jerusalems: »Ihr habt nicht gewollt« (Lk 13,34b = Ps 81,12b); »Ach wenn doch auch du, Friedensstadt, erkannt hättest, was dem Frieden dient« (Lk 19,41 = Ps 81,9.14).

Aber Gottes Sehnsucht nach seinen Menschen lebt weiter. Er bittet, es doch mit seiner Freiheitsordnung noch einmal und entschiedener zu versuchen (V.14-17). Alle Jahre wieder eine Gottesdienstfeier als Besinnung auf die uns mit dem Judentum verbindenden Zehn Gebote, kombiniert mit einer Würdigung des Grundgesetzes der Bundesrepublik Deutschland – was halten Sie davon?

WERNER GRIMM

Wenn du mich leitest, treuer Gott, so kann ich richtig laufen den Weg deiner Gebot.

Christus ist unser Halt

»Predigt für haltbedürftige Christen«, so beschreiben Ausleger den Brief an die Hebräer, der weder ein Brief ist, noch von Paulus stammt, noch an die Hebräer adressiert ist. Vielmehr haben sich Menschen in ihrer Begeisterung für den Glauben Christus angeschlossen und waren im Laufe der Zeit den Schwierigkeiten der Verfolgungen ausgesetzt, die ihren Glauben anfochten. Trost und Kraft fanden sie in dieser Predigt, gehalten wohl am Ende des ersten Jahrhunderts in Rom.

Lebendige Christen lassen sich in allen Prüfungen und Schwierigkeiten nicht aus der Fassung bringen, so die Botschaft. Vielmehr richten sie ihren Blick auf Jesus Christus. Ein unzweideutiger Aufruf an die Christen wird formuliert: Wenn ihr in schwierigen Zeiten den Glauben leben wollt, müsst ihr euer Glaubensverständnis vertiefen und immer neu zum Wesentlichen vordringen. Das ist zugleich entwaffnend einfach und sehr anspruchsvoll.

Wenn in diesem Zusammenhang nun Jesus Christus als Hoherpriester angeredet wird, ist dies nur verstehbar für diejenigen, die die jüdischen Riten kennen. Es ist das in der Tat überraschend Neue dieser Predigt, dass Jesus Christus Hoherpriester genannt wird. Es geht um die Einzigartigkeit Jesu Christi, darum, den Glauben an ihn zu vertiefen und dem christlichen Leben einen neuen Schwung zu verleihen. Wie sich ein Kind zu einer menschlichen Person nur dank eines Netzes von Beziehungen zu anderen Menschen entwickeln kann, so geschieht dies auch für den Christen. Es geht um ein Leben, das sich für eine lebensspendende Beziehung zu Gott anderen Menschen öffnet. Hier nimmt Jesus Christus eine Mittlerrolle ein, auf die sich der Glaubende verlassen kann. Denn Jesu Christi Tun ist einzigartig und überstrahlt alles. Genau das gibt Halt.

FRANZ-JOSEF OVERBECK

Lebendiger Gott, in unübersichtlichen Zeiten hast du immer wieder durch Jesus Christus denen, die suchen und glauben, Halt und Zuversicht geschenkt. Er selbst ist zur Brücke geworden, die zu dir führt. Schenke uns Halt in trostbedürftigen Zeiten und gib uns Kraft und Standfestigkeit in unserem Glauben. Sei gepriesen in Ewigkeit.

Vollendung in Christus

Wer ganz auf Jesus Christus setzt, der setzt seine Zuversicht ganz auf Gott. Zuversicht eröffnet neue Wege, vor allem im Glauben. Den Halt, den Christen in unübersichtlichen Zeiten brauchen, ist der Halt des Glaubens. Daraus folgt das unwandelbare Bekenntnis zur Hoffnung, zur Treue, zur Verheißung und schließlich zur Liebe durch gute Taten. In dieser Verantwortung gestaltet der Christ sein Leben: Sein großes Herz schlägt für die Menschen.

Das alles erinnert an die Einsetzung des Abendmahles, ist damit doch eine unmittelbare Beziehung zwischen Jesu Tun und seinem Leiden, seinem Sterben und Auferstehen verbunden. Denn es geht hier einfach um die Liebe, mit der Gott alle Menschen in Jesus Christus liebt. So kommen Glaube und Hoffnung zur Vollendung, rufen aber auch auf, den eigenen Weg des Glaubens zu finden. Der Glaube macht in kleinen Schritten wahr, was im Großen Jesus Christus für uns alle getan hat: mit Aufmerksamkeit zu leben, mit ganzer Hingabe für alle einzustehen, mit aller Liebe Gutes zu tun bis zum Ende und Erlösung zu schenken.

Christen können bezeugen, wie die unter ihnen unsicher gewordenen Gläubigen gestärkt werden, nämlich durch Jesus Christus selbst, der zeigt, was Hingabe ist und welche Konsequenzen sie hat. Es geht um einen Glauben, der von Zuversicht geprägt ist. Es geht um eine Hoffnung, die in diesem Glauben ihren Grund hat. Es geht um eine Liebe, die sich in Achtsamkeit und guten Taten praktisch zeigt. So können andere eine Ahnung von dem bekommen, was mit dem Priestertum Jesu Christi gemeint ist. Es enthält alle diese Perspektiven in sich und glaubt alles in Jesus Christus schon erfüllt. So entsteht Halt für haltbedürftige Christen.

FRANZ-JOSEF OVERBECK

Herr Jesus Christus, du bist der Grund unseres Glaubens, der trägt. Du bist der Grund unserer Hoffnung, weil dieser Glaube Zuversicht schenkt. Du bist der Grund unserer Liebe, die uns lehrt, achtsam zu leben und uns anderen zur Verfügung zu stellen. Lass uns Zeuginnen und Zeugen für diesen Bund werden, den du geschlossen hast und der durch uns in Glaube, Hoffnung und Liebe lebendig wird.

Christus in uns

»Werft eure Zuversicht nicht weg. Das ist der Auftrag für Christen in oft trostlosen, hoffnungsleeren und müdemachenden Zeiten. Das gibt Halt, Mut und Kraft, um mit Zuversicht leben zu können. Das braucht Ausdauer, um aufmerksam zu sein auf den Willen Gottes und aus der Kraft von Verheißungen zu leben, die größer sind als alle unsere Wünsche. In Zeiten, in denen viel Trostlosigkeit durch Kriege, Unterdrückung, Verfolgung und unsägliches Leid über viele Menschen kommt, öffnet sich so der Himmel der Zuversicht und Kraft. In haltbedürftigen Zeiten braucht es solch eine Vertiefung unserer Haltungen.

Gott ist es zu eigen, mit jedem Menschen in eine persönliche Beziehung zu treten. Darum greift er aktiv in die Geschichte ein. In Jesus Christus, seinem Sohn, ist Gott als Mensch unter uns. In Ihm spricht Gott nicht nur zu uns, sondern handelt für uns. Das macht Gott für den suchenden Menschen und haltbedürftigen Christen im Tiefsten glaub-würdig. So wird wahr, was am Anfang des Weges Jesu steht: »Das Reich Gottes ist nahe; bekehrt euch und glaubt an das Evangelium« (vgl. Mk 1,5; vgl. Hebr 4,2). Jesus Christus bringt uns in eine unauflösliche Beziehung mit Gott, indem er ganz für uns einsteht. Christen sind folglich Menschen, die sich durch ihn mit Gott ganz verbunden wissen. Jesus Christus ist der wahre Priester, der den Himmel offenhält. Denn es ist eine Illusion zu versuchen, mit eigenen Mitteln zu Gott kommen zu können. Der Weg zu Gott hat vielmehr einen Namen: Jesus Christus. Er lebt in uns durch Glaube, Hoffnung und Liebe. Das gibt in unübersichtlichen Zeiten Halt und Trost, um die Zuversicht nicht wegzuwerfen und um als Christen den Willen Gottes zu suchen und zu finden.

FRANZ-JOSEF OVERBECK

Lebendiger Gott, in deinem Sohn Jesus Christus zeigst du uns, was es heißt, die Zuversicht nicht wegzuwerfen und mit Ausdauer deinen Willen zu tun. In deinem Sohn eröffnet sich der Weg zum Leben, das kein Ende kennt. Im Heiligen Geist lass uns, vom Glauben durchdrungen, als Menschen leben, die ihre Zuversicht nicht wegwerfen, weil wir Menschen der Hoffnung sind und mit Ausdauer das Gute tun wollen.

Biblischer Glaube

Als »Fundamentalisten« bezeichnen sich Menschen, die den christlichen Glauben darin begründet sehen, dass bestimmte »Wahrheiten« anerkannt werden. Dabei kann es sich um die Anerkennung der Jungfrauengeburt Jesu handeln oder ganz generell darum, dass jedes Wort der Bibel wortwörtlich für wahr gehalten werden muss – auch wenn etwa biologische Aussagen mit wissenschaftlichen Erkenntnissen kollidieren. Wie anders versteht der Hebräerbrief den Glauben: als eine zuversichtliche Hoffnung und als eine tiefe innere Gewissheit, die einen Menschen prägen! Glaube ist im Hebräerbrief eine Lebenshaltung, die sich in Gott – den Menschen ja nicht sehen können – gründet, sich in Gott geborgen und durch ihn ausgerichtet weiß. Auf menschlicher Seite gibt es für einen solchen Glauben zwei wie Axiome zu verstehende Voraussetzungen, die (wie in der Mathematik!) vorausgesetzt und nicht bewiesen werden: Zum einen ist das die Existenz Gottes. Und zum anderen die Möglichkeit, dass Gott zu Menschen in Beziehung treten kann und dass auch Menschen sich an Gott wenden, mit ihm kommunizieren können. Aus diesen beiden Voraussetzungen resultiert eine grundsätzliche Perspektive auf die Welt und den gesamten Kosmos: Sie verdanken sich dem schöpferischen Wort Gottes und sind aus dem »Nichts« geschaffen. Die philosophische Frage dazu heißt: Warum ist nicht »Nichts«? Unser Text erläutert sein Verständnis des Glaubens also nicht mit Dogmen, die als ewige Glaubenswahrheiten zu glauben sind. Er erzählt vielmehr Glaubensgeschichten. So wird deutlich: Glaube wird nicht am Schreibtisch ausgedacht und den Menschen aufgezwungen. Glaube ist Ausdruck einer lebendigen Beziehung zwischen Menschen und Gott. Glaube drängt zum Erzählen und Bezeugen. Er hat deshalb vielfältige Ausdrucks- und Erscheinungsformen. Die Bibel ist wesentlich ein »Glaubens-Erzählbuch«, in das wir uns mit unserem Glauben »hineinweben« können wie in einen Teppich – bis heute!

NIKOLAUS SCHNEIDER

Du, unser Gott, sprich uns an, damit wir hören, glauben und handeln, damit wir in einer lebendigen Beziehung mit dir leben.

Zuversicht!

Große Glaubensgeschichten lesen wir heute, die uns weitere Erkenntnisse über den Glauben vermitteln wollen. Das geschieht ausführlich durch die Glaubensgeschichten von Abraham und Sarah. Die Reflexion des Hebräerbriefes über den Lebensweg Abrahams und Saras hebt auf eine entscheidende Fähigkeit ihres Glaubens ab: Was sie »von Ferne« sehen, bestimmt schon jetzt ihre Realität. Das schenkt Kraft zum Aufbruch ins Ungewisse. Das ermöglicht ihnen überraschende Erfahrungen und nüchterne Einschätzungen. Der Kern ihrer Nüchternheit ist die Erkenntnis, dass es für Menschen keine Ewigkeit auf Erden gibt. Abraham und Sarah können sogar ihrem Tod ins Auge sehen, weil sie eine weitere Sicht haben. Weil beide von einer Kraft der Gottes-Hoffnung bestimmt sind, auch über den Tod hinaus. Weil die Zukunft in Gott schon ihre Gegenwart bestimmt. Deshalb ist es keine Katastrophenansage, dass sie sich als Gäste und Fremdlinge auf der Erde verstehen. Denn sie sind gewiss, dass das von ferne Gesehene und im Glauben Gewisse auf sie wartet. Ihre Stadt, die einmal eine ewige Heimat für sie sein wird, ist schon gebaut. Diese Zusage Gottes haben sie gehört und angenommen. Weil sie Gott vertrauen. Weil sie die zukünftige Stadt Gottes als Ziel ihrer Lebensreise glauben. Daraus erwächst ihnen die erstaunliche Kraft, einen erstaunlichen Lebensweg zu durchwandern – mit allen Ungewissheiten, Krisen, Abbrüchen und Gefahren. Dieses Vertrauen in die Verheißungen, die allein von ferne zu sehen sind, verwandelt sich durch den Glauben zu einem Segen, den sie weitergeben können. Das ist auch die sich durchhaltende Aussage bei allen weiteren Glaubensgeschichten. Isaak, Jakob und Josef segnen die nachfolgenden Generationen und geben so eine Lebenszuversicht über den Tod hinaus weiter, die der Glaube schenkt. Auf Zukunft hin heißt im Glauben: auf Gott hin. Das galt damals, das gilt heute. Was wir von ferne sehen, lasst uns als Segen weitergeben!

NIKOLAUS SCHNEIDER

Du unser Gott, lass uns zu Werkzeugen deines Segens werden.

Vom Tunnel ins Licht

Ich sehe kein Licht am Ende des Tunnels. Hinter dieser Redewendung kann die Erfahrung eines Tunnelblicks stehen, der nicht selten durch Anspannung, Angst und Stress ausgelöst wird. Das Sichtfeld wird dermaßen eingeschränkt, dass es wie ein Blick durch einen Tunnel wahrgenommen wird. Der Fokus liegt auf einem engen begrenzten Raum. Naturgemäß kann nur am Eingang und am Ausgang des Tunnels Licht in diesen Raum einfallen. Ist dies nicht der Fall, so erscheint ein Ausweg aus der bedrückenden Situation aussichtslos.

Der Psalmist verschweigt nicht, dass er selbst Furcht erfährt, die durch die Anfeindungen seiner Gegner bedingt ist. Er wird auf Schritt und Tritt von ihnen beobachtet – gibt es da überhaupt ein Entkommen? Weder verschleiert, noch romantisiert er die Situation. Vielmehr stellt er sich dieser. Indem er auf Gott vertraut, überwindet er seine Furcht. Sein Vertrauen konkretisiert sich in der Hoffnung. Nicht nur am Ende des Tunnels fällt Licht ein, sondern der ganze Tunnel hat sich offensichtlich aufgelöst; das Licht fällt von allen Seiten ein, denn das ganze Leben ist lichterfüllt. Mehr noch, vor Gott wandelt der Mensch »im Licht der Lebendigen«. Vertrauen und Hoffnung sind nicht abstrakt, sondern sie äußern sich in einem personalen Geschehen. Der Psalmist tritt aus der Isolation in die Kommunikation mit Gott und mit anderen Personen, mit allen, die an der Quelle des Lebens und des Lichts teilhaben, an Gott selbst. Durch die Begegnung mit der Quelle des Lichts werden Begrenzungen überwunden, der Blick weitet sich für das, was das Leben in lebendiger Gemeinschaft lebenswert macht.

MARINA KIROUDI

Herr, bei dir ist die Quelle des Lebens, in deinem Licht werden wir schauen das Licht. Breite dein Erbarmen aus über die, die dich erkennen.

Glaube im Lebensvollzug

Welche Rolle spielt der Glaube in der Geschichte, die aus verschiedenen Lebensgeschichten entsteht? In diesem Ausschnitt aus dem Hebräerbrief tritt der Glaube als ein führender Aspekt in der eigenen Lebensgeschichte auf. Darüber hinaus wird der Glaube zu einem Wirkungsfaktor und zu einem Deutungsschlüssel auf der Ebene der Menschengeschichte.

Welch ein Risiko, das eigene Leben auf den Glauben zu setzen. Welch ein Abenteuer, welch ein Vertrauen. Das eigene Leben fügt sich durch den Glauben in den globalen Kontext der Geschichte zwischen Gott und den Menschen ein. Der Glaubende wird anteilig an Gottes Geschichte mit dem Menschen. Der Glaubende wird sich dieser Teilhabe durch den Glauben bewusst und diese Teilhabe realisiert sich erst durch den Glauben – als eine Zusammenwirkung mit Gott im Vertrauen auf ihn und sein Handeln.

Glaube ist nicht das Übertragen der Verantwortung für das eigene Leben auf Gott. Glaube erfordert Mündigkeit, Entscheidungen selbst zu treffen. Glaube ist das Zulassen des Unerklärlichen im eigenen Leben, das Aushaltenkönnen einer Ungewissheit im Vertrauen auf Gott. Das Aushaltenkönnen der Fragmentarität der Lebenserfahrungen, der Umbrüche im Leben und der Unsicherheit in Bezug auf eigene Entscheidungen. Glaube nicht nur an die eigene Kraft und Stärke, sondern Glaube, dass man auch angesichts eigener Unvollkommenheit und Vulnerabilität ein Subjekt des Glaubens und der eigenen Lebensgeschichte bleibt.

Der Verfasser illustriert an vielfältigen Beispielen diese Spannung zwischen vom Glauben an Gott geführt werden und zugleich Subjekt im Glauben zu sein. Jedes Beispiel ist eine eigene Geschichte des Menschen mit Gott und mit den Mitmenschen. So auch sind die Lesenden eingeladen, sich in diese Reihe mit der eigenen Lebensgeschichte einzureihen und über die Bedeutung des Glaubens in der eigenen Lebensgeschichte zu reflektieren. Welche Rolle spielt mein Glauben in meinem Leben? In meiner Lebensgeschichte? In meiner Biografie?

YAUHENIYA DANILOVICH

Herr, sende mir deine Gnade zur Hilfe, damit ich deinen heiligen Namen mit meinem Leben verherrliche.

Eine Community der Glaubenden

Man ist nicht allein mit seinem Glauben. Es gibt viele, die in ihrem Wirken und in ihren Taten durch den Glauben motiviert wurden. Der Verfasser illustriert allerdings sehr kontrastive Lebenserfahrungen der Glaubenden. Aus der Auflistung wird ersichtlich, dass der Glaube an sich kein Garant für ein unproblematisches Leben ist. Der Glaube schützt nicht vor Krieg, vor Not oder vor Gefahr. Manche erfahren ihre Siege im Glauben. Zugleich garantiert der Glaube einen Sieg nicht. Doch in beiden Fällen – ob man gesiegt hat oder nicht – bezeugt man den Glauben. Der Glaube gibt dem Glaubenden die Kraft, vieles zu überstehen und zu überwinden. Zugleich sind ein Gewinn, ein Sieg kein Kriterium der Glaubensstärke. Was bleibt aber dann als Garant?

Die beiden Gruppen – es sind nicht die Gewinner oder Verlierer. Die beiden sind eine Community der Glaubenden. Ihr Glaube ist für sie bereits ein Gewinn, auf den sie auch in der Todesgefahr und letztlich in der Todesstunde nicht verzichten wollen.

Und es gibt eine Kontinuität zwischen den Glaubenszeugen des Alten und Neuen Testaments. Der Verfasser des Briefes will diese Kontinuität unterstreichen. Die gemeinsame Erfahrung des Glaubens, der in den Umbrüchen des Lebens die Ressource schlechthin darstellt – ohne einen Erfolg zu garantieren –, ist das Verbindende. Verzichtet man bewusst auf einen planbaren Erfolg, weil man glaubt? Und was gewinnt man stattdessen? Es ist aber kein Tausch. Es ist eine Wahl, eine eigene Entscheidung mit Gott zu leben, egal was auch immer kommt.

Die einen genauso wie die anderen bilden eine Community der Glaubenszeugen, die über die Zeiten und geschichtlichen Umstände hinausragt. Alle verbindet die Hoffnung auf Gott, der für sie Gutes bereithält. Diese Hoffnung ist vielleicht die einzige Antwort auf das Leid, auf die Not und auf den Tod. Eine leise, aber doch vernehmbare Antwort in den dunkelsten Stunden des Lebens.

YAUHENIYA DANILOVICH

Herr, mach mich würdig, dich aus ganzer Seele und ganzem Herzen zu lieben und in allem deinen Willen zu tun.

Eine Wolke der Zeugen

Eine Wolke der Zeugen, eine Community der Vorbilder, der uns anzuschließen wir eingeladen sind. Das sind Vorbilder in ihrer Nähe zu Gott, im Glauben und in der Christusnachfolge. Diese Vorbilder sind in ihrer Vielzahl und Vielfalt unüberschaubar. Eine Einladung, sich dieser Community anzuschließen, bedeutet, sich auf einen Weg zu begeben, der nicht einfach sein wird. Sich auf diesen Weg zu begeben, erfordert das Ablegen von Sünde. Dieser Weg erfordert Beharrlichkeit und Geduld im Ertragen von Schwierigkeiten. Die Community der Glaubenden ist eine wandelnde und wandernde. Der Verfasser des Briefes weist auf den Motivator dieser gemeinsamen Reise hin, auf den, mit dem diese Reise, dieser steinige Weg gelingen kann. Die Glaubenden haben Christus als den Anfänger und Vollender des Glaubens. Der menschgewordene Gott, der das Kreuz erduldet hat und sich zur Rechten des Thrones Gottes gesetzt hat, identifiziert sich mit jedem Glaubenden.

Der Glaube ist kein abstrakter Begriff, sondern realisiert sich im Lebensvollzug konkreter Menschen. Vielleicht gerade in den Entscheidungen, sowohl den kleinen als auch den großen und schwierigen, macht sich der Glaube greifbar und realisiert sich darin, zeigt sich eben. In diesen Momenten wird auch der Glaubende sich seines Glaubens bewusst. Durch persönliche Entscheidungen macht man sich zum Zeugen des Glaubens oder eben nicht. Der Verfasser des Briefes deutet diese Zeugenschaft auf Christus hin, der sich entschieden hat, das Kreuz auf sich zu nehmen.

Wofür brauchen wir überhaupt Vorbilder? Sie sind nicht dafür da, um sie einfach zu bewundern. Vorbilder brauchen wir, um uns bewusst zu werden, dass man diesen Weg beschreiten kann, dass das machbar ist, für jeden von uns. Und diese Community, diese Wolke der Zeugen bedeutet, dass wir diesen Weg nicht alleine gehen müssen. Alle gehen gemeinsam, in einer Gemeinschaft mit Gott. Und doch beschreitet jeder seinen eigenen, ganz individuellen und persönlichen Weg mit Christus.

YAUHENIYA DANILOVICH

Herr, pflanze die Wurzel alles Guten in mich und gib mir Geduld, Großherzigkeit und Sanftmut.

Klartext

Eigentlich liebe ich klare Ansagen. Bloß nicht so viel Geschwafel. Der Schreiber des Hebräerbriefes redet hier Klartext. Kurze Sätze. Eindeutige Anweisungen. Was er mitzuteilen hat, geht mich auch heute noch was an. Es scheint, es sei in unsere Zeit hineingeschrieben. Denn sind wir nicht auch müde geworden im Laufe der Jahre? Hat sich unser Glaube nicht abgerieben in den vielen Auseinandersetzungen, geschwächt durch Erfahrungen, mit denen wir nie gerechnet hätten? Zittern uns nicht manchmal die Knie vor Zukunftsangst? Da haben wir uns so um Frieden bemüht in der Zeit des Kalten Krieges. Schwerter sollten zu Pflugscharen geschmiedet werden. Auf Friedensmärschen zeigten wir Gesicht. Auf einmal scheint alles vergeblich gewesen zu sein. Wie sehr sehnen wir uns nach Frieden in der Welt und wie wenig ist davon zu sehen. Überall Hass und Gewalt und Schrecken, Chaos und Zerstörung. Jedenfalls heute, da ich diese Zeilen schreibe. Und wird es, wenn sie gelesen werden, anders sein? Uns schwindet die Hoffnung, dass alles gut wird. Viele Menschen sind beziehungsmüde. Liebe erkaltet. Freundschaften nutzen sich ab, weil wir zu wenig Zeit und Kraft für sie aufwenden. Manches ist in unserem Leben zerbrochen. Glaube, der nicht wächst, verschleißt. Eigentlich liebe ich klare Ansagen. Aber manchmal möchte ich doch einfach nur meine Ruhe haben. Dann sehne ich mich nach Menschen, die mich aufbauen und Hoffnung verbreiten, die mir Mut machen, die den glimmenden Docht aufflackern lassen. Das fehlt mir ein wenig in den Worten des Hebräerbriefes. Die Achtsamkeit. Die Ermutigung. Ich möchte, dass mich einer versteht. Dass einer mit mir geht ohne Vorwürfe und Ermahnungen, ohne Drohung. Ja, ich liebe klare Worte, aber ich denke schon lange nicht mehr in der Schwarz-weiß-Schablone. Niemand ist nur schuldig oder unschuldig, Sieger oder Verlierer. Ich höre die klare Ansage und hoffe auf Vergebung.

INGRID EBERT

Herr, nimm mir den Druck vom Herzen, die Last von den Schultern. Hilf mir immer wieder auf. Geh mit mir den Weg. Entfache dein Feuer in mir immer wieder neu. Vergib, wenn ich nur noch glimme. Sei mir gnädig.

Zwei Berge – ein Gott

Vor vielen Jahren träumte ich, auf dem Weg zu einem Berg zu sein. Es war finsterste Nacht. Ich wollte die Sonne um Mitternacht aufgehen sehen. Mit mir waren viele Menschen unterwegs, deren Gesichter mir verborgen waren. Aus allen Richtungen strömten sie auf den Berg zu. Dann ging die Sonne auf. Und ich erwachte.

War das nun der Berg Sinai oder Zion? Ich denke, es war Zion, sonst wäre ich wohl nicht in so freudiger Erregung auf ihn zugegangen. Sinai macht mir ja eher Angst. Sinai ist der Berg der Gebote Gottes, ist der Berg des Gesetzes. Paulus verwendet ihn als Symbol der Knechtschaft. Auf Sinai offenbart sich Gott geheimnisvoll, aber auch Angst einflößend. Wer sich mit diesem Gott einlässt, muss mit seinem Zorn rechnen. Zion dagegen ist der Ort der Freiheit, der Erlösten. Auch hier offenbart sich Gott. Aber es ist der Gott, zu dem alle Völker in freudiger Erwartung hinströmen, um mit ihm zu feiern.

Da ist wieder das Entweder-Oder. Gesetz oder Gnade, Gericht oder Freiheit. Altes Testament oder Neues Testament. So kann man es heute nicht mehr sehen. Denn zur Freiheit gehört auch, Richtlinien anzuerkennen, sich an Gebote zu halten! Zorn und Liebe Gottes begegnen uns in beiden Testamenten. Der Berg in meinem Traum hatte keinen Namen. Er war das Ziel all unserer Sehnsüchte. Er war der Ort, an dem sich alle Völker trafen. Ich habe es in meinem Traum nicht geschafft, ihn zu erklimmen bis zum Gipfel. Aber auch mir ging die Sonne auf. Ein schöner Traum. Noch bin ich unterwegs. Nicht getrieben von der Angst, sondern erfüllt mit Dankbarkeit. Ich habe in meinem Leben Liebe erfahren. Deshalb kann ich lieben. Mir ist viel geschenkt worden, deshalb kann ich schenken. Mir ist vergeben worden, deshalb kann ich vergeben. Das alles macht mich frei.

INGRID EBERT

Gott, ich danke dir, dass ich dich Vater nennen kann, dass ich keine Angst vor dir haben muss, dass ich jeden Tag aus Gnade leben darf. Manchmal vergesse ich das. Dann brauche ich deine Vergebung.

Wenn der Mensch hört, redet Gott

»Wenn der Mensch hört, redet Gott«, haben wir in meiner Jugendzeit oft in einem Kanon gesungen. Aber schon damals war es mit dem Hören und mit der Stimme Gottes so eine Sache. Woher weiß ich, dass Gott es ist, der zu mir spricht? Vielleicht führe ich ja Selbstgespräche. Vielleicht mache ich mir etwas vor. Den Hebräern wird nahegelegt, unbedingt auf Gott zu hören. Auf seinen Ruf. Nur so können wir Gott nahe sein und uns von ihm immer wieder führen lassen. Nur, wenn wir seine Einladung hören, können wir uns einladen lassen zu einem Leben, das Gott gefällt. Gottes Stimme ist entscheidend für unseren Lebenswandel. Andere Stimmen lenken ab, führen uns in die Irre und kappen die Verbindung zu Gott. Wie kann ich Gottes Stimme hören? Wahrscheinlich schwer im Stimmengewirr vieler Meinungen. Da muss es erst einmal still werden in mir. Ich darf nicht weghören. Mal so richtig mit Gott im Gespräch sein, wäre das nicht schön? Ihm alle Zweifel sagen, ihm alles anvertrauen, ihn alles fragen, was ich schon immer fragen wollte. Und dann eine hilfreiche Antwort bekommen, wie von einem guten Freund. »Wenn der Mensch gehorcht, handelt Gott«, so geht der Kanon von Paul Ernst Ruppel weiter. Wenn Gott redet und wir gehorchen, dann bleibt das nicht ohne Konsequenzen. Dann geht ein Beben durch die Welt. Dann spüren wir die Erschütterung in unserem Leben. Dann können wir nicht mehr weghören und uns zudröhnen mit Lärm um nichts. Wir fragen uns ja oft, warum Gott nicht eingreift, warum er nicht handelt. Vielleicht sind wir es, die gerade das verhindern, weil wir nicht hören, weil wir nicht auf ihn hören und nicht gehorchen.

INGRID EBERT

Herr, manchmal ist Funkstille. Liegt es an mir? Ist der Tag zu hektisch? Ist mein Umfeld zu laut? Oder will ich dich gar nicht hören, weil ich weiß, was du mir sagen willst. Bitte, rede mit mir. Immer wieder. Mit Nachdruck.

Gott ein furchtbarer Richter?

Wir erwarten einen neuen Himmel und eine neue Erde, in denen Friede und Gerechtigkeit zu Hause sind. Was für eine Verheißung! Schon Kinder haben ein ausgeprägtes Gerechtigkeitsgefühl. Bis ins hohe Alter rebelliert die innere Stimme in uns, wenn die Gerechtigkeit mit Füßen getreten wird. Wir haben sogar ein »Strafrecht«. Selbst in der Religion geht es nicht ohne das Jüngste Gericht und die Bußstrafe. Wundert es da, dass in den Psalmen Gott als Richter daherkommt? Im Psalm 76 als Furcht erregender, zorniger Richter!

Ich gebe zu, mir ist ein barmherziger Gott oft viel näher. Viel vertrauter. Ein strafender, furchterregender Gott ist mir mit den Jahren fremd geworden. Selbst wenn ich mir so oft wünsche, dass da oben einer ist, der für Recht und Gerechtigkeit sorgt. Ein großer und starker Gott, der das Unrecht, das zum Himmel schreit, nicht überhört.

Und doch ist mir ein furchtbarer Richtergott, der zornig rächt, viel zu klein – viel zu menschlich gedacht. Mein Herz sehnt sich nach einem Schöpfer des Himmels und der Erde, der all unsere menschlich-kleinen Erwartungshaltungen, unser kleinkariertes Aufrechnen durchbricht. Der größer – viel größer – ist als all unsere menschlichen Unzulänglichkeiten, die immer wieder Auge um Auge und Zahn um Zahn fordern. Nein, ich erwarte einen neuen Himmel und eine neue Erde, in denen die Gerechtigkeit zu Hause ist. Einen Gott, der nicht erst am Ende unserer Zeit den Himmel offenhält. Ein Gott, der Liebe schenkt und bei dem die unendliche Liebe zuhause ist.

PETRA DIERKES

Guter Gott, gib uns ein großes Herz. Hilf uns, dass sich trotz all der Ungerechtigkeiten unsere Herzen nicht verhärten. Gib mir immer wieder die Kraft, mich zu entschuldigen für meine Fehler. Und gib mir auch die Kraft, dass ich anderen verzeihen kann. Hilf uns, dass wir uns gemeinsam einsetzen für eine Welt, in der hier und heute der Himmel auf Erden beginnt. Eine Welt, in der Frieden und Gerechtigkeit wohnen.

Lied der Liebe

Wirklich zu leben, ist so einfach. Viel braucht es nicht dazu. Eines ist allerdings grundlegend: die Liebe. Sie ist es, die die Kraft dazu gibt, den Horizont öffnet, das Herz weitet. Und was gäbe es Schöneres, als davon zu erzählen und zu singen, dass ich mit dem Herzen besondere, geheimnisvolle Menschen gesehen und mit ihnen zusammen meine Lebenszeit geteilt habe?

Schaue liebevoll diese Menschen an, denn es könnten Engel sein, also Boten Gottes, so orientiert der Schreiber des Hebräerbriefes diejenigen, die aufmerksam seine Worte lesen. Wenn du deiner Nächsten und deinem Nächsten begegnest, achte nicht auf das Geschlecht oder auf die Herkunft. Wenn du von Herzen großzügig und liebevoll bist, dann kannst du auch das Lebenslied, Liebeslied, mit denen singen, die dir unbekannt sind, die dir überraschenderweise begegnen.

In der Urgemeinde wurde diese Haltung in besonderer Weise gelebt. Denn die ersten Christen lebten ihren Glauben in einer Umwelt, in der die Begegnung mit Fremden zum Alltag gehörten. Daher war es grundlegend, sich immer wieder neu auf Unbekannte und Unbekanntes einzustellen. Geändert hat sich daran nichts. Auch heute sind wir gefordert, uns auf den nächsten, unerwarteten Moment einzustellen.

Das griechische Wort für Gastfreundschaft setzt sich aus zwei Begriffen zusammen. Zum einen beinhaltet es das Spektrum »liebevoll, freundlich« sein, und zum anderen geht es darum, »Fremden«, »Ausländern« gegenüber genau mit dieser Haltung zu begegnen. Letztlich geht es darum, fremdenliebend zu sein. Wer mit unverstelltem und liebevollem Blick auf das Leben sehen kann, weiß, dass er Gott begegnet. Er oder sie stimmt das Liebeslied des Lebens an, das von Gottes Engeln erzählt.

CHRISTIAN STALTER

Geist Gottes, schenke mir Weite, um diesem Leben mit Liebe zu begegnen. Geist Gottes, schenke mir Kraft, um für meine Nächsten wirklich da zu sein. Geist Gottes, schenke mir Mut, um zuversichtlich miteinander das Lied des Lebens und der Hoffnung zu singen.

Erinnerungen

Jesus Christus in meinem Herzen lebendig fühlen, das ist immer auch eingebettet in Erinnerungen und Geschichten. Der Kindergottesdienst hat mir viele Erzählungen über Jesus sehr nahegebracht. Noch heute verbinde ich wunderbare Gefühle mit ihnen. Die Stillung des Sturmes ist so eine Erzählung. Das Gefühl des Geborgenseins hat mir dieser Augenblick aus Jesu Leben geschenkt. Jesus mit dem Herzen folgen und im Leben vertrauen, dann wird es gut werden. Das hat mich im Leben getragen.

Gestern erzählt und immer noch als Erinnerung lebendig – übrigens: Herzliches Dankeschön an alle, die gestern von Jesus in all ihren Verantwortungsbereichen erzählt haben.

In den Stürmen des Lebens das mutige Herz nicht verlieren, das ist eine große Herausforderung. Immer wieder höre ich von anderen, wie dieses Urvertrauen in Gottes Kraft und Gnade wesentlich dazu beiträgt, zu bestehen und nicht unterzugehen. Als auch die zwanzigste Bewerbung nicht fruchtete, so eine Freundin, hätte alles dafürgesprochen, die berufliche Wunschperspektive hinzuwerfen. Mutlos und kraftlos wäre sie gewesen. Dennoch hat sie gespürt, dass da noch viel in ihrem Herzen geborgen ist, das sie nicht verzweifeln lässt. Erinnerungen an den zuversichtlichen Jesus hatten ihren Anteil daran. Am Ende wurde ihr Vertrauen belohnt. Immer wieder erlebe ich Menschen, die spüren, wie Jesus ihnen Zuversicht schenkt, um im Hier und Jetzt zu bestehen.

Verkrampft und verstockt ist das Herz dann nicht. Ein bei Jesus geborgenes Herz weiß sich verbunden mit der Gnade Gottes, die frei aufatmen lässt. Sich anzubiedern, sich aufzugeben oder seine Erinnerungen an Jesus zu begraben, das braucht es nicht. Denn dein Leben ist ein wunderbares Geschenk Gottes.

Übrigens: Herzliches Dankeschön an alle, die morgen von Jesus in all ihren Verantwortungsbereichen erzählen werden.

CHRISTIAN STALTER

Jesus Christus, wohne du in meinem Herzen und halte in mir wach, dass deine Güte mich bewahrt und mir Hoffnung schenkt.

Lied des Glücks

Wie klingt eigentlich das Lied derer, die glücklich sind? Himmelhochjauchzend zu Tode betrübt, das wäre keine passende Melodie. Hingebungsvoll schmachtend, einer unerfüllbaren Sehnsucht hinterherträumend, das wäre sie auch nicht. Doch es gibt sie, diese Melodie der Beglückten.

Gott loben, das könnte ein Takt oder eine ganze Melodie sein. Nicht nur summend, das auch, aber es könnte schon eindeutig ausgesprochen sein, mit den Lippen eben: »Danke Gott für das Geschenk des Lebens, danke für die Menschen, die mich begleiten und in mir Lebensmut wachhalten. In Jesus Christus hast du mir deine erfüllende Energie offenbart.«

Was noch sein könnte? Nun, eine Melodie sollte es geben, mit der ich ausführlich davon zu singen weiß, wie ich für andere da war, mit ihnen das Leben gelebt und sie wirklich angesehen habe. Ich erinnere mich an die Hochzeit eines Paares, bei der alle die Freude teilten, die das Paar an diesem Tag empfand. In der für sie wichtigen kirchlichen Trauung, die getragen war von Gottes »Ja« für die beiden, kam in Liedern und Gebeten dieses Glück zum Ausdruck. Auch dann bei der Feier waren die Freude und das Glück zu spüren. Viel war darüber zu hören, wie sie zueinander gefunden hatten und einander Trost und Stärkung schenken konnten. Die Gäste saßen wild gemischt durcheinander. Dann haben alle angefangen eben nicht nur das Essen zu teilen, sondern sich einander das zu erzählen, was sie mit dem Paar gemeinsam erlebt hatten. In all diese glücklichen Gesichter zu sehen, war wirklich klasse, ein wunderbarer Moment im Leben.

Das Leben feiern mit einem Lied des Glücklichseins, das wäre es. Klar, die gibt es, die verstellten Augenblicke, die gezeichnet sind von unsäglichem Leid. Doch es gehört zum Leben, eben das andere nicht zu vergessen und davon zu singen. Der Autor des Hebräerbriefes ermutigt jedenfalls dazu, weil Gott es will.

CHRISTIAN STALTER

Gott, dein Segen bewahrt mich in den Herausforderungen des Lebens. Erhalte mich in deinem Frieden und in deiner Barmherzigkeit.

Einführung in das Buch Hosea siehe Seite 384

Was für eine Familie!

Als erste christliche Autobiografie zählen die »Bekenntnisse« (Confessiones) des Augustinus (gestorben 430) zu den großen Werken der Weltliteratur. Der Kirchenvater beschreibt hier seinen Weg zu Gott. Diesen beschreitet er aber erst spät. Gegen den Willen der Mutter interessiert sich Augustinus zunächst nicht besonders für das Christentum. Er sympathisiert mit verschiedenen philosophischen Richtungen und lebt im Konkubinat. Nach langem Suchen und vielen Zweifeln findet er schließlich zu Gott. In der Rückschau bekennt er in den Confessiones die eigene Schuld und dankt Gott überschwänglich für seine Rettung.

Eine ähnliche gottferne Situation beschreibt auch unser Lesetext aus dem Buch Hosea, einem der so genannten zwölf Propheten. Hosea wirkt unter König Jerobeam II. (782-747 vor Christus) im Nordreich Israel. Mit der Schilderung der Ehe des Propheten mit der kultischen Prostituierten (Baalsdienerin) Gomer (V. 2), tun sich christliche Ausleger von Anfang an schwer. Sie schien nur übertragen, also allegorisch gedeutet, einigermaßen erträglich (so etwa bei Hieronymus). Dabei handelt es sich hier um »der theologischen Verkündigung dienende ... ‚Zeichenhandlungsberichte'«, die durchaus »wirkliches Geschehen« abbilden. Die skandalöse Ehe, die hier als Bild des Bundes mit JHWH erscheint, und die »Symbolnamen« der drei Kinder (V. 4; 6; 8) veranschaulichen die zentrale, von Drohungen (V. 6; 9) begleitete Aussage: JHWH hat sich von seinem Volk getrennt, das den Bund zugunsten des Gottes Baal aufgegeben hat (V. 2).

Selbsterkenntnis ist der erste Weg zur Besserung, sagt eine bekannte Redensart. Dies gilt sicherlich auch für das Verhältnis zu Gott. Zu erkennen, dass man sich völlig von ihm und damit letztlich auch den eigenen Ansprüchen entfernt hat, ist eine bittere, aber notwendige Erkenntnis. Sie kann wie bei Augustinus mit Reue und Umkehr am Beginn eines Weges stehen, der wieder zu Gott führt.

JOSEF RIST

Gott, von allen Seiten werden wir in die Enge getrieben und finden doch noch Raum; wir wissen weder aus noch ein und verzweifeln dennoch nicht.

Wahrhaftig, ein großer Tag

»Make America great again.« Diesen kurz als MAGA abgekürzten, auf zahlreichen Plakaten und diversen Accessoires sichtbaren Slogan dürften mittlerweile die meisten aus den Medien kennen. Im Kern entfacht er bei seinen Anhängern überschäumende Hoffnung auf eine goldene Zukunft und einen ersehnten Retter angesichts einer vorgeblich als desaströs beschriebenen Gegenwart, unabhängig davon, ob dies nun so ist oder wohl nur suggeriert wird. Gerade das dürfte wohl wesentlich für den Erfolg bei seinen Anhängern sein.

Um die Verheißung einer goldenen Zukunft geht es auch in unserem Lesetext. Hier stellt der Prophet, der im vorigen Kapitel am Beispiel seiner Ehe das zerrüttete Verhältnis zu Gott allen sichtbar gemacht hat, diesem die Verheißung des zukünftigen Heiles gegenüber. Die Prophetenrede dürfte wohl dem liturgischen Kontext der »nachexilischen Prophetie« entstammen. Die Verheißung in V. 1 – die Söhne Israels werden zahlreich sein – verspricht die Erfüllung der einst an die Väter (Gen 22,17; 32,13) ergangenen Zusage. Konkret werden durch Gottes Wirken die Teilreiche Juda und Israel wieder unter einem König vereint (V. 2). Dies ist ein Zeichen »des zukünftig auch die Völkerwelt umfassenden Erbarmen Gottes«. Die in Hosea 1,8f. negativ gedeuteten Symbolnamen der Kinder des Hosea werden folgerichtig jetzt, positiv umformuliert, zu Ankündigungen des Heils (V. 3).

»Christ, der Retter, ist da.« So heißt es in der dritten Strophe des bekannten Weihnachtsliedes »Stille Nacht, heilige Nacht« (Gotteslob 249). Die Weihnachtsbotschaft, das Kommen Gottes in die Welt in Gestalt eines Kindes, schenkt den Menschen neue Hoffnung und Zuversicht. Diese Hoffnung auf ein anderes Leben in und nach dieser Welt zählt zum Wesenskern des Christentums. Gott löst damit seine Zusage an die Menschheit ein. Er steht zu seinem Wort und will das Heil der Menschen.

JOSEF RIST

Meine Stärke und mein Lied ist der Herr, er ist mir zur Rettung geworden. Er ist mein Gott, ihn will ich preisen; den Gott meines Vaters will ich rühmen.

Ehen vor Gericht

Fast 30 Jahre, von 1970 bis 2000, liefen im ZDF 89 Episoden der Fernsehserie »Ehen vor Gericht«. Hier wurden verschiedene Szenarien, die nach dem Ende einer Ehe zu juristischen Auseinandersetzungen führen, für die Zuschauer in Einzelfällen konkretisiert. Neben Informationen über juristische Fragen hatte das beliebte Format auch einen hohen Unterhaltungswert, erfuhr der Zuschauer doch hier hautnah, wie es denn so in anderen Ehen zuging. So konnte man einen Vergleich mit der eigenen Situation anstellen, wie auch immer dieser ausging.

Unser Lesetext, der fast das ganze zweite Kapitel des Buches Hosea umfasst, erscheint auf den ersten Blick schwer verständlich. Ihm liegt »ein Eheprozeß als Modell« zugrunde. In dieser Allegorie sind JHWH, der als Ankläger agiert, und das Volk Israel, das als Mutter (der einzelnen Kinder Israels) angesprochen wird, die Protagonisten. Die letzte Konsequenz, die endgültige Trennung (Scheidung) beider, wird pointiert dargestellt: Israel wird in die Wüstensituation des Anfangs zurückversetzt (V. 5). Es soll nicht mehr seinen »Liebhabern« (V. 7), das heißt den kanaanäischen Göttern, nachlaufen, da JHWH ansonsten all das, was er dem Volk geschenkt hat, zurückholt (V. 11; 12-15) und Israel dann im wahrsten Sinne des Wortes nackt dasteht (V. 12). Dass diese gottfremde Situation nicht das Ende, sondern gleichzeitig auch die Chance eines Neuanfangs bietet, zeigen die beiden letzten Verse des Kapitels (V. 16f.), die nicht mehr Teil des Lesetextes sind.

Ehestreitigkeiten sind meist sehr belastend für alle Beteiligten. Zuneigung und gemeinsame Überzeugungen verkehren sich oft in ihr Gegenteil. Das Gute in der Vergangenheit wird gerne vergessen. Im Verhältnis zu Gott kann es ebenfalls zu einer solchen Situation kommen. Gott bleibt aber treu. Sein Angebot bleibt bestehen, unabhängig davon, ob es angenommen wird oder nicht.

JOSEF RIST

Lasst uns an dem unwandelbaren Bekenntnis der Hoffnung festhalten, denn er, der die Verheißung gegeben hat, ist treu!

Du bist das Licht der Welt!

Die Liste der Sonnengötter ist lang: Helios, Sol, Sunna, Osiris … Wer jemals eine lange Nacht durchwacht hat, weiß, wie wunderbar und wohltuend es ist, wenn es endlich hell wird am Horizont. Wenn die Sonne am Himmel aufleuchtet und Licht und Wärme schenkt.

Da wundert es nicht, dass Menschen zu allen Zeiten die Sonne mit dem Heil verbanden. Von uns Christen wird Jesus Christus, der Sohn Gottes, als das »Licht der Welt« bezeichnet. Ein Geschenk des Schöpfers von Himmel und Erde, der selbst unsere dunkelsten Nächte hell macht. Im uralten Psalm 36 wird dieser Gott des Lichtes als die Quelle unseres Lebens besungen. Gleichzeitig kommt die helle Liebe Gottes zur Sprache. Eine Liebe, die grenzenlos und unendlich ist. Die treue Liebe unseres guten Gottes, die so weit wie der Himmel ist. Eine Treue Gottes, die bis zu den Wolken reicht.

Was für eine wunderbare Zusage. Was für ein wunderbares Versprechen. Wovor haben wir eigentlich noch Angst, wenn Gott mit seiner Liebe bei uns ist, bis an das Ende der Welt? Wenn er uns Tag für Tag neu Licht und Wärme schenkt. Was fürchten wir, wenn Gott treu mit uns auf dem Weg ist, bis ans Ende unserer Tage? Mutig und tatkräftig können wir losgehen und mitbauen am Reich Gottes. Denn uns wird zugesprochen, selbst Kinder des Lichtes zu sein. Freudig strahlende Kinder Gottes, die all die Dunkelheiten dieser Welt vertreiben können. Also: Mache dich auf und werde Licht!

PETRA DIERKES

Guter Gott, bleibe für uns das Licht der Welt. Bringe immer wieder Licht in die Dunkelheiten unseres Lebens. Hilf uns, dass wir selbst in deinem Licht aufbrechen und dir entgegengehen. Immer wieder mithelfen, dass unsere Welt ein klein wenig heller und wärmer wird. Hilf uns, dass wir so selbst Licht für andere werden und in deiner unendlichen Liebe strahlen und leuchten.

Ein Bündnis des Friedens

Was für wunderbare Bilder: Der Herr, der Mächtige, wendet sich seinem geliebten Volk zu wie ein Bräutigam seiner Braut – mit Koseworten und Geschenken. Mehr davon! Was der Prophet sieht, ist kein naives Idyll, nein. Zu viel ist geschehen, manches schimmert im Text noch durch. Dieses Volk hat eine Geschichte der Feindschaft hinter sich. Feindschaft mit der Natur, mit dürren Böden, kargen Ernten und gefährlichen Raubtieren. Feindschaft mit seiner eigenen Tradition und dem angestammten Glauben. Sie haben sich nichts mehr zu sagen, Gott und sein auserwähltes Volk, sind sich fremd geworden. Liebe ist der Herrschaft des einen über den anderen gewichen, der Unterwerfung, aber auch Auflehnung und Flucht.

Und schließlich Feindschaft mit den Nachbarn, Leben in ständiger Alarmbereitschaft. Ich zucke zusammen. Das sind unsere Themen! Entfremdung von der Natur – Angst, dass der Planet aus dem Ruder gerät. Entfremdung von Tradition und Glauben – Sinnleere, die krank macht. Kriegsangst – ein Leben in Alarmbereitschaft.

Heute, am 15. Juni, ist in Deutschland Veteranentag. Ich denke an Männer, die nicht in Ruhe schlafen können, die nicht sorglos in einer Menschenmenge sein können. Männer, die unter uns leben, die in unserem Auftrag zu viel gesehen und erlebt haben.

Für sie und alle anderen, die sich nach Frieden sehnen, hoffe ich auf den Tag, den Hosea so vollmächtig ankündigt. Wenn endlich der Bund des Friedens in Kraft tritt, wenn Bogen, Schwert und Rüstung ausgedient haben und alle in Frieden das Leben genießen können.

Hosea hat sich den Friedensbund nicht ausgedacht. Er ist überzeugt: Wer das hier hört, hört Gott selbst! Es ist sein Friedensbund und es ist seine neue Welt: mit Korn, Wein und Öl, mit noch viel mehr Frieden, Treue und Hoffnung. Und mit einer unbeschreiblichen Beziehung zwischen Gott und seinen Menschen. Verliebt wie Bräutigam und Braut, mit Koseworten und Geschenken. Mehr davon!

BERNHARD FELMBERG

Wir sehnen uns nach Frieden – mit der Natur, miteinander und mit dir, Gott. Gib der Welt Frieden und fang bei mir an.

Traubenkuchen-Entgiftung

Hosea gibt Rätsel auf: Will sie überhaupt »freigekauft« werden, diese Frau, die auf alle Konventionen pfeift und gerade Lebensabschnittsgefährtin eines ganz anderen ist? Ist sie schockiert, dass der, den sie für ihren Geliebten hält, in diesen Deal unter Männern einschlägt, als wäre sie nicht sein Ein-und-Alles, sondern ein Möbelstück? Was ist das überhaupt für ein Preis: eine Handvoll Münzen und ein paar Sack Gerste? Zusammen 30 Silberlinge, soviel kostete ein mittelprächtiger Sklave.

Hosea löst das Rätsel: Es ist wieder eine Bild-Handlung. Was hier geschieht, zeigt etwas, das man sonst nicht sehen kann. Eine treulose Gemeinde ist wie eine treulose Ehefrau, sagt der Prophet. Es ist nicht egal, welchem Götzen ihr opfert, wessen Feste ihr feiert, wen ihr anbetet. Für wen ihr beim kultischen Weinfest Traubenkuchen backt und esst. Eurem Gott, dem, mit dem ihr vorzeiten einen heiligen Bund geschlossen habt, ist das nicht egal. Aber er setzt sich nicht schmollend in die Ecke, sondern holt euch da raus. Dann ist Entgiftung angesagt: keine Baals-Opferfeste mehr, keine Flucht in heidnische »Realpolitik« mit unheiligen Allianzen, keine abergläubischen Amulette, sondern Traubenkuchen-Entgiftung.

In welche Richtung geht mein Blick? Sehe ich in Richtung Menschenhandel, Treulosigkeit, gescheiterte Liebe, Aberglauben und Gottes heiligen Zorn über alles das, dann bleibt Hosea fremd und dunkel. Sehe ich auf Gott, der nicht nur als Herr der Geschichte, sondern als verzweifelt Liebender vorgestellt wird, als einer, der bereit ist, jeden Preis für seine Liebe zu bezahlen – viel mehr als 30 Silberlinge –, dann wird es hell.

Welche Perspektive ist richtig? Dieses Rätsel löst Hosea nicht. Weil er beide erfahren hat: den mächtigen wie den verzweifelt liebenden Gott. Eines Tages wird die Prophetie genauso aufhören wie die Verblendung, die Moral genauso wie die Treulosigkeit. Nur die Liebe hört nicht auf.

BERNHARD FELMBERG

Lass uns verstehen, Gott, was gut ist und was giftig. Lass uns sehen, wer es gut mit uns meint. Lass uns dich erkennen, Gott.

Mein Herz – meine Verantwortung

Es gibt Grund zur Klage in Israel. Hosea malt drastische Bilder: vertrocknetes Land, verendete Tiere, dystopische Städte, Mord und Totschlag in den Straßen. Und er wäre kein Prophet, wenn er nicht hellsichtig hinzufügen würde: Was ihr seht, ist Abbild des inneren Zustandes dieses Landes – vertrockneter Glaube, sterbende Tradition, frevelhafte »Heiligtümer«, wo alles und jeder verehrt wird, aber nicht der, dem allein diese Ehre zusteht. Ihr dachtet, ihr schafft es ohne Gott, jetzt seht ihr euer Scheitern. Vielleicht lässt er es noch ein paar Jahre laufen – aber innerlich seid ihr am Ende.

Vor 73 Jahren, am 17. Juni 1953, erhob sich das Volk der DDR gegen die stalinistische Herrschaft. Der Aufstand hatte viele Ursachen. Er machte auch etwas über den inneren Zustand sichtbar. Das Projekt des »besseren Deutschland« mit ganz viel Idealismus, aber »ohne Gott und Sonnenschein« war krachend gescheitert, obwohl es äußerlich noch 36 Jahre weiterlief.

Es gibt keinen Anlass für uns Nachgeborene, über vergangene Zeiten zu urteilen. So wie es keinen Grund für die Frommen gibt, über die Ungläubigen zu richten. Deutlich steht Hoseas Warnung vor Augen: Auch ihr könnt Gott ganz leise vergessen, könnt sein Wort sogar vergessen, obwohl ihr schöne Gottesdienste feiert. Von Opferfesten unter schattenspendenden Bäumen ist die Rede, aber die Harmonie täuscht.

Hosea wäre kein Prophet, wenn seine Predigt nicht zugleich ein Appell wäre: Besinnt euch auf die erste Liebe. Fragt nach der Erkenntnis, die es früher unter euch gab. Grabt nach den Wurzeln eures Glaubens. Er spricht in erster Linie die Priester an; sie waren verantwortlich für die Suche nach Gotteserkenntnis. Der moderne Mensch ist selbst Priester seines Herzens, kann selbst nach Gottes Wort suchen oder sich verschließen. Kann sein Leben zur Wüste werden lassen oder das Herz öffnen. Mein Herz – meine Verantwortung.

BERNHARD FELMBERG

Weise mir, HERR, deinen Weg, dass ich wandle in deiner Wahrheit; erhalte mein Herz bei dem einen, dass ich deinen Namen fürchte.

Krisen und Kriege

Als ich die Hoseatexte lese, ist Donald Trump gerade zum Präsidenten in den USA gewählt worden, in Deutschland ist nach dem Zerbrechen der Ampel ein neuer Bundestag gewählt worden. Der Rechtspopulismus ist auf dem Vormarsch – eine tiefe Unsicherheit ergreift die Bevölkerung in Deutschland. Hatten die Deutschen nicht nach Ende des 2. Weltkriegs ein »Nie wieder« von Nationalismus und Krieg geschworen? Und ist neben der instabilen inneren Situation nach dem Abrücken Trumps von Europa nun auch Deutschlands äußere Sicherheit in Gefahr?

Die Situation gibt eine recht gute Lesebrille für die Passagen des Hosea-Buches. Zwar ist nicht ganz klar, auf welchen konkreten geschichtlichen Hintergrund der Text anspielt und ob nicht mehrere Krisen, Kriege und Bedrohungssituationen ineinander gezeichnet werden. Trotzdem vermittelt die wortgewaltige Sprache, in welchem umfassenden Maße die Menschen im Nordreich Israel (Efraim) und im Südreich Juda Bedrohungen ausgesetzt sind: Kriegsgefahr droht, massive Zerstörungen sind zu befürchten (5,8f.), das Recht wird außer Kraft gesetzt (V. 10f.). Die Gesellschaften sind zugleich von innen (V. 13) und von außen (V. 14) bedroht und instabil. Dass JHWH selbst diese Krankheit von innen oder das reißende Tier von außen ist, ist eine heftige prophetische Botschaft. Sie setzt die Enttäuschung Gottes über sein Volk ins Bild, das Rettung bei falschen Bündnispartnern und großen Herrschern und Königen sucht – und nicht bei Gott. Die Gottesrede eskaliert in V. 14: Gott wird sein Volk vernichten – es gibt keine Rettung.

Und doch ist sie in den Text eingeschrieben: Gott führt das Angedrohte nicht aus. Gott zieht sich erstmal zurück und wartet die Reaktion der Menschen ab (V.15). Gibt es doch noch Hoffnung auf Umkehr?

BETTINA ELTROP

Gott, es gibt Momente, da wachsen uns die Krisen und Sorgen über den Kopf. Gibt es noch Zukunft? Wo ist Hilfe? Bei dir! Lass uns auf dich vertrauen und so zu neuer Kraft und Entschiedenheit kommen.

Alles wird gut – oder doch nicht?

Und tatsächlich: Das Volk antwortet. Es will zu seinem Gott hin umkehren (V.1.), sucht bei Gott Heilung und Linderung der Wunden. Doch wird diese Heilung nicht zu schnell erwartet? Zwei Tage, drei Tage soll es dauern – und dann ist alles schon wieder gut? Das Volk gerät regelrecht ins Schwärmen und wiegt sich in Sicherheiten: Die Erkenntnis Gottes sei so sicher wie die Morgenröte, sie wird kommen wie der Regen.

Abgesehen davon, ob der gerechte und barmherzige Gott Israels hier richtig beschrieben wird (die Beschreibungen des Volkes passen besser zum Wettergott Baal als zu JHWH), kann man sicher sagen: Gott entzieht sich solchen Gewissheiten und Automatismen. Das zeigt auch die folgende Gottesrede in V. 3-6, mit der Gott auf die beflissen-schnelle Antwort des Volkes reagiert: Gott klagt und weiß nicht mehr, was er mit den Menschen tun soll.

In Naturbildern, die das Volk nutzte, um Gott zu beschreiben, schildert Gott nun auch das Volk: Hatte dieses Gott als wohltuenden Regen beschrieben, so sieht Gott das Volk als eine flüchtige Regenwolke am Himmel an oder als Morgentau, der rasch verfliegt. Die Unbeständigkeit scheint ein Markenzeichen des Gottesvolkes zu sein. Daher setzte Gott immer wieder Prophetinnen und Propheten ein, die mit scharfen Worten an Gotteserkenntnis und Recht erinnerten – alles in der Absicht, das Recht wie ein Licht neu leuchten zu lassen.

In Hosea 6,6 kommt abschließend ein Gedanke, der es sogar ins Neue Testament geschafft hat (Mt 9,13; 12,7): Liebe und Barmherzigkeit erhalten absoluten Vorrang vor kultischen Handlungen. Damit soll nicht der Kultbetrieb abgeschafft werden, sondern es soll vermieden werden, dass Prioritäten falsch gesetzt werden. Die Liebe zu den Mitmenschen nährt eine lebendige Gottesbeziehung.

BETTINA ELTROP

Guter Gott, du bist heilig, alle Menschen sind dir heilig. Sie sind deine Geschöpfe und dein Geist will in ihnen wohnen. Lass uns transparent werden für dich und dein befreiendes Wort leben.

Gott-vergessen

In der fortlaufenden Bibellesung werden die Abschnitte Hos 6,7-7,16 ausgelassen, die sich wortgewaltig mit den Missständen im Nordreich auseinandersetzen. Der Text ist an vielen Stellen nicht sicher überliefert. Und trotzdem: Hos 8,1-14 fasst das, was zuvor gesagt wurde, geordnet zusammen: Am Anfang und Ende von Hos 8,1-14 wird der Rahmen um das Bild gelegt: Die Menschen haben den Bund mit Gott verlassen, sie sind der Tora, der guten Weisung Gottes, untreu geworden. Sie rufen zwar nach Gott, haben aber das Gute verworfen und letztlich ihren Schöpfer vergessen.

Die Verse 4-14 nennen fünf Belege dafür: Die Menschen ernennen eigenmächtig Könige und hohe Beamte. Sie machen ebenso eigenmächtig Götterbilder, die Rede vom »Kalb von Samaria« weist sogar auf einen Staatskult hin. Israel verwirft das Gute durch eine verfehlte Außenpolitik, es hat sich Assur angedient und hat sich bis zur Unkenntlichkeit den anderen Völkern angepasst. Die Verse 11-13 wechseln dann zum Thema Gottesdienst: Dieser ist immer mehr JHWH entfremdet und zur Selbstbedienung der Priester und Opfernden verkommen. Die Entfremdung ist so groß, dass die Heilsgeschichte rückgängig gemacht wird: Israel muss zurück nach Ägypten, von wo es Gott einst befreit hatte. Das Schicksal Israels wird auch Auswirkungen auf Juda haben, beide Staaten haben sich durch Großbauprojekte hervorgetan, die keinen Bestand haben.

In dieser umfassenden Anklage Gottes oder des Propheten fehlt jeder Lichtblick. Die Kommunikation zwischen Gott und seinem Volk scheint beendet zu sein. Es gibt kein Gespräch mehr, keine Aussicht auf eine gute Zukunft. Der Gedanke von 6,6, dass Gott Liebe will und nicht Schlachtopfer, wird nicht wiederholt – und wird im Hoseabuch trotzdem weitergetragen. Bis zum Kapitel 11 müssen wir uns gedulden. Dann werden in Gott selbst die Barmherzigkeit und Liebe mit Gottes Zorn in einen dramatischen Dialog gehen.

BETTINA ELTROP

Gott, du bist heilig, alles ist dein. Manchmal sind die Zeiten so düster, dass wir dies kaum noch sehen und spüren können. Lass uns diese Zeiten treu und geduldig aushalten und auf dein befreiendes Wort und Wirken hoffen.

SOS – Gott rette meine Seele

SOS – dieser Notruf wird weltweit verstanden. SOS war ursprünglich ein einfaches Morsezeichen – »Save our souls« – wurde erst später hineininterpretiert. Ich finde es interessant, dass die Rettung der Seele dabei im Mittelpunkt steht. Selbst die beliebten TV-Bergretter retten heute nicht nur das reine Leben – sondern setzen sich immer auch für das Gute im Menschen ein.

Menschsein ist immer und zu allen Zeiten mehr gewesen als das nackte Leben. Dieses MEHR ist für Christen die unsterbliche Seele, die Gott in jeden Menschen hineinlegt und die ihn einzigartig macht. Aber für unser Seelenheil ist Gott nicht allein verantwortlich. Wir selbst können Gutes tun und Böses unterlassen. Immer wenn wir einander guttun – wenn wir unserem Mitmenschen in Respekt und Liebe begegnen, sind wir Kinder Gottes. Kinder Gottes, die diesen Namen wirklich verdienen, weil wir seine Liebe weitergeben. Dann sind wir gute Seelsorgerinnen, gute Seelentröster – ja Seelenretter. Das Beste dabei: Wir tun nicht nur unserm Gegenüber dabei etwas Gutes, sondern auch unserer Seele tut die gute Tat gut.

Doch die Realität unsers Lebens sieht leider oft anders aus. Wir wollen vielleicht gute Menschen sein – aber wie oft schaffen wir das nicht. Bleiben hinter unseren eigenen Erwartungen zurück. Da hilft der Psalm 54: Hier wird Gott als Retter besungen. Gott wird die nötige Kraft schenken, die uns besser machen kann. Wenn Gott unser Heilsbringer, unsere Retterin ist, was fürchten wird dann? Solange wir Gott-Liebe in unserem Herzen tragen, dürfen wir darauf vertrauen, dass Gott bei uns ist. Immer. Immer und überall, bis an die Enden der Erde. Was für himmlische Aussichten! Gott ist unser SOS – Gott rettet unsere Seele.

PETRA DIERKES

Guter Gott, rette mich aus all meinen Nöten und Ängsten. Zerstöre all die Zweifel in mir und lass mich immer mehr zu einem Werkzeug deiner Liebe werden. Gib mir täglich neuen Lebensmut und die nötige Kraft, dass auch ich zum Retter für andere werde.

Das Eigentumsvolk

Das Christentum hat – sehr freundlich gesagt – eine schwierige Abstammungsgeschichte. Rassismus und rassischer Antisemitismus sind ihm fremd, auch wenn es seit dem 19. Jahrhundert rassische Antisemiten gab, die auch noch meinten, gute Christen zu sein. Weniger fremd ist der christlichen Lehre aber ein Antijudaismus. Über lange Zeit hat man gemeint, Gott einen Gefallen zu tun, wenn man Juden bedrängt, missioniert, kujoniert, quält. Texte wie der heutige scheinen zu legitimieren, dass sich Christen so gegen Juden verhalten. Aber Hosea hat keine Begründung dafür verfasst, dass man Israel bedrücken dürfe.

Um unseren Abschnitt zu verstehen, müssen wir uns vor Augen halten, was es für Israel bedeutet, JHWHs Eigentumsvolk zu sein. Gleich vorweg: Dass sich Juden für Auserwählte Gottes halten, die bessere Menschen seien als andere, das ist ein schlimmes Vorurteil, das noch immer grassiert. Doch nichts ist falscher als dies. Die Besonderheit Israels ist eine ganz andere: Israel soll sich an die Torah halten, das ist sein besonderes Kennzeichen. Ganz wichtig dabei ist: Es soll den einen und einzigen Gott als solchen verehren, mehr noch: lieben. Mit seiner Hingabe an Gott steht und fällt Israel. Deswegen ist Hoseas Urteil so hart. Insofern das Eigentumsvolk nicht mehr den Einen liebt, hört es auf, als dessen Eigentum Frucht zu bringen. Israel gewinnt sein Dasein dann und nur dann, wenn es sich auf Gott bezieht.

Diese Überzeugung dürfen wir als Christen auch für uns aktualisieren. Wie sieht es mit unserer Hingabe an den Einen aus? Halten wir uns an den Kern der Torah, das dreifache Gebot der Gottes-, Nächsten- und Selbstliebe? Denn nur dann, wenn wir das tun, dürfen wir uns als Christen auch in Hoseas Israel hineinlesen, ohne Israel als Gottes Eigentumsvolk zu enteignen.

MICHAEL HAUBER

Ich lief verirrt und war verblendet, ich suchte dich und fand dich nicht; ich hatte mich von dir gewendet und liebte das geschaffne Licht. Nun aber ist's durch dich geschehn, dass ich dich hab ersehn.

(K)ein Erfolgsgott?

Noch einmal geht es um Zweideutigkeit oder Unzweideutigkeit. Wenn und insofern Israel Gottes Eigentumsvolk sein soll, darf es nur JHWH als den Einen verehren, und wenn und insofern Israel JHWH als den Einen verehrt, ist es sein Eigentumsvolk. Als solches ist es ein Zeichen für alle anderen Völker. Wenn man Schlechtigkeit sieht, dann hängt Israels Herz nicht an Gott, wenn man Gerechtigkeit sieht, dann passt kein Blatt Papier zwischen Gott und sein Volk. Hosea muss Israel und seinem König allerdings gegenüber feststellen: »Du hast auf deine Macht vertraut« (10,13). Israel hat seinen Bund mit Gott gebrochen, indem es andere Götter, vor allem Baal mit seinem Symbol, dem Stier, verehrt. Baal ist ein Fruchtbarkeits-, ein Erfolgsgott. Aber ganz trefflich hat der jüdische Religionsphilosoph Martin Buber schon gesagt: Erfolg ist keiner der Namen Gottes.

Wenn man Baal als Chiffre für Erfolg liest, dann wird unser Text aktuell: Es brauche Leistung und Erfolg, hört man in Politik, Wirtschaft und Gesellschaft. Das aber ist doch nichts anderes, als auf die eigene Macht zu vertrauen, mithin: nicht auf Gott sein Vertrauen zu setzen, ihn auszublenden. So aber hat Gott den Menschen nicht gedacht. Bei Licht betrachtet ist es kein Wunder, dass Menschen scheitern, wenn sie alles Glück der Welt am Erfolg festmachen und dabei nur auf sich selbst bauen. Alles von einem endlichen Wesen zu verlangen, ist eine Überforderung. Der König von Israel ist hier das Symbol für die Ausblendung Gottes zugunsten eines Leistungsfetischismus. Man kann nicht gleichzeitig den Erfolg verehren und Gott. Deswegen ist der Hoseatext so harsch und kündet die Vernichtung des Königs an. Alles aber von einem unendlichen Wesen zu erwarten, das wäre der Kern gelungenen Menschseins. Sind wir dazu bereit?

MICHAEL HAUBER

Ach, dass ich dich so spät erkannte, du hochgelobte Schönheit du, dass ich nicht eher mein dich nannte, du höchstes Gut und wahre Ruh; es ist mir leid, ich bin betrübt, dass ich so spät geliebt.

Nicht mehr so verzweifelt zu lieben

In der letzten Verfilmung des Lebens von Maria Theresia von Österreich (1717–1780) bricht die Kaiserin mit Hauptmann Andreas Hadík ihre Ehe – historisch gesehen eine pure Erfindung. Wir haben kein Indiz, dass Maria Theresia ihrem Mann je untreu war. Im Film ergibt sich aber für die Handlung dadurch ein spannender Ablauf, dessen Höhepunkt ist, dass Franz Stephan, Maria Theresias Mann, die peinliche Situation der Schwangerschaft nicht nur rettet, indem er die Tochter anstandslos als seine akzeptiert, sondern seiner Frau verzeiht. Schließlich erkundigt er sich: »Ich frage dich nicht, mit wem, aber ich wüsste gern, warum.« »Ich hab halt gehofft, es würd mir dabei helfen, nicht mehr so verzweifelt nur den einen zu lieben«, antwortet Maria Theresia. Darauf ihr Mann: »Und?« »Es ist mir nicht gelungen.«

Dieser kleine Dialog kann uns unter umgekehrten Vorzeichen – es ist ja nicht Gott, der Ehebruch begeht, sondern Israel – helfen, die Worte Hoseas besser zu verstehen. In den letzten zwei Abschnitten hat Gott wie ein vor Eifersucht rasender Ehemann davon gesprochen, alle Beziehungen zu Israel zu kappen. Keine Fruchtbarkeit, kein König, keine politische Existenz. Alle, die schon einmal empfindlich betrogen worden sind, können das nachvollziehen. Hier ist es ja nicht irgendwer, der betrogen worden ist, sondern Gott – und auch nicht irgendwie. Efraim hat sich durch seine Abwendung von Gott ja just seiner heilsgeschichtlichen Rolle entzogen. Doch genau in der Mitte des Textes (11,8) bricht der Text um. Wie kann man das erklären? Ich denke, wir müssen dazu den kleinen Anfangsdialog spiegeln. Also fragen wir Gott: »Warum bist du so eifersüchtig?« »Ich hab halt gehofft, es würd mir dabei helfen, nicht mehr so verzweifelt nur dieses Volk zu lieben.« Und wir dürfen nachfragen: »Und?« »Es ist mir nicht gelungen.«

MICHAEL HAUBER

Ich will dich lieben, o mein Leben, als meinen allerbesten Freund; ich will dich lieben und erheben, solange mich dein Glanz bescheint; ich will dich lieben, Gottes Lamm, als meinen Bräutigam.

Sinaibund 2.0?

Mit dem 12. Kapitel setzt Hosea noch einmal neu ein. Die ersten beiden Verse können als Einleitung für die folgenden Kapitel verstanden werden. Die Geschichte der in Nord- und Südreich getrennten Israeliten wird auf ihre Stammväter und die daraus hervorgehenden Familienclans zurückgeführt. Deren Charaktereigenschaften seien im jetzigen staatlichen Handeln sichtbar und bestimmend. Ephraim steht für das Nordreich mit der Hauptstadt Samaria, Juda für das Südreich mit der Hauptstadt Jerusalem. Im Nordreich scheint die Lage klar: Man fährt politisch zweigleisig, hat in jeder Tasche ein passendes Fähnchen für alle Fälle. Hosea warnt vor den Konsequenzen der Gottvergessenheit, solange noch Zeit ist. Er wird angefeindet, weil er auf die Rückkehr in den am Sinai mit JHWH geschlossenen Bund drängt. Wer sich gegen den Propheten stellt, hat sich zugleich aus der Gemeinschaft mit JHWH entfernt. Gottesferne bedeutet Hoffnungslosigkeit und Tod.

Als Beweis und Illustration dient Hosea die Erzählung über den Erzvater Jakob. Mit dieser Geschichte geht er recht frei um. Einziges Ziel ist, betrügerisches Handeln als ursprüngliche Charaktereigenschaft zu demaskieren. Die Lüge und der betrügerische Handel sind eindeutiges Zeichen für den einseitigen Bruch des Bundes mit Gott. Die Zehn Gebote als Bundeszeichen spielen keine bestimmende Rolle mehr. Es zählt allein der eigene Vorteil. Der Nächste gerät darüber aus dem Blick.

Die drastische Anklage lässt den folgenden Hinweis auf JHWHs Gnade und Bundestreue nur noch leuchtender erscheinen. Wie er einst das Volk aus der ägyptischen Sklaverei herausgeführt hat, so wird er ihnen auch jetzt als Bundesvolk 2.0 den Neubeginn unter seinem Schutz schenken, wenn sie zur Umkehr bereit sind.

Anzumerken ist: Die Betrugserzählung zeigt leider eine lange, schreckensvolle Wirkungsgeschichte. Über Jahrhunderte war sie falscher Vorwand für Verfolgung und Mord – bis hin zur Shoah im Dritten Reich.

KLAUS SCHWARZ

Herr, lass uns deine lebensschaffende Gemeinschaft schätzen und ehren. Führe uns auf rechten Wegen.

Die Erwählung Israels? – Gott steht dazu!

Ephraim geht auf Josef zurück. Auf ihm lag ein besonderer Segen und die Liebe seines Vaters Jakob. Doch das ist längst verspielt. Den Gewinn aus dem geschenkten Reichtum missbrauchten die Nachfahren, um sich gegen Gott zu stellen. Der vordergründige Zwiespalt zwischen JHWH und dem Baalskult in Kanaan ist in Wahrheit ein viel tiefer liegender, allgemein menschlicher Konflikt. Die Israeliten waren im fruchtbaren Kulturland sesshaft geworden und zu gewissem Wohlstand gekommen. Dieser Besitzstand wollte bewahrt sein. Da liegt nahe, dem in Bildern nicht fassbaren Gott JHWH einige greifbare Idole zur Seite zu stellen. Baal stand in Kanaan für Fruchtbarkeit und gute Ernten; Stierbilder symbolisierten Kraft und Stärke. Endlich hatte man etwas zum Anfassen und als Amulett. Das alleinige Vertrauen auf JHWHs Hilfe geriet aus dem Blick, damit auch die Grundlagen des Bundes. Mit dem ersten Gebot verlor sich auch der Schutz der Gemeinschaft und des Nächsten; sie gerieten aus der Selbstüberschätzung einer fehlgeleiteten Religiosität in Vergessenheit. Dabei sind solche Idole doch kein wirkliches Gegenüber zu JHWH, bestanden sie doch lediglich aus geschaffener Materie.

Aber JHWH gibt den Bund mit seinem Volk nicht auf. Allein aus unerschöpflicher Liebe bewahrt er die Bundestreue. In drastischen Bildern malt er aus, wie der Weg in die Gottlosigkeit zu Hoffnungslosigkeit und Tod führt. Das stärkste Bild liegt in der Beschreibung einer Geburt, bei der das Kind sich weigert, aus dem Mutterschoß ins Leben zu kommen. Ephraim verhindert selbst den Eintritt in das von Gott geschenkte Leben. Es zieht den Tod vor. Das heranstürmende Heer Assurs wird deshalb zum alles vertrocknenden Wüstenwind. Der Krieg zerstört den Lebensraum der Israeliten.

Der Apostel Paulus nimmt im 1.Korintherbrief Worte aus V. 14 in neuer Weise auf: »Tod, wo ist dein Stachel, Hölle, wo ist dein Sieg« (Luther) – Christus ist auferstanden durch den Tod hindurch. Gott allein kann Leben schenken.

KLAUS SCHWARZ

Herr, dir sei Dank für deine Treue!

Gottes Liebeslied

Kann einer seine Liebe besser ansagen als in einem Liebeslied? Man meint, JHWHs Lied mit seiner schmeichelnden, einladenden Musik zu hören. Sie muss seinem Volk ins Ohr gehen und sein Herz öffnen. Fast meine ich das Bild eines Tanzbodens zu sehen, wo sich die Paare wie von selbst im Takt der feinen Melodie in die richtige Richtung drehen. Die Umkehr wird zum leichten Spiel, zur richtigen Therapie für den Todkranken.

Unfähigkeit und Unwille zur Umkehr in den lebensverheißenden Bund wird von Gott als schwere Krankheit diagnostiziert. Solche Krankheit bedarf eines Arztes und einer sofortigen Therapie. Verhaltensänderung ist angezeigt.

Gottes Werben um Israels Umkehr ist sehr eindringlich. Es geht um nichts Geringeres, als endlich nicht mehr auf falsche Sicherheiten zu setzen. Waisenkinder haben keine anderen Sicherheiten mehr als alleine ihr Vertrauen auf Gott. So soll Israel allem absagen, was sein Vertrauen in Gottes Hilfe und Beistand stören könnte. Im vorigen Kapitel spricht Hosea von Gottes Zorn und malt das Bild wilder Tiere vor Augen. Jetzt wird offenbar, dass dieses Bild nur die eine Seite eines Gegensatzpaares bildet. Die andere Seite wird von Gottes freier Liebe zu Israel bestimmt. In dieser Liebe umschreibt er den umfassenden Lebensraum für sein Volk. Das ist nichts weniger als die von Gott selbst erneuerte Schöpfung. Die Bilder dafür sind der Weinstock, das in Fülle wachsende Getreide und der Ölbaum. So klingt die gnadenvolle Verheißung des Heils, ein Lied von der Heiligung Israels in der erneuerten Schöpfung, das Lied von der Vergebung der Sünden. Sünde und Schuld kann allein Gott den Menschen abnehmen. Israel wird geheilt. Nur so erwächst Hoffnung auf neues Leben in der erneuerten Gemeinschaft mit ihm.

Bereits die ersten Christen haben alle diese Bilder aufgenommen. Sie erkennen die Erfüllung der Verheißung aus dem Hoseabuch in der Person des Jesus von Nazareth, des Christus, der von den Toten auferstanden ist.

KLAUS SCHWARZ

Herr, du allein schenkst die Fülle des Lebens. Dir sei Preis und Dank!

Meine Nefesch dürstet nach dir, Gott

In der Kirchengeschichte haben Übersetzungen seit jeher eine zentrale Rolle gespielt, da die Originalsprachen uns heute nicht mehr so zugänglich sind. Oft haben sich dabei Schwierigkeiten gezeigt und das Übersetzen von komplexen Begriffen hat immer wieder zu Missverständnissen geführt. Eine besondere Bedeutung spielt hier das Wort Nefesch, für das es im Deutschen keine exakte Bedeutung gibt. Die geläufige Übersetzung des Wortes mit Seele birgt hier die Gefahr, dass sie eine dualistische Denkweise zum Leib-Seele-Problem nahelegt. Tatsächlich ist die Übersetzung des Wortes Nefesch mit Kehle viel treffender. Denn die Kehle ist ein fester Bestandteil unseres Körpers, ohne die wir nicht essen, trinken oder auch atmen könnten. Unsere Stimme wird in hörbaren Tönen durch die Kehle geformt, deshalb ist sie auch ein Mittel, um durch Lachen, Weinen, Reden und Lobpreisen unsere Gefühle auszudrücken. Weil Nefesch eben mehr ist als nur ein Körperteil, wird der Begriff in der Bibel über 700-mal verwendet, meist um damit den Menschen als Ganzes beziehungsweise das menschliche Leben auszudrücken (vgl. Gen 46,15). Wir Menschen haben keine Nefesch, wir sind sie.

Aber warum wird in dem Psalm gerade dieser Begriff zum Ausdrücken unseres Verhältnisses zu Gott benutzt? Weil damit die Ganzheit des Menschen samt Körper, Gefühle, mentaler Verfassung und vieles mehr Gott anspricht und das essenzielle Verlangen nach ihm ausdrückt. Die in diesem Psalm angewandte Metapher des physischen Dürstens unserer Kehle, die unser ganzes Sein vertritt, stellt das Verlangen beispiellos in den Vordergrund. Wir dürsten nach Gott, dem Schöpfer und Ursprung unseres Lebens.

DEJAN RISTIC

Herr unser Gott, du bist der Ursprung meines Seins und die einzige Hoffnung auf das Leben. Lehre mich, dich und meinen Nächsten mit meiner ganzen Nefesch zu lieben, um die ewige Gemeinschaft mit dir zu erfahren.

Einführung in das Buch Amos siehe Seite 387

Ein ganz anderer Experte

Experten sind gefragt in Politik und Wirtschaft. Sie sollen den Blick weiten und Fachwissen einbringen. Sie sollen zu guten Entscheidungen verhelfen. Aber was ist, wenn hinter ihren Expertisen ihre eigenen Interessen stehen? Wenn sie sich denen anpassen, die sie bezahlen? Schon zu Zeiten des Amos gab es solche Experten. Sie dienten als Propheten und Priester am Heiligtum des Nordreichs Israel, in Bet-El. Längst hatten sie sich mit den Mächtigen arrangiert. Längst taten sie mit ihrer Prophetie dem König und der herrschenden Clique nicht mehr weh.

Und dann kommt Amos. Er beruft sich nicht auf Expertenwissen. Er gehört nicht zu den offiziellen Propheten und Priestern. Er gehört nicht zu den Höflingen des Königs. Als Schafzüchter vom Land stellt er sich vor. Aber als einer, der etwas gehört hat: die Stimme Gottes, laut wie Gebrüll.

Offenbar haben sie sein Wort abgetan. Er, der Schafhirte ohne jede Erfahrung mit dem Dienst am Heiligtum, soll etwas von Gottes Wort verstehen? Aber Amos bleibt dabei. Es gibt keine Wirkung ohne Ursache. Ein Beispiel nach dem anderen zählt er dafür auf. Also hat auch sein Prophetentum eine Ursache. Und diese Ursache ist Gott selbst. Amos muss ein wacher Beobachter gewesen sein. Und zugleich ein tief gläubiger Mensch. Irgendwann muss es ihm klar geworden sein: Was er sieht, hat Gott ihm gezeigt. Und Gott will, dass er es beim Namen nennt.

Würden wir heute einen Menschen wie Amos ernst nehmen? Jemanden, der nicht zu den etablierten Experten gehört? Der deshalb viel unbequemer ist? Viel mehr an Veränderung von uns verlangt? Und würden wir spüren, wo letztlich Gott selbst durch einen solchen Menschen zu uns spricht?

In unserer Gesellschaft herrscht längst ein Stimmengewirr, und fast jede Meinung beruft sich auf Experten. Aber wenn wir jene finden, die unabhängig sind, frei von eigenen Interessen, wach und gläubig, können wir in all dem Gottes Stimme hören.

MARTIN FAATZ

Gib mir die Weisheit, die an deiner Seite thront, und verstoß mich nicht aus der Schar deiner Kinder!

Die Auserwählten

»Denen sind wir doch haushoch überlegen. Wir haben das Wissen. Wir haben die Technik. Wir haben die Erfahrung. Wir haben das Startkapital.« Viele aus dem westlichen Kulturkreis denken so. Sie verweisen auf die Forschung, die Industrie, die Bauwerke, die Infrastruktur, die Kulturdenkmäler, die politischen Systeme und nicht zuletzt auf den Reichtum der Industrienationen. Sie fühlen sich fast als die Auserwählten. Schon Amos kennt Zeitgenossen, die sich für etwas Besseres halten: Es ist die Oberschicht in Israels Hauptstadt Samaria. Sie beruft sich darauf, Gottes auserwähltes Volk zu sein. Schließlich hat er sie aus Ägypten befreit und dorthin geführt, wo sie jetzt leben.

Amos bestätigt diese besondere Beziehung Gottes zu seinem Volk. Sie sind die Erwählten. Sie haben mit Gott ihre einzigartigen Erfahrungen gemacht. Sie kennen sein Gebot. Sie wissen, was er will. Und deshalb werden sie zur Rechenschaft gezogen. Sie hätten wissen können, was Gott ihnen aufgetragen hat: gut zu allen zu sein, gleich ob Stammesangehörige oder Fremde. Den Armen und Schwachen zum Recht verhelfen.

Aber das Gegenteil haben sie getan. Es ist ein unsägliches Schauspiel, das sich von den Bergen rings um Samaria aus bietet: Unterdrückung, Ausbeutung, Gewalt. Amos sieht das Ende bereits kommen. Feindliche Heere werden von Samaria fast nichts übriglassen.

Tatsächlich hat die Überlegenheit der westlichen Welt viel mit Ausbeutung und Unterdrückung in der Kolonialzeit zu tun. Und Amos würde auch heute aus einem Vorsprung an Wissen und Technik nichts anderes als eine besondere Verantwortung ableiten. Es ist an den Industrienationen, für Wohlstand auf der ganzen Welt zu sorgen, den Hunger zu beenden, Krankheiten zu besiegen. Wer mehr weiß und kann und hat, muss teilen, bis alle haben, was sie brauchen. Das allein wäre der Sinn einer »Auserwählung«. Nur das ist Gerechtigkeit nach Gottes Willen. Und nur das führt in der Welt zum Frieden.

MARTIN FAATZ

Den Schwachen hebst du empor aus dem Staub und erhöhst den Armen, der im Schmutz liegt.

Noch eine Chance

Es hat an Warnung nicht gefehlt. Wir haben Trockenheit erlebt bis zur Dürre und Starkregen bis zur Flutkatastrophe. Wir haben gesehen, wie die Gletscher schmelzen und der Meeresspiegel steigt. Tornados haben Verwüstung hinterlassen. Küstenstreifen sind versunken. Menschen sind geflohen, weil sie in ihrer Heimat nicht mehr leben können. Und doch leugnen immer noch viele den Klimawandel; oder sie leugnen, dass wir Menschen ihn verursacht haben. Profit und Wohlstand für die Spanne des eigenen Lebens sind ihnen wichtiger als jene, denen längst der Lebensraum fehlt.

Auch Amos nennt Warnung um Warnung: Hunger, Trockenheit, verdorrte Felder, Rost und Mehltau im Getreide, kahl gefressene Feigenbäume und Ölbäume, Pest, Krieg. Aber Israel hat nichts daraus gelernt. Selbst die Frauen beuten die Armen aus und berauschen sich am Wein. Also kündigt Amos die Strafe Gottes an. Nicht etwa, weil Gott den Menschen Böses wollte. Nicht, weil er Freude an der Vernichtung hätte. Sondern schlicht als Konsequenz aus ihrem eigenen Tun; als Folge der Verweigerung der Umkehr. Denn Gott steht für Gerechtigkeit, und er ist und bleibt der Herr der Welt.

Also hat Amos nur noch die Vernichtung angekündigt, die Gott längst beschlossen hat? Nein. Sonst wäre sein Prophetenwort sinnlos gewesen. Immer noch gibt Gott seinem Volk eine Chance. Sie müssen nur umkehren, müssen aufhören mit der Ausbeutung der Schwachen.

Also haben auch wir eine Chance. Der Klimawandel ist kein unabwendbares Schicksal. Wir dürfen Gott trauen. Er will, dass wir leben. Nur müssen wir auch das unsere dazu tun. Jeder und jede muss sich fragen: Wie kann ich Treibhausgase vermeiden? Wen in Politik und Gesellschaft muss ich unterstützen, damit sie Nachhaltigkeit und Umweltschutz voranbringen? Das wäre unsere Umkehr, wie sie Amos heute fordern würde. Und Gottes Antwort wäre, uns die Hände zu führen, um die Welt für alle als Ort des Lebens zu erhalten.

MARTIN FAATZ

Wie zahlreich sind deine Werke, Herr, sie alle hast du mit Weisheit gemacht!

Klagelied im Auftrag Gottes

Amos ist ein Prophet mit einer klaren Botschaft! Wo das gesprochene Wort nicht ausreicht, stimmt er ein Lied an. In diesem Fall ein Klagelied! Er betrauert das Ende der »Jungfrau Israel«, genauer gesagt, des israelitischen Nordreiches. Den Menschen dort gilt seine Predigt, obwohl seine eigene Heimat im Südreich liegt. Im eigenen Land gelten Worte eines Propheten ja wenig. Gerade deshalb wird das Klagelied des Amos seine Wirkung nicht verfehlt haben.

»Weh, weh!« – so lautet der immer wiederkehrende Refrain. Andere Worte sind nicht mehr nötig. Zu drastisch sind die Folgen des Fehlverhaltens der Menschen, die Amos ein ums andere Mal heftig kritisiert. Die Menschen suchen das Böse und nicht das Gute. Und das in einem doppelten Sinn. Sie unterdrücken das Recht. Im Stadttor, wo über Recht und Unrecht entschieden wird, bleiben die Gerechtigkeit und die Wahrheit auf der Strecke. Bestechung ist an der Tagesordnung. Die kritischen Punkte, die Amos in seinem Klagelied besingt, zeigen sich zum anderen auch in den krassen sozialen Missständen. Die Schere zwischen Arm und Reich öffnet sich in einem schier unerträglichen Maß. Während die einen unterdrückt und mit hohen Abgaben gegängelt werden, leben die anderen in Saus und Braus.

Kein anderer Prophet ist in seiner Kritik so aktuell wie Amos. Sein soziales Gewissen ist wach. Er sieht das Unrecht vor seinen Augen. Aber was er weitergibt, sind nicht nur eigene politische Ansichten. Als Prophet am Ende des ersten Viertels des ersten Jahrtausends vor Christi Geburt spricht Amos als einer, den Gott in dieses Amt des Kritikers berufen hat. Amos ist der älteste Prophet, dessen Worte so schonungslos festgehalten worden sind. Sein Klagelied ist darum letztlich ein Dokument der Wahrheitsliebe und des Drängens nach mehr Gerechtigkeit, die in Gott selber ihren Ursprung haben.

TRAUGOTT SCHÄCHTELE

Wenn mir die Worte ausgehen, bleibt mir immer noch zu singen, du Gott der Gerechtigkeit. Und wenn mir kein Loblied über die Lippen kommen will, hörst du dir auch meine Klagelieder an.

Frohlied statt Drohlied

Es ist gefährlich, sich vorschnell den Tag des Herrn herbeizusehnen! Der Tag des Herrn ist ein Tag des Gerichts – zumindest für die, die vorher auf Kosten der anderen gelebt haben. Ungerechtigkeit und Götzendienst werden gegeißelt. Und wieder stimmt Amos sein Klagelied an: »Weh, weh!« Anderes bleibt ihm offensichtlich nicht mehr zu sagen.

Mehr noch: Gott wendet sich mit Abscheu ab: »Ich hasse eure Feste! Ich mag eure Lieder nicht mehr hören!« Selbst die gutgemeinten Opfer der Wüstenzeit erweisen sich im Nachhinein als hohl und nicht ernstgemeint. Was den Menschen das Wichtigste zu sein scheint, die Feste der Gegenwart Gottes in ihrer Mitte – Gott hat sie endgültig satt. Der Verweis auf Gottes Gerechtigkeit spiegelt sich nicht im Leben der reichen Oberschicht und straft ihre Gottesdienste und Opfer Lügen. Härter können Menschen von Gott nicht getroffen werden als zu erfahren, dass Gott ihnen seine Aufmerksamkeit entzieht.

Doch mitten im wehklagenden Trauerlied leuchtet der Refrain der Hoffnung auf. Was wie das Ende aller Hoffnung erscheint, lässt einen Silberstreif am Horizont erahnen. Es ist für mich einer der eindrücklichsten Verse der Bibel, ein göttlicher Appell aus dem Munde des Amos, den wir auch heute als Motto an die Eingangsportale unserer großen Wirtschaftsverbände und der internationalen Mega-Konzerne schreiben müssten: »Es ströme das Recht wie Wasser und die Gerechtigkeit wie ein nie versiegender Bach!« Bis heute klingt ein Lied in meinen Ohren auf, das eine Musikgruppe vor vielen Jahren aus diesem Satz gemacht hat. Kein Drohlied war das, sondern eine gesungene Botschaft, wie einfach ein Ausweg aus dem Untergang möglich wird. Recht und Gerechtigkeit als Quintessenz dessen, was Gott von uns Menschen erwartet und was er uns auch zutraut. Damit wir den Tag des Herrn am Ende doch wieder mit unseren Festen und Liedern feiern können. Zur Ehre und zur Freude Gottes.

TRAUGOTT SCHÄCHTELE

Menschenfreundlicher Gott, hilf uns, der Erde und den auf ihr Lebenden den Mantel der Gerechtigkeit umzulegen. Damit wir dich in unserer Mitte erleben und dankbar feiern können.

Schmaler Grat der Hoffnung

Und wieder ein »Weh!«, das die Worte des Propheten einleitet! Fremd kann einem Gott hier werden! Es ist eine gnadenlose Abrechnung, die Amos der Oberschicht des Nordreiches in göttlichem Auftrag vor Augen führt. Die allzu Sorglosen und Selbstsicheren bekommen den Spiegel vorgehalten. Wie kann man im Überfluss schwelgen und seinen Reichtum selbstgefällig zelebrieren, wenn sich vor der Tür die Habenichtse in Hunger und Armut tummeln!

Alle Versuche, mit »Rindern das Meer zu pflügen« und »auf Felsen mit Rossen zu rennen«, sind zum Scheitern verurteilt. Wer es wie die reiche Oberschicht im Nordreich Israel dennoch versucht, gibt nicht nur ein erbärmliches Bild ab. Auf diese Weise wird Gott selbst herausgefordert: »Ihr wandelt das Recht in Gift und die Frucht der Gerechtigkeit in Wermut!« Es wird Amos nicht leichtgefallen sein anzukündigen, wie verheerend die Konsequenzen sein würden: Tod, Zerstörung, Vertreibung. Der weitere Gang der Geschichte hat ihm recht gegeben.

Ich frage mich, was Amos uns heute ins Stammbuch schreiben würde. Die Bereitschaft, den eigenen Wohlstand zu teilen, ist ein rares Gut, vor allem, wenn wir dem Irrglauben anhängen, wir könnten uns die Notwendigkeit, die Kluft zwischen Nord und Süd mit Brücken der Gerechtigkeit zumindest schmaler zu machen, mittels Zäunen und Küstenwachen vom Leib halten. Gott hat auf diesem einen Planeten keine Zonen des Reichtums der Wenigen ausgewiesen. Und wir müssen für die Gefährdung unserer Lebensgrundlagen oft nicht einmal mehr Gott in Anspruch nehmen. Unsere Art zu leben setzt der Natur und dem Willen zur Gerechtigkeit oft über die Grenzen des Erträglichen hinaus zu. Was am Ende bleibt, ist die Hoffnung, dass Gott sich als barmherzig erweist und unser Überleben möglich macht, wo wir selbst alles dransetzen, unsere Lebensgrundlagen zu gefährden.

TRAUGOTT SCHÄCHTELE

Um offene Augen möchte ich dich bitten, Gott, dass ich das Leiden der Armen nicht übersehe, und um ein Herz voll Barmherzigkeit bei dir, dass ich das, was mir zufällt, als von dir geliehene Gabe betrachte.

Das Leben der Frevler ist manchmal attraktiv

Wie oft David in seinen Psalmen nur von der herrschenden Ungerechtigkeit klagt. Die Frommen und Gottesfürchtigen, die sich um ein ethisches und tugendhaftes Leben bemühen und sich mit ihrer vorbildlichen Lebensweise für Gerechtigkeit einsetzen, leiden und erleben ständig Ungerechtigkeit. Diejenigen, die ungerecht handeln und den Gerechten Leid zufügen und ein ausschweifendes, egoistisches Leben führen, das offensichtlich keinerlei Empfinden für das Wohlergehen der Mitmenschen hat, schreiten scheinbar erfolgreich und unbekümmert durchs Leben. Eben dieser Umstand schmerzt den Psalmisten am meisten. Manchmal prangert er deshalb Gott direkt an und stellt völlig verzweifelt die Frage, wie lange man so etwas noch mitmachen kann. Manchmal blickt David ganz neidisch auf das Leben der Ungerechten, was vielleicht auch völlig menschlich ist. Jeder sehnt sich doch irgendwann mal nach Erfolg, finanzieller Unabhängigkeit, gutes Image. Hierbei stellt sich nur die Frage, wie die Ungerechten zu diesen Erfolgen gekommen sind. Oft dadurch, dass sie zu Lasten ihrer Mitmenschen handelten. Doch der Scheinerfolg der Ungerechten täuscht und nur jemand, der die eschatologische Perspektive des ewigen Lebens vergisst, kann beneidend zu ihnen aufblicken. Gott erinnert uns immer wieder an unseren ständigen Wohnsitz, der nicht hier auf Erden, sondern in der ewigen Gemeinschaft mit ihm ist. Infolgedessen ist all der Erfolg der Ungerechten hier auf Erden nichtig, weil vergänglich. David zeigt hier Reife und Einsicht. Das Anprangern Gottes wegen der ungerechten Umstände reflektiert er jetzt als töricht. Er leidet zwar immer noch, aber er ist sich der Vergänglichkeit des Leids bewusst, weil er Gott als Zuflucht hat. Inmitten turbulenter Zeiten, wie es die jetzige zu sein scheint, ist die Reflexion und Kontemplation manchmal Gold wert.

DEJAN RISTIC

Herr, unser Gott, du bist geduldig in meinem ständigen Taumeln. Wenn ich von den Dingen der vergänglichen Welt geblendet bin, bist du bei mir und wartest auf meine Besinnung. Deine Arme sind immer offen und warten auf mich.

Am Ende doch keine Schonung

Die ersten Anzeichen lassen auf eine gute Ernte hoffen. Der König hat zwar schon abgemäht, was er als Privileg des Mächtigen beanspruchte; die Spätsaat aber soll und wird den Grundbedarf decken. Doch nun drohen Heuschrecken alles kahlzufressen, so wie sie damals über die Felder in Ägypten herfielen. Auf das Wort des Mose hin endete jene Plage. Die Bitte des Propheten verhindert jetzt, dass überhaupt geschieht, was Gott ihn in der ersten Vision (1-3) schauen lässt. Ein zweites Mal lässt der Ewige sich von seinem Vernichtungsplan abbringen, als Amos ihn anfleht, Erbarmen zu zeigen. Der Feuersturm bricht nicht los, der sogar das Wasser verzehrt hätte, über dem nach damaligen Vorstellungen die Erde als Scheibe festgemacht war (4-6). Es wäre das grauenhafte Ende alles Lebens geworden.

»Gott zeigt sich am häufigsten darin, dass er vor dem Unheil bewahrt«, sagte mir einmal ein alter Freund. Das erleben wir, wenn das Unheil so dicht herankommt, dass uns der Schrecken packt. Oft aber wird uns das drohende Unheil gar nicht bewusst, weil Gott es schon so früh abgewendet hat. Dann ändern wir auch unseren Kurs nicht, sondern machen und leben weiter wie zuvor.

Nur Amos sieht, was droht. Das Volk und vor allem die Mächtigen und Reichen, die Selbstbewussten und Selbstsicheren, mit denen er sich angelegt hat, die machen weiter wie zuvor. Also lässt der Ewige den Propheten eine dritte Vision schauen (7-9): Gott steht mit Zinn in der Hand auf einer Mauer aus Zinn. (In manchen Übersetzungen steht »Senkblei«. Doch das macht das Bild noch rätselhafter.) Auf einer verstärkten Mauer steht Gott als bewaffneter Krieger – deswegen wähnt das Volk sich in Sicherheit. Doch aus dem Verteidiger wird ein Angreifer. »Jetzt ist genug! Ich werde euch nicht mehr verschonen, sondern komme mit meinem Strafgericht über euch.«

BENEDICT SCHUBERT

Wann verlierst du die Geduld, Ewiger? Wann hast du genug von der Gedankenlosigkeit, mit der wir miteinander, mit dir und mit dem umgehen, was du uns anvertraut hast? Erhalte uns am Leben. Erhalte uns in der Liebe.

Unabhängig und unbestechlich im Machtspiel

Mächtige dulden keinen Widerspruch. Der König führt sein Volk in die Irre. Doch als der Prophet ihm genau das vorwirft, wird er angeklagt, er plane einen Putsch. Das hat sich bis heute nicht geändert. Wer autoritäre Machthaber kritisiert, wird als »Hochverräter« angeklagt, als einer, der »die nationale Sicherheit« gefährde. Amos stürzt zwar nicht vom Balkon eines Hotelzimmers oder verschwindet, ohne dass jemand wüsste, wohin. Er wird nicht auf offener Straße erschossen und auch nicht vergiftet. Amos soll nur das Land verlassen: »Geh doch nach Hause, du hast hier nichts verloren!«

Der Prophet lässt sich nicht beirren. Er betont zweierlei: Zunächst seine wirtschaftliche Unabhängigkeit. Amazja fordert Amos auf zu »fliehen«; das Wort bezeichnet nicht die Bewegung, in der ich einer Gefahr entkomme, sondern wie ich ein Abhängigkeitsverhältnis verlasse. Die Hofpropheten des Königs waren auf dessen Gunst und Lohn angewiesen. Amos nicht, als Bauer züchtet er Vieh und veredelt Maulbeerfeigen. Aufgegeben hat er dies, das ist das zweite Argument, weil Gott ihn berufen hat. Seinen Auftrag hat ihm nicht der König, nicht ein Priester, nicht eine menschliche Instanz erteilt. So weiß er sich in einer Weise zur Verkündigung berechtigt, die auch der Priester ihm nicht streitig machen kann.

Im Gegenteil: Amos sagt seinerseits dem Priester das Strafgericht an. Priester sind verantwortlich für die sorgfältige Unterscheidung zwischen dem, was in Gottes Gegenwart sein darf, und dem, was als »unrein« von Gott ferngehalten wird. Umso schlimmer ist, was Amazja erwartet: Er wird in vielfacher Unreinheit abgeschnitten von Gottes Licht und Heil. 7,10-17 ist der einzige Abschnitt im Amosbuch, in dem über den Propheten gesprochen wird. Eingeschoben zwischen zwei Visionen wird das Wort aus 3,8 illustriert: Wenn Gott redet – wer kann schweigen?

BENEDICT SCHUBERT

Rufe und sende Frauen und Männer, die sich nicht den Mund verbieten lassen, sondern unabhängig und unbestechlich deiner Weisung folgen, dein Wort vom Frieden und der Gerechtigkeit ausrichten und leben, du Gott und Heiland.

Gier löscht das Leben aus

Die vierte Vision bestätigt, was Amos in der dritten sah: Die Geduld des Ewigen ist erschöpft. Es braucht einen radikalen Neuanfang. Die Saat der Ungerechtigkeit ist aufgegangen, nun wird Elend geerntet. Diese Ernte ist nicht Grund zu dankbarer Freude, sondern zum Weinen darüber, dass der Moment verpasst wurde, auf dem Weg umzukehren, der nun unaufhaltsam in den Abgrund führt. Der Übergang von der Vision zur Anklage endet mit dem Aufruf zu schweigen. Schon in 6,10 hatte der Prophet dieses schroffe »Still!« gerufen, dort ergänzt durch die Warnung, den Gottesnamen nicht in den Mund zu nehmen. Nicht einmal diejenigen, die der Weisung des Ewigen folgen wollen, dürfen den Heiligen Namen aussprechen. Also sollen erst recht die schweigen, die Gottes Wort in ihrer Praxis verachten. Und: Sie sollen ja nicht auf die Idee kommen, nun doch den um Hilfe zu bitten, den sie verachtet haben.

Es kommt einem vor, als brauche die konkrete Anklage (4-10) keine Auslegung, derart aktuell ist sie. Was damals im regionalen Maßstab geschah, lässt sich heute im globalen Zusammenhang beobachten: Gier wurde zum Motor der Wirtschaft; verlacht werden die, die die Behauptung in Frage stellen, Leben sei nur möglich, wenn Wachstum gesichert und Gewinne maximiert werden. Und immer mehr geraten in elende Abhängigkeiten. Erst recht aktuell klingt es, wenn Amos voraussagt, dass dieses System der Gier schließlich zur ökologischen Katastrophe führe. Und alles nimmt ein »bitteres Ende«.

BENEDICT SCHUBERT

Wie lernen wir, uns zu begnügen mit dem, was wir wirklich brauchen, du großzügiger Gott? Wie finden wir Wege, die die Gerechtigkeit fördern? Gibt es einen Ausweg? Zeigst du uns deinen Ausweg? Lass es zu, dass wir dir noch in den Ohren liegen und dich um deinen Geist bitten. Schenk uns die Kraft aus der Höhe, die uns den Weg des Lebens finden und gehen lässt.

Wenn der Mensch nur noch vom Brot leben muss

»Du wirst noch mal an meine Worte denken!« So beenden Ältere manchmal das Gespräch mit der Jugend, wenn sie einfach nicht auf einen Nenner gekommen sind. An solche Dialoge erinnert mich diese prophetische Drohung. Jetzt will das Volk das Wort Gottes nicht hören. Später werden sie einmal danach verlangen, aber dann werden sie es nicht mehr hören können. Das Wort vom Hunger nach dem Wort Gottes erinnert an den hungernden Jesus in der Wüste, welcher der Versuchung eines Brotwunders widersteht. Der Mensch lebt nicht vom Brot allein, sondern von einem jeden Wort, das aus dem Munde Gottes geht (Mt 4,4). Mit drei bedrückenden Szenen werden die Konsequenzen aus dem Verstummen Gottes geschildert. Die Menschen suchen bis an die Grenzen der Erde verzweifelt nach Orientierung. Sie finden kein Wort mehr, das sie trägt, keinen Halt und keinen Trost, weil Gott, der für sie da sein will, dessen Name genau dies zu seinem Programm gemacht hat, schweigt. Die zweite Konsequenz trifft mit unerbittlicher Härte die Jugend. Denn die Alten werden nichts mehr zu sagen haben, wenn ihre Kinder sie fragen, wer sie befreit hat aus dem Sklavenhaus Ägypten, wenn sie fragen, wie es ist, in der Freiheit der Kinder Gottes zu leben (2. Mose 13,14). Das Leben nur vom Brot allein wird sie nicht tragen. Sie brauchen doch die Orientierung, die Gottes Wort und Gebot geben könnten. Sie brauchen das Grundvertrauen, um das Gott unablässig wirbt, wie die Luft zum Atmen und das Wasser zum Leben. Sie werden verdorren, weil ihnen genau das fehlt, was die Alten verachtet haben. Und schließlich wird in dritter Konsequenz deutlich werden, dass die Schwüre auf die Abgötter und die Pilgerreisen zu den falschen Götzen nicht helfen. Es ist das traurige Bild einer Gesellschaft, die von den guten Weisungen Gottes nichts mehr weiß. Aber wir müssen ja nicht vom Brot allein leben. Wir haben die Möglichkeit, auf Gott zu hören und sein Wort mit anderen zu teilen.

HANS FRICKE-HEIN

Treuer Gott, wir bitten dich, bleibe bei uns mit deinem Wort, das uns wirkliches Leben schenkt.

Kein Entrinnen vor dem Gericht?

»Ich habe keine Schwierigkeiten mit dem, was ich in der Bibel nicht verstehe. Probleme machen mir die Stellen, die ich sehr gut verstehe«, soll Mark Twain gesagt haben. Diese letzte Vision des Amos versteht man sehr gut. Es ist die totale Vernichtung der Beziehung Gottes zu seinem Volk. Sie nimmt ihren Ausgang vom Altar im Staatsheiligtum, also von dem Ort aus, zu dem Menschen fliehen, wenn ihr Leben bedroht ist, wenn sie Trost und Halt suchen, wenn sie neue Hoffnung und Zuversicht mit Gottes Hilfe schöpfen wollen. Aber das Heiligtum in Bethel ist Ausgangspunkt einer Erschütterung, welche die ganze Welt erfasst. Vor dem Vernichtungswillen des Schöpfers der Welt ist man nirgendwo sicher. Weder im Himmel, noch auf der Erde, noch auf dem Grund des Meeres. Sollte sich der Mensch bisher danach gesehnt haben, von Gott gesehen und vor Feinden bewahrt zu werden, so wird Gott selbst zum letzten Feind. Sollte das Volk sich auf den besonderen Status als Gottesvolk, das Gott aus Ägypten gerettet und herausgeführt hat, berufen, muss es sich diesen Vorzug jetzt mit vielen, eigentlich allen Völkern teilen. Nichts bleibt übrig. Es mutet an wie eine Kollektivstrafe. Die Vision ist unerträglich. Schon Abraham kämpfte gegen Gott für die Gerechten in Sodom. Und auch hier in diesem Text finden sich Spuren einer solchen Auseinandersetzung zwischen Versen, die nur die dunkle Seite Gottes zeigen, und solchen, die einen Rest Hoffnung bieten. Gottes Gericht wendet sich gegen das »sündige Königreich« (V. 8), also die Regierung, während das Haus Jakob, also das Volk, nicht ganz vernichtet werden soll. Diese Unterscheidung erinnert an ein Ringen, das es bis heute gibt, nämlich um den Unterschied zwischen dem Volk und seiner Regierung. Aber leider gilt auch bis heute, dass eine schlechte Regierung ihr Volk in Mitleidenschaft zieht.

HANS FRICKE-HEIN

Gerechter Gott, wir bitten dich für alle, die politische Verantwortung tragen, dass sie für Recht und Frieden sorgen.

Das kann doch nicht alles gewesen sein – ist es auch nicht!

In der United Church of Christ in den USA wurde vor einigen Jahren dieses Motto propagiert: »Gott spricht noch! Setze nie einen Punkt, wo Gott ein Komma gesetzt hat!« Daran erinnert der Schluss des Buches Amos. Bisher war nur von unentrinnbarem Verderben des Volkes die Rede. Tatsächlich ist es so gekommen. Nach dem Gericht und nach dem Exil sind die Trümmer in den Städten und die Verwüstungen im Land noch allgegenwärtig und jedermann vor Augen. Soll das Gottes letztes Wort gewesen sein? Ein Hauch von Hoffnung und Zukunft vermitteln vielleicht die ersten Verse des neunten Kapitels, aber nun dies: Gott selbst wird die zerfallene Hütte Davids wiederaufrichten. Es wird noch besser denn je. Wer sät, dem ist die Ernte schon sicher. Wer Weinberge pflanzt, darf schon sicher mit gutem Wein rechnen und die angelegten Gärten geben ihre Früchte sofort. Auch das Trauma des Exils soll sich nicht wiederholen. Wie kommt es zu diesem Heilsversprechen nach all den düsteren Gerichtsworten? Die Verkündigung von dem Ende des Volkes ist nicht Gottes letztes Wort. Gott lässt sein Volk mit seinem Nein nicht allein. Das ist die Erkenntnis derer, die Jahrhunderte später über die Gerichtsworte des Amos nachdenken. Gott gibt sein Volk nicht auf. Er setzt keinen Punkt hinter das Gericht. Viele Menschen neigen dazu, Schlussstriche zu ziehen und einander aufzugeben. Da spricht Gott wieder und lädt dazu ein, zuversichtlich auf sein Handeln zu achten. Er setzt nur ein Komma und spricht vom zukünftigen Heil. Wieder einige Jahrhunderte später werden genau diese Worte vom Apostel Jakobus wiederholt und bringen so Frieden in eine aufgewühlte christliche Gemeinde (Apg 15,16-18). Gott setzt auch heute keinen Punkt, wo Unfriede herrscht, sondern setzt dagegen seine Verheißung des Friedens, der Gerechtigkeit und des Heils.

HANS FRICKE-HEIN

Gott des Friedens, du findest dich nicht ab mit Gewalt, Krieg und Vertreibung. Wir danken dir für deine Verheißungen von Frieden, Gerechtigkeit und Heil.

Der Mensch ist wunderbar!

Was zuerst nach Hochmut und Narzissmus klingt, zeichnet sich als tiefster Ausdruck des Lobpreises Gottes ab. Mit den Lobworten auf das eigene Geschlecht will der Psalmist nicht seine Person ins Rampenlicht stellen oder den Menschen überhaupt als völlig autonomes Wesen lobpreisen, das aufgrund eigener Errungenschaften so wunderbar ist. Das wäre tatsächlich hochmütig und aus christlicher Perspektive als dumm zu bewerten. David gibt aber auch kaum Spielraum dafür, dass man diese Worte so versteht. Man erkennt klar, dass wir uns zum Ende der Psalmen hin bewegen, wo der Lobpreis Gottes vorherrschend ist und der Autor nun Reife zeigt. David lenkt den Lobpreis Gottes in die Richtung seiner Allwissenheit in Bezug auf das menschliche Leben, was wohl als stärkstes Argument gegen die von Gott losgelöste Autonomie des Menschen gilt. Die Allwissenheit betont er so stark, dass sich der gegensätzliche Gedanke aufdrängt: Als ewiger Gott ist es klar, dass niemand die Vergangenheit besser kennt als er. Auch ist kaum an das Wissen Gottes über den Ausgang der Weltgeschichte und des menschlichen Geschlechts zu zweifeln. Kennt er aber wirklich auch jeden unserer zukünftigen Gedankengänge und Handlungen im Detail? Ist jede unserer Handlungen prädestiniert und von Gott Meilen im Voraus vorhergesehen? Dann stellt sich die Frage, wie frei und autonom wir eigentlich sind. Aber auch hier gibt der Inhalt des Psalms Hinweise auf eine rechte Deutung: Unser Verhältnis zu Gott ist ein persönliches. Tatsächlich kennt er und erforscht unsere Herzen und kennt uns deshalb besser als sonst wer, besonders mich und dich eingeschlossen. In dieser Hinsicht überrascht ihn keiner unserer Gedankengänge und möglichen Handlungen. Die Entscheidungsmacht liegt letztlich dennoch bei uns.

DEJAN RISTIC

Herr, unser Gott. Du schenktest mir die Freiheit als größtes Gut. Hilf mir, dieses Gut nicht zu missbrauchen, sondern es mit ständiger Verantwortung zu schätzen und diese Wertschätzung an meinen Mitmenschen zu äußern, um so die volle Schönheit meines Wesens zu äußern.

Lebendiges Wasser trinken

Jesus wandert durch Samaria, durch Gebiet, auf dem schon die Erzväter gesiedelt haben. Er kommt zum Brunnen, den Jakob gegraben hat und aus dem er und seine Kinder getrunken haben. Der Jakobsbrunnen ist unabdingbarer Lebensspender in dem von Wasserarmut geprägten Gebiet und zugleich Symbol für die unergründliche Geschichte, aus der das Gottesvolk herkommt. Tief ist der Brunnen der Vergangenheit.

Als Abraham seinen Knecht Eliezer auf Brautschau für seinen Sohn Isaak in seine Heimat Haran schickt, legt Eliezer sich vorher zurecht: Die junge Frau, die ihm Wasser geben und auch seine Tiere tränken wird – das wäre Gottes Zeichen, dass sie Isaaks Frau werden soll. Erste Station nach Eliezers Ankunft ist der Brunnen. Da geschieht es. Rebekka kommt zum Brunnen, um die Tiere, die sie hütet, zu tränken. Eliezer spricht sie an: »Gib mir zu trinken. Und sie nahm eilends den Krug von ihrer Schulter und sprach: Trinke und deine Kamele will ich auch tränken« (Gen 24,46).

Nun sitzt Jesus am Brunnen. »Da kommt eine Frau aus Samarien, um Wasser zu schöpfen.« Wie Abrahams Knecht die Rebekka, so bittet Jesus die Samariterin: »Gib mir zu trinken.« Doch die Zeiten sind andere. Zwischen Juden und Samaritanern gibt es keine Gemeinschaft. Irritiert, dass Jesus sich darüber hinwegsetzt, wagt sie es nicht, die eingefahrenen Konventionen zu brechen und ihm seinen Wunsch zu erfüllen. Da dreht Jesus die Perspektive um. Auf einmal geht es um ihren Durst. Bäte sie ihn, den Juden, um etwas zu trinken, wäre das zwar ein noch größerer Tabubruch, doch er würde sich nicht weigern – er gäbe ihr sogar lebendiges Wasser. Sie erfasst genau, was in Jesu Worten mitschwingt: »Bist du mehr als unser Vater Jakob, der uns diesen Brunnen gegeben hat?«

Ihre Intuition ist richtig. Jesus ist der Brunnen, dessen Wasser allen Durst für immer löscht. Es wird sie sogar selbst zur Spenderin lebendigen Wassers machen. Was für eine Verheißung!

CHRISTOPH SCHROEDER

Lebendiger Gott, du begegnest uns an den Weggabelungen des Alltags und hebst die Grenzen auf, die wir untereinander aufrichten. Du schenkst dich uns selbst und stillst unseren Lebensdurst.

Der Lebendige, der mich sieht

Pragmatisch wie sie ist, »spricht die Frau zu ihm: Herr gib mir solches Wasser!« Keinen Durst mehr zu leiden, das wäre im Alltag eine große Erleichterung. Jesus scheint darauf nicht einzugehen; er antwortet mit einer Gegenbitte: »Geh hin, ruf deinen Mann und komm wieder her!« Dabei weiß er, dass sie keinen Mann hat, der jetzige ihr Lebensgefährte ist und sie vorher fünf Männer hatte. Er sagt ihr das, ohne sie bloßzustellen. Er sieht sie und ihre ganze Lebensgeschichte und lässt sie spüren, dass sie vor ihm nichts verbergen muss. Das ist das lebendige Wasser. Sie weiß sich angesehen und angenommen.

Als Sara ihre von Abraham schwangere Magd Hagar misshandelt, flieht die. Gottes Engel findet sie bei einer Wasserquelle in der Wüste, spricht ihr Mut zu und verspricht ihr und ihrem ungeborenen Sohn den Segen. Hagar dankt Gott: »Du bist ein Gott, der mich sieht. Denn sie sprach: Gewiss hab ich hier hinter dem hergesehen, der mich angesehen hat. Darum nannte man den Brunnen ›Brunnen des Lebendigen, der mich sieht‹« (Gen 16,13-14). Später wird Isaak beim »Brunnen des Lebendigen, der mich sieht« seinen Wohnort aufschlagen (Gen 25,11), als wollte er dem Gott, der ihn sieht, ganz nahe sein. Für die samaritanische Frau wird Jesus zum »Lebendigen, der mich sieht«.

Nach der Konfrontation mit ihrer eigenen Lebensgeschichte und der Erfahrung, dass ihr Durst gestillt ist, gleitet das Gespräch völlig bruchlos weg vom Brunnen und dem lebendigen Wasser hin zu Gott und dem Ort, an dem er angebetet wird. Es ging die ganze Zeit um Gott, den Lebendigen und zugleich Zukünftigen. Wie kann es sein, dass ein Jude ihr die Wahrheit über sie selbst gesagt hat und beide Gruppen dennoch an verschiedenen Heiligtümern anbeten? Die Frau ahnt, dass der kommende Christus ihr dieses Geheimnis erschließen wird. Sie ist ganz nah an der Wahrheit. Jesus bestätigt ihr das: »Ich bin's, der mit dir redet.«

CHRISTOPH SCHROEDER

Gott, du siehst mich und kennst mich. Vor dir muss ich nichts verbergen. Ich weiß mich bei dir angenommen.

Selbst zur Quelle werden

Die Frau hat Gewissheit erlangt. Jesus hat sie erfahren lassen, dass die Wahrheit über ihr Leben und damit sie selbst in einem größeren Zusammenhang aufgehoben ist. »Du bist ein Gott, der mich sieht.« Ihr Durst ist gestillt. Sie erzählt anderen von der Begegnung und wird selbst zur Quelle. »Da gingen sie aus der Stadt heraus und kamen zu ihm.«

Die Begegnung mit der Frau hat Jesu Hunger, dessentwegen die Jünger in die Stadt gegangen waren, gestillt. Er hat ihr lebendiges Wasser gegeben, Gottes Willen getan und sein Werk gewirkt. Davon ist er satt geworden. Denn die Speise, so sagt er den Jüngern, die ihn sättigt, »ist die, dass ich tue den Willen dessen, der mich gesandt hat und vollende sein Werk«.

In Samarien hat Jesus uneingeschränkten Erfolg. Die Frau am Brunnen wird zur Multiplikatorin. Auf ihre Rede hin kommen die Menschen zu Jesus. Säen und Ernten fallen in eins. Das ist die Heilszeit. In ihr freuen sich »der Schnitter und der Sämann gemeinsam«. »Siehe, es kommt die Zeit, spricht der Herr, dass man zugleich ackern und ernten, zugleich keltern und säen wird. Und die Berge werden von süßem Wein triefen, und alle Berge werden fruchtbar sein« (Am 9,13). Die Jünger können ernten, ohne selber etwas dafür getan zu haben; sie waren ja in die Stadt gegangen, um einzukaufen. Sie ernten die Früchte des ewigen Lebens: »Es glaubten aber an ihn viele der Samariter aus dieser Stadt um der Rede der Frau willen, die bezeugte: Er hat mir alles gesagt, was ich getan habe.« Viele von ihnen bitten ihn, noch bei ihnen zu bleiben. Sie finden ihren eigenen Glauben: »Wir haben selber gehört und erkannt: Dieser ist wahrlich der Welt Heiland.«

Jesu Begegnung mit der samaritanischen Frau hat vorwegnehmenden Charakter. Es ist eine zeichenhafte Verwirklichung der Heilszeit. Mit feinen Fäden ist sie in das Geschehen von Kreuz und Auferstehung verwoben, in dem sie ihre ganze Erfüllung erfährt.

CHRISTOPH SCHROEDER

Befreiender Gott, du heilst mich und führst mich ins Weite und schenkst mir die Fülle. Dafür danke ich dir.

Nur ein Zeichen?

Die Menschen in Kana kennen Jesus bereits als einen, der Wunder tut, und auch sein Auftreten in Jerusalem hat scheinbar viele der Galiläer überzeugt. Aber darum geht es nicht, sondern um den Sohn eines königlichen Beamten, der todkrank war. Auch der Beamte kennt Jesus und macht sich von Kapernaum zu ihm auf – es ist nur ein kurzer Weg, vielleicht eine halbe Tagereise. Das Gespräch mit Jesus wird skizziert, Jesu Tadel, dass die Menschen ohne Zeichen und Wunder nicht glauben würden, steht sperrig im Raum, aber dann kommt die befreiende Nachricht: Geh hin, dein Sohn lebt. Theoretisch hätte der Mann am gleichen Tag noch in Kapernaum sein können, um sich selbst zu überzeugen. Aber es fehlen 24 Stunden. Denn erst am nächsten Tag begegnen ihm seine Knechte und teilen ihm mit, dass sein Sohn lebt.

Was ist in diesen 24 Stunden passiert? Die wenigen Worte Jesu werden den Vater in Aufruhr versetzt haben. Konnte Jesus wirklich so aus der Entfernung die Heilung vollbringen? Der Beamte wollte ja, dass er mit ihm käme und seinem Sohn die Hand auflegte, aber da sind nur die Worte: Geh hin, dein Sohn lebt. Vielleicht wollte der Vater eine mögliche Enttäuschung so lange wie möglich hinausschieben und übernachtete darum irgendwo, vielleicht sogar in Kana. Es wird freilich eine unruhige Nacht gewesen sein, voller Zweifel, wohl auch Enttäuschung oder gar Verbitterung, sicher auch Tränen. Ich kann mir vorstellen, dass er am nächsten Tag nicht mehr zügig voranschritt, sondern langsam Fuß vor Fuß setzte, um die Enttäuschung noch etwas weiter hinauszuzögern. Oder sprach daraus doch ein Funken Hoffnung? Er trifft seine Knechte und hört, was er kaum glauben kann: Jesu Worte dort in Kana haben genügt, um seinen Sohn ins Leben zurück zu bringen. Was für ein Wunder!

Wie sieht das mit unseren Gebeten aus? Halten wir es für möglich, dass Wunder geschehen? Oder formulieren wir unsere Bitten gleich so, dass die Erhörung keine Wunder braucht, sondern irgendwie schon alles ins Lot kommt? Was erwarten wir von Gott?

MARTIN SENFTLEBEN

Herr, lehre uns, im Vertrauen auf deine Macht zu beten.

Was ist sicher?

Nur eins ist sicher: der Tod. Aber am Teich Betesda war noch etwas sicher, nämlich die Heilung, wenn man nur im richtigen Moment als Erste/r in den Teich hineinsteigt. Darum waren dort so viele Kranke, die alle auf Heilung warteten.

Wie kommt es, dass Jesus unter den vielen Kranken nur den einen zu sehen scheint, der schon seit 38 Jahren dort krank liegt? Und warum stellt er ihm die völlig überflüssige Frage: »Willst du gesund werden?« Natürlich will er, aber der Mechanismus des Betesda-Teiches funktioniert nicht für diesen Menschen. Er ist viel zu langsam, kommt nicht rechtzeitig ans Ufer, immer sind andere schneller, und die Heilung ist eben nur dem Ersten gewiss.

Jesus fängt nicht an, dem Gelähmten vorzuschlagen, näher am Teich zu warten. Er diskutiert nicht mit ihm über den Aberglauben, der hier praktiziert wird. Er sagt nur: »Steh auf, nimm deine Liege und geh.« Und der Mann steht auf, nimmt seine Liege und geht. 38 Jahre – Vergangenheit. Ein neues Leben beginnt.

Wenn uns etwas nicht gefällt, wenn wir krank sind, wenn uns die Kraft fehlt, dann bitten wir Gott um seinen Beistand oder Abhilfe und hoffen, dass er reagiert – natürlich zu unserem Besten. In dieser Erzählung aber ist es anders: Der Gelähmte bittet nicht. Er ist fixiert auf diese eine Möglichkeit: als Erster ins Wasser zu steigen, wenn sich das Wasser bewegt. Jesus wirkt auf ihn wie ein komischer Kauz, der merkwürdige Fragen stellt. Und doch wird er durch Jesus geheilt.

Es ist beruhigend zu wissen, dass Gott unsere Nöte kennt. Wir müssen ihn nicht mit endlosen oder wohlformulierten Gebeten bedrängen. Gott kommt auf uns zu, so wie Jesus auf jenen Kranken zuging, und ist bereit, uns mit seiner heilenden Kraft wiederaufzurichten. Jesus setzt Zeichen, um uns zu zeigen, dass er Vollmacht hat über Leben und Tod. Er ist nicht gekommen, um die ganze Welt zu heilen, wie manche wohl wünschen, sondern um uns Menschen den Weg zum Leben zu zeigen. Wer auf diesem Weg geht, hat schon Teil an der Heilung der Welt.

MARTIN SENFTLEBEN

Herr, hilf uns, das Leben zu wählen.

Ein neuer Weg

Nachdem Jesus ohne jede Vorbedingung den Gelähmten am Teich Betesda geheilt hatte, nimmt das Ganze eine merkwürdige Wende. Im Tempel begegnen sich die beiden noch einmal, und diesmal wird doch eine Bedingung genannt: »Sündige nicht mehr, damit dir nicht noch Schlimmeres zustößt.« (V. 14b)

Ein solcher Satz kommt unserem Gerechtigkeitssinn entgegen (Böse werden bestraft, Gute werden belohnt), aber das hat nichts mit der Gnade Gottes zu tun. Es gibt viele Menschen, die – teilweise unheilbar – krank sind und nicht gesündigt haben, zumindest nicht so, dass andere Menschen zu Schaden kamen. Darum möchte ich die Mahnung Jesu etwas umformulieren: Bleibe auf dem Weg des Lebens, dann wird jede neue Last, die dir auferlegt wird, leicht zu tragen sein. Denn Gottes Gnade wird uns geschenkt, sie ist an keine Bedingung geknüpft, außer dass wir sie annehmen müssen. Wenn wir das tun, wird auch unser Leben eine Wende erfahren, wir werden auf einem neuen Weg gehen, den Weg des Lebens, auf dem wir unseren Mitmenschen in Liebe begegnen.

Die Erzählung aber kulminiert in der Begegnung Jesu mit »den Juden«. Dabei kommt es nicht wirklich zu einer Auseinandersetzung, sondern wir hören nur, wie Jesus sich gewissermaßen zu Gott gesellt, ja, sich wenigstens indirekt zu Gottes Sohn erklärt, was einige Empörung auslöst. Die ganze Erzählung von der Heilung des Kranken am Teich Betesda führt zu dieser Kernaussage: *Jesus* ist der Weg, die Wahrheit und das Leben, und niemand kommt zum Vater außer *durch ihn*. (Joh 14,6) Aber da waren viele, die es nicht glauben wollten.

Auch in unserer Zeit ist das so. Die Tatsache, dass diese Welt nicht frei ist von Krieg, Hunger und Armut, die Tatsache, dass die Kluft zwischen Armen und Reichen immer tiefer und weiter wird, zeigt doch, dass sich nichts geändert hat. Aber vielleicht liegt das ja auch an mir, daran, dass ich nicht konsequent genug bin auf dem Weg, auf den mich der Gottessohn schon durch die Taufe gewiesen hat.

MARTIN SENFTLEBEN

Herr, allmächtiger Gott, hilf mir, dass ich deinen Willen erkenne und tue. Leite mich auf deinem Weg.

So universal und friedlich

An den Wallfahrtsfesten zogen Ströme von Pilgern hoch zum Tempel in Jerusalem. Menschen aus dem ganzen Land und aus der Diaspora. Es waren Menschen, die angezogen wurden von dieser heiligen Stätte. Die Vorstellung, es gibt nur einen Gott und die lebensdienlichen Gebote, Barmherzigkeit und Gerechtigkeit, faszinieren so manchen Suchenden. So pilgerte eine bunte, diverse Schar zum Tempel Gottes auf dem Zionsberg. Auch damals gab es wohl eine Security. Am Tempel auf dem Zionsberg wurden die Wallfahrer, Wallfahrerinnen waren auch dabei, von den Korachiten, den Türstehern und Wächtern, empfangen. Ich stelle mir sie als handfeste Security-Truppe vor mit einer besonderen Zusatzaufgabe, sie stimmen Gesänge als Einstimmung für den Tempelbesuch an. Psalm 87 ist so ein Lied, das von den Korachiten angestimmt wurde. Der Ort wird besungen, der Zionsberg, die Wohnung des Ewigen, die Stadt Gottes. Sie trauen sich aber auch, in ihrem Lied fast prophetisch zu werden. Es wird besungen, dass die Heiden, die Unbeschnittenen, die Gottesfürchtigen aus allen vier Himmelsrichtungen zu der Menge der Wallfahrer gehören. Die ganze Welt ist in Bewegung– ein Heilsuniversalismus über alle Religionsgrenzen hinaus wird besungen. Die Korachiter stimmen ein Lied an, in dem sich die verheißene Zukunft der Völkerwallfahrt zum Zion schon in der Gegenwart ereignet. Wie gut tut diese universale Vision, dass alle Völker friedlich zum Zionsberg, zu Gottes Gegenwart hin wallfahren. Es ist ein Fest des Friedens – ein Sehnsuchtsbild, ein Hoffnungsbild. So universal, friedlich, ja fröhlich tanzend können Menschen sich ausrichten, sich begegnen, so universal, friedlich, ja fröhlich tanzend werden sich Menschen in Gottes Namen ausrichten und sich begegnen! Die Quellen Gottes sind in mir, in uns und in allen Völkern, das ist ein wunderbares Friedensbild gerade in unseren friedlosen Zeiten.

SUSANNE SCHNEIDER-RIEDE

Alle meine Quellen sind in dir, lebendiger Gott. Alle Quellen des Friedens und des Miteinanders in allen Völkern sind in dir, lebendiger Gott, so universal und friedlich – Dank sei dir dafür.

Wer ist Jesus?

Ist Jesus Gott gleich? Ist er gar ein zweiter Gott? Oder ist er einfach ein Mensch? Wir lesen heute den Anfang einer großen Rede Jesu. Johannes lässt sie in seinem Evangelium direkt auf die Vorwürfe folgen, die Jesus zu hören bekam, nachdem er den Gelähmten am Teich Bethesda geheilt hatte. So erscheint diese Rede als Antwort auf die Vorwürfe, er übertrete das Sabbatgebot und er mache sich Gott gleich, indem er sich Sohn Gottes nenne. Doch diese Rede ist viel tiefer und ausgreifender als eine Verteidigung gegen diese Vorwürfe. Jesus redet grundsätzlich davon, in welcher Beziehung er zu Gott steht.

Ganz feierlich fängt er an und spricht erst einmal fast Alltägliches aus: Ein Sohn tut das, was er seinen Vater tun sah. Er hat es ihm abgeschaut. Es wird aber gleich klar, dass er von sich als dem Sohn seines himmlischen Vaters spricht, der ihn liebt. Und alles, was in Gottes Macht steht, gebietet er auch ihm zu tun. Gott richtet die Toten auf und macht sie lebendig. So auch Jesus. Der Gelähmte am Teich Bethesda war zwar nicht tot, aber doch vom Leben abgeschnitten seit 38 Jahren. Jesus hat ihn aufgerichtet.

Jesus macht sich nicht Gott gleich. Er tut aber, was dieser ihm gezeigt hat. Deshalb kann er den ersten Abschnitt seiner Rede schließen mit dem Satz: »Wer den Sohn nicht ehrt, ehrt auch den Vater nicht.«

Immer wieder treten in der Menschheitsgeschichte Figuren auf, die Gott im Munde führen oder sich gleich an die Stelle Gottes setzen. Hitler hat viel von der »Vorsehung« geredet, die die Geschichte lenke und seine Erfolge bewirke. Viele Christen sind darauf reingefallen und dachten, er rede von Gottes Vorsehung. Sie prüften aber das, was er ankündigte zu tun, nicht daraufhin, ob das in irgendeiner Weise dem entsprach, was Gott tut: Tote aufrichten und lebendig machen. So kam es, dass Millionen Leben vernichtet wurden.

GERHARD SCHÄBERLE-KOENIGS

Herr Jesus Christus, als Sohn des Höchsten hast du das Leben unter den Menschen auf dich genommen. Du hast dich denen zugewandt, die vom Leben ausgeschlossen waren, und hast die Mühseligen und Beladenen zu dir gerufen. Wir danken dir dafür.

Unser Herr kommt

Über allem, was in diesem 2. Abschnitt von Jesu Rede gesagt ist, steht der Satz: »Von mir aus kann ich überhaupt nichts tun.« Jesus nimmt sich zurück. Weder lässt er Angriffe wegen seiner Taten auf sich sitzen, noch strebt er danach, Lob einzuheimsen. Jede Art von Anhimmeln ist ihm gegenüber fehl am Platz. Johannes erzählt unmittelbar im Anschluss an diese Rede von der Speisung der 5000. Am Schluss ist dort zu lesen: »Als er nun merkte, dass sie kommen würden und ihn ergreifen, um ihn zum König zu machen, da entwich er.« Er lässt sich nicht auf ein Podest stellen. Allein am Ende seines irdischen Lebens wird er erhöht, erhöht ans Kreuz.

Er sucht nicht, seinen Willen zu verwirklichen, sondern er sucht und fragt nach dem, was Gott, sein Vater, letztlich für die Menschen will: dass sie leben. In seinen Worten, die die Stimme Gottes wiedergeben, finden sie den Weg zum ewigen Leben jetzt schon.

Wie Jesus sich selbst zurücknimmt, unterscheidet ihn grundlegend von den Menschen, die auf Erden verherrlicht und angehimmelt werden als Heilsbringer und die von sich behaupten, sie könnten alle Probleme lösen. In Wahrheit werden sie, wenn ihnen die Macht gegeben wird, sich gottgleich als Herren über Leben und Tod aufspielen. Doch früher oder später fliegen ihre Täuschungen und Lügen auf und ihre Verbrechen werden offenbar.

»Die Herren der Welt kommen und gehen. Unser Herr kommt.« (G. Heinemann) Unser Herr kommt. Gott der Vater hat ihm Vollmacht gegeben, zu richten die Toten und die Lebenden. Auch Jesus weiß darum, dass am Ende der Zeiten Gericht gehalten wird. Und er weiß, dass ihm die Vollmacht zu richten gegeben ist. Auch dieses Letzte wird dem Willen seines Vaters entsprechen. Es wird darin gerecht sein, dass es dem Leben dient, auch und gerade dem Leben derjenigen, denen es auf Erden zerstört wurde.

GERHARD SCHÄBERLE-KOENIGS

Herr Jesus Christus, es kommt der Tag, auf den kein Tag mehr folgen wird. Es kommt der Tag, an dem wir dich sehen werden. Wir werden neue Menschen sein, verwandelte Menschen. Hab Dank, dass du eine Zukunft für uns hast, trotz unserer Grenzen und Fehler.

Zeugen gesucht

Wer kann Jesu Aussagen beglaubigen? Wer bürgt dafür, dass er der Sohn Gottes sei? Dass er wiederkommen werde und die Toten und die Lebenden ins wahre Leben führen? Gibt es Zeugen für ihn?

Wir wissen um die Bedeutung von Zeugen schon im Alltagsleben: Vielleicht brauche ich bei der Wohnungssuche jemand, der bezeugt, dass ich meinen Verpflichtungen immer nachkomme und dass ich die Miete pünktlich bezahlen werde. Vor Gericht spielen die Zeugen oft eine entscheidende Rolle. Wenn ich beschuldigt werde, ein Vergehen begangen zu haben, dann stehe ich vor der Frage: Gibt es Menschen, die bezeugen können, dass ich es nicht war? Ein Selbstzeugnis allein hat juristisch keinen Wert.

Auch Jesus war sich bewusst, dass seine eigenen Aussagen für sich genommen noch nicht ausreichend sind. Wer aber könnte bezeugen, dass er Gottes Sohn ist? Er führt Johannes den Täufer an. Der hat auf Jesus gezeigt und bezeugt: »Dieser ist Gottes Sohn.« Doch angesichts der Größe seiner Sendung ist Jesus auch dieses Zeugnis eines Menschen zu schwach. Er sagt: Ich habe ein größeres Zeugnis als das des Johannes. Meine Werke bezeugen, dass ich Gottes Sohn bin. Und zuletzt verweist er seine Ankläger auf die Heiligen Schriften, die sie kennen, auf Mose selbst. Doch stellt er fast resignierend fest: Da sie Mose nicht glauben, können sie auch ihn, Jesus, nicht in seinen Schriften erkennen.

Wir, die wir an den eingeborenen Sohn Gottes glauben, sind nicht unbeteiligte Beobachter im Streit um seine Wahrheit. Viele von uns können etwas davon erzählen, wie ihnen das Vertrauen zu Christus neue Lebenskraft gegeben hat, neue Hoffnung, neuen Mut. Auch unser Zeugnis hat Wert. Für uns selbst und für die Menschen, mit denen zusammen wir leben.

GERHARD SCHÄBERLE-KOENIGS

Herr Jesus Christus, Sohn Gottes, wir tun uns schwer mit großen Worten. Sie übersteigen oft, was wir zu glauben vermögen. Darum bitten wir dich: Hilf uns, auch mit unseren kleinen Worten und mit unseren unscheinbaren Erzählungen Zeugnis abzulegen für dich und die Werke, die du an uns getan hast, zu preisen.

Kennzeichnung Jesu: Die Speisung der Fünftausend

Siegel, wie wir sie im Notariat benutzen, existieren seit ungefähr 3000 Jahren. Mit ihnen bekräftigt man die Wichtigkeit von Dokumenten, die im Rechtsverkehr von Bedeutung sind. Das Siegel garantierte die Wahrhaftigkeit der Aussagen eines Dokumentes und die Echtheit der Unterschriften. Besondere Taten eines besonderen Menschen können gleichsam ein Siegel sein. Besondere Taten Jesu nennt der Evangelist Johannes »Zeichen«. Diese Zeichen Jesu bestätigen die Wahrhaftigkeit seiner Botschaft und die Glaubwürdigkeit seiner Person. Sie »besiegeln« also, dass Jesus im Auftrag und in der Vollmacht Gottes redet und handelt. Die »Speisung der Fünftausend« ist gleichsam ein »Brot-Siegel« für Jesu Botschaft: »Wer mir und meinen Worten vertraut, der wird niemals mehr hungern.« Noch im selben Kapitel wird eine ausführliche Rede Jesu der Engführung dieses Brot-Siegels allein auf den leiblichen Hunger widersprechen. Die Wundergeschichten der Evangelien dienen der »Kennzeichnung Jesu«. Menschen sollen dadurch verstehen: Jesus wurde von Gott auf die Erde gesandt, um Gottes Heilswillen für die Menschen erfahrbar zu machen. Denn Zeichen wie die Heilung von Menschen und auch wie die wunderbare Speisung der Fünftausend wirken wie ein Siegel dafür, dass Jesus wirklich im Namen und in der Kraft Gottes unter ihnen wirkte. Das musste auch der Kreis seiner engsten Vertrauten lernen. Und auch die Menschen, die durch Jesus satt wurden, haben zwar verstanden, dass er ein besonderer Mensch war – aber eben nicht, wer genau er war. »Prophet« – das ist schon eine gewisse geistliche Wertschätzung und geht in die richtige Richtung. Aber der gewünschte »Brot-König« wollte er nicht sein! Kennzeichnungen und Siegel sind eine äußerliche Hilfe zur Einordnung. Sie müssen aber von ihrer inhaltlichen Bedeutung her durchdrungen werden. Und das geht nicht allein durch einen satten Magen. Das braucht eine vertrauensvolle und nachhaltige Beziehung wie die zu Jesus und damit zu Gott.

IOANNA KRAVARIOTI-HAASS

Herr, hilf uns, Jesus als den zu erkennen, der uns zu dir führt!

Glaubensreise

Wenn Sie heute diesen Text lesen, ist es hier am Bodensee ein sommerlicher Tag, kurz vor den Schulferien. Viele Touristen genießen die Sonne und die Aussicht auf die Berge. Nicht allen ist bewusst, wie schnell das Wetter am See oder am Meer umschlagen kann, wie gefährlich seine Strömungen sind. Der Evangelist Johannes nimmt uns mit an den See Genezareth, der ungefähr ein Drittel so groß ist. Hier hielten sich Jesus und seine Jünger auf, nachdem Johannes der Täufer verhaftet worden war (Mt 4,12), und hier geschah das Wunder der Brotvermehrung. Die Jünger wissen, Jesus kann Unmögliches möglich machen! Das soeben Erlebte wird ein Hochgefühl in ihnen ausgelöst haben. Ein Retter, der sie vom Joch der Unterdücker befreien, als ihr König das Land zurückerobern und die Feinde vertreiben wird! Bald werden in Jerusalem die Hosanna-Rufe zu hören sein, aber nur wenige Tage später: »Kreuzigt ihn!« Die Jünger sind allein auf dem See, als das Wetter umschlägt. Und dann geschieht das Ungeheuerliche: Jesus kommt auf sie zu und sie reagieren mit Angst! Sind alle zuvor erlebten Wunder vergessen? Wir können uns gut in die Jünger hineinversetzen. In ruhigen Zeiten sind auch wir euphorisch und von unserem Glauben überzeugt. Aber ertragen wir den Anblick von Golgotha, von Schmerzen und Tod, ohne Furcht und mit Gottvertrauen? Jesus gibt sich seinen Jüngern zu erkennen und offenbart seine wahre Identität: »Ich bin es, fürchtet euch nicht!« Vertraute Worte Gottes aus dem Alten Testament, die damals wie heute Orientierung und Gewissheit bieten und auf die kommenden Ereignisse in Jerusalem vorbereiten: Wenn wir gemeinsam zu dieser Glaubensreise aufbrechen, ist Gott mit uns.

IOANNA KRAVARIOTI-HAASS

Ehre sei dir, Herr! Du stärkst unseren Glauben und stehst allen Menschen bei, die sich in einer Lebenskrise befinden. Leite ihr Herz und ihre Wege zu dir!

Wessen Brot ich es ... den suche ich!

Wessen Brot ich ess, dessen Lied ich sing', ist ein wohlbekannter Ausspruch und stammt wahrscheinlich aus der Zeit des Mittelalters. Tagelöhner, fahrende Künstler und andere Berufstätige müssen auf der Suche nach ihrem Lebensunterhalt sich ihr tägliches Brot verdienen. Natürlich ist es dabei ganz ratsam, wenn man das liefert, was der Geldgeber auch bestellt. Eine Weisheit, die Gültigkeit besaß und besitzt. Logisch – auch wir wollen die von uns erwarteten Dienstleistungen und Produkte so wie bestellt erhalten.

Doch in dem Spruch liegt zugleich eine Abhängigkeit begründet. Mein »Brotgeber« wird mir seinen Willen auch aufdrücken können. Nicht immer bin ich damit einverstanden, was meine Vorgesetzten wollen, reden und von mir einfordern. Kritik ist auch nicht immer erwünscht. Und so gilt der Spruch auch heute nicht wenigen als goldene Regel der Karriereleiter.

Die heutige Lesung zeigt uns aber eine andere Leiter. Sie spricht von Menschen, die Jesus gefolgt sind. Wir lesen von der verzweifelten Suche nach Jesus. Die Menschen sind alarmiert: Wo ist Jesus? Man könnte doch annehmen, dass er mitten unter ihnen ist. Und warum sind die Jünger eigentlich ohne ihn losgefahren? Diese Frage bleibt in unserer heutigen Bibelstelle unbeantwortet.

Eine Suchaktion beginnt. Sie steigen in die Boote und wollen Jesus finden. Hatte er ihnen gestern etwas versprochen? War noch etwas offen? Kündigte er vielleicht sogar einen Teil 2 seiner Predigt an? Als sie ihn endlich finden, hat Jesus die Antwort dieser Fragen: »Ihr sucht mich nicht, weil ihr Zeichen gesehen habt, sondern weil ihr von den Broten gegessen habt und satt geworden seid.« Jesus will keine Mitesser, keine Abhängigen oder Claqueure. Sein Brot führt nicht die Karriereleiter hinauf, sondern führt zur Himmelsleiter und freien Menschen. Dieses Brot Jesu macht eben nicht satt, sondern Hunger auf eine Welt, die von seiner Botschaft lebt.

MARTIN DIEWALD

Herr Jesus, gib uns den Geschmack auf das Himmelsbrot, dass wir in deiner Botschaft leben und unser tägliches Brot mit denen teilen, die hungrig am Uferrand stehen.

Damals wie heute!

Wieder begegnet uns ein Friedensbild, der Berg Zion wird als der Ort besungen, an dem sich die Völker der Erde in Freude versammeln. Es ist ein Bild des Friedens über alle Religionsgrenzen und Abgrenzungen hinweg. Weder damals noch heute ist es ein Bild der Gegenwart. Es ist damals wie heute ein Sehnsuchtsbild. Das Bild kann berühren: Alle Herzen, alle Sinne sind ausgerichtet auf Gott, hier wird der Macht der Liebe getraut. Dieser Psalm stammt wohl aus heftigen Zeiten, nichts war friedlich. Die Menschen sehnten sich nach anderen Zeiten. Sie tragen in sich das Ahnen, dass Fröhlichkeit und Freude, ein gutes Leben mit Recht und Gerechtigkeit verknüpft sind. Es wird die direkte Anrede zu Gott hin gewagt, so kommt Orientierung auf. Diese Orientierung übersteigt den Ort, sie gilt der ganzen Welt. Bis in den letzten Winkel der Erde strahlt die Gerechtigkeit, wenn Gott in die Stadt einzieht, Wohnung nimmt. Dieser Psalm orientiert, er gibt auch für die Klage Richtung. Die Stadt ist und bleibt angewiesen auf Gottes Kommen. Gottes Spuren können und wollen wahrgenommen werden. Dieses Lied besingt weder damals noch heute die reale Stadt Jerusalem. Gott wird am Ende des Psalms dynamisch besungen, es geht um Gottes Bewegung hinein in die Stadt. Es wird damals wie heute daran erinnert: Wir sind auf dem Weg hin zur Stadt unseres Gottes, wir sind unterwegs zwischen der bedrohten Gegenwart hin zum Hoffnungsort Gottes, den der Psalm so eindrücklich besingt. Gott wird uns dahin bringen, ohne ihn wird es nicht gelingen, kann es nicht gelingen. Die Klage rührt an die Sehnsucht nach Gerechtigkeit und Frieden, sie will wachgehalten werden, sie wird wachgehalten durch den Psalm. Gott ist es, der uns führt. Wo wir keinen Weg mehr sehen, weiß er um Rat und Orientierung – damals wie heute.

SUSANNE SCHNEIDER-RIEDE

Lebendiger Gott, damals wie heute brauche ich Orientierung, eine Sehnsucht, die mich hin zum Frieden bewegt. Damals wie heute brauchen wir Orientierung, eine Sehnsucht, die uns und alle Völker hin zum Frieden bewegt.

Ich bin das Brot des Lebens

Die Speisung der 5000 war ein äußeres Zeichen, das noch einen tieferen Sinn hat.

Die Leute sehen nur, dass sie satt geworden sind. Doch das Leben ist mehr als Essen und Trinken, mehr als Brot und Spiele, mehr als Konsum und Event. Brot macht satt, aber der Hunger kommt wieder. Wunder beeindrucken, aber die Show muss weitergehen. Doch der Mensch lebt nicht vom Brot allein. Er hat auch ein Verlangen nach Sinn und Halt, eine Sehnsucht nach dem, was erfüllt und befriedigt. Darum sollen die Leute sich nicht mit dem Manna in der Wüste begnügen, dem Honigtau, den die Schildlaus absondert. Sie sollen sich eine Speise verschaffen, die nicht verdirbt. Als sie zurückfragen, was sie machen sollen, antwortet Jesus, sie sollen ihm glauben, dass er der Sohn ist, den Gott in die Welt gesandt hat. Denn wer den Sohn sieht und an ihn glaubt, hat das ewige Leben, wird auch auferstehen am Jüngsten Tag. Als Jesus über den See ging, hatte er zu den Jüngern gesagt: »Ich bin's; fürchtet euch nicht!« Die Stürme des Lebens, Chaos- und Todesmächte machen Angst. Doch Jesus verspricht: »Ich bin das Brot des Lebens.« Er ist das Brot Gottes in Person, das wahre Brot, das vom Himmel kommt, das nährt und stärkt, wenn es stürmt und kracht. Diese Zusage ist so unerhört wie die Worte Gottes bei der Berufung des Mose am Dornbusch: »Ich bin, der ich bin« (2Mose 3,14). Oder am Sinai: »Ich bin der Herr, dein Gott« (2Mose 20,2). Und bei Jesaja: »Ich bin's, der Herr, der Erste, und bei den Letzten noch derselbe« (Jes 41,4; 43,11). Jesus ist das wahre Lebensbrot, das nachhaltig ernährt, haltbar ist über den Tod hinaus, dauerhaft bleiben wird. Er ist das Brot, das befriedigt und für immer satt macht, den Lebenshunger so stillt, dass er nicht wiederkommt. Das meint Jesus, wenn er sagt: »Ich bin das Brot des Lebens. Wer zu mir kommt, den wird nicht hungern; und wer an mich glaubt, den wird nimmermehr dürsten.«

ULRICH HECKEL

Lass mich erkennen, Herr, dass du das wahre Lebensbrot bist, das erfüllt und satt macht, nährt und stärkt zum ewigen Leben.

Das Brot, das ich geben werde, ist mein Fleisch

»Was sollen wir tun?«, fragen die Leute. Und Jesus antwortet: Den Glauben könnt ihr nicht machen, er ist eine Gabe, die der Heilige Geist schenkt: »Es kann niemand zu mir kommen, es sei denn, ihn ziehe der Vater, der mich gesandt hat.« Wer auf diese Worte hört, der kommt zum Glauben. Die Israeliten haben in der Wüste Manna gegessen und sind gestorben. Aber Jesus ist das Brot des Lebens, damit, wer davon isst, nicht sterbe. Deshalb geht er nun einen Schritt weiter: »Das Brot, das ich geben werde, ist mein Fleisch – für das Leben der Welt.« Jesus ist nicht nur der Geber, sondern auch die Gabe, die er geben wird, das heißt bei der Einsetzung des Abendmahls gegeben hat. Dass er das »Brot« mit dem »Fleisch« gleichsetzt, erinnert an die Einsetzungsworte: »Das ist mein Leib, der für euch gegeben wird.« Dass er vom »Fleisch« statt vom »Leib« redet, knüpft an die Eingangsverse des Evangeliums an: »Das Wort ward Fleisch.« (1,14) Die Stellvertretungsaussage »für das Leben der Welt« verweist auf die Heilsbedeutung des Todes Jesu »für viele«. Sie verbindet die Mahlfeier mit der Verheißung des ewigen Lebens: »Wer mein Fleisch isst und trinkt mein Blut, der hat das ewige Leben«, »der bleibt in mir und ich ihn ihm«, »der wird leben in Ewigkeit«. »Bleiben« meint ein dauerhaftes In-Beziehung-Bleiben, das über den Tod hinaus anhält. In dieses Ineinander werden die Gläubigen hineingenommen, indem sie im Glauben durch Essen und Trinken an der Mahlfeier teilnehmen. Auf diese Weise bleiben sie wechselseitig verbunden. Er bleibt in ihnen und sie in ihm. Das verbindet sie so innig, wie er selbst mit dem Vater verbunden ist. Wo dieses Mahl gefeiert wird, bleiben sie in seiner Liebe (15,9), in Gottes Liebe (3,16f) und der Liebe Jesu zu den Seinen (13,1), in deren Liebe zu Jesus (14,15) und in ihrer Liebe untereinander (13,34f; 15,12-17).

ULRICH HECKEL

Herr, mein Hirt, Brunn aller Freuden, du bist mein, ich bin dein, niemand kann uns scheiden. Ich bin dein, weil du dein Leben und dein Blut mir zugut in den Tod gegeben.

Hart, aber nachhaltig

Dass Jesus beim Mahl von »Fleisch« und »Blut« redet, ist bewusst hart und anstößig, ja skandalös formuliert. Die Wortwahl verrät eine Spitze gegen diejenigen, die bestreiten, dass Jesus »im Fleisch« gekommen ist (1Joh 4,2f). Was so hart aufstößt, ist die steile Aussage, dass Gott, der Schöpfer des Himmels und der Erde, in der Person Jesu, wie man so sagt, zur Welt gekommen, selber Mensch geworden ist, Fleisch und Blut angenommen hat. Erst recht skandalös aber ist der Gedanke, dass dieser Mensch von Fleisch und Blut in den Gaben der Eucharistie, im Abendmahl selbst gegenwärtig ist. Darum gilt: Wer an diesem Mahl teilnimmt, isst und trinkt Fleisch und Blut Jesu. Den Sinn dieser Feier kann aber nur der Glaube erfassen. Beides gehört zusammen. Es geht nicht ohne Essen und Trinken. Und es geht nicht ohne den Glauben, den der Heilige Geist schenkt. Damit wehrt Johannes zwei Missverständnissen: Er wendet sich gegen eine falsch verstandene Sakramentalisierung, die sich auf den äußeren Vollzug fixiert und darüber die geistliche, innere, existenzielle Dimension vergisst: »Der Geist ist's, der da lebendig macht; das Fleisch ist nichts nütze.« Zugleich wehrt er sich gegen eine falsch verstandene Spiritualisierung, die nur an der geistigen Bedeutung interessiert ist und damit die Pointe der Menschwerdung Gottes in der Person Jesu preisgibt: »Das Wort ward Fleisch.« (1,14) Das ist anstößig. Aber wer glaubt, dass Gott in Christus selbst zur Welt gekommen ist, dem hat es der Heilige Geist eingegeben. Deshalb fragt Jesus die Jünger, die daran Anstoß nehmen: Wollt ihr auch weggehen? Doch Petrus antwortet: Herr, wohin sollen wir gehen? Du hast Worte und Gaben, die bleiben, die mit dir verbinden, die zum ewigen Leben führen, in die Gemeinschaft deiner Liebe, die kein Ende haben wird.

ULRICH HECKEL

Er sprach zu mir: Halt dich an mich, es soll dir jetzt gelingen; ich geb mich selbst ganz für dich, da will ich für dich ringen; denn ich bin dein und du bist mein, und wo ich bleib, da sollst du sein, uns soll der Feind nicht scheiden.

Streit unter Geschwistern

In Familien gibt es Traditionen. Nicht selten werden sie insbesondere an religiösen Festtagen gepflegt. Offenkundig war es auch in der Familie von Jesus üblich, dem guten Brauch zu folgen und anlässlich des Laubhüttenfests (Sukkot) nach Jerusalem zu gehen und dort ein Fest zu feiern. Bis heute erinnern gläubige Juden voller Freude an die Befreiung aus ihrer Sklaverei in Ägypten, an die Wanderung durch die Wüste in das versprochene Land und an die Hütten, in denen sie unterwegs Schutz fanden: Sieben Tage lang essen und trinken sie zum Gedächtnis dieser Zeiten in selbst gestalteten Laubhütten (vgl. Lev 23,39-44).

Die Geschwister Jesu wollen nach Jerusalem und fragen ihren sonderbaren Bruder kritisch an, warum er nicht mitkommt; sie provozieren ihn. Unmissverständlich heißt es im Text: Die Brüder glaubten nicht an ihn. Im Streit wird deutlich, was Jesus zögern lässt: Er weiß um Gefahren für sein Leben in Jerusalem. Er sagt den Geschwistern, seine Zeit, die Zeit der Auseinandersetzung mit den religiösen Autoritäten, sei noch nicht gekommen. Offenkundig bleibt Jesus jedoch selbst unschlüssig. Er geht dann doch – zunächst bleibt er verborgen, später tritt er öffentlich auf. Es gibt ein Ringen um den rechten Weg im Innern von Jesus. Er ist ein Mensch wie wir alle.

Geschwister wissen viel über die kleinen Schwächen im alltäglichen Leben von jedem und jeder von uns. Von Geschwistern Wertschätzung zu erfahren, ist nicht leicht. Wer sich nahe steht, übt oft harte Kritik aneinander – gerade weil die andere Person so wichtig ist und Einfluss noch möglich erscheint im vertrauten Familienraum. So ist es möglicherweise auch bei den Religionen und Konfessionen: Wer eine lange gemeinsame Geschichte miteinander hat, ist besonders erschüttert, wenn die Wege auseinandergehen.

DOROTHEA SATTLER

Gott, Vater und Mutter aller Geschöpfe, schenke den Geschwistern achtsame Zeiten des Hörens und des Schauens aufeinander.

Gerechtigkeit statt Gesetzesgehorsam

In der neuzeitlichen Gesellschaft ist es ein hohes Gut, über Menschen dem Gesetz gemäß gerecht zu urteilen: Wer das universal für alle gültige Gesetz befolgt, bekommt sein Recht. Ist es jedoch immer so? Beispiel Erbschaften: Bildet die im Gesetz festgelegte Reihenfolge der Begünstigten immer das ab, was im Leben auf der Beziehungsebene geschehen ist? Beispiel Migration und Asyl: Ist abgründige Armut nicht auch ein Grund für die Flucht? Beispiel Lebensschutz Ungeborener: Ist das Existenzrecht des Kindes nicht anders zu qualifizieren als das Gestaltungsrecht der Mütter und Väter?

Jesus wird nicht müde, die Befolgung des Buchstabens des Gesetzes zu hinterfragen. Wenige Tage vor dem Laubhüttenfest hat er einen Gelähmten geheilt, der achtunddreißig Jahre lang auf jemanden wartete, der ihn beachtet und ihm in den Teich Betesda hilft. Alles soweit gut – nur war gerade Sabbat und nach dem Gesetz keine Bewegung gestattet. Jesus wehrt seine Widersacher mit einer Gegenrede ab: Eine Beschneidung darf am Sabbat sein, eine ganzheitliche Heilung jedoch nicht? Jesus missachtet das Sabbat-Gebot im Gesetz des Mose nicht. Er spricht sich für seine Erfüllung aus: Gott danken für das erschaffene Leben und es bewahren in allen Zeiten der Not.

Jesus ist der Überzeugung, dass seine Vertrautheit mit dem Willen Gottes ihm eine Unterscheidung zwischen einem bloßen Gesetzesgehorsam und der Gewähr von Gerechtigkeit ermöglicht. Von Beginn an vertritt das Johannesevangelium diese These: Mose hat das Gesetz gegeben; durch Jesus Christus kamen Gnade und Wahrheit in die Welt. Jesus Christus hat verlässliche Kunde von Gott gebracht (vgl. Joh 1,17-18). Die Gesprächspartner Jesu hinterfragen seine Kompetenz. Eine Ausbildung als Gesetzeslehrer kann er nicht nachweisen. Ist es jedoch nicht auch heute manchmal so, dass es ein intuitives Empfinden dafür gibt, was gerecht ist und was ungerecht?

DOROTHEA SATTLER

Gerechter und barmherziger Gott, lehre uns achtsam auf die Lebenssituationen der Menschen und aller Geschöpfe zu sein!

Woher kommen und wohin gehen?

Macht es einen Unterschied im Blick auf die Wertschätzung eines Menschen, in welcher örtlichen Region er oder sie geboren ist und die Jugend verbrachte? Stadtmenschen fühlen sich möglicherweise den Landmenschen überlegen: Zugänge zu Kunst und Kultur sind leichter möglich; internationaler ist das Leben in der Stadt; Reisewege sind erleichtert. Lässt sich nicht auch das Landleben mit Wertschätzung bedenken: der Natur nahe sein; mit Tieren vertraut werden; in die Weite blicken können; stille Zeiten erleben?

Jesus kommt aus der für damalige Verhältnisse großen Stadt Nazareth; sie stand in keinem guten Ruf: umtriebig, unruhig, überfremdet, arm. Bis heute unterscheidet sich das eher turbulent und bunt wirkende Nazareth von der eher Anmut und Gelassenheit ausstrahlenden Stadt Tiberias am See Genezareth. Jesus hat bei seinem Aufenthalt in Jerusalem anlässlich des Laubhüttenfests das erlebt, was er befürchtete: Menschen versuchen ihn zu töten. Offenkundig gab es jedoch auch Stimmen in der Bevölkerung von Jerusalem, die seinen Taten und seinen Worten mit hoher Wertschätzung begegnet sind. Gegen die gute, heilsame, tröstende Wirksamkeit einer Person lassen sich kaum Argumente vortragen. Das Phänomen spricht für sich.

Jesus verleugnet seine Heimat nicht und hebt die kritischen Anfragen an ihn zugleich auf eine andere Ebene: Sein Kommen und sein Gehen lassen sich nicht Orten auf der Landkarte zuordnen. Nicht der Raum ist entscheidend für ihn, sondern seine Beziehung zu Gott. Seine Sendung, seine Mission ist Jesus wichtig.

Kommt Jesus auf ewig von Gott her und geht er für immer zu Gott hin? Die Antwort auf diese Frage ist entscheidend im Blick auf den christlichen Glauben. Wer Ja sagen kann, wird auch das eigene Leben nicht an Landschaften im lokalen Raum orientieren: Überall gilt es zu leben im verheißenen Geist Jesu Christi. Durstige gibt es an jedem Ort – Durstende nach Lebenssinn und viele Durstige ohne gesundes Wasser für jeden Tag.

DOROTHEA SATTLER

Christus Jesus, schenke uns im Glauben getroste Gelassenheit im Kommen in die Zeit und im Gehen in die Ewigkeit!

Gottes Sehnsucht ist größer als alle Torheit!

Ein Tor ist ein Tor. Er ist fertig mit den offenen Fragen, die das Leben so stellt. Seine Meinung steht fest, es gibt keinen Gott! Vielleicht ist das eine einfache Lösung. Diese Einstellung führt aber unweigerlich zu Unrecht. Es bleibt nicht bei dem einen Tor. Der Psalm wechselt von der Einzahl zur Mehrzahl. Die Toren richten in dieser Welt ein immer größeres Durcheinander an – fast eine aktuelle Einsicht. Gottes Reaktion ist ein Suchen nach den Suchenden, nach denen, die sich nicht selbst genügen. So hat sich Gott in der biblischen Tradition immer wieder auf die Suche gemacht. Die Frustrationstoleranz Gottes ist fast unglaublich. Gottes ernüchternde Einsicht: Da ist keiner und keine! Vierfach wird diese heftige Erkenntnis Gottes benannt. Damals kommt der Psalmbeter nicht umhin, diese Erkenntnis deutlich zu äußern. Es ist bemerkenswert, dass der Psalmbeter sich selbst mit hineinnimmt in diese Einsicht. Letztendlich ist ein tiefes Seufzen von Gott zu hören, fast ein resigniertes Fragen: Haben denn all die Übeltäter wirklich keine Einsicht? Heftiges geschieht zu dieser Zeit: Das Heer der Assyrer stand vor den Toren Jerusalems. Dörfer und Landschaften waren schon verwüstet. Viele Flüchtlinge waren in Jerusalem. Sanherib, der König der Assyrer, forderte die Übergabe der Stadt. Doch dann waren die Belagerer weg. Da überfiel sie alle ein großer Schrecken. Gott hat sein Volk, die Toren, sein Volk, in dem keiner und keine nach ihm fragt, gerettet. Da wurden sie auf einmal fragend, unsicher, neugierig, vielleicht kam die Frage auf: Gibt es Gott vielleicht doch? Nach dieser Erschütterung bleibt am Ende des Psalms die Freude. Gott verändert nicht mit Gewalt, sondern mit seiner überraschenden Barmherzigkeit damals wie heute: Gottes Sehnsucht nach seinen Menschen, nach uns ist größer als alle Torheit!

SUSANNE SCHNEIDER-RIEDE

Lebendiger Gott, Toren gab es damals zuhauf, Toren sind auch heute verbreitet, auch ich gehöre manchmal zu ihnen. Ich danke dir, dass deine Sehnsucht nach mir, nach uns so groß ist, dass deine Barmherzigkeit größer ist all unsere Torheit!

Aber sprich nur ein Wort

Langsam, aber unaufhaltsam hat sich die Stimmung im Text des Johannesevangeliums verändert. Es grummelt seit einer Weile und tuschelt und flüstert und schwankt durch die Verse. Immer vernehmbarer tönt das Geraune, bis es sich schließlich nicht mehr überhören lässt. Es wird gestritten, verdächtigt, bezichtigt und Zwietracht gesät. Entzweiung hat sich unter die Menschen gemischt. Um Jesu willen. »Einige wollten ihn ergreifen; aber niemand legte Hand an ihn«, so notiert es Johannes. Aber das hatte der Evangelist uns nur wenige Verse zuvor schon einmal erzählt und er wird es auch später noch einmal sagen. Weshalb aber verweist er so nachdrücklich auf die seltsame Hemmung, die den Zugriff auf Jesus verhindert? Was bringt die Menschen von ihrem Vorhaben ab? Was lässt sie zögern?

»Noch nie hat ein Mensch so gesprochen«, sagen die Knechte, als sie unverrichteter Dinge zu ihren Auftraggebern zurückkehren. Und obwohl ihre Aussage nicht den Ansatz einer Begründung enthält, schlägt sie ein wie ein Blitz. Denn sie offenbart den gravierenden Eindruck, den Jesus bei den Knechten hinterlassen hat. Sie sind überwältigt, und ihre tiefe Betroffenheit erweist sich als schlüssiger Grund für den nicht erledigten Auftrag. Die Hohenpriester und Pharisäer erkennen das augenblicklich und geraten deshalb in hektisches Fragen. Sie verdächtigen die Knechte, schimpfen über das leicht verführbare Volk und würdigen es herab. Den Einwand des Nikodemus, das Gesetz nicht aus den Augen zu verlieren, verwischen sie mit fadenscheinigen Argumenten.

Aber was immer sie sagen und tun, sie können die Worte, durch die die Knechte Jesus bezeugt haben, nicht wieder aus der Welt holen. Unbeirrt ziehen diese Worte durch lange Zeiträume; bis schließlich auch wir sie in manchen, ganz unverfügbaren, Momenten bestätigen: »Noch nie hat ein Mensch so gesprochen.«

ANGELIKA LEONHARDI

Sprich zu uns, Gott, suche uns auf, da wo wir sind. Sprich zu uns, Gott, denn du hast Worte des ewigen Lebens.

Der werfe den ersten Stein

Wie auf doppeltem Boden erzählt Johannes diese Geschichte. Wir könnten die Szenen stummschalten und würden doch verstehen, was auf dem Spiel steht. Was sich im Text ereignet, spiegelt sich in den Bewegungen und Gesten. Machen wir also den Versuch, den der Text nahelegt, und drehen den Ton der Geschichte, die wir so lange schon kennen, einmal zurück: Wir sehen die Pharisäer und die Hohenpriester in ihr Zuhause zurückkehren. Und wir sehen Jesus, wie er zum Ölberg läuft und erst am frühen Morgen den Tempel betritt. Unterschiedlicher könnten die Orte kaum sein. Sie teilen uns etwas mit. Denn der Ölberg ist kein beliebiger Ort, und der Tempel auch nicht. Jesus hat sich dort niedergesetzt und ist im Gespräch mit dem Volk. Da, auf einmal, wird eine Frau mitten unter sie gestellt. Angst ist ihr ins Gesicht geschrieben. Sie weiß nicht wohin mit ihren Händen, zittert am ganzen Körper und senkt ihren Blick zur Erde. Einige Schriftgelehrte und Pharisäer haben sie hergebracht. Hastig bewegen sich ihre Augen zwischen Jesus und der Frau hin und her. Sie strecken ihre Arme aus, bezichtigen mit ihren Fingern die Dastehende und fordern Jesus heraus. Der aber bückt sich; und schreibt mit den Fingern auf die Erde. Diese Geste könnte jetzt lange verweilen. Sie könnte den Atem anhalten und alles, was Jesus zu sagen hat, aus sich selbst heraus erzählen. Aber der hitzige Eifer, in den die Empörten geraten sind, lässt keine Deutungen zu. Da erhebt sich Jesus, steht auf und spricht. Nur einen kleinen Satz, und dann bückt er sich wieder und schreibt. »Einer nach dem anderen« geht jetzt hinaus. Jesus ist mit der Frau allein. Er richtet sich wieder auf, redet mit ihr. Auf Augenhöhe.

Schau hin, scheint uns der Text zu sagen, taste behutsam die Gesten ab und vertrau auf das, was du wahrnimmst. Dann erst dreh langsam den Ton wieder auf und verbinde, was du jetzt hörst, mit deinem sehenden Herzen.

ANGELIKA LEONHARDI

Komm uns entgegen, Gott, gib uns die Gabe der Gelassenheit im Getöse der Welt. Komm uns entgegen, Gott, damit wir deine Zeichen in den kleinen Gesten erkennen.

Denn dein Licht kommt

Zwei Männer in Betrachtung des Mondes. Dieses Bild von Caspar David Friedrich hat sich in unser Seelengedächtnis eingetragen. Es tut sich vor unserem inneren Auge auf, sobald der Titel erscheint. Wir sehen zwei Männer, die auf einer kleinen Anhöhe zwischen alten Bäumen stehen. Einander zugewandt verharren sie in stiller Kontemplation und schauen zum Himmel. Ihre Gesichter wenden sich dem Naturschauspiel zu, das sich vor ihren Blicken ereignet. Am Nachthimmel leuchtet die schmale Mondsichel so hell, dass noch die Rundung des ganzen Mondes zu erkennen ist. Schräg darüber funkelt der erste Stern. Der Himmel, die Landschaft, die beiden Männer sind in ein mildes orangegraues Licht getaucht. Mondnacht; immer wieder ist es die Dunkelheit, vor deren Hintergrund sich das Licht beeindruckend abhebt und dabei etwas von seiner großen Symbolkraft preisgibt. So wie in den biblischen Texten auch: Da sind die lichtumfluteten Engel bei den Hirten in der Nacht; und später auch in der Grabeshöhle. Da ist Jesaja: »Das Volk, das im Finstern wandelt, sieht ein großes Licht und über denen, die da wohnen im finsteren Lande, scheint es hell.« Da sind Psalmtexte: »Dein Wort ist meines Fußes Leuchte und ein Licht auf meinem Weg.« Da ist der Prolog des Johannes: »Und das Licht scheint in der Finsternis und die Finsternis hat's nicht ergriffen.«

Und da steht in diesem Text das zweite Ich-bin-Wort Jesu: »Ich bin das Licht der Welt. Wer mir nachfolgt, der wird nicht wandeln in der Finsternis, sondern wird das Licht des Lebens haben.« – Ist das wahr? fragen die Pharisäer. Womöglich lässt sich von den beiden Männern, die Caspar David Friedrich gemalt hat, etwas lernen, was auf die Spur einer Antwort führt: innehalten, die Seelentür öffnen, die Zeit vergessen, schauen und staunen; und diesem Licht einfach nur glauben.

ANGELIKA LEONHARDI

Du Licht der Welt, unsere Tage machst du hell, und in unseren Nächten leuchtest du. Du Licht der Welt, ob wir dich wahrnehmen oder nicht. Du bist da.

Wir von unten

In der Gemeinde des Johannes sind viele Juden. Sie sind, ausgeschlossen aus ihrer früheren Gemeinschaft. Sie haben Angst. Sie sind abgeschrieben, verunsichert. In ihrer Not suchen sie Identifikation mit Jesus gegen die anderen, »die Juden«. Jesus soll ihren Streit führen. Wer ist von oben und wer ist von unten? Wir alle kennen diese Denkmuster.

Jesus führt seinen Streit, gegen die, die ihm nicht vertrauen, die fragen, nicht verstehen, bewusst missverstehen. Jesus ringt verzweifelt um ihren Glauben. Weil er sieht, was die Sünden, die Todesmächte, anrichten werden.

Schnell stellt sich der Leser an die Seite Jesu gegen »die Anderen«. Eine unheilvolle Geschichte des Antijudaismus ist daraus geworden. Aber wer mit einem Finger auf die anderen zeigt, richtet drei Finger gegen sich selbst. »Wer bist du denn?« ist ja auch unsere immer wiederkehrende Frage, wenn wir ehrlich bleiben.

Jesus führt das Ringen Gottes um die, die er retten will, fort. In Vers 24 sagt er wörtlich: Wenn ihr nicht glaubt ICH BIN, werdet ihr in euren Sünden sterben. Dieses ICH BIN ist das Offenbarungswort Gottes, das schon früher erklang: »Damit ihr erkennt und einseht: ICH BIN Gott und außer mir gibt es keinen, der hilft« (Jes 43,10f). Jesus ist unzertrennlich mit diesem ICH BIN-Gott verbunden. Er tut, was Gott ihn lehrt. Nach dem Johannesevangelium: die Liebe. Und in der totalen Krise der Liebe, werden sie erkennen, dass nur diese die Rettung bringt.

Wer unter uns glaubt ihm das wirklich? Haben wir genug Vertrauen in die Liebe oder nehmen uns nicht doch die Gesetze der Welt, alles, was unten ist, zu sehr in Beschlag? Drei Finger auf mich selbst gerichtet, ringe ich immer wieder um Vertrauen und bin angewiesen auf den bleibenden Rettungswillen des ICH BIN.

ANNE RESSEL

Du ICH BIN seit Ewigkeit und in jedem Augenblick, es fällt mir schwer, mich auf dich zu verlassen, zu verlockend sind die Lösungen, die die Welt präsentiert. So bitte ich dich mit jedem Atemzug um deine Hilfe aus den Mächten des Todes, denn außer dir gibt es keinen, der hilft!

Aufblitzen der Freiheit

Frei sein heißt keine Furcht haben. Vor nix und niemandem, heißt es. Wir behaupten unsere Freiheit und sind doch ständig in Furcht. Wie also geschieht die Freiheit derer, die im Haus Gottes bleiben?

Ein Gast der Vesperkirche, brüllend, aufgeregt, alle bedrängend. Zweimal mussten wir die Polizei holen, weil wir keinen Umgang fanden. Und wir erfuhren, er war polizeibekannt, jeden Tag irgendwo aufgegriffen, Hausverbot in allen Einrichtungen der Stadt. In der Wohnungslosenhilfe händigte man ihm keine Post mehr aus, aus Angst vor ihm. Wir packten ihn in die Schublade »gefährlich«. Als er wiederkam, wollten wir versuchen, dass er wenigstens was zu essen bekäme. Ich ging zu ihm, fragte, ob er heute ruhiger sei. Laut und scheinbar aggressiv sagte er etwas, das ich nicht verstand. Als ich das gleiche sagte, kam die unverständliche Antwort lauter und aggressiver, ich stellte mich auf Konflikt ein. Dachte aber dann: Ausgemergelter als er sah unser Jesus am Kreuz bestimmt auch nicht aus. So fragte ich noch einmal nach. Er schlug die Hände vors Gesicht und brüllte dann weinend und sehr undeutlich: Ich will doch nur, dass mir mal einer zuhört. Und plötzlich verstand mein Herz. Und ich sah das erste Mal, da war kein einziger Zahn, deutliche Aussprache unmöglich. Ich sagte ihm: Ich höre Ihnen jetzt zu. Und erfuhr, er habe ADHS, medikamentös nicht behandelbar, kein Obdach seit langen Jahren, und derzeit überhaupt kein Geld, weil der Scheck bei seiner Post sei. Wir redeten lange und ich wusste, ich muss keine Angst vor ihm haben. Eine neue Wahrheit tat sich auf.

Wenn ihr in meinem Wort bleibt, wird die Wahrheit euch befreien. Es forderte jedes Mal große Geduld und viel Kraft, wieder das Antlitz Jesu zu suchen, wenn seine Unruhe zu groß wurde. Das gelang nicht immer gleich gut. Aber es blitzte etwas auf von der großen Freiheit, die uns willkommen heißt im Haus des Vaters.

ANNE RESSEL

Gib mir, Gott, den langen Atem deines Geistes. Dass ich nicht Sklave der Sünde bleibe, sondern Wahrheit und Freiheit finde in deinem Wort.

Christliche Werte oder westlicher Lebensstil

Immer wieder erschrecken uns Attentate durch nach Deutschland geflüchtete Einzeltäter. Die Debatten sind aufgeheizt durch das Thema Migration. Man müsse Konsequenzen ziehen, heißt es, und dann folgen Abschottungs- und Abschiebefantasien in großem Stil. Nur eine leise Stimme höre ich, die darauf hinweist, dass Konsequenzen auch sein könnten, die unbegleiteten Minderjährigen, die um die halbe Welt geflohen sind, besser zu betreuen, Geflüchteten bessere Perspektiven zu bieten, statt sie mit Arbeitsverboten zu belegen.

Jesus wirft den angeblichen Abrahamskindern vor, Mordabsichten und Verstrickung in Lügen würden sie enttarnen. Sie können die Wahrheit der Worte Jesu nicht hören, weil sie ganz und gar eingenommen sind von ihrem eigenen Selbstverständnis. Darin suchen sie Sicherheit gegenüber der unbequemen Wahrheit Jesu, dass Gott lebensstiftendes Heil und Frieden für die Menschen und seine Welt will (im »von Anfang an« kommt Gottes Schöpfung in den Blick). Es brauche nicht äußerliche Abstammung von Abraham, sondern Kindschaft der Gesinnung Abrahams, die sich im Verhalten zeigt, in der Erfüllung der ganzen Tora. Jesus knüpft an die Prophetie eines Hesekiel an, für den das von Gott durch Geburt gegebene Herz nicht ausreicht, sondern es ein neues geistliches Herz braucht (Hes 36,26f). »Ich will meinen Geist in euch geben und will solche Leute aus euch machen, die in meinen Geboten wandeln und meine Rechte halten und danach tun.«

»Warum versteht ihr nicht, was ich sage?« Ich sehe Jesus auch heute darum ringen, dass nicht Tötungsbereitschaft und Lügen unserm Leben zugrunde liegen, sondern wir Gottes Heilswillen fest im Blick haben. Dann verteidigen wir an den Grenzen vielleicht weniger unseren westlichen Lebensstil, in dem wir uns vermeintlich sicher einrichten, sondern vielmehr die Gebote und Rechte Gottes, wie Jesus sie gelehrt hat.

ANNE RESSEL

Gib mir ein reines Herz, gegründet in deinem Geist, dass mein Ohr höre deine Weisungen und ich danach lebe.

An dich will ich mich halten!

Der außergewöhnliche und vielseitig begabte David aus dem Alten Testament hat seine Erlebnisse gerne musikalisch verarbeitet. Die Vertonung dieser poetischen Texte wurde nicht überliefert, aber als Psalmen sind sie Teil unserer Bibel und bis heute eine Quelle von Weisheiten. Sie sind es wert, immer von Neuem entdeckt zu werden. Nicht der Poesie wegen oder aus historischem Interesse, sondern – so finde ich – als Ausdruck einer persönlichen Beziehung zu Gott.

Der Psalm 59 beginnt mit einem Aufschrei. David wird nach dem Leben getrachtet und er weiß nicht, ob er überleben wird. Schuldlos ist er in eine notvolle Situation geraten und sieht keinen Ausweg. Er braucht dringend Hilfe und bittet Gott darum. Er zählt auf, was ihm Not macht und formuliert seine Zuversicht, dass Gott eingreifen wird, mit den Worten »Mein Gott wird mir mit seiner Gnade entgegenkommen«. Was könnten wir Klügeres tun, als in der Größe unserer Schwierigkeiten einen Grund finden, uns auf den HERRN zu werfen? So formuliert es Spurgeon in seinem Kommentar zu diesem Psalm.

David schreibt sich seine Wut von der Seele. Er zählt die Schandtaten seiner Verfolger auf und wünscht ihnen den Tod. Die gerechte Strafe soll sie ereilen! Es ärgert ihn auch gewaltig, dass seine Feinde nicht auf Gott hören, und er wünscht sich, dass es anders wäre. Kurz blitzt sogar der Gedanke auf, dass er in diesem Fall auf seine Rache verzichten könnte. Ob das damit zu zusammenhängt, dass er von König Saul verfolgt wird, mit dessen Sohn Jonatan und Tochter Michal ihn eine tiefe Liebe verbindet?

David bleibt nicht bei seinen Rachegedanken stehen, sondern beendet sein Lied mit einem weiteren Gotteslob. Das dürfen wir uns in ähnlich belastenden Situationen zum Vorbild nehmen: Gott unsere Not klagen, sie aber einwickeln ins Loben und Danken. Das wird auch uns die nötige Zuversicht schenken.

LEA HAFNER

Ich aber will von deiner Macht singen, Herr, und des Morgens rühmen deine Güte; denn du bist mein Schutz und mein gnädiger Gott.

Mittelweg ausgeschlossen

In einer Paarbeziehung, in der Familie, unter Freundinnen und Freunden kommt es immer wieder zum Streit. Die Ursachen sind vielfältig. Mal liegt ein Missverständnis vor, mal ist man völlig unterschiedlicher Meinung. Menschen lieben Harmonie. Deshalb suchen sie meist nach Gleichgesinnten und gehen Streitsüchtigen aus dem Weg. Dabei muss eine Meinungsverschiedenheit nicht immer etwas Negatives sein. Diskussionen tragen dazu bei, den Blick zu schärfen, zu neuen Einsichten zu kommen, den eigenen Horizont zu erweitern. Unterschiedlicher Meinung sein, das ist eigentlich etwas völlig Normales. Uneinigkeit überwinden, einen Konsens finden – das geht aber nur, wenn man miteinander im Gespräch bleibt. Ob aus einem Dissens ein Konflikt wird, das liegt durchaus in der Verantwortung der Streitenden. Unterschiedliche Auffassungen bedeuten nicht automatisch die totale Konfrontation. Dass eine Einigung nicht möglich ist und dass Auseinandersetzungen eskalieren, diese Erfahrung prägt jedoch immer stärker das Zusammenleben – in Familien, in der Gesellschaft, zwischen Nationen.

Im Johannesevangelium wird eine Auseinandersetzung geschildert, die eskaliert. Am Ende fliegen fast die Steine. Der Ausbruch offener Gewalt wird gerade noch verhindert, weil Jesus die Szene fluchtartig verlässt. Wo Jesus auftritt, da ist Streit programmiert. Beim Evangelisten Johannes ist der Kontrast besonders gut sichtbar. Der Gegensatz zwischen Licht und Finsternis spielt hier eine große Rolle. Und in dem Text stehen Gott und Teufel, Wahrheit und Lüge, vor allem aber Ehre und Ehrlosigkeit einander gegenüber.

Wird Jesu Ehre angezweifelt, geht es letztlich um seine Glaubwürdigkeit. Kann ich ihm vertrauen? Ein Mittelweg scheint da ausgeschlossen.

UDO HAHN

Jesus, schenke mir die Kraft, dir zu vertrauen – trotz Zweifeln und Fragen.

Wunder gibt es – manchmal

Blind geboren – das ist ein hartes Schicksal. Für den Betroffenen selbst wie auch für seine Familie. Sozial geächtet, fristet er das Leben eines Außenseiters, der um ein Almosen betteln muss, um irgendwie zu überleben. Blinden wird nachgesagt, dass sie ein feines Gehör haben. Er dürfte deshalb wahrgenommen haben, dass die Jünger Jesu, ebenso wie andere Passanten, über ihn sprachen statt mit ihm. Das geschieht auch heute immer wieder. Nach wie vor werden Menschen aufgrund ihrer körperlichen und psychischen Merkmale und Beeinträchtigungen diskriminiert. Als würde etwas mit ihnen nicht stimmen.

Gar auf die Spitze getrieben wird die Diskriminierung durch die Frage nach der Schuld. Geradezu absurd die Vermutung der Jünger, der Blindgeborene könnte für sein Schicksal selbst verantwortlich sein. Wie sollte das auch möglich sein – als Baby im Bauch der Mutter. Und wenn er nicht selbst gesündigt hat, dann waren es bestimmt seine Eltern, so die gängige Vermutung. Jesus lässt sich auf so ein Spiel nicht ein. Er ignoriert die Schuldfrage. Der Blick in die Vergangenheit interessiert ihn nicht. Die Frage nach dem Warum bringt hier gar nichts und hat bei Fragen rund um Behinderung und Krankheit noch nie zu einer Klärung geführt. Auch dann nicht, wenn zwischen Lebenswandel und aktuellem Gesundheitszustand tatsächlich eine Verbindung hergestellt werden könnte. Dass der Kranke sein Schicksal tragen muss, ist schon schlimm genug.

Jesus geht es allein um die Zukunft. Er richtet den Blick nach vorne. Dann geschieht das Wunder und der Blindgeborene wird sehend. Das Leben wird ihm neu geschenkt. David Ben Gurion, dem Gründer und ersten Ministerpräsidenten des Staates Israel, wird der Satz zugeschrieben: »Wer nicht an Wunder glaubt, ist kein Realist.« Manchmal geschehen diese Wunder, die dem Leben eine ganz neue Richtung geben.

UDO HAHN

Jesus, dein ist alle Kraft: heilen, erneuern, aufrichten, Leben schenken.

Nur der Blinde sieht

So ist das mit einem Wunder: Keiner kann es sich erklären und alle suchen nach einer Begründung. Das ergibt sich vor allem aus der vorherigen Erzählung und ihrer Fortsetzung in diesem Kapitel des Johannesevangeliums. Zunächst fragen die staunenden Nachbarn, ob der Mensch, dem sie da gerade begegnen, wirklich der Blindgeborene ist, den sie schon immer zu kennen meinten. Der bejaht dies. Was genau ist wirklich passiert, dass er wieder sehen kann? Was hat dies alles mit Jesus zu tun? Und wo ist der überhaupt? Die Nachbarn werden aus dem allen nicht schlau und wenden sich an die Pharisäer. Auch sie befragen den Geheilten. Der erzählt noch einmal alles ganz genau. Ein Detail finden sie besonders verstörend: Die Heilung geschah am Sabbat. Vor allem aber hat schon wieder dieser Jesus seine Hände im Spiel.

Die Irritationen lassen sich nicht ausräumen. Die Stimmung ist aufgeheizt. Das Gerücht macht plötzlich die Runde, dass der Geheilte gar nicht blind war. Alles nur eine Täuschung. Nach den Nachbarn und den Pharisäern sind jetzt die Eltern dran. Die müssen doch bestätigen können, dass es sich um ihren Sohn handelt. Von ihnen wollen sie wissen, wieso er jetzt auf einmal sehen kann. Die Eltern weichen aus. Zwar bestätigen sie, dass es ihr Sohn ist, doch alles andere soll dieser mal lieber selbst sagen. Schließlich ist der alt genug, für sich selbst zu sprechen.

Was überrascht: Keiner scheint sich mit dem Geheilten zu freuen. Die Nachbarn nicht, auch nicht die Pharisäer und die Eltern. Alle sind anscheinend blind für das, was hier passiert (ist). Der einzige, der sieht, ist der Geheilte. Und das auch im übertragenen Sinne des Erkennens. Denn: Von Jesus spricht er zunächst als von einem Menschen, der ihn geheilt hat. Im nächsten Gespräch nennt er ihn einen Propheten. Und am Ende des Kapitels wird er ihn als Menschensohn bezeichnen, den er anbetet.

UDO HAHN

Jesus, lass mich sehen und erkennen. Du sorgst dich um mich. Berühre mich, um mich zu heilen.

Standhafter Zeuge

Der blindgeborene Mensch wird zur Rede gestellt. Er muss sich rechtfertigen, weil Jesus ihn geheilt hat. Er wird im wahrsten Sinne des Wortes gelöchert, wie denn das gekommen sei und ob es mit rechten Dingen zugegangen sei. Es ist beeindruckend, wie der Geheilte einfach berichtet, was ihm widerfahren ist. Er lässt sich auch nicht von seiner Interpretation abbringen, auch wenn ihn seine Kritiker angreifen. Er steht zu seiner Erfahrung, seiner Glaubensdeutung und Haltung. Modern gesprochen könnte man sagen, er bleibt bei sich und lässt sich nicht verunsichern, auch wenn ihm der Ausstoß aus der Gemeinschaft droht. Damit wird er zum Zeugen Jesu, aber auch zum Vorbild für heute. Denn es ist in einer aufgeheizten Gesellschaft mit vielen Spannungen nicht einfach, zu seiner Haltung und vielleicht auch zu seiner Überzeugung zu stehen und sich nicht einschüchtern zu lassen. Es gibt trotzdem immer wieder Menschen, die zu ihrer Haltung stehen. Die sich für geflüchtete Menschen einsetzen, auch wenn das viele ablehnen. Oder auch Menschen, die sich politisch engagieren, obwohl sie oft von anderen für alles verantwortlich gemacht werden. Oder auch Menschen, die sich für ihren Glauben und ihre Überzeugungen in der Kirche engagieren und nicht bequem sind. Der blindgeborene Mensch macht Mut, bei sich zu bleiben und für seine Überzeugungen einzutreten. Bestärkt wird er durch die Heilung Jesu. Dieser hat ihn sehend gemacht. Durch die Begegnung mit ihm ist ihm wohl ein Stück der Gottesbotschaft offenbar geworden. Er bleibt jedoch nicht nur bei sich, sondern teilt auch seine Überzeugung mit anderen. Auch wenn diese sie nicht hören wollen. Das ist echter Glaube!

ULRIKE KOSTKA

Du, unser Gott, hilf der Gesellschaft, unterschiedliche Meinungen und Spannungen auszuhalten. Unterstütze alle Menschen, die sich für Gerechtigkeit und Menschlichkeit einsetzen. Befähige uns, deine Botschaft der Nächstenliebe und unseren Glauben mit anderen zu teilen.

Gelebter Glaube

Diese Bibelstelle ist von einem Paradoxon geprägt. Der Blindgeborene ist der Sehende. Er erkennt in Jesus Gottes Sohn. Die Pharisäer fragen zwar hingegen Jesus, ob sie etwa blind seien. Jesus antwortet ihnen: »Wenn ihr blind wärt, wäret ihr keine Sünder. Aber jetzt behauptet ihr: Wir sehen! Darum bleibt eure Sünde bestehen!« (9,41) Damit macht er den Pharisäern deutlich, dass sie sich zwar als die Sehenden und Rechtgläubigen betrachten, aber damit in ihrer Selbsteinschätzung völlig falsch liegen. Dagegen sind diejenigen, die im Sinne des Evangeliums nicht wissen und blind sind, keine Sünder. Aus heutiger Sicht wirft das ein Licht auf die Menschen, die nicht religiös und kirchlich geprägt sind. Im innerkirchlichen Raum kommt es manchmal dazu, dass diese Menschen als die Nicht-Gläubigen, als die Säkularen betrachtet und durchaus negativ angesehen werden.

Häufig machen wir aber etwa in den neuen Bundesländern die Erfahrung, dass Menschen noch nie mit Gott und Religion in Berührung gekommen sind und trotzdem zutiefst christlich handeln. Ich erinnere mich etwa an einen unserer Berater in der Schuldnerberatung, der bundesweit geschätzt wurde von Klient:innen, Politik und Fachleuten. Ich dachte bis zu seiner Rente, dass er getauft ist, weil er für uns alle ein überzeugender Christ war. Erst bei seiner Verabschiedung stellte sich raus, dass er nicht getauft ist. Durch seine Art, Mensch und Sozialarbeiter zu sein, ist er aber einer der überzeugendsten Christenmenschen, die ich kenne. Er hat etwas in sich von der Liebe Gottes verstanden und davon Zeugnis gegeben durch sein Handeln. Deshalb sollten wir es Gott zutrauen, in Menschen zu wirken, auch wenn sie das nicht erkennen oder nicht so definieren. Gott ist mehr als unsere Kategorien!

ULRIKE KOSTKA

Guter Gott, du hältst dich nicht an menschliche Kategorien. Du bist größer und willst in allen Menschen wirken. Hilf uns und den Kirchen, dass wir dir zutrauen, dass du durch den heiligen Geist wirkst und Menschen befähigst, durch deine Liebe zu handeln.

Die Tür zum Leben

Das Gleichnis von den Hirten und Schafen ist eine Verheißung Jesu. Jesus sagt: »Ich bin die Tür. Wer durch mich hineingeht, wird gerettet.« (Joh 10,9) Wer jedoch den falschen Hirten folgt, wird nicht durch die Tür eintreten und das Leben in Fülle haben. Zum einen spricht Jesus eine Einladung aus, ihm zu folgen. Auf der anderen Seite mahnt er vor falschen Propheten und Führern. Diese würden auf Abwege führen.

Dieses Gleichnis gehört zu den berühmten Ich-Worten im Johannesevangelium. Die Botschaft des Evangeliums ist somit keine Geheimbotschaft oder eine Mysterienreligion. Gott offenbart sich selbst den Menschen und zeigt den Weg der Nachfolge auf – in aller Klarheit. Damit ist er aber auch derjenige, der für alle zugänglich ist und nicht nur für einen exklusiven Kreis oder eine Gruppe von Amtsträgern.

Gleichzeitig fordert er aber auch eine Entscheidung in der Nachfolge. Christentum ist kein Projekt oder Event für eine kurze Phase, sondern eigentlich eine Lebensentscheidung. Das ist beeindruckend und herausfordernd zugleich. Auf der anderen Seite zeigt der Text auch, dass Menschen gerne Hirten hinterherlaufen, die vordergründig verheißungsvoll wirken. Das kann in politischer Hinsicht gemeint sein, aber natürlich auch in religiöser und kirchlicher Hinsicht. Die Menschen werden aufgefordert, zu prüfen, wem sie folgen. Eine wichtige Botschaft in unseren Tagen! Gefordert ist der Geist der Unterscheidung, aber auch die Entscheidung für die Nachfolge.

ULRIKE KOSTKA

Guter Gott, hilf uns, uns ganz auf dich einzulassen und uns für deine Nachfolge zu entscheiden. Befähige alle Menschen, zu prüfen und zu unterscheiden, wem sie folgen und auf wen sie sich einlassen. Stärke sie mit deinem Geist, die richtigen Wege zu gehen.

Dank sei Gott!

»Not lehrt beten«, so sagt ein geflügeltes Sprichwort, wenngleich dies in unserer säkularisierten Zeit längst nicht Gültigkeit hat. Doch warum entdeckt manch einer das Gebet erst, wenn Not über ihn hereinbricht und die Sorgen ihn niederdrücken? Warum erinnert man sich Gottes erst dann, wenn Gefahr aufsteigt und das bisherige Leben bedroht ist? Sind nicht gute Lebensumstände, ist nicht das ganze Leben Grund genug, um Gott wie Maria im Magnificat für das Große zu danken, das er an uns getan hat und Tag für Tag aufs Neue für uns tut?

Psalm 145 hebt zu einem hymnischen Lobpreis des Gottes Israel an, der um seiner selbst willen gepriesen sei. Der Beter wird nicht müde, einige Aspekte des Dankes besonders hervorzuheben: Lob und Preis sei Adonai, dem König und Gott Israels, für seine machtvollen Taten, der Glanz seiner Herrlichkeit sei gepriesen. Die Wunder, die er wirkte, seien ebenso wie seine Gerechtigkeit und Barmherzigkeit, seine unermüdliche Hilfe für die Gebeugten und Gefallenen offensichtlich: All das sowie zahlreiche persönliche Motive sind Grund genug, in ihm den Schöpfer- wie den Weltengott zu erkennen und ihm dafür von Herzen zu danken.

Er ist kein Gott, der fern der Menschen im Olymp thront und kopfschüttelnd dem Treiben der Menschen zuschaut, keiner, der sich vordergründig auf die Schwachen stürzt und den Reichen huldigt; vielmehr ist er »allen, die ihn aufrichtig rufen«, nahe, hört ihr Schreien und rettet sie; alle ihn Liebenden behütet er, die Spötter aber vernichtet er. Weil er den Menschen in allen Lebenlagen nahe ist, erweist er sich als der unverbrüchlich Treue.

Der Psalm hat in der jüdischen wie in der christlichen Liturgie dankbar Aufnahme gefunden. Er greift zwei zentrale Vater Unser-Bitten auf: »Dein Reich komme« sowie »unser tägliches Brot gib uns heute«. Und er ruft in einer Zeit, in der vielen das Wörtchen »Danke« nur schwerlich oder gar nicht über die Lippen kommt, in Erinnerung, dass wir Menschen alles, was wir sind und haben, GOTT verdanken. Ihm zu danken, ihn öffentlich in der Gemeinde zu preisen »ist würdig und recht«.

BERNHARD KIRCHGESSNER

Der Mächtige hat Großes an uns getan; sein Name ist heilig.

Hirtenidylle?

Wir sind schon mitten drin in der Hirtenrede von Jesus. Das Bild von den Schafen bleibt, der Bezug wechselt; jetzt sagt Jesus nicht mehr, dass er die Tür sei, sondern der gute Hirte. Im alten Orient konnten die Könige als Hirten bezeichnet werden: Der Hirte kümmert sich um seine Herde, sorgt dafür, dass es allen gut geht und dass alle in Sicherheit leben können. Zugleich malte man im griechischen Kulturraum mit dem Bild vom Hirten gern paradiesische Zustände vor Augen. Die Idylle vom guten Hirten wird in der Hirtenrede Jesu allerdings durchbrochen: »Der gute Hirte lässt sein Leben für die Schafe.« Der Bezug zur Passionsgeschichte ist klar; er wird sogar noch weiter getrieben mit einer Anspielung auf Ostern, denn Jesus spricht davon, dass er sein Leben zurückempfangen werde.

Der andere Gedankenstrang in unserm Abschnitt dreht sich darum, dass Hirt und Herde einander kennen; dies wird erweitert durch den Bezug auf Gott den Vater: Jesus ist mit Gott vertraut, so wie die Seinen zu Jesus Vertrauen haben.

Schließlich kommt ergänzend noch der Hinweis auf die Schafe aus einem andern Stall dazu, wohl ein Verweis auf die Heidenchristen; denn Jesus redet in Jerusalem zu einem jüdischen Publikum. Der Streit unter den Zuhörern entsteht wohl durch das, was Jesus über sein Verhältnis zu Gott sagt. Kann man denn jemand glauben, der den Mund so voll nimmt und der noch dazu Besitzansprüche auf Israel erhebt? Denn Jesus betont, dass er als Hirte ein besonders enges Verhältnis zu seiner Herde hat, weil sie ihm gehört, eine Herde, um die er sich unter Einsatz des eigenen Lebens kümmert.

Wir mögen skeptisch sein und meinen, dass das Bild vom Hirten und von den Schafen etwas für Kinder ist. Doch die Vertrautheit mit Gott und die Geborgenheit, von der Jesus hier redet, die wünsche ich mir schon. Schließlich ist es auch gut zu wissen, dass er mit seinem Leben für mich einsteht. Zu diesem Glauben lädt das Johannesevangelium hier ein.

JORG CHRISTIAN SALZMANN

Gott, schenke mir Glauben und Vertrauen, dass du für uns sorgst wie ein Hirte für seine Schafe – durch Jesus Christus.

Messias?

Wenn Politiker verehrt werden, als seien sie der Messias, bin ich skeptisch. Ich glaube nicht, dass ein Mensch das Heil bringen und alle Probleme lösen kann, und sei er noch so mächtig und charismatisch.

Zur Zeit Jesu wartete das jüdische Volk sehnsüchtig auf den Messias. Sie erwarteten einen König, der alle fremde Oberherrschaft über Israel abschütteln, alle Probleme lösen und das Heil bringen sollte. Viele sahen in Jesus eben den Messias (griechisch: der Christus), aber das war schon zu Lebzeiten Jesu umstritten, noch viel mehr aber, nachdem man ihn gekreuzigt hatte.

Man feierte im Tempel das Lichterfest der Tempelweihe, welches zugleich an die Befreiung Israels aus Fremdherrschaft erinnerte. Hier, so weiß der Evangelist Johannes zu berichten, kam es zur Konfrontation: Jesus sollte endlich klarmachen, ob er der Messias sei oder nicht – ob er also, so dachten viele, die Befreiung bringen und sein Volk siegreich in den letzten Kampf gegen alles Böse führen würde.

Jesus aber passte nicht in dies Schema, und so wirft er den Leuten, die ihn befragen, vor, dass sie ihn verkennen: »Ihr glaubt nicht«, so sagt er. Und er greift noch einmal zurück auf seine Hirtenrede: Diejenigen, die zu ihm gehören und seine »Schafe« sind, die hören auf ihn und erkennen ihn und bleiben bei ihm – und er gibt ihnen das ewige Leben. So unklar es für diejenigen ist, die ihn hier fragen, so deutlich ist es für seine Nachfolger: Jesus bringt, wenn auch anders als erwartet, tatsächlich das Heil, er ist der von Gott gesandte Messias.

Die Antwort Jesu erinnert eben auch genau daran, dass er von Gott kommt, und gipfelt in der Aussage »Ich und der Vater sind eins«. Hier, so kann man sich denken, scheiden sich die Geister, und in der Welt gibt es nach wie vor viele Menschen, die das nicht glauben können.

Auch heute noch aber wartet die Welt auf Erlösung; gebe Gott, dass wir keinem falschen Messias nachlaufen, sondern das Heil bei Jesus Christus suchen.

JORG CHRISTIAN SALZMANN

Himmlischer Vater, lass uns deinem Sohn Jesus Christus vertrauen und erhalte uns im Glauben an ihn.

Gotteslästerung?

Das Streitgespräch wirkt wie eine Vorwegnahme der späteren Streitigkeiten zwischen Juden und Christen über den Gottessohn Jesus Christus. In der Tat ist es nach dem Zeugnis des Alten Testaments eigentlich unverfänglich, von Menschen als Gottessöhnen zu sprechen; vereinzelt kann Israel Gott als Vater anreden (Jes 63,16), und in Psalm 2 wird der König von Gott als sein Sohn angesprochen. Schwererwiegend ist da die Anklage: »Du machst dich selbst zu Gott.« Diese Anklage kann aber nur richtig sein, wenn Jesus nicht tatsächlich Gott ist. Zu seiner Verteidigung ruft Jesus seine Taten als Zeugnis auf; sie belegen, dass er und Gott der Vater »ineinander« sind.

Aber seine Gegner kann er damit nicht überzeugen; sie wollen ihn als Gotteslästerer durch die Lynchjustiz der Steinigung umbringen. Das gelingt ihnen nicht; doch zeichnet sich deutlich der Konflikt ab, der schließlich zur Kreuzigung Jesu führt.

Wie ein Kontrastprogramm dazu nimmt sich der Erfolg Jesu am Jordan aus. Hier, am Rande der Wüste, und nicht im religiösen Zentrum, dem Jerusalemer Tempel, findet er Glauben. Wer das Johannesevangelium gelesen hat, fühlt sich sowohl durch die Behauptung der Gottessohnschaft als auch durch den Bezug auf Johannes den Täufer an den Anfang des Evangeliums zurückversetzt: Es schließt sich ein Kreis, bevor es zur endgültigen Zuspitzung und zur Kreuzigung kommt.

Die Debatte aber, wer Jesus ist, die ist nach wie vor aktuell. Das erklärte Ziel des Johannesevangeliums ist dabei allerdings nicht eine theologische Theoriebildung, sondern der Glaube; der Evangelist möchte seine Leser zum Glauben an den Gottessohn bringen, der Mensch wurde, um denen, die an ihn glauben, das ewige Leben zu geben. Der Weg dahin führt allerdings, wie der Fortgang des Evangeliums zeigt, über das Kreuz und damit den vermeintlichen Triumph der Gegner Jesu.

JORG CHRISTIAN SALZMANN

Gott, gib, dass wir bekennen können, dass Jesus Christus, unser Bruder, auch unser Herr und unser Gott ist.

Einführung in die Johannesbriefe siehe Seite 409

Selbst dabeigewesen

Ein Brief soll uns in den nächsten Tagen beschäftigen. Ein Brief? Nirgendwo finden wir im so genannten »Ersten Brief des Johannes« eine ordentliche Anrede, noch einen üblichen Gruß am Schluss. Allerdings begegnen uns bereits in den ersten Zeilen »wir« und »euch«. Also doch so eine Art Brief? Dass Adressat und Absender nicht namentlich genannt werden, könnte ja auch Absicht sein. Womöglich sollen viele angesprochen werden. Vielleicht auch wir?

»Wes das Herz voll ist, des geht der Mund über«, heißt es einmal in der Bibel (Lk 6,45). Ja, man hat ganz den Eindruck, als sei dem Verfasser des Ersten Johannesbriefes das Herz nicht nur voll, sondern übervoll. Er hat offenbar eine überwältigende Erfahrung gemacht: Er hat das »Wort des Lebens« nicht nur »gehört«, sondern auch »gesehen« und »betastet«. Doch wie soll man ein Wort nicht nur hören, sondern auch sehen und betasten können?

Offenbar meint der Verfasser mit »Wort« etwas anderes als eine bloße Vokabel. Seine Sprache erinnert an das Johannesevangelium, in dem mit »Wort« Jesus Christus gemeint ist. Jetzt erschließen sich auch die Worte »sehen« und »betasten«, die ja eine sinnliche Wahrnehmung anzeigen. Der Verfasser will wohl sagen: Ich – und nicht nur ich – bin Jesus Christus direkt und persönlich begegnet.

Ob er einer der Jünger war? Wir wissen es nicht. Vielleicht ist es auch nicht so wichtig. Im Glauben Israels unterscheidet man oft bewusst nicht zwischen Vergangenheit und Gegenwart. Bis heute wird etwa in der jüdischen Pessach-Liturgie die Geschichte von der Befreiung aus der ägyptischen Knechtschaft so erzählt, als sei man selbst dabeigewesen.

Es gibt also eine Gemeinschaft im Glauben, die größer ist und weiter reicht als die, die ich zum Beispiel direkt in einer Kirchengemeinde oder christlichen Gruppe erlebe. »Gemeinschaft mit dem Vater und mit seinem Sohn Jesus Christus« ist eben etwas anderes als die Mitgliedschaft in einem Verein. Aber was ist es genau?

OKKO HERLYN

Herr Jesus Christus, das erbitten wir von dir: dass dein Name keine fromme Vokabel bleibt, sondern du uns persönlich begegnest. Auch heute.

Es geht nicht um Vokabeln

Gemeinschaft im Glauben ist noch etwas anderes als irgendeine Vereinsmitgliedschaft. Eine steile Behauptung. Doch hält sie einer näheren Prüfung stand?

Und da setzt sich unser heutiger Abschnitt direkt ins Fettnäpfchen. Ohne Vorankündigung oder diplomatisches Beschönigen redet er unverblümt von »Sünde«. Wie bitte? Will er uns etwa auf diese Weise jene andere Gemeinschaft schmackhaft machen? »Sünde« – das Wort allein ist doch schon zum Abgewöhnen. Gehört es nicht in die Mottenkiste einer völlig veralteten Theologie oder – schlimmer noch – ins Gruselkabinett einer schwarzen Pädagogik? Wer heutzutage noch von »Sünde« redet, kann das doch allenfalls nur noch mit einem ironischen Unterton tun. »Ein bisschen sündigen wird ja wohl noch erlaubt sein.« Gemeint ist das dritte Sahneteilchen.

Doch bei aller Liebe zum Schmunzeln – hier geht es um etwas Ernsthafteres. Wenn die Bibel von Sünde redet, dann spricht sie damit eine verhängnisvolle Realität an. Es ist das Leben ohne Gott. Auch hier ist nicht die theoretische Annahme gemeint, dass es »Gott nicht gibt«. Ob es ihn gibt oder nicht – darüber kann man trefflich streiten. Von mir aus stundenlang. Sünde hängt nicht daran, ob ich Atheist bin oder nicht. Für die Bibel hängt Sünde daran, ob ich bereit bin, den Willen Gottes für mich gelten zu lassen oder nicht. Das gilt für alle, Atheisten wie Gläubige.

Vielleicht hilft uns an dieser Stelle das Wort »Ungerechtigkeit« weiter, von dem in unserem Abschnitt auch die Rede ist. Ja, in der Tat, wer ehrlich ist, muss gestehen, dass wir alle – Gläubige, Kleingläubige, Nichtgläubige – zutiefst verstrickt sind in die Ungerechtigkeiten unserer Welt. Was die Gemeinschaft der Glaubenden vielleicht von anderen Gemeinschaften unterscheidet, ist, dass sie darum weiß, dass sie es »bekennt«, wie es im Text heißt, und dass sie darauf vertraut, dass dieses Leben ohne Gott nicht das letzte Wort haben muss. Unser Text nennt das »Vergebung«. Aber auch hier kommt es nicht auf die Vokabel an.

OKKO HERLYN

Treuer Gott, lass uns, die wir oft meinen, ohne dich leben zu können, nicht los.

Kein religiöser Ego-Trip

Noch so ein Wort, mit dem man leicht viel falsch machen kann: »Lüge«. Schon gestern kam es neben der »Sünde« mehrfach vor. Und nun noch einmal und mit großer Deutlichkeit: »Wer sagt: Ich kenne Gott, und hält seine Gebote nicht, der ist ein Lügner.«

Wen mag der Verfasser des Ersten Johannesbriefes vor Augen gehabt haben, wenn er von Leuten spricht, die behaupten, Gott zu »kennen«? Vielleicht waren es Leute, die sich religiös für besonders erleuchtet fühlten. Vielleicht solche, die sich für fromm und ehrbar hielten. Vielleicht auch solche, die meinten, gar etwas Besseres zu sein. Jedenfalls waren sie offenbar der Meinung, einen besonderen Draht zu Gott zu haben. Eben, Gott zu »kennen«.

Nun ist Gotteserkenntnis zunächst einmal ein durchaus hohes Gut. Unzählige haben darauf schon manche klugen Gedanken verwendet. Allein der Reformator Johannes Calvin hat, um nur ein Beispiel zu nennen, der »Erkenntnis Gottes« viele hundert Seiten gewidmet – mit zum Teil erheblichen Konsequenzen für unsere Selbst- und Welterkenntnis. Eine intensive Gotteserkenntnis ist also wahrhaftig nicht gering zu achten.

Und dennoch gibt es da offenbar ein Problem. Es scheint darin zu bestehen, dass man meinen könnte, Gotteserkenntnis als solche sei schon ein Wert an sich. Dem hält der Erste Johannesbrief entgegen: Nein, sie ist kein Wert an sich. Sie kann auch ein frommes Um-sich-selber-Kreisen sein. Sie kann auch zu einem religiösen Ego-Trip verkommen. Hier spricht unser Abschnitt einmal mehr Klartext: Wer seiner Gotteserkenntnis nicht entsprechende Taten folgen lässt, ist ein Lügner. Punkt. Im Grunde bricht sich hier die alte biblische Wahrheit Bahn, dass Glaube und Liebe untrennbar zusammengehören.

Auch wir werden gut daran tun, mit unserem Glauben nicht in fromme Wagenburgen zu fliehen, sondern das, was wir von Gott her erkannt haben, etwa seine Gebote, zur Tat werden zu lassen: mutig, fröhlich und in einem guten Sinne selbstbewusst. Wohl wissend, dass wir dabei auf Vergebung und also einen anderen »Fürsprecher« angewiesen bleiben.

OKKO HERLYN

Herr, gib uns auch heute frische Kraft zu glaubwürdigen Taten.

Fest verankert in Gott

Psalm 119, der eine umfangreiche Meditation über die Weisung Gottes ist, stellt die enge Beziehung des Beters, der Beterin zu Gott in den Mittelpunkt. Im Gebet wendet er/sie sich Gott zu und erbittet die Zuwendung und das Erbarmen Gottes für sich. Ein tragendes Fundament dieser Beziehung ist die Erkenntnis des göttlichen Handelns: Gott wird als Schöpfer angesprochen. Das ist hier ganz persönlich gemeint: Du hast mich gemacht (V. 73). Auch das Wissen um Gottes Gebote, seine Weisung zum Leben, ist entscheidend (V. 73). Es gibt Orientierung und Halt. Die Einsicht betrifft auch Gottes Handeln im Leben des Betenden: Du, Gott, bist treu, du stehst zu mir, auch wenn es mir gerade nicht gut geht (V. 75). Gottes Handeln wird von glaubenden Menschen nicht immer als unmittelbar verständlich erfahren. Solche Situationen kennen wohl viele und so geht es auch dem Beter/der Beterin dieses Psalms. Doch die feste Verankerung in Gott hält auch zweifelnde Fragen und Anfechtungen aus. Die Psalmverse bringen die Haltung zum Ausdruck, in jeder Lebenslage bei Gott und seinem Wort zu bleiben und weiterzusuchen. Die Frucht dieses geduldigen Vertrauens ist Leben. Dieses Leben bedeutet ein Bewahren der persönlichen Ganzheit und des gesellschaftlichen Ansehens (V. 80). Es ist nicht nur Ertragen und Leiden, nein, das Wort Gottes bringt Freude, Lust, Ergötzen (so verschieden wird das hebräische Wort, das in V. 77 verwendet wird, übersetzt). Wer eine solche Haltung an den Tag legt, wird auch zum Vorbild für andere, die sich ein Beispiel daran nehmen können und sollen (V. 74 und 79). Die Freude an Gott und seinem Wort und das Vertrauen auf Gottes Erbarmen sind für andere sichtbar. Sie strahlen aus und stecken an. Daraus entstehen Gemeinschaft und Unterstützung. In dieser Gemeinsamkeit kann die Gottesbeziehung gelingen und noch vertieft werden. Voraussetzung dafür ist das beständige Suchen nach Gott.

AGNETHE SIQUANS

Gott, ich suche deine Nähe in deinem Wort. Schenke mir deine Zuwendung und dein Erbarmen auf allen meinen Wegen.

Leben im Licht

Mit der Anrede »Geliebte« setzt der Briefschreiber neu ein. Es geht um das Zusammenleben in der christlichen Gemeinde – um das Leben im Licht. Johannes verweist auf ein einziges Gebot, das schon durch sein Alter Autorität erhält. Die 10 Gebote werden im Gebot der Liebe zusammengefasst, das »von Anfang an« besteht. Durch die Bildsprache »Licht« denke ich sowohl an den Beginn der Welt, als Gott das Licht schuf (Gen 1,3), als auch an den Beginn der christlichen Heilsgeschichte, als Christus als Licht in die Welt kam (Joh 1,4f.; Joh 8,12).

Im Licht Christi zu leben und es weiterzutragen, indem wir einander lieben, konkretisiert die Aufforderung aus dem vorherigen Abschnitt, so zu leben, wie Christus gelebt hat (1.Joh 2,6). Hass gegenüber meinen Glaubensgeschwistern trennt mich von Gottes Licht und lässt mich in der Finsternis »wandeln« und damit in der Gefahr stehen, mich zu verirren. In Liebe miteinander verbunden zu bleiben, hilft dagegen der ganzen Gemeinde, dass niemand stolpert oder strauchelt. Die liebende und sich auf andere beziehende Person wird zu einer Lichtgestalt, die Orientierung schenkt.

Die klaren Bilder faszinieren mich. Es geht um Licht und Finsternis – von Dämmerung ist nicht die Rede. Die Liebe ist keine romantische Gefühligkeit, sondern eine innere Haltung des Wohlwollens und des Respekts vor der anderen Person, gepaart mit der Bereitschaft, der anderen Person das Beste zu tun und zu helfen, wo es notwendig ist. Möglich ist das nur, wenn ich mich selbst geliebt spüre. Möglich ist es auch nur, wenn ich meine eigenen Schatten geklärt habe. Der Hass auf die andere Person entspringt häufig dem Hass auf mich selbst. Ich will meinen Dunkelheiten auf die Spur kommen und sie in das heilende Licht stellen, das mit Christus in mein Leben gekommen ist.

SIBYLLE ROLF

Herr Jesus Christus, Licht der Welt, Licht meines Lebens. Dir befehle ich meine Dunkelheiten an, auch die, die ich noch nicht kenne. Lichte und erleuchte mein Leben, dass ich im Licht lebe und anderen Licht bin.

Das Wichtigste im Leben und Sterben

Der Abschnitt spitzt noch einmal zu: Die Sünde ist vergeben um »seines Namens willen«. Jesus, Jehoschua – der Name ist Programm: »er wird sein Volk retten von ihren Sünden« (Mt 1,21). Dass die Leser*innen des Briefes in der Vergebung ihrer Sünden miteinander und untereinander verbunden sind, ist Johannes so wichtig, dass er mit seiner Formulierung »ich schreibe euch« ein besonderes Augenmerk darauf legt.

Sünde meint Unglauben und Vertrauenslosigkeit Gott gegenüber, woraus einzelne Sünden entspringen. Wer in der Zuversicht der Vergebung lebt, lebt im Licht – wer sich davon entfernt, bleibt in der Finsternis. In mehreren Schleifen wendet sich Johannes an bestimmte Gruppen in der Gemeinde: die Väter, die jungen Männer (bis etwa 40 Jahre), die Kinder. Die jungen Männer erhalten ihre besondere Würde darin, dass sie »den Bösen« überwunden haben. Vermutlich meint Johannes den römischen Kaiser als Repräsentanten der weltlichen Macht und Gewalt, der zur Zeit der Abfassung des Briefes eine Gefahr für die christliche Gemeinde darstellte.

Die Worte des Briefes sind voller Respekt für Standhaftigkeit in einer existentiell bedrohlichen Situation. Johannes bestärkt die Lesenden in ihrer Festigkeit, die sie für ihr Leben gefunden haben. Sie haben sich den Versuchungen der Welt gegenüber standhaft gezeigt und der Sehnsucht nach Macht, Einfluss und Besitz nicht nachgegeben. Dieser Gedanke holt den Text in meine Lebenswelt. Worauf kommt es im Leben und Sterben wirklich an? Woran halte ich mich fest? Kann ich auf äußere Anerkennung verzichten und mich auf die Liebe einlassen, die Gott in mir begonnen hat? In Martin Luthers Worten: Woran hängt dein Herz?

Für Johannes ist klar: Wenn ich das Gebot der Liebe halte, lebe ich im Licht – und das Licht bleibt. Die Finsternis aber und damit die Welt, die Gott nicht kennt, wird vergehen. Worauf kommt es mir an im Leben und im Sterben?

SIBYLLE ROLF

Du Gott des Lichts, halte mich bei dir in deiner Gegenwart, dass ich mein Leben mit dir führe und mich an dich hänge. Lass mich in deinem Licht sein und bleiben mein Leben lang.

Gesalbt und bestärkt

Johannes spricht von einem Kampf und der Endzeit. Wir sind noch nicht in Gottes Welt angekommen. Christus und die, die ihm nachfolgen, bleiben unter dem Einfluss von Mächten, die gegen ihn sind und andere Werte vertreten: der »Antichristus«, der unbedingten Gehorsam fordert und göttlichen Status für sich beansprucht. Der Briefschreiber denkt wohl an den römischen Kaiser Domitian, der sich als *deus et dominus* verehren ließ in Konkurrenz zum Gott der Jesus-Nachfolger*innen. Die pure Existenz des Antichristus wird für die christliche Gemeinde zur existentiellen Bedrohung für Leib und Leben. Was kann der Christenmensch ihr entgegensetzen?

Johannes verwendet das Bild der Salbung und sieht Christ*innen als Gesalbte im Gegensatz zum Antichristus, den Gegen-Gesalbten. Diese Gegenüberstellung findet sich allein im ersten Johannesbrief. Jesus, der Christus (der Gesalbte) gibt in der Taufe an seiner Salbung Anteil, so dass wir die Wahrheit erkennen und ihm folgen können. Damit erhält die Salbung im Brief eine ähnliche Funktion wie die Rede vom Heiligen Geist, dem Parakleten, im Johannesevangelium. Der Paraklet erinnert die Jünger*innen nach Tod und Auferstehung an die Lehre Jesu und schließt die Gemeinde mit Jesus zusammen.

Mit dieser »Salbung« durch den Empfang des Heiligen Geistes sind die Christ*innen geschützt vor Angriffen des Anti-Christus. Mit der Salbung können sie »in Christus« und damit in der Wahrheit bleiben und leben – auch über das irdische Leben hinaus. Die Taufe gewinnt so den Charakter einer schützenden Haut, die es mir ermöglicht, durch alle Widrigkeiten des Lebens zu kommen und am Vertrauen zu Gott festzuhalten. Welch ein eindrückliches Bild. Ich denke an das katholische Sakrament der Firmung, bei dem (meist junge) Menschen mit Salböl bezeichnet werden. Eine »Konfirmation«, eine Bestärkung. Solche Zeichen brauchen wir, um bestärkt zu werden. Du bist gesalbt, mit dem Kreuz bezeichnet, gesegnet. Nichts kann dich von Christus trennen.

SIBYLLE ROLF

Herr Jesus Christus, ich gehöre zu dir. Weil ich zu dir gehöre, kann mich nichts von deiner Liebe trennen. Lass mich in dieser Gewissheit leben. Bestärke mich.

Kind Gottes

Mit diesem Begriff verbinde ich eine Erfahrung, die mich heute noch beschämt. Ich war etwa 20 Jahre alt. In einem Elternhaus aufgewachsen, das mir einen innigen Kinderglauben vermittelte, war mir selbstverständlich, an Jesus zu glauben, wie es halt in meiner geliebten Kinderbibel (Anne de Vries) geschrieben war. Jesus war der leibliche Sohn Gottes, Maria noch »Jungfrau«, als sie schwanger wurde. Ich machte auch kein Geheimnis aus diesem Glauben. Heute habe ich den Eindruck, dass ich diesen Glauben gebrauchte wie ein Schild, das ich vor mir hertrug, der mir Sicherheit und Schutz gewährte und mein Selbstwertgefühl stärkte. Ob ich durch ihn liebevoller wurde…?

Dann wechselte der Lehrer im Gymnasium für Religion. Ich war etwa 15 Jahre alt. Es ging um Jungfrauengeburt, an der die Gotteskindschaft Jesu für mich hing. Noch heute sehe ich das mitleidig-herablassende Lächeln. Ich sei wohl nicht aufgeklärt? Nach meiner Erinnerung dann Lachen der Mitschüler. Und ich erinnere die tiefe Traurigkeit: Jesus war also nur ein sehr besonderer Mensch, der sich als Gottes Sohn bezeichnete… Mit Jesus konnte ich nicht mehr viel anfangen.

In christlichen Kreisen bewegte ich mich aber nach wie vor. Damals als Schwesternschülerin im Diakonieverein mit etwa 20 Jahren, sagte eine ältere Mitschülerin, Kind Gottes sei nur der, der an Jesus als persönlichen Erlöser glaube. Ich widersprach. Gottes Liebe sei viel größer, nicht so kleinkariert und an solche Bedingungen geknüpft. Die meisten der Anwesenden zollten mir Beifall, und die ältere Mitschülerin schwieg dann dazu.

Sehen Sie: *Das* war der Moment, für den ich mich heute schäme. Ich hatte etwas verwechselt: Wir sind alle von Gott erschaffen und alle unendlich geliebt von Ihm, ohne Ausnahme. Aber *sein Kind* bin ich im biblischen Sinn dann, wenn ich durch »Wasser und Geist« neu geboren worden bin. Und das zeigt sich, so glaube ich, in der Sehnsucht nach *seiner* Nähe, nach Verbindung mit *ihm*, die mich dann auch befähigt, lieben zu können.

GABRIELE HILGENSTOCK

Vater im Himmel, ich hab dich lieb! Lehre mich, zu lieben, dich und meinen Nächsten wie mich selbst!

Liebe zum Bruder

Oft schon habe ich mich gefragt, was wohl damals vorgefallen ist, dass Gott das Opfer Abels annahm, das von Kain aber nicht. Kain brachte dem Allerhöchsten auch Opfer, wie Abel, auch von dem, was er selbst erwirtschaftet hatte. Was hat Gott dazu bewogen, allein das Opfer Abels anzunehmen? Heute, im Lichte dieses Bibelabschnittes über die Bruderliebe, denke ich: Wirklich geliebt hat Kain seinen Bruder nicht. Denn Liebe gönnt dem Geliebten das Gute, was ihm widerfährt, freut sich sogar darüber. Wenn aber die Liebe zum Bruder die Lackmusprobe für unser Verhältnis zu Gott ist, dann lag da etwas im Argen auch im Verhältnis zu Gott.

Wir sollen unsere Geschwister lieben! Unsere Liebe zu Gott lässt sich erkennen an der Liebe untereinander. Und nun stelle ich mir die Situation in der Gemeinde vor, die diesen Brief erhält. Er wurde ja geschrieben, weil es in der Gemeinde Mitglieder gab, die »Lügenpropheten und Irrlehrer« waren. Das wiederum schien dazu zu führen, dass das Miteinander in der Gemeinde empfindlich gestört war. Ich stelle mir vor, dass man lieber sich über hohe Lehren austauschte, als sich für das Leben des Bruders wirklich zu interessieren und Anteil zu nehmen. Wir sollen Anteil nehmen am Leben des Bruders, im Ernstfall sogar bis zur Selbstaufgabe: »Wir sollen auch das Leben lassen für die Brüder«, Vers 16... Uff, das sagt eine Psychotherapeutin? Die versucht, den Menschen Selbstfürsorge zu vermitteln? Die weiß, welche schlimmen Auswüchse diese Opferbereitschaft haben kann? Die auch weiß, dass dieses Gebot zu Unterdrückung und Machtmissbrauch führen kann? Die weiß, dass es krank macht, wenn ich ständig über meine eigenen Grenzen gehe?

Ja. Es greift zu kurz, wenn ich nur in meinen Grenzen bleibe, ich bin zur Liebe zu Gott und zum Bruder berufen! Aber: 1. Wir werden nicht von der Not berufen, sondern von Gott! (die Unterscheidung fällt mir manchmal schwer) und 2. »Alles, was du im Angesicht Jesu tun kannst, das tu!« (Zitat Klaus Vollmer)

GABRIELE HILGENSTOCK

Heiland, danke, dass du uns unsere Lieblosigkeit vergibst und uns zum Lieben befähigst!

Gott ist größer als unser Herz

Als ich gestern den Text wieder auf mich wirken ließ, darüber nachdachte, wie es um meine Liebe zu den Geschwistern bestellt ist, war ich schon erschrocken. Wenn ich das so nehme, wie es im Text steht, dass wir sogar für den Bruder/die Schwester, das heißt für jeden, der wie ich zu den Nachfolgern Jesu gehört, unser Leben einsetzen sollen, dann bin ich wohl doch nicht so »gut«, wie ich manchmal denke. Vor solch einer Anforderung kapituliere ich. Das kann ich nicht! Das will ich noch nicht mal! – Und dann las ich diesen Satz »… so uns unser Herz verdammt, Gott größer ist als unser Herz«, als wäre er persönlich für mich geschrieben worden. Zwei Dinge sind mir dabei aufgefallen: Wenn ich mich wirklich mit Seinem Wort auseinandersetze, das Wort auf mich beziehe und ernst nehme, komme ich nicht darum herum, mich als jemanden zu erkennen, der tatsächlich »Sünder« ist, der weit hinter dem Liebesgebot Jesu zurückbleibt. Der in unzähligen, oft banalen Situationen des Alltags nicht nach dem Liebesgebot fragt. Der sich aus Bequemlichkeit, Angst oder weil er »Wichtigeres« zu tun hat, gegen die Liebe entscheidet. Was weiß ich von dem Menschen, der neben mir im Gottesdienst sitzt? Will ich wissen, was ihn beschäftigt, was er nötig hat? Was wissen wir voneinander? Interesselosigkeit – ist das nicht eine sehr spezielle Form der Lieblosigkeit?

Aber auf der anderen Seite: Wie groß muss Seine Liebe sein, die unsere Lieblosigkeit aushält (letztlich an ihr stirbt) und die uns wieder und wieder vergibt und an der Liebe zu uns festhält! Glaube ich das, dass »Gott größer ist als mein Herz«? Wenn ich mir selber nicht vergeben kann, Gott kann! Ich vertraue doch nicht auf meinen Glauben, meine Gerechtigkeit, sondern auf Jesus Christus, der für mich ans Kreuz ging. Wie es im Römerbrief 8,38ff steht: Denn ich bin gewiss, dass nichts mich scheiden kann von der Liebe Gottes in Christus.

GABRIELE HILGENSTOCK

Heiland, bitte gib mir immer neu das Staunen und die Freude über deine Liebe!

Sehnsucht nach Rettung

Die elfte Strophe des langen Psalms 119 ist geprägt von Anfechtung und Verunsicherung. Gleich zu Beginn ist zweimal die Rede vom »Verzehren« und »Verlangen«. Damit ist ein sehnsüchtiges Hoffen, ein seelisches Hungern nach Gottes rettendem Eingreifen angesprochen. Drei Fragen nach dem Zeitpunkt verdeutlichen die Dringlichkeit der Bitten: »wann« (V. 82), »wie viele Tage« und noch einmal »wann« (V. 84). Das Bild vom Schlauch im Rauchfang ist schwer zu verstehen. Vielleicht meint es, dass sich der Beter/die Beterin von Gott vergessen fühlt, wie ein Weinschlauch, der das Jahr über nutzlos über der Feuerstelle hängt, bis man ihn wieder braucht. Doch im Gegensatz dazu hat der/die Betende Gottes Gebot nicht vergessen (V. 83). Das macht das Leiden noch schlimmer und das Warten noch unerträglicher. Die Notsituation ist durch andere Menschen verursacht: »Verfolger« (V. 84) und »Stolze« (V. 85) werden erwähnt. Auch von ihrer »Lüge« ist die Rede (V. 86). Offensichtlich geht es um Menschen, die nicht nach Gottes Gebot leben, den Frommen verspotten und ihm das Leben schwer machen. Der Beter/die Beterin fühlt sich sogar in ihrem Leben bedroht (V. 87). Trotzdem oder gerade deswegen betont das betende Ich seine eigene Treue zu Gott, sein unentwegtes Festhalten an Gottes Geboten. In den inständigen Bitten kommt das Vertrauen auf Gottes Leben spendende Liebe zum Ausdruck. Auch wenn es sich verlassen fühlt, verlässt es doch Gottes Wege nicht (V. 87). Die in jeder Strophe wiederholten Ausdrücke »Wort«, »Spruch«, »Gesetze«, »Weisung«, »Gericht(sentscheide)«, »Gebote«, »Befehle« und »Zeugnis« weisen darauf hin, dass Gottes Trost und Hilfe in seinem Wort gesucht und gefunden wird. Das Bekenntnis des Vertrauens auf Gott, das Festhalten an seinen Geboten und die Hoffnung auf Rettung durchziehen den gesamten Psalm und sind Ausdruck der engen Beziehung des Beters/der Beterin zu Gott.

AGNETHE SIQUANS

Gott, wenn andere Menschen mich bedrängen, wenn ich mich verlassen fühle, sei du mein Trost und meine Rettung! Auf deine Liebe vertraue ich zu jeder Zeit.

Verführer sind unter uns

Das gab es immer schon: Menschen, die verführen. Stecken wirklich Menschen dahinter? Der Verfasser dieses Briefes – wir nennen ihn Johannes – sah einen anderen Urheber: eine Macht, die Christus entgegensteht, eine dunkle Macht; es ist der Antichrist, so lesen wir hier. Durch falsche Propheten, Pseudopropheten bezeichnet Johannes sie, werden Menschen von ihrem Glaubensweg abgebracht, vom rechten Glauben. Die Gemeinde ist davon bedroht, Menschen sind gefährdet, ihr Heilsweg ist in Gefahr.

Es ist ein Streit, der für uns Heutige nur schwer nachvollziehbar ist: War Christus ganz Mensch oder ganz Gott oder beides, teils teils? Und war er selbst Gott oder nur sein Mittler; wie war sein Verhältnis zu Gott? Das Heil entscheidet sich an der richtigen Beantwortung dieser Frage, schreibt Johannes. Es geht um das richtige Christusbekenntnis; das ist das Kriterium, ob der Heilsweg eingeschlagen ist.

Die Verführer und die Verführungen, auch die Motive sind heute andere. Trotzdem gibt es Parallelen. Menschen sollen dazu gebracht werden, einen bestimmten Weg, einen Heilsweg, zu beschreiten. Egal, ob er nun politisch, ideologisch, auch religiös begründet wird oder einfach mit einem modernen Lifestyle. Die Angebote konkurrieren, sind verwirrend vielfältig. Welchen Weg soll ich einschlagen? Worauf soll ich hören? Das Kriterium, das Johannes als Richtschnur nennt, gilt auch heute. Kann ich auf meinem Weg Christus erkennen, ihm begegnen und nachfolgen, ihn wahrnehmen und hören? Andernfalls bin ich dem aufgesessen, den Johannes hier den Antichristen nennt; der mich von Gott trennt und mich von ihm entfernt. Da sei Gott vor!

CHRISTIAN RENOVANZ

Herr Jesus Christus, da sind viele, die rufen und winken und mir ein gutes Leben versprechen. Aber welches ist der Weg, den ich gehen soll, auf dem ich dir begegne, um dir nachzufolgen? Wohin soll ich mich wenden? Welche der vielen Spuren führt zu dir? Herr, weise mir deinen Weg!

Die Liebe als Erkennungszeichen

Welches ist der richtige Weg? Der Weg, auf dem ich Christus begegne und der mich zu Gott führt? Und woran erkenne ich auf diesem Weg Christus, woran erkenne ich Gott? Die Antwort ist verblüffend einfach: Gott ist die Liebe. Vorbei ist alles Theoretisieren über Gott: wer er ist, wie er ist, was er vorhat, ob dieses oder jenes zu seinen Eigenschaften gehört. All das löst sich in diesem einen Satz auf: Gott ist die Liebe. Darin steckt der Kern allen theologischen Denkens des Johannes. Dafür, so sagt er, ist Christus in die Welt gekommen; das war sein Auftrag: Er sollte den Menschen das Bild eines liebenden Gottes vermitteln und er tat dies, indem er selbst gottgleich die Menschen liebte; egal, wer sie waren und welchen Stand sie hatten, egal, was für ein Leben sie geführt hatten – die Liebe Gottes ist ihnen gewiss. Sie ist Gottes Angebot zur Versöhnung. Ohne dieses Angebot wäre ein tiefer, unüberwindbarer Graben zwischen Gott und den sündhaften Menschen; sie wären von ihm getrennt. Mit seiner Liebe will Gott diesen Graben überbrücken, um die Verbindung wieder herzustellen.

Allerdings steckt in diesem Angebot auch eine ethische Aufforderung. Der Kirchenvater Hieronymus hat uns eine Anekdote über Johannes überliefert, nach der dieser in hohem Alter in den Gemeindeversammlungen nur noch wenig sagte. Nur das eine wiederholte er jedes Mal mit schwacher, brüchiger Stimme: »Kindlein, liebet einander!« Irgendwann wurde er dann doch gefragt, warum er ihnen diesen einen Satz immer aufs Neue sage. Er antwortete: »Darum, weil es der Herr befohlen hat und weil das allein, wenn es geschieht, ganz und gar genug ist.«

CHRISTIAN RENOVANZ

Lieber Vater im Himmel, hab Dank, dass du dich mit deiner Liebe mir in den Weg stellst. So kann ich dich erkennen und die Versöhnung mit dir erleben. Durch deine Liebe ist es mir möglich, selbst zu lieben. Auf diesem Weg möchte ich gehen und dir nachfolgen.

Der Sieg über die Welt

Die Welt besiegen – wir können es, sagt Johannes hier; wir können die Welt besiegen. Das ist ein großes Wort! So mancher hat sich aufgemacht, die Welt zu besiegen, militärisch zu besiegen. Oft endete das in einem Desaster und viele Menschen haben für Machtfantasien, für die fanatische Durchsetzung einer Ideologie oder Religion, für die Selbstüberschätzung und Überheblichkeit meist anderer alles verloren, etliche sogar ihr Leben. Denn das sind die Kennzeichen dieser Welt: Überheblichkeit und Verachtung anders Denkenden gegenüber, Selbstgerechtigkeit und Selbstüberschätzung bis hin zum Größenwahn. Aber nicht nur militärische Auseinandersetzungen haben oftmals ihre Ursache darin, sondern auch der Umgang der Menschen untereinander ist häufig davon geprägt.

Gottes Regeln für die Menschen sind andere. Jesus Christus hat sie in die Welt gebracht, hat sie gelebt, uns vorgelebt. An ihnen sollen die Menschen sich orientieren, nach ihnen sollen sie leben und miteinander umgehen, voller Respekt, voller Achtung, die Würde des Anderen wahrnehmen, sie ernst nehmen. Das bedeutet Nachfolge, ein Kind Gottes zu sein. Das meint Glaube an Jesus Christus. »Durch unseren Glauben haben wir die Welt schon besiegt«, schreibt Johannes und er meint damit genau dies: Da, wo es uns gelingt, dem Willen Gottes zu entsprechen, seine Gebote zu befolgen und unseren Mitmenschen voller Respekt und Achtung zu begegnen, sie eben zu lieben – und das mag manches Mal in unserem engeren Umfeld geschehen –, da haben wir die Kennzeichen und Regeln dieser Welt überwunden, ja, haben die Welt selbst besiegt.

CHRISTIAN RENOVANZ

Herr im Himmel! Hass, Fanatismus, Missachtung zerstören die Welt und den Umgang der Menschen untereinander. In Jesus Christus hast du uns offenbart, wie wir als deine Kinder leben sollen. Unsere Liebe zu dir soll erkennbar sein in unserer Liebe zu unserem Nächsten. So können wir die Regeln der Welt durchbrechen und besiegen. Für diesen Sieg danken wir dir, denn du schenkst uns so ein Leben in dir.

Jesus Christus bezeugen

Immer wieder und durch alle Zeiten gilt es je neu zu bezeugen: Ich glaube Jesus, den Christus. Ich glaube Jesus Christus, aus Gott geboren, getauft mit Wasser, eins mit dem Geist. Ich glaube seine Hingabe am Kreuz und dass sein Blut die Menschen erlöst. Ich glaube Jesus Christus als den, durch den das ewige Leben, der Sieg über den Tod und die Finsternis in die Welt kam. Ich glaube Jesus Christus als von Gott in unsere Welt gesandtes Zeugnis seiner von Ewigkeit her unendlichen, unbegrenzten Liebe zu uns Menschen.

Manchmal gerate ich ins Stocken: Was bedeuten diese Wörter, diese Zuschreibungen, diese Aussagen je konkret für mein Leben? Zeugin und Zeuge Jesu Christi zu sein, ihn als Zeugnis Gottes in dieser Welt zu bekennen, ist und bleibt eine Herausforderung. Hat sich durch sein Kommen und durch seinen Kreuzestod die Welt zum Guten verändert? Mit Gottes Geist getauft zu sein weist tief in das Innerste des Menschseins. Es bedeutet, so durchdrungen zu werden von Gottes Geist, dass ich aus ihm heraus lebe und handle. Das ist der Ausgangspunkt und die Perspektive bei Entscheidungen, bei Haltungen im Kleinen und Großen. Von Jesu Geist bestimmt zu leben bedeutet, eine bedingungslose Zuwendung zum Nächsten als Grundhaltung einzunehmen. Es bedeutet auch, die Suche nach Frieden und Gerechtigkeit nie aufzugeben oder einem anderen Ziel unterzuordnen. Es bedeutet, in der Radikalität des Kreuzes, an die Stärke der Schwachen und Ohnmächtigen zu glauben wider alle Realitäten. Sich nicht damit abzufinden, dass immer nur der Starke gewinnt, sondern zu vertrauen, dass das Leben selbst siegen wird. Solcher Glaube verändert und kann die Welt verändern. Solches Leben legt Zeugnis ab für Gott. Solches Zeugnis bekennt den Glauben an Jesus, den Christus.

BARBARA JANZ-SPAETH

Dich, Jesus Christus, glaube ich als Gottes menschgewordene Liebe, die mein Herz, meine Seele und meine Gedanken umfängt. Sie ist die Spur meines Lebens, der ich vertraue.

Glauben schenkt Zuversicht und Einsicht

Wie immer im biblischen Text: ein Indikativ. Nicht: Glaube möge Zuversicht schenken. Wir haben sie! Als Glaubende haben wir eine Zuversicht, die an das Menschenunmögliche glaubt. Eine Zuversicht, die den Glauben an die Menschheit nicht aufgibt. Eine Zuversicht, die der Zerstörung Einhalt gebietet. Eine Zuversicht, die Kräfte des Guten freisetzt. Eine Zuversicht, die Verbindungen schafft. Solche Zuversicht schenkt Glauben. Aus solcher Zuversicht wächst Erkenntnis und Einsicht, die um den Unterschied zwischen Gut und Böse weiß. Eine klare Entscheidung wird möglich. Glaube schützt und bewahrt vor dem Bösen. Glaube handelt im Sinne Gottes und trifft eine Entscheidung gegen die Sünde, selbst dann, wenn man ihr kaum ausweichen kann. Glauben ist immer eine Entscheidung für das Leben.

Sich darauf zu besinnen hilft in komplexen Situationen. Wenn ich nicht mehr weiß, was richtig ist, dann hilft die Frage: Dient meine Entscheidung dem Leben? Führt sie andere oder mich ins Leben (zurück)? Ermöglicht sie, in der Beziehung zu Gott zu bleiben? Im Umkehrschluss wird dadurch Sünde entlarvt. Denn diese wirkt zerstörerisch, gar tödlich. Sie verhindert das Leben. Das klingt radikal und ist es auch. Weil leben dürfen und können für kein Geschöpf auf dieser Erde eine Belanglosigkeit ist. Weil es um Tod oder Leben geht.

Daran orientiert sich unsere Bitte, die wir an Gott richten. Er wird den Ernst unserer Bitte hören und sehen. Er weiß, ob sie dem Leben förderlich ist. Hilft sie dem Nächsten zu leben, wird sie erhört werden. Diese Zuversicht haben wir. Daran glauben wir.

BARBARA JANZ-SPAETH

Mein Gott, erhöre mein Bitten, wenn ich die Zuversicht verliere. Erhöre mein Flehen, wenn ich der Sünde nicht mehr standhalten kann. Hilf mir, den Weg des Lebens nicht aus den Augen zu verlieren. Leite mich in meinen Entscheidungen und steh mir bei. Lass mich Ruhe finden in dir, und Zuversicht, in der ich mich bergen kann.

Tradition und Fortschritt

Es ist nicht einfach, als Gemeinschaft miteinander den Weg des Glaubens zu gehen und sich immer wieder neu auf den auszurichten, den wir bekennen und durch unser Leben im Jetzt bezeugen. Wie viel Tradition, wie viel Lehre brauchen wir dabei? Wer wird als Autorität von allen akzeptiert? Wieviel Offenheit lassen wir zu? Führt Veränderung weg vom Kern unseres Glaubens und von der Lehre? Schließlich: Wer entscheidet über Zugehörigkeit oder Ausschluss aus dieser Glaubensgemeinschaft?

Zwischen dem Ältesten, dem Amtsträger, und der auserwählten Herrin mit ihren Kindern, der Gemeinschaft der Gläubigen, besteht eine Beziehung, die von der Liebe zu Gott und zueinander bestimmt wird. Ein Zusammenspiel von Nähe und Unter- und Zuordnung prägt sie. Solange diese Liebe die Basis im Umgang miteinander bildet, sind Entscheidungen möglich, die von allen mitgetragen werden können. Die Gemeinschaft praktiziert die Tradition im Heute, aktualisiert sie und entwickelt neue Formen. Aufgabe der Verantwortlichen ist es, mit wohlwollender Sorgfalt zu prüfen, ob das im Rahmen bleibt. Welche Erinnerung ist tragfähig und welche Tradition hilfreich, um heute den Glauben zu leben und zu verkünden? Welche ist fundamental und unveränderbar? Wie kann sie trotzdem und genau deswegen ins Heute übersetzt werden, ohne den Kern zu verfälschen? Welche Veränderungen führen in die Irre und gehen an der Glaubensbotschaft haarscharf vorbei? Die Gemeinschaft muss diesen Diskurs um Tradition und Fortschritt mit den Verantwortlichen führen. Sie müssen miteinander aushandeln, gemeinsam suchen und um ihr Bekenntnis ringen, um all das, was dem Leben dient und deshalb als Wahrheit angenommen wird. Bleibend ist die Liebe, in der und aus der heraus dieser Diskurs geführt wird. Es ist nicht einfach.

BARBARA JANZ-SPAETH

Lebendiger Gott, bewahre uns in der Liebe, wenn wir miteinander um die Wahrheit ringen. Halte uns in deiner Liebe, wenn wir Veränderungen wagen. Lass uns einander in Liebe begegnen, wenn wir an Traditionen festhalten. Stärke unsere Liebe zu dir, Gott.

Sing Halleluja!

In diesem Psalm bin ich direkt angesprochen: »Sing Halleluja, lobe den Herrn!« So, wie es der Psalmbeter auf jeden Fall sein Leben lang tun will. Die Begründung folgt gleich hinterher. Er ist voller Dankbarkeit über sein Leben und das Wirken Gottes darin. Dann zählt er auf, was der Herr alles bewirkt und wo er seine heilende Kraft erlebt hat.

Ich hatte bereits mehrmals Gelegenheit, mit afrikanischen oder amerikanischen Geschwistern Gottesdienste zu feiern. Ich, als von einer eher zurückhaltenden Schweizer Kultur geprägte Person, staune jeweils über die enthusiastischen Gesänge, die Tänze und ausdrucksstarken Predigten. Mir begegnet eine Fröhlichkeit, die begeistert davon erzählt, was Menschen mit Gott erlebt haben. Obwohl mir diese Art von Ausdrucksform fremd ist, nehme ich mir den tieferen Sinn dahinter sehr wohl zu Herzen. Was ich mit Gott erlebt habe, ist erzählenswert. Ich kann es auf vielerlei Weise tun, aber wichtig ist, unter die Leute zu bringen, was ich mit Gott erlebe.

Im Psalmlied wird erzählt von Hungrigen, die gespeist, und von Gefangenen, die erlöst wurden, von Blinden, die wieder sehen und Niedergeschlagenen, die neuen Mut finden. Speziell die Fremdlinge, Witwen und Waisen werden erwähnt, die Gottes besonderen Schutz erfahren haben. Was sind meine Erfahrungen? Wo habe ich das Wirken Gottes erkannt?

Da wäre zum Beispiel die Flüchtlingsfamilie, die Wohnung und Arbeit in unserer Gemeinde gefunden hat. Da sind Seniorinnen, die sich für Randständige einsetzen und ihnen einen geschützten Raum und eine Mahlzeit anbieten. Da erlebe ich, wie Menschen ihr Einkommen und Vermögen teilen und für Notleidende zur Verfügung stellen. Ich sehe Menschen, die sich Andersdenkenden gegenüber öffnen und neue Freundschaften entstehen. Solche Aktionen finden ihren Weg selten in die Medien und wenn, sind sie schnell wieder vergessen. Was ich jedoch von Gottes Güte selber erfahren habe und wo sie an anderen Menschen sichtbar wurde, davon kann ich erzählen.

LEA HAFNER

Dich, Herr, will ich loben von ganzem Herzen und erzählen von all deinen Wundern. Halleluja.

Türen öffnen

Der 3. Johannesbrief gibt nicht viel preis von dem Konflikt, der hier verhandelt wird. Um welche Wahrheit es hier geht, wird uns nicht genauer berichtet. Aber offensichtlich gibt es Menschen wie den genannten Diotrephes, der die Gemeinde abschotten will von anderen und der diese auch noch verleumdet. Er scheint auch andere zu zwingen, sich seiner abweisenden Haltung anzuschließen. Ein Machtmensch, so scheint es, der auch vor Lügen nicht zurückschreckt und Menschen ausschließt. Vielleicht steckt auch Angst dahinter, dass seine Wahrheit in Frage gestellt, die Ordnung gestört wird durch Menschen, die von außen kommen. Dem wird Gaius, der Empfänger des Briefes, gegenübergestellt: Er ist offen und gastfreundlich denen gegenüber, die als Botschafter Jesu unterwegs sind. Ob es hier um persönlichen Machtwillen oder inhaltliche Konflikte geht, das wissen wir nicht. Doch die Wahrheit, so der Briefschreiber, erweist sich am Handeln und an einer Haltung: Gastfreundschaft, Offenheit, »ein gutes Zeugnis von jedermann«. Sie wird nicht durch dogmatische Richtigkeiten erfüllt, sondern im Zeugnis der Liebe.

In unseren Zeiten, in denen Gesprächsräume sich schließen, Hass und Hetze als Meinungsfreiheit verharmlost werden, ist das ein wichtiger Gedanke. Was bedeutet es heute, das Gute zu tun, der Wahrheit verpflichtet zu sein, nicht zu verleumden, sondern unvoreingenommen Menschen zu begegnen? Keine exklusive, sondern eine inklusive Gemeinschaft zu sein?

Das Ringen um Wahrheit ist gerade in unseren Zeiten eine Existenzfrage unseres Zusammenlebens. Wer wissentlich andere verleumdet und versucht, sich durchzusetzen, indem er andere dominiert, dient nicht der Wahrheit, sondern nur seinem eigenen Machtwillen.

BEATE STRÄTER

Gütiger Gott, wie leicht ist es, sich von anderen abzuschotten. Im Streit der Meinungen fragen wir oft danach, wer Recht hat. Oder wir werden gleichgültig und halten uns raus. Deine Wahrheit ist erkennbar, wenn wir mit Liebe handeln. Die Wahrheit lässt sich an unseren Taten erkennen.

Einführung in das Buch Zefanja siehe Seite 395

Einer schreit nach Recht

Diese Verse wirken verstörend: Zur Strafe wird Gott alles vernichten, Menschen und Tiere. Besonders genannt werden die Geistlichen, die fremden Göttern dienen, die politisch Verantwortlichen, die Händler und die Reichen.

Solche unbequemen Texte übergehen wir gern. Diese Rede eines zornigen Gottes passt schwer zu unserem Bild eines liebenden Gottes. Auch haben viele die Erfahrung gemacht, dass man ihnen mit solchen Bildern vom göttlichen Gericht Angst gemacht hat. Von daher ist es gut, sich das Prophetenbuch Zefanja etwas genauer anzusehen. Es weist uns darauf hin, dass das biblische Gottesbild umfassend ist. Gott ist sowohl derjenige, der Menschen die Folgen ihres Unrechts spüren lässt, als auch derjenige, der am Ende den Menschen seine Gnade schenkt und ihnen ein erfülltes Leben verheißt.

Manches im Text weist auf Gottes heilendes Tun hin. So trägt Zefanja einen besonderen Namen. Er bedeutet: »Gott hat schützend geborgen.« Was Zefanja auszurichten hat, vermittelt letztlich Schutz und Geborgenheit und somit Hoffnung. Dem dient auch die ungewöhnliche Nennung von vier Generationen, also Vater (dessen Vorname Kuschi weist vermutlich darauf hin, dass er Schwarzer ist), Großvater, Urgroßvater, um dann bei König Hiskia zu landen. Der stand für Reformen ein. Sein Urenkel weist sich somit als treuer und fortschrittlicher Judäer aus. Er tritt am Ende des sechsten Jahrhunderts v.Chr. zur Zeit des judäischen Königs Josia auf. In dieser Zeit ist das Königreich Juda von der Weltmacht Assur besetzt. Politiker in Juda und Jerusalem sympathisieren stark mit Assur, statt ihrem Gott treu zu bleiben. Viele Menschen öffnen sich abergläubischen Praktiken wie dem Springen über Türschwellen. Die Geistlichkeit übernimmt Elemente des assyrischen Kults. Diese Schuld ruft die starke prophetische Kritik hervor. Zefanja schreit nach Recht für Gebeugte und Arme, wo alle vergessen zu haben scheinen, wer Gott ist und wie ein Leben nach Gottes Gebot aussieht.

EVELINA VOLKMANN

Wie groß ist deine Güte, Herr, die du bewahrst denen, die dich fürchten. Du birgst sie im Schutz deines Angesichts.

Die Mahnung zu Gerechtigkeit

Wie dröhnende Hammerschläge kündigt Zefanja bedrohlich den Tag an, an dem Gott zum Gericht kommt. Eindringlich malt er die Katastrophe vor Augen. Es wird sich wie ein schlimmes Gewitter anfühlen oder wie im Krieg. Doch dieser Krieg vernichtet nicht die Feinde, die anderen, sondern das Gottesvolk selbst. Menschen werden Angst haben und ihre Lebensgrundlage verlieren. Was sie einst an Reichtum angehäuft haben, nutzt ihnen jetzt nichts.

Diese Worte sind sehr bekannt geworden. Im Mittelalter sind sie in den lateinischen Hymnus »dies irae, dies illa« eingegangen, der bis vor etwas mehr als 50 Jahren in der lateinischen Totenmesse einen festen Platz hatte. Er besingt voller Angst das Jüngste Gericht für alle Toten, um dann an Jesus die Bitte um Vergebung zu richten. Viele haben die Klänge des Mozart-Requiems im Ohr, das diese Drohworte eindrücklich vertont.

Am Tag des Zorns (dies irae) zeigt sich: Was die Menschen politisch, wirtschaftlich und gesellschaftlich gegen Gottes Willen getan haben, wie sie sich Gott entfremdet haben, hat Folgen. Einfach sein Gesetz umdeuten und deshalb die Armen vernachlässigen oder Unschuldige töten, fremde Götter anbeten und Gott verachten – das geht nicht. So lässt Gott nicht mit sich umgehen. Menschliche Untaten empören ihn. Gott will Gerechtigkeit. Darum konfrontiert er die Menschen. Die Opfer hören hoffnungsvoll heraus, dass ihr Leiden ein Ende haben wird.

Doch bevor das Gericht kommt, gibt es die Möglichkeit der Besserung. Zefanja mahnt seine Landsleute eindringlich: Sucht Gott, sucht Demut, sucht Gerechtigkeit. Vielleicht wird euch Gott dann bergen. Vielleicht. Aber beeilt euch, die Zeit ist knapp. Hier klingt bis heute die Hoffnung an, die in Zefanjas Namen steckt. Hier ist zu hören, wie ernst die Missstände zu nehmen sind. Gegen die Ungerechtigkeiten und Zwänge, in denen Menschen bis heute leben, entwirft Zefanja ein sinnvolles Gegenmodell.

EVELINA VOLKMANN

Selig sind, die da hungert und dürstet nach der Gerechtigkeit, denn sie sollen satt werden. Selig sind die Barmherzigen, denn sie werden Barmherzigkeit erlangen.

Tochter Zion, freue dich!

Endlich kommt das Ende von Schmach und Furcht in Sicht. Nach deftigen Gerichtsworten schlägt der Prophet Zefanja überraschend neue Töne an. Was bisher nur das Vielleicht der göttlichen Rettung ist, tritt nun wirklich ein: Durch das Gericht hindurch wird Gott die Menschen bergen, ihnen eine Zukunft eröffnen und Hoffnung schenken. Es gibt ein Danach. Es fängt eine neue Welt an. Der Tag des Gerichts mündet in neues Leben. Das gilt zum einen für Menschen außerhalb des Gottesvolks. Die Völker, gemeint sind nichtisraelitische Gruppen, werden sich dem Gott Israels zuwenden. Hierin ist schon verheißungsvoll angedeutet, was sich später mit dem Dazukommen der Christen ereignen wird. Das gilt zum anderen für Menschen innerhalb des Gottesvolks. Doch hier wird es eine Scheidung geben zwischen denjenigen, die weiterhin prahlen und zur Umkehr nicht bereit sind, und denjenigen, die es ernst meinen mit Gott und seinen Geboten, mit den Armen und Demütigen. Mit diesem göttlichen Gericht verschwindet das, was die Menschen belastet: ungerechte, lebensfeindliche Umstände. Die »Theologie der Befreiung«, entstanden in den 1970er Jahren, knüpft hieran an. Im Kontext von Lateinamerika wird insbesondere Zefanjas Beschreibung der Armut hoffnungsvoll auf die realen Verhältnisse bezogen und daraus eine Parteinahme für die Armen abgeleitet. Verlierer von Machtsystemen erfahren endlich Heil. Das göttliche Gericht wird freudig begrüßt.

Diese Wende führt zur Aufforderung zu jubeln, so wie wir es aus der Adventszeit kennen. In einer Wirklichkeit, die trostlos und verzweifelt ist, öffnet der Prophet den Menschen die Augen für das Heil, das kommt. Gott, der wahre König Israels, ist da, vergibt, tröstet und schenkt Kraft. Reiche unterdrücken nicht mehr, Arme haben genug zum Leben. Sogar die Befreiung aus der babylonischen Gefangenschaft wird angedeutet. Der Gott Israels ist ein »Gott mit uns«, ein Immanuel. Später wird einer der ersten Jünger Jesu, Nathanael, Jesus mit »König von Israel« anreden (Joh 1,49).

EVELINA VOLKMANN

Öffne mir die Augen, dass ich sehe die Wunder an deinem Gesetz.

Einführung in das Buch Habakuk siehe Seite 393

Klagen und Ertragen

Unser Text ist der Anfang des Buches Habakuk. Die Ankündigung im ersten Vers lässt Großes erwarten. Ein prophetischer Ausspruch, wenngleich nicht unbedingt leicht, in einer Vision gesehen – das führt ins Innerste der Beziehung zwischen Gott und Mensch. Wir können Klarheit erhoffen für das, was in unserer Welt wichtig ist und wichtig sein wird.

Aber es folgt kein Gotteswort, keine großartige Vision, sondern ein Klagegebet – also eine ganz und gar menschlich ernüchternde Äußerung. Der Prophet beklagt, dass seine Wirklichkeit von Gewalt bestimmt wird und deshalb Gottes Wirken nicht spürbar ist. Dies ist umso schlimmer, da er in einer Gesellschaft lebt, die stolz darauf ist, Gottes Gesetz bei sich als Richtschnur zu haben. Aber durch andauernde Ungerechtigkeit ist die Weisung kraftlos. Und diese Weisung ist nicht irgendein Gesetzestext. Sie ist mehr – bleibende Verbindung zwischen Gott und seinem erwählten Volk. Auf dieses Volk bezieht sich die Klage. Sie haben sich von Gott entfernt. Der aber hört die Klage des Propheten und kündigt an, zu handeln. Seine Antwort hat jedoch nichts Tröstliches. Es wird alles noch schlimmer werden. Zur inneren Ungerechtigkeit wird noch Krieg und damit Unheil von außen kommen.

So hatten sich die Leser und Hörer des Habakuk das mit der Vision sicher nicht vorgestellt. Der prophetische Ausspruch legt ihnen schonungslos dar, dass sie verspielt haben. Es gibt nicht einmal einen Aufruf zur Umkehr. Die Folgen menschlichen Handelns scheinen hier unumkehrbar.

Der Prophet ist derjenige, der das Unheil kommen sieht und dies von Gott bestätigt bekommt. Er sucht die Nähe Gottes und ist doch machtlos all dem gegenüber. Ja, er ist mitten in die bedrückenden Ereignisse gestellt. Solche Leute braucht es bis heute: die benennen, was schiefläuft. Die mit Gott in Kontakt bleiben. Die nicht fliehen, sondern solidarisch Situationen ertragen.

ANNE RADEMACHER

Gott, schenke den Prophetinnen unserer Welt die Kraft, Ungerechtigkeit aufzudecken und zugleich zu ertragen. Lass sie zu einer Brücke zwischen dir und unserer Welt werden.

Geduld!

Es ist eine paradoxe Situation, die in unserem Text beschrieben wird. Habakuk hatte Gottes Eingreifen gegen die Ungerechtigkeit im Land angekündigt und nun kommen noch Fremdherrschaft und Krieg dazu. Aber – wie so oft – sind die Schwachen und die Gerechten die Leidtragenden. Zudem sieht es nicht so aus, als ob es hier nur um Korrektur geht, nein, es bahnt sich die Auslöschung des Volkes an. Das alles wirft Habakuk seinem Gott im Gebet vor die Füße.

In dieser Ausweglosigkeit wechselt der Prophet den Ort und stellt sich an einen Wachposten. Andere Propheten (Ezechiel und Jesaja) werden als Wächter bezeichnet. Sie sind dafür zuständig, zu warnen und zu erinnern. Aus der Klage und Ausweglosigkeit rafft sich Habakuk auf, diese Aufgabe wieder zu übernehmen. Er macht sich neu auf, um Gottes Antwort zu erwarten. Und diese Antwort bleibt nicht aus.

Allerdings dürfte sich Habakuk eine andere Antwort erhofft haben. Gott erneuert nur die Zusage, dass er handeln wird – ohne eine konkrete Frist zu benennen. So bleibt für den Menschen nur das Warten. Und das ist – gerade in schwierigen Situationen – schwer. Wie viel Geduld ist möglich? Wie lange darf man daran festhalten, dass nur Gerechtigkeit zum Guten führt? Wie lässt sich die Machtlosigkeit gegenüber großem Unrecht ertragen? Sieht man auf die Rolle des Propheten, verschärfen sich die Fragen: Darf man so verkünden? Verhindert man durch solche Vertröstung, dass sich etwas ändert?

Bis heute bleibt die Zerreißprobe zwischen aktivem Handeln und dem wartenden Aushalten bestehen. Glaubende Menschen schaffen hoffentlich auch heute den Ausbruch aus der bloßen Klage und Resignation. Dafür finden sich hoffentlich verschiedene Wächterorte, wo die Frage nach dem richtigen Handeln gestellt wird. Denn bis heute müssen und können wir immer neu – am besten im Gespräch mit Gott – eine Antwort finden.

ANNE RADEMACHER

Gott, gib uns Mut und Geduld, von beiden genug, um in unserer Welt das Richtige zu tun. Lass uns gestalten, was möglich ist, und aushalten, wo unverrückbare Grenzen sind.

Ehre wem Ehre gebührt

Dieser Psalm Davids, der auch für versierte Ausleger nicht einfach zu deuten ist, wird trotzdem als einer der feurigsten und kräftigsten aller Psalmen bezeichnet. Es wird vermutet, dass er wohl als Begleitgesang bei einem Zug der Bundeslade zum Berg Zion angestimmt wurde. Das kann ich mir gut vorstellen, wird doch im ganzen Lied Gott gelobt und von seinen großen Taten gesungen. Nicht verwunderlich also, dass die Überschrift »Hoffnung für alle« lautet: Gott ist Sieger!

Die Begeisterung, die gut herauszuhören ist, steckt an. Gott hat sich mächtig gezeigt, geholfen in Bedrängnis, vor Feinden errettet, ja, sie gänzlich vernichtet. Das darf und soll bejubelt werden. Die Ehre gebührt Gott, ihm allein.

Nur, wie schnell hat nach dem Feiern Angst und Verzweiflung die Israeliten wieder im Griff. Schon im nächsten Psalm heißt es: Rette mich, Gott, denn das Wasser geht mir bis an die Kehle! Ich bin versunken im Schlamm des Abgrunds und habe keinen Halt mehr. In Wassertiefen bin ich geraten, die Flut reißt mich fort. Ich bin erschöpft von meinem Rufen, es brennt meine Kehle. Mir versagen die Augen, während ich warte auf meinen Gott.

Ist das von meiner eigenen Erfahrung sehr weit entfernt? »Bergerlebnisse« wechseln sich ab mit Zeiten voller Unsicherheit und Zukunftsangst. Nicht immer erlebe ich Gottes Handeln sofort und manchmal heißt es, schwierige Zeiten auszuhalten. Auch wenn ich es gerne anders hätte, Gottes Eingreifen, so wie ich es mir vorstelle, bleibt manchmal aus. Das hat jedoch nichts mit Gottes Macht und seiner Souveränität zu tun. Und schon gar nicht mit seiner Liebe mir als seinem Kind gegenüber. Seine Treue zu mir bleibt bestehen und darum hat er mein Loblied verdient.

LEA HAFNER

Mein Mund ist voll Jubel und mein Herz ist voll Dank, Gott, über deine Hilfe in schweren Zeiten. Ich will davon erzählen, wie du mir beigestanden bist und meine Hoffnung in dich setzen, auch wenn ich dein Handeln manchmal nicht verstehe.

Wehe dir!

Was für aufwühlende Worte! Sie sind gegen die Babylonier gerichtet, die Jerusalem und das ganze Land erobert hatten. Die besiegten Menschen trauerten um ihre Lieben, die getötet oder deportiert worden waren und kämpften um ihre Existenz. Manche waren auch wütend auf Gott, der dieses Elend zugelassen hatte.

Auch der Prophet Habakuk ringt mit Gott. Er sieht den Grund für den Untergang darin, dass die Regierenden oft genug Gottes Gebote missachtet hatten. Andererseits empfindet er die Eroberer als brutal und ungerecht. Darum muss doch Gott einschreiten! Diese Hilfe wird ihm angekündigt.

In fünf Weherufen werden die Anklagepunkte gegen Babylon aufgezählt. Sie haben vor Gewalt und Mord unter der Zivilbevölkerung nicht zurückgeschreckt, um im großen Stil zu plündern. Mit diesem blutigen Gewinn konnten sie ihre prächtigen Paläste, Tempel und die hohen Festungsmauern in Babylon finanzieren, die sie mit Hilfe der deportierten Zwangsarbeiter errichten ließen. Für das Baumaterial holzten sie ganze Wälder im Libanongebirge ab. Alle ihre Verbrechen und Gewalttaten werden aber auf sie zurückfallen. Sie können ihrem Untergang nicht entgehen. Denn ihre Götter, verehrt in vergoldeten Statuen aus Holz oder Stein, sind nur von Menschen gefertigte Götzen. Sie können nicht helfen. Sie haben keine Macht. Nur der lebendige Gott, der im Tempel in Jerusalem gegenwärtig ist, wird sich in der Geschichte als die wahre Macht erweisen und Gericht über sie halten.

Die Worte ermutigen die Menschen, diese schwere Zeit durchzustehen und den Glauben nicht zu verlieren. Gott wird sie von der Unterdrückung der Babylonier befreien, auch wenn das nicht sofort geschieht. Das zarte Pflänzchen Hoffnung ist in ihre Herzen gesät. So können sie ihr hartes Leben besser bestehen.

JÜRGEN KAUFFMANN

Gott, wir sehen auch heute, dass Menschen unter Krieg, Zerstörung und Vertreibung leiden. Das macht uns sehr traurig und immer wieder wütend. Wir beginnen an dir zu zweifeln. Stärke unseren Glauben und wandle unsere Trauer und Wut in Hilfsbereitschaft.

Unheimliche Vision

Gott der Herr allein hat die Macht, die Feinde Israels zu besiegen. Inständig bittet der Prophet Gott um baldiges Eingreifen. In einer Vision sieht und hört der Prophet, wie Gott Gericht über Babylon halten wird. Unheimlich und furchterregend ist diese Vision. Sie erschöpft den Propheten so sehr, dass seine Kräfte schwinden.

In der Vision klingen Bilder von Gott aus der Geschichte Israels nach. Fremd mögen diese Bilder für uns sein, weil uns andere Vorstellungen von Gott viel näher sind. Der Kern der Vision ist eindeutig: Gott erscheint als unvorstellbar gewaltige Kraft, die gegen das Unrecht vorgeht und letztlich den babylonischen König besiegen wird.

Babylon ist freilich noch nicht besiegt. Der Prophet sieht voraus, dass Israel erst noch eine furchtbare Notzeit durchzustehen hat. Trotzdem ist sich Habakuk ganz sicher, dass durch Gott die Rettung kommen wird. Deshalb lobt er schon jetzt Gott voller Freude, der sein Heil und seine Kraft ist.

Mich spricht das tiefe Vertrauen an, das Habakuk in Gott hat. Ich sehe heute in vielen Ländern Mächtige, die rücksichtslos ihre Interessen durchsetzen wollen und dabei vor Gewalt und Unrecht nicht zurückschrecken. Da sehne ich mich nach einem Gott, der endlich seine Macht zeigt und für Gerechtigkeit in der Welt sorgt. Ob Gott meine Sehnsucht erfüllen wird? Oder ist meine Vorstellung von Gott viel zu menschlich? Wahrscheinlich muss ich aushalten, dass Gott anders ist und wirkt, als ich es mir vorstellen kann. Tröstlich ist für mich darum, dass ich mich in Gottes Gegenwart geborgen wissen darf und daraus Kraft schöpfen kann. Ja, ich darf mich wirklich darüber freuen, dass es Gott gibt und mir dieser Glaube immer wieder Zuversicht schenkt. Das hilft mir, die Aufgaben im Leben mit Gottes Hilfe anzugehen und zu meistern.

JÜRGEN KAUFFMANN

Ohne dich, wo käme Kraft und Mut mir her?
Ohne dich, wer nähme meine Bürde, wer?
Ohne dich, zerstieben würden mir im Nu Glauben, Hoffen, Lieben, alles, Herr, bist du.

Einführung in das Buch Kohelet/Prediger Salomo siehe Seite 373

Windhauch

Wie schnell das Jahr vergeht! Ich staune darüber und ich bin zugleich ein wenig traurig. Die Zeit vergeht schnell und in ihr auch mein Leben. Je älter ich werde, desto intensiver frage ich mich, was möchte ich noch erleben, kennen lernen oder ausprobieren. Ich denke darüber nach, was mein Leben bis jetzt ausgemacht hat und was bleibt, wenn ich nicht mehr bin.

Da treffen mich die Worte des Predigers: »Alles ist eitel« (Luther) oder »Windhauch, das ist alles Windhauch« (Einheitsübersetzung) oder »nichtig und flüchtig, alles ist nichtig« (Zürcher Bibel) – so unterschiedlich werden die ersten Worte übersetzt und meinen doch dasselbe: Alles ist vergänglich, auch wir Menschen. Der Kreislauf des Lebens bringt nichts Neues auf der Erde und bietet keinen Trost. Vergessen sind die Generationen vor uns und nach uns wird sich niemand mehr an uns erinnern.

Unser Streben nach Erfolg und Ertrag sind ein Haschen nach dem Wind, ebenso wie das Sammeln von Weisheit, um Gut und Böse zu unterscheiden. Denn damit sind Mühen, Enttäuschungen und Zweifel verbunden.

Die Worte des Predigers sind das Ergebnis seines Forschens und Fragens. Er ist der Philosoph in der Bibel. Seine nüchternen Worte bewirken, dass mir mehr nach Blues zumute ist als nach Rock'n Roll. Was bleibt denn im Leben und was verleiht unserem Leben eigentlich Sinn?

Der Prediger hat ja Recht: Das Leben mit seinen Mühen und Lasten kommt uns oft genug hart an. Das kann uns herausfordern und manchmal auch deprimieren. Wir dürfen uns dann diese Gefühle zugestehen. Wir müssen nicht ständig gut drauf sein. Die Worte des Predigers erinnern mich aber, immer wieder danach zu fragen, was trägt in schwerer Zeit, was bleibt und was mein Leben wirklich ausmacht. Antworten auf diese Fragen finde ich im Glauben an Gott, durch den und mit dem ich leben darf.

JÜRGEN KAUFFMANN

Gott, ich erfahre die Mühen und die Vergänglichkeit des Lebens. Das macht mich manchmal traurig. Lass mich dann den zarten Windhauch deiner Gegenwart spüren, der mir neue Lebensfreude schenkt.

Was macht gutes Leben aus?

Die Schönen, Reichen und Mächtigen – Sehnsuchtstraum vieler Menschen. Eines hoffentlich nicht fernen Tages den großen Lottogewinn ergattern und dann ein Leben in Saus und Braus leben. Wie toll wäre das!? Auch ich lese beim Friseur oder Arzt hin und wieder die Regenbogenpresse, auch wenn ich am Wahrheitsgehalt der Texte zweifle. Es sind halt so schöne Bilder von großen Villen, riesigen Jachten und schicken Kleidern.

Kohelet stellt dazu sein Wissen zur Verfügung. Doch dann fällt er auf den Boden der Tatsachen zurück und erkennt, dass sich sein Leben im Kern nicht verändert hat. Gut, dass er das rechtzeitig merkt: Auch Reiche werden krank, erleben Schmerz und Trennungen, müssen sterben. Und vor allem zieht er – aus biblischer Sicht – die richtigen Schlüsse aus seinen Erkenntnissen!

Wir wissen aus Studien, dass Lottomillionäre nach etwa einem Jahr nicht glücklicher sind als vor dem großen Gewinn. Inzwischen leben viele Lottogewinner ganz normal ihr Leben weiter und erzählen niemandem von ihrem Glück. Denn solches Glück ruft oft auch Neider und damit Zweifel hervor: Ist der Andere mein Freund oder will er nur mein Geld? Reiche, Schöne und Mächtige sind nicht unbedingt glücklicher als wir. Ja, schöne Frauen und Männer sind begehrter – aber Partnerschaft wird nicht mit einer hübschen Hülle gelebt, sondern mit dem echten Menschen.

Was jetzt? Ist das alles wertlos? Nein, sagt unser Text. Ich darf meinen Besitz, meine Schönheit und meine Macht genießen, die ich habe (und jeder von uns hat etwas!) – ich sollte mir nur bewusst sein, dass ich das alles auch verlieren kann. Wenn dann mein Leben sinnlos würde, hätte ich etwas falsch gemacht.

Es lohnt sich daher, genau zu prüfen, was ich im Leben wichtig finde, was für mich ein sinnvolles Leben ausmacht. In Umfragen kommen dabei oft Faktoren heraus, die wir nicht kaufen können: Familie, Freunde, gute Beziehungen, Gesundheit und Frieden stehen im Ranking dabei fast immer höher als materielle Dinge.

CLAUDIA KOLTER

Herr mein Gott, gib uns Weisheit bei der Prioritätensetzung, damit unser Leben gelingt.

Alles hat seine Zeit

Wie geht es Ihnen, wenn Sie diesen Text lesen? Schon oft gehört oder gelesen, nichts Neues zu entdecken? Die einzelnen Themen der Aufzählung schnell überflogen, weil so bekannt? Es lohnt sich, die Punkte der Aufzählung einzeln zu durchdenken, dafür ist hier leider nicht genug Platz. Nur so viel: Ein großer Bereich des menschlichen Lebens ist hier angesprochen: Landwirtschaft, Aggression, Bautätigkeit, Leid und Trauer, Gefühle, menschliche Beziehungen.

Vieles davon, so die Erfahrung, können wir nicht »machen«. Ja, wir können Gemüse anpflanzen – aber ob es gedeiht, liegt nur zum Teil in unserer Hand. Auf Sonne und Regen haben wir keinen Einfluss, auf Schädlinge nur zum Teil. Das gilt für alles in unserem Leben; auch da, wo wir meinen, alles im Griff zu haben. Wir können unsere Kinder nicht vor allem Schaden bewahren, auch wenn wir sie noch so sehr behüten. Und so könnte man resigniert die Hände in den Schoß legen. Das ist allerdings nicht das Ziel des Autors. Denn er erkennt an, dass der Mensch sich in Gottes Auftrag abmüht. Wir sollen arbeiten, denn sonst funktioniert die Gesellschaft nicht. (Arbeit ist freilich ein eigenes Thema.)

Ich meine, wir sollen dankbar alles aus Gottes Hand nehmen und wir dürfen auch all das Gute genießen, was er uns schenkt. Wir brauchen uns nicht aufs Jenseits vertrösten zu lassen, dürfen jetzt schon genießen. Eine gute, lebenslange Partnerschaft ist auch Arbeit, aber letztlich doch Geschenk und ich darf sehr dankbar dafür sein, wenn es mir zuteilwird.

Gerade uns Menschen in den reichen Industrieländern täte es sehr gut, wenn wir uns mehr darauf besännen, dass die Erde Gott gehört und uns nur geliehen ist. Dass wir nicht die Herren dieser Welt sind, sondern einen Auftrag haben. Wir dürfen genießen, aber nicht zugrunde richten. Etwas mehr von dieser Besonnenheit würde die Welt zu einem besseren Ort machen.

CLAUDIA KOLTER

Herr mein Gott, hilf mir, meinen Platz in dieser Welt und diesem Leben zu finden und zu einem gelingenden Leben für alle beizutragen.

Des Menschen Anteil

»Der Mensch ist eigentlich ein Tier.« Eine hochmoderne Aussage, gesprochen in einer Zeit, in der diese Erkenntnis der Wissenschaft keineswegs gängig war und in der es keinerlei Tierschutz gab. Ja, beide sind »Windhauch«, beide vergehen, beide sterben. Welche Schlussfolgerungen ziehe ich daraus?

Ich kann den Schluss daraus ziehen, dass eh alles unnütz ist und alles Mühen zwecklos ist. Dann verfalle ich in Depression. Das wäre nicht in biblischem Sinn. Wer sich privat oder beruflich mit dem Thema Sterben und Tod auseinandersetzt oder aus anderen Gründen mit der Endlichkeit des Lebens konfrontiert ist, lernt meist sehr bald das Leben zu schätzen. Gerade da, wo es vielleicht durch eine lebensbedrohliche oder auch chronische Krankheit bedroht wird. Der Gedanke, durch sein Tun Freude zu gewinnen, ist alt und neu zugleich. Alt, weil es ihn schon vor Tausenden von Jahren gab. Neu, weil er in heutiger Zeit unter anderem therapeutisch genutzt wird. Wer einen sinnstiftenden Beruf, ein erfüllendes Hobby oder ein Ehrenamt hat, kann in seinem Tun viel Freude erleben. Wer anderen Freude bereitet oder Hilfe bringt, erlebt viel eigene Freude. Das weiß (nicht nur) die Bibel. Dieser Altruismus ist überlebenswichtig, denn der Mensch kann nicht allein überleben; auch viele Tierarten wissen und praktizieren das. Zudem wissen wir nicht, was die Zukunft bringen wird. Vielleicht ist das, was wir tun, in (ferner oder naher) Zukunft mal von großer Bedeutung?

Ein Zweites: Wenn Menschen wie Tiere sind, kann ich mich fragen, wie ich Tiere behandle. Schätze ich sie als wertvolle Lebewesen mit eigenen Seelen oder sehe ich sie nur als unwichtige Fleischlieferanten oder als lästige Fliegen? Tierhalter wissen, dass ihre Haustiere eigene Persönlichkeiten sind mit unterschiedlichen Charakteren. Was bedeutet das für meine Haltung ihnen gegenüber?

CLAUDIA KOLTER

Herr mein Gott, schenke es mir, dass ich mein Tun zu schätzen weiß. Und dass ich mir der Verantwortung für mein Handeln bewusst werde.

Feiern und Staunen

Man muss die Feste feiern, wie sie fallen – Geburtstage, Jubiläen, Hochzeiten. Freude steht dabei im Vordergrund. Es wird gegessen, getrunken, getanzt und gesungen. Doch nicht immer passt dieses Feiern. Wenn eine langjährige Partnerin oder ein Weggefährte kurz zuvor verstorben ist, wird aus der Freude Trauer und Nachdenklichkeit. Ganz anders aber ist es noch einmal bei einer Festparade, etwa wenn die lokale Fußballmannschaft einen bedeutenden Pokal gewinnt.

Im Psalm wird Gottes Ehre, Größe und Macht gefeiert. Mit allem, was dazu gehört: Musik und Tanz. Seine Herrschaft reicht weit über Israels Grenzen hinaus. Gott wird als derjenige beschrieben, der kriegslustige und habgierige Mächte –, im Psalm als Ungeheuer symbolisiert – überwinden kann. Er ist ein Gott, der mitten unter seinem Volk wirkt, Stärke schenkt und Frieden bringt. Auch darüber hinaus! Menschen aus Ägypten und Äthiopien werden genannt – stellvertretend für die Welt – die ihre Hände zu Gott ausstrecken, anerkennend und voller Lob.

Gottes Stimme – wohl eher leise als laut – hören wir, wenn wir beten und sein Wort betrachten. Ein Spaziergang bei Sonnenaufgang, ein Moment in der Stille am Wasser, eine Meditation im Kloster können dazu besondere Gelegenheit bieten. Dort mag Freude entstehen aus der Gewissheit, dass Gott unser Begleiter ist. In Jesus Christus hat er uns das zugesichert: »Ich bin bei euch, alle Tage…« Stellvertretend tritt Jesus »immerdar« für uns vor Gott auf seinem königlichen Thron ein, heißt es in einem liturgischen Lob- und Hochgebet zum Abendmahl. Das Fest des Glaubens beginnt oft mit Gesang und endet in Staunen und Dankbarkeit.

Loben wir Gott als Einzelne oder auch in einer Gemeinschaft – ach, jetzt ist doch auch ein guter Moment, um Gott zu loben, oder?

MARKUS NIETZKE

Herr, du Gott der Feste und der Stille, wir danken dir für deine Gegenwart in Freude und Trauer, in Gemeinschaft und Alleinsein. Schenke uns offene Herzen, deine Nähe zu erkennen und deine Größe zu feiern.

Was man für Geld nicht kaufen kann

Der Verfasser des zwischen 250 und 190 v.Chr. entstandenen Werkes beobachtet mit nüchternen Augen, wie Menschen miteinander umgehen, und es ist erschreckend, wie aktuell seine Eindrücke sind: Die Starken nutzen ihre Stärke aus, um die Schwächeren zu unterdrücken und auszubeuten, »und niemand tröstet(e) sie« (V. 1f.)! Im Gegensatz zu den Psalmbetern hofft Kohelet nicht, dass diese Situation von Gott verändert oder Unrecht noch zu Lebzeiten geahndet würde. Im Gegenteil: Fehlende Gerechtigkeit, Neid und Konkurrenz scheinen die Welt zu regieren. Dabei geht es fast immer um Besitzvermehrung, denn dadurch erhoffen sich die Menschen Macht, Genuss, Ansehen – damals wie heute. Ihr Streben ist nachvollziehbar, denn Wohlstand hat viele Vorteile. Doch als primäres Lebensziel taugt er nicht, denn der Preis ist zu hoch: Reichtum stillt den Hunger der Seele nicht und Menschen, die miteinander konkurrieren, sind letzten Endes Feinde.

Der Musiker Pablo Casals, der noch hochbetagt täglich Cello übte, sagte: »Im Grunde zählen auf dieser Welt nur Dinge, die man nicht kaufen und nicht lernen kann.« Er spielte auf das an, wonach sich der Mensch sehnt und wofür er geschaffen ist: Verbundenheit, Gemeinschaft, Solidarität: »Wenn ich nur für mich bin, wer bin ich dann?«, soll Rabbi Hillel, ein Zeitgenosse Jesu, gefragt haben. Jesus hat es noch drastischer formuliert: »Was nützt es einem Menschen, wenn er die ganze Welt gewinnt, sein Leben/seine Seele aber dabei einbüßt?« (Mt 16,26) Verbundenheit bedeutet immer auch: füreinander da sein. V. 8-12 betonen diese praktische Seite; die dabei erfahrene Wertschätzung und Geborgenheit sind buchstäblich unbezahlbar. Eine »Selbstverwirklichung«, die vor allem den persönlichen Vorteil, das eigene Fortkommen und Glück zum Lebensmittelpunkt erklärt, geht deshalb am Sinn des Lebens vorbei.

BEATE WEINGARDT

Gott, lass uns erkennen, dass wir vom Materiellen allein nicht satt werden, sondern für die Beziehung zu dir und zu unseren Mitmenschen geschaffen wurden. Lass uns von der Kraft der Liebe geprägt sein, die den erfüllt, der nicht nur an sich selbst denkt.

Wir sind nicht allein unsres Glückes Schmied

Der nüchterne Blick auf die Schattenseiten des Geld- und Besitzstrebens beeindruckt in seiner Klarheit: Es gehört zur unheimlichen Macht der (Geld-)Gier, dass es bei ihr kein »Genug« zu geben scheint. Auch wird die mit Reichtum verbundene Sorglosigkeit durch die ständige Angst vor Verlust konterkariert (V. 11). Auch in unserem Land grassiert die Sorge vor Wohlstandsverlust, doch die Gleichsetzung von Wohlstand und Sicherheit, erst recht von Wohlstand und Lebensqualität greift zu kurz. Dass sich das Wesentliche im Leben weder kaufen noch besitzen lässt, wird vielen Menschen erst bewusst, wenn der Tod ins Leben einbricht. Bei Kohelet ist er der große Gleichmacher, denn an eine Auferweckung der Toten glaubten die Juden noch nicht. Doch auch wenn oft gesagt wird »Das letzte Hemd hat keine Taschen« – die Menschen richten ihre Lebensziele selten danach aus. Kohelet kritisiert allerdings nicht nur, sondern benennt, was er selbst für sinnvoll hält: »Genieße die Gegenwart mit allem, was sie dir schenkt«, so der Tenor seiner Empfehlungen. Doch nicht »sie« schenkt, sondern Gott ist es, der gibt! Auffallend ist, dass Kohelet gleich viermal betont, dass alle »Genussgüter« aus Gottes Hand kommen (V.17ff.). Damit bringt er eine grundlegende Abhängigkeit des Menschen zur Sprache. In der Tat ist es ein Unterschied, ob wir überzeugt davon sind, allein »unseres Glückes Schmied« zu sein, oder ob wir darauf vertrauen, dass Gott an unserem Leben und Geschick aktiv beteiligt ist! Die bei Kohelet spürbare Distanz zu Gott ist sicher ein Grund, weshalb er im Neuen Testament niemals zitiert wird. Schließlich hat Jesus von Nazareth nicht nur zur Ehrfurcht, sondern auch zu einem tiefen Vertrauen in seinen und unseren »himmlischen Vater« ermutigt – und dieses Vertrauen auch bis zu seinem Tod am Kreuz praktiziert.

BEATE WEINGARDT

Jesus, wir danken dir, dass du uns ein Bild von Gott vermittelt hast, welches uns eine Geborgenheit in Aussicht stellt, die nichts mit resignierter Unterwerfung zu tun hat. Dein Beispiel zeigt: »Es gibt erfülltes Leben trotz vieler unerfüllter Wünsche.« (D. Bonhoeffer)

Der Mensch – in nichts als Täuschung befangen?

Der Gedanke, trotz aller selbst errungenen Schätze in einer grundlegenden Abhängigkeit von Gott zu stehen, wird weitergeführt: Es ist eine Gnade, wenn der Mensch sich dessen, was ihm gehört, freuen kann. Gleichzeitig verweist Kohelet darauf, dass alle sinnlichen Begierden nur zu vorübergehender Befriedigung führen (V.7ff), weshalb er das Streben danach als »nichtig und Haschen nach Wind« bezeichnet. Diese Charakterisierung ist der »basso continuo«, der sich durch das Buch zieht. Das hebräische Wort »häbäl« bedeutet »Hauch/Dunst«, also Luftpartikel, und im übertragenen Sinn »Täuschung/Wahn«. Von Luther wurde »häbäl« mit »eitel« übersetzt, was ursprünglich sowohl »nichts als« bedeutete, als auch »inhaltslos, leer«. Mit dieser Formulierung spricht Kohelet dem Menschen die Fähigkeit zur Weisheit – was gleichbedeutend war mit kluger Lebensführung – rundweg ab und stellt auch die Weisheitslehren seiner Zeit in Frage, die von einem optimistischeren Menschenbild ausgehen. Dies bekräftigt V.12: »Denn wer kann wissen, was dem Menschen im Leben gut ist für die wenigen Tage des nichtigen Daseins?«

Klare Antworten, wie sie zum Beispiel vom Propheten Micha gegeben werden, scheint Kohelet nicht zu kennen: »Es ist dir gesagt, Mensch, was gut ist und was der Herr von dir fordert: nichts als Recht üben und die Güte lieben und demütig wandeln vor deinem Gott« (Mi 6,8). Der Verfasser respektiert zwar die Abhängigkeit des Menschen von seinem Schöpfer, kennt aber nicht das Vertrauen in ihn. Ein Vertrauen, dass sich in der persönlichen Bindung an Gott dem Menschen mehr Sinn im Leben erschließt, als ein »Genieße den Tag« allein gewähren kann. Sicher spielt hier auch der noch fehlende Glaube an ein »Heimgehen zu Gott« nach dem Tod eine entscheidende Rolle. Wie froh können wir sein, dass Jesus uns in diesem Glauben bestärkte!

BEATE WEINGARDT

Du füllst des Lebens Mangel aus mit dem, was ewig steht, und führst uns in des Himmels Haus, wenn uns die Erd` entgeht. Wohlauf, mein Herze, sing und spring und habe guten Mut! Dein Gott, der Ursprung aller Ding, ist selbst und bleibt dein Gut.

Besser ist das

Eine provokante Portion von dem, was Kohelet an Lebenserfahrung und Alltagsweisheit eingesammelt hat. Wer glasklaren Gedankengang in der Argumentation sucht oder stringente Reihenfolge aller Aspekte, wird auch in diesem Päckchen Prosa kaum fündig. Es ist eine mäandernde Mischung: viele Beobachtungen dessen, was im Alltag vorkommt und geschieht – manches irritierte Kopfschütteln über das Ergehen und die Ahnungslosigkeit von uns Menschen – hier waghalsige Rückschlüsse, was Weisheit zur Orientierung beitragen könnte – dort trotziges, fast flehentliches Vertrauen auf einen eher fernen Gott »hinter alledem«.

Das hier sehr häufige »besser als« lässt vermuten, dass es bei allem Abwägen von »Gut« und »Böse« eher um eine relative Tendenz geht als um eindeutige Konsequenzen. Auffällig ist, dass die Auseinandersetzung mit den großen Fragen – Leben und Tod, Trauern und Feiern, Torheit und Weisheit, Gottes Tun und menschliches Erkennen – immer wieder konfrontiert, aber auch illustriert wird mit den scheinbaren Kleinigkeiten des Alltags: Salbe, Lachen, Schimpfen, knisterndes Feuer, Geld, Ärger. Das erweckt den Anschein, der Mensch könne ja doch nicht viel ändern und verliere sich immer im Detail. Und am Ende bleibe bloß eine achselzuckende Haltung, die Dinge laufen zu lassen. Gott? Jedenfalls keine gute Idee, Gottes Tun genau kommentieren oder gar korrigieren zu wollen.

Es kommt mir vor, wie manchmal die Tageslosung nicht recht zur Tageslösung werden will. Ich lese und höre die Worte. Einzelnes spricht. Anderes schweigt. Ein Gedanke kommt auf, um gleich wieder zu verfliegen. Fester Halt sieht anders aus. Klares Rezept? Kaum zu erkennen. Sortierte Therapie? Aus diesem Stück Schrift nicht zu erschließen. Es geht nur Schritt für Schritt – voran tasten wie ein Schiff im Nebel entlang der Seezeichen einer Fahrrinne. Da sind gute Tage – sei guter Dinge. Böse Tage? Gott behält sich vor, besser darüber Bescheid zu wissen und uns zu gegebener Zeit zu sich zu rufen.

JAN JANSSEN

Barmherziger Gott, lass uns prüfen, ob es gut ist, und das Bessere behalten.

Lebenslust und Lebenslimit

Auch hier begegnen sich praktische Proben des Alltags, sehnliche Suche nach Verhaltensmustern und fast schon verzweifelte philosophische Versuchsanordnungen. All das läuft auf die bescheidene Erkenntnis hinaus, Gottes Tun nicht wirklich erkennen zu können. Stattdessen am Ende lieber den Strohhalm zu ergreifen, dass das Urteil über unser menschliches Tun besser bei Gott selbst liegen wird. Gott sei Dank.

Dass Zukunftsfragen nicht endgültig zu klären sind, bekommt hier einerseits einen fast fatalistischen Unterton. Andererseits ist da ein bemerkenswertes Gottvertrauen im Spiel. Zu den Spielregeln gehört, dass Menschen gefälligst die ihnen verbleibende Zeit zu nutzen haben – voller Freude an guten Dingen, nach Herzenslust und Augenschein. »Der Wolken, Luft und Winden gibt Wege, Lauf und Bahn, der wird auch Wege finden, da dein Fuß gehen kann... auf sein Werk musst du schauen, wenn dein Werk soll bestehn.« Darauf würde sich Kohelet wohl ganz gut mit Paul Gerhardt verständigen können.

Diesem biblischen Buch bleiben die alltäglichen Anstrengungen menschlicher Mühen sympathisch fremd. Langfristige Brotvorräte anlegen? Lass fahren dahin! Euer himmlischer Vater ernährt euch doch. Teile jetzt, was du hast, unter vielen! Das hilft zur Not. Und es wird dich beizeiten tragen, wenn alles wieder mal abhandengekommen ist.

Ob es an der Zeit ist, dass eine Wolke endlich abregnet, eine Pflanze plötzlich vergeht, weiß der Himmel. Da hilft allerdings auch kein Hans-guck-in-die-Luft. Lege lieber Hand an das, was dir vor Füßen liegt. Jeder Augenblick ist kostbar. Jede Aufgabe ist eine Chance. Dafür sind Saat und Ernte sinnvolle Rhythmen. Dazu ergeben Ebbe und Flut gut erdachte Gezeiten. In diesen Grenzen gibt es genug zu gestalten und genug zu genießen. Bleib aber bitte bei begrenzter Betriebsamkeit. Vergiss die Freude nicht bei aller Flüchtigkeit. Feiere fröhlich, bevor das Tageslicht vergeht. Trotze der Finsternis.

JAN JANSSEN

Lebendiger Gott, schenke uns Vorsicht im Tun und Nachsicht im Lassen.

Geriatrie und Gottesfurcht

Die Zeit mit Kohelet geht zu Ende. So wenden sich letzte Zeilen nochmal der Jugend zu, besser: dem Jetzt. Die Jahre kommen und gehen. Die Lebensuhr tickt vom ersten Tag an und wird an einem letzten Tag stehenbleiben. Jedes Zeigerrücken ein Fingerzeig – weniger Ermahnung als Ermunterung zum Leben, zur Besinnung auf Gottes Gaben, zur Orientierung an Gottes Geboten.

Jetzt ist die Zeit. Ehe es so weit kommt, dass wir an Leib und Seele weniger werden. Kohelet sieht das Lebensende nicht brutal wie Philip Roth, das Alter sei »ein Massaker«. Nicht mal bedrohlich wie Joachim »Blacky« Fuchsberger, das Alter sei »nichts für Feiglinge«. Das Predigerbuch wird plötzlich poetisch, bebildert den menschlichen Alterungsprozess mit schmunzelnder Nachsicht und leicht spöttischem Bedauern: Hände zittern. Beine krümmen sich. Zähne stehen müßig und vereinzelt. Augenlicht verdunkelt, Gehörgänge schließen. Stimmen werden leiser, fliehen in höhere Töne oder tiefere Regionen. Steigungen werden mühsam, Wegstrecken lang. Haar bleicht aus, bis es weiß wird. Rücken beugen sich unter Lebenslasten. Klage wird laut. Erdenstaub kommt zum Greifen nahe.

So zeigt sich Kohelet sensibel für jedes Signal, vom Leben selbst gesendet. Bevor es dorthin fährt, wo es ewig bleibt. Wo es keine Zeit gibt. Wo wir Zeit los sind – und mit ihr Uhren, Kalender, Fristen. Wo alle Lebensgeister – einst so einfühlsam eingehaucht – zurückkehren zu Gott.

Dann ist da noch ein Nachwort. Will es Zweifel zurechtrücken? Die Bewertung balanciert zwischen Bekräftigung und Begrenzung. Da ist Anerkennung aller Bemühung um Weisheit und Lehre. Da ist Abwertung allen Büchermachens wegen Ermüdung. Die Summe klingt nach einem letzten unbeholfenen Versuch, die bunte Sammlung des Buches einzudampfen auf zwei Begriffe: Gottesfurcht und Gebotsbefolgung. Schon gut. Aber das Leben ist vielfältiger und verwirrender, aufregender und anregender, lehrreicher und lebenslustiger, unverständlicher und unterhaltsamer. Kohelet versucht, es zu versammeln.

JAN JANSSEN

Ewiger Gott, hilf uns zu erkennen: unsere Zeit mit dir, dein Ziel mit uns.

»Singende« Könige

Auf den ersten Blick mag der Gedanke ungewöhnlich erscheinen. Doch die biblischen Könige David und Salomo sind dafür bekannt, selbst hingebungsvoll zu singen oder das Singen zu fördern! Das Lob Gottes ist ein zeitübergreifender Ausdruck des Glaubens. Es ist Gottes heilvolles und beständiges Wirken, das uns Anlass zu Lob und Preis gibt – morgens und abends, mit Worten aus der Bibel oder mit eigenen Worten. Dabei macht es keinen Unterschied, ob jemand Normalsterblicher ist oder Königin: Stand oder Rang zählen nicht vor Gott.

Beeindruckend ist es, wenn das Singen nicht nur die eigene Frömmigkeit eines Königs spiegelt, sondern auch die Nachwelt prägt. Wie bei David, der uns in der Bibel nicht nur als König begegnet, sondern auch als Dichter und Musiker. Gott bewahrt Menschen durch alle Zeiten – das inspiriert ihn. Wir sind eingeladen heute auch zu singen: in Freude oder Leid, unabhängig von unserem Status.

Im Mittelalter ließ Heinrich der Löwe, Herzog von Sachsen und Bayern, große Kirchen wie den Braunschweiger Dom errichten. Es sind Meisterwerke der Architektur – und zugleich Orte des liturgischen Gesangs. Musik und Architektur wirken dabei zusammen, um Gottes Herrlichkeit sichtbar und hörbar zu machen. Um 530 n. Christus lebte der byzantinische Kaiser Justinian I., der, so sagt man, die christliche Liturgie nachhaltig beeinflusste. Zu diesem Erbe zählt der Hymnus Phos Hilaron (»Freundliches Licht«), ein Abendlied, das schon in der frühen Christenheit gesungen wurde. Es lädt dazu ein, beim Sonnenuntergang innezuhalten und Gottes Herrlichkeit zu loben. In diesem Lied wird Jesus Christus, der König aller Könige, gepriesen: »Du bist würdig, zu jeder Zeit mit heiligen Stimmen gepriesen zu werden, Sohn Gottes, der das Leben gibt, weshalb die ganze Welt dich verherrlicht.« Die ganze Welt – irdische Könige inklusive!

MARKUS NIETZKE

Abends und morgens loben wir dich Gott, den Vater, den Sohn und den Heiligen Geist und preisen dein heilvolles Wirken in aller Welt und zu allen Zeiten.

Einführung zum Galaterbrief siehe Seite 404

Klare Ansage

Hat Paulus die Fassung verloren? Schreibt er im heiligen Zorn? Der ist kein Allheilmittel. Aber manchmal muss raus, wenn man nicht hinnehmen will, was schiefläuft. Was Paulus umtreibt, braucht keine langen Vorreden. Er will schnell zur Sache kommen. Daher reduziert er den antiken Briefstil, wie wir ihn aus seinen anderen Briefen kennen, auf das Notwendigste.

Obwohl die Briefempfänger der verschiedenen Gemeinden Galatiens ihn und seine Botschaft durch frühere Besuche kennen, pocht er auf seine Autorität als Apostel. Er erinnert an seine unmittelbare Berufung durch Christus. Darin gründen die Autorität und die Freiheit seines Amtes. Er weiß sich frei zum Widerspruch und Widerstand gegen alle, die diese Freiheit gefährden. Er vertraut auf Christus, der das Böse in der Welt durch seinen Tod für uns überwunden hat. Da in den Gemeinden Gefahr im Verzug ist und offensichtlich seine Autorität bezweifelt wird, sucht Paulus diese direkte Ansprache und stellt die höfliche Diplomatie hinten an. Schon diese ersten Zeilen lassen ahnen, woran Paulus leidet und welche Leidenschaft ihn umtreibt.

Aber er redet nicht von oben herab, sondern aus der Gemeinschaft der Brüder und Schwestern, die bei ihm sind, und in Solidarität mit den Gemeinden in Galatien. Er bezieht sich mit ein, wenn er schreibt, dass Christus sich »für unsere Sünden dahingegeben hat« und »uns errette« nach dem Willen »unseres Vaters«.

Die Freiheit des Glaubens, aus der Paulus sein Leben gestaltet, gilt den Galatern und uns heute. Was immer noch in diesem Brief zu schreiben und zu klären sein wird, steht unter der Gnade und dem Frieden Gottes. Beide tragen und begrenzen den Streit und machen Lösungen möglich. Deswegen kann und will Paulus nicht wegsehen. Dranbleiben, argumentieren, sich einsetzen, das ist der Weg zur Freiheit des Glaubens, auf dem wir geschwisterlich und ehrlich unterwegs sein können, um Lösungen zu finden oder beharrlich Spannungen auszuhalten, ohne daran zu zerbrechen.

JÜRGEN THIESBONENKAMP

Du Gott des Friedens, schenke uns Mut, klare Worte zu finden, die Konflikte klären, ohne die Würde anderer zu verletzen.

Tacheles

»Verdammt noch mal!« Das kommt uns schneller über die Lippen, als uns lieb ist. Wut und Enttäuschung haben sich aufgestaut und platzen als Fluch heraus. Paulus hatte durch die Nachrichten aus Galatien eine Grenze erreicht, bei der er nicht mehr schweigen konnte. Gleich zweimal schleudert er den dortigen Ereignissen einen Fluch entgegen. Was er hört, widerspricht allem, was er gepredigt hat. Die Botschaft, die er empfangen hat, ist das Evangelium. Da gibt es keine Ausnahme. Aber Vorsicht, den Konflikt kennen wir nur in der Lesart des Paulus; vielleicht ein Moment zum Innehalten, statt den Fluch unbesehen zu übernehmen.

Paulus ist enttäuscht, nicht verbittert. Er kämpft nicht gegen die Gemeinden, sondern um sie. »Mich wundert…«, schreibt er. Da steckt noch Hoffnung drin. Er gibt nicht verloren, was er einst predigte. Er weiß um ihre Anfechtungen durch »einige, die euch verwirren…«. Später erfahren wir, dass es Leute waren, für die die Verpflichtungen der Thora zum Christsein gehörten. Doch genau darin sieht Paulus die Freiheit bedroht, in die hinein Gott die Menschen in Galatien als Nichtjuden berufen hat. Denn sie sollen auch vollständige Teilhabe am Weg und an der Gnade Christi erlangen. Eine Rückkehr oder Ergänzung dieser Berufung im Sinn der Thora verurteilt er als das »andere Evangelium«. Dagegen richtet sich sein Fluch, nicht gegen die Menschen. Später wurde im Leben der Kirche nicht mehr so klar zwischen der Botschaft und den Boten unterschieden. Auf sein »Verflucht sei« haben sich viele oft zu Unrecht berufen, um nicht nur eine Lehre zu beanstanden, sondern Menschen zu verurteilen.

Die weltweite Ökumene heute versucht andere Wege, um die Einheit in der Vielfalt zu leben, keinesfalls in der Gleichgültigkeit des »anything goes«, also alles geht. Wie schwer das ist, zeigt die Debatte, ob und wie sich die Kirchen für den Frieden in der Welt einsetzen. Wenn in der Sache hart debattiert wird und die Würde der Menschen geachtet bleibt, wirkt weiter, was Paulus am Herzen lag.

JÜRGEN THIESBONENKAMP

Barmherziger Gott, bewahre uns in Konflikten vor schnellen Urteilen über andere Menschen, wenn Meinungen aufeinanderprallen.

Erzähl mir vom Glauben

Gerne habe ich mit meinen Kindern in diesem Buch gelesen. Heute ist es selten, direkt über den Glauben zu sprechen. Eher kommen Fragen wie: »Was ist dir wichtig? Was gibt dir Kraft? Worauf vertraust du?« Was ich antworten kann, verdankt sich vielen Erfahrungen. Manche reichen zurück in die Kindheit. Andere sind später im Beruf, der Familie und im gesellschaftlichen Engagement gewachsen.

Wo der Glaube nur als Privatsache verstanden wird, steht er in der Gefahr, im Abbruch der Tradition zu versiegen. Da lässt mich aufhorchen, wie Paulus zum Glauben kam. Ihm hat kein Mensch vom Glauben an Christus erzählt. Er kannte ihn nicht und sah sich nur beauftragt, seine Anhänger zu verfolgen. Er spart nicht aus, was er damals tat. Die Radikalität seines neuen Weges, bei allen Völkern den Glauben an Christus zu wecken, ist vor diesem Hintergrund zu verstehen. Weil er sich »ausgesondert« wusste, erkannte er es als Auftrag Gottes, den Eifer der Verfolgung auf den der Verkündigung zu übertragen. Handelte er früher im Auftrag anderer, verstand er sich nun als freier Apostel, unabhängig von allen menschlichen Weisungen. Seine Autorität gründet in seiner Berufung durch Gott.

Doch isoliert war er nicht. Das zeigt der geographische Radius seiner Wirkungsstätten und sein Besuch bei Petrus und Jakobus. Für ihn war es eine Begegnung auf Augenhöhe. Es ging ihm nicht darum, seine Aufgabe legitimieren zu lassen, sondern sie gegenüber Petrus zu vertreten. Dieser Erfahrungsaustausch gehört ebenso zu seiner Glaubensbiografie wie seine Unabhängigkeit von menschlichen Autoritäten.

Zum Glauben zu kommen ist ein erster Schritt. Doch dann gilt es, den Glauben zu bewahren. Das braucht Mut, persönlich, frei und offen wie Paulus von ihm zu erzählen. Die dunklen und die guten Erfahrungen der eigenen Glaubensbiografie können anderen helfen, ihren Weg zum Glauben zu finden und ihn in der Gemeinschaft mit anderen zu teilen und zu leben.

JÜRGEN THIESBONENKAMP

Gott des lebendigen Wortes, du weckst in uns den Glauben auf verschiedene Weise. Lass uns darin zur Gemeinschaft werden, die den Glauben wachhält und weitergibt.

Ein Kompromiss ist nicht immer faul

Nach Jesu Tod gab es viel zu besprechen. Denn die frohe Botschaft war zwar offensichtlich sehr eindrücklich gewesen und die Auferstehung hatte allen deutlich gemacht, mit wem sie so lange unterwegs waren, nämlich mit dem Sohn Gottes. Aber eine ausformulierte Lehre, die keine Fragen offenließ – so etwas hatte Jesus nicht hinterlassen. Vermutlich war das auch nun wirklich nicht sein Anliegen.

Doch es half ja nichts: Die Gemeinschaft derer, die sich in der Nachfolge dieses Jesus aus Nazareth, des auferstandenen Christus, sahen, wollte seinem Auftrag nachkommen, das Evangelium zu verkünden. Dazu aber musste man versuchen, gemeinschaftlich einen Weg zu gehen. Es gilt insofern nicht nur unter Juristen der bekannte Satz: »Zwei Juristen, drei Meinungen.« Jede Gemeinschaft, jedes Zusammenkommen verschiedener Menschen bringt viele Meinungen und Ansichten zusammen. Das war, wie die heutige Bibelstelle deutlich macht, bei der Versammlung der Apostel nicht anders.

Nicht allein, dass sich »einige falsche Brüder« eingeschlichen hatten, um verräterisch zu agieren und die Versammelten zu knechten. Wer denkt da nicht an die Feinde der Demokratie, die sich in Deutschland bis in den Bundestag hinein festsetzen, um von innen heraus zerstörerisch zu wirken?!

Nein, auch diejenigen, die eigentlich doch ein gemeinsames Ziel verfolgen, ringen und streiten bis heute um den richtigen Weg. Wie wichtig ist es in diesen Situationen, »sich die Hand zu reichen«, wie Paulus schreibt. Man kann fundamental unterschiedlicher Auffassung sein, doch entscheidend ist, dass man am Ende zum Kompromiss fähig ist, um eins zu sein. Ein Kompromiss ist nicht etwas von vornherein Faules. Er kann für eine Gemeinschaft der einzig gangbare Weg sein. Radikale Positionen helfen in den seltensten Fällen weiter. Das gilt in der Politik wie in der Kirche.

JACOB JOUSSEN

Gott, du achtest das Ansehen des Menschen nicht. Du blickst auf das, was wir gemeinsam um der Verkündigung deines Evangeliums willen tun. Hilf uns, in all unserer Verschiedenheit das Verbindende nicht aus dem Blick zu verlieren.

Gesetze als Weg zur Gerechtigkeit? Ja. Und Nein

Diese Aussage des Paulus muss man sich, gerade als, aber nicht nur als Jurist auf der Zunge zergehen lassen: »Wenn durch das Gesetz die Gerechtigkeit kommt, so ist Christus vergeblich gestorben.« Das sagt Paulus allen Ernstes? Da muss jeder, der ein Anhänger der Rechtsstaatlichkeit ist, jeder, der unser Grundgesetz lobt und hochhält, mehr als schlucken. Wenn nicht durch Gesetz Gerechtigkeit kommt, dann ist der Weg zur Diktatur nicht mehr weit. Willkür. Rechtlosigkeit. Verletzung der Würde – alles wird möglich.

Und doch sagt Paulus genau das – allen Ernstes. Doch für eine Panik unter denjenigen, die auf Rechtstaatlichkeit bauen, ist kein Anlass. Denn er macht ja deutlich, worum es ihm geht. Er meint nicht die binnenweltliche Ordnung. Paulus hatte nicht im Sinne, der Rechtlosigkeit in unserer Gesellschaft das Wort zu reden.

Das Entscheidende sagt er kurz zuvor: Die von Menschen gemachten Gesetze religiösen Lebens und ihre Befolgung sind nicht der Weg, in Christus befreit zu sein. Gesetze und ihre Befolgung machen uns nicht vor Gott gerecht. Das ist so deutlich gerade nicht auf unsere gesellschaftliche Ordnung gemünzt, dass unser Adrenalin wieder herunterkommen kann.

Paulus ging es konkret um die religiösen Gesetze seiner Zeit und darum, dass weithin die Auffassung vorherrschte, man müsse sie beachten, um erlöst am Ende der Tage zu werden. Diese Einschätzung aber verwirft er. Denn allein der Glaube an den auferstandenen Christus und die Gnade Gottes erlösen und befreien uns. Diese Gnade Gottes ist unser Schatz. Weil sie uns gewährt ist, sind wir nicht mehr in die Knechtschaft unserer religiösen Gebote eingezwungen. Ihre Befolgung führt nicht zur Erlösung – Christus wäre vergeblich gestorben, wenn das der Fall wäre.

Durch Gesetze kommt Gerechtigkeit – in der Welt. Vor Gott hingegen kommt sie durch Christus und seine Gnade.

JACOB JOUSSEN

Gott, wir können noch so viel tun und noch so viele Gesetze beachten. Allein das wird uns nicht erlösen. Hilf uns zu glauben. Denn allein durch Glauben und durch deine Gnade werden wir befreit.

Was zählt wirklich?

Die Situation in den Gemeinden in Galatien war schwierig. Bald nachdem Paulus weitergezogen war, kamen jüdische Christen und sagten: Das ist ja alles richtig, was euch Paulus über den Glauben an Jesus erzählt hat. Aber um wirklich in den Bund Gottes aufgenommen zu werden, müsst ihr auch das Gesetz befolgen und seine wichtigsten Vorschriften erfüllen. Für Männer war das die Beschneidung, für alle die Beachtung des Sabbats und wichtiger Speise- und Reinheitsregeln. Das schien einleuchtend und manche waren geneigt, dem zu folgen.

Paulus aber ist entsetzt. Wie konnte es sein, dass Leute, für die die Botschaft von Gottes gnädigem Handeln in Jesus Christus so befreiend war, sich plötzlich religiösen Vorschriften unterwerfen wollten? Wie konnte es sein, dass sie, die das Wirken des Geistes Gottes und die Kraft seiner Liebe erfahren haben, plötzlich wieder auf das eigene Tun bauten? Ging das mit rechten Dingen zu? (V. 1-5)

Er ruft ihnen drei Dinge ins Gedächtnis: Gottes Bund mit Abraham beruhte auf seinem vertrauensvollen Glauben (V. 6-9; vgl. Gen 15,6). Es ist deshalb der Glaube, der auch für die Nicht-Juden die Tür zu diesem Bund und seinem Segen öffnet. Zwar verspricht das Gesetz denen, die es halten, Leben (Lev 18,5). Aber wer schafft das? (V. 10-12) Wer es übertritt, steht unter der Strafandrohung, dem Fluch des Gesetzes (Dtn 27,26), und darum gilt schon im Alten Testament: »Der Gerechte wird aus Glauben leben« (Hab 2,4).

Und vor allem: Die Last der Schuld, den Fluch des Gesetzes, hat Christus getragen, als er am Kreuz starb. Ein Gekreuzigter galt im Judentum als verflucht (Dtn 21,23). Dass die Christen einen gekreuzigten Messias verkündeten, war für Paulus zunächst Gotteslästerung. Doch in der Begegnung mit dem Auferstandenen erkannte er: Damit hat Christus den Fluch getragen und den Weg frei gemacht, dass auch Heiden am Segen Abrahams teilhaben (V. 13f). Darauf zu vertrauen zählt wirklich.

WALTER KLAIBER

Guter Gott, danke, dass wir uns dir einfach anvertrauen können, mit unserer Schuld und auch mit dem, was uns gelungen ist.

Segenspuren entdecken

Hast du in letzter Zeit Gottes Segensspuren an überraschenden Orten entdeckt? In der leicht herbstlichen Natur? Im Lächeln eines Babys bei deinen Verwandten? In den Lachfalten eines sehr alten Menschen, der seine Tage im Seniorenheim verbringt? Gottes Segensspuren sind überall zu entdecken – man muss wohl nur mit der Perspektive – das Genannte ist Teil von Gottes Segen unter uns – hinsehen! Im Psalm 65 wird überschwänglich davon geredet, wie Gott das Jahr mit Gutem krönt und sein Wirken von Segen regelrecht trieft. Überfluss und Großzügigkeit: fruchtbare Felder, Regen zur richtigen Zeit, wenn es nötig ist, Hügel und Auen voller Leben. Man könnte fast meinen, der Psalm malt uns eine Art himmlisches Erntedankbild vor Augen!

Dabei denke ich nicht nur an Gaben, die wir mit unseren Händen anfassen können – genannt werden im Psalm Getreide oder Schafe. Es gibt weitere, »himmlische« Gaben: Gott hört Gebete und vergibt Sünden. Ein unsichtbarer Segen, der von uns schnell übersehen wird. Gott gibt uns neue Chancen, Kraft in schwierigen Zeiten und Grund zur Freude, selbst wenn das Leben nicht immer perfekt läuft.

Vielleicht bist du gerade in einer Phase, in der du den Segen Gottes nicht so vor Augen hast. Auch nicht am Erntedanktag. Dann schau doch einmal genauer hin. Vielleicht ist da doch ein Mensch, der für dich da ist. Oder die Natur, die dir zeigt, dass Saat und Ernte zusammengehören. Vielleicht schaffst du es, etwas zu entdecken. Du magst aber auch ganz fröhlich am Erntedanktag sein und überlegen, wo du in diesem Jahr Gottes Segensspuren in Begegnungen oder anderswo entdeckst. Du magst auch überlegen, wie du selbst eine Segensspur für andere legen kannst.

MARKUS NIETZKE

Herr, unser Gott, du krönst das Jahr mit deinem Gut, und deine Spuren triefen von Segen. Danke für alles, was du uns schenkst – sichtbar und unsichtbar. Öffne unsere Augen, damit wir deine Segensspuren in unserem Leben erkennen. Hilf uns, dankbar zu sein für das Kleine und das Große. Gib uns die Kraft, selbst zu einem Segen für andere zu werden.

Was gilt letztlich?

Paulus ist etwas in Erklärungsnot. Seine Gegner haben wohl damit argumentiert, dass das Gesetz und seine Lebensverheißung später gegeben wurde als die Verheißung an Abraham und deshalb an ihrer Stelle gelte. Paulus versucht, das durch einen Vergleich aus dem menschlichen Leben zu entkräften. Die griechische Übersetzung des hebräischen Begriffs, den wir mit *Bund* wiedergeben, kann auch *Testament* bedeuten. Ein Testament, das beglaubigt ist, bleibt gültig und kann nicht einfach aufgehoben werden. Das Argument scheint freilich problematisch, denn der Verfasser kann es ja immer ändern. Das war auch in der Antike der Fall. Allerdings hatte dort – anders als heute – grundsätzlich immer das Alte den Vorrang vor dem Neuen. Vor allem aber spricht die Verheißung für Abraham davon, dass Gott das »Erbe«, nämlich die dauernde Gemeinschaft mit ihm, ohne Vorbedingungen, allein aufgrund des Glaubens, schenkt. Dieses Versprechen würde ungültig, wenn man es sich durch die Befolgung des Gesetzes verdienen müsste (V. 18).

Wozu aber diente dann das Gesetz? Diese Frage wird in den V. 19-24 beantwortet. Das Gesetz hat eine vorläufige Aufgabe, nämlich Israel an Gott zu binden und ihm zu helfen, seine Identität zu bewahren, bis sich die Verheißung erfüllt. Das Gesetz ist »Zuchtmeister« (Luther) beziehungsweise »Erzieher« (Einheitsübersetzung) auf Christus hin (V.24). Es ist eine Art »Aufpasser«, der Israel unter Vormundschaft hält, bis Christus kommt. Erst in ihm erfüllt sich die Verheißung. Paulus zeigt das durch einen exegetischen Kunstgriff: Die Verheißung gilt dem *Samen* Abrahams; *Same* ist Singular, natürlich im Sinn von Nachkommenschaft. Paulus aber deutet das auf Christus. Das wirkt für uns etwas künstlich, ist aber in der Sache wichtig: Christus ist der Garant dafür, dass das Ja der Verheißung Gottes uneingeschränkt gilt!

WALTER KLAIBER

Guter Gott, dir sei Dank, dass dein Ja zu uns gilt und deine Zusage verlässlich ist. Gib, dass wir das nicht durch Zusatzbedingungen für uns oder andere verdunkeln.

Wer sind wir?

Typisch Paulus: Da müht er sich ab, umständlich zu zeigen, dass das Gesetz nicht den Weg zu Gott und zum Heil zeigt. Es hatte eine beschränkte Aufgabe als eine Art Aufpasser. Aber es ist nicht Gottes Ziel mit den Menschen, sie unter der Vormundschaft seiner Normen und Regeln zu halten.

Und dann, ganz plötzlich, schaltet er um und beschreibt in gewinnenden Worten die wahre Identität derer, die Gottes Handeln in Christus vertrauen. Sie sind nicht mehr gefangen von der Angst vor Strafe und der Sorge, es nicht recht zu machen. Nein, »ihr seid alle durch den Glauben Söhne und Töchter Gottes in Christus Jesus« (V. 26). Wessen Leben Christus gehört, wird durch ihn und seinen Weg bestimmt: »Denn ihr alle, die ihr auf Christus getauft seid, habt Christus angezogen« (V. 27). Das Bild vom »Anziehen« eines neuen Kleids bedeutet in der Antike eine grundsätzliche Wesensänderung (vgl. Röm 13,14; Eph 4,24): Was Gott in Christus getan hat, sein gnädiges Ja zu uns, prägt das Leben derer, die glauben und getauft sind.

Und das bedeutet eine grundsätzliche Veränderung ihrer Existenz: In der Gemeinde gibt es »nicht mehr Juden und Griechen, nicht Sklaven und Freie, nicht männlich und weiblich; denn ihr alle seid einer in Christus Jesus« (V. 28). Was Paulus hier beschreibt, hat weit über die Streitfragen in Galatien hinaus Bedeutung. Es gab natürlich in der Gemeinde weiter Juden und Nicht-Juden, leider auch noch Sklaven und Freie, zum Glück auch Männer und Frauen. Aber das sind keine Statusmerkmale oder Gründe zur Diskriminierung mehr. In Christus gelten alle gleich, sind geliebte Kinder Gottes. Manchmal wünschten wir, schon Paulus hätte das klarer in die Praxis umgesetzt. Aber er setzt ein Signal: Kirche ist eine Gemeinschaft, in der religiöse, soziale und kulturelle Grenzen überwunden werden und alle gleich viel wert sind, egal, woher sie kommen, welches Geschlecht sie haben und was ihr gesellschaftlicher Status ist.

WALTER KLAIBER

Guter Gott, danke, dass wir dir alle gleich wichtig sind. Gib, dass wir das auch füreinander in Kirche und Gesellschaft leben.

Kind oder Knecht?

Als aber die Zeit erfüllt war, sandte Gott seinen Sohn. »Erfüllte Zeit« lässt sich von Menschen nicht machen. Sie ist Gottesgeschenk. Der Himmel berührte die Erde. Christus wurde geboren von einer Frau, als Mensch aus Fleisch und Blut und unter das Gesetz getan – wie wir –, unterworfen den mächtigen Spielregeln dieser Welt. Klar, menschliches Zusammenleben braucht Gesetze und Regeln. Aber zunehmend hechelst du den Ansprüchen im Alltag hinterher – fremden wie eigenen; sie lassen dich rotieren, und du genügst ihnen nie. So werden wir zu Knechten und Mägden, fremdbestimmt – mehr gelebt, als dass wir leben.

Das Kind von Bethlehem rückte, gemaßregelt von Gesetzeslehrern – weil seine Jünger Ähren rauften am Sabbat – die Maßstäbe zurecht, indem er aufdeckte: Der Sabbat ist um des Menschen willen gemacht und nicht der Mensch um des Sabbats willen. (Mk 2,27) Gesetze und Regeln sollen Leben befördern, nicht behindern! Die Kraft dazu fand Jesus in seinem beharrlichen Lebensgespräch mit Gott, den er in seiner aramäischen Kindersprache »Abba, lieber Vater« nannte.

Nicht Knechte sind wir im Kampf ums Dasein. Gott wird Kind, auf dass Menschen zu Gotteskindern werden. Kindsein ist an kein Alter gebunden, sondern eine Lebensweise. Kindsein bedeutet: zugehörig sein, geliebt werden, ein Zuhause haben. Wenn unsere erwachsenen Kinder zu uns kommen, breiten sie sich aus, als wären sie nie weggewesen.

Tief lässt blicken, dass Paulus hier dem Knecht nicht den Freien gegenüberstellt, sondern die Kindschaft. In Christus eröffnet sich keine beliebige Freiheit, sondern ein neues Verhältnis zwischen Gott und Mensch. Den Geist Christi sendet Gott in Menschenherzen, dass wir uns als Söhne und Töchter Gottes erfahren, befreit aus den gottlosen Bindungen dieser Welt, beauftragt zu Versöhnung, Gerechtigkeit und Frieden, zum Schutz der Geheimnisse des Lebens und der Schönheiten dieser Erde. Und so bestimmt zu Erben seiner Verheißung – des erfüllten, ewigen Lebens bei Gott.

ALFRED BUSS

Abba, lieber Vater, befreie mich aus aller Knechtschaft, dass ich, wie ein Kind, lebe aus deiner Liebe.

Kraft in Schwachheit

Paulus versucht gar nicht erst, seinen Frust zu verbergen. Ich »fürchte, dass ich... vergeblich an euch gearbeitet habe«; »ihr wendet euch wieder den schwachen und dürftigen Mächten zu«; »ich bin ratlos euretwegen«. Allen Frust zum Trost aber bleibt er dabei: redet seine Gemeindeglieder in Galatien herzlich-flehentlich als »meine Kinder« an. Was treibt ihn dazu? Seine tiefe Überzeugung, dass der Sünder nichts, gar nichts, dafür tun kann, vor Gott ein Gerechter zu werden. Wie neugeborene Kinder, die für ihr eigenes Sein nichts, auch gar nichts tun können, sollen Christen staunend ihrer selbst als Gottes Kinder ansichtig werden und ihren Glauben freudig leben, der in tätiger Liebe seine Kraft erweist. Diesen neuen Anfang, diesen fröhlichen Wechsel, der vom Tod ins Leben führt, schenkt allein Gott – im Tod und in der Auferstehung Jesu Christi. Anteil bekommt der Christenmensch daran allein im Glauben. Denn Glauben ist Vertrauen in Gottes Wirken. Der Mensch kann nichts dazu tun, als in neuer Weise vor Gott da zu sein und sich dessen aus tiefstem Herzen zu freuen.

Und weshalb dann der Frust bei Paulus? Offenbar hatten schon bald nach seiner Abreise andere christliche Missionare in Galatien großen Einfluss bekommen, die das aktive Tun der Gemeindeglieder forderten: Beschneidung, Orientierung am jüdischen Gesetz, aber auch das Einhalten eines Festkalenders mit Tagen, Wochen oder Monaten für bestimmte kultische Handlungen nach astrologischen Regeln. Mit solch einem religiösen Gebaren bekamen sie gewiss auch ein höheres Ansehen in der antiken Öffentlichkeit.

Und was macht Paulus? Schreibt: »Werdet doch wie ich!« Ist das Anmaßung? Gar Dünkel? Bemerkenswerterweise stellt er nun seine leibliche Schwachheit heraus, die den Galatern eine Anfechtung gewesen sei, sie aber nicht vor ihm ausgespuckt, sondern ihn wie einen Engel, ja wie Christus Jesus aufgenommen hätten. Und erinnert an den gemeinsamen Glauben, den sie teilen, der in der tätigen Liebe seine Kraft erweist. Und wirbt aufs Neue um sie.

ALFRED BUSS

Deine Gnade genügt mir, Gott. Ihre Kraft erweist sie in der Schwachheit.

Schlimme Ausgrenzung

Wie anders wird hier die Tonlage des Apostels. Er zitiert Gen 21,10: »Stoß die Magd hinaus mit ihrem Sohn, denn der Sohn der Magd soll nicht erben mit dem Sohn der Freien.« Das sollen die Gemeinden in Galatien auch mit den »gesetzlichen« Missionaren tun: sie ausstoßen. Paulus bezieht sich auf den – Gen 17 umrahmenden – Sara-Abraham-Hagar-Komplex, eine Erzählung mit spannungsgeladener Problemlage: Gott hatte Abraham einen leiblichen Sohn verheißen, doch Sara konnte ihm den nicht gebären (Gen 16,1.3). Sara empfiehlt Abraham schließlich, den mit ihrer ägyptischen Magd Hagar zu zeugen. Als Hagar schwanger wird, zeigt Sara ihrer Magd, wer Herrin im Hause ist, bis Hagar flieht. Es braucht den Engel des Herrn und seiner Verheißungen für ihren künftigen Sohn Ismael, Hagar zurückkehren zu lassen. Als Gott im erneuten Bundeschluss dem hochbetagten Paar Sara/Abraham die Geburt Isaaks verheißt, wird dieser Bund durch die Beschneidung aller Männer des Hauses – nebst Ismaels – besiegelt. Doch dann fordert Sara die Vertreibung Hagars und Ismaels. Auf ein Wort Gottes hin schickt Abraham beide fort. Knapp werden sie in der Wüste von Beerscheba von Gott vor dem Verdursten errettet.

Beide Frauen werden für Paulus hier Figuren eines Gleichnisses. Hagar, die Magd, wird Symbol für den Sinai – wo Moses die Gesetzestafeln empfing – und damit für die Knechtschaft der Gesetzlichkeit. Sara, die Freie, gebar Isaak, das Kind der Verheißung, und wird damit Symbol für die Freiheit der Kinder Gottes. Die Magd macht Paulus zugleich zum Gleichnis für »das gegenwärtige Jerusalem«, die Judenchristen, die – für ihn – »in Knechtschaft leben«, und »die Freie« wird zum Gleichnis für das »obere«, himmlische Jerusalem, das er seinen Heidenchristen verheißt.

Wie weggeblasen ist sein wunderbares »Hier ist nicht Jude noch Grieche... nicht Sklave noch Freier...« (3,26ff). Stattdessen »Die oder Wir« – mit schlimmen Folgen der Trennung von Juden und Christen und weiterer Ausgrenzungen in der Kirchengeschichte.

ALFRED BUSS

Herr, deine Güte reicht, so weit der Himmel ist, und deine Wahrheit, soweit die Wolken gehen.

In Freiheit Glauben

Sollen Menschen, die an Jesus Christus glauben, erst Juden werden, damit sie Christen sein können? Diese Frage wurde zur Zeit des Paulus in den jungen christlichen Gemeinden diskutiert. Natürlich lassen wir uns beschneiden und werden so zu Juden, sagten die einen. Jesus war schließlich auch Jude. In diese Geschichte wollen auch wir uns hineinstellen und ihm so nachfolgen. Nur so bin ich ein echter Christ! Also: Beschneidung Ja! Natürlich lassen wir uns nicht beschneiden, sagten sie anderen. In der Gemeinde entsteht doch eine Gemeinschaft, in der Jüdinnen und Heiden gemeinsam auf neue Weise Jesus nachfolgen wollen. Nur so bin ich eine echte Christin! Also: Beschneidung Nein.

In diese Diskussion greift Paulus ein. Ihr stellt die falsche Frage, schreibt er. Es geht nicht um Ja oder Nein. Es geht nicht darum, was man tun muss, um eine echte Christin zu sein. Es geht um die Freiheit. Freiheit braucht es, damit Menschen glauben und lieben können.

Wie sehr wünschte ich, auch die folgenden Generationen hätten das ganz genau gelesen. Dann hätte es weniger gegenseitige Belehrungen, Verurteilungen und sogar Verfolgungen gegeben. Paulus war die Weisheit der Gebote Gottes tief ins Herz geschrieben. Trotzdem macht er eines klar: Christsein hat mit Freiheit zu tun. Darum gibt es viele verschiedene Wege, Jesus nachzufolgen.

In einem Gottesdienst habe ich einmal Abendmahl mit Schwarztee gefeiert. Die Gottesdienstgemeinde setzte sich aus Menschen vieler verschiedener Nationen und Traditionen zusammen. Kann man das?, fragten manche. Der Liturg kam aus Sri Lanka. Er sagte: Niemand in Sri Lanka kann sich Wein leisten. Darum feiern wir mit dem, was bei uns wächst und mit unserem Leben zu tun hat. Im Abendmahl tritt Gott doch mitten hinein in unseren Alltag. Wenn wir einander Freiheit lassen, können wir wundervoll Neues entdecken.

MONIKA LEHMANN-ETZELMÜLLER

An dich glauben, du Gott der Fülle, gibt meinem Leben Weite und Liebe. Weite mein Herz und meine Gedanken, damit ich anderen Menschen Raum gebe. In ihrem Glauben möchte ich Wundervolles für mich entdecken.

Herzlichen Glückwunsch!

Das kennen wir auch: Uneingestandene Schuld lähmt. Sie kann wie ein Fels auf uns lasten. Sie hält uns so gefangen, dass wir keinen klaren Gedanken mehr fassen können. Ständiges Grübeln und Selbstvorwürfe drehen sich wie in einem Karussell in unserem Kopf und beschweren unser Herz. Alle Lebensfreude und Leichtigkeit weichen. Heutige Medizin weiß, dass verdrängte Schuld oder Schuldgefühle auch körperlich krank machen können: herzkrank, magenkrank, Rückenbeschwerden. Dann sagen wir: »Das schlägt mir auf den Magen.« Oder: »Das lastet auf meiner Schulter.« Aus Scham oder aus Angst vor Verurteilung halten wir unsere Schuld versteckt. Der Psalmbeter kennt diese Situation aus eigener Erfahrung und weiß, wie einsam man sich da fühlt, beraubt aller Lebenskraft. Es ist fast nicht zum Aushalten. Bis er sich seiner Schuld stellt. Er erkennt, dass er zu seinen eigenen Schwächen und Fehlern stehen muss. Er bricht sein Schweigen. Er redet davon, was ihm das Leben schwer macht. Es braucht Mut, um zu den eigenen Verfehlungen zu stehen. Und es braucht Vertrauen, um sie vor einem anderen auszusprechen.

Der Beter spricht seine Schuld vor Gott aus. Nennt ihm, was ihn belastet und bindet. Und im Moment des Bekennens erlebt er, wie die Last von ihm fällt. Er macht die Erfahrung: Ich kann aufatmen, neu anfangen. Was gewesen ist, soll mich nicht mehr bedrücken.

Damit endet der Psalm noch nicht. Wer aus der Erfahrung lebt, dass Gott immer da ist, die Schuld nimmt, dem oder der eröffnet sich eine neue Perspektive. Frei und voller Zuversicht lässt er sich leiten von dem, was er selbst erfahren hat. Das Bekenntnis der Schuld hat eine heilsame Wirkung. Gottes Güte ist wie ein Schirm (V. 7). Frei und gestärkt lässt es sich darunter leben.

Diese Erfahrung muss man mit anderen teilen und sie ermutigen, auf diesen Weg zu gehen. Dieser Weg ist sozusagen ein Lehrstück gelingenden Lebens, zu dem man alle, die so unterwegs sind, nur beglückwünschen kann.

BÄRBEL KOCH-BAISCH

Wer schuldig ist auf Erden, verhüll nicht mehr sein Haupt. Er soll errettet werden, wenn er dem Kinde glaubt.

Gottes Gegenbewegung

Ich fahre mit dem Rad über eine Kreuzung. Ein Autofahrer muss bremsen, weil ich Vorfahrt habe. Er hupt ärgerlich und schimpft mir hinterher. Eine schwangere Lokalpolitikerin erzählt von anonymen Briefen. In einem steht: »Ich hoffe, du bekommst eine Fehlgeburt.« In der ehemaligen Synagoge im Nachbardorf haben Unbekannte in einer Nacht ein Fenster eingeschlagen und die Wände beschmiert. Solche Erfahrungen scheinen schon zum Alltag zu gehören. Der Ton wird rauer, die Aggression größer, die Hemmschwellen kleiner. In solchen Situationen kann ich sie wahrnehmen, die unheiligen Geister, die uns das Leben schwermachen.

Unheiliger Geist ist am Werk, wo Böses entsteht. Paulus hat ihn in der Welt auch beobachtet. Paulus hat seine Spuren entdeckt in der Feindseligkeit, in Streit und der Ausnutzung von Menschen. Diesem unheiligen Geist hat er einen anderen Geist entgegengesetzt, Gottes Geist. Er beschreibt, wie Gott in die Welt hineinwirkt. In seine Bewegung der Liebe, des Friedens und der Güte nimmt Gott die Menschen mit, die an ihn glauben. Paulus hat nicht den Weltfrieden beschworen oder das Ende ungerechter Herrschaft. Dabei hatte er allen Grund, sich danach zu sehnen. Paulus sieht Gottes Geist am Werk, wo Menschen in ihrer unmittelbaren Umgebung und in der Gemeinde Gutes bewirken.

In diesem Geist möchte ich leben. Ich möchte Teil von Gottes Gegenbewegung in der Welt sein. Gottes Geist Raum geben angesichts all der unheiligen Geister unserer Zeit.

Ich fahre mit dem Rad über eine Kreuzung. Ein Autofahrer muss bremsen. Sorgsam lässt er viel Platz und nickt mir freundlich zu. Eine schwangere Lokalpolitikerin bekommt einen Brief. Ich finde es toll, wie Sie sich einsetzen, steht darin. Viele Menschen helfen mit, damit die ehemalige Synagoge im Nachbardorf erhalten bleibt. Sie setzen sich dafür ein, dass Jüdinnen und Juden in unserem Land sicher leben können.

MONIKA LEHMANN-ETZELMÜLLER

Gib mir deinen Geist, Gott, für diesen Tag, stärke die Liebe in mir, dass ich aufmerksam bin für andere, die richtigen Worte finde, damit Frieden wächst.

Was der Mensch sät, wird er auch ernten

Was für eindrückliche Worte, mit denen uns Paulus ermutigt, unser Leben über den Augenblick hinaus zu denken und zu führen. Gewiss, wir leben und handeln im Jetzt. Wir nehmen tagtäglich wahr, was um uns herum im Öffentlichen wie im Privaten geschieht. Wir hören, was andere Menschen denken, vielleicht auch von uns fordern oder wie sie ihre Meinung durchsetzen wollen. Das macht etwas mit uns, es löst Reaktionen in uns aus, die von Begeisterung bis zur radikalen Abwehr reichen. Da kann einem schon einmal der Gaul durchgehen, besonders wenn man sich so richtig über eine Nachricht oder eine Person ärgert. Paulus ruft die Galater in solch einer Situation zu Besonnenheit und Selbstreflexion auf. Ich denke, dem Apostel ist dies aus seiner eigenen Lebenserfahrung heraus, die er im ersten Kapitel des Galaterbriefes beschrieben hat, ein großes Anliegen. Aus einem überzeugten Verfolger der Christen wurde ein Mann, der sein Leben in den Dienst Christi gestellt hat. Diese Erfahrung sitzt tief in ihm. Einen Streit zu entfachen ist leicht, dazu muss man nur die eigene Meinung absolut setzen und sie möglichst laut in die Welt hinausposaunen. Schwieriger ist es, in Konflikten nicht Öl ins Feuer zu gießen, sondern innezuhalten und die Sache gemeinsam zu klären. Hier gilt: »Einer trage des anderen Last.« Es geht um mehr als Unterstützung in schwierigen Zeiten, es geht darum, das Gegenüber mit allen Ecken und Kanten zu akzeptieren und zu ertragen bis man wieder zusammenfindet. Das erfordert gegenseitigen Respekt und Achtung und auch die Fähigkeit zur Selbstkritik: Jeder prüfe sein eigenes Werk. Denn so resümiert Paulus am Ende nicht ohne Grund: »Was der Mensch sät, wird er auch ernten!«

WIBKE KLOMP

Gnädiger Gott, wie schnell ist ein Streit in die Welt gesetzt. Hilf mir, wenn ich mich aufrege, einen Schritt zurückzutreten, um mit deiner Hilfe noch einmal zu durchdenken, was mein eigener Beitrag zu einem guten Miteinander sein kann.

Lasst uns Gutes tun!

Das ist doch mal ein Briefschluss! »Lasst uns Gutes tun!« – ein handgeschriebener Ruf des Apostels gegen das Kleinklein des Alltags – ein Aufruf zu geistiger Weite und Freiheit. Am Ende kommt es nicht auf äußere Zeichen bei den jungen Christen an, sondern auf die innere Haltung. Nicht Beschneidung oder Nicht-Beschnitten-Sein qualifiziert Nachfolge, sondern eine Lebenshaltung, die sich an Gottes Barmherzigkeit orientiert. Und da öffnet der Apostel mit seinem Aufruf zum eigenen Handeln einen weiten Horizont, der sich durch die Zeit hindurch bis zu uns heute spannt. Baustellen, an denen Christen sich damals wie heute einbringen können, gab und gibt es genug. Oft reicht ein Blick in das eigene Umfeld: Wie steht es um die eigenen Nachbarn und Freunde? Was könnte der Gemeinschaft im Haus, in der Straße oder auf dem Dorf guttun? Ich bin mir sicher, da kommen jedem schnell ein paar Ideen: von der Hilfe beim Einkauf, einer Müllsammelaktion auf dem Spielplatz bis hin zum Kehren des Herbstlaubs nebenan. Und warum nicht gleich auch ein paar andere Menschen zum Mitmachen motivieren? Das ist ein ganz anderer Ansatz, als sich über alles Mögliche aufzuregen, was in der eigenen Umgebung gerade nicht gut läuft.

Dazu darf der Blick dann auch ein wenig weiter reichen als in das eigene Umfeld. Im Gleichnis vom Weltgericht bei Matthäus fragt Christus sein Gegenüber, ob dieser kranke, gefangene oder fremde Menschen bei seinem Handeln im Blick gehabt hat oder sie einfach ihrem Schicksal überlassen hat. Eine Frage, die auch wir uns stellen lassen müssen. Gehen wir einen Schritt zurück, denn auch hier gelten gewiss Paulus' Worte: »Was der Mensch sät, wird er auch ernten!«

Eine Randbemerkung zum Schluss: Gutes zu tun, heißt nicht, naiv an das Gute zu glauben oder völlig unkritisch durch das Leben zu gehen. Aber hier und da mit offenen Augen und einem klaren Blick ein wenig Gutes in die Welt zu bringen und dann vielleicht später auch die eigenen Früchte zu erblicken, kann einem einfach guttun.

WIBKE KLOMP

Lebendiger Gott, öffne meinen Blick dafür, wo ich in meinem Umfeld Gutes tun kann. Lass mich nicht bei mir selbst stehen bleiben.

Einführung in das Buch der Offenbarung siehe Seite 416

Betendes Lesen

Das letzte Buch der Bibel macht es uns nicht leicht. Für viele ist es ein Buch mit sieben Siegeln. Es gewährt uns einen Blick in himmlische Sphären und zeigt uns Schrecken und Grauen dieser Welt. Was in Kürze geschehen soll, soll uns hier kundgetan werden. Aber diese Kürze dauert nun schon zweitausend Jahre, in denen es immer wieder Zeiten gab, da Menschen meinten: Jetzt ist es soweit. Das ist heute nicht anders. Darum zuerst die Einladung: Lies, höre und behalte, auch wenn es schwer zu verstehen oder auszuhalten ist. Lies, höre und behalte, denn in all dem, was der Seher Johannes schauen durfte oder schauen musste, begegnet dir der Eine, der ist, der war und der kommt: Jesus Christus. Er ist der überall Gegenwärtige in dieser Weltenschau. So lädt uns die Offenbarung dazu ein, dahinter oder hindurchzuschauen. Geschrieben an christliche Gemeinden, die in der Verfolgung standen. Geschrieben an Menschen, die wie der Schreiber selbst um ihres Glaubens willen bedrängt oder verbannt waren. Ihnen allen gilt zuerst ein Gruß und die Ermutigung: Verliert euren Glauben nicht. Gleich in diesen ersten Versen, die doch vor allem ein Gruß sind, werden klare Verhältnisse geschaffen. Gott, der Hohe und Erhabene, der sich in Jesus Christus uns Menschen offenbart hat, regiert. Er hält die Welt in Händen, auch wenn die Realität des Alltages dir anderes beweisen möchte. Was uns helfen mag, diese Sicht des Glaubens zu bewahren, ist das Gebet. Denn das Gebet weitet und öffnet uns den Blick. Das Gebet hilft uns dahinter- und hindurchzuschauen gerade in schweren Zeiten, gerade in Verfolgung und Bedrängnis. Das Gebet hilft uns zu unterscheiden, was vergänglich ist und was ewig bleiben wird, weil es unsren Blick auf den einen, ewigen Herrn lenkt, der ist, der war und der kommen wird. In dieser betenden Haltung können wir uns dem schwierigen Buch der Offenbarung nähern und erkennen, was Gott uns darin für unser Leben im Heute sagen möchte.

SR. BRIGITTE ARNOLD

Herr, mach uns stark im Mut, der dich bekennt, dass unser Licht vor allen Menschen brennt! Lass uns dich schaun im ewigen Advent.

Empfangen

Verbannt auf die Insel Patmos empfängt Johannes einen Auftrag in Bild und Wort. Es brauchte wohl zu Beginn diese eindrückliche Vision als Fundament, als Basis, um all das aufzuschreiben, was uns im Buch der Offenbarung begegnen wird. Eine Legitimation gleich zu Beginn. Ein In-Beschlag-genommen-Sein, dem sich der Schreiber nicht mehr entziehen kann, was auch immer da noch kommen mag an Botschaften, Visionen, Zumutungen.

Was der Seher schaut, wirft ihn zu Boden. Wie auch Jesaja bei seiner Berufungsvision einst gerufen hat: »Weh mir, ich vergehe.« Wo der Mensch einen Zipfel der Macht und Herrlichkeit Gottes schauen oder erahnen mag, da wirft ihn das zu Boden. Doch dann geschieht das Unfassbare. Diese nicht zu beschreibende Gestalt berührt den Seher. Um den, der da auf dem Boden liegt, berühren zu können, muss sich die gewaltige Gestalt herabbeugen. Bei Jesaja war es ein Engel, beim Seher Johannes ist es Gott selbst, der ihn berührt. Jetzt ist es nicht irgendeine Stimme, sondern die gewaltige Gestalt selbst, die zu ihm spricht: *Fürchte dich nicht!* Immer wieder dieses Wort, dieser erste Satz. Gott selbst überwindet die Distanz zwischen Gott und Mensch und dazu gehört dieser erste Satz: *Fürchte dich nicht!* Die Begründung folgt: Es ist Jesus Christus, der auferstandene Herr, der durch den Tod zum Leben hindurchgedrungen ist; der Herr über Leben und Tod.

Ich bin der Erste und der Letzte und der Lebendige. Vor einigen Jahren begleitete uns dieser Vers als Jahreswort der Kommunität. »Ich bin der Lebendige«, diese Selbstoffenbarung Jesu hat mich dabei besonders berührt. Der war und der kommen wird, begegnet mir im Heute als der Lebendige. Keine starre und statische Größe. Wo mir Christus begegnet, ist Leben. Dem Lebendigen begegnen, das wird mich immer neu überraschen. Nichts muss bleiben, wie es ist. Dem Lebendigen begegnen, bedeutet Hoffnung. So will ich hindurchschauen durch die fremden und furchteinflößenden Bilder der Offenbarung, um gerade darin ihm, dem Lebendigen zu begegnen.

SR. BRIGITTE ARNOLD

Lebendiger Herr, wecke Leben in mir. Wecke Leben in dieser Welt.

Lehre und Liebe!

Die sieben Sendschreiben sind bis heute für jede Gemeinde eine Herausforderung. Zu hören, wie gut man im Himmel über den eigenen Zustand im Bilde ist, gibt Anlass zum Insichgehen: Sind wir noch »Gemeinde Christi«? Ist das, was Jesus wichtig war, noch unsere treibende Kraft? Die Gemeinde in Ephesus, der größten Stadt des Einzugsgebiets der Sendschreiben, bekommt eine ernüchternde Analyse: Im Durchhalten und im Reinhalten der Lehre seid ihr gut. Aber was ist mit der ersten Liebe?

Das ist eine empfindliche persönliche Frage – damals wie heute. Auch wenn es hier nicht um romantische Liebe geht, sondern um die Agape, die anteilnehmende Liebe innerhalb einer Gemeinschaft. Deshalb ist es ja die ganze Gemeinde, die angesprochen wird.

Auch in unseren Gemeinden habe ich oft den Eindruck, dass es vor allem noch ums Durchhalten geht. Irgendwie den Gemeindealltag am Leben und das Gebäude sauber erhalten, mit immer weniger Leuten und immer weniger Begeisterung. Aber wie war es denn früher? Wie hatte sie sich am Anfang wohl ausgedrückt, diese »erste Liebe«? Ich stelle mir vor, dass es die Begeisterung ist, von einer Last befreit – welche auch immer das für den oder die Einzelne war – und in einer liebevollen Gemeinschaft angekommen zu sein. Wie kann man sich dieses Gefühl erhalten? Irgendwann gewöhnt man sich doch daran. Und was wäre heute ein angemessener Ausdruck? Mittagessen für alle? Kleiderbazar? Besuchsdienst? Winterspielplatz für Kinder von gestressten Eltern? Geht es um Liebe, die sich nach außen richtet oder die Liebe, die die Gemeindeglieder untereinander ausüben sollen? Wahrscheinlich liegt die Antwort an der Stelle, wo es im eigenen Herzen beim Lesen ein bisschen ziept.

DAGMAR KÖHRING

Guter Gott, der du uns durch und durch kennst: Schenke uns den Mut, uns zu erinnern und auf unsere Herzen zu hören.

Worauf gründet mein Leben?

Kennen Sie das auch, das Kopfkino? Gerade in der Stille, im Gebet gehen unsere Gedanken spazieren. Die hohlen und falschen Versprechungen der Mächtigen tauchen da auf. Wir sehen, was alles in die falsche Richtung geht. Wie die Reichen immer reicher werden. Sich nehmen, was ihnen gefällt. Und in Gedanken führen wir alle Verfehlungen auf, gehen mit ihnen ins Gericht, verurteilen ihren Egoismus, ihre Brutalität und Gewalt. Dann malen wir uns aus, wie Gott dem Treiben der Mächtigen ein Ende setzt. Denn es kann doch nicht sein, dass das menschenverachtende Tun der Mächtigen ungestraft bleibt. Dass sie mit ihrer Bosheit gut leben und damit sogar noch prahlen. Meine Zuversicht droht zu schwinden.

Mir ist solches Kopfkino nicht unbekannt. Es entspringt dem Vertrauen auf Gottes Zusagen, dass er für Gerechtigkeit einsteht. Dass er auf die Armen und Schwachen ein besonderes Augenmerk hat. Dann können die Untaten und Gewalttaten der Mächtigen doch nicht einfach stehen gelassen werden. Das muss doch ein Ende haben. Die Gerechtigkeit wird triumphieren und alle Menschen können in Frieden leben, und »ein jeder wird unter seinem Weinstock und Feigenbaum wohnen, und niemand wird sie schrecken« (Mi 4,4). Ich brauche die Zusagen und Verheißungen Gottes, um in der Welt, wie sie ist, zu leben. Die Verheißungen nähren meine Hoffnung: Ein Leben für alle Menschen hier auf Erden ist möglich. Auch wenn ich immer wieder darunter leide, dass Gottes Gerechtigkeit so wenig sichtbar ist in unserer Welt. Geduld und Durchhaltevermögen sind nötig, um meine, unsere Zuversicht zu stärken. Der Beter umschreibt im Bild vom Ölbaum seine Hoffnung. Ein Olivenbaum ist kein schöner, aufrechter Baum. Aber er ist widerstandsfähig. Er kommt mit wenig Wasser aus. Olivenbäume wachsen langsam, werden aber sehr alt. So will ich mich verwurzeln in der Güte Gottes und daraus Kraft schöpfen und vertrauen, dass Früchte wachsen, die mich und andere nähren.

BÄRBEL KOCH-BAISCH

Treuer Gott, immer wieder will ich mich gründen in deiner Liebe und Güte. Mein Denken und Tun soll sich nähren an deinen Verheißungen.

Zusammenhalt!

In der Gemeinde von Smyrna, der Empfängerin des zweiten Sendschreibens, scheint es vor allem Probleme zu geben. Es fehlt nicht nur das Geld – es muss auch mit Repressalien aus der Umgebung gerechnet werden. Da fallen mir gleich die vielen tapferen Gemeinden ein, die weltweit unter Regimes ausharren, die sie bedrohen und verfolgen. Davon gibt es leider noch sehr viele auf der ganzen Welt. Man sagt ja, dass Notzeiten zusammenschweißen und dass die Leidenschaft für den Glauben größer wird, wenn sie nicht offen ausgelebt werden darf. Aber auch wenn die Gemeinde hier gelobt wird für ihre Treue, möchte man nicht gern tauschen.

Der Gemeinde wird versichert: Auf äußerlichen Reichtum, auf imponierende Wachstumszahlen oder beeindruckende Veranstaltungen kommt es nicht an. Das verführt alles nur dazu, sich selbst auf die Schulter zu klopfen und die Schwächeren und Ärmeren zu vergessen. Gerade ihre Bescheidenheit, ihre Treue im Kleinen, wahrscheinlich auch der daraus resultierende gute Zusammenhalt zeichnen diese Christinnen und Christen in Smyrna aus.

Und den brauchen sie auch, weil diese Gemeinde vor einer ganz akuten Bedrohung steht: Offenbar gibt es da Verräter, die sie bei den Behörden anschwärzen. Eine tödliche Gefahr für die Betroffenen, die sicher viel Angst ausgelöst hat und bis vor die Ohren des Verfassers der Sendschreiben gedrungen ist. Tragisch, dass die verurteilende Bezeichnung als »falsche Juden« und »Versammlung des Satans« später, als das Christentum die herrschende Religion war, eine ganz eigene Wirkungsgeschichte entfaltete und vielen Juden in der Diaspora über die Jahrtausende zum Verhängnis wurde. Daraus lerne ich: Man kann nicht nur den Namen Gottes, sondern auch den Namen des Teufels missbräuchlich führen. Deshalb nehme ich mir vor: Selbst, wenn ich mich bedroht fühle, will ich mich davor hüten, irgendeinen anderen Menschen oder eine Gruppierung zu »verteufeln«.

DAGMAR KÖHRING

Barmherziger Gott, hilf uns gegen unsere Angst und schenke uns die Kraft, dir treu zu bleiben.

Widerständiger Glaube

Irgendwas ist immer. Dieser Ausspruch kommt mir öfters in den Sinn – mal ist er Trost, mal sage ich ihn bedauernd. Irgendwas ist immer: Hier ist eine Gemeinde, die an Gott festhält, die gegen Widerstände am Glauben bleibt. Das finde ich ermutigend. Mir macht es Mut zu wissen: Auch zu anderen Zeiten gab es Widerstände und Anfragen an den Glauben. Schon von Beginn an sind Gemeinden nicht nur gewachsen, sondern waren Gegenwind ausgesetzt und haben selber oft nicht gewusst, ob es sich lohnt festzuhalten, durchzuhalten, weiter zu hoffen und zu vertrauen. Und doch haben sie es getan. Aber: Irgendwas ist immer. Sie werden unsicher, was genau ihr Auftrag ist, welches ihre Werte sind. Tröstlich, denke ich. So stark im Widerstand gegen außen sie auch sind, sie wissen nicht immer, was genau der nächste Schritt ist, wo genau das Gute zu finden ist. Genauso bin auch ich, sind auch wir immer wieder in Gemeinden und Kirchen unsicher. Wir machen Fehler, treffen falsche Entscheidungen. Wir geben zu schnell auf oder lassen zu spät los. Wir meinen, nur so und nicht anders muss Glaube gelebt werden, und merken nicht, dass wir an unseren eigenen Bedürfnissen und Gewohnheiten mehr hängen als an Gott, die auch immer wieder neue Wege aufzeigt – immer orientiert an seiner Liebe. Und ein bisschen schade ist es, dass ich kein Geheimrezept finde, wie genau das geht mit der Nachfolge.

Gott spricht uns die Möglichkeit zu, das Bedauern zu überwinden und unseren Weg mit ihr zu finden. Irgendwas ist immer. Und genauso immer dürfen wir uns neu auf den Weg mit Gott machen. Weil Gott es uns zutraut.

NICOLE BECHER

Gott des Lebens, wir wollen uns nicht einrichten im Trost, dass auch andere es ja nicht immer richtig gemacht haben auf dem Weg des Glaubens. Wir wollen uns nicht einrichten im Bedauern, dass es wieder einmal nicht gelingt, ganz mühelos und fehlerfrei den Glauben zu leben. Wir wollen uns einrichten im Vertrauen, dass du uns immer wieder neu den Weg zutraust und uns ausrichtest nach deiner Liebe.

Glauben mit langem Atem

Müssen wir also doch mehr tun? Es hat fast den Anschein, denn hier wird gelobt für die Werke und den Dienst und die Geduld. Durchhalten, ist das die Devise des Glaubens? Ja, manchmal sicher. Es lohnt sich, nicht direkt bei kleinen und großen Schwierigkeiten Dinge sein zu lassen, Beziehungen aufzugeben, an sich und den Visionen vom Himmel auf Erden zu zweifeln. Leidenschaftlich mit Gott und den Menschen unterwegs sein, dazu gehört Durchhaltevermögen, prüfen, verbessern, statt aufzugeben. Dazu gehört es auch, Dinge zu tun, die eben dazugehören, auch wenn sie zäh und mühsam sind. Sich investieren, weil es der Andere, weil es Gott wert ist. Mich selbst zurücknehmen, weil es der Andere, weil es Gott wert ist. Doch in allem Investieren soll ich mich nicht verlieren. Auf die Liebe zu Gott, zum Nächsten und zu mir selbst soll mein Investment ausgerichtet sein. Bei allem Einsatz für die Anderen darf, soll ich Grenzen setzen, muss nicht alles hinnehmen und dulden. Ich darf prüfen, ob wir gemeinsam mit Gott unterwegs sind und ob auch ich noch das bekomme, was ich brauche für ein liebevolles, mit mir selbst liebevolles Leben. Ich darf vertrauen darauf, dass Gott nicht möchte, dass ich mich aufgebe und verliere. Ich darf das Leben genießen. Und ich darf widersprechen, wenn jemand im Namen Gottes fordert, was der Gemeinschaft und der Liebe widerspricht. Ich darf mich einsetzen – mit meinem Tun, meinem Durchhalten, meinem Widerspruch, meinem Lassen.

NICOLE BECHER

Gott des Lebens, es ist gar nicht so einfach zu wissen, wann es sich lohnt auszuhalten und nachzugeben und wann es angezeigt ist, zu widersprechen oder loszulassen. Wann täte es mir gut, mich zu ändern? Wann ist es gut, nicht mehr zu dulden und an meinen Vorstellungen festzuhalten? Schenk du mir immer wieder die Weisheit, das Richtige zu erkennen und lass mich vertrauen auf deine Gnade.

Werde wach

Scheintot. So kann man aus der Sicht Jesu die Gemeinde in Sardes (heute: Sart in der Türkei) am besten beschreiben. Dem Namen nach ist sie christlich, mehr aber auch nicht. In Wirklichkeit ist sie tot und nicht mehr lebendig. Als Grund nennt Jesus fehlende Werke.

Was ist das Gegenmittel zum geistlichen Dahinsiechen? Die Gemeindemitglieder, deren Glaube akut gefährdet ist, sollen sich an den Anfang erinnern. Sie sollen zurückkehren zu dem, was sie am Anfang empfangen haben. Das meint eine Rückkehr zur Taufe. Taufe bedeutet: Gottes geliebtes Kind werden, eingetaucht werden in Tod und Auferstehung Jesu Christi und erfüllt werden mit dem Heiligen Geist. Wenn die Gemeinde nicht aufwacht, dann droht ihr, von der Wiederkunft Jesu Christi überfallen zu werden (V. 3). Wer sich aber bekehrt und mit guten Werken – das meinen die weißen Kleider (V. 4) – vor Gott steht, dem verheißt Jesus Ehre vor Gott und dem himmlischen Hofstaat.

Die Bilder und Vorstellungen in diesen Versen werden uns wahrscheinlich fremd anmuten. Die meisten rechnen nicht mit der baldigen Wiederkunft Christi. Auch wird die Betonung von Werken bei manchen für zumindest leichtes Grummeln sorgen. Aber auch diese Verse gehören zur Bibel. Sie stellen uns wichtige Fragen: Bin ich auch scheintot? Oder will ich doch leben? Besteht mein Glaube nur dem Namen nach? Oder erweise ich mich als jemand, in deren oder dessen Leben Jesus einen Unterschied macht?

Das Schöne ist: Wir können jederzeit umkehren. Selbst wenn unser Glaube akut vom Sterben bedroht ist, können wir jederzeit das Ruder herumreißen. Und wie? Indem wir uns unserer Identität als getaufte und damit als von Gott geliebte Menschen vergewissern. Und indem wir diese Liebe, die Gott uns schenkt, mit Wort und vor allem mit Tat an andere weitergeben. In diesem Sinne: Werde wach und sei nicht scheintot! Denn Leben geht nur lebendig.

FRANK EWERSZUMRODE

Meine Seele klebt am Staub, schenke mir Leben nach deinem Wort. Ich erzählte von meinen Wegen, und du erhörtest mich, lehre mich deine Satzungen.

Halte fest, was du hast

Eins Plus mit Sternchen. So kann man zusammenfassen, was der auferstandene Jesus der Gemeinde Philadelphia (heute Alaşehir in der Türkei) zu sagen hat. Die Gemeinde ist zwar nicht sonderlich stark, aber das Entscheidende hat sie zustande gebracht: In einer weitgehend heidnischen Umwelt hat sie an Jesus festgehalten. Inmitten solch einer Gesellschaft ist sie eine Insel des Heils, das Gott der ganzen Welt verheißen hat. Den Zugang zum Heil hat ihr Jesus geöffnet. Kein Mensch kann diesen wieder verschließen (V. 8).

Fremd mag der Vers 9 klingen. Dort wird der Gemeinde verheißen, dass ihr sich andere unterwerfen werden, auch Menschen jüdischen Glaubens. Dieser Vers, wie auch ähnliche in der Bibel, sind oft aus der Sicht der Minderheit und der Verlierer*innen der Geschichte geschrieben. Sie wollen dazu motivieren, allen Widerständen zum Trotz am Glauben festzuhalten.

»Halte fest, was du hast« (V. 11). Auch wenn in der Gemeinde alles richtig läuft, wird hier deutlich: Glaube ist kein in Stein gemeißelter Besitz. Glaube ist Arbeit, genauer: Beziehungsarbeit. Man kann sich nicht auf einem Level ausruhen, das man irgendwann erreicht hat. Gottes Zuwendung und Liebe zu uns bestehen immer. Aber wir müssen sie annehmen. Das ist unser Part in der Beziehung zu Gott. Glaube ist nämlich etwas Dynamisches, wie jede andere Beziehung auch.

Deshalb stellt uns der Text von heute vor Fragen: Wo stehe ich im Glauben? Was habe ich? Wo war ich treu? Wann war ich es auch nicht? Wie kann ich einen Schritt weiter in meiner Beziehung zu Gott gehen, zu mehr Liebe zu Gott und zu meinen Mitmenschen?

Das klingt wieder mal nach Anstrengung. Aber selbst eine kleine Kraft reicht ja schon. Das war damals in Philadelphia so und das bleibt auch so. Aber wer sich darauf einlässt, wird siegen (V. 12). Dieser Sieg bedeutet ewiges Leben in der Gemeinschaft mit dem Gott, der uns von Grund auf liebt.

FRANK EWERSZUMRODE

Ja, du wurdest meine Hilfe, ich juble im Schatten deiner Flügel. Meine Seele hängt an dir, fest hält mich deine Rechte.

Mach also Ernst

Das Sendschreiben an die Gemeinde in Laodizea (gelegen 6 km nördlich der türkischen Stadt Denizli) ist für mich der aktuellste Text. Das damalige Laodizea war ein Finanzzentrum. Es war wohlhabend aufgrund von Textilherstellung und Pharmazie. Die Kleidung und die Salbe in V. 18 spielen darauf an. Die Gemeinde hält sich für reich, sowohl materiell als auch spirituell. Gerade sie bekommt überhaupt kein Wort des Lobes zu hören. Die Gemeinde sei blind, weil sie ihre Armut nicht erkenne. In ihrer Selbstzufriedenheit bemerke sie nicht, wie lau sie sei, weder entschieden für Jesus Christus noch entschieden dagegen. Ihr fehlen zudem die Werke, die einen lebendigen Glauben an Jesus bezeugen. Daher muss sie weiße Kleider von Christus kaufen (V. 18). Die Worte an die dortige Gemeinde drücken die Sorge des auferstandenen Jesus Christus aus. Er will die Menschen wachrütteln, damit sie mit ihm auf dem Thron sitzen und an seinem Sieg teilhaben. (V. 21)

Die meisten, die diese Auslegung lesen, werden über dem Existenzminimum leben. Und wer versucht, Tag für Tag in der Bibel zu lesen, wird das eigene religiöse Leben wohl mindestens für ausreichend erachten. Ich selber zähle mich zu beiden Gruppen. Verse wie die heutigen stellen mich radikal in Frage. Bin ich auch so lau? Gegen Lauheit gibt es keine Versicherung. Um sie zu verhindern, ist es notwendig, sich jeden Tag bewusst für Gott zu entscheiden. Gott von ganzem Herzen, von ganzer Seele und mit ganzer Kraft lieben zu wollen. Und diese Liebe mit zumindest einem ganz konkreten Tun in die Tat umzusetzen.

Jesus Christus ist hier sehr deutlich und fordernd. Auch das gehört zu unserem Glauben. Aber die Umkehr, die Zuwendung zu Jesus, steht unter einer Verheißung: »Wenn einer meine Stimme hört und die Tür öffnet, bei der werde ich eintreten und Mahl mit ihm halten und sie mit mir« (V. 20).

FRANK EWERSZUMRODE

Erforsche mich, Gott, und erkenne mein Herz, prüfe mich und erkenne meine Gedanken! Sieh doch, ob ich auf dem Weg der Götzen bin, leite mich auf dem Weg der Ewigkeit!

Wohin mit der Wut?

Darf man so mit Gott sprechen? »Der Gerechte wird sich freuen … und seine Füße baden in des Frevlers Blut.« Wir wenden uns doch gegen die Verrohung der Sprache in unserer Gesellschaft. Und dann das.

Der Beter des Psalms klagt die »Mächtigen« an. Er beklagt die ungerechte Rechtsprechung, den Machtmissbrauch und die systemische Willkür, unter der einzelne Menschen und ganze Nationen leiden. Machthaber, die sich an die Stelle Gottes setzen. Diesem Machtmissbrauch sind viele ohnmächtig ausgeliefert. Da entsteht Wut. Die Welt gehört verändert. Doch was bleibt da Einzelnen an Veränderungskraft? Ohnmacht macht wütend. Weil sie keine Handlungsmöglichkeit lässt. Was bleibt, wenn ich das Unrecht anklagen kann? Was dann bleibt: sich an Gott wenden. Von ihm erhoffen wir Gerechtigkeit.

Darf man so mit Gott sprechen? Ja, denn die Wut braucht Raum. Wenn man sie unterdrückt, dann verwandelt sie sich in andere Gefühle und bricht sich unkontrolliert Bahn. Wer wütend ist, findet aus der Opferrolle heraus. Wut setzt die Energie frei, etwas zu tun. So wendet sich der Beter in seiner Wut an Gott. Er weiß, dass Gott hört. Er kennt unsere Gedanken, auch die wütenden. Gott hält das aus, wenn wir ihm unser Leid und die Ungerechtigkeit der Welt klagen. Wenn wir ihm unseren Frust und Ärger, unsere Ungeduld und Wut im Gebet vor die Füße kippen. Im Beten überlassen wir es Gott, für Recht und Gerechtigkeit zu sorgen. Wir bringen unsere Vorstellung mit, wie Gott das machen soll: Die Täter sollen entsprechend ihrem Vergehen bestraft werden. Die »Giftzähne«, die falsche Urteile verkündet haben, sollen ihnen gezogen werden.

Wenn Gott für Gerechtigkeit sorgt, dann stärkt das auch das Vertrauen des Beters in Gott: »… und die Leute werden sagen: Ja, Gott ist noch Richter auf Erden.« Gott soll sein Gott-Sein beweisen. Das wünsche auch ich mir immer wieder. Und lerne, dass Gottes Wege andere sind als die, die ich mir wünsche. Aber die Wut findet Raum.

BÄRBEL KOCH-BAISCH

Gott, mit meiner Klage über das Unrecht in der Welt liege ich dir in den Ohren. Das verschafft mir Luft. Ich kann frei atmen, mich aufrichten und tun, was nötig ist.

Komm und sieh

Trost und Ermutigung brauchten sie, die bedrängten und verfolgten Gemeinden in Kleinasien, und beides konnten sie schöpfen aus der gewaltigen Vision des Sehers Johannes. Ihm war ein Blick in den Himmel gestattet worden, wo Gott in seinem Glanz gegenwärtig und die Zeit aufgehoben ist. Mit dem Verstand ist das nicht zu fassen, und deshalb nutzt Johannes alttestamentliche Motive sowie andere sehr alte mythologische und astrologische Vorstellungen und beschreibt mit Bildern, was ihm offenbar wird.

Die Erscheinung Gottes selber entzieht sich der Beschreibung, Johannes kann auf die Edelsteine und den Strahlenkranz um den Thron zeigen und damit den überwältigenden Lichtglanz und Gottes Herrlichkeit andeuten.

Jedes dieser Bilder aber sagt den bedrängten Christinnen und Christen damals und denen aller Zeiten und auch uns heute mit unseren persönlichen Bedrängnissen und Nöten: Der allmächtige Gott, der alles geschaffen hat, der vor allen Zeiten war und immer bleiben wird, er hat alles in der Hand, das große Weltgeschehen und zugleich jedes kleine Leben. Wir sind nicht allein (gelassen). Seine Macht ist unerschütterlich, und auch, wenn das Aufbegehren des Bösen die Erde und die Menschen in Angst und Schrecken versetzen kann, so kann es am Ende die Macht Gottes nicht gefährden. Seine Herrschaft ist nicht an Raum und Zeit gebunden. Sie ist umgeben von Schönheit und Klang, und sie führt zur Gemeinschaft. In ihm ist alles miteinander verbunden. Die Wesen um seinen Thron wissen das, sie umgibt das Licht und sie singen von Gottes Heiligkeit und seiner Schöpferkraft. Uns fällt es oft schwer, wenn es um uns oder in uns dunkel ist, die Hoffnung festzuhalten. Heute will ich es den himmlischen Wesen gleichtun und ein Lied zum Lob des Schöpfers singen.

KERSTIN LUBENOW

Herr, unser Gott, du bist würdig, zu nehmen Preis und Ehre und Kraft; denn du hast alle Dinge geschaffen, alle Menschen, auch mich. Ich danke dir, ich lobe dich.

Weine nicht

Eine voll beschriebene Schriftrolle, die »Klage, Ach und Weh« (Hes 2,10) enthielt, hatte schon der Prophet Hesekiel in einer Vision erhalten, und auch die Schriftrolle, die Johannes erblickt, innen und außen beschrieben, enthält schreckliche Geschehnisse der letzten Zeit. Die Siegel lösen, die Geschicke entbinden kann kein Mensch auf Erden. Das bringt Johannes zum Weinen. Denn das bedeutet ja auch, dass das Weltgeschehen blind und ohne Sinn abläuft. Weine nicht, wird Johannes und damit auch den Gemeinden damals und uns heute gesagt – weine nicht, es gibt einen, der das Buch öffnen und die Siegel lösen kann. Es gibt einen, der die Geschicke der Welt in seinen Händen hält. Es ist der, den das jüdische Volk so sehr erwartete, der Messias, der ein Nachkomme Davids sein sollte. Die Christen haben ihn in Jesus Christus gefunden. Er ist der, der überwunden hat, und darin liegt der große Trost trotz der folgenden Schreckensbilder. Wenn einer Tod, Gewalt und Ungerechtigkeit überwunden hat, dann werden diese zwar nicht ungeschehen gemacht, ihre Existenz wird auch nicht bagatellisiert und verdrängt; aber sie haben nicht das letzte Wort, sie können nicht verhindern, dass Leben, Liebe und Gerechtigkeit am Ende sich durchsetzen und sein und bleiben werden.

Entsetzt euch nicht, wenn ihr hören werdet von Kriegen und Unruhen, hatte Jesus seinen Jüngern gesagt, das muss zuvor geschehen (Lk 21,9). Das muss zuvor geschehen – auch wenn wir das nicht verstehen, auch wenn die Angst nach uns greift und das Leid in der Welt uns zu überschwemmen droht, gerade dann wollen wir die Hoffnung festhalten, dass einer überwunden hat, dass einer die Welt in Händen hält und dass hinter dem Dunkel das Licht liegt und dort Jesus auf uns wartet.

KERSTIN LUBENOW

Wir warten dein, o Gottes Sohn, und lieben dein Erscheinen. Wir wissen dich auf deinem Thron und nennen uns die Deinen. Was wird geschehn, wenn wir dich sehn, wenn du uns heim wirst bringen, wenn wir dir ewig singen.

Sing ein neues Lied

Gerade, wenn man in Bedrängnis ist und Hilfe auf sich warten lässt, dann kommen die Zweifel in einem hoch: Hört Jesus wirklich meine Gebete, oder steigen sie nur bis zur Zimmerdecke, und ich bleibe allein mit meinen Sorgen? Solche Gedanken können einen Menschen in die Verzweiflung stürzen: Wer kennt sie nicht?

Die großartige Schau, die Johannes zuteilwird, schenkte der Christenheit aller Zeiten einen tiefen Trost für solche dunkle Stunden. Unsere Gebete gehen nicht verloren und verwehen nicht, nein, sie sind aufbewahrt in goldenen Schalen und steigen von da auf wie Räucherwerk zum Lamm. Nur etwas, was kostbar ist, bewahrt man in goldenen Schalen auf, und Weihrauch war stets ein teurer und sehr begehrter Stoff. So wertvoll sind unsere Gebete!

Das Lamm ist das Bild für Jesus, es ist, so schreibt Johannes, »wie geschlachtet« – also nicht geschlachtet, tot und vergangen, sondern durch den Tod hindurch gelangt zum Leben und zur himmlischen Herrlichkeit. Mitten zwischen dem Thron und dem himmlischen Hofstaat ist das Lamm. Die Bilder versuchen das auszudrücken, was die Dogmatik Dreifaltigkeit nennt. Der Verstand kommt an seine Grenzen, das Herz kann es auf andere Weise begreifen und bekommt dafür ein Lied. Ein neues Lied, das im Himmel gesungen wird und in das wir einstimmen dürfen. Einmal wird die ganze Schöpfung es singen, wir können heute schon Choristen und Choristinnen sein.

Was für eine Sicht auf die Ganzheit der Schöpfung! Es müsste uns umhauen, wenn wir es wirklich erfassen würden: Es gibt eine Brücke zwischen Himmel und Erde, und das ist ein Loblied, ein himmlisches Loblied auf Jesus den Erlöser, und wir können es mit unserem kleinen Gesang und angefochtenen Glauben mitsingen. Und mitten im Klang dieses gewaltigen Liedes sind unsere Gebete, dort, an dem einzigen Ort, wo sie Erhörung finden können.

KERSTIN LUBENOW

Herr Jesus Christus, gestorben und auferstanden für uns, du bist würdig, zu nehmen Kraft und Reichtum und Weisheit und Stärke und Ehre und Preis und Lob.

Macht wird gegeben und genommen

Wie ist das, an diesem Donnerstag aufzuwachen und dann diesen Text zu lesen? Er beginnt mit den apokalyptischen Reitern. Sie symbolisieren: 1. Ein Krieg beginnt, einer zieht siegessicher aus. 2. Der Krieg wird geführt: Kein Friede mehr auf Erden. 3. Ein wirtschaftlicher Zusammenbruch ist da. Öl und Wein können vielleicht den Schmerz gut lindern, betäuben. 4. Die Konsequenz aus allem ist der Tod. Wenn ich gleich die Zeitung aufschlage, so erwarte ich auch da von apokalyptischen Reitern zu lesen, von vielen, die ausziehen, um zu siegen und die doch nur den Frieden nehmen und die Hunger und Elend, Zerstörung und schließlich den Tod bringen.

Mich irritiert der Satz »Ihnen wurde Macht gegeben« und er überliest sich so leicht. Wem wurde Macht gegeben? Etwa den Mördern und Diktatoren unserer Gegenwart auch? Warum verhindert Gott das nicht? Das will ich gerne wissen. Hier ist der Beginn einer Antwort. Ich sehe eine andere Ordnung: Die Gewalt wird eingeordnet, bloßgestellt, hat einen Anfang und ein Ende. Die Gewaltigen sind nicht gottgleich, sie werden wie bissige Hunde von der Leine gelassen und wieder zurückgepfiffen. Ihnen wurde die Macht gegeben, weil es Gott zulässt. Er ist es auch, der ihnen die Macht wieder nimmt. Wie singt Maria noch: »Er stößt die Gewaltigen vom Thron und erhöht die Niedrigen.« Die Macht wird eingeordnet, die Gewalt darf mal losziehen. Schlimm genug, aber sehr realistisch, denn die Gewaltigen haben Macht und sie machen davon Gebrauch.

Was mir aber für diesen Tag gesagt ist, ist: Macht haben sie schon, aber sie haben auch ein Ende, und Macht haben sie schon, aber sie haben kein Recht. Und so sehe ich mir die Kaltschnäuzigen, die Quälgeister und die Lügner dieser Tage an und denke: Mach nur den Mund auf. Du wirst ihn auch wieder schließen und du wirst zur Rechenschaft gerufen werden.

MICHAEL SCHÄFER

Warum, Gott, lässt du zu, dass wir umgeben und betroffen sind von Gewalt? Gib uns Antwort, irgendwann. Schenke mir aber die Sicherheit, dass es ein Ende haben wird mit all den Lügen und Schlägen, den Beleidigungen. Lass mich stark werden in meiner Sehnsucht nach Frieden.

Gott macht das schon

Ach, da ist es ja! Hatte ich nicht eben noch auf das Ende der Großen gehofft, die so viel Leid auf Erden bringen, dann ist es hier mit dem nächsten Siegel schon da. Alle, die noch eben was zu sagen hatten, verkriechen sich, ducken sich, sie spüren ihre Machtlosigkeit und ihre Hilflosigkeit. Das, muss ich sagen, gefällt mir. Den Märtyrern vom fünften Siegel mag es auch gefallen haben, dass die Gewaltigen nicht davonkommen, sie sind in dieser Situation nicht mehr als die Sklaven und die anderen Menschen. Wir sehen mit Johannes, dem großen Seher, wie Gott selbst ein Ende macht, wie er zornig ist, wie er richtet. Früher hat mich das immer erschreckt: Gott richtet. Aber heute erschreckt es mich nicht mehr. Ich finde es gut, dass ich nicht richten muss, ich finde es gut, dass ich mich nicht rächen muss. Ich kann das sehr gut Gott erledigen lassen. Das richtet mich auch. Ich werde zurechtgeruckelt, bin ja auch nur Mensch und bin ja auch nur einer, der bedenken soll, dass es auch mit mir ein Ende hat und ich davon muss (Ps 39,4). Gott richtet mich neu aus.

Mir liegt viel daran, dass ich Gott übergeben kann, was ich selbst nicht machen kann.

Wer kann bestehen? Ich nicht. Aber es ist gut, klug zu sein und zu wissen: Das, was ich mache, tue, denke und sage, ist nicht egal, es hat Folgen für mich und für meine Mitgeschöpfe.

Ich lasse Gott machen und hoffe auf ihn. Vielleicht werde ich so eine neue Haltung gewinnen und aufrecht sein können und Anstand haben, denn ich bin doch auch nur ein Mensch, der erkennen muss, wie endlich er ist, wie menschlich wir alle sind. Gebe Gott, dass mir das immer wieder mal einfällt.

MICHAEL SCHÄFER

Großer Gott, dein ist die Rache und das Gericht und du hast das letzte Wort. Ich bitte dich heute nur um Weisheit und Gelassenheit: dass ich das, was mir zustößt, nicht persönlich nehme; dass ich das, was ich tue und sage, ernst nehme und mich in acht nehme vor allen Folgen.

Für die Zukunft versiegelt – und bewahrt

Die Bildsprache der Johannesapokalypse ist überwältigend und rätselhaft zugleich. Die vier Engel, die die Winde im Zaum halten, damit Erde, Meer und Bäumen kein Schaden zugefügt wird, kann ich fast vor mir sehen. Die könnten wir gut gebrauchen als Schutzengel in unseren Tagen, in denen Unwetter und Naturkatastrophen immer schneller aufeinander folgen. Auch zur Zeit der Reformation glaubten viele Menschen, in ihrer Gegenwart Zeichen des kommenden Weltuntergangs zu erkennen. Leicht können die apokalyptischen Bilder auch heute dazu verführen, Untergangs- und Endzeitszenarien zu beschwören.

Doch hier geht es um etwas anderes: Es geht um Trost in einer bedrängten Zeit und um die Hoffnung, dass Gott am Schluss alles zum Guten führt, die überwältigende Macht von Gewalt und Zerstörung von ihm besiegt wird. Die zwölf Stämme Israels gab es zur Zeit des Autors schon längst nicht mehr, deshalb ist dieses Bild eine Zukunftsvision. Aus dem wiederhergestellten Israel wird eine große Zahl von Menschen »versiegelt«, mit einem unsichtbaren Zeichen markiert, als Menschen mit einem besonderen Auftrag und einer besonderen Empfindsamkeit. Sie sind die Gerechten, die das Unrecht besonders spüren und zum Teil auch erleiden. Sie sind die, die die Zukunft Gottes und die Zukunft des befreiten Menschen schon mit sich tragen, ohne sich dessen ganz bewusst zu sein. Wir feiern am Reformationstag den Glauben an die Gnade und die Liebe Gottes, der uns nicht mit barbarischen Strafen überziehen, sondern auch uns neu machen und bewahren will.

BEATE STRÄTER

Guter Gott, deine Pläne sind uns verborgen. Wir hören deine Verheißungen, dass die Gewalt ein Ende haben wird. Doch wir erleben, immer wieder aufs Neue, dass es weitergeht auf unserer Welt mit Unterdrückung und Zerstörung so vieler Menschenleben. Lass uns nicht verzweifeln und aufmerksam sein für die Zeichen der Hoffnung. Lass uns denen Gehör schenken, die das Elend benennen, die Finger in die Wunde legen und darauf beharren, dass wir als Menschen zu Anderem, Besserem fähig sind – mit deiner Hilfe!

Gott, mitten im Leid

Erst nach und nach hat die jüdische Denkerin Etty Hillesum den Glauben an Gott für sich entdeckt. Mitten im Leid, in einem Lager in den von Deutschen besetzten Niederlanden, fing sie mit Meditieren und Beten an. Sie führte in ihren Tagebüchern einen Dialog mit Gott. Dieser Psalm erinnert mich an ihre inneren Auseinandersetzungen. Sie betete zu Gott und war doch voller Zweifel. Sie kämpfte mit Depressionen und war doch ganz sicher, dass Gott da ist, mitten in uns, mitten im Leid.

Auch in diesem Psalm ergänzen und widersprechen sich verschiedene Stimmen. Es ist eine Stimme des Gottvertrauens zu vernehmen. Sie vertraut darauf, dass Gott sie hören kann. Sie hofft auf Gottes Gerechtigkeit und darauf, dass es möglich ist, von den Feinden gerettet zu werden. Eine andere Stimme scheint dagegen zu halten und sagt schonungslos, wie schlimm es steht. Krank und zerstört sind Körper und Seele, dem Tod näher als dem Leben. Mit letzter Kraft ruft diese Stimme nach Gott.

Etty Hillesum hat diesen Psalm wohl gekannt. Wäre sie nicht in Auschwitz ermordet worden, hätte sie uns mehr hinterlassen als ihre Tagebücher, die unter dem Titel »Das denkende Herz« herausgegeben wurden. Sie hätte uns Nachgeborenen erklären können, warum sie nicht mehr an einen fernen und allmächtigen Gott glaubte, sondern an Gott in uns. So schreibt sie im Tagebuch: »Und mit fast jedem Herzschlag wird mir klarer, dass du Gott uns nicht helfen kannst, sondern dass wir dir helfen müssen und deinen Wohnsitz in unserem Inneren bis zum Letzten verteidigen müssen.«

Das ist eine andere Haltung als die flehentlichen Psalmbitten an Gott, die Rettung von außen erwarten. Wir müssen Gott helfen, nicht umgekehrt. Vielleicht geht es auch um gegenseitiges Behüten? Denn in der Tiefe treffen sich beide Vorstellungen: Gott ist keinem von uns fern. Und in jedem Menschen wohnt ein Funke von Gott, von Liebe und Menschenfreundlichkeit. Es liegt an uns, diesen Funken zu nähren.

KAREN HINRICHS

Gott, bleibe in uns, wenn wir deine Kraft am meisten brauchen. Bleibe in uns und verwandle unsere Dunkelheit in deinen anbrechenden Morgen.

Am Ende vereint

Was für eine großartige Vision! Eine unzählbare Schar von Menschen aus allen Nationen, Völkern, und Sprachen kommt vereint zusammen, in ihrer ganzen Unterschiedlichkeit. Welch großartiges Bild in einer Welt, in der Nationalismus, Rassismus, Verächtlichmachung, Ausbeutung und Unterdrückung die Menschen knechten und quälen, sie mit Kriegen überziehen. An den Grenzen wird aufgerüstet, Privilegien mit allen Mitteln verteidigt, die Armen werden preisgegeben und bekämpft.

Es sind Menschen, unzählige Menschen, die Schlimmes hinter sich haben, aus der großen Trübsal kommen. Was sie vereint, ist, dass sie alle Gewalt erleiden müssen. Sie sind es, die hier vor Gott kommen. Verraten von den Herrschenden, erkennen sie nun seine Herrschaft, und erteilen damit jedem menschlichen Überlegenheitsanspruch eine Absage. In weißen Kleidern und mit Palmzweigen, anstatt in Lumpen und gezeichnet von ihrem Schicksal. Das Blut des Lammes, Jesu Kreuzestod, als der ultimative Gewaltverzicht, hat menschliche Gewalt überwunden. Diese Hoffnung auf ein Ende aller Gewalt durchzieht die Bibel, wir finden sie in den Friedensverheißungen der Propheten und in der Botschaft Jesu vom Reich Gottes.

Auch hier erleben wir die Apokalypse als ein Trostbuch für die, die ohne Trost und Hoffnung sind. Und gleichzeitig spricht es damit zu uns allen. Die Vision einer geeinten Menschheit, in der Unterschiede keine Rolle mehr spielen, mag ferner denn je sein. Doch ohne solch eine Hoffnungen kann es keine Zukunft geben.

BEATE STRÄTER

Gott, du hast uns Menschen nach deinem Bild geschaffen. So vielfältig und unterschiedlich sind wir alle Teil deiner Schöpfung. So hast du uns gewollt. Gib denen eine Stimme, die sich schon längst mit ihrem Schicksal abgefunden haben, fast schon glauben, was man ihnen sagt: dass sie überflüssig, minderwertig, ein Abschaum sind. Lass uns verstehen, dass wir nur gemeinsam zu den Menschen werden, wie du sie gemeint hast.

Ein faszinierendes Vorspiel, das es in sich hat

Nach einer in der Spannung des Geschehens kaum zu ertragenden Stille setzt sich der himmlische Gottesdienst mit dem Auftritt von sieben posaunierenden Engeln fort. Zunächst aber vollzieht ein achter Engel eine Zeremonie, die katholischen Geschwistern durchaus bekannt ist – in eine Räucherpfanne wird Weihrauch eingelegt. Der gen Himmel steigende Weihrauchduft ist ein Symbol für die zu Gott »aufsteigenden« Gebete der Menschen; sie werden quasi »nach oben« transportiert. Dann aber geschieht Unerwartetes: Der Räucherengel wirft Feuer – also glühende Kohlen – vom Räucheraltar auf den Boden, woraus sich auf der Erde Gewitter und Erdbeben ergeben. Was mit einer Stille begann, endet in einem fulminanten Feuerwerk.

Zu Gott steigen Gebete auf, seine Antwort kommt postwendend: als Gerichtsansage. Einst war es dem Propheten Ezechiel aufgegeben, glühende Kohlen auf die Stadt zu werfen; vom Himmel fallendes Feuer und Schwefel waren der Untergang von Sodom und Gomorrha. Dass Gottes Gegenwart durch natürliche Phänomene angezeigt wird, ist der Bibel eine Selbstverständlichkeit, auch im Guten: Mit »Feuerschein und Wolke« weist Gott dem Volk den Weg aus der Unterdrückung in die Freiheit.

Für uns Heutige ein eigenartiges Geschehen, ist doch die Natur den meisten längst »entzaubert«. Physikalischen Phänomenen die Gegenwart Gottes zuzuschreiben, erscheint uns zumeist fragwürdig. Aber wir sind eingeladen, dieses himmlische Schauspiel als Auftakt für das zu verstehen, was sich mit dem folgenden Signal der sieben Posaunen verbindet. Es gleicht der Ouvertüre einer Oper, in der die wichtigsten Motive schon einmal angedeutet werden. In diesem Fall wird es ein »Schauspiel« sein, das ebenso fasziniert wie erschüttert. So entspricht es Gott: Er sei »faszinierendes und erschreckendes Geheimnis« zugleich, hat der Theologe Rudolf Otto gesagt.

HANS-CHRISTIAN NEIBER

Groß bist du, Gott: unerreichbar fern und uns entzogen, unfassbar für uns – und doch zugleich der ganz Nahe, der uns in Menschengestalt begegnet. Schenk meinem Verstand Demut und meiner Sehnsucht Beständigkeit.

Nach der Ouvertüre: Das Hauptstück (nur noch Erschrecken?)

Nach dem einstimmenden Präludium mit Weihrauch, Feuer, Erdbeben und Gewitter folgt nun der erste Teil der »Gerichtsoper«. Zunächst kündigt je ein Posaune blasender Engel das (Teil-)Gericht an, das nach dem musikalischen Signal vollzogen wird und auf Untergang und Vernichtung hinausläuft – dem schrittweisen Ende der vom Menschen gestalteten Welt. Diese erscheint symbolhaft verdichtet in der mörderischen Gewalt der Tyrannei – so haben die christlichen Gemeinden in Kleinasien den römischen Staat wahrgenommen. Nicht zufällig fliegt ein »römischer« Adler durch den Himmel, nur kündigt er jetzt großes Wehe an, anstelle Glanz und Gloria des römischen Imperiums zu symbolisieren.

Es ist ein ungeheuerliches Schauspiel, in dem Gott der Regisseur und seine sieben Engel die sind, die jeden Akt einleiten. Zurecht erinnert das an das furchtbare Gericht, das einst in Gestalt der zehn Plagen über das Sklavenreich des Pharao kam, um den Weg in die Freiheit zu ermöglichen.

Wer den Kopf nicht in den Sand steckt, sondern sich ernsthaft mit den Auswirkungen der Klimaveränderungen beschäftigt, den könnte unweigerlich das beklemmende Gefühl beschleichen, dass dieses Gericht schon jetzt begonnen haben könnte. Aber Achtung: Die Offenbarung ist eine Trostschrift, die an Christen in einer Verfolgungssituation gerichtet ist. Das von den sieben Engeln mit ihren Posaunen angekündigte Gericht ist Teil eines Geschehens, an dessen Ende die Rettung steht – so wie die Geschichte des Mose nicht mit der zehnten Plage endet, sondern mit der Rettung aus der Sklaverei weitergeht (und bis heute andauert). Erst wenn man die Offenbarung ganz gelesen hat, kann man unseren Text recht einordnen. Anders gesagt: In der beispielhaften Bedrängnis der christlichen Gemeinden Kleinasiens, an die die Offenbarung gerichtet ist, braucht es also die Geduld von Karfreitag bis Ostern...

HANS-CHRISTIAN NEIBER

Die ganze Kreatur sehnt sich nach dem Offenbarwerden der Kinder Gottes, hat Paulus den Römern geschrieben. Führe unsere Sehnsucht zum Ziel, Gott, vollende uns. Zu deiner Zeit!

Sternenmacht

Sterne gehören an den Himmel. Dorthin hat sie Gott am 4. Schöpfungstag gesetzt. Sie sind uns Licht in dunkler Nacht. In der Navigation, ob zu Land oder zu See, weisen sie Sternenkundigen den Weg. Ganz real und auch im übertragenen Sinne: Bald wird uns der Stern von Bethlehem den Weg weisen zu dem, von dem wir glauben, dass er das Licht der Welt ist. Hier aber ist ein Stern vom Himmel gefallen. Er leuchtet nicht mehr zur Orientierung, sondern öffnet den Abgrund. Und aus dem steigt Rauch empor und verdunkelt die Sonne. Verhindert die Orientierung.

Der Rauch verdunkelt die Sonne und auch meine Sinne. Wieder einmal merke ich, wie schwer ich mich mit diesen Texten der Offenbarung tue. Intellektuell kann ich sie einordnen – jedenfalls mehr oder weniger. Aber emotional sträubt sich alles in mir: Führt die Androhung unerträglicher Strafen wirklich zu Gott? Welche grausame Pädagogik steckt dahinter. Wenn ich so frage, trage ich vermutlich nicht das rettende Siegel auf der Stirn. Sonst würde ich das verstehen, oder? Dass es Gott doch »nur« gut meint.

Es hat Zeiten gegeben, da hat das – nicht nur, aber auch – in der Kirche funktioniert. Da hat Angstmachen funktioniert. Auch mit Gott drohen. Und als Folge haben sich viele von der Kirche abgewandt. Immer noch treffe ich Menschen, denen der strafende Gott ihre Kindheit zur Hölle gemacht hat. An so einen Gott kann und will ich nicht glauben. An so einer Verkündigung will ich nicht teilhaben. Jesus hat die Gefallenen aufgerichtet, selbst wenn sie Unrecht getan haben. Er ist zum Licht der Welt geworden und hat keine Finsternis um sich verbreitet. Seinem Stern und seinem Beispiel will ich folgen.

ANNETTE RÖHRS

Stern, auf den ich schaue, Fels, auf dem ich steh, Führer, dem ich traue, Stab, an dem ich geh, Brot, von dem ich lebe, Quell, an dem ich ruh, Ziel, das ich erstrebe, alles, Herr, bist du.

Es hört einfach nicht auf

»Vier Engel, gebunden, gehalten, bereit, // gefangen am Euphrat, seit Urzeiten der Zeit. ›Löst sie!‹, ruft die Stimme, ein göttlicher Plan, // denn die Stunde, der Tag, das Jahr, es bricht an. Sie marschieren hervor, eine Armee aus Rauch, // Feuer in den Augen, und Schwefel im Bauch. 200 Millionen – kannst du sie zählen? // Ein Heer so groß, dass die Worte fehlen.« So dichtet ChatGPT, die künstliche Intelligenz-Plattform im Internet, wenn es den Text in einen Poetry-Slam übersetzen soll. Mir selbst fehlen wieder die Worte. Das Unheil in dem Text ist nicht auszuhalten.

Das Unheil, Gott-sei-es-geklagt, in der Welt, in unserer ganzen realen Welt ist auch nicht auszuhalten. So überrascht es nicht, wenn die Texte der Offenbarung immer wieder als Zeichen gesehen wurden und werden, dass das endgültige Ende jetzt nahe ist. Aber es war es nicht. Es ging, es geht immer weiter. Völkermorde, Kriege, es hört nicht auf. Es hört einfach nicht auf.

»Und jetzt? // Was tun die Menschen, die übrig geblieben? // Sie klammern sich fest an das, was sie lieben. Götzen aus Gold, aus Silber, aus Stein, // Doch was sie verehren, wird nie lebendig sein. Mord, Magie, Unzucht, Diebstahl, Verrat, // Sie bleiben im Alten, trotz himmlischer Tat. Doch was ist mit uns, mit dir und mit mir? // Hören wir die Posaune? Hören wir sie hier?«

Hören wir heute die Melodie, die hinter allem, trotz allem spielt? Die sagt: Gib nicht auf! Hör nicht auf, an die Liebe zu glauben! Hör nicht auf, einer Zukunft zu vertrauen. Nimm dein Herz in die Hand und geh hinaus, immer wieder neu, und sing das Lied vom Frieden und von der Liebe. Hören wir die Melodie noch? Mach dich auf und werde Licht! Damit das Leben nicht aufhört.

ANNETTE RÖHRS

Ewige Liebende, du. Hilft mir, dass ich angesichts des vielen Unglücks, des vielen Bösen in der Welt nicht verzage. Sondern dass deine Liebe in mir wirkt und du durch mich Hoffnungs-, Lebens- und Liebeslichter anzündest.

Wortmacht

Worte haben Macht. Das ist wunderbar. Ein »Ich liebe dich« kann die Welt zweier Menschen komplett verändern. Aber wer hätte nicht schon bitter erfahren, dass Worte auch zerstören können.

Ein Engel erscheint, eine kleine Schriftrolle wird Johannes gegeben. Klein – gar nicht viele Worte können darauf sein. Er soll sie essen, süß ist sie im Mund, wird versprochen. Aber es wird ihm gleich dazu gesagt, dass sie ihm schwer im Magen liegen wird. So ist es alles in allem kein wirklich einladender Auftrag. Aber natürlich tut Johannes, was der Engel sagt. Johannes ist ein Gottesmann, der tut, was Gott von ihm will.

Gottes Wort hat Macht. Oft ist es unendlich süß, heilsam, tröstend, ermutigend, ermächtigend. Bringt Licht ins Dunkel, zeigt neue Wege auf. Aber Gottes Wort hat noch mehr Macht. Es will nicht allein uns eine frohe Botschaft sein, sondern es will ein Himmelreich auf Erden bauen, eine Welt voller Frieden und Gerechtigkeit für alle.

Dafür müssen wir uns verwandeln lassen in wahre Jesus-Nachfolgerinnen und Jesus-Nachfolger – so wie der Seher Johannes einer ist. Gottes Wort kann herausfordernd sein, ja unbequem. Es kann einem bitter im Magen liegen. Weil es mehr fordert als das eigene Glück. Es fordert uns auf, die eigene Komfortzone zu verlassen. Das ist oft bitter.

Bitter, aber heilsam. So wie manches Bitterkraut auch in der Heilkunde eingesetzt wird. Johannes schmeckt durch die Süße der göttlichen Worte die Erneuerungen seines Auftrags: Er muss weiter prophetisch unterwegs sein. Wir alle wissen, dass das a. nicht leicht, aber b. unerlässlich ist, wenn Himmelreich wachsen soll. Gottes Wort gehört hinaus in die Welt. Durch Johannes, durch uns. Denn es kann Mauern überwinden und Herzen verändern, damit sich irgendwann Frieden und Gerechtigkeit küssen auf dieser Erde.

ANNETTE RÖHRS

Leben-, Liebe-, Wort-schenkender-Gott, lege du mir die Worte in Herz und Mund, die Hoffnung wachsen lassen. Lass sie von deiner Güte erzählen, von deiner Weitsicht singen und lass sie Ansporn zu Taten werden.

Gott, befreie uns von Hass und Krieg!

Abstoßend und unverständlich finde ich einige Verse in diesem Psalm. Gott wird gefeiert, weil er früher der einen Kriegspartei zum Sieg verholfen hat und die Feinde getötet hat? Gott wird angeklagt, weil sich inzwischen das Blatt gewendet hat? Gott als Kriegsherr – das ist kein Gottesbild, das ich teilen kann. Ich will diesen Psalm, der in einigen Bibelausgaben mit der Überschrift »Volksklagelied« versehen wurde, nicht schönreden oder harmloser übersetzen, als er dasteht. Wie oft wurde die Bibel missbraucht, um Gewalt gegen andere zu rechtfertigen? Wie oft wurde der Glaube missbraucht, um Menschen zu manipulieren?

Ich denke an die Kriegspropaganda im Ersten Weltkrieg, die oft religiöse Züge hatte. Auf allen Seiten beteten Christen zu Gott, er möge der eigenen Nation den Sieg schenken. Und selbst nach den Millionen Toten des Ersten Weltkriegs gab es in Deutschland nur wenige Pfarrer, die sich gegen den zunehmenden Militarismus und kriegstreiberischen Nationalismus wendeten. Kaum ein Bischof kritisierte offen die menschenverachtende Ideologie des Nationalsozialismus. Wenige Christen hatten den Mut, den Kriegsdienst in Hitlers Armee zu verweigern. Angesichts des großen Versagens der Kirchen, die Gottes Gebote so oft missachtet und uminterpretiert haben, um Gewalt zu rechtfertigen, können wir nur um Vergebung bitten. Und uns neu besinnen auf den Ruf zum Frieden, der im ersten wie im zweiten Testament zu hören ist. Gott ist ein Gott des Friedens und der Versöhnung, daran halte ich fest.

Ich lese nochmals den Psalm und kann nur wenig entdecken, in das ich einstimmen kann. Doch zwischen den Zeilen lese ich eine verzweifelte Bitte um Befreiung. Auch vom eigenen Gefangensein in Bitterkeit und Hass. Befreie uns, Gott, vom Hass in unseren Herzen. Befreie uns aus dem Teufelskreis von Hass, Gewalt und Krieg.

KAREN HINRICHS

Gott, erleuchte mit deinem Geist des Friedens unsere Herzen und Hirne. Hilf uns, von Jesus zu lernen, Liebe zu üben und Konflikte ohne Gewalt zu lösen.

Alles Böse bleibt nicht ewig

Der Seher Johannes, der bislang passiver Beobachter war, wird nun aktiv in das Geschehen einbezogen. Er erhält den Auftrag, den Jerusalemer Tempel auszumessen, aber auch die Menschen, die dort beten; den äußeren Vorhof, zu dem auch Heiden Zugang hatten, soll er dagegen auslassen.

Das Messen ist mehr als das Ermitteln der Ausmaße des Gebietes. Es ist eine prophetische Zeichenhandlung: Es geht darum, den Ort der Bewahrung oder der Zerstörung abzugrenzen. Der Teil, den Johannes abmisst, soll bewahrt werden, der andere nicht. Er wird den Heiden überlassen und mit ihm die Heilige Stadt, die von ihnen 42 Monate lang verwüstet und entweiht wird.

Diese Aussage bezieht sich nicht auf das historische Ereignis der Zerstörung des Tempels durch die Römer im Jahr 70 n. Chr., sondern auf die Zeit der Regentschaft des syrischen Königs Antiochus IV. Epiphanes über 100 Jahre vor dem Untergang Jerusalems. Er plünderte den Tempelschatz und betrat das Allerheiligste, für fromme Juden ein Sakrileg sondergleichen, das der Entweihung des Tempels gleichkam. Die 42 Monate entsprechen den 1260 Tagen, in denen zwei rätselhafte Zeugen auftreten werden, wovon noch die Rede sein wird. Sie sind hier wie dort eine Symbolzahl für eine begrenzte Zeitspanne geworden: Alles Böse bleibt nicht ewig, sondern hat seine spezielle Zeit.

Für den Seher Johannes ist die Gemeinde Jesu der wahre Tempel. Sie ist Ort der Gegenwart Gottes und der Begegnung mit ihm, aber auch Schutzraum: Dort sollen jene, die trotz der Verfolgungen unerschrocken an ihrem Glauben festhalten, vor der Vernichtung bewahrt werden. Das Böse, das sie gegenwärtig erleiden müssen, wird nur eine von Gott festgelegte Zeit herrschen dürfen. Es wird nicht siegen, auch wenn in der Bedrängnis manchmal jeder Hoffnungsschimmer zu verschwinden droht.

PETER SEUL

Stärke, Gott, unsere Schwestern und Brüder, die wegen ihres Glaubens verfolgt werden. Gib ihnen Geduld und Liebe, damit sie in ihrer Bedrängnis auf dich vertrauen und sich als deine Zeugen bewähren.

Der Sieg der Zeugen

Wer sind die zwei Zeugen, die bisher noch nicht aufgetaucht sind? Sie sind vermutlich Elija und Mose nachgebildet. Sie treten prophetisch auf und rufen die Menschen zur Umkehr – 1260 Tage lang. Während dieser Zeit sind ihnen übernatürliche Kräfte gegeben, die sowohl schützen als auch strafen: Sie haben wie Elija die Macht, den Himmel zu verschließen, so dass es nicht regnet, und wie Mose die Kraft, Wasser in Blut zu verwandeln und Plagen über ihre Gegner kommen zu lassen.

Ist ihr Auftrag erfüllt, erscheint aus dem Abgrund das Tier, Sinnbild für jede Gewaltherrschaft. Im Kampf mit ihm unterliegen sie. Ihre Leichen werden nicht bestattet, sondern liegen auf den Straßen der großen Stadt. Damit ist nicht Rom gemeint, sondern Jerusalem. Hier, am Ort der Kreuzigung Jesu, erleiden sie das gleiche Geschick wie ihr Herr und Auftraggeber. Sodom und Ägypten stehen für Verdorbenheit und Verstocktheit und sind Kennzeichen einer Stadt ohne Gott.

Der schmachvolle Tod der Zeugen wird von den Feinden Gottes gefeiert, ihre triumphale Auferstehung und Himmelfahrt aber setzt der Freude ein jähes Ende. Es folgt ein gewaltiges Erdbeben, das die Stadt zerstört und viele Bewohner tötet. Die Überlebenden reagieren diesmal angemessen: Sie widersetzen sich nicht mehr dem Ruf zur Umkehr, sondern zeigen Offenheit für die Botschaft der Zeugen.

Die Zeugen sind hier nicht individuell zu verstehen, sondern kollektiv: Sie stehen für die Gemeinde Jesu. Sie legt in einer nichtchristlichen Welt durch ihr Wort und Handeln Zeugnis für ihren Glauben ab. Ihr Zeugnis ist eindrucksvoll und herausfordernd zugleich. Die Welt aber kann es nicht ertragen und bringt es mit brutalen Mitteln zum Schweigen.

Johannes will den bedrängten Christen Mut machen: Ihre leidgeprüfte Gegenwart ist nicht das letzte Wort, das Gott über ihr Schicksal spricht. Er selbst ist mit ihr. Das müssen sogar seine Feinde anerkennen.

PETER SEUL

Gott, wir bitten dich für jene, die trotz widriger Umstände an ihrem Glauben festhalten. Hilf ihnen und uns, treu zu sein.

Die Stunde des Sieges

Das Blasen der sechs Posaunen hatte eine Kette von schlimmsten Plagen ausgelöst. Ihr Ziel war es, die Menschen zur Umkehr zu bewegen. Die Menschen aber hielten weiter am Götzendienst fest. Nach der frustrierenden Erfolglosigkeit seiner Bekehrungsversuche durch Strafaktionen zieht Gott jetzt andere Saiten auf, die zu einem ersten Erfolg führen: Ein schlimmes Erdbeben mit vielen Todesopfern führt dazu, dass die Überlebenden ihre Schuld und Gottes Ehre anerkennen. »Endlich einmal ein Verlust, auf den die Menschen angemessen reagieren« (Der Neutestamentler Klaus Berger).

Daraufhin verkündet der Schall der siebten und letzten Posaune feierlich: »Nun gehört die Herrschaft über die Welt unserem Herrn und seinem Gesalbten« (Offb 11,15). Gott hat sich endgültig durchgesetzt. Sein Kampf um die Durchsetzung seiner Ehre auf der Erde ist siegreich abgeschlossen. Die Ältesten stimmen als Antwort auf diese Wende ein Danklied an.

Mit dem Herrschaftsantritt Gottes verbindet sich der Tag des Endgerichts. Es betrifft die Lebenden und die Toten und hat ein doppeltes Ziel: Alle, die Gott die Treue gehalten haben, werden ihren Lohn erhalten. Die aber, die sich gegen ihn gewandt haben, werden nun selbst vernichtet. Mit diesem Ausblick soll die Gemeinde Jesu ermutigt werden, sich auch weiterhin unerschrocken zu Gott zu bekennen, denn das Böse wird nicht siegen!

Die Vision des Johannes endet mit einem großartigen Bild: Der Tempel Gottes im Himmel wird geöffnet und die Bundeslade wird sichtbar. Gott selbst war in dieser Lade präsent. Sie befand sich einst im Allerheiligsten des Tempels und ging während eines Krieges verloren. Nun aber taucht sie wieder auf und bezeugt die Bundestreue Gottes zu seinem Volk. Nun haben auch die, die ihm die Treue gehalten haben, freien Zugang zum Allerheiligsten und damit zu Gott selbst.

PETER SEUL

Dein Lieb und Treu vor allem geht, kein Ding auf Erd so fest besteht; das muss ich frei bekennen. Drum soll nicht Tod, nicht Angst, nicht Not von deiner Lieb mich trennen.

Deutungen, die es in sich haben

Wird das tausendjährige Reich auf Erden vorgestellt, als letzte Phase unserer Weltgeschichte, könnten Menschen verleitet sein, sich selbst als seine Initiatoren zu sehen und ihre innerweltlichen Feinde als Satansbrut. Nein! Den Teufel zähmen nicht wir und wegsperren können wir ihn erst recht nicht. Wir können Gott inständig bitten, dass er ihn endlich unschädlich macht. Aber unsere selbst errichteten Reiche, so gut sie scheinen mögen, mit der Herrschaft Christi zu identifizieren, überschätzt unser Vermögen maßlos.

In den reformatorischen Bekenntnissen wird der sogenannte »Chiliasmus« ausdrücklich verworfen, also diejenigen Lehren, »nach denen vor der Auferstehung der Toten eitel [reine] Heilige, Fromme ein weltliches Reich aufrichten und alle Gottlosen vertilgen werden« (Augsburger Bekenntnis Art. 17). Konkretes Wissen über die Endzeit zu beanspruchen, überführt die biblische Vorstellungswelt leicht in einen Ablaufplan, dessen Stationen scheinbar bekannt sind. Eigene Wertungen werden zu endzeitlichen Urteilen. Die guten Plätze im »Endspiel« werden allzu gerne für die eigene Gruppierung beansprucht.

Mich sehe ich auf keinem der Throne. Ich staune auch, wenn andere sich selbst dort platzieren. Dass aber die Vortritt haben, die ein Martyrium erlitten, spricht mir aus der Seele, ob die Märtyrer und Märtyrerinnen der alten Kirche oder der Reformationszeit, die der Bekennenden Kirche oder die in sowjetischen Gulags, ob Maximilian Kolbe oder Martin Luther King, ob Edith Stein oder Tatjana Grimblit, ob Bonifaz oder Bonhoeffer. Wenige Namen willkürlich herausgegriffen aus der großen »Wolke der Zeugen«. Sie näher an Christus gerückt zu sehen, hervorgehoben aus der Schar der nicht wirklich Geprüften, das würde mich freuen.

CHRISTINE JAHN

Unergründlicher Gott, wie du ein Ende setzt und einen neuen Anfang, das ist dein Geheimnis. Dass du dem Bösen ein Ende setzt und einen neuen Anfang machst mit deiner Welt, das ersehnen wir. Herr, erbarme dich.

Obwohl das Ende in Sicht ist

Ja, so scheint es zu sein. Das Ende ist in Sicht, die Niederlage unausweichlich. Da bäumt sich das Böse oder der Böse noch einmal auf. So war es auch in den letzten Tagen des Zweiten Weltkriegs. Es scheint zum Bösen dazuzugehören, dass es nicht kapitulieren kann. Dass es nicht einlenken oder abdanken kann, wenn die Schlacht verloren ist. Lieber richtet es sich selbst und reißt alle mit ins Verderben.

Der »Generalbevollmächtigte für den totalen Kriegseinsatz«, Josef Goebbels, hatte der Bevölkerung den Glauben an den »totalen Endsieg« eingepeitscht. 1944 hatte er ein »letztes Aufgebot« rekrutiert und schon 16jährige in den Volkssturm gezwungen. Am 19. März 1945 erließ Hitler den sogenannten »Nero-Befehl«, der allen militärischen und zivilen Stellen gebot, beim Rückzug nur »verbrannte Erde« zu hinterlassen. Nachdem sich das deutsche Volk als »zu schwach« erwiesen hatte, galt es nun auch seinem Führer als »lebensunwert« und wurde der Vernichtung anheimgegeben.

Noch in den letzten Kriegstagen wüteten die »Werwölfe«, Mordkommandos, die jeden lynchten, der die weiße Fahne hisste. Die Penzberger Mordnacht vom 28. April 1945 zeugt davon. Die Opfer wurden erhängt. Ihre Todesschreie sollten dadurch unhörbar gemacht werden, dass die Motoren der an der Straße stehenden Autos angelassen wurden.

»Gog und Magog« sind seit Ezechiels Zeiten Namen für die satanischen Mächte, die in den Endkampf ziehen.

Hans Zöberlein hieß der Anführer des Mordkommandos in Penzberg, ein nationalsozialistischer Dichter. Ein Dichter! Hans hieß er. Einfach Hans!

CHRISTINE JAHN

Oh, mein Gott, an wie vielen Orten wüten gerade die, die nichts mehr im Sinn haben als Mord und Totschlag! Falle ihnen in die Arme! Entwaffne sie endlich! Und stell dich vor ihre Opfer! Schütze, hilf, rette die, die bedroht sind. Mach dem Teufelswerk ein Ende! Endlich!

Zwischen Hoffen und Bangen

Dass am Ende nicht alles gleich ist, nicht alles recht ist, ist das nicht ein Segen? Ersehnt und erhofft im Blick auf die Schergen des Unrechts, auf die Handlanger des Teufels. Die andere quälen bis aufs Blut oder kühl kalkuliert über Leichen gehen, sollen die davonkommen und ungeniert mit am Tisch sitzen im Himmelreich? Womöglich noch neben ihren Opfern?

Dass nicht alles gleich ist, nicht alles recht ist, macht uns das aber nicht selbst bange? Befürchtet im Blick auf das, was von uns gesagt werden kann, geschrieben steht, vielfach bezeugt von unseren Opfern, festgehalten im Gedruckten. Was wir in Gedanken, Worten und Werken getan oder unterlassen haben, hat das nicht auch Gewicht? Spricht nicht so vieles gegen uns? Kann das gelöscht werden ohne Konsequenzen?

Dass unsere Namen ins Buch des Lebens geschrieben sind, dürfen wir das andererseits nicht hoffen? Dass wir bewahrt werden vor dem ewigen Tod, ist uns das nicht zugesagt, als wir getauft wurden? Dürfen wir das nicht ernst nehmen, dass wir neugeboren sind durch das Wasser und den Heiligen Geist und uns alle Sünden vergeben sind aus Gottes Gnade zum ewigen Leben, wie es im Taufsegen heißt.

Dürfen wir uns nicht daran klammern, wenn uns bang wird? Wissend um den Abgrund. Leidend an dem, was uns nach unten zieht. Bewahrt allein aus Gnade, gehalten von dem auf den Thron, der alles aufbietet für unsere Rettung, uns freispricht, warum auch immer. Es kann nur Liebe sein, unerklärliche, unverdiente, unmäßige Liebe.

CHRISTINE JAHN

Mein Gott, applaudieren will ich, wenn du Tod und Hölle endlich in den feurigen Pfuhl wirfst, und bitten, dass du lieber heute als morgen ein Ende mit ihnen machst. Ich ahne aber auch, dass ich verstrickt bin in ihre Werke. Befreie mich von ihren Ränken. Lehre mich leben als eine, die im Buch des Lebens steht.

Der rechte Gottesdienst

Wie häufig ist es so, dass man innerhalb kurzer Zeit vergisst, was man am Sonntag im Gottesdienst gehört hat. Neue Impulse, die man bekommen hat. Augen, die einem geöffnet wurden. Durch Worte, die das Herz berührten. Man fühlte sich Gott ganz nahe. Gott, der Himmel und Erde geschaffen hat und Herr über alles ist – über die Tiere des Waldes, der Felder, der Berge und der Lüfte. Und beim Zurückkehren in den Alltag am nächsten Morgen ist es wieder so, als hätte der Sonntag nie stattgefunden. Man steigt in den Bus, das Auto, auf das Fahrrad, betritt die Büroräume, die Produktionshallen, den Arbeitsplatz und denkt kaum noch daran, wie nahe man Gott noch am vorigen Tag gewesen ist.

Der rechte Gottesdienst beginnt jedoch eigentlich erst da, wo der Kirchenbesuch endet. Fernab aller Kirchengebäude. Im Alltag. In einer jeden Begegnung mit unseren Mitmenschen, Kollegen und Vorgesetzten. Jesus spricht: »Wahrlich, ich sage euch: Was ihr getan habt einem von diesen meinen geringsten Brüdern, das habt ihr mir getan.« (Mt 25,40 Luther 2017) Gott ist allgegenwärtig. Er ist mit uns und möchte durch uns strahlen – zu jeder Zeit und nicht nur sonntags. Vom Aufgang der Sonne bis zu ihrem Niedergang heißt es im Psalm, also tagtäglich.

Hierfür braucht es offene Herzen und Augen. Wir müssen uns darauf einlassen, Gottes Werkzeug zu sein und uns auf seine Gerechtigkeit und Gnade berufen. Dies klingt zunächst einmal mühsam. Jedoch dürfen wir uns darauf berufen und vertrauen, dass der Herr alles, was es dafür braucht, bereits in uns gelegt hat. Er hat es innerhalb seiner vollkommenen Schöpfung berücksichtigt.

GABRIEL MICHAILIDIS

Heiliger Vater, danke für deine vollkommene Schöpfung. Hilf uns, reinen und offenen Herzens zu sein und zu verstehen, was wir am heutigen Sonntag von dir lernen dürfen. Befähige uns darin, das in der kommenden Woche umzusetzen. Zeige uns, wo du uns einsetzen und gebrauchen möchtest. Wo wir dir in unseren Begegnungen einen rechten Gottesdienst erweisen können.

Ein neuer Himmel und eine neue Erde

Die Abbilder des Apokalyptischen aus dem letzten Buch der Bibel gehen unter die Haut. Denn sie spiegeln Realitäten in dieser Welt. Apokalypse ist machbarer Untergang dieser Erde. Die Bedrohung ist nicht fern und jenseitig, sondern erschütternd und unausweichlich. Und dann folgt am Ende des Buches der Johannesoffenbarung: »Ein neuer Himmel und eine neue Erde«. Die Worte schenken, was die Bilder sagen: die Stadt mit offenen Toren, Wohnstätte des Friedens; die Quelle des Lebenswassers, dem Durstigen gegeben, umsonst; die Hütte Gottes, das Zelt Gottes bei uns Menschen; das Ende aller Heimatlosigkeit.

Die Visionen sind nicht nur Ausdruck der Sehnsucht. Sie sind nicht geboren aus dem Bedürfnis nach Trost. Dem Seher, der die Bilder beschreibt, haben sie sich eingeprägt von dem, was geschehen ist mit dem Kommen Jesu in unsere Welt. »Ein neuer Himmel, eine neue Erde – das neue Jerusalem, von Gott aus dem Himmel herabgekommen, geschmückt wie eine Braut.« So wird die unbändige Sehnsucht nach Heil in unserer zerrissenen Welt gestillt.

Die Vision des Johannes liefert ein starkes Gegenbild zu unserer Realität. Der Tod wird nicht mehr sein. Diese Worte stehen gegen das Gewaltchaos in vielen Familien und Ländern. Sogar gegen die Realität unserer Endlichkeit.

Das absurdeste Leid wird nicht das letzte Wort behalten. Auch nicht die berechenbaren, von Menschen verursachten Katastrophen dieser Erde: nicht die Ängste und Krankheiten, nicht die Kriege und das Elend der Flüchtlinge, nicht die Schmerzen unserer Seelen und Körper – all das wird nicht das letzte sein. Der Tod wird nicht mehr sein. Was wir als Endlichkeit erleben, wird umschlossen von der Güte Gottes, die die Liebe ist. So wird unsere Geschichte vollendet.

MANFRED KOCK

Ewiger Gott, lass uns Trost finden aus den Bildern der Zukunft, die uns dein Sohn eröffnet hat.

Das himmlische Jerusalem

Zwischen Babylon und Jerusalem ist unser Leben angesiedelt. Babylon: Apokalypse als aktuell machbare Katastrophe. Die Welt als Stadtungeheuer mit lichtlosen Häuserschluchten, mit Smog und verstopften Straßen. Und dann am Ende des Buches: Das himmlische Jerusalem kommt herab aus Gottes Sphäre auf die Erde. Ein Engel zeigt die Braut des Lammes: »Ein neuer Himmel und eine neue Erde.« Die Namen der 12 Stämme Israels stehen an den Toren.

Erneut: Die Worte schenken, was die Bilder sagen: Die Stadt mit offenen Toren ist Wohnstätte des Friedens; ist die Quelle des Lebenswassers, dem Durstigen gegeben, umsonst; das Ende aller Heimatlosigkeit. Hinter allem, was wir sehen und leiden, hinter allem, was uns irritiert und zweifeln lässt, gibt es die unendliche Wirklichkeit Gottes. Wir sind im letzten geborgen. Die Visionen sind nicht nur Ausdruck der Sehnsucht. Dem Seher, der die Bilder beschreibt, haben sie sich eingeprägt von dem, was geschehen ist mit dem Kommen Jesu.

Der alte Vorwurf gegen die Hoffnungsbilder lautet: Opium des Volkes, Betäubung, damit der Widerstand gegen Ausbeutung und Unmenschlichkeit unterbleibt. Die Visionen eines neuen Himmels und einer neuen Erde sind aber nicht Opium. Wiewohl sie auch immer wieder dazu missbraucht werden. Sie sind vielmehr Stärkung des Widerstandes. Denn niemand kann leben, wenn es nur Dunkel um ihn gibt. Die Leidenden bekommen zugesagt: Es wird Gerechtigkeit geben! Es wird Ausgleich kommen! Wir brauchen die Bilder nicht, um uns zu beruhigen oder um die zu vertrösten, die ärmer dran sind als wir. Wir brauchen diese Bilder, weil sie Widerstand wecken gegen die Verbrechen, gegen die Leichtfertigkeit, gegen die Gier nach Geld und Macht, auch gegen die Gier in uns und gegen die Resignation.

Wir brauchen die Bilder, weil sie die Sehnsucht in uns wecken nach Heimat und nach Heil. Denn sie können uns sensibel machen für die Leiden der Menschen.

MANFRED KOCK

Ewiger Gott, lass uns den Friedensweg Jesu wagen, weil wir nicht anders können und sollen, wenn wir deine Söhne und Töchter heißen wollen.

Die himmlische Stadt

»Von 12 Perlen sind die Tore an deiner Stadt – wir stehn im Chore der Engel hoch um deinen Thron« – so besang Philipp Nicolai die Vision der Zukunft Gottes. Johannes hört die Stimme dessen, der das himmlische Jerusalem mit einem Messstab nach Form und Größe beschreibt. Aus feinem Gold sind die Straßen der Stadt. Zwölf vor 2000 Jahren bekannte Edelsteine schmücken sie. Das ist ein Bild, das ähnlich auch in der Überlieferung der hebräischen Bibel vorkommt (Jes 54), wo der noch elenden Stadt Zion die Herrlichkeit verheißen wird.

Das neue Jerusalem wird in überschwänglichen Bildern beschrieben. Geschützt, aber mit offenen Toren, nicht abgeschottet, sondern annehmend, aufnehmend, gastfrei. Einen Tempel wird es in der himmlischen Stadt nicht geben. Das ist keine Tempelkritik. Denn der Ewige und das Lamm ist ihr Tempel. Die ganze Stadt ist Tempel. Sonne und Mond werden nicht mehr sein, denn der Ewige ist das Licht. Das Lamm, Opfer der Mächtigen, wird das Licht. Damit wird den Opfern der Macht versprochen, dass sie nicht mehr im Dunkeln bleiben. Ihnen wird Gerechtigkeit widerfahren. Die Könige der Völker werden zur heiligen Stadt pilgern und sie mit Schätzen beschenken. Eine Gemeinschaft der Völker wird realisiert. Hinein in die Stadt dürfen die, die im Buch des Lebens geschrieben sind.

Diese Hoffnungsbilder wollen uns Gestaltungshilfe geben für unsere Zeit. Wo Geschwisterlichkeit begrenzt bleibt auf die einzelne kleine Gruppe, trägt sie Hochmut und Aggressionen nach außen. Eine Stadt ist das Symbol unserer Zukunft, nicht »Kleingarten Eden«, nicht Einsiedelei auf dem Lande. Die Stadt ist hier das Bild der Welt Gottes. Offene Gemeinschaft wird versprochen. Von Anfang der Christusbotschaft an, ist unser Menschsein bestimmt für die offene Gemeinschaft. Im planetarischen Zeitalter muss Geschwisterlichkeit offen sein, muss ausgeweitet werden, muss sich transformieren aus der kleinen Welt einer örtlichen Konfession in die umfassende Ökumene.

MANFRED KOCK

Ewiger Gott, schenke uns Zuversicht, die deine Zukunftsbilder versprechen. Lass uns leben in der Hoffnung, die du versprochen hast.

Wie wunderbar: Der Garten!

Im Luthergarten in Wittenberg steht an einem Baum der Bibelvers: »Die Blätter der Bäume dienen zur Heilung der Völker.« Dieser Baum wurde gepflanzt aus der Mitte unserer Partnerschaft zwischen dem Kirchenkreis Zossen-Fläming, dem Kirchenbezirk Markgräflerland und der Diözese Canterbury. In den 60er Jahren des letzten Jahrhunderts wurden diese Partnerschaften gestiftet. Sie dienten der Versöhnung zwischen England und Deutschland nach dem Zweiten Weltkrieg. Und seit dem Jubiläumsjahr 2017 zeigt dieser Baum im Luthergarten, dass Versöhnung gelingen kann. Wunden werden geheilt.

Wie wunderbar: Der Garten! Da mag sich Widerspruch melden. Denn viele Bilder, die uns im Buch der Offenbarung vor Augen gezeichnet werden, können verstören und ratlos machen. Aber als Gesamtkunstwerk – so möchte ich die 22 Kapitel heute rahmen –, als Gesamtkunstwerk spricht dieses Buch eine wunderbare Einladung aus: »Schaut hin auf den neuen Himmel und die neue Erde! Seht diesen paradiesischen Garten! Das Wasser des Lebens fließt, fruchtbare Bäume stillen Hunger, und Gottes Licht erfüllt die gesamte Schöpfung.«

Das ist der Platz, der Raum, an dem Gott uns sieht, uns, seine Menschen, die er für diesen Garten geschaffen hat. Versöhnt, geheilt, im Licht.

Ich weiß: Drachen und Dämonen, Gewalt und Schrecken verstellen den Blick auf den wunderbaren Garten. Das war auch bei dem Seher Johannes so. Er brauchte den Engel: Der zeigt Johannes diesen Garten. Er öffnet ihm den inneren Blick auf das Leben bei und mit der ewigen Gottheit. Hier. Und jetzt.

Damit wir nicht vergessen: »Die Blätter der Bäume dienen der Heilung der Völker!«

BÄRBEL SCHÄFER

Stell mir deinen Engel zur Seite, Gott! Der so kraftvoll zeichnen kann! Der Bilder der Hoffnung in die Seelen malt. Dass sie stärker sind als alle Schreckensszenarien der Gegenwart und des heutigen Tages, darum bitte ich!

Wie hilfreich: Der Engel!

Auch ein Visionär kann irren! Staunte ich bisher über die prophetische Gabe des Johannes, hielt diese mich auch auf Abstand zu ihm, so rückt er mir in diesen Zeilen näher. Er fällt nieder zu den Füßen des Engels, überwältigt von den Bildern, die ihm der Engel offenbart. Diese Anbetung will der Engel nicht, er wehrt es ab. Johannes wird erstaunt sich aufgerichtet haben. Und ich wage mich nun näher hin zu diesem Johannes, der auch irren kann, schaue mit ihm den Engel an und höre, was der sagt: »Bete Gott an! Ich bin nicht Gott. Ich bin mit dir unterwegs, mit dir und all denen, die sich diesen Worten öffnen können und die Bilder in ihr Herz lassen!«

Was braucht es für unseren Weg im Leben, im Glauben? Einen solchen Engel. Den wünsche ich mir an meine Seite. Den wünsche ich Ihnen an Ihre Seite! Ein Engel, der Wege und Richtungen erklärt. Der hilft zu sehen, zu verstehen. Der neue Bilder entschlüsselt, der nicht in Trägheit und Lauheit verharren lässt. Der auch das biblische Wort immer wieder uns ans Herz legt. Die Wahrheit, die der Lüge widersteht.

Johannes hat die Worte seines hilfreichen Engels verstanden. Der legt ihn in sein Herz, ein für alle Mal: »Gott ist das A und O, der Erste und der Letzte, der Anfang und das Ende!«

In einem wunderbaren Wandteppich in der Bretagne ist der Seher Johannes so dargestellt: Er hält die Heilige Schrift dem Satan, dem Tier und dem Drachen entgegen. Eine einfache, aber wirkkräftige Geste: So werden die Dämonen in Schach gehalten. So widersteht die Wahrheit der Lüge. Gott sei Dank!

BÄRBEL SCHÄFER

Von dir, Gott, kommt Heil und Leben, Trost und Kraft. Nicht von anderen, die es versprechen und nicht halten können. Lass mich nicht vergessen: Dein ist das Reich und die Kraft und die Herrlichkeit in Ewigkeit.

Wie tröstlich: Der Morgenstern!

Ich freue mich, wie jedes Jahr, dass ich in einer Woche meinen Herrnhuter Stern aufhängen kann. Ich freue mich an dem warmen tröstlichen Licht, das diese dunkelsten Tage des Jahres erhellt. Ich freue mich an den alten Gesängen: »O komm du Morgenstern!«

Der Engel, der uns begleitet, stellt uns nun hier Jesus als den Morgenstern vor! Ein wunderbares Bild, das uns in Texten und Liedern des Advents begegnet und dadurch vertraut ist. So schimmert die Botschaft des Advents durch diese Verse der Offenbarung. So schimmert die Botschaft des Advents auf in diesen letzten Versen der Bibel. Ist es nicht bemerkenswert, was der vorletzte Satz der Bibel ist: »Komm, Herr Jesus!«? Dass es dieser Ruf, diese Bitte ist?

Ich höre darin nicht eine persönliche Erlösungssehnsucht. Ich höre diesen Ruf als Ausdruck einer heiligen Unzufriedenheit mit der Welt und ihren Zuständen: »Komm!« Jenseits aller Zeiten und Phasen des Kirchenjahres ist die Bibel ein Adventsbuch. Ein Buch der wilden, zähen, hartnäckigen Hoffnung: Die Welt soll und muss nicht so bleiben, wie sie ist.

Die Bibel rechnet mit Gott. All die, die diese Worte für ihr Leben gelten lassen, rechnen mit Gott. Rechnen damit, dass er eingreift und zurechtbringt. Rechnen damit, dass Dürstende das Wasser des Lebens trinken, dass Suchende Halt finden und die Quelle der Wahrheit in ihnen sprudelt.

All diese rechnen mit der Ewigen, die heil macht. Heil schenkt. Wir rechnen mit und vertrauen auf den Heiland. Der einzieht in unsre Herzen, in unser Denken und Handeln, in unsre Ethik und Politik. Und das ist der letzte Satz der Bibel: »Die Gnade des Herrn Jesus sei mit allen!«

BÄRBEL SCHÄFER

Diese Gnade, Gott, sie berühre uns, zärtlich, tröstlich. Sie sei mit uns auf unserem Weg. Auf dem Weg durch den Tod ins Leben! Auf dem Weg des ewigen Advents!

Vergängliches, das ewig bleibt

Der Satz, der mir am prägnantesten aus Krabat (Roman von Otfried Preußler) hängengeblieben ist, lautet »Die Toten sind tot.« Eine Aussage, die die Vergänglichkeit in den Mittelpunkt rückt – ähnlich wie der heutige Psalm. »Die Toten sind tot«, ist meiner Wahrnehmung nach auch eine ziemlich trostlose Aussage, die in mir unmittelbar die Sehnsucht nach Gott weckt. Es bräuchte einen tiefen inneren Frieden, naive Zuversicht und ein ausgeprägtes Selbstbewusstsein, um sich der Tatsache der Vergänglichkeit stellen zu können und dennoch Ruhe zu wahren und Trost im Leben zu finden.

Gott hingegen ist zeitlos und größer als alles Irdische. Er ist der Schöpfer des Universums und hat einen jeden von uns inmitten seiner Schöpfung gestellt. Es gilt, diesen Wert der Schöpfung zu erkennen und die darin verborgenen Schätze zu entdecken und zu wahren – immer in dem Bewusstsein, dass wir uns keine irdischen Schätze anhäufen brauchen (siehe auch Mt 6,19ff.). Denn obwohl wir inmitten dieser vergänglichen Welt leben, hält Gott doch noch mehr für uns bereit. Er möchte in Ewigkeit gemeinsam mit uns in Beziehung leben. Wir dürfen inmitten des Vergänglichen Licht der Ewigkeit ausstrahlen. Wir dürfen an seiner Seite und in seinem Auftrag Werke vollbringen.

Für all das hat Er den größten Schatz bereits in uns gelegt – den Heiligen Geist, der uns führt und leitet. Die Gnade, um die im Psalm gebeten wird, der dürfen wir uns durch das Wissen über Jesu Tod am Kreuz sicher sein. Die Herrlichkeit Gottes strahlt um uns und durch uns. Sind wir uns dessen bewusst?

GABRIEL MICHAILIDIS

Ewiger Vater, das Werk deiner Hände ist unendlich groß und wir sind ein wesentlicher Teil dessen. Danke, dass du uns vertraust und uns gebrauchen möchtest. Schenke uns stets die Gewissheit des ewigen Lebens, welches du für uns bereithältst. Und lasse durch unsere Werke dein ewiges Licht strahlen.

Einführung in das Buch Jesaja siehe Seite 377

Standpauke

Das Jesajabuch beginnt mit einem Paukenschlag, mit einer Standpauke im Namen Gottes. Solche heftigen Texte sind häufig in Prophetenbüchern zu finden. Sie sind an das eigene Volk gerichtet, mit dem Ziel, es zur Einsicht und Umkehr zu bewegen. Aus christlicher Perspektive gelesen, schleichen sich immer wieder zwei Versuchungen ein, den Text misszuverstehen.

Die erste Versuchung ist, die Texte nicht als Anfrage und Anklage Gottes an »die eigenen Leute«, an das eigene Volk zu lesen (übertragen gesprochen: an uns selbst, an die eigene Glaubensgemeinschaft), sondern als Text gegen die »anderen«, also aus christlicher *Außen*perspektive gegen Israel, schlimmstenfalls gegen »die Juden« zu allen Zeiten. So werden die Texte antijüdisch genutzt, absolut gesetzt oder sogar als Beweis angeführt, dass Gott sein Volk verstoßen habe.

Die zweite Versuchung besteht darin, die ausführliche Beschreibung der Zerstörung als Strafe Gottes für das widerspenstige Volk zu sehen. Denn bei genauerem Lesen merkt man, dass die Not des Volkes nicht durch Gottes aktives Eingreifen verursacht wurde. Das Volk leidet und Gott sieht das Leid als Folge der Gottesabkehr. Aber nicht er hat die Not gebracht oder gewollt, im Gegenteil. Er leidet darunter, dass es so weit kommen musste, und verhindert zumindest das Schlimmste.

Wie sehr man in der Geschichte diesen beiden Versuchungen erlegen ist, zeigt sich an der Wirkungsgeschichte von Jes 1,3. Ochs und Esel, die (im Gegensatz zum Gottesvolk) wissen, wer ihr Herr ist, haben Eingang in sämtliche Weihnachtskrippen gefunden. Leider verbunden mit dem folgenschweren Missverständnis, dass »die Juden« weniger erkennen als »vernunftlose« Tiere und zur Strafe von Gott verworfen werden. Der eigentliche Sinn jedoch ist: sich selbst bewusst zu machen, wer der eigene Herr ist. Und sich gleichzeitig immer wieder kritisch zu fragen, ob die prophetische Schelte auf einen selbst zutrifft. Eigene Umkehr ist gefragt, nicht das Herabsehen auf andere!

ELISABETH BIRNBAUM

Herr, lass mich immer tiefer erkennen, dass die biblischen Worte mich meinen, und bewahre mich vor Selbstgefälligkeit und vor Diskriminierung anderer.

Gottesdienst

Die Standpauke an die Obrigkeit in Israel geht weiter. Heftige Worte fallen. Schon die Gleichsetzung mit Sodom und Gomorra verheißt nichts Gutes. Und die Worte, die sich gegen Opfergaben, gegen den Sabbat und die Feste Israels richten, mussten jeden Israeliten ins Herz treffen. Ist doch das Halten des Sabbats eines der zehn Gebote. Und Opfergaben und Kult sind das zentrale Thema des Buches Levitikus. Wird das alles hier plötzlich verworfen? Die Grundvollzüge des Glaubens, die Gottesdienste, der Kult?

Doch schnell wird klar: Nicht die Feiern per se sind das Problem, sondern der Widerspruch zwischen Gottesdienst-Frömmigkeit und sonstigem Verhalten. Der Schlüsselsatz steht am Ende von Vers 15: »Eure Hände sind voller Blut.« Gewalt ist das Problem. Das Blut an den Händen der Menschen. Die vielfältige Erscheinungsweise von Gewalt wird indirekt in den Versen 16-17 skizziert: Dazu zählt Unterdrückung, aber auch die Duldung von Ungerechtigkeit gegenüber den Rechtlosen und Schwachen. Gewalt ist seit Kain und Abel das Grundübel der Menschheit. Und der biblische Gott sieht nicht daran vorbei, im Gegenteil. Die Prophetenbücher zeigen, dass die Beziehung zwischen Gott und Mensch untrennbar an das Verhalten von Mensch zu Mitmensch gebunden ist. Zwischenmenschliche Gewalt zerstört in der Bibel nicht nur die Beziehung zwischen den Menschen, sondern auch die Beziehung zwischen Mensch und Gott.

Wenn Gottesdienst eine Form des In-Beziehung-Tretens mit Gott bedeutet, dann wird dies durch Gewaltausübung verunmöglicht. Abhilfe dagegen schafft nur eines: »Hört auf, Böses zu tun! Lernt, Gutes zu tun!« (V. 16-17) – ein Lernprozess also, der notwendig ist, um gleichermaßen zwischenmenschliche Beziehungen und die Beziehung zu Gott gelingen zu lassen. Eines ohne das andere ist biblisch nicht zu haben.

ELISABETH BIRNBAUM

Herr, lass meinen Glauben nicht nur in rituellen Formen zum Ausdruck kommen, sondern in einer Abkehr von jeder Form von Ungerechtigkeit und Machtmissbrauch!

Gerechtigkeit und Gewalt

Gerechtigkeit und Gewalt. Das gesamte Jesajabuch ist von diesen beiden Polen getragen. Gerechtigkeit als unumgängliche zwischenmenschliche Verhaltensnorm, die sich nie nur auf formale Rechtsprechung beschränkt. Sie ist das entscheidende Kriterium. Und Gewalt, deren krasseste Form Mord ist, aber darüber hinaus auch Bestechlichkeit, Ausbeutung und rücksichtloses Verhalten auf Kosten der Ärmsten umfasst, als größtmöglicher Verstoß gegen Gerechtigkeit.

Angeklagt wird in diesem Text die Obrigkeit, die zu wenig für eine solche Gerechtigkeit getan hat. Und nun kündigt Gott seine Maßnahmen an. Worte wie »rächen« oder »meine Hand gegen dich wenden/kehren« lassen das Schlimmste befürchten. Ist Gott doch ein Gott der Gewalt? Doch der Vers 25 enthält eine erstaunliche Wende: Nicht Vernichtung, sondern Reinigung stellt Gott in Aussicht. Die Stadt soll eine neue, gerechte Leitung erhalten und zur Stadt der Gerechtigkeit werden. Wieder zeigt sich: Zwischen den oft heftigen Worten verbirgt sich Gottes unbedingter Wille zu einer besseren Zukunft, die nur er gewähren kann. Nicht er zerbricht die Sünder, sondern ihr Tun wird auf sie selbst zurückfallen.

Das Eintreten für die Armen, für zwischenmenschliche Solidarität und soziale Gerechtigkeit ist in der Bibel kein netter Zusatz oder schmückendes Beiwerk des Glaubens, sondern grundlegende Voraussetzung einer geglückten Gottesbeziehung. Eine Abwendung von Gerechtigkeit ist gleichbedeutend mit einer Abwendung von Gott. Und umgekehrt: Eine Abkehr von Gott verbindet sich biblisch immer mit einer Zuwendung zu anderen »Göttern«, die durch Unrechtssysteme und Ausbeutungsherrschaft gekennzeichnet sind. Das erklärt, warum die Prophetenbücher so leidenschaftlich gegen beides ankämpfen.

ELISABETH BIRNBAUM

Herr, du willst Gerechtigkeit für alle, vor allem für die Armen und Rechtlosen. Zeig mir, wie ich in meinem Umfeld für diese Gerechtigkeit konkret eintreten kann.

Hinauf!

In jenen Tagen hat man auf den Mauern Jerusalems oft etwas ganz anderes gesehen: Schwerter und Speere blitzen in der Sonne, feindliche Heere heidnischer Völker vor den Toren mit dem Ziel, Zion zu zerstören! Als die Assyrer das Nordreich Israel eroberten, entkam Jerusalem diesem Schicksal zunächst durch hohe Tributzahlungen. Doch rund hundert Jahre später war sein Schicksal besiegelt. Babylon, Zerstörer Assyriens und neue regionale Großmacht, eroberte Jerusalem, zerstörte den Tempel und unterwarf Juda, den letzten noch halbwegs freien Rest Israels. Unter dem Eindruck der mächtigen Kultur Babylons reflektierten sie im Exil das Miteinander der Völker und Israels Rolle darin. Im Angesicht der Türme Babels, gewaltige Tempel der mächtigen babylonischen Götter, versuchten sie, die Gegenwart ihres einzigen Gottes neu zu formulieren. Ist er nicht Schöpfer der ganzen Welt? Und Herr über alle Völker? Hat er sein Volk nicht gelehrt, so zu beten: »Höre, Israel, der Herr ist unser Gott, der Herr ist einer!« (5. Mose 6,4)? »Zur letzten Zeit« wird das offenbar werden. Seine Weisung, in Israel selbst seit Jahrhunderten bekannt, wird auch den Gojim, den Heiden gegenüber ihre Kraft erweisen. Die Völker werden sich dem Zion zuwenden, wie es wunderbar poetisch heißt, »zum Hause des Gottes Jakobs, dass er uns lehre seine Wege und wir wandeln auf seinen Steigen«. Dann wird man vor den Toren Jerusalems andere Menschenmengen sehen, nicht mehr waffenstarrend, sondern als Mitglieder der einen Völkerfamilie, die nun keinen Grund mehr hat, gegeneinander Krieg zu führen.

Jahrhunderte später sahen Anhänger Jesu den Anbruch der Erfüllung jener Vision. In ihm kommt Gott zu den Völkern. Jene Hoffnung starb auch nicht, als Jerusalem und sein Tempel von den Römern ein weiteres Mal zerstört wurden. Und heute? Scheint dieses Ziel des Völkerfriedens erneut in weite Ferne gerückt. Nicht nur für Israel und seine Nachbarn. Umso dringender, dass wir uns daran erinnern. Denn auch unsere Gegenwart steht im Horizont der »letzten Tage«. Immer!

HANS-MICHAEL WÜNSCH

Sondern erlöse uns von dem Bösen! Denn dein ist die Kraft.

Nur ein Hauch!

Für die Zukunft erhofft sich der Prophet eine Hinwendung der Völker zum Zion. Hoffnung genug, zu wandeln im Licht des Herrn (2,5). Die Gegenwart aber sieht ganz anders aus. Das »Haus Jakob«, also ganz Israel, ist verstoßen. Warum? Das zeigt die prophetische Kritik an Israel und Juda. Sie wandeln nicht im Licht des Herrn. Statt dass sich die Völker zu dem Gott Israels hinwenden, wendet sich das Haus Jakobs den Göttern der Völker zu. Die Sitten des Ostens (die Assyrer), die Zeichendeuterei des Westens (die Philister) sind im Land willkommen. Es ist voll materieller Güter, die aber nicht den Menschen zugutekommen. Silber und Gold, Schätze ohne Ende, alles Götzen, Wertanlagen, dem gesellschaftlichen Leben entzogen. Schlachtrosse und Streitwagen zeugen von einer enormen Militarisierung. So werden Pflugscharen zu Schwertern. So wird Israel den Völkern und deren Göttern gleich. Gleicht damit sein Gott auch allen anderen Göttern, wenn es keinen Unterschied mehr gibt? Um seiner selbst willen erhebt Gott Widerspruch. Und um seines Menschen, seines Geschöpfes willen, das unter diesen Verhältnissen gebeugt und gedemütigt wird.

Die Assyrer, Großmacht dieser Zeit, sprechen gerne von ihrer »herrlichen Majestät«. Deshalb werden sie in die Schranken gewiesen. Nach dem Willen Gottes soll etwas anderes als die Würde des Menschen gedemütigt werden: das Hohe erniedrigt, die stolzen Männer (!) gebeugt. Alle gerne für den eigenen Reichtum und die eigene Macht verwendeten Symbole werden aufgezählt: die Zedern des Libanon, die Eichen von Baschan, die hohen Berge, protzige Wehrtürme und befestigte Städte, Statussymbole wie die Schiffe aus Tarsis, Reichtümer aus fernen Landen versprechend. Mit diesen Götzen wird es »ganz aus« sein, und die stolzen Männer werden sich in die Felsenklüfte flüchten. Vielleicht, dass es ihnen ergeht wie einst Elia. Auch der verbarg sich in einem Felsspalt. Ihm offenbarte sich Gott als »ein stilles, sanftes Sausen« (1Kön 19,12). Da zeigt sich der Odem, der dem Menschen eingehaucht wird zum Leben.

HANS-MICHAEL WÜNSCH

Dein Reich komme. Dein Name werde geheiligt!

Abgeweidet

Ach wäre es doch so! Den Gerechten geht es gut, die Gottlosen haben es schlecht. Wie sie handeln, wird ihnen vergolten (vgl. V. 10+11). Das Alte Testament ist voll davon. Die Psalmen, allen voran Psalm 1, beschwören das geradezu. Auf der Welt ginge es gerecht zu, wenn das wahr wäre. Doch die Erfahrung widerspricht dem. Und auch davon ist die Bibel voll. Warum geht es den Gottlosen gut, warum müssen die Gerechten leiden? Höhepunkt dieses Ringens um Gerechtigkeit ist das Buch Hiob, das abrechnet mit dieser allzu naiven Sicht der Welt. Und zwar so radikal, dass seine Zugehörigkeit zum biblischen Kanon lange umstritten war.

Der Prophet übt Herrschaftskritik im Namen Gottes: »Der Weinberg ist abgeweidet« (V. 14). Das ist ein altes, in der Bibel oft gebrauchtes Bild für Israel. Gottes Weinberg. Geplündert. Seine Fülle zusammengerafft in den Häusern der Besitzenden. Den Armen geraubt. Deshalb kündigt Jesaja den Herrschenden in Jerusalem und Juda Gottes Gericht an. »Warum zertretet ihr mein Volk und zerschlagt das Angesicht des Elenden? (V. 15)« Er prangert ihre Willkürherrschaft an. Stellt sie den sprichwörtlichen »Leuten in Sodom« gleich, die sich ihrer Sünde auch noch rühmen. Eine solche Gesellschaft kann in den Augen des Propheten nicht funktionieren. Ihre falsche Ordnung wird kollabieren. Gott nimmt »Stütze und Stab« weg (V. 1). Militär, Justiz, Wirtschaft, Sachverstand, Kultur brechen zusammen. Stattdessen »Knaben« und »Mutwillige«, unqualifizierte Herrschaft der Inkompetenz. Das angekündigte Gericht Gottes ist Ausdruck der Hoffnung derer, die unter den Verhältnissen zu leiden haben. Die ganze Welt ist aus den Fugen. Doch endlich soll wieder gelten, was doch geschrieben steht: Den Gerechten geht es gut! Brot und Wasser für alle! Mir wird nichts mangeln.

Jesus erzählt die Hoffnungsgeschichte von einem Weinberg (Lk 13,6-9), in dem ein unfruchtbarer Feigenbaum steht. Der Besitzer will ihn umhauen lassen, doch der Weingärtner will sich um ihn kümmern. Vielleicht bringt er doch noch Frucht?

HANS-MICHAEL WÜNSCH

Unser täglich Brot gib uns heute, und vergib uns unsere Schuld!

König der Herzen

Überall und zu allen Zeiten wurden und werden Menschen aus ihrer Heimat vertrieben. Oft ist die einzige greifbare Erinnerung an ihr Haus ein Schlüssel. Die Großmutter trägt ihn an einer Kette um den Hals, wenn sie den Enkelinnen von der Schönheit ihres verlorenen Paradieses erzählt, auch wenn es bei näherem Hinsehen kein Paradies war. Gleichgültig – dort, wo sich eine Tür auftut und einem Menschen Einlass gewährt wird, ist er zuhause. Dort ist es gut.

Was mag Israel bewegt haben, das Volk aus der Verbannung, wenn es die Tore des Tempels auffordert, seine Einlässe weiter und höher werden zu lassen, als sie bislang waren, einladend und gastfreundlich?

Der König kommt! Er ist der Schöpfer der Welt und der Sieger im Kampf. Die erstere ist sein unbestreitbares Eigentum; im Kampf galt es, sich etwas zu Eigen zu machen, das ihm – noch – nicht gehörte. Israel ist Gottes Volk, so fraglos wie die Schöpfung sein ist. Die Heiden jedoch sind – noch – nicht Gottes Hausgenossinnen und -genossen, es sei denn, sie wären wie Israel ein Geschlecht, das nach ihm fragt. Menschen mit unschuldigen Händen und reinem Herzen, gleich welcher Herkunft, die sich den Anstrengungen der Lebens-Wallfahrt auf Gott hin unterziehen. Auch sie dürfen einziehen in seinen Tempel. Auch für sie tun sich die Türen auf. Denn sie haben ihr Herz weder an falsche Götter gehängt noch ihnen einen Treueid geschworen. Sie suchen und fragen, sie gehen den Weg spiritueller Offenheit und Sehnsucht. Gott hat mit der Macht seiner Liebe um sie gekämpft und sie erobert. Nun haben sie Wohnrecht bei ihm.

Sichtbarer Ort dieser Zugehörigkeit ist der Tempel aus Stein, mehr jedoch der Tempel des Herzens. In diesen Tempel, aus seinem Geist geschaffen, will Gott als Schöpfer und König einziehen. Menschliche Herzenstempel möchte er herauslösen aus der Herrschaft lebensfeindlicher, unterdrückerischer oder hedonistischer Kräfte.

AURELIA SPENDEL OP

Du Gott meines Fragens, öffne dein Haus, damit ich Heimat finde bei dir und mit allen, die mit mir auf dem Weg sind. Mach hoch die Tür, die Tor mach weit.

Was (und wer) übrigbleibt

Wann immer Konflikte und Vertreibungen passieren, wenn dunkle Wolken und gewaltvolle Auseinandersetzungen über einem Land und einer Gesellschaft stehen, dann stellt sich die Frage danach, was einmal sein wird, wenn das überstanden ist. Wenn auf die vielen düsteren Tage der Tag Gottes kommt. Der Prophet Jesaja zeichnet eine Vision für die, die zu den Geretteten seines Volkes gehören, der »heilige Rest«. Die, die noch einmal davongekommen sind, tragen die Spuren dessen, was sie erlitten und verschuldet haben, an sich. Das war nicht nur zu Zeiten Jesajas so. An so vielen Orten und zu so vielen Zeiten in der Geschichte ist das Weiterleben für die Überlebenden eine eigene Herausforderung. Sie tragen die Risse und die Gräben zu denen, die nicht mehr da sind, mit in ihrer eigenen Geschichte. Es braucht den Geist des Gerichts Gottes, der es ermöglicht, dass ein Neuanfang geschieht. Ein Anfang, der das, was war, nicht verschweigt, sondern benennt. Ein Anfang, der Wunden zu Narben werden lassen kann und bei dem sich die sammeln, die sich neu unter Gottes Himmel und seinem Segen sammeln können. Gott wird sie weder in der sengenden Hitze des Tages und der kräftezehrenden Debatten stehen lassen, noch im Regen und Unwetter der Verzweiflung. Die, die übrigbleiben, die Überlebenden, die noch einmal Davongekommenen – sie brauchen die Orientierung von Wolke und Feuerglanz Gottes, um neu anfangen zu können. Damit Neues wachsen kann, Versammlungen zusammenführen und in Gottes Licht und Segen Verwerfungen und Schuld abgelegt werden können. Der Weg zu diesem Tag Gottes ist noch weit. Aber er ist verheißen.

HEIKE SPRINGHART

Gott, was bleibt, wenn alles zu Ende gegangen sein wird? Du siehst die Wunden und die immer wieder schmerzenden Narben. Du siehst Schuld und Versagen. Deiner Liebe zu denen, die übrigbleiben, vertraue ich mich an. Nimm du, was bleibt. Mache die Reste meines Lebens zu heiligen Resten.

Rechtsbruch statt Rechtspruch

So viel Energie stecken wir oft in das, was wachsen soll. Die Weinberge, oft steil, aber mit guter Sonneneinstrahlung, Herausforderungen und Aufgaben der Gestaltung, die nicht einfach zu hegen und zu pflegen sind. Aber die Hoffnung auf fruchtbare Ergebnisse lässt alle Mühe eingehen. Wenn dann allerdings alle Bemühungen ins Leere laufen, wenn der Einsatz für Gerechtigkeit und gerechte Rechtsverfahren scheitert, wenn statt satt tragender Reben Fäulnis aus der Erde steigt, dann ist das mehr als einfach nur frustrierend. Dann stehen die Grundfragen im Raum und es braucht den radikalen Wechsel. Für Jesaja ist der Weinberg, der nichts Gutes hervorbringt, ein Bild für den Zorn Gottes über das Versagen seiner Menschen. Aller Orientierung durch das gute Gesetz Gottes zum Trotz wird Recht gebrochen statt gesprochen. Aller Ermutigung zur Gerechtigkeit zum Trotz ist die Schlechtigkeit unübersehbar. Das alles sieht Gott nicht milde lächelnd und unberührt an, sondern er lässt sich davon berühren. Ja, mehr noch, es weckt seinen Zorn. Gott ist einer, der berührbar und verwundbar ist für das, was in seiner Schöpfung geschieht. Schöpfer und Geschöpf sind aufeinander bezogen und der Schöpfer selbst nimmt seine Geschöpfe so ernst, dass er sich von ihrem Versagen, von unserer Ungerechtigkeit erzürnen lässt. Die Macht der Sünde, der Trennung von Gott und Mensch ist auch ein Riss, der Gott erschüttert. Gott stellt sich dagegen, Gott versucht die Macht des Zerstörerischen austrocknen zu lassen. Aber er lässt seine Menschen nicht los. Er sieht mit Verachtung auf die Fäulnis im Weinberg, den er mit so viel Liebe gehegt und gepflegt hat, aber er verachtet nicht die Menschen, die versagen. Einmal werden Recht und Gerechtigkeit blühen und gedeihen.

HEIKE SPRINGHART

Gott, wenn das Recht gebrochen wird – schaffe du Gerechtigkeit. Wenn Menschen nach Gerechtigkeit hungern und dürsten – sprich du Recht. Und gib all denen einen langen Atem, die sich für Recht und Gerechtigkeit einsetzen und darum ringen.

Nicht Böses gut nennen und Gutes böse

Die Banalität des Bösen und die Abgründe, in die Menschen einander ziehen, sind groß. Die Verkehrung alles dessen, was Menschlichkeit ausmacht und was Gottes gute Schöpfung blühen lässt, greift immer wieder Raum. Diese Spur zieht sich durch die Geschichte der Menschheit seit biblischen Zeiten. Es sind die großen Abgründe der Weltgeschichte und die kleinen Abgründe im persönlichen Leben, die die Dinge verkehren. Korruption und Bestechung, Bitteres, das schöngeredet wird, Selbstgerechtigkeit und Ignoranz gegenüber den Grenzen des eigenen Verstandes. Die Liste ist lang und Jesaja schmettert sie mir entgegen. Der Glaube und die biblischen Texte sind keine Schönwetterangelegenheit. Der Rachen des Todes und die Erniedrigungen, die Menschen Menschen antun, haben in ihnen ihren Platz. Gottes Handeln und seine Geschichte mit der Welt geschieht mitten in all dem, auf dem Boden der Tatsachen. Er übersieht die Abgründe nicht, und auch wir sollen sie nicht übersehen. Es ist dieser Blick auf die Verkehrungen, der wohltuend ist. Weil er mir hilft, Worte zu finden für das, was einfach nur abgründig ist. Gerade Verkehrungen können meine Augen offen halten dafür, dass Gott Wunderbares schaffen kann und wir zugleich in einer Welt leben, die unter der Macht der Sünde steht. So oft kommt das Böse in banaler Alltäglichkeit daher und ist gerade darin so gefährlich. Da wäre schon so viel gewonnen, wenn es als das benannt würde, was es ist. Und wenn wir selbst erkennen, wie schnell jeder und jede von uns mit schönen Worten das Üble schönredet. Oder mit markigen Worten vergisst, dass auch wir selbst zu Täterinnen und Tätern des Bösen werden können. Jesaja richtet uns aus, dass Gott uns den Spiegel vorhält. Wagen wir heute einmal den Blick hinein – beim Blick in die Zeitung und beim Blick in den Badspiegel. Damit wir die Dinge beim Namen nennen. Denn auch wir sind von Gott beim Namen genannt.

HEIKE SPRINGHART

Gott, wandle du in Segen, was Menschen einander antun. Öffne mir die Augen heute dafür, wo selbst im ansehnlichen Gewand die Fratze des Bösen mir begegnet. Bewahre mich vor Selbstgerechtigkeit.

Himmelsklänge

Dem Propheten Jesaja begegnet Gott in einer imposanten Vision: Im Tempel sieht er IHN auf einem hohen Thron sitzen. Allein der Saum seines Gewandes füllt den ganzen Raum. Rauchschwaden durchziehen den Tempel und vernebeln die Sicht. Doch deutlich sind sie zu sehen: Engel – sechsflügelige Wesen, die mit lauten Stimmen singen und damit alles zum Beben bringen. Und das, was sie singen, ist uns wohl bekannt: »Heilig, heilig, heilig ist der Herr Zebaoth, alle Lande sind seiner Ehre voll!«

In jeder Abendmahls- und in jeder Eucharistiefeier singen oder hören wir diese Worte. Menschen stimmen damit ein in den Gesang der Engel im Himmel. So verbindet sich unsere Liturgie hier auf Erden mit dem himmlischen Gottesdienst. Ein wahrhaft heiliger Moment, der die Grenzen zwischen »oben« und »unten«, zwischen Himmel und Erde fließend werden lässt. Viele berühmte Komponisten haben diese Worte sehr eindrücklich für den Gebrauch in der Liturgie vertont und sie bescheren uns damit wahre Gänsehautmomente, die uns ein Gefühl von dieser besonderen Situation geben.

Heute in drei Wochen feiern wir den Heiligen Abend. Gott wird Mensch! Himmel und Erde verbinden sich. Wieder singen die Engel. Doch dieses Mal ist Gott nicht der, der erhaben auf dem großen Thron sitzt. Er begegnet uns in einer Futterkrippe. Klein, schwach und hilflos. Wie auch immer Gott in unsere Welt kommt. Er kommt meistens anders, als wir uns das vorstellen oder auch wünschen. Die Adventszeit lädt uns dazu ein, die Augen offen zu halten nach den Begegnungen mit Gott. Wo finden wir Gott in unserer Welt? Wo erleben wir heilige, himmlische Momente im Gottesdienst oder auch im Alltag? Machen wir uns auf die Suche!

CRISTINA BURKERT

Gott des Himmels und der Erde, mach uns bereit für die Begegnung mit dir. Öffne uns Augen, Ohren und unser Herz, damit wir dich erkennen.

Dranbleiben!

Ein Krieg zieht auf. Die Feinde machen sich bereit zum Angriff. Das Volk wird unruhig. Was kann man tun, um das Unheil zu verhindern? Verteidigungsanlagen verstärken? Aufrüsten? Sich für den Gegenschlag wappnen? Jesajas Rat geht in eine ganz andere Richtung. Seine Botschaft an den König lautet: »Bleibe still und fürchte dich nicht.«

Nicht leicht umzusetzen, wenn Angst und Panik sich breit machen. Wenn ich mich in einer bedrohlichen oder schwierigen Lage befinde, möchte ich selbst anpacken, um mich aus der misslichen Situation zu befreien. Ich möchte irgendwas irgendwie tun können. Oft führt das zu unüberlegtem und überstürztem Aktionismus, denn Hilflosigkeit und Ohnmacht sind nur schwer auszuhalten.

Jesaja ruft den König zum Stillhalten auf, zur Besonnenheit und letztendlich zum Vertrauen auf Gott. Dieser Rat wird zur zusätzlichen Herausforderung für den König, denn die Verteidigungsfrage wird nun auch noch zur Glaubensfrage. »Glaubt ihr nicht, so bleibt ihr nicht.« So lautet Jesajas Zusammenfassung. Im hebräischen Urtext ist diese Aussage ein Wortspiel, das wörtlich folgendermaßen übersetzt werden kann: Wenn ihr euch nicht festmacht (in Gott), werdet ihr nicht festbleiben, das heißt, keinen Bestand haben. Jesajas Worte versuchen dem König zu erklären, dass es nicht zielführend ist, nur auf die eigenen Kräfte zu setzen. Er ruft dazu auf, dranzubleiben am Glauben und seine Zuversicht in Gott und nicht in den Menschen oder andere Kräfte zu setzen.

Aussichtslose Situationen stellen unseren Glauben auf den Prüfstand. In der Verzweiflung still zu bleiben und Gott bedingungslos zu vertrauen, gelingt wohl nur wenigen richtig gut. Ein leuchtendes Beispiel dafür ist Dietrich Bonhoeffer. Mit seinen Worten singen wir uns auch heute noch das Vertrauen und die Zuversicht auf Gott erfolgreich in unsere Herzen.

CRISTINA BURKERT

Von guten Mächten wunderbar geborgen, erwarten wir getrost, was kommen mag. Gott ist bei uns am Abend und am Morgen und ganz gewiss an jedem neuen Tag.

Gott mit uns

Die heutige Lesung enthält einen der wirkungsvollsten Texte des Jesajabuches. Gott will ein Zeichen geben. Ein Sohn soll geboren werden, der Immanuel genannt werden soll. Das heißt übersetzt: »Gott mit uns«. Er soll geboren werden von einer »jungen Frau« – wie es im hebräischen Urtext heißt. Gemeint ist damit eine Frau, die noch nicht geboren hat und ihr erstes Kind erwartet. In der Septuaginta, der griechischen Übersetzung der hebräischen Bibel, wurde daraus schließlich eine »Jungfrau«. Welcher Sohn genau gemeint war, ist im Jesajabuch zunächst noch unklar. Später wurde diese Verheißung auf Jesus Christus bezogen. In der Geburtsgeschichte des Matthäusevangeliums wird sie mit Blick auf Jesus zitiert.

Nach christlichem Glauben ist diese Verheißung des Jesajabuches durch Jesus Christus erfüllt. Er verkörpert den Namen Immanuel. Jesus ist der »Gott-mit-uns«, der uns zeigt und vorlebt, wer Gott wirklich ist und wie er mit uns durchs Leben geht. Seit Jesus in die Welt gekommen ist, ist Gott für uns kein ferner Gott mehr, sondern einer, der durch seine Menschwerdung genau weiß, wie es ist, Mensch zu sein mit allen Gefühlen, Herausforderungen und Problemen. Er hat sich auf unsere Augenhöhe begeben und hat als Mensch unter uns Menschen gelebt.

Unser Gott ist ein Gott, der um uns und mit uns ist. Auch dann, wenn wir uns manchmal von Gott und der Welt verlassen fühlen. Jesus zeigt uns immer wieder, wo und wie uns Gott begegnen kann. Wer Jesu Botschaft verinnerlicht hat und der Kraft des Heiligen Geistes vertraut, der braucht keine äußeren Zeichen mehr, sondern kann auf SEIN Wirken in uns und in der Welt vertrauen.

CRISTINA BURKERT

Durch deinen Sohn Jesus Christus bist du, Gott, mit uns. Wir danken dir für deine Nähe, die du uns durch Jesus Christus schenkst. Durch ihn und mit ihm und in ihm ist dir, Gott, allmächtiger Vater, in der Einheit des Heiligen Geistes alle Herrlichkeit und Ehre jetzt und in Ewigkeit!

Talsohle

Manchmal hilft nur noch, so tief herunterzukommen, dass es keine andere Lösung mehr gibt, als sich hilflos helfen zu lassen, um wieder einen Lichtstreifen am Horizont zu sehen. Suchtkranke Menschen berichten von solchen Erfahrungen. »Ich musste so tief fallen«, sagen sie, »damit ich spüren konnte, dass ich nur eine einzige Chance habe: mit aller Kraft um Hilfe schreien.« »Es war tiefste Nacht um mich«, sagen Menschen, die mit Depressionen gekämpft haben. »Ich konnte nichts mehr denken, nur noch: Gott, hilf mir.« Mütter und Väter erzählen von schlaflosen Nächten, in denen sie schier verzweifeln, weil ihr Kind sich nicht beruhigen lässt. Es ist krank, hat Fieber, Schmerzen an Leib und Seele. Sie leiden mit ihm, spüren seine Qual. Wie könnte es zwischen Gott und den Menschen, die er liebt, anders sein?

Der Beter des Psalms ist auf der Talsohle seines Lebens angekommen. Wie aus einem Brunnenloch schreit er zu Gott. Die Wahrheit seines Lebens steht ihm schonungslos vor Augen. Wenn nichts geschieht, ist das das Ende. Er kann nur noch auf ein Wunder hoffen. In wohl jedem Leben gibt es irgendwann die Not, herausgefallen zu sein aus den sicheren, fröhlichen Zeiten, ins Leere zu laufen.

Israels Gebete spiegeln diese Seite menschlicher Trostlosigkeit. Trotzdem singt es im Psalm 130 aber auch von dem, was diese Not übersteigt: Gott hört. Er zieht Menschen heraus aus dem Elend, seine Hand stützt den und die, die gestürzt sind, wenn sie versuchen, wieder auf die Füße zu kommen. Wenn das alles nichts hilft, lädt er sich jede und jeden auf die Schulter, so wie der Hirte das hilfsbedürftige Lamm auf den Schultern nach Hause trägt.

AURELIA SPENDEL OP

Gott des Trostes, wenn es nicht mehr weiter geht mit mir und meinem Leben, nimm mich an die Hand. Zieh mich heraus und stelle mich wieder auf meine Füße. Dein Wort und deine Hilfe sollen mein Licht sein und meine Rettung.

Zu ihm kommt, zum lebendigen Stein

Zu Beginn des achten Kapitels seines Buches setzt der Prophet Jesaja seine Ausführungen aus dem vorherigen Kapitel fort. Auch in diesem Abschnitt bezieht er sich auf die Ereignisse seiner eigenen Zeit, wagt jedoch zugleich einen Blick auf die Zukunft, insbesondere auf die Zeit nach der Menschwerdung des Sohnes Gottes. Die Verse 14 und 15 finden eine Wiederaufnahme im Neuen Testament: Im ersten Brief des Apostels Petrus wird Vers 14 zitiert, wobei er Christus als den »Stein des Anstoßes« und den »Felsen des Ärgernisses« bezeichnet (2,8). Christus, der Sohn Gottes, der einzig Heilige, stellt für alle, die an ihn glauben, ein festes Fundament dar, während er für jene, die ihn zwar kannten, aber nicht erkannten, zu einem Stein wurde, über den sie stolpern.

Die Steinmetaphorik für Christus verdeutlicht die zentrale Bedeutung des Steines für das menschliche Leben. Ein Stein ist durch seine Härte und Stärke gekennzeichnet und bietet Standfestigkeit und Stabilität. Auch andere Schriften des Neuen Testaments greifen auf diese Symbolik zurück (Grundstein, Eckstein), wobei sie sich auf alttestamentliche Passagen stützen.

Doch der Apostel Petrus geht noch einen Schritt weiter: Er bezeichnet nicht nur Christus als »lebendigen Stein«, sondern auch uns, die Christen und Christinnen, seine Jünger, als »lebendige Steine«. Wir sollen uns zum geistlichen Hause und zur heiligen Priesterschaft erbauen (1 Petr 2,5). Unser Glaube an den lebendigen Stein verleiht uns Härte und Kraft, Standfestigkeit und Stabilität sowie Heiligkeit, die wir weitertragen sollen.

So werden auch wir zu jenen Stolpersteinen, welche die frohe Botschaft und das Leben mit und in ihm weitervermitteln und dazu beitragen, weitere »lebendige Steine« zu schaffen.

KONSTANTINOS VLIAGKOFTIS

Lehre mich tun nach deinem Wohlgefallen, denn du bist mein Gott; dein guter Geist führe mich auf ebener Bahn.

Zeichen und Wunder

Jesaja spricht von sich selbst und seinen Kindern als lebendigen Zeichen und Wundern für das Volk Israel. Sie sind keine zufälligen Figuren, sie tragen eine tiefere Bedeutung im Heilsplan Gottes. In der Bibel zieht sich das Motiv der Zeichen und Wunder als Hinweis auf Gottes Eingreifen in die Welt und das Leben der Menschen durch. Jesaja hebt hervor, dass er und seine Kinder lebendige Beweise für Gottes Macht und seinen Plan sind.

An jedem Tag gedenkt meine Kirche einer Vielzahl von Männern und Frauen, die zu unterschiedlichen Zeiten lebten und mit ihrem Leben die Bitte des Herrengebets »Geheiligt werde dein Name« verwirklichten. Am heutigen Tag gehören unter anderem Sosthenes, Apollos, Cephas und Onesiphoros aus dem Kreis der 70 Jünger Christi, Patapios von Theben, ein Einsiedler und Mönch des frühen 5. Jahrhunderts, Anthusa, eine Märtyrerin aus Rom im 5. Jahrhundert, Parthenios von Chios, ein Mönch und geistlicher Vater des 19. Jahrhunderts, Johannes von Chicago, ein Priester und Märtyrer († 1918), sowie viele weitere dazu. Sie haben ihr Leben in besonderer Weise Gott gewidmet, sind in die Nachfolge Christi eingetreten und gelten uns durch ihre Tugenden und ihren Glauben als Vorbilder. Sie werden als »heilig« verehrt, weil sie das Ziel, Gottes Kinder zu sein, besonders treu verfolgt haben.

Sie sind Zeichen und Wunder für alle Gläubigen und ein lebendiger Ausdruck von Gottes Führung und Plan. Sie dienen als Symbole des Glaubens und des Vertrauens auf Gott, besonders in schwierigen Zeiten. Inmitten von Bedrohung und Unsicherheit – wie in der Zeit Jesajas oder auch in unserer eigenen Zeit – sind sie ein Zeichen dafür, dass Gott seinen Plan und seine Verheißungen erfüllt, auch wenn die Umstände herausfordernd erscheinen.

Für uns Christinnen und Christen ist der Gedanke, »heilig« und »Kind Gottes« zu sein, eine Quelle der Zuversicht und Inspiration. Es erinnert uns daran, dass Gott uns in einer persönlichen Beziehung liebt und annimmt und dass wir selbst Zeichen und Wunder sein können.

KONSTANTINOS VLIAGKOFTIS

Errette, Sohn Gottes, wunderbar in den Heiligen, uns, die wir dir singen: Alleluïa!

Neues Leben mit dem Friedefürsten

Adolf Hitler schrieb in seinem Buch »Mein Kampf«, dass die »Vorsehung« (und damit meinte er Gott und die Natur) keine Barmherzigkeit mit den Schwachen kennen würde. Anerkennung gäbe es nur für die Gesunden und Starken. Für das »Leben« zog er daraus den Schluss, dass es dem Gesetz eines »ewigen« Kampfes folgen müsse.

Die Wochen im Advent versprechen jedoch, dass das Leben nicht den Gesetzen von Siegen und Besiegtwerden für alle Zeit unterliegen wird. Sie stellen eine neue Erde in Aussicht. Sie lädt zu einem Leben unter den Vorzeichen von Versöhnung und Frieden ein. Wer diesem Versprechen etwas zutraut, entdeckt andere Spielregeln. Sie bringen nicht zwangsweise Leben gegen Leben auf. Sie bringen die Gegensätze des Lebens zusammen und überwinden sie auf ihre Weise. Jesus hat sie in die Worte gefasst: »Selig sind die Sanftmütigen, denn sie werden das Erdreich besitzen.«

Der Friede aber, den die »Gesunden und Starken« mit ihren Waffen verbreiten, dient nicht den Gesetzen des Lebens, sondern des Todes. Gott zeigt darum dem Regiment derjenigen, die andere bezwingen und unterdrücken, eine Welt, die vergeht. Ihr Vorgehen endet in Schmach, Untergang und Elend. Diejenigen, die jedoch dem vertrauen, was über dem »Kind, das uns gegeben ist« besungen wird, gehören an die Seite der Sieger der Geschichte.

Sie üben Liebe, wo man sich hasst, verzeihen, wo man sich beleidigt, und versöhnen, wo Streit herrscht. Stärke offenbart sich demnach im Ertragen von Unterschieden und im Durchstehen von Konflikten, aber nicht im Stolz jener Hochmütigen, die meinen, sie könnten mit Druck und Draufhauen alles regeln. Das ist die Erwartung dieser Tage im Advent. Und das Lob ihrer Lieder.

HEINER SUESELBECK

Herr, mach mich zu einem Werkzeug deines Friedens, dass ich liebe, wo man hasst; dass ich verzeihe, wo man beleidigt; dass ich verbinde, wo Streit ist.

Seine Hand ist ausgereckt

Machtpolitik an Gott vorbei verliert Länder, Städte und Menschen. Israel hat diese Erfahrung im Rücken, wenn es über seine Geschichte nachdenkt. Gefährliche Bündnisse, falsche Solidarität und nationaler Hochmut gingen in die Irre. Wachstum planen, Strategien entwickeln: Alles war gut gemeint, aber unter dem Strich nur selbstgerecht. Segen und Erfolg aus eigenen Machtspielchen heraus erzwingen: Das hieß, die alten Straßen des Todes neu ablaufen. So verriet man den lebendigen Gott im Hören auf die Falschen.

Dabei muss ich an meine Eltern denken. Beide waren fromm. Aber 1933 bis 1945 waren sie unter den Nazis »Mitläufer«. Sie hörten auf die Falschen. Sie lebten an ihren jüdischen Mitbürgerinnen und Mitbürgern vorbei. Ihre Hoffnung war die Größe Deutschlands. Dafür mussten sie mit ihrem Leben und ihren Familien zu Recht blutige Preise bezahlen. Ihre Träume wurden zu Trümmern. Ihr Hochmut zu Hunger. Gottes Hand war gegen sie »ausgereckt«.

Allein die Kirche sprach sie nach 1945 weiter an. Und sie hörten auf einmal die Bibel auf neue Weise. Aber dann kamen die Jahre des Aufbaus mit einem neuen Glauben, der sie die Worte der Buße nach Kriegsende vergessen ließen. Die neue Küche, das neue Auto und vor allem »Sicherheit« steckten ihnen den Horizont eines »neuen« Lebens ab.

Ich selbst spürte, wie brüchig das war. Aber heute trage auch ich auf meine Weise zu Krisen bei, die zu bisher nicht gekannten Katastrophen führen. Wie meine Eltern damals – von meiner Kirche neu angesprochen – spüre ich, wie Gott nicht aufhört, seinen Arm »auszurecken« gegen mich, mein Mitlaufen und meine Kultur heute. Aber: Krise kann eine Chance sein und deshalb: Gnade. Wenn Gott seinen Arm gegen die Seinen ausstreckt, will er sie auch halten.

HEINER SUESELBECK

Gott erbarme dich meiner und der vielen falschen Wege, die ich mitlaufe. Schenke mir, dass ich im Blick auf bevorstehende Krisen die Hoffnung auf dein Heil behalte. Und verwandle diese Hoffnung in Gehorsam gegenüber deinem Gebot.

Zukünftig und heute schon

Diesen Text will man gleich zweimal lesen, so schön ist er. Zukünftig wird das so sein, mit den wilden Tieren, die bei den friedlichen liegen. Lauter Paare, die nicht zusammengehören und dann doch beieinander sind. Zukünftig wird das so sein, dass die Sünde ausgetrocknet da liegt und die Erkenntnis Gottes das Land überflutet. Künftig wird das so sein, dass der Rechtlose endlich Recht bekommt. Künftig wird das so sein, dass man den Gewalttäter vergeblich sucht, so wie den Gottlosen auch.

Ach wäre es schon ein wenig so, denke ich. Nur ein wenig. Aber da ist ja auch das Bild von dem kleinen Sprössling, der aus der Wurzel treibt. Ganz offensichtlich kommt diese Zukunft nicht als Blitz aus heiterem Himmel. Sie wächst heran und beginnt klein. Sie liegt nicht in der Hand der Mächtigen und Starken. Sie braucht Zeit. Und manchmal ist sie gar nicht zu sehen, so klein ist sie. Aber sie wächst. Da wo sie erwartet wird, wird sie gesehen. Von denen, die nach ihr Ausschau halten. Manchmal wird sie auch enttäuscht.

Wer das dürre Holz der Krippe und des Kreuzes kennt, der weiß, auf welche Weise Gott diese Vision wahrmachen will. Er stellt sich selbst zur Verfügung. Da ist noch ein Paar, das eigentlich nicht zusammengehört: Gott und Mensch. Beide sind bereits in dem Mann am Kreuz eins geworden: Und das nicht mit einem Paukenschlag, sondern mit seinem Sterbensschrei. Ostern hat dieses Aufwachsen der Zukunft in Kraft gesetzt. Und wir glauben es so.

CHRISTHARD RÜDIGER

Herr des Lebens, Gott und Schöpfer, leite mich an, das Hoffen zu lernen. Lass mich mit deinen Augen durch den Horizont sehen.

Das Lied von gestern für morgen

In der Zukunft sollen Lieder gesungen werden. Die zwei kleinen Lieder, die hier zitiert werden, sollen erklingen. Alte, bekannte Lieder werden dereinst angestimmt. Gut, wer sie heute schon auswendig kann. Er wird sie dereinst brauchen.

Das Danklied der Erlösten erinnert an den Wasserritus am Laubhüttenfest: Das Wasser aus der Gihonquelle wurde in einer feierlichen Prozession zum Tempelaltar begleitet, wo es als Opfergabe den Segen für das kommende Jahr erbitten sollte. Das zweite Lied feiert Gottes Namen als anwesend in allen Landen, also unter allen Völkern.

Bevor die alten Lieder in der Zukunft angestimmt werden, irritiert aber die Vorstellung des Gemütszustandes des Sängers. Bevor er singt, bedankt er sich bei seinem Gott für seinen Zorn. Bedankt sich dafür, dass sein Gott ihm zürnte. Weil er sich nur so auch für seinen Trost bedanken kann. Das ist ungewöhnlich. Und kommt heutzutage selten vor. Im Zusammenhang ist klar, dass Gott zu Recht zornig war, der Prophet Jesaja hat seine Texte auch deshalb verfasst, um aufzuschreiben, was alles Gottes Zorn und sein Gericht über sein Volk provoziert hat. Die alten Lieder werden also von keinem Unschuldigen gesungen. Aber am Ende dennoch gesungen. Und das von Herzen, befreit und getröstet.

Welche Lieder lernen wir heute? Für morgen? Welche Verse prägen unser Leben, so dass sie auch in Zukunft noch passen? Klagelieder? Protest-Songs? Oder sind wir verstummt und lassen andere singen? Vielleicht haben wir aber auch unseren persönlichen Lieblingspsalm, unser Lieblingslied, das wir sofort anstimmen könnten. Welches wäre das? Und warum gerade dieses?

CHRISTHARD RÜDIGER

Herr des Lebens, Gott und Schöpfer, dir danke ich für die Lieder der Väter und Mütter im Glauben, die mein Leben geprägt haben.

Ein Loblied auf unseren Gott

Manchmal ist es spannend, eine Sache aufmerksam durchzubuchstabieren. Der Psalm 33 schaut in 22 Doppelversen, deren Beginn den 22 Buchstaben des hebräischen Alphabets entsprechen, allerdings nicht auf eine Sache, sondern auf IHN, auf die Größe und Erhabenheit Gottes, und schwingt sich von Anfang bis Ende zu einem hymnischen Lobpreis auf. Der Psalm ist das Musterbeispiel eines Hymnus, der gesungen wird in Gemeinschaft bei einem kultischen Fest. Durchbuchstabiert wird Gottes Wirken in dieser Welt und entfaltet wird das Thema auf zwei Ebenen: Gott ist der Schöpfer des Kosmos und Herr der Geschichte und zugleich der König und Schöpfer aller Menschenkinder. Dafür gilt es Gott zu loben und zu danken in festlicher Versammlung. In einer Präfation, der großen Einleitung in das eucharistische Hochgebet der katholischen Liturgie, heißt es: »Unser Lobpreis kann deine Größe nicht mehren, doch uns bringt er Segen und Heil.« In der Tat: Gott ist nicht angewiesen auf die Bestätigung durch uns, seine Gemeinde. Aber unser hymnischer Dank verändert uns selbst, bestimmt unsere Wahrnehmung, motiviert eine neue Sicht auf Gott und seine Welt, und zwar in mehrfacher Hinsicht. Auch wenn wir in der Gegenwart diese Schöpfung als zutiefst bedroht wahrnehmen, so bleibt sie doch in Gottes Hand. Das motiviert, auch unsererseits für die Erde zu sorgen. Der Psalm verweist weiterhin auf einen heilsamen Strom, der diese Schöpfung durchflutet: Gottes Güte, die Menschen zu allen Zeiten in einem guten Sinne heimsucht und immer wieder aufrichtet. Und der Hymnus besteht darauf, dass im Letzten nicht die Pläne und Gedanken der Mächtigen das Antlitz der Erde prägen werden, sondern Gottes Gedanken und sein buchstäbliches Ansehen, durch das wir selbst immer wieder neu zu Ansehen kommen. Hier wird der Psalm realpolitisch, depotenziert das Gebaren und den Machtmissbrauch der Despoten und Herrscher dieser Welt. JHWH allein rettet und befreit!

DETLEF ZIEGLER

Gott, Herr der Welt und der Geschichte, auf dich vertrauen wir. Du gibst nichts und niemanden aus deiner Hand. Dafür danken wir dir mit allen Menschen guten Willens.

Die Straße des Friedens

Eine Straße von Ägypten nach Assyrien, eine Straße von Moskau nach Kiew, eine Straße von Berlin nach Warschau, eine Straße von Jerusalem nach Gaza… eine Straße, die nicht für militärische Aufmärsche und Eroberungskriege gemacht ist, sondern für die Begegnung der Völker. So wird die Vision des kommenden Friedensreiches aus Jesaja 11 in diesem Abschnitt konkretisiert und mit den realen Gegebenheiten und Machtverhältnissen der Zeit verknüpft.

»Zu der Zeit« – fünfmal setzt der Prophet an, um die Wende im Weltgeschehen anzukündigen. Wie ein ausgearbeiteter Masterplan wird in fünf Schritten Gottes Friedensplan für diese gebeutelte Region vorgestellt. Gott wird sich auch dem mächtigen Ägypten gegenüber als Gott erweisen. Zuerst wird es die harte Hand Gottes in seinem Strafgericht erfahren. Aber wenn sie ihn um Rettung anflehen, wird er sie erhören. So wie er sein Volk Israel erhörte und befreite, so wird er alle Völker befreien, wenn sie sich zu ihm wenden. Selbst die Assyrer, die mächtigen Gegner sowohl Israels als auch Ägyptens zu der Zeit, werden mit ihnen vereint sein in der gemeinsamen Anbetung und dem Hören auf Gottes Wort. Der Segen, der bisher exklusiv Israel galt, wird auch auf Ägypten und Assur kommen.

Was für eine kühne Aussicht! Es wird Schluss sein mit dem Erobern und Unterwerfen, dem Ringen um Vormachtstellungen, unter dem so viele Völker über die Zeiten hinweg leiden und das so viele Opfer hervorbringt. Es gibt einen Ausweg und Gott selbst wird dafür sorgen, dass diese neuen Wege auch beschritten werden können. Es bahnt sich doch schon an, wenn man die Zeichen richtig deutet. Gerade in den verfahrenen Situationen braucht es die prophetische Stimme, die die Hoffnung verbreitet, dass es nicht so bleiben muss, wie es ist.

DAGMAR ZOBEL

Du Gott des Friedens, erhalte in uns den brennenden Glauben, dass der Frieden möglich ist, dass wir das Kriegführen verlernen und stattdessen Straßen des Friedens bauen.

Es ist angerichtet

Was nährt die Hoffnung in düsteren Zeiten? Es sind die beglückenden, persönlichen Erfahrungen, die Menschen in ihrem Leben mit Gott gemacht haben: »...du bist der Geringen Schutz gewesen, der Armen Schutz in der Trübsal, eine Zuflucht vor dem Ungewitter...« (V. 4) Und es sind die starken Bilder, mit denen eine ersehnte Zukunft ausgemalt wird.

Gott richtet auf seinem Berg ein Festbankett aus, anlässlich des Beginns seiner Königsherrschaft über die ganze Welt (Jes 24,23). Alle Völker sind geladen, mit ihm zusammen dieses Freudenmahl zu begehen, seine Gastfreundschaft ist gratis, grenzenlos und weltumspannend. Während die Gäste die feinen Speisen und die erlesenen Weine genießen, steht auf dem Menüplan des Gastgebers noch etwas Unvorstellbares. Die Hülle, der (Trauer)Schleier, der über der Welt liegt, der die Völker voneinander trennt und entfremdet hat, der wird nicht nur weggezogen, sondern verschlungen, verspeist, für immer beseitigt. Und ebenso ergeht es dem Tod. Auch der wird nicht nur in seine Schranken verwiesen, sondern von Gott verschlungen, ihm wird der Garaus gemacht. Wenn Gott seine Königsherrschaft über die Welt beansprucht, dann ist er auch Herr über den Tod. Neben dieser mächtigen Einverleibung zeigt er sich aber auch jedem/jeder Einzelnen zärtlich zugewandt. Er wird »die Tränen von allen Angesichtern abwischen« (V. 8) und sein durch alle Zeiten gedemütigtes, verhöhntes, geschlagenes Volk wird rehabilitiert.

Mehr als 1000 Jahre später wird der Seher Johannes diese großen Bilder wieder aufgreifen. (Offb 21,4) Der, dessen Geburt wir in ein paar Tagen feiern werden, hat mit seinem Leben und Sterben und seiner Auferstehung dieser Hoffnung neuen, österlichen Grund gegeben.

DAGMAR ZOBEL

Trotz dem alten Drachen, Trotz dem Todesrachen, Trotz der Furcht dazu! Tobe, Welt, und springe; ich steh hier und singe in gar sichrer Ruh. Gottes Macht hält mich in acht, Erd und Abgrund muss verstummen, ob sie noch so brummen.

Wohnrecht in Gottes Stadt

Wer in der Stadt lebte, wusste sich früher gut beschützt und in Sicherheit. Tag und Nacht gab es Wachen auf den Türmen gegen mögliche anrückende Feinde, die verschiedenen Stadttore boten je nachdem kontrollierten Eingang oder wurden verriegelt. Und um sich ein Denkmal für die Nachwelt zu setzen, ließen die Herrscher im Alten Orient ebenso wie die Fürsten späterer Zeiten Städte bauen, Babylon, Jerusalem, Rom, Städte, die ewig Bestand haben sollten. Die Geschichte lehrt uns anderes.

In den Kapiteln 24-27 des Jesaja-Buches, der sogenannten »Jesaja-Apokalypse«, wird an zahlreichen Stellen die Zerstörung von Städten als Strafgericht Gottes berichtet. Das Gottesvolk in diesem Wallfahrtslied weiß um die besondere Qualität seiner Stadt. Gott selbst hat nämlich die Schutzwälle und Mauern seiner (neuen) Stadt geschaffen, damit ein gerechtes Volk in Sicherheit und Frieden leben kann. Das gerechte Volk, das sind die, die Gott die Treue halten, die nach seinen Weisungen handeln, die auf Gott vertrauen. Nach all den schlimmen Erfahrungen der Vergangenheit erfüllt sich nun die Hoffnung, dass sie eingelassen werden und Wohnrecht in seiner Stadt erhalten. »Gott der Herr ist ein Fels ewiglich«, das klingt schon in Jesaja 25,4 an, wo Gott als Festung der Armen und Geringen betitelt wird. Deshalb wird in diesem Lied nun auch noch einmal erwähnt, dass mit der Errichtung der Gottesstadt die Umkehrung der Verhältnisse einhergeht. (V. 5-6)

Man wird in diesen Tagen der Adventszeit erinnert an die kräftigen Worte des Lobgesangs der Maria: »Er stößt die Gewaltigen vom Thron und erhebt die Niedrigen. Die Hungrigen füllt er mit Gütern und lässt die Reichen leer ausgehen. Er gedenkt der Barmherzigkeit und hilft seinem Diener Israel auf.« (Lk 1,52-54)

DAGMAR ZOBEL

Gott, du kommst auch in diesem Advent, um die Welt und uns aus unserer Verlorenheit zu retten, du kommst, das zurecht zu bringen, was Unrecht ist – du kommst – und wir hoffen auf dich.

Österliches im Advent

Manchmal komme ich ins Grübeln, wenn ich die Zeitung lese. Oft werde ich wütend. Wie wird das alles enden? Gibt es Überlebenschancen für Kinder in den Flüchtlingscamps, für Opfer von Naturkatastrophen, ja, für Mutter Erde? Einerseits reklamieren wir universelle Rechte und schließen Vereinbarungen ab, um die Welt besser zu machen. Andererseits regiert zumeist die Macht der Stärkeren, die ihren eigenen Vorteil suchen, ohne nach der Zukunft der Menschheit und der Schöpfung zu fragen. Die heutige Bibellese ist ein Gebet. Menschen, die darunter leiden, wie die Welt aussieht, reden mit Gott. Sie klagen an, dass mächtige und einflussreiche Menschen Gottes Gebote ignorieren und viel Unheil anrichten. Gottes Gericht scheint nicht zu Einsicht und Umkehr zu führen. Dennoch spricht großes Vertrauen aus dem Gebet, ja, es leuchtet sogar österliche Hoffnung auf: »Doch deine Toten, Herr, werden leben, die Leichen meines Volkes werden auferstehen. Wacht auf, jubelt, alle, die ihr in der Erde liegt! Du bist wie der belebende Tau im Morgenlicht. Darum gibt die Erde die Verstorbenen heraus.« (V. 19 nach der Übersetzung der Basisbibel) Gott verhilft dem Leben zum Sieg. Das gilt nicht nur für die ferne Zukunft. Wenn ich mich von dieser Hoffnung anstecken lasse, suche ich nach dem, was Leben hervorbringt. Neben vielen Schreckensmeldungen steht auch etwas von einer Initiative in der Zeitung, die für die Rechte geflüchteter Menschen eintritt. Aus der weltweiten Ökumene erreichen mich Informationen über Selbsthilfeprojekte zu gesunder Ernährung in Ländern wie Kenia oder Mosambik und über den Kampf für Klimagerechtigkeit der Menschen auf den Pazifischen Inseln. Klein und unscheinbar mag das erscheinen, wie Tautropfen. Doch es gibt Pflanzen in der Wüste, die wegen des Morgentaus existieren, sogar Käfer nutzen den Tau als Wasserquelle. Ich will mich auf die Suche machen nach dem, was zum Leben hilft. Wo werde ich heute belebende Tautropfen entdecken?

ROSEMARIE WENNER

O Gott, ein' Tau vom Himmel gieß, im Tau herab, o Heiland, fließ. Ihr Wolken, brecht und regnet aus den König über Jakobs Haus.

Lügengebäude oder gutes Fundament

Wenn ich im Internet nach Informationen suche, poppen ab und an aktuelle Nachrichten auf. Manche klingen spannend, sodass ich meine Recherche unterbreche, um die brandneue Mitteilung zu lesen. Was auf den ersten Blick plausibel erscheint, erweist sich bei genauer Prüfung oftmals als Fakenews. Leute wollen mich und andere mit ihren Lügen beeinflussen. Dreist gehen sie dabei vor, als ob ihnen die Welt gehörte. Diese Art von Machtausübung ist nicht neu, obwohl sie im digitalen Zeitalter immer gefährlicher wird. Das Denken, Tun und Reden derer, die 800 Jahre vor Christus in Jerusalem das Sagen hatten, war von Selbstherrlichkeit geprägt. Mit Sprüchen und Lügen beeinflussten sie andere. Uns kann niemand etwas, meinten sie. Sie wähnten sich sogar als Herren über den Tod, der nicht sie, sondern die anderen treffen würde. Wehe denen, die unter solchen Einflusssphären leben mussten und heute leben müssen. Sie werden getäuscht, ausgenutzt und ausgebeutet. Doch das ist nicht die ganze Wirklichkeit. Gottes Wort ist auch zu vernehmen. Wohl denen, die hinhören und sich zur Umkehr rufen lassen. Wohl denen, die Gottes Weisung trauen und so Orientierung finden. Denn Gott baut ein Reich, das auf Gerechtigkeit und Wahrheit gründet. Das ist ein solides Fundament. Der Bau begann vor langer Zeit, mit den Verheißungen an Abraham und Sarah, mit den Weisungen der Thora, mit den Verheißungen des Jesaja. Wir, die wir in Jesus Gottes Wirken zum Heil der Welt entdecken, reihen uns demütig ein in die lange Kette derer, die auf Gottes Weisung achten und damit rechnen, dass Gott Recht schafft. Die Kartenhäuser, aus Lügen und Anmaßungen errichtet, werden zusammenfallen. Doch Gottes Wort gibt Halt, gerade in unsicheren Zeiten.

ROSEMARIE WENNER

Gott, du bist gerecht und gut. Auf dich will ich hören, um zu unterscheiden zwischen dem, was wahr ist, und dem, was in die Irre führt und Unheil gebiert. Auf dich will ich vertrauen. Mach dich bemerkbar, wenn ich mich im Vielerlei verliere.

Alles wird gut

Es muss sich etwas ändern. Dieser Appell begegnet uns in vielen Zusammenhängen. Die Kirche muss sich erneuern, um nicht bedeutungslos zu werden. Die negativen Folgen des Klimawandels sind nur aufzuhalten, wenn wir radikal auf erneuerbare Energie umstellen. Die Kluft zwischen Reich und Arm muss kleiner werden, und und und… Der Prophet sagt eine große Verwandlung an. Bald wird sie kommen – in einer winzigen Weile, so könnte man Vers 17 auch übersetzen. Die Veränderung ist in der Umwelt zu sehen: Die Libanonberge werden zum fruchtbaren Land. Und sie geschieht in und unter den Menschen. Taube hören und Blinde sehen. Das sprichwörtliche »nichts sehen, nichts hören, nichts sagen« wandelt sich in: genau hinschauen, auf das Leise hören, ansagen, was dem Leben dient. So werden ungerechte Verhältnisse umgedreht. Das Treiben der Gewalttätigen hat ein Ende. Diejenigen, die unterdrückt worden waren, können befreit aufatmen. Arme finden ihr Auskommen. Das Leben blüht. Dieser Wandel ist nicht die Frucht menschlicher Mühen, jedenfalls nicht nur und nicht zuerst. Gott sagt das Neue an und Gottes Wort wirkt in Gottes Schöpfung. Und Gottes Wort verwandelt Menschen, die ihrerseits die Welt verändern. Sie erinnern sich und andere daran, was Gott seinem Volk versprochen hat, bei Abraham, Sarah und Jakob angefangen. Sie reihen sich ein in diese gute Tradition. Was dem Leben dient, ist ihnen heilig. Sie trauen Gottes Lebenskraft und geben ihr Raum, voller Hoffnung, dass Gott einmal alles zum Guten wenden wird, wirklich alles. Ich will zu denen gehören, die Gottes Wort hören und tun und mit Gottes Kommen rechnen, nicht nur im Advent.

ROSEMARIE WENNER

Gott sei Dank durch alle Welt, der sein Wort beständig hält und der Sünder Trost und Rat zu uns her gesendet hat. Sei willkommen, o mein Heil! Dir Hosianna, o mein Teil! Richte du auch eine Bahn dir in meinem Herzen an.

Hoffen gegen alle Hoffnung

Der Psalm 49 gilt als schwierig und dunkel. Das Thema hat es in sich, es rührt an eine menschliche Grundsatzfrage schlechthin: Was erwartet mich im Tod? Und bei der aufmerksamen Lektüre wird deutlich: Hier ringen zwei völlig unterschiedliche Einstellungen miteinander um eine Antwort. Ein Grundpsalm (V. 11b-15.21), der viel gemeinsam hat mit der skeptischen Theologie des Kohelet, sieht im Tod das absolute und hoffnungslose Ende, rechnet sowohl mit der überlieferten Weisheitslehre ab, die durch das Tun der weisheitlichen Lehren ein gelingendes Leben erwartet, als auch mit Psalm 23, der von der Hirtensorge Gottes für uns Menschen spricht. Hier dagegen heißt es: Es ist der Tod, der uns weidet, nicht Gott; der Abstieg in die Unterwelt ist trostlos, im Tod sind wir alle gleich und sterben wie das Vieh. Das ewige Haus, das uns bleibt, ist allein das Grab.

Dem widerspricht ein Bearbeiter des Psalms entschieden. Er besteht darauf: »Doch Gott wird mich auslösen aus der Gewalt der Unterwelt, er nimmt mich auf.« (V.16) Als biblische Vorbilder dienen wohl Henoch und Elija, die Gott zu sich entrückt hat. Aber vor allem wehrt sich die Gegenstimme gegen die resignierte Überzeugung, dass der Tod der große Gleichmacher sei: Egal, wie ein Mensch gelebt hat, im Tod sei das alles ohne Bedeutung. Hier meldet sich die Frage, ja, der Schrei nach Gerechtigkeit. Es ist der Schrei der Armen, die im Leben immer wieder von Ungerechtigkeit heimgesucht werden. Wenn Gott sie aufnimmt, heißt das: Im Tod sind wir nicht alle gleich. Gott wird für Gerechtigkeit sorgen und für ein Leben, dessen Heimstatt der lebendige Gott ist.

Mich beeindruckt, wie die Endfassung des Psalms nichts unterdrückt und keine Schönfärberei betreibt. Zum Glauben gehören auch die bohrenden Fragen und Zweifel, der Blick in den Abgrund, aber auch ein Hoffen gegen alle Hoffnung, die sich allein auf Gott verlässt. Aus dieser Spannung ist keiner von uns entlassen.

DETLEF ZIEGLER

Wenn nichts mehr geht und wir an ein Ende kommen, bist du immer noch da, Gott. Lass uns das nie vergessen. Du bist unser Halt und unsere Kraft.

Wie Wasserbäche in dürrer Gegend

Jesajas Name ist auch seine Botschaft: Gott schafft Rettung und Heil. Jerusalem kann in der Bedrohung, die von den Assyrern ausgeht, nicht auf menschliche Hilfe bauen. Weder Ägypten noch andere politische Mächte können das Volk und die Wohnstatt Gottes, den Zion, vor dem Untergang retten, sondern nur Gott selbst (vgl. 30,1-7; 31,1-3). Dass er dies tun wird, dies stellt Jesaja eindrücklich vor Augen und schildert ein künftiges Reich, in dem ein König herrschen wird, der das Recht durchsetzen und in Gerechtigkeit regieren wird.

Für Jesaja ist dieser König Gott selbst (vgl. 33,22). Ihm stehen Fürsten zur Seite, die als eine Art Stellvertretung Gottes verstanden werden. Damit sind vermutlich hohe Beamte gemeint, die im künftigen Heilsreich genau das Gegenteil sind von den gegenwärtigen Ministern und deren Amtsapparat. Ihnen schreibt Jesaja deutlich ins Stammbuch: »Narren« und »Betrüger« sind sie (V.5), Rechtsverdreher und auf den eigenen Vorteil aus. Aber im künftigen Reich gilt eben nicht mehr das Recht des Stärkeren oder Besserverdienenden, sondern es regieren kluge und ehrliche Fürsten, die gerade die Armen und Schwachen im Blick haben. Die Verstockung, die dem Volk auferlegt ist (vgl. 6,10), wird enden.

Jesajas Blick geht dabei weit über den Horizont des Südreiches und des Volkes hinaus. Dieses Heilsreich wird zum sicheren Ort all derer, die sich auf JHWH verlassen und sich zum Zion auf den Weg machen werden. Ihm können alle Stürme nichts mehr anhaben.

In Jesus Christus, dem »König in niedern Hüllen«, ist dieses Reich schon angebrochen, sind die Evangelisten überzeugt (vgl. Mk 1,15). Jesajas Weitblick ist keine Utopie, kein »Nirgendwo«, sondern wird überall dort Wirklichkeit, wo das Evangelium verkündet wird; wo Menschen sich von der Liebe leiten lassen und klare Worte der Gerechtigkeit und Wahrheit finden.

MARC WITZENBACHER

Hosianna, Davids Sohn, sei gegrüßet, König mild! Ewig steht dein Friedensthron, du, des ewgen Vaters Kind. Hosianna, Davids Sohn, sei gegrüßet, König mild!

Sie sehen ein weites Land

In dem künftigen Reich, das Jesaja beschreibt, ist Gott unmittelbar gegenwärtig. Er ist der König, der von Jerusalem aus in einem weiten Land regieren wird. Wie für Jesaja selbst, der in seiner Berufungsvision Gott auf dem Thron sitzen sah (6,1-12), ist das Schauen Gottes das eigentliche Heil, mit dem alle Unklarheit und Zweideutigkeit verschwinden werden. Wer Gott schaut, muss nicht mehr in Furcht vergehen, sondern alle Schuld ist vergeben (V.24), Krankheit und Sünde werden nicht mehr sein.

Der psalmartig anmutende Abschnitt ist vielleicht in den Gottesdiensten des Volkes Israel verwendet worden. In der Offenbarung des Johannes klingen zahlreiche Bilder an, wenn er vom himmlischen Jerusalem spricht (vgl. Offb 21,10-27). Jesaja schwelgt dabei aber nicht in jenseitigen Träumen, sondern setzt das von Gott zugesagte Heil für den Zion der Schuld und Verdorbenheit seiner Gegenwart entgegen. Wer sich von dieser Zukunft leiten lässt, kann in der Gegenwart nicht korrupt und selbstherrlich handeln.

Mit den Bildern von den Wassergräben, auf denen keine Schiffe mehr fahren werden, will Jesaja die Fülle verdeutlichen, aus der alle in dieser Heilsstadt leben. Niemand muss mehr mühselig Handel treiben und sich damit gefährlichen Machenschaften aussetzen. Die »Beute« ist unerschöpflich, selbst Lahme schaffen es, sich einen Teil zu sichern (V.23).

Leben in Fülle, die Gott selbst verteilt. Wenn auch wir uns von dieser Zukunft leiten lassen, können wir selbst dann gelassen und zuversichtlich bleiben, wenn alles dunkel und undurchsichtig wird. Weil sich Gott in Jesus Christus in unsere Tiefe begeben hat und uns an der Hand nimmt, wissen wir, dass er uns auch in Zukunft niemals allein lassen wird. Er hat den Tod überwunden und schenkt uns das Leben. Schon längst sind wir in seiner Heilsstadt eingebürgert.

MARC WITZENBACHER

Dein Reich ist nicht von dieser Erden, doch aller Erde Reiche werden dem, das du gründest, untertan. Bewaffnet mit des Glaubens Worten zieht deine Schar nach allen Orten der Welt hinaus und macht dir Bahn.

Kummer und Seufzen entfliehen

Mit der typischen Gegenüberstellung von Gericht und Heilsankündigung schließt der dritte Hauptteil (Jes 28-35) des ersten Jesajabuches (1-39). Während zunächst der Nachbar Edom als »Erzfeind« geschildert wird (34,5), an dem als Sinnbild für Babel und die Völker insgesamt das Gericht vollzogen werden wird, weist Kapitel 35 bereits auf den zweiten Teil des Buchs (Jes 40ff.) hin. Viele Wörter und Begriffe begegnen auch im ersten Kapitel des zweiten Teils (vgl. 40,1-11).

Während Edom verwüstet werden wird und als Einöde vertrocknet, ziehen die aus dem Exil Heimkehrenden auf einer Straße ohne Gefahren und Hindernisse, ohne wilde Tiere und tötende Hitze zum Zion, dem Gottesberg. Der Zion, die heilige Stadt Jerusalem, ist nun für immer Heimat und Zufluchtsort und wird es auch am Ende der Zeiten sein, wenn alle Völker zum Berg Zion pilgern werden (vgl. 2,1-5).

In den Wundern Jesu sehen die Evangelien diese Heilszeit schon angebrochen: Lahme gehen, den Blinden werden die Augen aufgetan, Taube hören (vgl. Lk 4,19-21). Daher ist bereits das Kommen Jesu, seine Geburt und sein späteres Wirken das Aufsprießen der verheißenen blühenden Wüste. In ihm sehen wir die Herrlichkeit des Herrn, die Pracht unseres Gottes (V.2). Er kommt, um uns zu retten (V.4).

Aber Jesaja mahnt ebenso wie die Evangelien auch, dass es dennoch unser Aufmerken, unsere Suche und unser Nachdenken braucht. Der König zieht nicht mit einem riesigen Fanfarenzug ein, der alle das Fürchten lehrt und in die Knie zwingt. Er kommt auf einem Esel in Demut und Bescheidenheit, selbst seine Wunder bleiben zweideutig. Aber so erreicht er auch mein Herz. Nur so werde ich ihm auch seine Liebe abnehmen. Denn dieser König will meine Liebe, nicht meine Unterwürfigkeit.

MARC WITZENBACHER

Und wo du kommst herangezogen, da ebnen sich des Meeres Wogen, es schweigt der Sturm, von dir bedroht. Du kommst, dass auf empörter Erde der neue Bund gestiftet werde, und schlägst in Fessel Sünd und Tod.

Ausgerechnet am Heiligabend?!

Ausgerechnet Jesu Stammbaum an Heiligabend?! Ausgerechnet der Text, den man gerne überspringt, weil sich wenig mehr als ein Name an den anderen reiht?! Aber tatsächlich geht es in den 17 Versen um viel mehr: Der Stammbaum, die sog. Genealogie, stellt einerseits Jesus vor – andererseits macht Matthäus damit klar, worum es ihm in seinem Evangelium geht.

Bereits im 1.Vers charakterisiert Matthäus Jesus grundlegend: So wie David ein Gesalbter (»Messias«) war, so ist es auch Jesus. Und so wie Abraham Segen für alle Völker brachte, so auch Jesus. Aber was sollen dann die ganzen weiteren Namen, von denen viele nur Bibelkundigsten bekannt sind? Matthäus teilt die Namen in 3x14 Generationen ein. (Im Hebräischen stehen Buchstaben für Zahlen. 14 ist die hebräische Zahl für »David«. d=4 + v=6 +d=4 = insg. 14; im Hebräischen gibt es keine Vokal-Buchstaben.) In Zeitrafferform beschreibt der Evangelist anhand der Namen und der Dreiteilung Gottes Heilsplan: Die ersten 14 Namen stehen für den Beginn der Heilsgeschichte – eine Familien- und Stammesgeschichte. Die zweite 14-er-Reihe (ab David) dreht sich um die nationale Königszeit. Und mit der dritten Aneinanderreihung wird es international – bis hin zur Geburt Jesu unter der römischen Oberherrschaft. Also eine planvolle Heilsgeschichte, die sich einerseits immer mehr – quasi weltweit – öffnet und die andererseits auf Jesus zuläuft.

Für Matthäus ist diese weltweite Offenheit von Gottes Heilsplan zentral für sein Evangelium. Er unterstreicht das raffiniert: Innerhalb der Genealogie werden nur vier bedeutende Frauen genannt: Sie waren alle Nichtjüdinnen. Und mit der fünften Frau, Maria, beginnt die konkrete Geschichte von Jesus.

ACHIM KUHN

Gott, lass uns in unserer Zeit Zeichen deiner Heilsgeschichte für unsere Welt erkennen; und Geduld lernen.

Josef – der schweigende Handelnde

Josef hat eine schweigende Nebenrolle. Kein Wort ist von ihm überliefert – nur Träume. Und Handlungen; aber die haben es in sich. Das gilt auch bereits für jene in unserem Abschnitt: Als anständiger Mann will er seine Verlobte Maria schützen; er will sie davor bewahren, gesteinigt zu werden, weil sie vor ihrer Hochzeit schwanger war. Als dem Gesetz gehorsamer, das heißt »gerechter« Jude bleibt da nur der Ausweg, ihr den Scheidebrief zu geben. Und sie heimlich wegzuschicken.

Aber bevor es dazu kommt, springt Josef sogar über den Schatten des Gesetzes: Als ein Engel ihm träumt, er möge Maria zu sich nehmen, da tut er das. Er lässt sie nicht allein. Er glaubt dem gesprochenen Wort des Engels, nicht dem geschriebenen des Gesetzes. Er richtet sich nach den Worten des Engels: Josef bleibt bei Maria und wird ihren Sohn Jesus nennen – Gott rettet. Dadurch, dass Josef dem Kind den Namen gibt, akzeptiert er es. Er ist jetzt der Vater. Es ist jetzt sein Kind. Mit dieser »Adoption« ist Jesus – via Josef – nun eingeordnet in den Stammbaum Davids. Und damit ist die Rolle, die Matthäus bereits im Stammbaum anklingen ließ, klar: Jesus steht in den Fußstapfen Davids und wird sein Volk retten. Alles hat seine gottgewollte Richtigkeit, unterstreicht Matthäus – und belegt das mit einem Zitat nach Jesaja 7,14.

Jetzt ist also die Stammbaum-Linie klar, die Sendung durch Gott ebenso, die menschliche Geborgenheit desgleichen. Nun fehlt nur noch die Anerkennung durch die Welt – durch die große weite Welt. Aber auch sie kommt: Die drei Weisen aus fernen Landen sind bereits unterwegs.

ACHIM KUHN

Allmächtiger Gott, in diesen Tagen beschenken wir uns. Meist bewusst-auffällig. Hier und da auch unauffällig. Oft zu-fällig wie hier: Im Bibeltext wird klar, dass alle beschenkt werden: die Welt. Maria. Und Josef. Wir bitten dich, dass wir bei allen Geschenken das Wesentliche nicht aus den Augen verlieren: dass wir ein Geschenk für andere sein dürfen.

Demut – der Mut, anderen zu dienen

Zur Zeit der Geburt Jesu regierte Herodes der Große in Palästina. Sein Reich – von Römer Gnaden – war erstaunlich ausgedehnt. Charmant-demütig war Herodes gegenüber den Römern, grausam gegenüber solchen, die seiner Macht gefährlich werden konnten. Das ist historisch verbürgt. Herodes weiß, worauf es ankommt, um seine Macht zu schützen: Als er die drei Weisen aus dem Morgenland dazu bringt, bei ihm vorbeizuschauen, da schleimt er sich bei ihnen ein. Er hat dabei ein genaues Ziel: den möglichen neuen König, der sein Königtum gefährden könnte, zu finden und zu töten. Herodes ist schlau und zielbewusst und machtbesessen. Seine Welt hat sich nach ihm zu richten.

Ganz anders die drei Weisen aus dem Morgenland. Sie sind aus ihrer Welt aufgebrochen. Als Astronomen und Astrologen sehen sie nicht nur die Sterne, sondern sie wissen vor allem um die Lücken dazwischen; um die Leere, die Schwärze zwischen den leuchtenden Sternen. Sie sind nicht zielbewusst, sondern sie lassen sich führen. Sie sind nicht schlau, aber glaubensweise: Sie meinen nicht, schon von vornherein zu wissen, wohin es gehen wird oder wie alles kommen wird, aber sie vertrauen fest der Wegweisung durch Gott. Sie sind nicht machtbesessen, sondern demütig knieen sie vor Jesus nieder und beschenken ihn. Die Drei anerkennen, dass es über menschlicher Macht eine höhere gibt.

Die Sterndeuter wissen um den wahren König, das wahre Zentrum. König Herodes dagegen hält sich für das Zentrum. Die Drei ignorieren ihn auf ihrer Heimkehr, denn sie ahnen: Der Unterschied zwischen beiden Königen macht das Leben aus. Das war damals. Und heute?!

ACHIM KUHN

Liebender Gott, wir bitten dich für Menschen, die große politische Macht tragen, um dieses Weihnachtsgeschenk: Lass sie immer neu demütig erkennen, dass sie nicht das Höchste sind; so dass sie den Menschen dienen wollen, nicht sich selbst.

Eine himmlische Aufforderung

Manchmal geht es nicht anders: Es muss die Flucht sein, um am Leben zu bleiben. Es kostet Überwindung, sich auf diesen Weg zu machen. Das Matthäusevangelium erzählt, dass Gottes Engel den Anstoß dazu geben musste. Josef hört im Traum die eindringliche Aufforderung zur Flucht. So überwindet er sich zum Aufbruch mit seiner kleinen Familie. Auf den Weg in eine unbekannte Zukunft in Ägypten mit einem Baby, das auf dem Weg gepflegt und versorgt werden muss! Flucht ist ein Menschenschicksal, das Menschen zu allen Zeiten traf und trifft. Und die Herausforderung, Leben zu retten, macht nicht an Grenzen halt. »Ägypten« steht in der Geschichte des Volkes Israel auch für Lebensrettung: in der Geschichte Jakobs und Josefs, in der Geschichte Jesu. Und Weiteres verbindet menschliche Erfahrungen durch die Zeiten hinweg: die unfassbare Brutalität von Herrschern, die ihre Macht bedroht sehen. Die Angst vor Machtverlust gebiert maßlose Gewalt. Um den einen Neugeborenen auf jeden Fall zu erwischen, werden alle Neugeborenen in Bethlehem und der ganzen Gegend von zwei Jahren abwärts ermordet. Dahin führt der unbedingte Vernichtungswillen des Herodes. In der Beschreibung des Bösen ist diese nachweihnachtliche Geschichte realistisch. So etwas können Menschen bis heute erleben. Flucht, um sein Leben laufen, ist die Nothilfe des Augenblicks. Hier zielt sie darauf, das Leben Jesu für seine spätere Lebensaufgabe im Land Israel zu bewahren. Wieder ist es der Engel Gottes, der Josef später signalisiert, dass er sich auf den Rückweg in die Heimat machen kann. Denn die Flucht war kein Selbstzweck. Der Bestimmungsort für Jesu Kindheit und Jugend war Nazareth. Die Bestimmung seines Lebens war das Predigen des Evangeliums, sein Heilen, sein Kreuz und seine Auferstehung. Das galt zuerst Israel. Und wirkte dann über die Grenzen dieses Land hinaus, so dass die Botschaft von der Liebe Gottes auch uns erreichte. Flucht und Rückkehr glückten – Gott sei Dank!

NIKOLAUS SCHNEIDER

Du, unser Gott, wir danken dir dafür, dass du auch mit Flüchtenden auf dem Weg bist.

Ins Herz geschaut? – Und auf die Finger!

Da ist richtig was los, bei Johannes am Jordan. Es ist eine wirklich eindrückliche Massenszenerie, die das Matthäusevangelium vor unserem inneren Auge entstehen lässt: Johannes tauft am Jordan – und er ertrinkt geradezu in der Menge an Menschen, die zu ihm strömen. »Jerusalem, ganz Judäa und die ganze Jordangegend« – Matthäus inszeniert die ganz große Bühne für den Täufer. »Wow«, könnte man sagen, »was für eine beeindruckende Resonanz.«

Doch Johannes schwelgt nicht in seinem zahlenmäßigen Erfolg. Er sonnt sich nicht in der riesigen Menge an »Likes«. Nein, er stört das schöne Bild, ja zerstört es geradezu: »Schlangenbrut, Otterngezücht!« statt: »Schön, dass ihr alle so zahlreich gekommen seid.« Typisch Prophet, könnte man sagen – und als solcher ist und bleibt Johannes ein Störenfried jeder vermeintlichen Idylle. Was Johannes hier gnadenlos aufdeckt, ist die Schwachstelle jeder Statistik, jeder Zählung. Denn die reine »Quantität« sagt erst mal wenig aus, insbesondere hinsichtlich der persönlichen »Qualität«. Oder konkret mit Johannes gesprochen: Umkehr geschieht im Herzen und muss sich in »Frucht« zeigen – die bloße Massenpilgerbewegung zum Jordan ist noch kein belastbarer »Umkehrindex«.

Gerade in Sachen Glauben und Umkehr sind die eigene Haltung, die eigene Wahrhaftigkeit entscheidend. Und die Frage, ob ich wirklich etwas ändere in meinem Leben, an meinem Handeln, meinem Verhalten. Lasse ich den Worten Taten folgen – oder läuft nach dem Abstecher zum Jordan alles weiter wie bisher? Darauf weist Johannes mit Nachdruck hin und stößt damit sicherlich auch einige vor den Kopf. Und er fragt auch uns damit an: Meine ich es wirklich ernst?

HEINER WILMER

Guter Gott, du erforschst das Herz und prüfst die Nieren, du schaust auf die Wege der Menschen. Gib uns die Kraft, wahrhaftig zu leben – vor uns selbst, vor unseren Mitmenschen, vor dir.

Manchmal ist bescheidene Zurückhaltung angesagt, manchmal nicht

Johannes der Täufer leidet sicherlich nicht an mangelndem Selbst- und Sendungsbewusstsein. Stets wird er in den Evangelien als wortgewaltiger Prediger und Prophet gezeichnet, der sich seines charismatischen Einflusses auf die Menschenmengen durchaus bewusst ist. Mit nachdrücklicher Autorität tritt er am Jordan als Bote Gottes auf und tauft in dieser Vollmacht die Menschen, die zu ihm in Scharen strömen. Damit fordert er nicht zuletzt die Jerusalemer Tempelaristokratie mit ihrem Opferkult heraus.

Angesichts dessen beeindruckt mich, wie Johannes in der kurzen Passage heute gezeichnet wird – in zweifacher Hinsicht. Er wird uns als Beispiel dafür vor Augen gestellt, was es heißt, sich auch zurücknehmen zu können. Sich selbst nicht zu wichtig zu nehmen, nicht arrogant abzuheben angesichts des riesigen Zulaufs. Sondern in demütiger Bescheidenheit auch anerkennen zu können, dass es wichtigere, größere, würdigere Persönlichkeiten geben kann und gibt. Das macht uns Johannes vor mit starker Geste – ausgerechnet Jesus will er deshalb nicht taufen.

Doch nicht immer ist diese Haltung richtig. Manchmal ist bescheidene Zurückhaltung eben nicht angebracht; manchmal gilt es, die eigene Rolle und Verantwortung wahrzunehmen, auch wenn man sich vielleicht gerne »bescheiden« zurückhalten würde. Auch hier agiert der Täufer vorbildlich. Er tauft Jesus doch, nach einem kurzen Wortwechsel; lange bitten lässt er sich nicht. Ja, er muss ihn geradezu taufen. Alles Folgende hängt in der Erzähllogik davon ab: dass die Himmel aufreißen, dass der Geist Gottes wie eine Taube auf Jesus herabkommt, dass die himmlische Stimme Jesus als »geliebten Sohn Gottes« präsentiert. Das alles beruht darauf, dass Johannes seine Rolle als Täufer wahrnimmt – und damit seine Zurückhaltung überwindet.

HEINER WILMER

Ewiger Gott, in Jesus Christus bist du Mensch geworden wie wir. Stärke uns in allen Herausforderungen unseres Lebens und Glaubens – besonders dann, wenn wir persönlich gefordert sind.

Unterscheidung der Geister gefordert

»Der/die scheut etwas, wie der Teufel das Weihwasser.« – Diese Redewendung spielt mit der Vorstellung, dass es Sachen gibt, von denen der Teufel die Finger lässt. Was für geweihtes Wasser gilt, trifft auf die Heilige Schrift nicht zu – zumindest, wenn wir die heutige Erzählung aus dem Matthäusevangelium betrachten: Hier hat der Diabolos (Teufel) offensichtlich kein Problem damit, die Heilige Schrift in den Mund zu nehmen. In seinem Ansinnen, Jesus auf den falschen Weg zu führen, ist ihm jedes Mittel recht. Und er erweist sich dabei nicht nur als theologisch beschlagen, sondern auch als schriftgelehrt und lernfähig. Der Teufel stellt sich auf sein Gegenüber ein, versucht das für den anderen überzeugende Argument zu finden. Nachdem Jesus die Herausforderung, die göttliche Sohnschaft durch ein Wunder unter Beweis zu stellen, mithilfe eines Schriftzitates pariert hat, gibt der Teufel nicht auf. Und diesmal greift er selbst auf Worte aus der Bibel zurück. Dumm nur für ihn, dass er wieder den Kürzeren zieht: Jesus kontert das vom Teufel ins Feld geführte Psalmzitat mit einem Wort aus der Tora.

Was mich an dieser Erzählung ins Nachdenken bringt, ist die beiläufige Selbstverständlichkeit, mit der dem Teufel Worte der Heiligen Schrift in den Mund gelegt werden. Das bedeutet ja, dass keineswegs automatisch und selbstverständlich Gott im Hintergrund steht, wenn die Bibel ins Feld geführt wird. Ja, wir können noch weiter denken: Nur weil etwas formal »fromm« wirkt, ist es noch lange nicht innerlich »fromm«. Es ist sehr genau danach zu forschen, wer in welcher Absicht und mit welchem Ziel am Werk ist. Im Guten? Zum Guten? Diese kritische Unterscheidung der Geister ist eine Lebensaufgabe, Tag für Tag.

HEINER WILMER

Treuer Gott, wir leben von jedem Wort aus deinem Mund; du bist uns nahe in deinem Wort. Stärke uns in unserem Bemühen, die Welt zum Guten zu verändern.

Rückzug und Aufbruch

Die Klugheit gebietet es wahrzunehmen, was um uns herum geschieht. Und hinzuhören, um Gefahren ausweichen zu können. So wird es möglich, neu aufzubrechen und Wirksamkeit an erfolgversprechender Stelle zu erzielen. Jesus weicht zu Beginn seines öffentlichen Wirkens der Gefahr aus, wie Johannes der Täufer verhaftet zu werden. Dadurch stellt er sicher, dass er sich den Aufgaben widmen kann, denen sein Lebensweg dient. Der Beginn der messianischen Tätigkeit Jesu erfolgt hier im Gebiet der Stämme Sebulon und Naphtali. Matthäus verknüpft so das messianische Wirken Jesu mit den Verheißungen des Propheten Jesaja. Jesus wandert deshalb nicht einfach drauf los und redet auch nicht zufällig Menschen mit einer Botschaft an, die er aus sich heraus schöpft. Jesus stellt sich in die prophetische Tradition seines Volkes Israel und weiß: Gott sendet mich zu meinem Volk als ein Licht für Menschen, die Dunkelheit aushalten müssen und deren Leben durch Todesgefahren bedroht ist. »Tut Buße« ist das Erste, was Jesus den Menschen zu sagen und zu predigen hat. »Buße« ist für uns ein sperriges Wort. Hier will es Menschen durch Jesu Reden und Tun zu Veränderung bewegen. Buße zielt auf die Möglichkeit und die Notwendigkeit, in verzweifelter und auswegloser Situation neue Wege zu gehen. Von Wegen des Todes sollen Menschen umkehren, von der Macht der Finsternis sollen sie sich befreien lassen. Mit dem Hören der Botschaft Jesu damals und einem vertrauensvollen Sich-Einlassen auf Jesu Lebensweg öffnet sich Menschen das Reich des Himmels. Damals wie heute. Das entfaltet eine Kraft, die Menschen in Bewegung setzt, um Wege der Befreiung aus Not und Verzweiflung zu gehen und neue Hoffnung für ihr Leben zu erfahren. Zunächst in Galiläa und darüber hinaus, dann weltweit und auch in unserem Land. Eine heilvolle Perspektive für den Abschluss dieses Jahres mit Hoffnungspotential für das Kommende!

NIKOLAUS SCHNEIDER

Du unser Gott, öffne unsere Augen und Ohren für Jesu Evangelium, damit auch wir für uns die Stärke deiner Lebensmacht erfahren.

Einführung in die biblischen Bücher

Deuteronomium/5. Buch Mose

THEODOR SEIDL

Stellung im Pentateuch und Name des Buches

Das fünfte und letzte Buch des Pentateuch bildet eine ausgedehnte Schlussfermate der großen Anfangserzählung Israels. Denn es ist durchgängig als Abschiedsrede des Mose an Israel stilisiert und bietet außer dem Bericht vom Tod des Mose im Schlusskapitel (Dtn 34) kaum noch einen Erzählfortgang. Schauplatz dieser Abschiedsrede sind die »Steppen Moabs« im Ostjordanland, wohin das Volk Israel auf seiner vierzigjährigen Wüstenwanderung vor dem Jordanübergang gelangt ist. Auch Moses Tod ereignet sich im Ostjordanland: Vom Berg Nebo kann Mose das Gelobte Land nur noch aus der Ferne schauen (34,4).

Die Moserede setzt sich aus Gesetz und Gebot (12–26), Mahnung und Belehrung (5–11; 27–30) sowie Rückblicken auf die Stationen der Wüstenwanderung (1–4) zusammen. Die sich daraus ergebenden Wiederholungen zu den Geschehnissen der Wüstenwanderung, wie sie in den Büchern Exodus bis Numeri erzählt sind, haben dem fünften Buch des Pentateuch den griechischen Namen »Deuteronomium« (»zweites Gesetz«) verschafft, nach der in 17,18 genannten »Wiederholung/Zweitschrift der Tora« (hebr.: *mischnä ha-tora*).

Literarischer Aufbau und Werdegang des Buches

Kern und ältesten Bestandteil des Deuteronomiums bildet das »Deuteronomische Gesetz« in 12–26, das nach dem »Bundesbuch« (Ex 21–23) und dem »Heiligkeitsgesetz« (Lev 17–26) die dritte Gesetzessammlung (Kodex) des Pentateuch darstellt. Sie ist thematisch nach den Dekaloggeboten geordnet und enthält Regelungen zum Kult (12–14; 16), zu sozialen Fragen (14,28–15,18; 23,16–25,4), zur Neuordnung der Staatsverfassung (16,18–18,22) und des Militärs (20,1–20; 23,10–15) sowie der Familie (21,15–21; 22,13–23; 24,1–4; 25,5–10). Sie mündet in ein Erntedankritual mit einem identitätsstiftenden Bekenntnis der Israeliten (26,1–11: sog. »kleines geschichtliches Credo«). In welcher literarischen und historischen Beziehung diese Gesetzessammlung zu der im Jerusalemer Tempel unter König Joschija aufgefundenen Gesetzesrolle und der in 2 Kön 22f geschilderten Kultreform steht, bleibt in der gegenwärtigen Forschung umstritten. Die textlichen Bezüge zum deuteronomischen Gesetz sind jedenfalls überdeutlich.

Eine erste Erweiterung erfuhr dieser Kern des Deuteronomiums durch die Rahmung mit ausgedehnten Mahnreden (»Paränesen«: 5–11; 27–30). An ihrer Spitze steht der Dekalog als Gottesrede (5,1–22), der sich von den Mahnungen der folgenden Moserede abhebt (5,23–6,3). Sie gehen vom Hauptgebot der Gottesliebe (6,4–9) aus, entfalten es (7–11) vor der dunklen Hintergrundfolie des Bundesbruchs mit dem Goldenen Kalb (9,9–29) und stellen es auf die Grundlage der zweiten Gesetzestafeln, die Mose in die dafür angefertigte Lade legt (10,1–5).

Die auf das Gesetz (12–26) folgenden Rahmenteile 27–28 enthalten als Sanktionsbestimmungen für Gesetzestreue bzw. Gesetzesbruch Anweisungen zu Segen und Fluch. Dabei lehnen sich die Segens- und Fluchworte von 28 (»Moab-Bund«) an das Sanktionsformular neuassyrischer Vasallenverträge an. Die Paränesen schließen mit mahnenden Rückblicken auf die Erfahrungen von Ägyptenaufenthalt und Wüstenwanderung und mit warnenden Ausblicken auf die Zukunft im Gelobten Land (29f), ehe Mose Israel zur Entscheidung zwischen Segen und Fluch, Leben und Tod aufruft (30,15–20).

Eine zweite, noch jüngere Rahmung des Gesetzeskerns stellen die Rückblicke auf die Stationen der Wüstenwanderung zu Beginn des Buches dar (1–3); sie münden in ein Lob des Gesetzes (4,5–8), eine Einschärfung des Bilderverbots (4,15–22) und in das monotheistisch formulierte Bekenntnis zu JHWH als dem einzigen Gott der Welt (4,35–40). Am Buchschluss enthalten die jüngsten Rahmenteile Ergänzungen in Prosa und Poesie: Die Anordnung und Einsetzung Josuas als Mosenachfolger (31) sowie der Bericht vom Tod des Mose (34) rahmen die poetisch gestalteten Kapitel mit »Moselied« (32) und »Mosesegen« (33).

Als Entstehungszeit mag für Teile des deuteronomischen Gesetzeskerns noch die vorexilische Epoche der ausgehenden Königszeit angenommen werden, während die Paränesen und die äußeren Rahmenteile erst in der exilischen und nachexilischen Epoche als Rückblick auf die Katastrophe von 587 v. Chr. und ihre Bewältigung sowie als Impulstexte für den Neubeginn nach 539 v. Chr. verfasst wurden und langsam zum Buchganzen gewachsen sind.

Inhaltliche Schwerpunkte und Besonderheiten

An der Spitze des Gesetzeskerns (12,2–28) steht das Gebot der Kultzentralisation; es beschränkt die JHWH-Verehrung auf ein einziges legitimes Heiligtum (Mono-JHWH-ismus). Nach dem Bericht von der Durchsetzung des Gebots in der Kultreform

König Joschijas (2 Kön 22f) ist dies der Jerusalemer Tempel. Mit der Zentralisierung des Kultortes geht einher die auf das Hauptgebot 6,4f gründende und häufig wiederholte Einschärfung der Ausschließlichkeit der JHWH-Verehrung (Monolatrie). Diese ausschließliche Beziehung Israels zu seinem Gott ist als Bund gedeutet (»Horeb-Bund« nach 5,2–5): Der göttlichen Erwählung Israels als JHWHs Eigentumsvolk korrespondiert Israels Treue in strenger Beobachtung der göttlichen Gebote (7,6–11). Die Bundesformel formuliert dieses wechselseitige Verhältnis so: JHWH ist der Gott Israels und Israel ist das Volk JHWHs (26,17–19). Das Hauptgebot 6,4f beschreibt die Beziehung Israels zu seinem Gott als personales Liebesverhältnis, das alle emotionalen Kräfte des Menschen erfordert (30,6).

Das soziale Handeln von JHWHs Eigentumsvolk richtet das deuteronomische Gesetz an den schwächsten Gliedern der Gesellschaft aus: Sklaven, Fremde, Waisen, Witwen sind ausdrücklich Mitglieder der Festgemeinschaft Israels (16,11.14); Arme und Verarmte haben Anteil am Zehnten (14,28f), an der Ackerbrache im siebten Jahr (15,1–6) und an Pfandleihe und Kredithilfen (15,7–11).

Die erstaunlichen Ausnahmeregelungen bei der Rekrutierung des Heeres in 20,5–9 tragen die Bezeichnung »Humanitätsgesetze« und sind Zielforderungen einer künftigen Idealgesellschaft. Das Ämtergesetz in 16,18–18,22, auch »Verfassungsentwurf« genannt, beschränkt den König auf die Rolle eines Toragelehrten (17,14–20), profiliert dagegen den Propheten nach dem Vorbild des Mose als kontinuierliche Leit- und Orientierungsgestalt des Volkes (18,15–18).

Scharnierfunktion im Alten Testament

Die formelhafte Sprache des Deuteronomiums, ebenso die inhaltlichen Ideale und Intentionen seiner Gesetzgebung und Mahnreden finden sich sowohl in den dem Deuteronomium vorausgehenden Büchern des Pentateuch als auch in den folgenden Geschichtsbüchern und darüber hinaus in Propheten und Psalmen, so dass man mit gutem Recht von einer Scharnierfunktion des Buches und einer deuteronomistischen Prägung und Überarbeitung großer Teile der alttestamentlichen Literatur aus dem Geist des Deuteronomiums sprechen kann. Deuteronomistische Überarbeitungen und Redaktionen finden sich beispielsweise in den Paschavorschriften des Buches Exodus (Ex 12,25–27; 13,3–16), in den Erweiterungen des Dekalogs (Ex 20,5f) und im Kundschafterbericht des Buches Numeri (Num 14,10–24).

Maßstäbe und Wertungen des deuteronomischen Gesetzes und seiner rahmenden Paränesen prägen auf weite Strecken die Geschichtsdarstellung der Bücher Josua bis 2 Könige (s. Jos 23f; Ri 2f; 1 Sam 12; 2 Sam 7; 1 Kön 8; 2 Kön 17). So wird die Einhaltung des Gebots der Kultzentralisation von Dtn 12 zum Maßstab bei der Bewertung der Könige Israels und Judas; sie ergeht in der stereotypen deuteronomistischen Formulierung: »Der König NN. hat Gutes/Böses in den Augen JHWHs getan« (s. z.B. 1 Kön 22,43.53). Diese und andere Beobachtungen haben zur These des »Deuteronomistischen Geschichtswerkes« geführt, das die Texte der Bücher Dtn bis 2 Kön umfasst haben soll.

Von den Prophetenbüchern ist besonders das Jeremiabuch von der Sprache und den ethischen Maßstäben des Deuteronomiums geprägt. Sie werden deutlich artikuliert etwa in der Tempelrede Jeremias (Jer 7,21–28), in den Klagen über den Bundesbruch (11,1–10; 31,32) und in der Kritik an Königen (21,1–10) und Propheten (23,25–32; 27,9f; 29,8f). Im Psalter bedienen sich die im Kult auftretenden prophetischen Einzelstimmen der Psalmen 81,6.9–17; 85,9–14; 95,7–11 sehr deutlich der Sprache und Denkungsart des Deuteronomiums.

Aus der Wirkungsgeschichte

Das Hauptgebot von 6,4f und seine in 6,6–9 angeschlossenen Bestimmungen sind in Judentum und Christentum die wirkungsgeschichtlich bedeutendsten Texte des Deuteronomiums geworden. In der jüdischen Liturgie werden 6,4f (Das *Schma' Jisra'el*) beim Abend- und Morgengebet täglich rezitiert. Das wörtliche Verständnis von 6,6–9 hat sich im Brauch der *Tefillin*-Gebetsriemen um Arme und Stirn und der *Mezuzot*-Kapseln an den Türeingängen niedergeschlagen; er ist bereits in Qumran (2./1.Jh. v. Chr.) bezeugt. In den *Tefillin* und *Mezuzot* befinden sich auch Texte des Deuteronomiums.

Die Geschehnisse um Moses Tod auf dem Nebo (Dtn 34) und das Geheimnis seines Grabes (s. auch Judasbrief 9) nimmt die unvollständig erhaltene jüdisch-apokalyptische Schrift »Die Himmelfahrt des Mose« auf; sie ist zu Beginn des 1. Jahrhunderts n. Chr. entstanden und steht der Qumran-Literatur nahe.

Im Neuen Testament lassen die synoptischen Evangelien Jesus nach gut rabbinischer Tradition das Gebot der Gottesliebe (Dtn 6,4f) zusammen mit dem Gebot der Nächstenliebe (Lev 19,18) als erstes und wichtigstes Gebot der Tora bezeichnen (Mk 12,28–34 par.). In den Versuchungserzählungen bei Mt 4,1–

11; Lk 4,1–13 weist Jesus mit drei Zitaten aus dem Deuteronomium (Dtn 8,3; 6,16; 5,9 mit 6,13) den Versucher und seine Verlockungen zu einem vordergründigen Messiasverständnis zurück und besteht damit die Versuchung in der Wüste.

Aus der musikalischen Wirkungsgeschichte ist auf eine prominente Vertonung der Rühmung von Israels Gesetz (Dtn 4,8f) in den »Fest- und Gedenksprüchen«, op. 109/3 von Johannes Brahms, aus dem Jahr 1888 zu verweisen: »Wo ist ein so herrlich Volk?« Weniger bekannt geworden ist bisher die sinfonische Dichtung »Der Tod des Moses« von Alexander Goehr aus dem Jahr 1992.

Diese letzte Szene des Buches und des Gesamtpentateuch findet sich bisweilen auch in den großen Mosezyklen der Kunstgeschichte, so auf der ausführlichen Mosaikreihe der rechten Langhauswand in Santa Maria Maggiore in Rom aus dem 5. Jahrhundert n. Chr., in der mittelalterlichen Buchmalerei und auf Glasmalereien wie im Fenster 4 der Sainte Chapelle in Paris, das dem Buch Deuteronomium gewidmet ist.

Kohelet/Prediger Salomo

LUDGER SCHWIENHORST-SCHÖNBERGER

Eigenart des Buches

Ähnlich wie das Buch Ijob gehört auch das Buch Kohelet zur *Auseinandersetzungsliteratur*. Es vermittelt nicht die Grundlagen der Erziehung, wie etwa das Buch der Sprichwörter, sondern macht das erlernte Wissen zum Gegenstand einer kritischen Überprüfung. Angesprochen ist im Hauptteil des Buches nicht mehr der »Sohn«, wie im Buch der Sprichwörter (vgl. Spr 1,8.10.15; 2,1; 3,1 u.ö.), sondern der »junge Mann« (Koh 11,9). Kohelet berichtet von seinen früheren Erfahrungen und zieht Schlussfolgerungen daraus. Er zitiert traditionelle Sprichwörter, die er im Rückgriff auf eigene Beobachtungen kritisch kommentiert. Regelmäßig begegnen Wendungen wie: »ich überlegte mir«, »ich dachte mir«, »ich habe erkannt«, »ich habe beobachtet«. Kohelet kommt uns als eine Gestalt entgegen, die aus der Tradition heraustritt und ihr gegenüber einen reflektierend-kritischen Standpunkt einnimmt. Wissenssoziologisch gesehen nimmt er die Rolle eines Intellektuellen ein.

Gattung des Buches

Man kann das Buch als eine Erzählung verstehen. Die erzählerischen Elemente beschränken sich allerdings auf drei »Redeeinleitungen« (1,2;7,26;12,8) und zwei »Nachworte« (12,9–11; 12,12–14). Vom Inhalt her gesehen ist das Buch eher als eine *philosophische Abhandlung* zu verstehen. Die Reflexionen sind an die Lebensgeschichte Kohelets rückgebunden. So kann man die Gattung als eine in eine Erzählung gekleidete philosophische Abhandlung mit einer partiell autobiographischen Stilisierung kennzeichnen.

Gliederung

Lange Zeit tendierte die Forschung zu der Annahme, das Buch stelle lediglich eine mehr oder weniger lockere Sammlung von Sprichwörtern dar. Neuerdings mehren sich die Stimmen, die mit einem planvollen Aufbau rechnen. Wie dieser allerdings zu bestimmen sei, ist in der Forschung nach wie vor umstritten. Hier wird mit einem vierteiligen Aufbau mit doppeltem Rahmen gerechnet. Die vier Teile kreisen um das Thema *Glück*:

1,1: Überschrift

1,2: Rahmen- und Mottovers (»Windhauch«)

(I) 1,3–3,22: Inhalt und Bedingung der Möglichkeit menschlichen Glücks

(II) 4,1–6,9: Auseinandersetzung mit einem vorphilosophischen Glücksverständnis

(III) 6,10–8,17: Auseinandersetzung mit alternativen Glücksbestimmungen

(IV) 9,1–12,7: Aufruf zur Freude und zu tatkräftigem Handeln
12,8: Rahmen- und Mottovers (»Windhauch«)

12,9–14: Zwei Nachworte

Der vierteilige Aufbau ergibt für das Buch folgende Leseanleitung: Im 1. Teil (1,3–3,22) legt Kohelet seine Philosophie des Glücks in Grundzügen dar. Hier hebt sich noch einmal in 1,12–2,26 die sogenannte Königstravestie heraus. Kohelet schlüpft in die Rolle eines Königs, um einen spezifischen Lebensentwurf durchzuspielen. Er versucht, sich durch großartige Werke, durch Anhäufung von Wissen und durch direkt angezielte Lustmaximierung Glück zu verschaffen, doch er muss erkennen, dass damit nicht jenes Glück erreicht wird, auf das er als Mensch zutiefst angelegt ist. So endet das »Königsexperiment« in 2,11.17.23 in Verdruss und Verzweiflung. In 2,24–26 bricht Kohelet zu einer neuen Erkenntnis durch: Das von ihm gesuchte Glück findet sich erst dort, wo auch von Gott die Rede ist. Dieses neue Wissen bestimmt den weiteren Gang der Erörterung. Von dieser Einsicht ausgehend werden die großen Themen der biblischen Tradition neu angegangen: Zeit (3,1–9), Gott und Ewigkeit (3,10–15), Leben vor und nach dem Tod (3,16–22). Der 2. Teil (4,1–6,9) widmet sich der Konkretisierung jener im 1. Teil grundgelegten Lehre vom guten und gelingenden Leben. Probleme und Themen der damaligen Lebenswelt werden im Horizont seiner Lehre vom wahren Glück entfaltet. Unterdrückung (4,1–3), Arbeit (4,4–12), sozialer Auf- und Abstieg (4,13–16), Religion (4,17–5,6), Königtum (5,7f), Armut und Reichtum (5,9–6,9) kommen zur Sprache. Im 3. Teil (6,10–8,17) wird vor allem das normative Wissen der Zeit einer kritischen Überprüfung unterzogen (6,10–8,17). Im 4. Teil (9,1–12,7) entwickelt Kohelet im Gespräch mit traditioneller Spruchweisheit seine Weisungen zum tatkräftigen Handeln, die im Aufruf zur Freude ihr Ziel und ihren Abschluss finden (9,1–12,8).

Entstehung

Das Koheletbuch gehört zu den späten Schriften des Alten Testaments. Sicherlich stammt es aus der Zeit nach dem Exil, am ehesten kommt das 3. Jahrhundert v. Chr. als Entstehungszeit in Frage. Es gibt keine Anzeichen, die darauf hindeuten, dass sich seine Entstehung über einen längeren Zeitraum hingezogen hat. Zwar gab und gibt es vereinzelt Versuche, mit Hilfe der Literarkritik verschiedene literarische Schichten zu rekonstruieren, aus denen sich das Werk zusammensetzen soll, doch bleiben derartige Thesen eher die Ausnahme. Spannungen und Widersprüche lassen sich dadurch erklären, dass Kohelet zum einen von unterschiedlichen Etappen auf seinem Weg zur Erkenntnis berichtet, und zum anderen dadurch, dass er gegnerische Meinungen in Form von Zitaten zu Wort kommen lässt, um sie in der Regel anschließend zu widerlegen. Nicht alles, was in diesem Buch steht, gibt also die Meinung Kohelets wieder. In Spannung zu seinem Aufruf, das Leben mit der geliebten Frau zu genießen (9,9), steht die frauenfeindliche Aussage: »Bitterer als der Tod ist die Frau.« (7,26) Die Spannung dürfte so aufzulösen sein, dass die misogyne Ansicht als eine *zitierte* Ansicht zu verstehen ist, die Kohelet im anschließenden Kommentar im Rekurs auf die Schöpfungserzählung als falsch zurückweist: »Siehe, was ich gefunden habe: Gott hat die Menschen recht gemacht.« (7,29)

Es ist möglich, dass es sich bei Kohelet um eine Person handelt, die tatsächlich gelebt hat. Es ist aber auch möglich, dass es sich um eine rein literarische Figur handelt, die von einem Autor, den wir nicht kennen, erfunden wurde. Der Form nach ist das Wort *qohälät* ein Partizip Femininum Qal von *qhl*, das im Kausativstamm »versammeln, einberufen« bedeutet. Als Personenname ist das Wort an anderen Stellen des Alten Testaments nicht überliefert. War Kohelet eine reale Person, dann handelt es sich beim Wort »Kohelet« wahrscheinlich um einen Spitznamen, den man ihr gegeben hatte, weil sie einen Kreis von Hörern um sich versammelte, vergleichbar den griechischen Wanderphilosophen. Handelt es sich um eine fiktive Person, dann ist das Wort ein Kunstname, den der Autor seinem Protagonisten gegeben hat.

Theologie

Theologisch hat es das Buch nicht immer leicht gehabt. Verbreitete Vorwürfe lauten: Das Buch vertrete einen platten Hedonismus (»iss freudig dein Brot und trink vergnügt deinen Wein«; 9,7), einen in die Verzweiflung führenden Nihilismus (»alles ist absurd«; 1,2), es leugne das Handeln Gottes in der Geschichte (»es gibt nichts Neues unter der Sonne«; 1,9) und ein Fortleben des Menschen nach dem Tod (»einen Vorteil des Menschen gegenüber dem Tier gibt es nicht«; 3,19). Entsprechend lassen sich in der Forschung zwei widerstreitende Richtungen der Auslegung feststellen.

Eine Richtung hebt den *pessimistischen Zug* des Buches hervor, versteht den Motto- und Rahmenvers 1,2 und 12,8 im Sinne von »alles ist absurd« und rückt das Buch in die Nähe einer Philosophie des Absurden. Eine *andere Richtung* sieht im *Aufruf zur Freude* (5,17–19; 9,7–10; 11,9) den Schlüssel zu seinem Gesamtverständnis, einer Freude, die als Gabe (3,13) und nach 5,19 möglicherweise sogar als »Antwort Gottes« den Vergänglichkeits- und Nichtigkeitscharakter des Lebens durchbricht. Diesem zuletzt genannten Verständnis nach gehört das Buch in jene altorientalische und antike Tradition, welche die Frage nach dem Inhalt und der Bedingung der Möglichkeit menschlichen Glücks in das Zentrum ihrer Reflexionen stellt. Die pessimistischen Aussagen des Buches hätten in diesem Diskurs die Funktion, falsche, aber verbreitete Glücksvorstellungen zu dekonstruieren. Sie heben den verborgenen Nihilismus einer (oberflächlich-)optimistischen Lebenskonzeption ans Licht, um den Weg frei zu machen, der zum »wahren Glück« führt. Vor allem jener Teil des Buches, in dem Kohelet als König in Erscheinung tritt (»Königstravestie« 1,12–2,26), zeigt, dass ein äußerlich glanzvolles Leben, dem es an Freude und Lust nicht mangelt (2,16), angesichts der Erfahrung des Todes (2,16) in die Verzweiflung führt (2,17.22f). Überwunden wird ein derartiger Lebensentwurf in der Erfahrung jener Freude, die »aus der Hand Gottes stammt« (2,24; vgl. 3,13). Anthropologisch wird diese Art der Freude als ein spezifischer Modus der *Erfahrung* (»essen, trinken, lieben«; 5,17–19; 9,7–10) näher bestimmt (»carpe diem«) – in Absetzung von einer Haltung des Habens, die sich darin erschöpft, die Gaben des Lebens zu horten, die aber nicht mehr in der Lage ist, dieselben auch zu genießen (2,26; 5,12–16; 6,1–6).

Die Frage nach dem Glück des Menschen greift ein Grundmotiv alttestamentlicher Weisheit auf. In polemisch-provokativer Zuspitzung weist Kohelet darauf hin, dass die von der traditionellen Weisheit vertretene Lehre vom Tun-Ergehen-Zusammenhang oft mit der Erfahrung nicht übereinstimmt (7,15f; 8,12–14). Ferner kritisiert er den Anspruch der Weisheit, den Menschen vor jeder Gefahr bewahren zu können (8,5 Zitat; 8,6–8 kritischer Kommentar Kohelets). Die Frage nach Inhalt und Bedingung der Möglichkeit menschlichen Glücks war aber auch Dreh- und Angelpunkt der hellenistischen Philosophien. Hier wurde die Ansicht vertreten, dass der Mensch allein durch eigene Anstrengung, und zwar durch die Entwertung alles Unverfügbaren, glücklich werden kann. Die hellenistischen Philosophien verstanden sich als Einübung in ein glückliches Leben. Wenn Kohelet am Ende der Königstravestie in 2,24 zu der Einsicht gelangt, dass die Erfahrung von Glück letztlich nicht im Menschen, sondern in Gott gründet, scheint er sich aus der Tradition alttestamentlicher Schöpfungstheologie heraus mit der hellenistischen Lehre vom Glück konstruktiv-kritisch auseinanderzusetzen.

Jesaja 1–39 (Protojesaja)

THEODOR SEIDL

Das Urteil zum Gesamtjesajabuch (1–66), es sei eine Bibliothek von prophetischen Texten aus sieben Jahrhunderten (8.–2.Jh. v. Chr.), gilt ebenso für seinen 1. Teil (1–39), »Protojesaja« genannt.

Nur die wenigsten Texte daraus lassen sich mit dem Propheten Jesaja aus dem 8. Jahrhundert v. Chr., dem Berater der judäischen Könige Ahas (734–728 v. Chr.) und Hiskija (728–699 v. Chr.), in

Verbindung bringen. Die meisten Textfolgen richten sich allgemein an das Volk Israel/Juda, kritisieren und korrigieren seinen politischen und religiösen Kurs, fordern die Ausrichtung auf Gottes Gebot, die Tora, oder beleuchten schon die Zukunft des Gottesvolkes; sie steht in Spannung zwischen der Hoffnung auf eine Zeitenwende und der Ansage des Zeitenendes mit Anbruch der göttlichen Herrschaft.

So sind Texte prophetischer Gesellschaftskritik und prophetische Zukunftsansagen im heutigen Jesajabuch versammelt, mit dem prominenten Prophetennamen gekennzeichnet und zu einer losen, sekundär gewachsenen, aber inhaltsschweren Textsammlung gefügt.

Zur Forschungsgeschichte des Jesajabuches

Es gehört zu den bedeutendsten Errungenschaften der kritischen Exegese seit dem 18. Jahrhundert (J.G. Eichhorn), im Jesajabuch die literarische Großzäsur zwischen Jes 39 und Jes 40 erkannt und die beiden Buchteile unterschiedlichen Autoren zugeschrieben zu haben: 1–39 einem ersten Jesaja (»Protojesaja«) aus dem 8. Jahrhundert v. Chr., 40–66 einem zweiten Jesaja (»Deuterojesaja«) ausgangs des Babylonischen Exils (6.Jh.). Ende des 19. Jahrhunderts nahm man eine weitere Zäsur nach Jes 55 an und schrieb die Kapitelfolge 56–66 einem dritten Jesaja (»Tritojesaja«) zu (B. Duhm), eine Textsammlung aus dem 5.–2. Jahrhundert v. Chr.

Diese strikte literarische Dreiteilung hat sich in der neueren Jesaja-Forschung insofern relativiert, als man einem eigenständigen »Tritojesaja« eher skeptisch gegenübersteht und wegen der Heilstexte bereits in »Protojesaja« die vereinheitlichenden Verbindungslinien im Gesamtbuch stärker beachtet (U. Berges).

Das Zusammenwachsen der unterschiedlich alten und aus verschiedenen Händen stammenden Buchteile erklärte man sich entweder aus nachträglichen Redaktionsvorgängen; sie sind in den Brückentexten Jes 33–35 als Verbindungskapitel zu Jes 40–66 noch gut erkennbar. Oder man nimmt, wie heute vielfach, ein sogenanntes Fortschreibungsmodell an, das Jesaja I als Grundstock ansieht, der nach und nach von einer »Jesajaschule« ergänzt, aktualisiert und zum heutigen Umfang fortgeschrieben worden sei.

Die gegenwärtige Forschung betont mit diesem Modell wieder stärker die Einheit des Jesajabuches, das bereits in den Abschriften der beiden großen Jesaja-Rollen von Qumran (ca. 100–50 v. Chr.) im heutigen Umfang vorlag.

Übersicht der Abschnitte und Themen in Jesaja I

Es lassen sich in Jes 1–39 etwa sechs Teile voneinander abgrenzen:

Jes 1–12: Das »Testament Jesajas« (E. Blum) mit der »Denkschrift« (6–8) im Zentrum.

Jes 13–23: Die »Fremdvölker-Orakel« mit der wiederkehrenden Überschrift – »Schuldenlast von NN«/«Ausspruch über NN«.

Jes 24–27: Die sog. »Jesaja-Apokalypse«.

Jes 28–32: Der sog. »Assur-Zyklus« mit der wiederkehrenden Überschrift »Wehe«.

Jes 33–35: Brückentexte zwischen »Proto«- und »Deuterojesaja« (40–55).

Jes 36–39: Prosaerzählungen über Hiskija und Jesaja: Das uneinnehmbare Jerusalem.

Der Beginn von »Deuterojesaja« in Jes 40 trägt zwar keine abgrenzende Überschrift, hebt sich aber als appellativer Redekontext deutlich von den Erzählungen Jes 36–39 ab und wendet sich an neue Adressaten. Insofern ist die Großzäsur nach Jes 39 auch formal gut abgesichert.

Aufbau und Inhalte der einzelnen Buchteile

Jes 1–12: Die Sammlung »Protojesaja« beginnt nach einer ersten Buchüberschrift (1,1) mit einer prophetischen Schelt- und Gerichtsrede gegen das Volk und gegen Jerusalem (1,2–17) und mit der Ankündigung und Durchführung eines göttlichen Gerichtsprozesses gegen Jerusalem (1,18–31), und zwar am Tag JHWHs, der verheerende Wirkungen hat (2,6–22). Die Anklagerede von 3,1–4,1 richtet sich gegen die besitzenden Klassen in Jerusalem, speziell gegen seine luxusverliebten Frauen.

Eine zweite Buchüberschrift (2,1) führt jüngere Heilstexte ein, die die Wallfahrt der Völker zum Torastudium auf dem heiligen Berg Zion ankündigen (2,2–5) bzw. die Rettung weniger aus dem Gottesgericht (4,2–6).

Mit dem »Weinberglied« (5,1–7) und den sechs Weherufen über bestimmte Volksgruppen (5,8–24) erfährt der Gerichtskontext »Protojesajas« seine Fortsetzung.

Das sog. »Kehrversgedicht« von 5,25–30 und 9,7–20 – gekennzeichnet durch das wiederkehrende »doch bei all dem lässt sein

Zorn nicht nach, seine Hand bleibt ausgestreckt« (5,25; 9,11.16) – rahmt die sog. »Denkschrift« (6,1–8,23), von K. Budde benannt nach der Andeutung einer schriftlichen Fixierung der prophetischen Botschaft für Jesajas »Jünger« in 8,16. Die »Denkschrift« bezieht sich in 7,1–8,23 auf die machtpolitischen Konstellationen des »syrisch-ephraimitischen Krieges« der Jahre 734–732, einer Auseinandersetzung um eine Koalition gegen die Westexpansion der Neuassyrer, denen 722 das Nordreich Israel zum Opfer fiel. Weil Jesaja in den Koalitionsfragen als religionspolitischer Berater des Königs in Jerusalem fungiert (7,1–17), rechnet man diese Teile der »Denkschrift« zu den ältesten Texten in »Protojesaja«. Ihr ist die Berufungserzählung Jesajas (6,1–13) vorangestellt, die im »Verstockungsbefehl« (6,9–11) bereits das Scheitern der politischen Verkündigung Jesajas reflektiert.

Während Jes 10,5–34 ebenfalls den Assyrersturm des 8. Jahrhunderts sowie das Gericht über Assur im Blick hat, erwarten die Heilsweissagungen von Jes 9,1–6 und Jes 11,1–16 einen neuen Herrscher aus der untergegangenen Daviddynastie und gehören wohl erst der eschatologischen Prophetie der Nachexilszeit an. Ein Dank- und Preislied auf Israels Gott (12,1–6) schließt die 1. Teilsammlung »Protojesajas« ab.

Jes 13–23: Wie in den anderen großen Prophetenbüchern (Jer, Ez) folgt auf die Gerichtstexte gegen Israel eine Sammlung von Gottesbescheiden gegen die Völker, die bisher Israel unterdrückt und bekämpft haben. Auf sie geht jetzt das Gottesgericht über. In der Regel sind diese Orakel gegen die Fremdvölker im Umkreis Israels wohl erst nach dem Untergang Israels (722) und Judas (586) entstanden. In der 2. Teilsammlung »Protojesajas« sind sie gerichtet gegen Babel (13,1–14,23;21,1–10), Assur (14,24–27), Moab (15,1–16,14), Damaskus (17,1–11), Kusch (18,1–7), Ägypten (19,1–20,6), Edom (21,11f), Arabien (21,13–17), Tyrus und Sidon (23,1–18). Aber auch über Jerusalem ergehen in diesem Zusammenhang noch einmal Gerichtsworte (22,1–25).

Texte, die sich auf die politischen Verhältnisse der Assyrerzeit des 8. Jahrhunderts beziehen, liegen allenfalls in 14,24–27 und 17,12–14 vor. Die jüngsten Textabschnitte finden sich in den universellen Heilsprophetien, die sogar Ägypten (19,18–23) und Assur (19,24f) unter die Verehrer des Gottes Israels rechnen.

Jes 24–27: Die schwierigen Texte der sogenannten »Jesaja-Apokalypse« beziehen sich auf ein die ganze Welt umfassendes

Gottesgericht. Sie werden am besten verständlich als Reaktion auf den Zusammenbruch des persischen Weltreichs durch den Siegeszug Alexanders des Großen (332 v. Chr.). So erklärt sich auch die Gegenüberstellung einer zerstörten Stadt und einer wohlbefestigten Stadt in den »Stadtliedern« von 25,1–5 und 26,1–6. Die Stadt auf dem Berg Zion wird in dieser endzeitlichen Vision zum Schauplatz des Festmahls der Völker, das JHWH Zebaot selbst für sie ausrichtet (25,6–8).

Jes 28–32: Dagegen spiegelt der sogenannte »Assurzyklus« eher die politischen Verhältnisse und Bedrängnisse des Assyrersturms am Ausgang des 8. Jahrhunderts. Daher werden manche Abschnitte von Jes 28–32 zeitlich der »Denkschrift« (6–8) angenähert. Dafür sprechen: Die Warnung vor falscher Koalitionspolitik (30,1–7) und dem einseitigen Vertrauen auf militärische Rüstung (30,16; 31,1), stattdessen die Annahme der Alternative eines gläubigen Vertrauens auf den Gott Jerusalems (28,16; 30,15); auch der Auftrag zur schriftlichen Fixierung der prophetischen Worte gegen das »trotzige Volk« in 30,8f entspricht der möglichen schriftlichen Versiegelung der »Denkschrift« in den Jüngern nach 8,16.

Auch in diesem Teil werden die harten Gerichtsworte über Juda und Jerusalem von Ankündigungen einer gewendeten Heilszeit unterbrochen (28,5f; 29,17–24; 30,18–26; 32,1–8.15–20).

Jes 33–35: Von den letzten poetischen Redetexten vor den Prosaerzählungen 36–39 blicken die Verheißungsbilder von Jes 35 am deutlichsten auf die in Jes 40 beginnende Heilsprophetie »Deuterojesajas« voraus. Jes 34 mit den Gerichtsworten über den Erbfeind Edom fungiert als negatives Gegenstück dazu. Jes 33 greift einerseits manches aus der Gerichtsbotschaft »Protojesajas« auf (33,1–16), blickt andrerseits schon auf das gewendete Geschick Zions (33,17–24).

Jes 36–39: Auch die Erzählungen von der wunderbaren Bewahrung Jerusalems in der Belagerung des assyrischen Großkönigs Sanherib im Jahr 701 v. Chr. (Parallelerzählungen zu 2 Kön 18–20) haben im Buchganzen Brückenfunktion zu Deuterojesaja. Sie demonstrieren den unbedingten Heilswillen JHWHs für Jerusalem und bilden so die inhaltliche Grundlage für die ab Jes 40 einhellige und ungebrochene Heilsverkündigung im Jesaja-Buch. Die Erzählungen unterstreichen die klassischen Funktionen eines altorientalischen Berufspropheten: politische und religiöse Beratung des Königs (37,1–7;38,1), Vermittlung von Orakeln an den König (37,21–35; 38,5–8) samt Fürbitte und Heilung (38,21).

Das Danklied Hiskijas (38,9–20) ist Eigengut der Jesaja-Fassung gegenüber 2 Kön 18–20.

Inhaltliche Schwerpunkte »Protojesajas«

Entsprechend der komplexen literarischen Gestalt »Protojesajas« ergibt sich eine Vielfalt von thematischen Schwerpunkten. Die wichtigsten seien aufgeführt:

- Die Rolle des Propheten besteht nach dem Berufungsbericht (6,1–8) in der Heiligung seines sündhaften Volkes; dafür wird er, der sich selbst als sündiges Glied dieses Volkes fühlt, durch Reinigung und Entsündigung befähigt.

- Denkschrift (6–8) und Assurzyklus (28–32) machen die politische Dimension des biblischen Propheten deutlich. Jesaja wirbt in dieser Funktion für den Glauben an JHWH (7,9;28,16) als wichtigsten stabilisierenden Faktor für das Staatsganze.

- Das Eröffnungskapitel reiht Jesaja in die sozialkritischen Stimmen der Prophetie ein: Die Sorge für die untersten Gesellschaftsschichten hat Vorrang vor einer überbordenden Opferpraxis (1,10–17).

- Bei aller Kritik an den Missständen in Königtum und Gesellschaft bezieht Jesaja sein Hoffnungspotenzial aus dem Vertrauen auf den Berg Zion; er ist sowohl Thronsitz des Königgottes JHWH (6,1–3) als auch uneinnehmbarer Weltenberg, der Himmel und Erde verbindet (31,4f.9).

- Der Zion ist auch der Schauplatz der eschatologischen Visionen als der Ort des universellen Torastudiums der Völker (2,1–5) und ihres endzeitlichen Festmahles (25,6–9).

- In der »Jesaja-Apokalypse« (24–27) wird aus dem Propheten des 8. Jahrhunderts der »große Visionär der Weltgeschichte, der über die eigene Gerichtszeit bis weit zur Neuschöpfung von Himmel und Erde blickt« (J.C. Gertz).

»Protojesaja«-Texte und ihre Wirkungsgeschichte

Sowohl im Neuen Testament als auch in der Schriftauslegung der Kirchenväter kommt bestimmten Texten aus Jes 1–39 besondere Bedeutung für die Christologie zu. Sie seien im Folgenden aufgeführt zusammen mit »Protojesaja«-Texten, die in Liturgie und Kirchenmusik Verwendung und Ausdeutung erlangten.

Seit Origenes werden die erkennenden Tiere Ochs und Esel im Scheltwort von 1,3 auf das Geschehen der Geburt Christi (Lk 2,7) und die Heidenmission bezogen.

Der dreimalige Heiligruf der Seraphim in 6,3 ist als Bindeglied himmlischer und irdischer Liturgie in die östlichen und westlichen Eucharistie-Agenden eingegangen und entsprechend oft auch mehrstimmig vertont worden. Martin Luther hat die Himmelsschau Jesajas kongenial in einem Kirchenliedtext nachempfunden: »Jesaja, dem Propheten das geschah …« (EKG 135).

Die Geburtsankündigung des »Immanu-El« aus der »alma« (»junge Frau«) in 7,14 wird in der Übersetzung der Septuaginta als parthenos (»Jungfrau«) bei der Geburtsankündigung Jesu in Mt 1,23 zitiert.

Auch die Ankündigung einer königlichen Geburt in 9,5 (»denn, es ist uns ein Kind geboren«) erscheint zusammen mit der Verheißung unerwarteten neuen Lebens aus der ausgestorbenen Daviddynastie, der »Wurzel Jesse« (11,1), im Lied und Brauchtum christlicher Advents- und Weihnachtsfrömmigkeit in vielfachen Varianten.

Das geheimnisvolle und schwer zu deutende »Wächterlied« in 21,11.12 hat F. Mendelssohn-Bartholdy als vokalen Höhepunkt des 4. Satzes (6. Teil) seiner 2. Symphonie (»Lobgesang«) eindrucksvoll gestaltet.

Schließlich sind einzelne Jesaja-Worte als tröstende und mahnende Verkündigungselemente in die großen Trauermusiken eingegangen: 1,18 in die »Musikalischen Exequien« von H. Schütz (2. Teil), 35,10 in das »Deutsche Requiem« von J. Brahms (2. Satz) und 38,1 in den »Actus Tragicus« von J.S. Bach (2. Teil: Bass-Arie).

Hosea

FRANZ SEDLMEIER

Zur Person und zur Zeit seines Wirkens

Wir wissen wenig über den Propheten Hosea. Die Buchüberschrift in Hos 1,1 erwähnt neben seinem Namen – Hôšea[c] bedeutet »Er [JHWH] hat geholfen« – noch den seines Vaters Beeri (»mein Brunnen«) und ordnet sein Wirken in die Regierungszeit der judäischen Könige Usija, Jotam, Ahas und Hiskija und des israelitischen Königs Jerobeam II. ein, d.h. in die zweite Hälfte des 8. Jahrhunderts v. Chr. Vermutlich wirkt Hosea in der Zeit zwischen 750–722 v. Chr., einer letzten, von Krisen geschüttelten Zeit des Nordreiches Israel vor dessen Untergang im Jahre 722. Der außenpolitische Druck durch die Neuassyrer führte auch innenpolitisch zu starken Erschütterungen. Diese wurden verstärkt durch gesellschaftliche Verwerfungen. Hosea war vermutlich Mitglied oder Anführer oppositioneller Kreise aus dem prophetisch-levitischen Milieu, die politische und religiöse Missstände anprangerten. Religionsgeschichtlich ist die Zeit des Hosea von entscheidender Bedeutung für die Entwicklung der JHWH-Religion von einer tolerant-inklusiven zu einer kämpferisch-exklusiven Ausprägung. Die Auseinandersetzung mit Baal wird zunehmend polemisch, JHWH und Baal schließen sich gegenseitig aus. So ist das Hoseabuch Zeuge einer ausschließlichen JHWH-Verehrung (Monolatrie).

Zur Entstehung des Hoseabuches

Die Anfänge des Hoseabuches liegen in der Verkündigung dieses Propheten, die weitgehend im Dunkeln bleibt und nur hypothetisch rekonstruiert werden kann. Ausgangspunkt der gegenwärtigen Hoseaforschung ist deshalb i.d.R. nicht die hypothetisch erschlossene historische Gestalt, sondern die Gattung des Prophetenbuches. Dieses ist wohl erst nach dem Auftreten des Propheten und dem Untergang des Nordreiches im Südreich Juda erstmals niedergeschrieben worden, wie die deutlichen Bezugnahmen auf Juda (vgl. 1,7;2,2;3,15;6,4.11) nahelegen. Verbindungen mit dem Amosbuch sprechen für eine gemeinsame Bearbeitung der beiden Nordreichpropheten, wobei das Buch Hosea noch vor dem des älteren Amos verfasst worden sein dürfte. Mehrfach wurde die Hoseaüberlieferung aktualisierend bearbeitet: in der Zeit der assyrischen Dominanz (8./7. Jh.), der babylonischen Vorherrschaft und der Exilszeit (6. Jh.), in der Perserzeit (6. Jh. bis 4. Jh.), vielleicht bis hinein in die hellenistische Zeit (3.Jh.). So hat sich im Hoseabuch eine Glaubensgeschichte von 400 bis 500 Jahren (8. bis 4./3.Jh.) niedergeschlagen.

Das Hoseabuch in seiner Endgestalt zeigt einen planvollen Aufbau, doch sprechen zahlreiche Indizien dafür, dass das Textmaterial eine längere Wachstumsgeschichte durchlaufen hat. Sprachlich-stilistisch fällt der Wechsel von Prosa und Poesie, von direkter Anrede und Rede in 3. Person auf. Zahlreiche Worte gehen auf die politische und religiöse Situation im Nordreich Israel ein, andere sind aus judäischer Perspektive verfasst. Die drei großen Abschnitte des Buches, Kap. 1–3; 4–11 und 12–14 zeigen eine große Eigenständigkeit. Wenngleich sie kompositorisch geschickt miteinander verknüpft sind, so ist aufgrund der thematischen und sprachlichen Verschiedenheit eine voneinander unabhängige Entstehung der drei Buchteile anzunehmen. Lange Zeit ging man davon aus, das Hoseabuch habe auf Jeremia und das Deuteronomistische Geschichtswerk (DtrG) eingewirkt. Inzwischen werden die Abhängigkeitsverhältnisse differenzierter bewertet, so dass das Hoseabuch sowohl Geber- als auch Empfängertext gegenüber Jeremia und dem DtrG sein kann. Jedenfalls scheint es deutliche Einwirkungen aus exilischer Zeit auf das Hoseabuch gegeben zu haben. Die Heilsworte des Hoseabuches sind wahrscheinlich späteren Datums und gehören teilweise in die nachexilische Zeit.

Wie das Wachstum dieses Buches im Einzelnen vonstattenging, wird unterschiedlich erklärt. Manche nehmen als Grundbestand des Buches ein Textkorpus an, das – gleich einem Schneeballeffekt – in verschiedener Richtung weiter gewachsen ist. Andere sehen die deuteronomistischen Theologen aus der Exilszeit als die eigentlichen Verfasser des Buches, die vorliegendes Textmaterial aus exilischer Perspektive zusammenfügten. Am plausibelsten erscheint mir noch immer die Deutung, wonach Schüler des Propheten oder Parteigänger nach dem Untergang des Nordreiches im ausgehenden 8. und zu Beginn des 7. Jahrhunderts aus dem bereits vorhandenen Material ein erstes Textkorpus erstellten. Dieser Grundbestand, der sich vor allem in den Kapiteln 4–11 findet, wurde mehrfach überarbeitet, jedoch so, dass die Endgestalt des Buches eine einheitliche Konzeption zeigt.

Aufbau und zentrale theologische Themen der Verkündigung

Das Buch Hosea ist gerahmt durch eine Überschrift (1,1), die das Buch historisch verortet und als JHWH-Wort deutet, und durch ein Nachwort (14,10), das an die Weisheit des Lesers appelliert. Die drei Teile des Buches 1,2–3,15/4,1–11,11/12,1–14,9 sind – wie das durchgängige Motiv *rîb* »Rechtsstreit« zeigt (2,4; 4,1.4; 12,3) – als Auseinandersetzung JHWHs mit Israel gestaltet, wobei der Ankläger JHWH nicht nur die Schuld aufdeckt, sondern das beschuldigte Israel in seiner barmherzigen Liebe unterfängt und zur Umkehr ruft (3,5; 11,11; 12,2.3.8).

Der *erste Teil Hos 1,2–3,15* lässt sich in drei Abschnitte gliedern, die jeweils den Weg vom Gericht zum Heil aufzeigen. Der *erste Abschnitt 1,2–2,3*, ein Fremdbericht über die Ehe des Propheten mit einer Dirne namens Gomer, veranschaulicht in den Namen der drei Kinder »Jesreel«, »Nicht-Erbarmen« und »Nicht mein Volk« das göttliche Gericht als Aufkündigung des Gottesverhältnisses (1,2–9). Das später angefügte Heilswort 2,1–3 deutet die Namen der Kinder in eine Heilsankündigung um. Der *zweite Abschnitt 2,4–25* setzt erneut mit einer Gerichtsankündigung ein. Durch die Verehrung Baals (2,4–7) verletzt Israel das Bundesverhältnis mit JHWH, was zur Verwüstung des Landes führt (2,8–15.16–17). Das Heilswort 2,18–25 verheißt einen neuen Anfang von der Wüste her. Wieder werden die Namen der Kinder in Heilsansagen umgedeutet. Der *letzte Abschnitt 3,1–5* spricht erneut von der Ehe des Propheten, jedoch als Selbstbericht. Das angedrohte Gericht (3,1–4) mündet wieder ein in eine Heilszusage (3,5).

Im *zweiten Teil* Hos 4,1–11,11 rückt das Bild der Ehe in den Hintergrund. Verschiedene Worte sind collagenartig zusammengestellt. Die *Eröffnung Hos 4,1–3* liefert mit den zentralen Worten »Treue«, »Güte« und »Gotteserkenntnis« einen Interpretationsschlüssel für Kap. 4–11, die sich in die beiden *Abschnitte 4,4–9,9* und *9,10–11,11* gliedern lassen. Deren erster beklagt die beiden Hauptsünden Israels, die Gottvergessenheit im Kult (4,4–19; 5,1–7) und in der Politik (5,8–7,16; 8,1–14) und die Verweigerung gegenüber dem prophetischen Wort (9,1–9). *Hos 9,10–11,11* führt die Anklage fort. Vier der fünf Unterabschnitte sind als Geschichtsrückblicke gestaltet und verwenden die Metaphern »Weinstock« (9,10–17; 10,1–8) und »Ackerbau« (10,9–15; 11,1–7). Die gesamte Anklage mündet ein in einen Strafverzicht (11,8–11), weil Gottes Erbarmen über seinen berechtigten Gerichtszorn siegt.

Auch der *dritte Teil* Hos 12,1–14,9 reflektiert die Schuldgeschichte Israels, die bis in die Anfänge zurückreicht und in *12,1–15* und in *13,1–14,1* an der Gestalt Jakobs und des Stammes Efraim festgemacht wird. Doch siegt auch hier die grenzenlose Liebe

JHWHs, die Israel mitsamt seiner Schuldgeschichte heilend umfängt und zur Umkehr befähigt (*14,2–9*).

So lässt sich das Hoseabuch »als prophetisches Drama der unzerstörbaren väterlichen/mütterlichen Liebe JHWHs zum ›verlorenen Sohn‹ Israel lesen. In der Sache ist dies die Botschaft vom ›neuen‹ als dem ›erneuerten‹ Bund; diese Dimension kommt besonders in Hos 1–3 und Hos 12–14 als hermeneutischem Rahmen von Hos 4–11 zur Sprache. Dass Israel und die Kirche gemeinsam, aber in verschiedener Weise aus der Gnade dieser unbegreiflichen Liebe JHWHs leben und an JHWH allein als ihrem immergrünen Lebensbaum reiche Frucht finden können (vgl. 14,9), ist die theologische ›Weisheit‹ (vgl. 14,10), die das Hoseabuch nahebringen will« (Erich Zenger).

Amos

JÜRGEN KEGLER

Amos

Seine Wirkungszeit wird in die Regierungszeit der Könige Usija von Juda (787–736) und Jerobeam II. von Israel (787–747) datiert, also in die Mitte des 8. Jahrhunderts v. Chr.; die Angabe »zwei Jahre vor dem Erdbeben« (1,1) wird von Archäologen auf das Jahr 760 datiert, denn aus dieser Zeit sind Erdbebenspuren sowohl in Samaria als auch in Hazor bei Ausgrabungen gefunden worden. Amos wird als Schafzüchter aus Tekoa (ca. 8 km südlich von Betlehem) bezeichnet, er selbst nennt sich einen Hirten, der Maulbeerfeigen ritzt, damit sie die nötige Süße bekommen (7,14). Er versteht sich als direkt von Gott berufen, ohne einer Prophetenschule anzugehören oder ein entsprechendes Amt zu haben. Obwohl im Südreich geboren, wirkt er im Nordreich Israel, bis er vom Priester Amazja am Staatstempel von Bet-El mit Auftritts- und Verkündigungsverbot belegt und ihm die Ausreise nach Juda nahegelegt wird (7,10–17).

Das Amosbuch

Das Amosbuch ist in einem komplizierten Wachstumsprozess entstanden. Am Anfang steht eine Sammlung einzelner Worte des Propheten, es folgt eine Komposition eines Zyklus von fünf Visionen, Amosschüler interpretieren durch kleinere Zusätze die Worte ihres Meisters. Am Ende stehen typische deuteronomistische Wendungen; dazu gehören die Bezüge auf die Exodustradition in Am 2,10, vor allem aber die Aussage, dass Gott seine Pläne den Propheten enthüllt; dies ist ein Grundsatz der deuteronomistischen Geschichtsdarstellung, wie wir sie aus den Samuel- und Königsbüchern kennen. Das bedeutet, dass das Amosbuch seine Endgestalt erst in der Exilszeit erhalten hat.

Das Amosbuch beginnt mit Worten gegen fremde Völker, die als ein Strophengedicht gestaltet sind, darin eingeschlossen aber sind auch Juda und Israel. Das bedeutet, dass für Amos die beiden Staaten vor Gott keinerlei Sonderstellung haben. Es folgen Gerichtsworte gegen Israel. Amos ist Gerichtsprophet, der mit vielen rhetorischen Mitteln seine Unheilansagen gestaltet: mit Ironie, mit Elementen der Totenklage, mit weisheitlichen Fragen, Weherufen und Mahnungen. In der Sache richten sich die Unheilansagen gegen soziale Missstände: Gewalttaten, Unterdrückung, Rechtsbeugung und das Luxusleben in Samaria (2,6–8; 3,9–11; 3,12–15; 4,1–3; 5,7.10–13.14f; 6,1–7; 8,4–7) und gegen eine Kultpraxis, die mehr den eigenen Bedürfnissen dient als der Suche nach dem Weg und Willen Gottes. Es gibt keine Exklusivität Israels: Gerade die Exodustat Gottes an Israel begründet eine besondere Verantwortung Israels gegenüber Gott und den Mitmenschen (3,2). Sozial- und Kultkritik lassen sich nicht voneinander trennen, da ein gestörtes soziales Miteinander auch kein rechtes kultisches Verhalten ermöglicht und umgekehrt. Beide Bereiche sind aufeinander bezogen, wie auch 2,6–8; 3,12–15 verdeutlichen, wo die Kultkritik in die Sozialkritik eingebettet ist.

Kapitel 5 ist kunstvoll aufgebaut. Spiegelbildlich entsprechen sich hier die Aussagen (in der Gliederung wird dies deutlich gemacht).

In fünf Visionen (7,1–9,7) wird das Ausmaß des kommenden Unheils verdeutlicht: Das Haus Jerobeams (II.) wird von Krieg überzogen, der Altar von Bet-El zerstört werden. Eingebettet in die Visionen sind einzelne Worte, die die Aussagen der Visionen konkretisieren (7,10–17; 8,4–13).

In den letzten Versen des letzten Kapitels (9,11–15) finden sich Heilsworte, die vom Wiederaufrichten der davidischen Dynastie und dem Wiederaufbau des Landes künden. Das setzt die Erfahrungen des Exils voraus.

Gegliedert wird das Buch durch Doxologien (4,13; 5,8f; 9,5f); das deutet darauf hin, dass das Buch im synagogalen Gottesdienst liturgische Verwendung fand.

Gliederung

1–2 Gerichtsworte über Völker (Strophengedicht)

1,1 Überschrift	
1,2 Gottes Stimme – ein Brüllen und Donnern im Zorn	
1,3–5 Aramäerstrophe	Anklage: Gilead wurde gedroschen
1,6–8 Philisterstrophe	Anklage: Bewohner ganzer Gebiete wurden an Edom ausgeliefert
1,9f Tyrusstrophe	Anklage: Verschleppte wurden an Edom ausgeliefert
1,11f Edomstrophe	Anklage: Israel wurde mit dem Schwert verfolgt
1,13–15 Ammoniterstrophe	Anklage: Schwangere wurden aufgeschlitzt
2,1–3 Moabstrophe	Anklage: Gebeine des Königs von Edom verbrannt
2,4f Judastrophe	Anklage: Götzendienst
2,6–16 Israelstrophe	Anklage: soziales Unrecht; Erinnerung an die Geschichte

3–6: Gerichtsworte gegen Israel

3,1f	Die Exodustat begründet die Schwere der Schuld: »Nur euch habe ich erwählt aus allen Stämmen der Erde; darum ziehe ich euch zur Rechenschaft für alle eure Vergehen.« (V. 2)
3,3–7	Weisheitliche Schulfragen, die zu erwartende Antwort ist »nein«.
3,8	Schulfrage: »Der Löwe brüllt – wer fürchtet sich nicht? Gott, der Herr, spricht – wer wird da nicht zum Propheten?« Antwort ist: »jeder«.
3,9–12	Gewalttaten und Unterdrückung in Samaria; die Folge: Untergang
3,13–15	Zerschlagen der Altäre von Bet-El und der Luxuspaläste
4,1–3	Worte gegen die Frauen der Führenden in Samaria (Baschankühe!)
4,4f	Parodie auf eine Priestertora: »Kommt nach Bet-El und sündigt, kommt nach Gilgal und sündigt noch mehr!« (V. 4)

4,6–12	Strophengedicht über Strafen JHWHs an Israel – »Und dennoch seid ihr nicht umgekehrt zu mir ...« (V. 11)
4,13	Doxologie
5,1–3	A. Totenklage: Gefallen ist die Jungfrau Israel
5,4–6	B. Mahnung: »Sucht mich, dann werdet ihr leben. Doch sucht nicht Bet-El El auf, geht nicht nach Gilgal, zieht nicht nach Beerscheba!« (V. 4f)
5,7	C. Weheruf gegen den Rechtsmissbrauch: »Weh denen, die das Recht in bitteren Wermut verwandeln und die Gerechtigkeit zu Boden schlagen.«
5,8f	Doxologie
5,10–13	C. Weheruf gegen die Unwahrheit vor Gericht und die Ausbeutung der Armen
5,14f B.	Mahnung: »Sucht das Gute, nicht das Böse; dann werdet ihr leben« (V. 14)
5,16f	A. Totenklage und Trauer herrschen überall
5,18–20	Der Tag JHWHs – Wehe denen, die diesen Tag herbeisehnen
5,21–27	Ablehnung der Opfer und Feste, sondern: »Das Recht ströme wie Wasser, die Gerechtigkeit wie ein nie versiegender Bach.« (V. 24)
6,1–7	Wehe den Sicheren (in Samaria auf den Luxusbetten)!
6,8–11	Der Untergang der Stadt; die todbringende Gegenwart Gottes
6,12	Ist die Ordnung der Welt gestört?
6,13f	Der Untergang der Sieger; der Selbstruhm über militärische Stärke wird mit der Niederlage bestraft.

7,1–9,7 Visionen

7,1–3	1.Vision: Heuschrecken. Fürbitte des Propheten: Gott vergibt.
7,4–6	2.Vision: Feuer(sglut). Fürbitte des Propheten: Gott vergibt.
7,7–9	3.Vision: Senkblei; Strafansage gegen das Haus Jerobeams II.
7,10–17	*Amos und Amazja in Bet-El*
8,1–3	4.Vision: Reifes Obst = reif für das Ende. Ankündigung des Todes für alle
8,4–13:	Sprüche und Ansagen über das Ende

9,1–4	5.Vision: Gott steht am Altar, der Prophet zerschmettert den Knauf der Säulen im Tempel; Ankündigung des Todes aller
9,5f	Doxologie

9,7–10: Gerichtsworte

9,7	Es gibt keine Sonderstellung Israels.
9,8–10	Vernichtung des Königtums, Aussieben Israels und Tod für die Selbstsicheren

9,11–15 Heilsworte

9,11f	Aufrichten der zerfallenen Hütte Davids
9,13	Eine Heilszeit der Erntefülle kommt.
9,14f	Wiederaufbau des Zerstörten: »Sie bauen die verwüsteten Städte wieder auf und wohnen darin; sie pflanzen Weinberge und trinken den Wein, sie legen Gärten an und essen die Früchte.« (V. 14)

Theologie des Amosbuches

»JHWH brüllt vom Zion her, aus Jerusalem donnert er; da welken die Weiden des Hirten, der Gipfel des Karmels verdorrt.« (1,2) Angsterregend, lebensbedrohlich: Das ist die Atmosphäre, mit der die Verkündigung des Amos beginnt. Gott brüllt vom Zion her wie ein Löwe, dessen Brüllen die Menschen in Angst und Entsetzen versetzt. Gott donnert wie ein Gewitter, vor dem man sich nicht schützen kann. Befremdlich ist diese Art des Redens von Gott. Sie wühlt auf, bringt die Gefühle in Wallung, entsetzt, erschreckt, rüttelt auf.

Amos redet, er spricht von Gott, in äußerster Prägnanz und Kürze. Er benutzt nur den Gottesnamen JHWH. Jegliche epische Ausweitung, etwa durch Attribute, fehlt. Die Prägnanz und Schlichtheit bedeutet allerdings nicht Blässe, sondern genau das Gegenteil: furchterregende Macht und todbringende Wirkung liegen in der Nennung des JHWH-Namens: »Wenn auch zehn Männer in einem Hause übrigbleiben, so sterben sie doch. Und man nimmt seinen Verwandten und zwingt ihn, die Leichen aus dem Haus zu bringen. Sagt er zu dem, der im hintersten Winkel des Hauses sitzt: ›Ist noch einer bei dir?‹, so sagt der: ›Keiner!‹, und er sagt: ›Psst! denn man darf JHWH nicht mit Namen nennen.‹« (6,9f) Hier wird eine

Gotteserfahrung greifbar, die nur durch äußerste Zurückhaltung sprachlich adäquat wiedergegeben werden kann. Jedes Wort zu viel ist ein Berühren einer Sphäre, in die ein Mensch nicht eindringen darf, ohne sich zu gefährden. Schrecklichkeit und Mächtigkeit JHWHs verunmöglichen eine deskriptive Sprache.

In dem Visionszyklus wird diese Gotteserfahrung zunächst gemildert. Zweimal bittet der Prophet, dass das Unheil nicht geschehen möge; zweimal geht Gott auf die Fürbitte ein, er ist durch Fürbitte beeinflussbar. Aber die letzten drei Visionen zeigen dann wieder das Gottesbild, das um der Gerechtigkeit Gottes Willen furchterregend und unabwendbar Unheil über die Menschen bringt, die im Kult und im Miteinander nicht mit Gott rechnen, sondern den eigenen Vorteil suchen. Die Gerechtigkeit liegt am Boden, wenn Menschen zu Schuldsklaven gemacht werden wegen ein Paar Sandalen (2,6), Pachtzinsen erhoben werden von Menschen, die nichts zum Leben haben, oder Steuern auf Getreide erhoben wird (5,11) oder sogar der Getreideabfall noch zu Geld gemacht wird (8,6), wenn Maße gefälscht, Gewichte manipuliert und Preise erhöht werden (8,5). Amos nennt die Wirklichkeit beim Namen: Verfolgung, Unterdrückung, in den Staub treten, zermalmen. Und da der Kult auch die Funktion hat, das System zu stabilisieren, muss die Sozialkritik und die Solidarität mit den Opfern der Ausbeutung auch zur Kritik am Kult werden. Amos kritisiert die Fülle der Feste und Opfergaben, die öffentliche Selbstdarstellung, während nach dem Willen Gottes, seinem Recht und damit dem Recht für die Armen, nicht gefragt wird. Damit wird der Kultbetrieb zu einer Heuchelei. Indem Amos ihn kritisiert, kritisiert er »das System«. Und er sagt den Untergang dieses Systems voraus – als Willen Gottes.

Kultkritik und Sozialkritik der Propheten gehen unlösbar Hand in Hand. Dadurch, dass Amos die unredlichen Dinge und die hinter ihnen stehenden Menschen benennt, setzt er sich der Feindschaft aus. Das wird in der Begegnung mit dem Priester Amazja von Bet-El deutlich (7,10–17). Aber woher nimmt er die Kriterien zur Beurteilung dessen, was im sozialen Verhalten recht, was unrecht ist? Die Gewissheit, dass er sich auf ein Wort JHWHs berufen könne, ist für ihn selbst eindeutig, aber für die Zeitgenossen eine Quelle von Verunsicherung. Für Amos spielt die Tradition eine große Rolle: das altisraelitische Sippenethos und jahwistische Glaubensüberlieferungen. Das Sippenethos lebt von dem Grundgedanken der solidarischen Unterstützung der in Not geratenen Clanangehörigen. Als Glaubensüberlieferung bezieht sich Amos auf die Erwählungstradition. Sie begründet eine besondere Verantwortung für ein dem Willen Gottes entsprechendes Handeln.

Bei Amos zeigt sich, dass Kult, Soziales und Politisches nicht scheidbar sind. Für die Geschichte der Prophetie ist diese Interdependenz auf Schritt und Tritt greifbar. Eine unpolitische Prophetie gibt es im Alten Testament nicht. Wenn der Willen JHWHs auf die gerechte Gestaltung des Zusammenlebens der Menschen in einem Volk ausgerichtet ist, dann ist alles, was diese Gestaltung gefährdet, behindert oder in Unrecht kehrt, eine Missachtung JHWHs, die sein Eingreifen nötig macht. Der immer wieder in der Gegenwart aufbrechende Streit um die Frage, wie politisch Theologie sein darf, ist von den Propheten eindeutig beantwortet: Wenn die Verhältnisse so sind, dass in ihnen Gewalt und Unrecht, Unterdrückung und Rechtsbeugung gedeihen, dann muss der Prophet dagegen in der Form Widerstand leisten, dass er die Reaktion Gottes auf das Unrecht ankündigt. Das macht die Theologie des Amos bis heute aktuell.

Habakuk

PETER RIEDE

Das Büchlein des Propheten Habakuk gehört zu den Zwölf Kleinen Propheten.

Schon der Name des Propheten »Habakuk« ist verwunderlich. Vermutlich ist er akkadischer Herkunft. Im Akkadischen steht das Wort für eine Gartenpflanze, womöglich eine Gurke. Wie aber kommt ein Prophet zu solch einem Namen? Darüber wissen wir nichts. Origineller, wenn auch nicht sprachgeschichtlich richtiger ist die Deutung Luthers in seiner Vorrede zur Übersetzung in der Biblia von 1545, der einen Zusammenhang mit dem hebräischen Wort »herzen, umarmen« herstellt: »Habacuc aber hat einen rechten namen zu seinem Ampt/Denn Habacuc heißt auff Deudsch ein Hertzer/oder der sich mit eim andern hertzet vnd in die Arm nimpt. Er thut auch also mit seiner Weissagung/das er sein Volck hertzet vnd in die arm nimpt./das ist/Er tröstet sie.«

Aufgetreten ist Habakuk wohl um 600 v. Chr. in Jerusalem, wo er sich gegen die Führungsschicht und den König wendet. Es ist eine Zeit, in der sich bereits die Übermacht der Babylonier andeutet, deren bevorstehender Einfall in Israel von Habakuk als Strafgericht gedeutet wird. Noch ist Jerusalem zwar nicht erobert, aber die künftige Vormachtstellung der Babylonier ist bereits im Blick.

Zwei Überschriften gliedern das kleine Buch, das eine komplizierte Entstehungsgeschichte aufweist, in zwei Teile. Die erste Überschrift in Hab 1,1 (»Ausspruch und Schauung Habakuks«) leitet die Kapitel 1 und 2 ein, die zweite (»Gebet des Propheten Habakuk«) einen Hymnus, der Gottes Erscheinen zum Gericht in eindrücklichen Farben nachzeichnet.

Kapitel 1 beginnt mit einer Klagepartie, die sich auf Unrecht und Gewalt im Land bezieht. Recht und Gesetz spielen offensichtlich keine Rolle mehr, der Frevler kreist den Gerechten ein, so dass dieser keine Entfaltungsmöglichkeiten mehr hat. So wird das Recht verdreht, und es kommt zu Übervorteilungen und wirtschaftlicher wie rechtlicher Unterdrückung. In seiner Antwort weist Gott auf das Kommen der Babylonier hin, die die Macht im Lande übernehmen und die bislang Herrschenden beseitigen werden. Aber auch diese Machtentfaltung ist pervertiert, denn das nun herrschende fremde Volk »macht seine Kraft zu seinem Gott« (V. 5–12).

In einer neuen Klage stellt der Prophet die Warum-Frage (V. 12f). Warum lässt Gott das rechtlose Verhalten des fremden Volkes zu, warum schweigt Gott, wenn der Frevler den Gerechten verschlingt? Im Bild des Fischfangs zeigt der Prophet den schonungslosen Beutezug des fremden Volkes, dessen Selbstvergottung erneut angeprangert wird (V. 14–17). Angesichts dieser Klage erhofft der Prophet wie ein Wärter auf seiner Warte die göttliche Reaktion. In einer göttlichen Schauung erfährt er wesentliche Punkte des prophetischen Amtes. Der Prophet soll Gottes Antwort aufschreiben, damit alle sie lesen und beherzigen können und erfahren: »Der Gerechte wird aus Glauben leben« oder anders übersetzt: »Der Gerechte bleibt durch seine Treue am Leben.« Leben und Festhalten an Gott, Leben und Treue gegenüber Gott sind hier unauflöslich miteinander verbunden. Der Verfolger dagegen wird keinen Bestand haben.

Der zweite Teil des ersten Buchabschnitts besteht aus fünf Weheworten, die gegen die im ersten Abschnitt genannten Gewalttäter gerichtet sind (2,6–20). Diese Weherufe werden eingeleitet durch eine eigene Überschrift in Hab 2,6. Die Worte selbst richten sich zunächst gegen einzelne Judäer; erst sekundär sind sie auf die Israel unterjochenden Babylonier bezogen worden. Aus der »primären Sozialkritik« ist so eine »sekundäre Staatskritik« geworden (K. Seybold). Die Sozialkritik bezieht sich auf Betrug und

Missbrauch des Pfandrechts (V. 6f), ungerechten Gewinn (V. 9), den rücksichtslosen Umgang mit Arbeitern (V. 12), Trinkgelage (V. 15) und weitere gesellschaftliche Missstände. Zuletzt wird – in einem Nachtrag – auch der Götzendienst genannt (V. 18f). Die Staatskritik bezieht sich dagegen u.a. auf Gewalttaten gegen andere Völker und auf Waldfrevel im Libanon, welche die als Gottesbäume geltenden Zedern betreffen.

Der Psalm des Habakuk, mit dem das Buch schließt, entwirft ein großartiges hymnisches Bild des Wirkens Gottes. Sein Erscheinen vom Sinai wird von Lichterscheinungen und vom Beben der Erde begleitet. Strafwerkzeuge, wie Pest und Seuchen, gehen vor ihm her und zeigen an, dass Gott zum Gericht erscheint. Der Kampf gegen die chaotischen Mächte, für die exemplarisch Ströme und Meer genannt werden, wird verbunden mit der Beseitigung der Frevler (V. 13–15), die das Volk bedrängen. Gemeint ist im Kontext des Buches natürlich die babylonische Feindmacht, über die »ein Tag der Not« kommen wird, der die Bedrängnis des eigenen Volkes beenden wird. Angesichts dieser Ankündigung befällt den Propheten zunächst Zittern und Zagen. Am Ende aber stehen ein Freudenruf, der Gottes Hilfe preist, und das Bekenntnis »JHWH ist meine Stärke«. So setzt der Beter das Vertrauen auf Gottes Kraft und nicht auf die eigene wie das fremde Volk der Unterdrücker. Dieses Vertrauen aktiviert, befreit und eröffnet Zukunft.

Zefanja

ELISABETH BIRNBAUM

Das prophetische Buch Zefanja umfasst nur 53 Verse und birgt darin doch sehr kompakt zentrale Themen: Die dramatische Ankündigung des Gerichts über Israel und »die Völker« am »Tag JHWHs« einerseits und die gleich darauf erfolgende Verheißung der Rettung der Armen andererseits stürzen seine Adressaten vermutlich in ein Wechselbad der Gefühle. Die Schrift selbst hat trotz ihrer Kürze eine möglicherweise längere Entstehungsgeschichte. Als sicher gilt, dass einige Verse auf Zefanja selbst (ca. 630–600 v. Chr.) zurückgehen und damit vor dem Babylonischen Exil zu datieren sind, während andere erst etwa 100 Jahre später, nach dem Ende des Exils, ergänzt wurden. Ob es dazwischen weitere Bearbeitungsstufen gab, ist umstritten.

Gliederung

Das Buch hat drei Teile, die nicht ganz entlang der Kapitelgrenzen gehen:

Überschrift: Zef 1,1

1.Teil: Zef 1,2–18: Der Tag JHWHs als Gericht für die Erde und besonders für Juda und Jerusalem

2.Teil: Zef 2,1–3,8: Der Tag JHWHs als Gericht für die Völker und Jerusalem

3.Teil: Zef 3,9–20: Der Tag JHWHs als Rettung für die Völker und für Jerusalem

Der *erste* Teil beginnt mit einem Paukenschlag: Die allgemeine Vernichtung der Mensch- und Tierwelt wird angekündigt, und das in Bildern, die an die Sintflut erinnern. Der Blick wird zunächst auf die ganze Erde und dann auf Jerusalem und Juda gelenkt. Gleichzeitig wird das zentrale Vergehen benannt: Die Menschen verehren ihren Gott nicht ungeteilt und mit ganzem Herzen, sind gleichgültig Gott und den Menschen gegenüber geworden. Deshalb wird nun der »Tag JHWHs« als furchterregender, die Erde vernichtender Tag angekündigt. Die Folge des verkehrten Kultes schildert Zefanja sarkastisch in ebenfalls kultischen Bildern: Die Führenden des Volkes als die Verantwortlichen für das Fehlverhalten werden selbst als Schlachtopfer bereitet.

Der *zweite* Teil mahnt zur Eile: Der Tag JHWHs steht unmittelbar bevor, aber noch ist es Zeit zur Umkehr. Den Nachbarvölkern Israels wird einem nach dem anderen das Gericht in allen Details ausgemalt, bevor die Rede auch auf Jerusalem selbst kommt. Betrug, Gewalt, Selbstgefälligkeit und Gotteslästerung herrschen dort und ziehen ein strenges Gericht nach sich.

Im *dritten* Teil jedoch erklingen neue Töne: Gott selbst verwandelt die Völker und führt jenen Rest seines Volkes, der an Gott festhält und sich nicht über ihn erhöhen will, wieder zusammen. Er wendet das Geschick. Das eben noch angekündigte alles vernichtende Gericht wird zu einem Läuterungsgeschehen, das ein verändertes, neues Gottesvolk hervorbringt, fern von Lüge und Ungerechtigkeit, demütig und arm.

Zentrale Themen

1. Kritik an Jerusalems Führenden: Hinter der harschen Kritik an der Jerusalemer Oberschicht steht ein nicht eigens erwähnter

zentraler theologischer Grundgedanke: JHWH ist nicht nur der Gott Israels, sondern als Schöpfer der Welt auch Herr über die ganze Erde. Auch Völker, die nicht an ihn glauben, unterstehen doch seinem Wirkungsbereich. Es wäre Israels Aufgabe, den anderen Völkern diese Zusammenhänge sichtbar zu machen, ihnen ein Vorbild zu sein und sie zum Glauben an ihrer aller Gott zu führen. Doch genau das geschieht nicht: Jerusalems Oberschicht handelt ebenso verwerflich und »gottlos« wie die anderen Völker. Wer jedoch diesem Gott nicht glaubt, befolgt nicht sein soziales, gerechtes Gesetz. Und dadurch entstehen kultisches Fehlverhalten und zwischenmenschliche Ungerechtigkeit. Wenn also Jerusalem seine Aufgabe nicht wahrnimmt und dadurch seine Vorbildwirkung für die Erde verliert, werden Gottvergessenheit und soziale Ungerechtigkeit allgegenwärtig. Und damit ist die gesamte Erde gefährdet.

2. Tag JHWHs: Der Tag des Eingreifens Gottes wird »Tag JHWHs« genannt. Hier hält Gott gerechtes Gericht, über die Erde als Ganzes, über einzelne Völker, doch vor allem über Jerusalem. Zef 1,15 schildert diesen Tag JHWHs als »Tag des Zorns« in furchterregenden Bildern. Dieser Tag des Zorns fand in seiner lateinischen Übersetzung (»Dies irae«) Eingang in die katholische Totenmesse (»Requiem«) und beschreibt dort das Jüngste Gericht für alle Toten.

3. Das Gericht ist im Zefanjabuch aber nicht das letzte Wort. Das »vielleicht«, das schon in den ersten beiden Kapiteln des Buches einen Ausweg andeutet, wird im letzten Teil zu einer Verheißung: Die »Armen« und Bedrängten werden das Heil erleben. Es geht dabei nicht nur um spirituell Arme, sondern ganz konkret um die Verlierer von Machtsystemen, die schon deshalb nie selbstgerecht geworden sind. Sie werden in Jerusalem leben, mit JHWH als König in ihrer Mitte.

Johannesevangelium

GUDRUN GUTTENBERGER

Das Johannesevangelium fesselt seine Leser und Leserinnen: nicht, weil es spannend geschrieben wäre, sondern weil es uns so viele Rätsel aufgibt. Seine Texte erschließen sich nicht beim raschen Lesen; sein Gedankengang entzieht sich der kühlen Logik distanzierter Lektüre. Dabei lockt es mit seinen Metaphern und verführt mit seinen poetischen Strukturen. Es fordert uns dazu heraus, seine Worte immer und immer wieder hin und her zu wenden, um in seine Geheimnisse einzudringen.

Das Evangelium gliedert sich in zwei Hauptteile: Joh 1,19–12,50 und 13,1–20,31. Im ersten Hauptteil wird von der Offenbarung vor der Welt erzählt, im zweiten von der Offenbarung vor den Seinen. Der zweite Hauptteil lässt sich wiederum in die Offenbarungsreden an seine Jünger in den Kapiteln 13 bis 17 und die Passions- und Ostererzählung in den Kapiteln 18–20 untergliedern. Das Evangelium wird durch den Prolog in Joh 1,1–18 eingeleitet. In Kapitel 21 wird eine Erscheinungserzählung, die in Galiläa spielt, nachgetragen.

Wer das Johannesevangelium sorgfältig liest, findet eine ganze Reihe von Besonderheiten:
Da sind zuerst die Unterschiede zu den synoptischen Evangelien: Der johanneische Jesus spricht nicht in kurzen Gleichnissen und einprägsamen Worten, sondern in langen Reden, in denen er seine Gedanken immer neu variiert. Er spricht auch nicht über das Reich Gottes, sondern über sich selbst: den Sohn und seine Sendung. Das Evangelium beginnt mit einem feierlichen Hymnus, dem Prolog, der die Nähe Jesu zu Gott, ja seine Identität mit Gott nahelegt. Damit greift er zwar Anliegen auf, die wir aus den Synoptikern kennen, führt aber doch deutlich über diese hinaus. Die Wunder Jesu sind einerseits im Wunderhaften massiver als bei den Synoptikern, andererseits aber werden sie »Zeichen« genannt: Sie verweisen auf einen tieferen Sinn. Auch die Reihenfolge der Geschehnisse weicht von der Darstellung bei Mt, Mk und Lk ab: Die Tempelaktion Jesu eröffnet hier die öffentliche Wirksamkeit Jesu, während sie sie bei den Synoptikern eher abschließt. Der johanneische Jesus reist mehrmals nach Jerusalem und wirkt abwechselnd dort und in Galiläa sowie in Samaria; die einlinige räumliche Ordnung der Synoptiker: Galiläa Jerusalem ist aufgegeben. Besonders zu nennen sind weiterhin die johanneischen Akzentuierungen in der Passionsgeschichte: Beim letzten Mahl finden wir im Johannesevangelium nicht die »Herrenmahltradition«, sondern die Erzählung von der Fußwaschung. Das letzte Mahl ist kein Passahmahl, sondern findet 24 Stunden zuvor statt. Folglich stirbt Jesus nach Johannes am Nachmittag des Tages, an dessen Abend das Passahmahl gefeiert wird: während die Lämmer für das Passahmahl im Tempel geschlachtet werden.

Diese Unterschiede sind *einerseits* für die Rückfrage nach dem historischen Jesus interessant: Die große Mehrheit der Forschenden ist sich jedoch darin einig, dass das Johannesevangelium für die Rückfrage nach dem historischen Jesus von wenigen Einzelheiten abgesehen keinen eigenständigen Beitrag leisten kann. *Andererseits* stellt sich die Frage, ob der Verfasser des Johannesevangeliums eines, zwei oder sogar alle drei synoptischen Evangelien kannte und ob er annahm, dass auch seine Leser und Leserinnen sie kannten. In diesem Fall könnte man das Johannesevangelium sozusagen als korrigierenden und weiterführenden Kommentar der Evangelientradition lesen. Aus dieser Annahme ergeben sich reizvolle Interpretationsmöglichkeiten, die in der neuesten Forschung vorgetragen werden. Auch wenn die meisten Forscher dieser These, das Johannesevangelium wolle gewissermaßen zusammen mit den Synoptikern gelesen werden, nicht folgten, nehmen gegenwärtig die meisten an, dass Joh als eigenständiges Werk anzusehen ist, aber zumindest Lk voraussetzt. Wenn jedoch davon ausgegangen wird, dass Joh unabhängig von den Synoptikern entstanden ist, müssen zur Erklärung der Ähnlichkeiten mit den Synoptikern wenigstens bei den Wundererzählungen und der Passionserzählung schriftliche Vorlagen angenommen werden.

Dann sind die offenkundigen Brüche zu nennen. Besonders deutlich ist der Bruch zwischen Joh 20,30f und 21: Mit Kapitel 20 scheint das Evangelium zu enden; überraschend und unvermittelt geht es dann in Kapitel 21, noch dazu an einem veränderten Ort (See von Tiberias), weiter. Die meisten Forschenden sprechen deswegen von Kapitel 21 als dem Nachtragskapitel, das einem anderen Verfasser, möglicherweise dem *Herausgeber*, zuzuordnen ist.

Ziemlich undurchschaubar ist die Reihenfolge der Ortsangaben in den Kapiteln 4 bis 7: Die Erzählung von der Heilung des Sohnes des königlichen Beamten spielt in Galiläa. Jesus kommt aus Judäa dorthin (Joh 4,43–54). Direkt anschließend (Joh 5,1–16) wird von der Heilung eines Kranken am Teich Bethesda in Jerusalem erzählt. Kapitel 6 setzt mit einem Ortswechsel an die östliche Seite des Sees von Genezareth ein, wo die Speisung der 5000 spielt. Der Wortlaut legt aber nahe, dass Jesus sich zuvor am westlichen Ufer des Sees aufhielt und nicht in Jerusalem! In Kapitel 7 geht es mit dem Laubhüttenfest in Jerusalem weiter. Man hat deswegen erwogen, ob eine Blättervertauschung vorliege und die ursprüngliche Reihenfolge der Kapitel vielleicht 4,6, 5,7 gelautet haben könnte. Leider kann auch eine solche Annahme die Probleme des Textes nicht ganz lösen.

Hinzu kommen Brüche in theologischen Überzeugungen, besonders das *ewige Leben* und das *Endgericht* betreffend: Einerseits spricht das Evangelium von der Gegenwärtigkeit des ewigen Lebens: »*Wahrlich, wahrlich, ich sage euch: Wer mein Wort hört und glaubt dem, der mich gesandt hat, hat ewiges Leben und kommt nicht ins Gericht, sondern er ist aus dem Tode in das Leben übergegangen*« (Joh 5,24 vgl. 11,25f); andererseits ist vom kommenden Endgericht und der zukünftigen Totenerweckung die Rede (Joh 5,28f; 6,39b.40.44.54; 12,48).

Für diese (und weitere) Unausgeglichenheiten werden zwei verschiedene Theoriemodelle diskutiert: (1) Sie könnten sich durch eine längere Entstehungsgeschichte des vorliegenden Evangelientextes erklären, also auf verschiedene Stadien in der Geschichte und damit auch auf verschiedene Verfasser zurückgehen oder (2) sie könnten bewusste Stilmittel sein, durch die der Autor seine Leser und Leserinnen zu bestimmten Interpretationen hinführen will. Abhängig von der Wahl des einen oder des anderen Theoriemodells entstehen für Einzeltexte und für die Gesamtinterpretation des Evangeliums sehr stark voneinander abweichende Erklärungsmöglichkeiten. Die Forschungsdiskussionen sind entsprechend lebhaft. Für die tägliche Bibellektüre empfiehlt sich ein pragmatischer Mittelweg: In jedem Fall hat die Person, die das Johannesevangelium in seiner jetzigen Form zusammengestellt hat – sei es nun ein *Endredaktor* oder der Verfasser des gesamten Textes –, in seinem Evangelium trotz aller Brüche und Unausgeglichenheiten Sinn gefunden. Diesem Sinn ist nachzuspüren; dabei muss man aber damit rechnen, dass sich einige Spannungen nicht auflösen lassen, Widersprüchliches nebeneinander stehen bleiben muss und nicht jede Unausgeglichenheit sinntragend ist.

Was können wir über den Verfasser und die Entstehungssituation des Evangeliums sagen?
Auch hier treffen wir wieder auf einen rätselhaften Befund: Das Evangelium enthält einen Hinweis auf seinen Verfasser: Der sogenannte Lieblingsjünger wird als Garant für die Wahrheit des Evangeliums genannt (Joh 21,24f). Zugleich aber wird unmittelbar zuvor (Joh 21,23) angedeutet, dass dieser Lieblingsjünger bereits verstorben ist; er kommt also zumindest als Verfasser von Kapitel 21 nicht in Frage; die Figur wird im zweiten Teil des Evangeliums mehrfach erwähnt und klar profiliert (Joh 13,23–25; 19,26f; 20,2; 21,7.20–23; vielleicht auch Joh 18,15f; 19,35): Der Lieblingsjünger ist Jesus besonders vertraut, tritt für Maria, die Mutter Jesu, nach

dessen Tod an die Stelle des Sohnes, eilt zum leer aufgefundenen Grab und kommt bereits dort zum Glauben. Häufig wird er in Konkurrenz zu Petrus genannt und diesem dabei immer vorgeordnet. Der Lieblingsjünger wird also als eine Person gezeichnet, die Jesus so nahe ist wie kein anderer Jünger und deswegen am besten weiß, wer Jesus ist und was er will. Ob der Lieblingsjünger eine historische Einzelperson war oder ob es sich eher um eine Symbolgestalt handelt, lässt sich nicht sicher entscheiden. Die altkirchliche Tradition (Irenäus von Lyon, Eusebius) nimmt an, dass der Lieblingsjünger mit dem Verfasser des Evangeliums und wiederum mit dem Apostel Johannes identisch sei. Forscher, die sich dieser Tradition anschließen, sehen den Lieblingsjünger gern als Verfasser des Evangeliums, auf den der Endredaktor, der Autor des Nachtragskapitels 21, zurückblickt. Andere sehen im Lieblingsjünger eine literarische Figur, die die Legitimität der spezifischen Jesuserinnerung und Jesusinterpretation des Johannesevangeliums gegen die durch die Figur von Petrus repräsentierte Mehrheitsmeinung in der frühen Christenheit absichert.

Bereits diese letzten Überlegungen deuten darauf hin, dass die Gruppe, in der das Johannesevangelium entstanden ist, sich in einer Konfliktsituation befand: Ihr Verhältnis zur von Petrus repräsentierten »Kirche« war vermutlich nicht frei von Spannungen. Dazu tritt eine zweite, schwerwiegende Konfliktlinie: Das Verhältnis zur jüdischen Synagoge, der Heimat der johanneischen Gemeinde, war schwer belastet und wohl bereits unheilbar zerbrochen. Bei der Lektüre des Evangeliums fällt schnell auf, dass es sehr pauschal von *»den Juden«* spricht und sie grundlegend negativ charakterisiert bis hin zu ihrer Dämonisierung (Joh 8,37–59, bes. 44; man beachte auch die Zuschreibung der Verantwortung für den Tod Jesu in der Passionsgeschichte). Dieser massive Antijudaismus des Johannesevangeliums erklärt sich möglicherweise als Reaktion auf den Ausschluss der Christen aus der Synagogengemeinde, wie er in Joh 9,22; 12,42; 16,2 erkennbar wird. Mitunter wird dieser Ausschluss mit einer Erweiterung der 12. Bitte des jüdischen Achtzehn-Bitten-Gebets in Verbindung gebracht, in der um das Ende der Nazaräer, also der Christen, gebetet wird. Für das Verständnis dieses problematischen Zugs des Evangeliums ist es wichtig, der tiefen Verankerung des johanneischen Christentums im Judentum eingedenk zu sein und die positiv gezeichneten jüdischen Erzählfiguren wie z.B. Nikodemus oder Joseph von Arimathäa nicht zu übersehen. Der Antijudaismus des Johannesevangeliums erklärt sich als Geschwisterstreit. Er unterscheidet sich damit grundlegend von jeder antijudaistischen Äußerung von Heidenchristen und Heiden.

Zur Datierung hilft das älteste Textzeugnis für das Johannesevangelium, der Papyrus 52, der früher auf den Anfang des 2. Jahrhunderts, heute eher auf die zweite Hälfte des 2. Jahrhunderts datiert wird. Das Johannesevangelium wird jünger als die Synoptiker sein; man nimmt folglich eine Entstehung um die Wende zum 2. Jahrhundert an. Der Verfasser des Johannesevangeliums gehört vermutlich zu der Gruppe von Christen und Christinnen, in deren Mitte auch die drei Johannesbriefe entstanden: Wortschatz und Gedankenwelt sind eng verwandt. Die Offenbarung des Johannes geht hingegen auf einen anderen Verfasser zurück. Viele Forschende sind davon überzeugt, dass diese Gruppe, die sogenannte johanneische Schule, in Ephesus ansässig war. Andere finden Gründe dafür, eine Entstehung des Evangeliums in Syrien-Palästina oder in Ägypten anzunehmen.

Die Geheimnisse, in die das Evangelium hineinführen will, haben ihre Mitte in der Person Jesu selbst. Die theologischen Grundgedanken des Johannesevangeliums, sein Dualismus und seine Eschatologie münden in seine Christologie.

Die Wirklichkeitswahrnehmung, zu der das Johannesevangelium anleitet, ist von starken Kontrasten bestimmt. Es gibt Gut und Böse, Licht und Finsternis, Welt und Gott. Diese Kräfte sind einander entgegengesetzt und liegen im Streit miteinander. Jesus gehört zur lichten Seite und vertritt Gott; die Welt gehört zur finsteren Seite, ebenso die Menschen. Diese jedoch können durch die Begegnung mit Jesus, sofern sie Glauben auslöst, zur lichten Seite hinüber gezogen werden. Jesus allein ist deswegen der Weg zu Gott (Joh 14,6; vgl. die Ich-Bin Worte). Die Lektüre des Prologs führt in dieses Denken ein; seine dualistischen Strukturen ziehen sich durch das gesamte Evangelium. Es ist dabei allerdings zu berücksichtigen, dass Gott durch das Wort, Jesus, die Welt geschaffen hat. Sie ist also nicht von Grund auf böse, sondern sie und alle Menschen gehören zu Gott und sollen gerettet werden. Wollte man das Johannesevangelium auf dem Theater inszenieren, so müsste man das Bühnenbild in eine finstere, schwarze, untere und in eine lichte, weiße, obere Hälfte aufteilen, alle Figuren müssten schwarze oder weiße Gewänder tragen. Jesus würde als lichte Gestalt in die finstere Bühnenhälfte vordringen, dort Licht verbreiten und einzelne Menschen würden mit weißen Gewändern ausgestattet. Dabei würde der Offenbarer sich die Todfeindschaft derjenigen zuziehen, die an ihren schwarzen Gewändern festhalten, weil sie sie für weiß halten.

Über die typisch johanneischen Vorstellungen vom ewigen Leben und vom Gericht war schon die Rede. Im Nebeneinander von präsentischen und futurischen Konzepten haben die präsentischen Vorrang. Die Vorstellung, dass für die Glaubenden das ewige Leben schon gegenwärtig Wirklichkeit ist und für sie und ihr Heil nichts mehr auf dem Spiel steht, wird vor dem Hintergrund der dualistischen Grundstruktur plausibel: Wer im Glauben Anteil an Jesus als dem Gesandten aus der himmlischen Welt hat – man erinnere sich an das Wort vom Weinstock und seinen Reben –, der ist zwar noch von der Finsternis der Welt umgeben, ist ihr aber schon wesensfremd und gehört ihr nicht mehr zu. Leider führt das Evangelium nicht aus, welche Erlebnisse und Erfahrungen die Gegenwart des ewigen Lebens spürbar und erkennbar machen. Wir erfahren nur die groben Umrisse: ein starkes Gemeinschaftsgefühl mit Jesus, vermittelt durch den Parakleten, den Tröster, die Freiheit von Angst, die Geschwisterliebe.

Alle Einzelthemen umfasst im theologischen Denken des Johannesevangeliums die Christologie: Das Johannesevangelium vertritt eine im NT sonst unerreicht hoheitliche Christologie: Jesus wird so nah an Gott heran gerückt, dass er sowohl im Prolog als auch am Ende des Evangeliums (Joh 1,1; 20,28; vgl. weiter Joh 1,18; 8,19; 10,30) mit Gott gleichgesetzt werden kann. Dabei hält das Evangelium aber auch an der Differenz fest. Das geschieht vor allem durch die Bezeichnung Gottes als Vater und Jesu als des Sohnes, der dem Vater untergeordnet ist (Joh 5,19 u.ö.). Zur Hoheit Jesu gehört weiter, dass dieser der Passion und seinem Tod mit großer Souveränität entgegentritt. Angst und Zweifel berühren den johanneischen Jesus nicht. Auch als Sterbender bleibt er eine hoheitsvolle Gestalt. Besonders deutlich wird dieser Zug des johanneischen Jesusbildes in Joh 12,27f und den Sterbeworten Jesu (Joh 19,30).

Das Auftreten Jesu erschließt sich nach dem Johannesevangelium durch seine Sendung von Gott mit dem Ziel der Rettung der Menschen. Da diese Rettung, wie wir schon sahen, durch den Glauben an Jesus und seine Sendung geschieht, ist der wesentliche Gehalt seiner Verkündigung die Offenbarung seiner Person, seines Auftrags und des Heilswillens Gottes.

In den sieben Ich Bin-Worten konzentriert sich die johanneische Christologie: Jesus ist der einzige, das (ewige) Leben durch die Anteilgabe an seiner Person vermittelnde Offenbarer des Vaters.

Galaterbrief

ANNE RADEMACHER

Der Galaterbrief führt uns nach Kleinasien, ins Gebiet um das heutige Ankara, wo sich zu Zeiten des Apostels Paulus die römische Provinz Galatien befand. Wahrscheinlich um das Jahr 50 herum war Paulus auf seiner sogenannten zweiten Missionsreise hier durchgezogen und hatte Gemeinden gegründet. Einige Jahre später, wohl auf der »dritten Missionsreise«, irgendwann zwischen 52 und 57, schrieb er seinen Gemeinden einen Brief. Wo sich Paulus befand und wann genau es war, lässt sich nicht mehr ermitteln.

Warum er aber den Brief schrieb, das hören wir deutlich aus dem Galaterbrief heraus. Paulus sieht seine Gemeindegründung in Gefahr und diese Gefahr will er abwenden. Wir werden beim Lesen des Galaterbriefes Zeugen eines Konfliktes zwischen Paulus, dem Gemeindegründer, einigen einflussreichen Leuten, die für ihn Irrlehrer sind, und den Gemeinden, die zwischen den Fronten stehen. Aber wir erfahren nur von einer Konfliktpartei, wie sie das Ganze sieht. Weder die Darstellung der Gegner noch, was die Gemeinden zu sagen hatten, ist uns überliefert. Was bis heute in Konflikten geschieht, war auch damals so: Paulus hat nicht das Ziel, das Ganze objektiv zu betrachten. Vielmehr will er seine Gegner schwächen, weshalb er nicht an Kompromissen interessiert ist, sondern daran, in aller Schärfe darzustellen, warum die anderen falsch liegen. Deshalb polemisiert er aufs Schärfste und stellt die Position der Gegner überspitzt dar. Dadurch will er die Gemeinden (zurück) auf seine Seite ziehen. Das Thema des Konfliktes ist eine Grundsatzfrage: Was verhilft zum Heil, zum Bleiben in Christus, zu ethisch korrektem Lebenswandel – das Gesetz (des Mose) oder der Glaube? Eine systematische Erörterung der Frage finden wir von Paulus selbst im Römerbrief. Auch die Apostelgeschichte behandelt diese Streitfrage, stellt sie aber sehr viel abgeklärter, mit Abstand dar. Dieser Abstand war Paulus beim Abfassen des Galaterbriefes nicht gegeben. Für ihn ging es um alles, er sah nicht nur seine Autorität als Apostel, sondern die Gültigkeit »seines« Evangeliums in Frage gestellt.

Wer aber waren die Gegner und was wollten sie genau? All dies bekommen wir nicht mehr heraus, da uns nur die polemische Darstellung des Paulus vorliegt. Offenbar handelt es sich um Judenchristen, die auf der Einhaltung jüdischer Gesetze, Bräuche und Kalendervorschriften in der christlichen Gemeinde bestehen. Das scheint die Gemeinden zu verunsichern, so dass offenbar einige diese Bräuche wieder annehmen. Hier aber wird für Paulus der Kern des Evangeliums berührt. Für ihn ist das Kreuz die einzige Norm derer, die als Christen in der Freiheit Christi leben. Diese Erkenntnis, die Gnade, das glauben zu können, ist die Grundlage für alles. Deshalb kämpft Paulus so leidenschaftlich. Dafür nutzt er ein altes Mittel, das seinen Lesern vertraut war. Er erzählt Geschichten, legt diese aus und gibt daraus Handlungsanweisungen. Diese Erzählungen speisen sich aus zwei Quellen: den eigenen Erfahrungen des Paulus und dem Alten Testament. Paulus gibt Teile seiner ganz persönlichen Lebensgeschichte preis, um das Wirken der Gnade, der Erkenntnis Jesu Christi deutlich zu machen. Er ist Apostel und eine Autorität für die Gemeinden, weil Christus selbst ihn dazu gemacht hat. In dieser Autorität legt er dann auch die Heilige Schrift aus – vor allem die Abrahamstradition.

Ein kurzer Blick auf den Rahmen des Galaterbriefes kann abschließend eine gute Lesehilfe sein. Briefanfang und Briefschluss folgten in der Antike formalen Regeln. Wer von diesen Regeln abweicht, tut es bewusst. Paulus beginnt formal richtig mit der Nennung des Absenders, gleich nach seinem Namen fügt er die Berufung zum Apostel an, die er dann explizit auf Jesus Christus und Gott, den Vater, zurückführt. Diese Erweiterung zeigt, dass er mit dieser Autorität gelesen werden will. Die Brüder bei ihm und die Adressaten bekommen weit weniger Raum (1,2) und die üblichen Segenswünsche erweitert Paulus wiederum, um dann einen Lobpreis Gottes und ein deutliches »Amen« anzufügen (1,4f). Im antiken Brief folgt darauf üblicherweise ein Dank oder ein Lob der Adressaten – hier aber ein Mahnruf und Fluch (1,6–9), der den Adressaten den Ernst des Themas zeigt und sie in die Entscheidung stellt.

Ähnlich der Schluss des Briefes. Paulus betont, dass er mit großen Buchstaben schreibt – das ist bis heute ein deutliches Achtungszeichen in schriftlicher Kommunikation (6,11). Anschließend stellt er seine Gegner ihm selbst gegenüber – um sie endgültig zu demontieren (6,12–16). Bevor er den üblichen Segensgruß schreibt, mahnt er noch einmal seine Autorität an (6,17), die üblichen Grußformeln lässt er gänzlich weg. Und ganz am Ende fügt er wieder ein feierliches »Amen« an und unterstreicht damit wiederum, dass es um alles oder nichts geht.

So dürfen wir den Galaterbrief als ein Dokument des Ringens um die Wahrheit des Evangeliums lesen, die Paulus am eigenen

Leib durch Gottes Gnade erfahren hat und die er seinen Gemeinden vermitteln will, damit sie wirklich zum Heil gelangen. Diese Wahrheit aber, so zeigt uns der Galaterbrief, ist nicht ein für alle Mal zu haben, sondern nur im steten Bemühen darum.

Epheserbrief

MARIA NEUBRAND MC †

Literarische und historische Fragen

Der Epheserbrief gehört im neutestamentlichen Kanon zu den Paulusbriefen. In der Forschung ist man sich jedoch weitgehend einig, dass dieser Brief nicht von Paulus selbst stammt, sondern von einem »Schüler«. Dieser schreibt im Namen und in der apostolischen Autorität des Paulus und weiß sich ihm und seiner Theologie verpflichtet. Der Verfasser kennt authentische Paulusbriefe und will gegen Ende des 1. Jahrhunderts das Erbe des Paulus fortführen, es in neuer geschichtlicher Situation aktualisieren. Der Verfasser rezipiert auch den Kolosserbrief und schreibt diesen Brief im Sinne des Paulus fort. Aufgrund seiner theologischen Weltsicht geht man mit Recht davon aus, dass der Verfasser – wie Paulus selbst – ein jüdischer Christusanhänger ist, der aus der Diaspora, eventuell aus dem Umfeld von Ephesus, stammt und vom hellenistisch-jüdischen Denken geprägt ist.

In den alten Handschriften fehlt in Eph 1,1 bei den Adressaten die Ortsangabe »in Ephesus«. Es könnte also sein, dass diese Angabe erst nachträglich eingefügt wurde. Möglich ist aber auch, dass das »in Ephesus« nachträglich ausgelassen wurde, um den Charakter des Schreibens, das von der umfassenden Gemeinschaft der Christusgläubigen ausgeht, noch deutlicher zu machen. Doch schon im 2. Jahrhundert hat der Brief bei der Zusammenstellung der Paulusbriefe die Überschrift »An die Epheser« erhalten. Vermutlich handelt es sich beim Epheserbrief um ein Rundschreiben, das nicht nur für *eine* Ortsgemeinde gedacht war, sondern sich grundsätzlich an »Trauende in Christus Jesus« wendet. Dementsprechend geht der Brief auch nicht – anders als Paulus in seinen eigenen Briefen – auf konkrete Gemeindeprobleme und -fragen ein, sondern behandelt grundsätzliche theologische Fragen. Sicherlich soll damit das Bewusstsein der Zusammengehörigkeit der Christusgläubigen gestärkt werden. Mit Recht kann man den Epheserbrief deswegen auch einen »ökumenischen« Brief nennen.

Adressaten und Adressatinnen des Epheserbriefes

Unabhängig von der Ortsfrage lässt sich aus dem Brief relativ genau erschließen, wer die Adressaten und Adressatinnen sind. Aus 2,11f geht eindeutig hervor, dass sich der Brief an nichtjüdische, aus der Völkerwelt stammende Christus-Gläubige richtet: »Deshalb erinnert euch, dass ihr früher von Geburt Nichtjuden/›Heiden‹ wart und von denen, die am Körper beschnitten sind, ›Unbeschnittenheit‹ genannt wurdet. Zu jener Zeit wart ihr außerhalb des Christus, Außenstehende am Bürgerrecht Israels und Fremde der Bünde der Verheißung; ihr wart ohne Hoffnung und Gottlose in der Welt.« Die Adressaten waren als Nichtjuden ohne den Gott Israels und nicht in seinem Christus. Und 2,13 fügt hinzu: »Jetzt aber seid ihr, die ihr einst in der Ferne wart, in Christus Jesus in die Nähe gekommen durch sein Blut.« Dass die Adressaten nichtjüdische Christusanhänger sind, unterstreicht auch 3,1, wo die Adressaten direkt angesprochen werden als Nichtjuden, als Menschen aus den Völkern, für die Paulus berufen wurde, weshalb er nun inhaftiert ist. Der Verfasser des Briefes weiß, dass zahlreiche Nichtjuden durch die Verkündigung des Evangeliums zum Gott Israels geführt wurden, dass ihnen durch den Gesalbten/Christus Gottes unmittelbarer Zugang zu dem einen Gott Israels geschenkt wurde. Ja, dass sie durch die Zuwendung Gottes und seines Christus bereits jetzt gerettet sind (2,5). Darin liegt der Sinn der Berufung des Paulus, dass er Nichtjuden den unerschöpflichen Reichtum Christi als Evangelium verkündet (3,8) und ihnen bezüglich ihrer Identität versichert, dass auch sie aufgebaut sind auf dem Fundament der Apostel und Propheten: Jesus Christus hält als »Eckstein« beide Teile, den jüdischen und nichtjüdischen Gewölbeteil, zusammen zu einem Bau, zu einem heiligen Tempel (2,20f).

Themen des Briefes

Der leitende Grundgedanke liegt in der kosmischen Dimension des Christusgeschehens, das auf Einheit/Einung aller Menschen im messianischen Leib zielt. Diese Einheit ist die Vision des Epheserbriefes: dass in Christus alle, Juden und Nichtjuden, vereint, »eins« und ein »neuer Mensch« (2,15) sind – in der Welt und für die Welt. Denn Christus ist »unser Friede« (2,14). Diese Einung einer zerrissenen Welt in Christus ist Gottes Plan für die Menschheit von Anfang an; dies ist das »Geheimnis Christi«, das Paulus in seiner Berufung erkannte (3,1–13). Das Thema der Einheit prägt sowohl den ersten Teil als auch den zweiten

Teil des Briefes. Der erste Teil (1,3–3,21), der stark vom Gebet geprägt ist, macht grundlegende theologische Aussagen zum Handeln Gottes durch Jesus Christus. Er erinnert die nichtjüdischen Adressaten daran, dass sie durch Jesus Christus und das Evangelium zusätzlich (nicht: an dessen Stelle!) zum Volk Israel Mit-Erben, Mit-Leib (Christi) und Mit-Teilhabende an der Verheißung sind (3,6).

Der zweite Teil (4,1–6,9) leitet aus dem Einheitswillen Gottes Ermahnungen zum konkreten Lebenswandel der Christusgläubigen ab. Es geht um einen »Wandel in Liebe« und um die Nachahmung Gottes und seines Christus (5,1f). Es geht um eine hochschätzende Zusammengehörigkeit – im universalen messianischen Leib der »Kirche« ebenso wie in der kleinen Sozialeinheit der Familie. Abschließend formuliert Eph 6,10–20 Konsequenzen, die sich für das politische Verhalten von zu Christus gehörigen Menschen ergeben und wenn nötig Widerstand gegen herrschende Gewalten (damals: im römischen Reich) erfordern.

Im Briefrahmen finden sich die Angabe von Absender und Adressaten mit einem Segenswunsch am Anfang (1,1f) und ein Schlussgruß sowie eine Kurzmitteilung am Ende (6,21–24). Der Epheserbrief ist ein bleibender Aufruf zur Ökumene, denn er bringt eine zutiefst jüdisch-christliche Grundüberzeugung zum Ausdruck und fordert diese ein: »Achtet darauf, die Einung des Geistes zu wahren: *Ein* Leib und *ein* Geist, wie ihr auch zu *einer* Hoffnung durch den Ruf an euch berufen wurdet. *Ein* Herr, *ein* Glaube, *eine* Taufe; *ein* Gott und Vater aller, der über allen und durch alle und in allen ist.« (4,4–6) Der Epheserbrief ist aber auch Ausdruck der Überzeugung, dass Frieden, Einheit und Versöhnung in einer zerrissenen Welt, zwischen verschiedenen Kulturen, sozialen Gegebenheiten und Völkern nicht nur möglich, sondern von dem einen Gott Israels und seinem Handeln in Jesus Christus gewollt sind. Alle zu Christus Gehörenden sind damals wie heute aufgerufen, diesen Gegenentwurf zu Feindschaft und Ausgrenzung zu verstehen und im Leben zu verwirklichen.

1.–3. Johannesbrief

HANS-ULRICH WEIDEMANN

Die drei Briefe, die im Neuen Testament unter dem Namen des Johannes als Teil der Katholischen Briefe überliefert sind, geben nach wie vor Rätsel auf. Sie stammen vermutlich alle vom selben Autor, der aber nicht mit dem Apostel Johannes aus dem Zwölferkreis identisch ist, obwohl sie diesem in der Alten Kirche nach einer längeren Phase der Ungewissheit gegen ihr eigenes Zeugnis zugeschrieben wurden. Ihr uns unbekannter Verfasser ist vermutlich auch nicht mit dem Autor des Johannesevangeliums identisch, er stammt aber in jedem Fall aus dem Kreis, in dem es noch vor Abfassung der Briefe entstanden ist. Offensichtlich fühlt er sich der Sprache und der Theologie dieses Evangeliums verpflichtet und will sie angesichts einer massiven Krise seines Kreises und im Gespräch mit anderen frühchristlichen Traditionen neu zur Sprache bringen.

Was den Ort ihrer Entstehung angeht, so weist die frühe Wirkungsgeschichte der Johannesbriefe (wie auch die altkirchliche Tradition über ihren Autor) nach Kleinasien, vielleicht nach Ephesus. Dafür spricht auch, dass der 1. Johannesbrief theologische Inhalte rezipiert, die gewisse Parallelen in paulinischen Briefen haben. Die Entstehungszeit der Johannesbriefe lässt sich ebenfalls nur schwer bestimmen. Da sie nach dem Evangelium entstanden sind, ist die Jahrhundertwende bzw. der Beginn des zweiten Jahrhunderts anzunehmen.

Die kirchliche Rezeption der drei Johannesbriefe verlief äußerst komplex und ist zudem mit der Entstehungsgeschichte der Katholischen Briefe (Corpus Catholicum) verbunden. Während der 1. Johannesbrief sich bald allgemeiner Anerkennung erfreute und später mit dem Jakobusbrief und dem 1. Petrusbrief ein kleines Corpus Catholicum bildete, waren die beiden kleinen Johannesbriefe aus mehreren Gründen in den ersten Jahrhunderten umstritten. Unklar war schon, ob sie vom selben Autor stammen wie der 1. Johannesbrief. Außerdem erhob ihr Verfasser gar keinen »apostolischen« Anspruch. Erst als sich ein Corpus Catholicum aus *sieben* Briefen etabliert hatte, war auch die Kanonizität der kleinen Johannesbriefe gesichert.

Gerade aus den beiden kleinen Johannesbriefen lässt sich die Situation der Gruppierung erkennen, in deren Mitte das Johannesevangelium und die drei Briefe entstanden sind: Um den

Autor, der sich im 2. und im 3. Johannesbrief als Presbyter (»Ältester«) bezeichnet, ist ein Kreis von Anhängern erkennbar, die zwar in verschiedenen Gemeinden sesshaft, aber untereinander eng verbunden sind und die durch Briefe und Boten miteinander Kontakt halten. Man kann von einer para-gemeindlichen Gruppe sprechen. Sie bezeichnen sich selbst als »Freunde« (3 Joh 15, vgl. Joh 15,12–17) und beanspruchen sowohl eine besonders tiefgehende Christuserkenntnis (»Wahrheit«) als auch die exemplarische Verpflichtung auf das Liebesgebot für sich. Von einer Abschottung des Kreises gegenüber anderen Christen kann aber keine Rede sein. Die Johannesbriefe zeigen jedoch, dass die Akzeptanz dieses Kreises in den Gemeinden sehr unterschiedlich war. Während sie mancherorts gut integriert und wohl an den internen katechetischen und gottesdienstlichen Vollzügen beteiligt waren (2 Joh), wurden sie in anderen Gemeinden »nicht aufgenommen« (3 Joh 9). Der Presbyter selbst ist aber offenbar eine über den Kreis seiner Anhänger hinaus respektierte Persönlichkeit (3 Joh 10).

Der 1. Johannesbrief

Mit dem 1. Johannesbrief reagiert der Verfasser auf eine dramatische Spaltung seines Kreises. Zerbrochen ist die Einheit über dem Bekenntnis, dass Jesus Christus im Fleisch gekommen ist (1 Joh 4,2; vgl. 2 Joh 7), aber der Dissens umfasst auch die Frage, welche Bedeutung der Kreuzestod Christi hat und inwiefern die Christusgläubigen noch sündigen (können). Der Briefautor schärft immer wieder ein, dass Jesus Christus als vom Vater in die Welt gesandter Sohn ein wirklicher Mensch ist (1 Joh 1,1), dass er radikal Anteil an allen Begrenzungen und Schwächen menschlicher Existenz (»Fleisch«) genommen hat und dass sein Kreuzestod »Sühnung für die Sünden« wirkt, d.h. dass Gott selbst hier die tödliche Distanz zwischen den Menschen und sich aufhebt (1 Joh 1,7; 2,2; 4,10; 5,6). Darin sind auch Getaufte einbezogen, die schuldig geworden sind.

Konfrontiert mit der Spaltung seines Kreises grenzt sich der Autor scharf von seinen Gegnern ab (1 Joh 2,18–27; 4,1–6; 5,6; 2 Joh 10). Zugleich ringt er aber darum, wie die Erfahrung von Sünde und Schuld unter Christusgläubigen (1,5–2,2; 3,19f; 5,16) vereinbar ist mit der Auffassung, dass getaufte »Gotteskinder« nicht sündigen, ja nicht sündigen können (3,6.9; 5,18). Wie die Rede vom »anklagenden Herzen« (3,19f) zeigt, war dies ein massives pastorales Problem innerhalb des Kreises.

In den Bahnen paulinischer Theologie arbeitet der Autor die dauerhafte und immer wieder neu erfahrbare Sündenbeseitigung durch den Kreuzestod Jesu heraus. Zugleich betont er die innergemeindlich gelebte Solidarität (»Bruderliebe«) als das entscheidende Feld der Bewährung. Oft bleiben Christinnen und Christen hinter den von Christus selbst gesetzten Maßstäben zurück und werden aneinander schuldig, sie erfahren durch die Praxis der gegenseitigen Liebe aber auch immer wieder neu, dass sie aus dem Tod ins Leben hinübergegangen sind (1 Joh 3,16). Deswegen bindet der Autor in mehreren Anläufen die ursprünglich mit der Taufe verbundene Vorstellung einer »Gotteszeugung« an das Tun der Gerechtigkeit (2,29; 3,7), an die tätige Liebe (4,7), an den Christusglauben (5,1), an den Sieg über eine lieblose und unsoziale »Welt« (5,4, vgl. 2,13–17; 3,13–18), aber auch an das Gebet füreinander (5,16–18).

In seinem Aufbau folgt der 1. Johannesbrief dem antiken Briefformular, aber sein Autor verzichtet auf das klassische Briefpräskript, da der Brief keinen konkreten Adressaten hat, sondern eine Art Rundschreiben darstellt und sich an alle wendet, die mit ihm auf der Basis recht verstandenen Christusglaubens in Gemeinschaft treten möchten (1 Joh 1,3). Statt eines Präskripts verfasst er eine Art Briefprolog (1 Joh 1,1–4), und zwar in Anlehnung an den Johannesprolog. Auch sein Briefschluss (5,13–21) weicht aufgrund der offenen Adressatenschaft stark von den Konventionen ab, Grüße und persönliche Notizen fehlen. Im Falle des Briefkorpus (1,5–5,12) sind die kleineren Einheiten weitgehend unstrittig, sehr schwierig ist aber die Gliederung in größere Hauptteile, da der Brief eher in kreisenden Bewegungen, man könnte auch sagen: leitmotivisch organisiert ist. Bestimmte Grundgedanken werden immer wieder neu aufgenommen, vertieft und variiert und beleuchten sich gegenseitig.

Prolog (statt Briefeingang): Einladung zur Gemeinschaft (1 Joh 1,1–4)

Briefkorpus (1,5–5,12)
- Jesu Sühnetod und die Vergebung der Sünden der Getauften (1,5–2,2)
- Leben im Licht nach dem Liebesgebot (2,3–11)
- Distanz zur Welt, die vergeht (2,12–17)
- Gegnerpolemik: Die Spaltung des johanneischen Kreises als Geschehen der Endzeit (2,18–27)

- Das Tun der Gerechtigkeit und die Sündlosigkeit der Getauften (2,28–3,10)
- Die Praxis der Geschwisterliebe (3,11–24)
- Gegnerpolemik: Das falsche Bekenntnis der Gegner (4,1–6)
- Gott ist Liebe – Höhepunkt und Zentrum des Briefes (4,7–21)
- Von Gott gezeugt durch den Glauben an Christus (5,1–12)

Briefschluss: Sünde zum Tod und Sünde nicht zum Tod und (nochmals) die Sündlosigkeit der Getauften (5,13–21)

Der 2. Johannesbrief

Der 2. Johannesbrief setzt dieselbe Konfliktsituation voraus wie der erste. Der Autor wendet sich nun aber offiziell an eine andere Gemeinde, da diese in absehbarer Zeit mit seinen Gegnern konfrontiert wird, die das »Kommen Jesu Christi im Fleisch« leugnen. Der kurze Brief zeigt auf, wie die im 1. Johannesbrief inhaltlich bekämpften Gegner an der Verweigerung des Bekenntnisses zu identifizieren sind, und plädiert dafür, ihnen die Gastfreundschaft und damit den Zugang zum Gemeindeleben zu verweigern. Doch geht es dem Autor nicht nur um Abgrenzung, sondern auch um die Gemeinschaft, die durch das gemeinsame Christusbekenntnis und die gegenseitige Liebe begründet wird.

Das schwer zu datierende, vermutlich um die Jahrhundertwende ungefähr zeitgleich mit dem 1. Johannesbrief entstandene Schreiben ist ganz nach dem antiken Briefformular aufgebaut:

Briefeingang: Anschrift und Gruß (2 Joh 1–3)

Briefkorpus (2 Joh 4–11): Wandel in der Wahrheit (4–6) und Abgrenzung von den Gegnern (7–11)

Briefschluss und Grüße (2 Joh 12–13)

Der 3. Johannesbrief

Mit dem kleinen Privatbrief wendet sich der Autor der Johannesbriefe an eine Einzelperson, Gaius. Dieser »wandelt in der Wahrheit«, gehört also zu seinem Kreis (»die Freunde«), lebt aber in einer anderen Gemeinde. Gaius soll dazu ermuntert werden, durchreisenden christlichen Missionaren auch weiterhin Gastfreundschaft zu erweisen, selbst wenn sie ihm unbekannt sind. Der Brief dient gleichzeitig als Empfehlungsschreiben für Demetrius, der ihn wohl als Bote überbringt. Außerdem informiert der

Presbyter Gaius über Probleme seines Kreises mit Diotrephes: Dieser »will unter ihnen der Erste sein« (9), d.h. er beansprucht die Führungsrolle im kollektiven Leitungsgremium der Ortsgemeinde, und er bekämpft die Anhänger des Presbyters mit allen Mitteln (10). Der Verfasser kündigt seinen Besuch an, mit dem er den Konflikt persönlich zu lösen hofft.

Wie der 2., so orientiert sich auch der 3. Johannesbrief eng am antiken Briefformular:

Briefeingang: Anschrift und Gruß (3 Joh 1–4)

Briefkorpus (3 Joh 5–12): Lob der Gastfreundschaft des Gaius (5–8), der Konflikt mit Diotrephes (9–11) und Empfehlung des Demetrius (12)

Briefschluss mit Grüßen (3 Joh 13–15)

Hebräerbrief

CHRISTIAN ROSE

Literaturgeschichtliche Einordnung

Der Hebräerbrief gibt seinen Lesern literaturgeschichtlich eine Fülle bis heute ungelöster Rätsel auf. Bei der *Verfasserfrage* dachte die Alte Kirche an Paulus (13,23: Paulus-Mitarbeiter Timotheus), aber er scheidet aus sprachlichen und theologischen Gründen als Autor aus. Auch andere Verfasser-Hypothesen (Clemens Romanus; Barnabas; Apollos) überzeugen nicht. Es bleibt beim Urteil des Origenes (Euseb, Hist. eccl. VI 25,11ff): »Wer diesen Brief geschrieben hat, das weiß Gott allein.«

Sicher ist, dass der Verfasser ein eigenständiger Denker von hohem rhetorischen und theologischen Format war, vermutlich ein griechisch sprechender Judenchrist. Seine Sprache und die Methode der Schriftauslegung zeigen eine gewisse Nähe zu Philo von Alexandrien. Der Verfasser bedient sich aber auch rabbinischer Auslegungsmethoden. Der *religionsgeschichtliche Hintergrund* seines theologischen Denkens lässt sich nach wie vor nicht eindeutig bestimmen. Gut zu erkennen sind die Bezüge zur jüdischen Apokalyptik und zum hellenistischen Judentum. Der Verfasser ist ein unbekannter theologischer Lehrer, der das von den Aposteln zuverlässig überlieferte Wort Gottes weitergibt (2,1–4). Die *Ad-*

ressaten sind ihm persönlich bekannt (13,19); es handelt sich bei ihnen um eine glaubensmüde und lässig gewordene (z.B. 3,12f; 5,11f; 6,11f; 10,35ff; 12,12f) heidenchristliche Gemeinde (vgl. 6,1f), die wohl am ehesten in Rom beheimatet war. »An die Hebräer« ist eine erst vom Inhalt des Traktats erschlossene Überschrift aus der Zeit der Sammlung urchristlicher Briefe. Für Rom sprechen die Grüße in 13,24 und die erste sicher datierbare Bezeugung des Hebräerbriefes durch den in Rom entstandenen 1. Clemensbrief (96 n. Chr.). Wörtliche und sachliche Anklänge zeigen, dass der I Clem den Hebräerbrief gekannt hat. Seine *Abfassungzeit* ist also vor dem Jahr 96 anzusetzen. Frühestmöglicher Abfassungszeitpunkt dürfte das Jahr 64 n. Chr. sein, wenn 10,32–34 und 13,7 auf die neronische Verfolgung anspielen (dagegen 12,4).

Seiner *Form* nach ist der Hebräerbrief kein Brief im eigentlichen Sinn: Absender und Adressaten (Präskript) fehlen ebenso wie die Danksagung (Proömium) für die Glaubensfestigkeit der Adressatengemeinde (vgl. Paulusbriefe). Vielmehr handelt es sich beim Hebräerbrief als einem »Wort tröstlicher Ermahnung« (13,22; vgl. Apg 13,15) um »die erste vollständige urchristl. Predigt, ... die uns erhalten blieb« (O. Michel). *Zweck* dieser Predigt ist es, die angefochtene Gemeinde daran zu erinnern, dass ihre Hoffnung in Christus fest begründet ist (Zuspruch: 3,1–6; 6,17–20; 10,19–21). Sie will ermutigen, am Christusbekenntnis festzuhalten (Anspruch: 3,14; 6,11f; 10,22–25) und so das unmittelbar bevorstehende endzeitliche Heil zu erlangen (9,28; 10,25; 10,35–39).

Gliederung und Inhalt

Dass der Hebräerbrief eine um Trost und Ermahnung bemühte seelsorgerliche Predigt darstellt, zeigt sich auch in der *Gliederung*. Es wechseln theologische Grundlegung (1,1–14; 2,5–18; 5,1–10; 7,1–10,18; 11,1–40; 12,18–24) und ermahnende Folgerung (2,1–4; 3,1–4,13; 4,14–16; 5,11–6,20; 10,19–31; 10,32–29; 12,1–17; 12,25–29). Beide Formen sind dem Verfasser gleich wichtig. Jesus ist die Mitte! Es geht um seine Person (1,1–14; 5,1–10; 7,1–28) und um sein Werk (8,1–10,18). Die Ermahnungen legen dieses Christusbekenntnis aus.

Den in drei Hauptteile gegliederten und mit einem »brieflichen Nachwort« (13,1–25) versehenen Hebräerbrief durchzieht die Gegenüberstellung von 1,1f: Es geht um das vormalige, vielfache und vielfältige Reden Gottes durch die Propheten zu den Vätern und um das endzeitliche, abschließende und unüberholbare Reden Gottes in seinem Sohn zur christlichen Gemeinde (»uns«; »wir«).

Im *1. Hauptteil (1,1–4,13)* stellt der Verfasser in 3,7–4,11 die Wüstengeneration als warnendes Beispiel dar: Weil sie ungehorsam war und dem Verheißungswort Gottes nicht vertraute, blieben die Väter von der himmlischen Ruhestatt Gottes ausgeschlossen. Der *2. Hauptteil (4,14–10,31)* legt dar, dass der Hohepriester Jesus (7,1–28) die durch seine sühnende Selbsthingabe im himmlischen Allerheiligsten (8,1–10,18) ein für alle Mal gültige Sündenbeseitigung erwirkt hat, was das levitische Priestertum nicht vermochte. Dadurch ist der Weg ins himmlische Allerheiligste frei. Die Glaubenden dürfen Gott nahen (6,19f; 10,19ff). Im *3. Hauptteil (10,32–12,29)* führt der Verfasser die »Wolke der Zeugen« aus den Vätern (11,1–40) auf. Sie sind, wie auch Jesus selbst (12,2), für die angefochtene Gemeinde Glaubensvorbilder, die dem göttlichen Verheißungswort Zutrauen schenkten.

Theologische Eigenart

Im Neuen Testament einmalig ist die *Hohepriesterlehre des Hebräerbriefes*: Der Verfasser hat hierbei das im Anschluss an Ps 2,7 formulierte Bekenntnis »Jesus ist der Sohn Gottes« interpretiert durch Ps 110,4b: »Du bist Priester auf ewig nach der Ordnung Melchisedeks« (5,5–10; 7,3.20–22). Auf der schriftgelehrten Kombination der beiden Psalmverse gründet der Verfasser seine am *alttestamentlichen Kultus orientierte Terminologie*. Das zwischen irdischem und himmlischem Heiligtum unterscheidende Weltbild (Kap. 8f) ist dem AT (v.a. Ex 25–27; Lev 16) verpflichtet: Im *irdischen Heiligtum* werden vom levitischen Priestertum für die eigenen Sünden und für die Sünden des Volkes die Jahr für Jahr am Versöhnungstag zu wiederholenden Tieropfer dargebracht. Im *himmlischen Heiligtum* dagegen hat sich am Karfreitag als dem großen Versöhnungstag der Hohepriester Jesus einmal selbst dahingegeben, um für alle Menschen eine ewig gültige Sündenvergebung zu erwirken (7,11–28; 9,1–28; 10,1–29).

Auffallend ist ferner das *Glaubensverständnis*. Der Verfasser versteht den Glauben als menschliche Haltung, die dem göttlichen Verheißungswort vertraut und das Bekenntnis nicht preisgibt (3,12–14; 4,1–3; 10,22–25; 10,35–11,1; 12,1f) und so am Tag der Wiederkunft Jesu das Heil, d.h. den Zutritt ins himmlische Allerheiligste und in die unmittelbare Nähe Gottes erlangt (3,12–14; 4,1–3; 9,28; 10,35ff; 11,39f; 12,18–24). Für den aber, der bewusst vom Glauben abfällt, gibt es nach dem Hebräerbrief keine Erneuerung der Buße (6,4–8; 10,26–31; 12,16f).

Die Botschaft des Hebräerbriefes für heute

Der Hebräerbrief ist eine besondere Stimme im Chor der neutestamentlichen Christuszeugen. Er bietet so etwas wie eine Handreichung für verzagte Zweifler und skeptische Erdenbürger. Er ermutigt und tröstet das wandernde Gottesvolk, indem er auf Jesus, den himmlischen Hohenpriester verweist: »Schaut auf Jesus! Er hat euch den Weg in die Gottesgemeinschaft eröffnet. Auf ihn könnt ihr euch verlassen. Werft euer Vertrauen nicht weg, denn auf euch wartet im himmlischen Thronsaal eine wunderbare Belohnung: Ihr habt Zugang zum Herzen Gottes. In seiner Ruhestatt werdet ihr den ewigen Sabbat feiern.«

Offenbarung des Johannes

GUDRUN GUTTENBERGER

Dieses Buch lässt kaum jemanden kalt. Die einen erliegen der Faszination seiner Bilderwelt oder rätseln über mögliche Bedeutungen für unsere Gegenwart. Andere fühlen sich abgestoßen, sei es von der Fremdheit seiner Visionen oder der Gewalttätigkeit seiner Erzählung. Sie stimmen in die skeptischen Urteile derer ein, die schon in den ersten Jahrhunderten Einwände gegen die Aufnahme des Buches in den Kanon formulierten (Dionysios von Alexandrien) oder wie Luther in seiner Vorrede der neutestamentlichen Bücher sichtlich genervt auf die Verschlüsselung des klaren Wortes des Evangeliums in komplizierten Bildern reagierten. Gleichmütig bleibt kaum jemand, der die Offenbarung des Johannes liest. Und vermutlich ist genau das die Absicht. Das Buch drängt seine Leserschaft zu einer Entscheidung! Um diese Entscheidung zu erleichtern, malt der Verfasser die Situation, in der er seine Adressaten sieht, in intensiven Farben und mit starken Kontrasten.

Was können wir über diese Situation in Erfahrung bringen?
Den Verfasser kennen wir mit Namen. Er heißt Johannes (1,4.9; 22,8). Wir lernen ihn als Empfänger von Visionen und Auditionen kennen (1,10–12); er versteht sich selbst als Prophet und sein Buch als Prophetie, das seine Autorität unmittelbar von Gott her empfängt (22,6.9) und deswegen auch nicht gekürzt, erweitert oder verändert werden darf (22,18f). Diese besondere Begabung hebt ihn nach seiner Selbstdeutung aber nicht aus

der Gemeinde heraus: Er nennt sich Bruder und Partner in der schwierigen Situation (1,9), in der sich auch seine Adressaten befinden. Er ist Jude und hat seine Prägung wahrscheinlich in den Jesusgemeinden in Palästina oder Syrien erhalten. Seine Visionen empfängt er auf Patmos. Das ist eine kleine Insel, die heute zu den griechischen Dodekanes gehört und in der östlichen Ägäis, unweit der türkischen Westküste auf der Höhe des antiken Milet, liegt. Die Insel ist hügelig und nicht dicht besiedelt. Johannes hielt sich dort »wegen des Wortes Gottes und des Zeugnisses Jesu« auf (1,9). An anderer Stelle steht dieser Ausdruck im Zusammenhang des Martyriums von Jesusanhängern. Ist Johannes also vielleicht verbannt worden? Oder ist er geflohen? Da die Verbannungsstrafe nur gegen Mitglieder der gehobenen Schichten verhängt wurde, ist eine Flucht wahrscheinlicher. Aber wovor ist er geflohen? Drohte eine Anklage? War sein Leben bedroht?

Die Menschen, an die Johannes sein Buch richtete, lebten in sieben Städten der römischen Provinz *Asia*, dem westlichen Teil der heutigen Türkei: in Ephesus (heute in der Nähe von Selçuk), Smyrna (heute Izmir), Pergamon (ca. 80 km nördlich gelegen), Thyatira (heute Akhisar), Sardes (heute Sart), Philadelphia (heute Alaşehir) und Laodizea (in der Nähe von Denizli). Offenbar kannte Johannes diese Gemeinden gut; vielleicht war er Mitglied in einer von ihnen.

Was sieht der Prophet Johannes, wenn er sich die frühen Christen an diesen Orten ansieht? Faule Kompromisse mit der nichtchristlichen Umwelt, eine verwässerte christliche Identität, einen Lebensstil, der sich demjenigen einer nichtchristlichen Gesellschaft immer mehr anpasst (2,4; 3,15f). Besonders bringt es ihn auf, dass einige einflussreiche Personen in diesen Gemeinden genau diese »Angepasstheit« für richtig halten und verteidigen (2,6.14f.20). Konkret geht es vor allem darum, ob man an weit verbreiteten gesellschaftlichen Gepflogenheiten teilhaben soll, die im Geschäftsleben und im normalen Umgang üblich und die mit Riten und Interpretationen verbunden sind, die zum Herrscherkult oder zum Kult von »heidnischen« Gottheiten gehören. In den Gemeinden gab es Stimmen, die sich *für* eine theologisch reflektierte Integration in die Mehrheitsgesellschaft aussprachen, die Teilnahme an solchen Lebensformen empfahlen und damit eben keinen Verlust der christlichen Identität verbunden sahen. Das »sieht« Johannes grundlegend anders, und für seine Anschauung wirbt er mit seinem Buch.

Wann könnten solche Herausforderungen virulent gewesen sein? Lange Zeit war man sich in der Forschung weitgehend darüber einig, dass die Offenbarung in den letzten Jahren der Herrschaft des Kaisers Domitian entstanden sein müsste: Domitian galt als »wiedergekommener Nero« (Juvenal 4,38); auf Nero weist die Zahl 666, die dem feindlichen Tier in 13,18 zugeschrieben wird. (In der Antike wurden Buchstaben statt Ziffern für Zahlen verwendet; wenn man das hebräische Alphabet zugrunde legt und zusätzlich eine etwas ungewöhnliche Schreibweise annimmt, könnte die Zahl für »Kaiser Nero« stehen.) Die sogenannte Herrscherliste in 17,9f könnte auch dazu passen. Die römischen Geschichtsschreiber Tacitus und Suetonius erzählen, dass Domitian besonderen Wert auf die Herrscherverehrung legte und sie ausbaute. In der althistorischen Wissenschaft wurde das Bild Domitians jedoch einer kritischen Überprüfung unterzogen, und es zeigte sich, dass dieser die Herrscherverehrung nicht stärker betonte als seine Vorgänger; besonders in Kleinasien lässt sich keine Intensivierung nachweisen, auch für eine Verstärkung des Drucks auf die christlichen Gemeinden lassen sich keine Indizien finden. In der jüngsten Forschung sind alle Texte, die sich für die Rekonstruktion der Entstehungssituation auswerten lassen (bes. Kapitel 13 und 17), einer gründlichen Überprüfung unterzogen worden. Im Ergebnis wird vorgeschlagen, das Buch in die Zeit des Kaisers Hadrian, in die 30er Jahre des 2. Jahrhunderts zu datieren, in dessen Regierungszeit die Herrscherverehrung in Kleinasien zunehmend in die privaten Lebensbereiche der Bevölkerung Einzug hielt. Auch die berühmte Zahl 666 lässt sich mit den Namen *Traianus Hadrianus* vereinbaren.

Wie sieht Johannes das Leben der Gemeinden? Wie begründet er seine Ablehnung jeglicher »Integration« in die Mehrheitsgesellschaft? Wieso erscheint ihm eine »christliche Parallelgesellschaft« als die einzige legitime Alternative? Wieso soll man Diskriminierung, Ausgrenzung und sogar Verfolgung auf diese Weise sogar provozieren?

Johannes lebt, sieht und denkt in einer ganz speziellen Vorstellungswelt, die man später »apokalyptisch« nennen wird und die er mit einigen Zeitgenossen, besonders aus seiner jüdischen Ethnie teilt. Typisch für die Anhänger dieser Art, die Welt zu deuten, war die Annahme, dass geheimes Wissen über den Weltlauf in Visionen oder Träumen geoffenbart würde. Die Bilderwelt dieser Visionen speist sich überwiegend aus dem Alten Testament und muss von dort her dekodiert werden. Diese Art und Weise zu denken war in einer Zeit entwickelt worden, in der Teile der jüdischen Bevölkerung sich in ihrer Identität durch den Anpassungsdruck, der von den hellenistischen Herrschern Syriens und Ägyptens ausging, bedroht fühlten. In ihren Augen wurde die Welt zunehmend gottlos und sie selbst als diejenigen, die sich an Gottes Gebote hielten, mussten Nachteile erleiden und wurden an den Rand gedrängt. Sie entwickelten die Vorstellung, dass auch dieser Prozess, obwohl Gott nicht zugunsten seiner Anhänger eingriff, zu einem übergreifenden Plan gehöre, der auf die Durchsetzung der Herrschaft Gottes in der Zukunft ziele. Bevor es aber soweit komme, müsse die Bosheit und Gottlosigkeit immer stärker werden. In dieser Phase einer ständigen Verschärfung der Situation der Gottesfürchtigen käme es darauf an, treu zu seinem Glauben zu stehen, sich nicht einschüchtern und sich nicht verführen zu lassen, und koste es das eigene Leben. Dann, wenn es gänzlich unerträglich geworden sei, dann sei der Punkt gekommen, an dem Gott mit Macht eingreife und seine Gegner, besonders natürlich die heidnischen Herrscher, zerschlage. Anschließend würde er seine Herrschaft aufrichten, die Schöpfung erneuern, die »Bösen« seien vernichtet, die Gottesfürchtigen würden rehabilitiert. Eine solche Wirklichkeitsdeutung liegt auch bei Johannes vor. Sie gewinnt ihre Motive aus dem Alten Testament, besonders aus prophetischen Büchern und dem Buch Daniel. Der wichtigste Text aus dem Alten Testament ist das Buch Ezechiel. Es hat die Funktion einer »Decodierungsmaschine« für die Offenbarung des Johannes. Seine Visionen haben in etwa zeitgenössischen jüdischen Texten, besonders dem 4. Esrabuch und dem syrischen Baruchbuch, enge Parallelen.

Die Schilderung seiner Visionen (4,1–22,5) rahmt Johannes mit Texten, die an die Briefliteratur erinnern. Wie einen Brief leitet er sein Buch, nach einem kurzen Vorwort (1,1–3), mit der Angabe von Absender und Adressaten und einem ausführlichem Segenswunsch ein (1,4–8) und schließt es mit einem Segenswunsch (22,21) auch ab. Als Briefe versteht Johannes auch die sieben Sendschreiben (2,1–3,22). Alle Sendschreiben sind gleich gegliedert: Einem Schreibbefehl (»Dem Engel der Gemeinde in ... schreibe!«) folgt eine Botenformel (»dies sagt der ....«). Der variable inhaltliche Teil wird durch die »Ich kenne ...«-Einleitung eröffnet und durch den Weckruf (»wer ein Ohr hat, höre, was der Geist den Gemeinden sagt«) abgeschlossen. Die Schreiben enden mit dem Überwinderspruch (»wer überwindet ...«). Mit den Sendschreiben wird das ganze Buch situativ verankert: Seine Visionen sind an die Jesusgläubigen in diesen sieben Städten in ihren konkreten Lebensverhältnissen gerichtet. In der Beauftragungsvision (1,19) ist die Gesamtgliederung des Buches angegeben: Johannes schreibt auf, was er gesehen hat, nämlich die Berufungsvision, dann »was ist«, nämlich die kritische Diagnose des Ist-Zustands der sieben Gemeinden in den Sendschreiben, und schließlich, »was danach kommt«, die zukünftige Geschichte bis zum Weltende (4,1–22,5). Die Zahl »sieben« übergreift als Gliederungselement und als inhaltliches Motiv ebenfalls das gesamte Buch: Schon am Buchanfang und in der Beauftragungsvision ist die Zahl präsent: Sieben Geister oder Engel stehen vor Gottes Thron (1,4), sieben Sterne und sieben Leuchter – sie repräsentieren die Gemeinden bzw. ihre Engel – werden sichtbar. »Sieben« ist die Anzahl der Gemeinden, an die die Sendbriefe gerichtet werden. Auch im Visionsteil, der die Zukunft beschreibt, kehrt die Zahl immer wieder: sieben Siegel (6,1–8,1), sieben Posaunen (8,2–11,19), sieben Schalen (15,1–16,21). Sind die Ereignisse, die in diesen drei Siebener-Zyklen geschildert werden, als Nacheinander gedacht? Dafür könnte sprechen, dass sich das, was sich beim Blasen der Posaunen ereignet, als Folge der Öffnung des siebten Siegels darstellt (8,1). Dann wäre auch das Ausgießen der Schalen als Folge des Erschallens der siebten Posaune vorzustellen. Gegen die Annahme eines klaren Nacheinanders spricht, dass sich die Ereignisse der Posaunen- und der Schalenvision inhaltlich nicht so deutlich unterscheiden. Man hat deswegen auch überlegt, ob die »Siebener-Zyklen« vielleicht dasselbe Geschehen mit jeweils anderen Bildern und eigenen Akzenten darstellen wollen. Die meisten Interpretationen des Textes versuchen, beide Aspekte zusammenzubringen: Einerseits werde ein Zeitverlauf linear geschildert, andererseits sei die Darstellung aber auch zyklisch und wiederholend.

Dem Visionszyklus von den sieben Siegeln ist die Thronsaalvision (4,1–5,14) vorangestellt: Fixpunkt in der Vorstellungswelt des Visionärs ist Gott selbst (4,1–11), den er so schaut, wie ihn einst Ezechiel (Ez 1) sah. Die zweite wichtige Figur für Johannes ist das Lamm, das anschließend eingeführt wird (5,1–14) und für den getöteten *und* erhöhten Christus steht. Es ist dieses Lamm, das die Siegel öffnen kann und das versiegelte Buch, das den Plan der Weltgeschichte enthält, zugänglich macht. Mit dessen Auftreten im Thronsaal wird also der Beginn der Endzeitereignisse eingeleitet: Die Erhöhung Jesu Christi ist somit der Auftakt für die endzeitlichen Ereignisse (12,5). Damit ist der Übergang zum ersten Siebener-Zyklus gestaltet. Der zweite und dritte Siebener-Zyklus ist durch die Vision vom »Drachen« und vom »Lamm« (12,1–14,20) getrennt; diese bildet die Mitte des Visionsteils und vielleicht so etwas wie den Scheitelpunkt der Konfrontation von Gott und der gegengöttlichen Macht, verkörpert im Römischen Imperium. An den letzten Siebener-Zyklus schließt sich die Vision vom Gericht über die Hure Babylon (17,1–19.10), einer symbolischen Verkörperung Roms, an. Dargestellt wird, wie das Römische Imperium als weltbeherrschende gegengöttliche Macht vernichtet wird. Der Abschnitt endet mit einem Lobpreis Gottes als des siegreichen Königs (19,1–10). Der Visionsteil wird mit der Schilderung der endzeitlichen Neuschöpfung beschlossen (19,11–22,5). Mit dem Schlussteil (22,6–20) wendet sich der Blick wieder zur Gegenwart: Die Verlässlichkeit des Buches und die Dringlichkeit seiner Botschaft werden herausgestellt. Regelmäßig wird von der Schilderung der Endereignisse weg auf die Situation der Jesusgläubigen geblendet (7,1–17;14,1–5;15,2–4): Im Kreuzfeuer des Kampfgeschehens, mitten im Chaos einer untergehenden Welt haben sie schon Anteil an der Erlösung, nehmen den Sieg Gottes in ihrem Lob vorweg und halten treu am Glauben fest. Hier zeigt Johannes seinen Adressaten in den sieben Gemeinden Identifikationsfiguren: So sollen sie sich verstehen und so sollen sie sich verhalten.

Die Offenbarung des Johannes ist wirkungsgeschichtlich eminent einflussreich gewesen. Sie versorgt unsere Kultur bis heute mit ihren eindrücklichen Bildern. Bis heute kommt kein Katastrophenfilm ohne die Offenbarung als Inspirationsquelle aus. Ihre Akteure, die vier apokalyptischen Reiter aus dem Siegel-Zyklus, die Sternenfrau und der Drache aus Kapitel 12, die Hure auf dem scharlachroten Tier aus Kapitel 17 und ihre Modelle, »das tausendjährige Reich« des Messias aus Kapitel 20 und das »himmlische Jerusalem« aus Kapitel 21 haben im Lauf der Jahrhunderte unzählige Menschen inspiriert und manchmal auch verführt. Das letzte Buch der Bibel ist vielfach gelesen, gedeutet, missverstanden und missbraucht worden. Generationen von Menschen in der Vormoderne hatten vor seinen Bildern abgrundtiefe Angst. Seine Faszination hat es dennoch nicht eingebüßt. Sein Anliegen, sich als Mitglied der Gemeinde Jesu von der Mehrheitsgesellschaft klar abzugrenzen, keine Kompromisse zu schließen und Integration zu verweigern, ist für uns heutige Leser und Leserinnen eine beträchtliche Herausforderung. Es sind fast nur Menschen mit einem fundamentalistischen religiösen Stil, die sich in die apokalyptische Weltsicht des Johannes hineinziehen lassen und ihr Lebensgefühl damit legitimieren. Viele von uns hingegen können die Wirklichkeitsdeutung, die Johannes vorträgt, nicht mittragen. Das muss nicht ausschließen, dass es wichtig sein könnte, sich seiner Anfrage zu stellen und darüber nachzudenken, wie gut unser Lebensstil mit unserem Glauben zusammenpasst und wie offensiv wir dazu bereit sind, unsere Überzeugungen in unsere zunehmend säkulare und plurale, aber freie Gesellschaft einzubringen.

Gebete

Sonntagmorgen

Barmherziger und guter Gott. Heute am Sonntag gedenken wir der Auferstehung deines Sohnes. Die Sonne, die heute Morgen aufgeht, erinnert uns an die Sonne der Auferstehung, die alle Dunkelheit in uns und um uns herum erhellt. Die Auferstehung des am Kreuz gestorbenen Jesus ist für uns ein Zeichen der Hoffnung, dass du alles in uns verwandeln wirst: Dunkelheit in Licht, Erstarrung in Lebendigkeit, Leere in Fülle, Scheitern in einen neuen Anfang. Schenke mir heute die Hoffnung, dass du auch mein Leben verwandelst, dass du alles in mir, meinen Leib und meine Seele mit deiner Liebe durchdringst, so dass alles, was ich in mir verschlossen habe, durch dein Licht erleuchtet wird. So schenke mir und allen Menschen, mit denen ich mich verbunden fühle, einen gesegneten Sonntag, an dem die Sonne deiner Auferstehung alles in uns erleuchtet.

Sonntagabend

Barmherziger und guter Gott, ich danke dir für diesen Sonntag, für die Stunden der Ruhe, die mich für dich geöffnet haben, für den Gottesdienst, der meinen Glauben gestärkt hat, für die Gemeinschaft mit den Menschen, mit denen ich mich verbunden fühle. Am Abend bete ich aber auch für alle, die sich gerade am Sonntag immer einsam fühlen, weil sie niemanden haben, der sie besucht oder der sich für sie interessiert. Sende auch ihnen deinen Segen, dass dein Segen sie einhüllt mit einer Atmosphäre von Liebe, so dass sie sich in deinem Segen behütet und geschützt, geliebt und zärtlich berührt fühlen. Und schenke uns allen eine gesegnete Nacht, damit wir morgen mit neuer Zuversicht und Hoffnung aufstehen und die neue Woche kraftvoll und freudig beginnen können.

Montagmorgen

Barmherziger und guter Gott, zu Beginn der Woche bitte ich um deinen Segen für alles, was ich heute in die Hand nehme und was mich an Arbeit erwartet. Segne alles, was ich tue, damit es Segen bringt für mich und für die Menschen, für die ich arbeite. Segne aber auch die Menschen, mit denen und für die ich arbeite. Lass deinen Segen um uns sein, dass auch unser Miteinander gesegnet ist, dass wir einander stützen und ergänzen, damit wir füreinander eine Quelle des Trostes und der Zuversicht werden. Segne alle Menschen, denen ich heute begegnen werde, dass ich sie mit deinen Augen anschaue, dass ich in ihnen das Antlitz Jesu Christi erkenne. Dein Segen bewahre mich davor, die andern mit meinen Vorurteilen festzulegen. Lass sie mich mit Augen des Glaubens anschauen, der an den guten Kern, der an ihre Sehnsucht, gut zu sein, glaubt und so das Gute in ihnen zu wecken vermag.

Montagabend

Barmherziger Gott, dein Sohn Jesus Christus hat am Kreuz das jüdische Abendgebet, den Psalm 31, gebetet: »Vater, in deine Hände lege ich meinen Geist.« Schenke auch mir das Vertrauen deines Sohnes, damit auch ich mich in dieser Nacht in deine barmherzigen Hände hinein loslassen kann. Und ich bitte dich: Halte heute in dieser Nacht schützend deine Hand über mich und über alle Menschen, mit denen ich mich verbunden fühle, und lass mich und sie alle in deinen guten Händen geborgen sein. Alle meine Sorgen und Ängste möchte ich in deine barmherzigen Hände legen, damit du mich mit allem, was in mir ist, liebevoll umarmst. So kann ich mich in deine liebenden Hände fallen lassen und so in dich hinein alle meine Sorgen und Ängste loslassen und in dir einen ruhigen Schlaf finden.

Dienstagmorgen

Barmherziger und guter Gott, ich danke dir, dass ich heute gesund aufgewacht bin und den neuen Tag mit deinem Segen beginnen darf. Segne den heutigen Tag, so dass ich in einen gesegneten Tag, in eine gesegnete Zeit hinein gehen kann. Segne die Menschen, denen ich heute begegne, mit denen ich heute ins Gespräch komme. Segne unsere Begegnungen, segne die Worte, die wir miteinander sprechen, dass die Worte uns gegenseitig aufrichten und ermutigen. Segne auch die, mit denen ich mich schwertue, zu denen ich keinen Zugang finde, so dass ich ihnen als gesegneten Menschen begegne und frei werde von den Vorurteilen, die ich diesen Menschen gegenüber habe. Segne alle unsere Begegnungen, damit wir füreinander zum Segen werden.

Dienstagabend

Barmherziger und guter Gott, ich halte dir diesen Tag hin mit allem, was war, auch mit den Gesprächen und Begegnungen, die nicht so gut waren. Verwandle du alles, was war, in Segen für mich und für die Menschen, mit denen ich gesprochen habe. Dir vertraue ich alles an, anstatt mich zu beschimpfen, dass ich mich nicht so verhalten habe, wie es meinem Ideal entspricht. Ich vertraue darauf, dass du trotzdem alles, was war, in Segen verwandeln wirst. Schenke mir Augen der Dankbarkeit, dass ich mit der Brille der Dankbarkeit auf den vergangenen Tag schauen kann. Du warst immer bei mir, auch wenn ich nicht immer bei mir und auch nicht bei dir war. Du hast Geduld mit mir und begleitest mich auf allen Umwegen und Irrwegen. So lege ich mich dankbar in deine barmherzigen Hände.

Mittwochmorgen

Barmherziger Gott, wenn ich in die Welt schaue, spüre ich meine Ohnmacht all den negativen Nachrichten gegenüber, die ständig auf mich einströmen. Sende mir heute den Engel der Hoffnung, dass er mich in dieser aufgewühlten Welt begleitet und mich mit den Augen der Hoffnung auf diese Welt und auf die Menschen schauen lässt, die voller Angst und Sorgen sind. Lasse mich heute Hoffnung ausstrahlen trotz allem Negativen, das unsere Welt prägt. Denn du hast uns durch den Apostel Paulus verheißen, dass unsere Hoffnung nicht zuschanden wird, weil du deine Liebe ausgegossen hast in unsere Herzen durch den Heiligen Geist. (Röm 5,5) Stärke du die Hoffnung in mir, dass die Welt in deinen Händen ist und nicht in der Hand der Mächtigen.

Mittwochabend

Barmherziger Gott, heute Abend empfehle ich dir all die Menschen, um die ich mir Sorgen mache. Lass deinen Segen heute Nacht um sie sein wie ein schützender Mantel und halte schützend deine Hand über sie, dass sie morgen mit neuer Hoffnung aufwachen können. Und schenke auch mir die Hoffnung, die sich nicht enttäuschen lässt, auch wenn das, was ich erhofft habe, nicht eintritt. Lass mich trotzdem die Hoffnung nie aufgeben, so wie Abraham wider alle Hoffnung gehofft hat auf dich, der die Toten lebendig macht und das, was nicht ist, was ich nicht sehe, Wirklichkeit werden lässt. So lass uns alle mit der Hoffnung einschlafen, dass du über uns wachst in dieser Nacht und uns morgen den neuen Tag hoffnungsvoll beginnen lässt.

Donnerstagmorgen

Barmherziger Gott, an jedem Donnerstag erinnern wir uns daran, dass du das heilige Mahl für uns gestiftet hast, als ein Mahl der Liebe, die stärker ist als der Tod. So bitte ich dich, dass du mich und alle Menschen, mit denen ich mich verbunden fühle, mit deiner Liebe begleitest. Und ich bitte dich, dass deine Liebe in mir wie eine Quelle sprudelt, aus der ich schöpfen kann, und dass diese Liebe heute zu allen Menschen strömt, denen ich begegne, ohne dass ich mich zwingen müsste, alle lieben zu sollen. Und lass diese Liebe, die stärker ist als der Tod, auch die Menschen erfahren, die einen lieben Menschen verloren haben, so dass sie sich für immer mit ihm verbunden fühlen und auch in ihrem Alltag ihre Liebe spüren.

Donnerstagabend

Barmherziger Gott, in der Nacht vor seinem Leiden hat Jesus am Ölberg gebetet und sich durchgerungen, dass dein Wille an ihm geschehe, im Vertrauen, dass dein Wille zum Segen wird für ihn und für alle Menschen. So bete ich für mich und für alle Menschen, die mir nahestehen, dass wir deinen Willen erfahren als etwas, was uns guttut, was uns in die einmalige Gestalt hineinführt, die du für jeden von uns vorgesehen hast. Schenk uns das Vertrauen, dass unser Leben gelingt und dass unser Weg uns in die wahre Freiheit und Liebe hineinführt. Lass uns in diesem Vertrauen in deinen guten Armen einschlafen und uns geborgen und getragen und geliebt wissen.

Freitagmorgen

Barmherziger Gott, am Freitag gedenken wir des Todes Jesu, deines Sohnes. In seinem Tod hat er uns bis zur Vollendung geliebt. So möchte ich mich zu Beginn des Tages mit dem Kreuz bezeichnen. Wenn ich meine Stirn mit meinen Händen berühre, soll die Liebe Jesu in mein Denken strömen, damit ich Gedanken des Friedens und der Liebe denke. Dann soll die Liebe Jesu in meine Vitalität und Sexualität hineinströmen, wenn ich den Unterbauch berühre. Dann lenke ich die Hand an die linke Schulter, damit die Liebe Jesu bis in die Tiefen des Unbewussten strömt und alles in mir mit seiner Liebe durchdringt. Wenn ich dann die rechte Schulter berühre, vertraue ich darauf, dass Jesu Liebe auch mein Handeln und Sprechen heute prägen wird. So lass die Liebe, die Jesus am Kreuz vollendet hat, heute meinen ganzen Leib und meine Seele durchdringen, so dass sie durch mich in die Welt hinein ausstrahlt.

Freitagabend

Barmherziger und guter Gott, an diesem Abend denke ich an all die Menschen, die ein Kreuz zu tragen haben, denen das Kreuz manchmal zu schwer wird. Lass sie im Blick auf das Kreuz deines Sohnes Trost finden. Lass sie erfahren, was Jesus uns allen verheißen hat, dass er uns vom Kreuz herab alle an sich ziehen, uns alle mit seiner Liebe umarmen möchte. Und gib, dass die Menschen, die sich in ihrem Leid von Jesu liebenden Armen umarmt fühlen, ihr Leid zu tragen vermögen, ja dass sie ihre Wunden als Einfallstor für die Liebe Jesu erfahren. Dann tun die Wunden immer noch weh, aber sie wandeln sich, sie öffnen uns für die Liebe Jesu. Lass uns alle von deiner Liebe umarmt zuversichtlich einschlafen.

Samstagmorgen

Barmherziger und guter Gott. Am siebten Tag hast du dein Werk vollendet, indem du geruht hast. Schenke mir und all den Menschen, die sich die Woche über geplagt haben, etwas von deiner Sabbatruhe. Dein Sohn Jesus Christus hat uns, die wir uns plagen und schwere Lasten zu tragen haben, eingeladen, bei ihm Ruhe zu finden. So können wir hier schon teilhaben an der Sabbatruhe, die du uns allen verheißen hast, nicht nur, wenn wir im Tod in dich hinein sterben, sondern schon hier mitten im Leben. Schenke uns heute diese Ruhe, damit wir in der Ruhe über das nachdenken, was uns eigentlich trägt und was wirklich wichtig ist für uns. Und lass uns erfahren, dass dein Joch nicht drückt und deine Last wirklich leicht ist und uns etwas von deiner Leichtigkeit schenkt.

Samstagabend

Barmherziger und guter Gott, ich habe heute doch nicht zu der Sabbatruhe gefunden, die du uns verheißen hast. Aber ich halte dir jetzt diesen Tag und die ganze Woche hin mit allem, was war, auch mit dem, was nicht so gut war, die Gespräche, in denen ich nicht freundlich und achtsam genug war. Ich halte alles dir hin, auch das innere und äußere Chaos, und lege es in deine Hände, im Vertrauen, dass du das Vergangene in Segen verwandeln wirst. Indem ich dir all das Stückwerk dieses Tages hinhalte, wird der Tag doch ganz. Er wird zu meinem Tag, den ich dir übergebe und in dich hinein loslasse. Befreie mich vom Nachgrübeln über das, was war, und befähige mich, es vergangen sein zu lassen, so dass ich mich in deinen liebenden Händen ausruhen kann.

Anhang

Bibelleseplan

Januar

1. **Neujahr**
   Psalm 121
2. Johannes 1,19–28
3. Johannes 1,29–34

4. **2. So. n. Weihnachten**
   Psalm 93
5. Johannes 1,35–51
6. **Epiphanias**
   Erscheinung des Herrn
   Johannes 2,1–12
7. Johannes 2,13–25
8. Johannes 3,1–13
9. Johannes 3,14–21
10. Johannes 3,22–36

11. **1. So. n. Epiphanias**
    Taufe des Herrn
    Psalm 96
12. Deuteronomium 1,1–18
13. Deuteronomium 1,19–33
14. Deuteronomium 1,34–46
15. Deuteronomium 2,1–15
16. Deuteronomium 2,16–25
17. Deuteronomium 3,18–29

18. **2. So. n. Epiphanias**
    2. So. im Jahreskreis
    Psalm 55
19. Deuteronomium 4,1–14
20. Deuteronomium 4,15–24
21. Deuteronomium 4,25–40
22. Deuteronomium 5,1–22
23. Deuteronomium 5,23–33
24. Deuteronomium 6,1–9

25. **3. So. n. Epiphanias**
    3. So. im Jahreskreis
    Psalm 41
26. Deuteronomium 6,10–25
27. Deuteronomium 7,1–11
28. Deuteronomium 7,12–26
29. Deuteronomium 8,1–20
30. Deuteronomium 9,1–6
31. Deuteronomium 9,7–21

Februar

1. **Letzter So. n. Epiphanias**
   4. So. im Jahreskreis
   Psalm 97
2. Deuteronomium 10,1–9
3. Deuteronomium 10,10–22
4. Deuteronomium 11,1–17
5. Deuteronomium 11,18–32
6. Deuteronomium 12,1–12
7. Deuteronomium 12,13–18

8. **Sexagesimä**
   5. So. im Jahreskreis
   Psalm 99
9. Deuteronomium 14,22–29
10. Deuteronomium 15,1–11
11. Deuteronomium 15,12–18
12. Deuteronomium 16,1–17
13. Deuteronomium 16,18–20
14. Deuteronomium 17,14–20

15. **Estomihi**
    6. So. im Jahreskreis
    Psalm 31
16. Deuteronomium 18,9–22
17. Deuteronomium 19,1–13
18. **Aschermittwoch**
    Deuteronomium 21,1–9
19. Deuteronomium 24,6–22
20. Deuteronomium 25,1–16
21. Deuteronomium 26,1–15

22. **Invokavit**
    1. So. der österl. Bußzeit
    Psalm 91
23. Deuteronomium 27,1–10
24. Deuteronomium 27,11–26

25. Deuteronomium 30,11–20
26. Deuteronomium 31,1–8
27. Deuteronomium 33,1–5.26–29
28. Deuteronomium 34,1–12

März

1. **Reminiszere**
2. So der österl. Bußzeit
Psalm 38
2. Johannes 11,1-16
3. Johannes 11,17-31
4. Johannes 11,32-45
5. Johannes 11,46-57
6. Johannes 12,1-11
7. Johannes 12,12-19

8. **Okuli**
3. So der österl. Bußzeit
Psalm 57
9. Johannes 12,20-26
10. Johannes 12,27-36
11. Johannes 12,37-50
12. Johannes 13,1-11
13. Johannes 13,12-20
14. Johannes 13,21-30

15. **Lätare**
4. So der österl. Bußzeit
Psalm 84
16. Johannes 13,31-38
17. Johannes 14,1-14
18. Johannes 14,15-26
19. Johannes 14,27-31
20. Johannes 15,1-8
21. Johannes 15,9-17

22. **Judika**
5. So der österl. Bußzeit
Psalm 43
23. Johannes 15,18–16,4
24. Johannes 16,5-15
25. Johannes 16,16-24
26. Johannes 16,25-33
27. Johannes 17,1-11a
28. Johannes 17,11b-26

29. **Palmsonntag**
Philipper 2,6-11
30. Johannes 18,1-11
31. Johannes 18,12-27

April

1. Johannes 18,28-40
2. **Gründonnerstag**
Johannes 19,1-16a
3. **Karfreitag**
Johannes 19,16b-30
4. **Karsamstag**
Johannes 19,31-42

5. **Ostersonntag**
Johannes 20,1-10
6. **Ostermontag**
Johannes 20,11-18
7. Johannes 20,19-23
8. Johannes 20,24-31
9. Johannes 21,1-14
10. Johannes 21,15-19
11. Johannes 21,20-25

12. **Quasimodogeniti**
2. Ostersonntag
Psalm 110
13. Epheser 1,1-10
14. Epheser 1,11-14
15. Epheser 1,15-23
16. Epheser 2,1-10
17. Epheser 2,11-22
18. Epheser 3,1-13

19. **Miserikordias Domini**
3. Ostersonntag
Psalm 75
20. Epheser 3,14-21
21. Epheser 4,1-6
22. Epheser 4,7-16
23. Epheser 4,17-24
24. Epheser 4,25-32
25. Epheser 5,1-14

26. **Jubilate**
    4. Ostersonntag
    Psalm 66
27. Epheser 5,15-20
28. Epheser 5,21-33
29. Epheser 6,1-4
30. Epheser 6,5-9

Mai

1. Epheser 6,10-17
2. Epheser 6,18-24

3. **Kantate**
   5. Ostersonntag
   Psalm 98
4. Hebräer 1,1-4
5. Hebräer 1,5-14
6. Hebräer 2,1-10
7. Hebräer 2,11-18
8. Hebräer 3,1-6
9. Hebräer 3,7-19

10. **Rogate**
    6. Ostersonntag
    Psalm 95
11. Hebräer 4,1-13
12. Hebräer 4,14–5,10
13. Hebräer 5,11–6,8
14. **Christi Himmelfahrt**
    Psalm 148
15. Hebräer 6,9-20
16. Hebräer 7,1-10

17. **Exaudi**
    7. Ostersonntag
    Psalm 92
18. Hebräer 7,11-22
19. Hebräer 7,23-28
20. Hebräer 8,1-13
21. Hebräer 9,1-10
22. Hebräer 9,11-14
23. Hebräer 9,15-28
24. **Pfingstsonntag**
    Psalm 51
25. **Pfingstmontag**
    Psalm 81
26. Hebräer 10,1-18
27. Hebräer 10,19-31
28. Hebräer 10,32-39
29. Hebräer 11,1-7
30. Hebräer 11,8-22

31. **Trinitatis**
    Dreifaltigkeitsfest
    Psalm 56

Juni

1. Hebräer 11,23-31
2. Hebräer 11,32-40
3. Hebräer 12,1-11
4. **Fronleichnam**
   Hebräer 12,12-17
5. Hebräer 12,18-24
6. Hebräer 12,25-29

7. **1. So. n. Trin.**
   10. So. im Jahreskreis
   Psalm 76
8. Hebräer 13,1-6
9. Hebräer 13,7-14
10. Hebräer 13,15-25
11. Hosea 1,1-9
12. Hosea 2,1-3
13. Hosea 2,4-15

14. **2. So. n. Trin.**
    11. So. im Jahreskreis
    Psalm 36
15. Hosea 2,16-25
16. Hosea 3,1-5
17. Hosea 4,1-14
18. Hosea 5,8-15
19. Hosea 6,1-6
20. Hosea 8,1-14

21. **3. So. n. Trin.**
12. So. im Jahreskreis
Psalm 54
22. Hosea 9,10-17
23. Hosea 10,1-15
24. Hosea 11,1-11
25. Hosea 12,1-15
26. Hosea 13,1-14,1
27. Hosea 14,2-10

28. **4. So. n. Trin.**
13. So. im Jahreskreis
Psalm 42
29. Amos 1,1-2; 3,3-8
30. Amos 3,1-2.9-15

Juli

1. Amos 4,1-13
2. Amos 5,1-17
3. Amos 5,18-27
4. Amos 6,1-14

5. **5. So. n. Trin.**
14. So. im Jahreskreis
Psalm 73
6. Amos 7,1-9
7. Amos 7,10-17
8. Amos 8,1-10
9. Amos 8,11-14
10. Amos 9,1-10
11. Amos 9,11-15

12. **6. So. n. Trin.**
15. So. im Jahreskreis
Psalm 139,1-18.23f
13. Johannes 4,1-14
14. Johannes 4,15-26
15. Johannes 4,27-42
16. Johannes 4,43-54
17. Johannes 5,1-9a
18. Johannes 5,9b-18
19. **7. So. n. Trin.**
16. So. im Jahreskreis
Psalm 87
20. Johannes 5,19-23
21. Johannes 5,24-30
22. Johannes 5,31-47
23. Johannes 6,1-15
24. Johannes 6,16-21
25. Johannes 6,22-27

26. **8. So. n. Trin.**
17. So. im Jahreskreis
Psalm 48
27. Johannes 6,28-40
28. Johannes 6,41-59
29. Johannes 6,60-71
30. Johannes 7,1-13
31. Johannes 7,14-24

August

1. Johannes 7,25-39

2. **9. So. n. Trin.**
18. So. im Jahreskreis
Psalm 53
3. Johannes 7,40-52
4. Johannes 7,53–8,11
5. Johannes 8,12-20
6. Johannes 8,21-30
7. Johannes 8,31-36
8. Johannes 8,37-45

9. **10. So. n. Trin.**
19. So. im Jahreskreis
Psalm 59,1-11.15-18
10. Johannes 8,46-59
11. Johannes 9,1-12
12. Johannes 9,13-23
13. Johannes 9,24-34
14. Johannes 9,35-41
15. Johannes 10,1-10

16. **11. So. n. Trin.**
20. So. im Jahreskreis
Psalm 145
17. Johannes 10,11-21
18. Johannes 10,22-30
19. Johannes 10,31-42
20. 1.Johannes 1,1-4
21. 1.Johannes 1,5-10
22. 1.Johannes 2,1-6

23. **12. So. n. Trin.**
21. So. im Jahreskreis
Psalm 119,73-80
24. 1.Johannes 2,7-11
25. 1.Johannes 2,12-17
26. 1.Johannes 2,18-29
27. 1.Johannes 3,1-10
28. 1.Johannes 3,11-18
29. 1.Johannes 3,19-24

30. **13. So. n. Trin.**
22. So. im Jahreskreis
Psalm 119,81-88
31. 1.Johannes 4,1-6

September

1. 1.Johannes 4,7-21
2. 1.Johannes 5,1-5
3. 1.Johannes 5,6-12
4. 1.Johannes 5,13-21
5. 2.Johannes 1-13

6. **14. So. n. Trin.**
23. So. im Jahreskreis
Psalm 146
7. 3.Johannes 1-15
8. Zefanja 1,1-13
9. Zefanja 1,14-2,3
10. Zefanja 3,9-20
11. Habakuk 1,1-11
12. Habakuk 1,12–2,5
13. **15. So. n. Trin.**
24. So. im Jahreskreis
Psalm 68,1-24
14. Habakuk 2,6-20
15. Habakuk 3,1-19
16. Kohelet 1,1-18
17. Kohelet 2,1-11.24-26
18. Kohelet 3,1-15
19. Kohelet 3,16-22

20. **16. So. n. Trin.**
25. So. im Jahreskreis
Psalm 68,25-36
21. Kohelet 4,1-12
22. Kohelet 5,9-19
23. Kohelet 6,1-12
24. Kohelet 7,1-14
25. Kohelet 11,1-10
26. Kohelet 12,1-14

27. **17. So. n. Trin.**
26. So. im Jahreskreis
Psalm 138
28. Galater 1,1-5
29. Galater 1,6-9
30. Galater 1,10-24

Oktober

1. Galater 2,1-10
2. Galater 2,11-21
3. Galater 3,1-14

4. **Erntedank/18. So. n. Trin.**
27. So. im Jahreskreis
Psalm 65
5. Galater 3,15-18
6. Galater 3,19-29
7. Galater 4,1-7
8. Galater 4,8-20
9. Galater 4,21-31
10. Galater 5,1-15

11. **19. So. n. Trin.**
28. So. im Jahreskreis
Psalm 32
12. Galater 5,16-26
13. Galater 6,1-9
14. Galater 6,10-18
15. Offenbarung 1,1-8
16. Offenbarung 1,9-20
17. Offenbarung 2,1-7

18. **20. So. n. Trin.**
29. So. im Jahreskreis
Psalm 52
19. Offenbarung 2,8-11
20. Offenbarung 2,12-17
21. Offenbarung 2,18-29
22. Offenbarung 3,1-6
23. Offenbarung 3,7-13
24. Offenbarung 3,14-22

25. **21. So. n. Trin.**
30. So. im Jahreskreis
Psalm 58
26. Offenbarung 4,1-11
27. Offenbarung 5,1-5
28. Offenbarung 5,6-14
29. Offenbarung 6,1-8
30. Offenbarung 6,9-17
31. **Reformationstag**
Offenbarung 7,1-8

November

1. **22. So. n. Trin.**
Allerheiligen
Psalm 143,1-11
2. Offenbarung 7,9-17
Allerseelen
3. Offenbarung 8,1-5
4. Offenbarung 8,6-13
5. Offenbarung 9,1-12
6. Offenbarung 9,13-21
7. Offenbarung 10,1-11
8. **Drittl. So. im Kirchenjahr**
32. So. im Jahreskreis
Psalm 44
9. Offenbarung 11,1-2
10. Offenbarung 11,3-14
11. Offenbarung 11,15-19
12. Offenbarung 20,1-6
13. Offenbarung 20,7-10
14. Offenbarung 20,11-15

15. **Vorletzt. So. im Kirchenjahr**
33. So. im Jahreskreis
Psalm 50
16. Offenbarung 21,1-8
17. Offenbarung 21,9-14
18. Offenbarung 21,15-27
19. **Buß- und Bettag**
Offenbarung 22,1-5
20. Offenbarung 22,6-15
21. Offenbarung 22,16-21

22. **Ewigkeitssonntag**
Christkönigsfest
Psalm 90
23. Jesaja 1,1-9
24. Jesaja 1,10-20
25. Jesaja 1,21-31
26. Jesaja 2,1-5
27. Jesaja 2,6-22
28. Jesaja 3,1-15

29. **1. So. im Advent**
Psalm 24
30. Jesaja 4,2-6

Dezember

1. Jesaja 5,1-7
2. Jesaja 5,8-24
3. Jesaja 6,1-13
4. Jesaja 7,1-9
5. Jesaja 7,10-17

6. **2. So. im Advent**
Psalm 130
7. Jesaja 8,1-15
8. Jesaja 8,16-23
9. Jesaja 9,1-6
10. Jesaja 9,7–10,4
11. Jesaja 11,1-10
12. Jesaja 12,1-6

13. **3. So. im Advent**
Psalm 33
14. Jesaja 19,16-25
15. Jesaja 25,1-12
16. Jesaja 26,1-6
17. Jesaja 26,7-21
18. Jesaja 28,14-22
19. Jesaja 29,17-24

20. **4. So. im Advent**
Psalm 49
21. Jesaja 32,1-8
22. Jesaja 33,17-24
23. Jesaja 35,1-10
24. **Heiligabend**
Matthäus 1,1-17
25. **1. Weihnachtstag**
Matthäus 1,18-25
26. **2. Weihnachtstag (Stephanus)**
Matthäus 2,1-12

27. **1. So. n. Weihnachten**
Fest der Hl. Familie
Matthäus 2,13-23
28. Matthäus 3,1-12
29. Matthäus 3,13-17
30. Matthäus 4,1-11
31. **Silvester**
Matthäus 4,12-17

Bibelstellenregister

Galater

Epheser

Mitarbeiterinnen und Mitarbeiter

Ahrens, Annegret, Pastorin, ev.-freikirchl., 42651 Solingen | 04.–05.05.

Arnold, Sr. Brigitte, Pfarrerin, ev., CH-4125 Riehen | 15.–16.10.

Aßmann, Helmut, Oberkirchenrat, ev., 30169 Hannover | 12.–14.01.

Barnstedt, Dr. Elke Luise, Direktorin beim Bundesverfassungsgericht a.D., ev., 76199 Karlsruhe | 16.–18.02.

Bauer, Dr. Steffen, Pfarrer, ev., 64295 Darmstadt | 02.–03.01.

Becher, Nicole, Pfarrerin, ev.-meth., CH 8560 Märstetten | 20.+21.10.

Beutler-Lotz, Heinz-Günter, Pfarrer, ev., 55234 Bermersheim v.d.H. | 19.–21.03.

Birnbaum, Dr. Elisabeth, Direktorin des Österreichischen katholischen Bibelwerks, röm.-kath., A-1010 Wien | 23.-25.11.; Zefanja

Bode, Dr. Franz-Josef, Bischof em., röm.-kath., 49074 Osnabrück | 09.–11.04.

Brockmöller, Dr. Katrin, Geschäftsführende Direktorin im Katholischen Bibelwerk e.V., röm.-kath., 70176 Stuttgart | 27.–29.03.

Brunner-Wyss, Andrea, Pfarrerin, ev.-meth., CH-8610 Uster | 22.03.+29.03.+03.05.

Burkert-Huber, Cristina, Pfarrerin, ev., 82431 Kochel am See | 03.–05.12.

Buß, Dr. h.c. Alfred, Präses i.R. der Evangelischen Kirche von Westfalen, ev., 59425 Unna | 07.–09.10.

Butt, Dr. Christian, Pastor, ev., 23909 Ratzeburg | 23.–25.04.

Cornelius-Bundschuh, Prof. Dr. Jochen, Landesbischof i.R., ev., 76133 Karlsruhe | 05.04.+06.04.+24.05

Danilovich, Dr. Yauheniya, Akademische Rätin, griech.-orth., 48163 Münster | 01.-03.06

Degkwitz, Dr. Sebastian, Pfarrer, ev., 81739 München | 10.05.+14.05.+17.05.

Dierkes, Petra, röm.-kath., Theologin, 53227 Bonn | 07.06.+14.06.+21.06

Martin Diewald, röm.-kath., Pastoralreferent, Kath. Militärpfarramt, 99099 Erfurt | 23.07.

Dörrfuß, Dr. Ernst Michael, Pfarrer und Kirchenrat, ev., 72574 Bad Urach, 15.-17.01.

Durst, Dr. Stefan, Pastor, ev., 22587 Hamburg | 22.-24.01.

Eberl, Klaus, Oberkirchenrat i. R., ev., 41849 Wassenberg | 21.–23.05.

Ebert, Ingrid, Journalistin, ev.-freikirchl., 03149 Forst/Lausitz | 04.–06.06.

Eltrop, Dr. Bettina, Wiss. Referentin im Katholischen Bibelwerk e.V., röm.-kath., 73760 Ostfildern | 18.-20.06.

Ewerszumrode, Dr. habil. Frank, Pfarrer, alt-kath., 45127 Essen | 22.–24.10.

Faatz, Dr. Martin, Diakon, röm.-kath., 97222 Rimpar | 29.06.+30.06.+01.07.

Felmberg, Dr. Bernhard, ev., Militärbischof, 10623 Berlin | 15.-17.06.

Fricke-Hein, Hans-Wilhelm, Pfarrer i.R., ev., 47441 Moers | 09.–11.07.

Gilles, Dr. Beate, Generalsekretärin der Deutschen Bischofskonferenz, röm.-kath., 53113 Bonn | 11.01.+01.02.

Grün, Dr. Anselm OSB, Benediktinerpater, röm.-kath., 97516 Münsterschwarzach | Gebete

Grimm, Dr. Werner, Pfarrer, ev., 88662 Überlingen | 01.01.+22.02.+25.05.; 19.10.

Guttenberger, Prof. Dr. Gudrun, ev., 71634 Ludwigsburg | Johannesevangelium; Offenbarung

Haag-Merz, Christine, Referentin für Öffentlichkeitsarbeit, ev.-meth., 71034 Böblingen | 29.–31.01.

Hafner, Lea, Kindergärtnerin und Gerontologin i.R., ev.-meth., CH-3812 Wilderswil | 09.08.+06.09.+13.09.

Hahn, Udo, Direktor Evangelische Akademie Tutzing, ev., 82327 Tutzing | 10.-12.08.

Hauber, Dr. Michael, Gymnasiallehrer, röm.-kath., 93059 Regensburg | 22.–24.06.

Heckel, Prof. Dr. Ulrich, Oberkirchenrat i.R., ev., 73033 Göppingen | 27.–29.07.

Herlyn, Prof. Dr. Okko, Hochschullehrer i. R., ev., 47239 Duisburg | 20.–22.08.

Hermann, Dr. Markus-Liborius, Theologe, Hausleiter u. Geschäftsführer des Bildungshauses St. Ursula, röm.-kath., 99085 Erfurt | 07.+08.05.

Hilgenstock, Dr. Gabriele, Ärztin, ev., 44339 Dortmund | 27.-29.08.

Hinrichs, Karen, Pfarrerin i.R., ev., 77933 Lahr | 01.+08.11.

Jahn, Christine, Pfarrerin, ev., 91083 Baiersdorf | 12.-14.11.

Janssen, Jan, Inselpastor und Tourismusbeauftragter, ev., 26486 Wangerooge | 24.–26.09.

Janz-Spaeth, Barbara, Pastoralreferentin, röm.-kath., 73033 Göppingen | 03.–05.09.

Jepsen, Maria, Bischöfin i.R., ev., 25813 Husum | 19.-21.01.

Joussen, Prof. Dr. Jacob, Direktor des Instituts für Kirchliches Arbeitsrecht Ruhr-Universität Bochum, 44780 Bochum | 01.+02.10.

Kauffmann, Jürgen, Pfarrer, ev., 81825 München | 14.-16.09.

Kegler, Prof. Dr. Jürgen, Kirchenrat i.R., ev., 68723 Plankstadt | Amos

von Kirchbach, Friederike, Pfarrerin, ev., 10115 Berlin | 01.03.+08.03.+15.03.

Kirchgessner, Msgr. Dr. Bernhard, Domvikar, röm.-kath., 94032 Passau | 18.01.+12.04.+16.08.

Kiroudi, Dr. Marina, Wissenschaftliche Mitarbeiterin, griech.-orth., 53113 Bonn | 04.01.+19.04.+31.05.

Klaiber, Dr. Walter, Bischof i.R., ev.-meth., 72072 Tübingen | 03.10.+05.10.+06.10.

Klomp, Wibke, Dekanin, ev., 97877 Wertheim | 13.+14.10.

Kleele-Hartl, Dorothea, Geistliche Mentorin Kath. Stiftungshochschule, röm.-kath., 83671 Benediktbeuern | 25.01.+26.04.+9.02.
Knoll, Günter, Pfarrer, ev., 71083 Herrenberg | 09.–11.03.
Koch-Baisch, Bärbel, Pfarrerin, ev., 74523 Schwäbisch Hall | 11.10.+18.10.+25.10.
Kock, Manfred, Präses i. R., ev., 50735 Köln | 16.–18.11.
Köhring, Dagmar, Pastorin, meth., 57586 Westerwald | 17.10.+19.10.
Kolter, Dr. Claudia, Pädagogin und Theologin, ev.-freikirchl., 52070 Aachen | 17.–19.09.
Kostka, Prof. Dr. Ulrike, Diözesancaritasdirektorin, röm.-kath., 13409 Berlin | 13.–15.08.
Kravarioti-Haaß, Ionna, Rechtsassessorin, griech.-orth., 88131 Lindau |24.+25.07.
Kuhn, Achim, Pfarrer, ev.-reform., CH-8708 Männedorf am Zürichsee | 24.-26.12.
Kurschus, Dr. h. c. Annette, Präses a.D., 33619 Bielefeld | 02.-04.03.
Lehmann-Etzelmüller, Monika, Leitung des Predigerseminars Petersstift der ev. Landeskirche in Baden, ev., 69469 Weinheim | 10.10.+12.10.
Leonhardi, Angelika, Studienleiterin, ev., 04416 Markkleeberg | 03.–05.08.
Lubenow, Kerstin, ev., 10707 Berlin | 26.–28.10.
Michailidis, Gabriel, griech.-orth., 71638 Ludwigsburg | 15.11.+22.11.
Mildenberger, Hartmut, Pfarrer, ev., 70597 Stuttgart | 05.–07.03.
Miller, Rev. Dr. Heike, ev., 88011 New Mexico, USA | 02.–04.02.
Neiber, Hans-Christian, Pfarrer, ev., 95632 Wundsiedel | 03.+04.11.
Neubrand +, Prof. Dr. Maria | Epheserbrief
Nietzke, B.A. P. Markus, Superintendent, ev., 29320 Hermannsburg | 20.09.+27.09.+04.10.
Oberkampf, Anne, Pastorin, ev.-meth., 71032 Böblingen | 12.-14.04.
Overbeck, Franz-Josef, Bischof, röm.-kath., 45127 Essen | 26.-28.05.
Puttkammer, Detlef, Pfarrer i.R., ev., 47506 Neukirchen-Vluyn | 16.–18.03.
Rademacher, Dr. Anne, Seelsorgeamtsleiterin Erfurt, röm.-kath., 99084 Erfurt | 11.+12.09.; Galater
Renovanz, Christian, Militärdekan, ev., 72076 Tübingen | 31.08.-02.09.
Reuter, Prof.in Dr. Eleonore, röm.-kath., 49191 Belm | 05.-07.02.
Ressel, Anne, Pfarrerin, ev., 68161 Mannheim | 06.–08.08.
Riede, Prof. Dr. Peter, Kirchenrat, ev., 76135 Karlsruhe | 12.–14.02.; Habakuk
Rist, Prof. Dr. Josef, röm.-kath., 97072 Würzburg | 11.–13.06.
Ristić, Dipl. theol. Dejan, Wissenschaftlicher Mitarbeiter, griech.-orth., 80539 München | 28.06.+05.07.+12.07.
Röhrs, Annette, Pfarrerin, ev., 74889 Sinsheim | 05.-07.11.
Rolf, Dr. Sibylle, Pfarrerin, ev., 68535 Edingen | 24.–26.08.

Rose, Prof. Dr. Christian, Prälat i. R., ev., 72800 Eningen u. A. | 16.–18.04.; Hebräer

Rüdiger, Christhard, Superintendent, ev.-meth., 09112 Chemnitz | 11.+12.12.

Salzmann, Prof. i.R. Dr. Jorg Christian, ev., 29559 Wrestedt-Wieren |17.-19.08.

Sattler, Prof. Dr. Dorothea, röm.-kath., 48291 Telgte | 30.+31.07+01.08.

Schäberle-Koenigs, Dr. Gerhard, Pfarrer, ev., 75385 Bad Teinach-Zavelstein | 20.–22.07.

Schächtele, Prof. Dr. Traugott, Prälat i.R., ev., 79111 Freiburg | 02.–04.07.

Schäfer, Bärbel, Dekanin, ev., 79541 Lörrach | 19.–21.11.

Schäfer, Michael, Pfarrer, ev., 53111 Bonn | 29.+30.10.

Scharfenberg, Dr. Roland, Pfarrer, ev., 78112 St. Georgen | 07.+08.04.

Schlagheck, Dr. Michael, Leiter des augustinus forums der Stiftung Cor unum, röm.-kath., 46244 Bottrop-Kirchhellen | 05.-07.01.

Schneider, Anne, Lehrerin i. R., ev., 45136 Essen | 26.-28.03.

Schneider, Dr. h. c. Nikolaus, Präses a.D. und Ratsvorsitzender der EKD a.D., ev., 45136 Essen | 29.+30.05.; 27.+31.12.

Schneider-Riede, Susanne, Pfarrerin, ev., 76135 Karlsruhe | 19.07.+26.07.+02.08.

Schroeder, Dr. Christoph, Pastor, ev., 22609 Hamburg | 13.–15.07.

Schubert, Dr. Benedict, Pfarrer, ref., CH-4057 Basel | 07.–09.07.

Schwarz, Klaus, Dekan i. R., ev., 71032 Böblingen | 25.–27.06.

Schwienhorst-Schönberger, Prof. em. Dr. Ludger, röm.-kath., A-1010 Wien | Kohelet/ Prediger Salomo

Sedlmeier, Prof. Dr. Franz, röm.-kath, 86135 Augsburg | Hosea

Seidl, Prof. em. Dr. Theodor, röm.-kath., 85298 Scheyern | Deuteronomium/5. Buch Mose; Jesaja 1-39 (Protojesaja)

Senftleben, Dr. Martin, Pfarrer i.R., ev., 38321 Denkte | 16.–18.07.

Seul, Dr. Peter, Pfarrer, röm.-kath., 50670 Köln | 09.-11.11.

Sfiatkos, Emmanuel, Bischof von Christoupolis, griech.-orth., 14195 Berlin | 08.–10.01.

Siquans, Prof. Dr. Agnethe, röm.-kath., A-1010 Wien | 23.08.+30.08.

Smetana, Magdalena, Pfarrerin, ev., 72076 Tübingen | 09.–11.02.

Spendel, Sr. Dr. Aurelia OP, röm.-kath., 86150 Augsburg | 29.11.+06.12.

Springhart, Prof. Dr. Heike, Landesbischöfin, ev., 76133 Karlsruhe | 30.11.+01.12.+02.12.

Stäblein, Dr. Christian, Bischof, ev., 10249 Berlin | 18.-20.05.

Stalter, Christian, Pfarrer, ev., 82031 Grünwald | 08.–10.06.

Stephan, Thomas, Pastoralreferent, röm.-kath., 76863 Herxheim | 15.+16.05.

Stemmer, Torsten, Ltd. Militärdekan, röm.-kath., 24106 Kiel |13.-15.04.

Stöckigt, Beate, Pfarrerin, ev., 99510 Apolda | 11.–13.05.

Sträter, Dr. Beate, Pastorin, ev., 53113 Bonn | 07.09.+31.10.+02.11.

Sudermann, Albrecht, Theologe, LtdVDir. a.D., ev., 12159 Berlin | 23.–25.02.

Süselbeck, Dr. Heiner, Pfarrer i.R., ev., 52080 Aachen/E 07150 Andratx | 09.+10.12.

Thiesbonenkamp, Dr. Jürgen, Pfarrer i.R., ev., 47229 Duisburg | 28.–30.09.

Treptow-Garben, Katharina, Dekanin, ev., 68809 Neulußheim | 30.04.+01.05.+02.05.

Utsch, Edgar, Oberstudienrat i.R, röm.-kath., 45888 Gelsenkirchen| 27.–29.04.

Vliagkoftis, Dr. Konstantinos, Theologe, griech.-orth., 53227 Bonn | 07.+08.12.

Volkmann, Dr. Evelina, Kirchenrätin, ev., 70565 Stuttgart | 08.–10.09.

Wahl, Msgr. Stephan, Priester, röm.-kath., Jerusalem | 08.+09.05..

Weidemann, Prof. Dr. Hans-Ulrich, röm.-kath., 57068 Siegen | 1.-3. Johannesbrief

Weingardt, Dr. Beate, Theologin und Dipl.-Psychologin, ev., 72072 Tübingen | 21.–23.09.

Weiß, Thomas, Pfarrer, Kirchenrat i.R., ev., 76532 Baden-Baden | 16.02.; 02.+09.03.

Wenner, Rosemarie, Bischöfin em., ev.-meth., 69190 Walldorf | 17.-19.12.

Wilmer, Dr. Heiner SCJ, Bischof, röm.-kath., 31134 Hildesheim | 28.-30.12.

Wischniewski, Alexander, Priester i. E., alt-kath., 68305 Mannheim | 20.–22.04.

Witzenbacher, Dr. Marc, Oberkirchenrat, Prälat, ev., 79117 Freiburg | 21.–23.12.

Wolf, Christine, Schuldekanin, ev., 69123 Heidelberg | 30.03.+31.03.+01.04.

Wünsch, Dr. Hans-Michael, Pfarrer, ev., 70599 Stuttgart | 26.–28.11.

Zapff, Prof. Dr. Burkard M., röm.-kath., 85072 Eichstätt | 19.–21.02.

Ziegler, Dr. Detlef, Pfarrer und Dozent, röm.-kath., 48155 Münster | 13.+20.12.

Zimmer, Dirk, Pastor, ev.-freikirchl., 91332 Heiligenstadt | 23.–25.03.

Zobel, Dagmar, Prälatin i.R., ev., 79117 Freiburg | 14.–16.12.

Zobel, Hans-Joachim, Dekan i.R., ev., 79227 Schallstadt | 26.–28.01.

Zumkehr, Hansfrieder, Pfarrer, ev., 31224 Peine | 26.–28.02.

Abkürzungen biblischer Bücher
(nach den Loccumer Richtlinien)

Altes Testament

Gen	Genesis/1 Mose = 1. Buch Mose
Ex	Exodus/2 Mose = 2. Buch Mose
Lev	Levitikus/3 Mose = 3. Buch Mose
Num	Numeri/4 Mose = 4. Buch Mose
Dtn	Deuteronomium/ 5 Mose = 5. Buch Mose
Jos	Josua
Ri	Richter
Rut	Rut
1 Sam	1. Buch Samuel
2 Sam	2. Buch Samuel
1 Kön	1. Buch der Könige
2 Kön	2. Buch der Könige
1 Chr	1. Buch der Chronik
2 Chr	2. Buch der Chronik
Esra	Esra
Neh	Nehemia
Est	Ester
Ijob	Ijob/Hiob
Ps	Psalmen
Spr	Sprichwörter/Sprüche Salomos
Koh	Kohelet/Prediger Salomo
Hld	Hohelied/Hohelied Salomos
Jes	Jesaja
Jer	Jeremia
Klgl	Klagelieder des Jeremia
Ez	Ezechiel/Hesekiel
Dan	Daniel
Hos	Hosea
Joel	Joël
Am	Amos
Obd	Obadja
Jona	Jona
Mi	Micha
Nah	Nahum
Hab	Habakuk
Zef	Zefania
Hag	Haggai
Sach	Sacharja
Mal	Maleachi
Jdt	Judit
1 Makk	1. Makkabäer

Neues Testament

Mt	Matthäusevangelium
Mk	Markusevangelium
Lk	Lukasevangelium
Joh	Johannesevangelium
Apg	Apostelgeschichte
Röm	Römerbrief
1 Kor	1. Korintherbrief
2 Kor	2. Korintherbrief
Gal	Galaterbrief
Eph	Epheserbrief
Phil	Philipperbrief
Kol	Kolosserbrief
1 Thess	1. Thessalonicherbrief
2 Thess	2. Thessalonicherbrief
1 Tim	1. Timotheusbrief
2 Tim	2. Timotheusbrief
Tit	Titusbrief
Phlm	Philemonbrief
1 Petr	1. Petrusbrief
2 Petr	2. Petrusbrief
1 Joh	1. Johannesbrief
2 Joh	2. Johannesbrief
3 Joh	3. Johannesbrief
Hebr	Hebräerbrief
Jak	Jakobusbrief
Jud	Judasbrief
Offb	Offenbarung des Johannes

Quellenverzeichnis

Abkürzungen:
EG = Evangelisches Gesangbuch
EM = Gesangbuch der Evangelisch-methodistischen Kirche
GL = Gotteslob, Katholisches Gebet- und Gesangbuch 2013

Januar	8. Gebet aus der orthodoxen Tradition | 9. Göttliche Liturgie, aus dem Gebet vor der Lesung des Evangeliums | 10. Hymnus aus dem Theophanie-Fest | 16. nach Lukas 1,79
Februar	22. EG 477,8
März	17. Nikolaus Ludwig von Zinzendorf EG 391,1 Ö
April	5. Nikolaus Herman, 1560, EG 107,1| 17. Gebet eines chinesischen Christen | 19. Nach einem Gebet für den Frieden aus dem Online Prayer Book der Transfiguration of our Saviour Greek Orthodox Church/Lowell MA, https://www.transfigurationlowell.org/ourfaith/prayers)
Mai	5. EG 64,6 | 7. Markus 9,24. | 24. Paul Gerhardt, EG 133,11 | 26. EG 295,3 | 31. Große Doxologie der Orthodoxen Kirche/ Psalm 36,1
Juni	11. 2. Korinther 4,8 | 12. Exodus 15,2 | 13. Hebräer 10,23 | 17. Psalm 86,11 | 22. EG 400,4; GL 358,4 | 23. EG 400,3; GL 358,3 | 24. EG 400,3; GL 358,3 | 29. Weisheit 9,4 | 30. nach 1 Samuel 2,8a
Juli	1. Psalm 104,24a | 21. Aus: Gottesdienstbuch für die Evang. Landeskirche in Württemberg, Erster Teil: Predigtgottesdienst und Abendmahlsgottesdienst, Stuttgart 2004, S. 167 | 28. EG 370,11 | 29. EG 341,7
September	8. Psalm 31,20-21 in Auswahl | 9. Matthäus 5,6-7 | 10. Psalm 119,18 | 15. EG 407,2 | 23. Paul Gerhardt EG 324,12+13
Oktober	9. Psalm 36,6 | 11. EG 16,2 | 15. EG 154,1 22. Psalm 119,25f. | 23. Psalm 63,8f. | 24. Psalm 139,23f. | 27. EG 152,1+4
November	5. EG 407,1 | 9. MB 1072 | 11. EG 473,2/ GL 361,2
Dezember	4. EG 65,7 | 15. EG 396,3 | 17. Friedrich Spee, 1622, Evangelisch-methodistisches Gesangbuch 141,2; EG 7,2 | 19. Heinrich Held, 1648, Evangelisch-methodistisches Gesangbuch 149,1 und 4; EG 12,1 u. 4 | 21. Friedrich Heinrich Ranke, 1820, EG 13,3 | 22. Friedrich Rückert, 1834, EG 14,3 | 23. Friedrich Rückert, 1834, EG 14,4

Mit der BIBEL durch das JAHR

Ökumenische Bibelauslegungen für jeden Tag des Jahres

JETZT AUCH DIGITAL LESEN

4 WOCHEN GRATIS TESTEN

www.herder.de/bibel-lesen